Staatshaftung und Rechtsschutz bei Verletzung grundfreiheitlicher Schutzpflichten

AF816466

Kölner Schriften zu Recht und Staat

Herausgegeben von
Prof. Dr. Hartmut Schiedermair und
Prof. Dr. Bernhard Kempen

Band 29

PETER LANG
Frankfurt am Main · Berlin · Bern · Bruxelles · New York · Oxford · Wien

Christian Hoppe

Staatshaftung und Rechtsschutz bei Verletzung grundfreiheitlicher Schutzpflichten

PETER LANG
Europäischer Verlag der Wissenschaften

Bibliografische Information Der Deutschen Bibliothek
Die Deutsche Bibliothek verzeichnet diese Publikation in der Deutschen Nationalbibliografie; detaillierte bibliografische Daten sind im Internet über <http://dnb.ddb.de> abrufbar.

Zugl.: Köln, Univ., Diss., 2006

D 38
ISSN 1433-0253
ISBN 3-631-55428-1
US-ISBN 0-8204-9933-1

© Peter Lang GmbH
Europäischer Verlag der Wissenschaften
Frankfurt am Main 2006
Alle Rechte vorbehalten.

Das Werk einschließlich aller seiner Teile ist urheberrechtlich geschützt. Jede Verwertung außerhalb der engen Grenzen des Urheberrechtsgesetzes ist ohne Zustimmung des Verlages unzulässig und strafbar. Das gilt insbesondere für Vervielfältigungen, Übersetzungen, Mikroverfilmungen und die Einspeicherung und Verarbeitung in elektronischen Systemen.

www.peterlang.de

Meinen Eltern

Vorwort

Diese Arbeit ist von der Rechtswissenschaftlichen Fakultät der Universität zu Köln im Wintersemester 2005 / 2006 als Dissertation angenommen worden. Im Hinblick auf Literatur- und Rechtsprechungsnachweise habe ich die Entwicklung bis zum Juni 2006 berücksichtigt.

Vorworte sind nicht die einzige Gelegenheit, Dankesworte auszusprechen, dafür aber die bleibendste. Das nutze ich gerne, um denjenigen Personen und Institutionen zu danken, die zum Gelingen meiner Dissertation beigetragen haben.

An erster Stelle steht selbstverständlich mein Doktorvater, Herr Professor Dr. Bernhard Kempen. Trotz seiner erheblichen Doppelbelastung als Hochschullehrer und Präsident des Deutschen Hochschulverbandes nahm er sich stets Zeit, um mit mir über die Arbeit zu sprechen. Zugleich gewährte er mir den nötigen wissenschaftlichen Freiraum. Die Zeit, während der ich an seinem Institut für Völkerrecht und ausländisches öffentliches Recht gearbeitet habe, war nicht nur fachlich anregend, sondern gestaltete sich auch in menschlicher Hinsicht als äußerst angenehm. Herrn Professor Dr. Wolfram Höfling M.A. danke ich außer für die Erstellung des Zweitgutachtens für die anregende Diskussion im Rahmen der Disputation.

Mein besonderer Dank gilt Herrn Professor Dr. Jürgen F. Baur. Er hat maßgeblich dazu beigetragen, dass mein Interesse am Europarecht geweckt worden ist und mich stets gefördert. Die Tätigkeiten an seinem Institut für das Recht der Europäischen Gemeinschaften und später als Wissenschaftlicher Mitarbeiter am Rechtszentrum für europäische und internationale Zusammenarbeit (R.I.Z.) in Köln haben mich wissenschaftlich, aber auch in anderer Hinsicht geprägt.

Die Johanna und Fritz Buch Gedächtnis-Stiftung hat sich mit einem großzügigen Zuschuss an den Druckkosten beteiligt, wofür ich sehr zu Dank verpflichtet bin. Für die Gewährung eines Stipendiums während der Promotion gebührt e-fellows.net Dank.

Interessante Gespräche über die Reichweite von Schutzpflichten verdanke ich Dr. Donat Wege (Bucerius Law School, Hamburg).

Meine Freundin Ursula Machulla hat durch ihr Verständnis und ihre Unterstützung vor allem in der Endphase der Arbeit wesentlich zu deren Gelingen beigetragen und mir Kraft gegeben. Dafür danke ich ihr von ganzem Herzen.

Dank, den ich wohl niemals ausreichend in Worte werde fassen können, schulde ich meinen Eltern Marija und Bernd Hoppe. Ihre stete Unterstützung bedeutet mir sehr viel, weswegen ich ihnen dieses Buch widme.

Köln, im Juni 2006

Christian Hoppe

Inhaltsverzeichnis

Abkürzungsverzeichnis

Hinsichtlich der Abkürzungen wird grundsätzlich verwiesen auf KIRCHNER, HILDEBERT / BUTZ, CORNELIE, Abkürzungsverzeichnis der Rechtssprache, 5., völlig neu bearbeitete und erweiterte Auflage 2003.

Soweit weniger geläufige oder von dem genannten Werk abweichende Abkürzungen verwendet werden, sind sie im Folgenden erläutert:

AJIL	American Journal of International Law
CMLRev.	Common Market Law Review
ELF	European Legal Forum
ELR	European Law Reporter
ELRev.	European Law Review
EPL	European Public Law
EuR	Europarecht (Zeitschrift)
GA	Generalanwalt
GAin	Generalanwältin
Habil.	Habilitationsschrift
i.V.m.	in Verbindung mit
ICLQ	International and Comparative Law Quarterly
ICSID	International Centre for the Settlement of Investment Disputes
JTDE	Journal des tribunaux - droit européen
LAGE	Entscheidungen der Landesarbeitsgerichte (s. im Literaturverzeichnis unter Lipke, Gert Albert)
LIEI	Legal Issues of Economic Integration
MLRev.	Modern Law Review
RiLi	Richtlinie
Schl.-Antr.	Schlussantrag, Schlussanträge (der Generalanwälte)
SEW	Sociaal-economische wetgeving: tijdschrift voor Europees en economisch recht
Tz.	Textziffer

v.	vom, von
verb.	verbundene
VO	Verordnung
VV	Vertrag über eine Verfassung für Europa
YEL	Yearbook of European Law
zit.	zitiert

1. Teil: Gang und Gegenstand der Untersuchung

Die vorliegende Arbeit unternimmt es, zwei Themenkomplexe, die in jüngerer Zeit verstärkte Beachtung erfahren haben, in ihrem Zusammenhang zu beleuchten. Dies ist zum einen das Konzept der aus den Grundfreiheiten des EG-Vertrags folgenden Schutzpflichten, zum anderen ist es der Grundsatz der gemeinschaftsrechtlich gebotenen Staatshaftung der Mitgliedstaaten. In ihrem Zusammenspiel sind diese beiden Institute des Gemeinschaftsrechts geeignet, die Spielräume der Mitgliedstaaten auf Gebieten einzuengen, die bisher nicht als klassische Betätigungsfelder der europäischen Integration aufgefallen waren[1].

Nach einer eher stiefmütterlichen Behandlung der Schutzpflichten aus den Grundfreiheiten bis etwa zum Jahre 1997[2] hat dieses Thema, angeregt durch ein EuGH-Urteil[3], bis in die jüngste Zeit verstärkt literarische Aufmerksamkeit erfahren[4]. Die durch das Urteil ausgelöste Diskussion[5] lässt sich durchaus mit derjenigen vergleichen, welche in Deutschland der „Entdeckung" von Schutzpflichten durch das BVerfG im ersten „Abtreibungs-Urteil"[6] folgte[7]. Auch für die Gemeinschaftsgrundrechte, die möglicherweise demnächst im

---

1 Das gilt insbesondere für das nationale Recht der Gefahrenabwehr, dazu jüngst LINDNER, JuS 2005, 302; weitere Beispiele unten 2. Teil, A I, S. 33 f.

2 Ansätze bereits vorher bei DONNER, SEW 1982, 362 (373); BLECKMANN, DVBl. 1976, 483 (487); DERS., NVwZ 1993, 824 (827); NETTESHEIM, EuZW 1995, 106 (108); SCHOLZ/LANGER, Binnenmarkt, S. 68.

3 EuGH 9.12.1997, Kommission / Frankreich, Rs. C-265/95, Slg. 1997, I-6959.

4 Nachweise im Einzelnen hierzu unten 2. Teil, C, S. 99 ff.

5 Diese hat im Übrigen dazu beigetragen, dass der grundlegenden Entscheidung des EuGH (o. Fn. 3) mittlerweile zumindest fünf zusätzliche Namen zuteil wurden („Erdbeerstreit" [so SCHINDLER, Kollision, S. 23], „Spanische Erdbeeren" [so HINTERSTEININGER, Binnenmarkt, S. 207], „Erdbeerkrieg" [so GANTEN, Drittwirkung, S. 15, dort Fn. 3], „Bauernproteste" [so KOENIG/SANDER NZS 2001, 617 [620, dort Fn. 39]; BURGI, EWS 1999, 327; KÖRBER, Grundfreiheiten, S. 388]; „Agrarblockaden" [so MÜLLER-GRAFF, FS Steinberger, S. 1281 [1297]; B. KOCH, Gewährleistungspflicht, S. 104]). Dem soll hier kein weiterer hinzugefügt werden.

6 BVerfG 25.2.1975, 1 BvF 1-6/74, BVerfGE 39, 1.

7 Die Literatur hierzu ist nahezu unüberschaubar. Vgl. nur KRIELE, JZ 1975, 222; JARASS, AöR 110 (1985), 363; E. KLEIN, NJW 1989, 1633; H.H. KLEIN, DVBl. 1994, 489; ERICHSEN, Jura 1997, 85; jüngst C. CALLIESS, JZ 2006, 321; monographisch etwa ISENSEE, Grundrecht; ROBBERS, Sicherheit; HERMES, Grundrecht; DIETLEIN, Lehre; KRINGS, Grund; C. CALLIESS, Rechtsstaat, S. 307 ff.; DOLDERER, Grundrechtsgehalte, S. 177 ff.; TH. KOCH, Grundrechtsschutz, S. 306 ff.; JAECKEL, Schutzpflichten, S. 47 ff.; SZCZEKALLA, Schutzpflichten, S. 99 ff.

Rahmen der Bemühungen um eine europäische Verfassung einer Kodifikation zugeführt werden[8], sind Überlegungen zu einer ihnen innewohnenden Schutzpflichtdimension angestellt worden[9].

A. Schutzpflichten

Angesichts des doch verhältnismäßig weit entwickelten Diskussionsstandes erscheint es rechtfertigungsbedürftig, wenn mit der vorliegenden Arbeit erneut die Dogmatik grundfreiheitlicher Schutzpflichten aufgegriffen wird.

Zunächst ist daher festzustellen, was diese Arbeit nicht leisten soll. Sicherlich nicht zu rechtfertigen (und inzwischen auch vom Umfang her nicht mehr zu bewältigen) wäre eine unergiebige umfassende Wiedergabe des Diskussionsstandes in der Literatur betreffend die prinzipielle Möglichkeit der Herleitung grundfreiheitlicher Schutzpflichten. Diese Frage ist von anderen Untersuchungen bereits eingehend beleuchtet worden; zudem wird sie im Schrifttum auch nahezu einmütig bejaht[10]. Auf eine ausgreifende Erörterung der Begründung von Schutzpflichten aus den Grundfreiheiten wird daher verzichtet und ihre Existenz - in Übereinstimmung mit der Rechtsprechung des EuGH - weitgehend vorausgesetzt. Dagegen sind für die praktische Handhabung der grundfreiheitlichen Schutzpflichten bedeutsame Fragen bisher im Schrifttum nicht behandelt worden und bedürfen aus diesem Grund näherer Untersuchung[11].

Die angestellten Überlegungen beschränken sich des Weiteren auf die Grundfreiheiten des EG-Vertrages. Schutzpflichten aufgrund grundrechtlicher Gewährleistungen aus der EMRK, kraft Grundrechten des Gemeinschaftsrechts oder basierend auf dem allgemeinen Diskriminierungsverbot des Art. 12 EG sollen hier außen vor bleiben. Aus Raumgründen muss ebenso auf eine umfassende Darstellung der Schutzpflichtproblematik im deutschen Recht verzichtet werden. Derselbe Grund gebietet es, die Frage, ob grundfreiheitliche Schutzpflichten auch die Gemeinschaft selbst binden, späteren Arbeiten zu überlassen. Zwar ist nach der Rechtsprechung des Gerichtshofs zumindest

---

8 Dazu etwa RENGELING, in: Schwarze (Hrsg.), Verfassungsentwurf, S. 331 ff.; GÜNDISCH, in: Beckmann/Dieringer/Hufeld (Hrsg.), Verfassung, S. 429 ff.; EPPING, JZ 2003, 821 (826 f.); MEYER/HÖLSCHEIDT, EuZW 2003, 613 (618 f.).

9 Vgl. etwa NETTESHEIM, EuZW 1995, 106 (108); JAECKEL, Schutzpflichten, S. 194 ff.; SZCZEKALLA, Schutzpflichten, S. 549 ff.; SUERBAUM EuR 2003, 390 m.w.N.

10 Näher 2. Teil, B I 3 a) aa), S. 44 ff.

11 S. 2. Teil, C, S. 99 ff.

grundsätzlich auch die Gemeinschaft Adressat der Grundfreiheiten[12]. Kernprobleme werden hier aber sein, ob und inwieweit die Erwägungen zu Schutzpflichten der Mitgliedstaaten auf die Gemeinschaft, insbesondere die Kommission als Hüterin des Vertrages (Art. 211 EG), übertragbar sind, welche Maßstäbe für die Verletzung einer solchen Schutzpflicht zu gelten hätten[13] und wie sich eine solche Schutzpflicht zu der Kompetenzordnung zwischen Gemeinschaft und Mitgliedstaaten verhält.

Ein neueres Urteil des Gerichtshofs[14] hat im Zusammenhang mit grundfreiheitlichen Schutzpflichten allerdings einige Fragen aufgeworfen, die in der bisherigen Diskussion lediglich gestreift wurden und die eine nähere Untersuchung als durchaus reizvoll und möglicherweise ertragreich für die weitere Forschung und für die Praxis erscheinen lassen. Nur auf solche Fragen der Schutzpflichten, die auch für die nachfolgend genannten Untersuchungsgegenstände von Bedeutung sind, soll vertieft eingegangen werden. Sie sollen zum Anlass genommen werden, den Versuch zu unternehmen, ein stimmiges Gesamtkonzept zu entwickeln, das dem Rechtsschutz gegen unterlassene Schutzmaßnahmen eine Struktur verleiht und sich in das System des gemeinschaftsrechtlichen Rechtsschutzes einzufügen vermag.

B. Haftungsfragen

Naturgemäß sind juristisch am interessantesten die Konstellationen, in denen eine Pflicht nicht erfüllt wird oder gegen ein Gebot möglicherweise verstoßen worden ist. In all diesen Fällen kommt es darauf an, welche Rechtsfolgen die Normverletzung zeitigt. Die Frage nach der Rechtsfolge soll auch in der vorliegenden Untersuchung im Mittelpunkt stehen: Namentlich ist von Interesse, ob und gegebenenfalls unter welchen näheren Voraussetzungen die Mitgliedstaaten der EG haftungsrechtlich verantwortlich sind, wenn sie ihren Schutzpflichten nicht nachkommen. Diese Fallkonstellation lag dem EuGH im Wege

---

[12] EuGH 29.2.1984, Rewe-Zentrale, Rs. 37/83, Slg. 1984, 1229 Rn. 18; EuGH 9.8.1994, Meyhui NV, Rs. C-51/93, Slg. 1994, I-3879 Rn. 11 m.w.N.

[13] Bereits im abwehrrechtlichen Bereich der Grundfreiheiten legt der Gerichtshof bei der Kontrolle von Rechtshandlungen der Gemeinschaft einen äußerst reduzierten Kontrollmaßstab an (vgl. FRENZ, HdBEuR Bd. 1, Rn. 316) und hat bislang, soweit ersichtlich, noch keine Maßnahme der Gemeinschaft als Verstoß gegen die Grundfreiheiten gewertet, vgl. näher KINGREEN/STÖRMER, EuR 1998, 263 (277); KINGREEN, Struktur, S. 176.

[14] EuGH 12.6.2003, Schmidberger, Rs. C-112/00, Slg. 2003, I-5659 = JTDE 2003, 243 = EuZW 2003, 592 m. Anm. B. KOCH = BayVBl. 2003, 621 m. Anm. LINDNER = ELF 2003, 187 m. Anm. LEIDENMÜHLER ebd., S. 185.

des Vorabentscheidungsverfahrens (Art. 234 EG) in der Rs. C-112/00 (Schmidberger)[15] vor[16]. Auf Einzelfragen des vorlegenden OLG Innsbruck musste der Gerichtshof in concreto allerdings nicht eingehen, da er bereits einen Verstoß gegen Gemeinschaftsrecht verneinte[17]. Das Urteil lässt aber dennoch bereits die praktische Relevanz der hier untersuchten Fragestellung erahnen; denn es lassen sich mannigfaltige Gefährdungen für die Grundfreiheiten denken, die von privater Seite ausgehen und bei denen die Haftungsfrage noch nicht hinreichend erörtert wurde[18]. Auch im Schrifttum ist diese Frage zwar aufgeworfen, aber nicht weiter vertieft worden[19]. Dabei ist darauf hinzuweisen, dass das Problem der Staatshaftung für unterlassenes Staatshandeln durchaus kein neues ist, sondern erste Anwendungsfälle bereits aus dem Jahre 1830 berichtet werden[20].

Die Fokussierung auf die Rechtsfolgen der Verletzung von Grundfreiheiten durch Private kann zudem zu der altbekannten Streitfrage nach einer Drittwirkung der Grundfreiheiten einen bisher nicht im Vordergrund stehenden Aspekt beitragen, weil sich die Durchsetzung der aus der Normverletzung folgenden Ansprüche je nach Anwendung des einen oder anderen Konzepts gravierend anders darstellt. Einer Auseinandersetzung bedarf es daher mit den schadensersatzrechtlichen Folgen von Ansätzen, welche die Schutzpflichtkonstellationen mittels einer Drittwirkung der Grundfreiheiten lösen wollen[21].

Sollte in Fällen des unterlassenen Einschreitens gegen von privater Seite ausgehenden Beeinträchtigungen der Grundfreiheiten jeweils die Haftung des Mitgliedstaates eingreifen, wäre ein weiterer Schritt zur vom EuGH häufig betonten praktischen Wirksamkeit des Gemeinschaftsrechts geleistet. Dies gilt umso mehr, als die noch vor der Entscheidung „Kommission / Frankreich“[22]

---

15 EuGH 12.6.2003, Schmidberger, Rs. C-112/00, Slg. 2003, I-5659.

16 Zum Sachverhalt näher unten 2. Teil, B V 1, S. 69 f.

17 Vgl. EuGH 12.6.2003, Schmidberger, Rs. C-112/00, Slg. 2003, I-5659 Rn. 94, 96.

18 Näher hierzu unten 2. Teil, A I, S. 33 f.

19 Vgl. (wohl zuerst) MEIER, EuZW 1998, 87 (88); KÜHLING, NJW 1999, 403 (404); KAINER, JuS 2000, 431 (436); KADELBACH/PETERSEN, EuGRZ 2002, 213 (219); JAECKEL, Schutzpflichten, S. 245 m. Fn. 305; BELJIN, Staatshaftung, S. 19; GRATIAS, Staatshaftung, S. 122; HINTERSTEININGER, Binnenmarkt, S. 243. Als Beispiel auch gewählt von SCHOIßWOHL, Staatshaftung, S. 262 f.

20 Vgl. den bei LÖWER, Staatshaftung, S. 25 ff. mitgeteilten Fall des Oberappellationsgerichts Cassel, bei dem es ebenso um Schäden durch unterlassenes polizeiliches Einschreiten ging.

21 S. 2. Teil, C VI 3 b) cc), S. 197 ff.

22 EuGH 9.12.1997, Kommission / Frankreich, Rs. C-265/95, Slg. 1997, I-6959.

auf den Weg gebrachte VO 2679/98[23] keine eigenen Entschädigungsansprüche vorsieht, was auch von der Kommission bemängelt wird[24]; gleichwohl wurde dieser Situation durch den Rat bisher nicht abgeholfen. Die primärrechtliche Fragestellung hat daher trotz des Erlasses von Sekundärrecht nach wie vor eine eminente Bedeutung für die Praxis: Hier kann der gemeinschaftsrechtliche Staatshaftungsanspruch - seine noch zu prüfende Anwendbarkeit vorausgesetzt - eine unter Umständen empfindliche Lücke des (sekundären) Rechtsschutzes schließen.

Zugleich darf nicht aus den Augen verloren werden, dass die Einräumung eines Haftungsanspruchs bei Schutzpflichtverletzungen zu einer beträchtlichen Einengung des Spielraums der Mitgliedstaaten führen kann. Wird auch ihr Unterlassen somit justitiabel gemacht, muss eine sachgerechte Lösung doch stets im Auge behalten, dass die Belassung von politischen Entscheidungsfreiheiten für Organe der EG und Mitgliedstaaten nicht per se zu missbilligen, ja sogar wünschenswert ist[25]. Insbesondere ist in diesem Zusammenhang die Wahrung des Kompetenzgefüges innerhalb der Gemeinschaft in den Blick zu nehmen und der Gefahr zu begegnen, dass dem EuGH oder den über entsprechende Sachverhalte judizierenden nationalen Gerichten die Rolle eines Ersatzgesetzgebers zufällt[26]. Der gemeinschaftsrechtliche Staatshaftungsan-

---

23 VO (EG) 2679/98 über das Funktionieren des Binnenmarktes im Zusammenhang mit dem freien Warenverkehr zwischen den Mitgliedstaaten, ABl. EG L 337 v. 12.12.1998, S. 8; hierzu näher HAUSCHILD, EuZW 1999, 236; SCHORKOPF, EWS 2000, 156; STOPPEL, Schutzpflichten, S. 133 ff.

24 Vgl. Bericht der Kommission an den Rat und das EP über die Anwendung der VO 2679/98, KOM(2001) 160 endg. v. 22.3.2001, S. 11.

25 Ermessensspielräume sowohl der Mitgliedstaaten als auch der Gemeinschaftsorgane erkennt der Gerichtshof ausdrücklich an, s. speziell zu Schutzpflichten EuGH 9.12.1997, Kommission / Frankreich, Rs. C-265/95, Slg. 1997, I-6959 Rn. 33 f.; EuGH 12.6.2003, Schmidberger, Rs. C-112/00, Slg. 2003, I-5659 Rn. 93; allgemein etwa EuGH 12.11.1996, Vereinigtes Königreich / Rat, Rs. C-84/94, Slg. 1996, I-5755 Rn. 58; EuGH 13.5.1997, Deutschland / Parlament und Rat, Rs. C-233/94, Slg. 1997, I-2405 Rn. 56. (zur Rechtssetzung); deutlich EuGH 25.5.1978, HNL / Rat und Kommission, verb. Rs. 83 u. 94/76, 4, 15 u. 40/77, Slg. 1978, 1209 Rn. 6 f. Vgl. zu Gefahren der Verrechtlichung zudem GRIMM, in: Görres-Gesellschaft (Hrsg.), Staatslexikon, Bd. 5, Stichwort Verfassung, unter VI.

26 Vgl. STOPPEL, Schutzpflichten, S. 159; SCHOCKWEILER, EuR 1995, 191 (195); zu Schutzpflichten aus Grundrechten entsprechend KÜHLING, in: von Bogdandy (Hrsg.), Europ. VerfR, S. 603; im Zusammenhang mit nationalen Verfassungen auch BULLINGER, JZ 2004, 209 (211). Zur generellen Gefahr eines „gouvernement des juges" DÄNZER-VANOTTI, RIW 1992, 733 (734); BÖCKENFÖRDE, Der Staat 29 (1990), 1 (25, 29 f.).

spruch, der durch zahlreiche Judikate des Gerichtshofs[27] und Konturierungsbemühungen des Schrifttums in seinem Kernbereich eine im Vergleich zur Dogmatik der Schutzpflichten relativ klare Tatbestandsstruktur aufweist, dient für die Untersuchung der Haftungsfragen als Ausgangsbasis.

C. Einflüsse des Europäischen Verfassungsvertrages

Am 18.7.2003 wurde in Rom dem Präsidenten des Europäischen Rates der „Entwurf eines Vertrages über eine Verfassung für Europa" durch den Vorsitzenden des Europäischen Konvents *Valéry Giscard d'Estaing* überreicht[28]; am 29.10.2004 unterzeichneten die Staats- und Regierungschefs der 25 EU-Mitgliedstaaten sowie dreier Kandidatenländer[29] in Rom den „Vertrag über eine Verfassung für Europa"[30] (im Folgenden: VV). Die hieraus resultierende geplante Umstrukturierung und damit einhergehende Aufhebung von EUV und EGV zugunsten einer „neuen" Europäischen Union (Art. IV-438 VV, Art. I-1 Abs. 1 VV)[31] wirft die Frage nach rechtlichen Konsequenzen dieser strukturellen Umwälzungen für die hier zu untersuchende Fragestellung auf.

Was die zentralen Vorschriften über die Grundfreiheiten angeht, so ist jedenfalls eine systematische Umstellung insofern zu konstatieren, als Art. 28 EG nunmehr hinter die Personenverkehrsfreiheiten gestellt werden soll (Art. III-153 VV gegenüber Art. III-133 ff. VV). Betrachtet man die Gesamtheit der Grundfreiheiten, mussten diese ihren relativ prominenten Platz am Anfang des EG (Art. 28, 39, 43, 49, 56 EG) räumen und sollen nunmehr im Teil III des VV („Die Politikbereiche und die Arbeitsweise der Union") untergebracht werden, dort unter Titel III („Interne Politikbereiche und Maßnahmen"). Auch sind teilweise Umformulierungen der Grundfreiheiten angedacht, was insbesondere die Arbeitnehmerfreizügigkeit betrifft: Diese ist im VV (Art. III-133 Abs. 1 VV) eindeutiger als subjektives Recht formuliert, als dies bisher (Art. 39 EG) der Fall war[32]. Eine sachliche Änderung ergibt sich aus all diesen

---

27 Beginnend mit der Entscheidung EuGH 19.11.1991, Francovich u.a., verb. Rs. C-6/90 u. C-9/90, Slg. 1991, I-5357.

28 CONV 850/03 v. 18.7.2003.

29 Bulgarien, Rumänien und die Türkei.

30 ABl. EU C 310 v. 16.12.2004, S. 1.

31 Überblicke etwa bei OPPERMANN, DVBl. 2003, 1 ff.; EPPING, JZ 2003, 821; MEYER/HÖLSCHEIDT, EuZW 2003, 613; SCHWARZE, EuR 2003, 535; Abhandlungen über Einzelfragen finden sich u.a. in dem Sammelband von Schwarze (Hrsg.), Verfassungsentwurf.

32 Die Formulierung soll nunmehr lauten: „Die Arbeitnehmer haben das Recht, sich innerhalb der Union frei zu bewegen.".

kleineren Anpassungen jedoch nicht; wie bereits ein Blick auf Art. I-4 Abs. 1 VV nahe legt, sollen die Grundfreiheiten ihre grundlegende Bedeutung im System des Vertrages behalten[33]. Hinsichtlich der vorgesehenen Umformulierungen ist festzustellen, dass diese vor allem im Bereich des Art. 39 EG lediglich die gesicherte Rechtsprechung des EuGH zum subjektiv-rechtlichen Charakter aller Grundfreiheiten primärrechtlich festschreiben, was bedauerlicherweise nicht für andere richterrechtliche Fortentwicklungen der Grundfreiheiten gilt[34]. Insbesondere ist die vorliegend in den Mittelpunkt gestellte dogmatische Figur der Schutzpflicht keiner ausdrücklichen Regelung zugeführt worden. Auch eine systematische Zusammenschau mit der in den VV aufgenommenen Charta der Grundrechte (Teil II des VV) ist insoweit unergiebig: Deren „Allgemeine Bestimmungen" (Teil II, Titel VII des VV) enthalten zwar einheitliche Schrankenregelungen für die dort genannten Grundrechte (Art. II-112 VV)[35], lassen aber ausdrückliche Aussagen zu weiteren allgemeinen Lehren ebenso wie im Bereich der Grundfreiheiten vermissen. Ob die Formulierung in Art. II-66 VV, wonach jede Person „das Recht auf Freiheit und Sicherheit" hat, eine Verpflichtung des Staates begründet, gegenüber nichtstaatlichen Störungen der Grundrechte einzuschreiten, ist nicht gesichert[36]. Indes kann die Frage hier auch dahinstehen, da oben bereits die Einschränkung vorgenommen wurde, dass die Herleitung von Schutzpflichten nicht Gegenstand der Arbeit sein soll. Art. II-66 VV wäre aber allenfalls für die letztere Frage relevant. Im Hinblick auf die Grundfreiheiten ergibt sich im Ganzen also keine für die vorliegende Untersuchung bedeutsame Änderung durch ein etwaiges In-Kraft-Treten des VV.

Kürzer kann der Befund zum gemeinschaftsrechtlichen Staatshaftungsanspruch, dem zweiten zentralen Ausgangspunkt dieser Arbeit, ausfallen. Eine Kodifikation desselben ist - obgleich im Interesse der Transparenz durchaus wünschenswert - unterblieben. Gleichwohl ist nicht davon auszugehen, dass hiermit die Existenz dieses Rechtsinstituts negiert werden sollte. Wie der EuGH bereits in der Entscheidung „Brasserie du pêcheur und Factortame" ausgeführt hat[37], folgt es u.a. aus den „allgemeinen Rechtsgrundsätzen, die den Rechtsordnungen der Mitgliedstaaten gemeinsam sind" sowie aus

---

33 Vgl. ROTH, in: Schwarze (Hrsg.), Verfassungsentwurf, S. 313 (315).

34 Im Einzelnen ROTH, a.a.O., S. 313 (317 f., 326).

35 Zur Qualifikation des Normgehalts des Art. II-112 VV näher DORF, JZ 2005, 126 (128 f.).

36 Vgl. zur Diskussion BERNSDORFF, in: Meyer, GRCh, Art. 6 Rn. 8.

37 EuGH 5.3.1996, Brasserie du pêcheur und Factortame, verb. Rs. C-46/93 u. C-48/93, Slg. 1996, I-1029 Rn. 28.

Art. 288 Abs. 2 EG, dass die Mitgliedstaaten aufgrund rechtswidriger Handlungen oder Unterlassungen gegenüber ihren Bürgern schadensersatzpflichtig werden. Angesichts dieser Herleitung und dem Umstand, dass die letztgenannte Norm sachlich im Wesentlichen unverändert (als Art. III-431 VV) in den Verfassungsvertrag übernommen wurde, hätte es einer deutlicheren Äußerung des Europäischen Konvents bedurft, um den Fortbestand des gemeinschaftsrechtlichen Staatshaftungsanspruchs in Frage zu stellen.

Im Ganzen lässt sich also konstatieren, dass der VV für die hier abgehandelten Themenkreise - abgesehen von einer Neunummerierung der Vertragsvorschriften - keine Neuerungen mit sich bringt. In Anbetracht des durch die negativen Referenden in Frankreich und den Niederlanden vorläufig gestoppten Verfassungsprozesses und angesichts der noch bis Ende Oktober 2006 bestehenden Ratifizierungsfrist für die Mitgliedstaaten (Art. IV-447 Abs. 2 VV) wird vorliegend von einer Zitierung der neuen Vorschriften abgesehen.

D. Folgerungen für den Gang der Untersuchung / Ziele

Ist - wie soeben dargelegt - damit als Ziel vorgegeben, dogmatische Strukturen für die Staatshaftung anlässlich der Verletzung grundfreiheitlicher Schutzpflichten herauszuarbeiten, verbietet sich gleichwohl eine isolierte Betrachtung nur der Schadensersatzproblematik. Vielmehr ist auch die Ebene des Primärrechtsschutzes, also das Nachsuchen um Schutz vor den nationalen Gerichten und vor dem EuGH, in die Überlegungen mit einzubeziehen[38]. Das hat im Wesentlichen zwei Gründe. Zunächst ist die Unterscheidung zwischen Primär- und Sekundärrechtsschutz im deutschen Recht durchaus geläufig[39]; auch dem Gemeinschaftsrecht ist sie nicht unbekannt[40]. Des Weiteren lassen sich aus der Möglichkeit der prozessualen Erzwingbarkeit der Erfüllung von Schutzmaßnahmen durch den Mitgliedstaat möglicherweise Folgerungen für Fragen des Haftungsumfangs (als Stichwort sei hier nur die Frage einer etwaigen Rechtsmittelversäumnis genannt) ableiten. Am Ende der Arbeit soll als Ertrag idealerweise die Entwicklung handhabbarer und praxisgerechter

---

38 Ebenso REBHAHN, Staatshaftung, S. 14 f.

39 Stellvertretend etwa AXER, DVBl. 2001, 1322 f.; ERBGUTH, VVDStRL 61 (2002), 221 (227 f.).

40 Hier bestehen aufgrund des nicht lückenlosen Primärrechtsschutzes durch den EuGH zumindest im Bereich des Art. 288 Abs. 2 EG allerdings Unterschiede zum deutschen Konzept, vgl. nur OSSENBÜHL, StaatshaftungsR, S. 566 f.; STREINZ, VVDStRL 61 (2002), 300 (331 f.) m.w.N.; näher zum Verhältnis Primärrechtsschutz / gemeinschaftsrechtlicher Staatshaftungsanspruch unten 4. Teil, C IV 3 c) bb), S. 347.

Kriterien stehen, mittels derer Haftungs- und prozessuale Fragen beantwortet werden können. Aus diesen Überlegungen ergibt sich der Aufbau der Arbeit: Im folgenden zweiten Teil werden Grundlagen und dogmatische Struktur der grundfreiheitlichen Schutzpflichten erörtert, bevor im dritten Teil Fragen des Primärrechtsschutzes behandelt werden. Dem schließt sich der vierte Teil an, welcher der staatshaftungsrechtlichen Fragestellung gewidmet ist. Den fünften Teil der Untersuchung bildet eine kurze Schlussbetrachtung.

2. Teil: Grundlagen der grundfreiheitlichen Schutzpflichten

Vor der Auseinandersetzung mit etwaigen Rechtsschutzmöglichkeiten und Staatshaftungsansprüchen, die aus der Verletzung grundfreiheitlicher Schutzpflichten resultieren können, erscheint es zweckmäßig, sich zunächst den Diskussionsstand im Hinblick auf Letztere zu vergegenwärtigen. Das dient nicht zuletzt der Entlastung der späteren[41] Überlegungen von inzidenten Erörterungen einzelner Schutzpflichtproblematiken. Die Darstellung der Grundlagen beginnt mit einem Blick auf das Konzept der Schutzpflichten im Allgemeinen (dazu A.) und befasst sich sodann mit der Behandlung derselben in der Rechtsprechung des Gerichtshofs (dazu B.). Im Anschluss werden unter Einbeziehung des Schrifttums eigene Ansätze zur dogmatischen Konturierung der Schutzpflicht entwickelt; zugleich werden auch gewisse Grundannahmen für den Fortgang der Untersuchung dargelegt (dazu C.).

A. Das Konzept der Schutzpflichten

I. Grundsätzliches

Die grundfreiheitlichen Gewährleistungen zielen zunächst und ursprünglich auf die Abwehr staatlicher Ingerenzen ab[42]. Wenn der Staat oder eine ihm zuzurechnende Institution[43] Hemmnisse für den freien Waren- oder Kapitalverkehr (Art. 28 EG, Art. 56 EG), die Arbeitnehmerfreizügigkeit (Art. 39 EG), die Niederlassungs- (Art. 43 EG) oder die Dienstleistungsfreiheit (Art. 49 EG) errichtet, kann der betroffene Bürger sich hiergegen unter Berufung auf die genannten Freiheiten - untechnisch gesprochen - wehren, sich also vor Gericht auf die Unwirksamkeit der nationalen Vorschriften im Lichte der Grundfreiheiten berufen. Das ist eine Folge der unmittelbaren Anwendbarkeit der genannten Vorschriften im innerstaatlichen Rechtsraum[44]. Hier sind lediglich

---

[41] S. 3. und 4. Teil, S. 207 ff. sowie S. 243 ff.

[42] Ebenso KADELBACH, Verwaltungsrecht, S. 411; vgl. auch HOFFMANN, Grundfreiheiten, S. 24 f.

[43] Fragen der Abgrenzung zwischen staatlichem und privatem (im Sinne von nichtstaatlichem und auch nicht dem Staat zurechenbaren Handeln) werden sogleich unter 2. Teil, A II, S. 35 ff. erörtert; dort auch näher zur Terminologie.

[44] Diese ist für alle Grundfreiheiten anerkannt, vgl. zu Art. 28 EG EuGH 29.11.1978, Pigs Marketing Board / Redmond, Rs. 83/78, Slg. 1978, 2347 Rn. 66/67; zu Art. 39 EG EuGH 4.12.1974, Van Duyn / Home Office, Rs. 41/74, Slg. 1974, 1337 Rn. 5/7; zu Art. 43 EG EuGH 21.6.1974, Reyners / Belgien, Rs. 2/74, Slg. 1974, 631 Rn. 32; zu Art. 49 EG EuGH 3.12.1974, Van Binsbergen / Bedrijfsvereniging Metaalnijverheid, Rs. 33/74, Slg. 1974, 1299 Rn. 27; zu Art. 56 EG EuGH 14.12.1995, Sanz de

zwei Beteiligte - Staat und Individuum - zu verzeichnen, so dass die klassische, gegen staatliche Eingriffe schützende Dimension der Grundfreiheiten einschlägig ist.

Begrifflich ist hier noch darauf hinzuweisen, dass die eingriffsabwehrende Funktion unabhängig davon ist, ob man die Freiheiten primär als Freiheits-[45] oder als Gleichheitsrechte[46] einordnet: Denn diese Systematisierung setzt nicht bei der hier primär interessierenden Rechtsfolge an, sondern ist auf eine sachgerechte Einschränkung bereits des Tatbestandes der Normen gerichtet[47]. Indem der gleichheitsrechtliche Charakter betont wird, soll zumeist die Reichweite des aus den Grundfreiheiten überwiegend entnommenen umfassenden Beschränkungsverbots[48] eingegrenzt werden[49]. Doch ist hier auch noch keine völlige Klarheit über den genauen Zweck der Einordnung zu verzeichnen, weil mitunter ein gleichheitsrechtlicher Charakter vor allem deswegen angenommen wird, weil es bei den Grundfreiheiten stets auf einen „transnationalen Sachverhalt“ ankomme[50]. Indes leugnen auch die Befürworter einer freiheitsrechtlichen Deutung nicht, dass die Anwendung der Grundfreiheiten einen grenzüberschreitenden Sachverhalt voraussetzt[51]. Festzuhalten bleibt insgesamt, dass die Qualifizierung der Grundfreiheiten als Freiheits- oder Gleichheitsrechte allenfalls Auswirkungen auf deren tatbestandliche Weite hat; ihrer prinzipiellen Wirkungsweise als Recht des Einzelnen, Eingriffe des Staates abzuwehren, tut dies keinen Abbruch.

Im Gegensatz zur soeben skizzierten bipolaren Beziehung zwischen Staat und Bürger sind Schutzpflichtkonstellationen üblicherweise durch ein Dreiecks-

---

Lera u.a., verb. Rs. C-163/94, C-165/94 u. C-250/94, Slg. 1995, I-4821 Rn. 48. Aus der Literatur statt aller EHLERS, in: ders. (Hrsg.), EuGR, § 7 Rn.7 f; RANDELZHOFER/FORSTHOFF, in: Grabitz/Hilf, Recht der EU, vor Art. 39-55 EGV Rn. 48 (Stand: Mai 2001).

45 So u.a. BLECKMANN, GS Sasse Bd. 2, S. 665 (675); EHLERS, in ders. (Hrsg.), EuGR, § 7 Rn. 24 f.; CLASSEN, EWS 1995, 97 (98, 104); A. MEYER, GRUR Int. 1996, S. 697 (699, 706).

46 So u.a. KINGREEN, Struktur, S. 115 f. m.w.N.; DERS./STÖRMER, EuR 1998, 263 (288 f.); HOFFMANN, Grundfreiheiten, S. 49 ff. (insbes. 51), 71 f., 154 f.; JARASS, EuR 1995, 202 (216 f.); DERS., FS Everling Bd. 1, S. 593 (599 f.); relativierend jetzt aber DERS., EuR 2000, 705 (712).

47 Vgl. die Einordnung bei HOFFMANN, Grundfreiheiten, S. 23 f.; KINGREEN, Struktur, S. 115; s.a. JARASS, EuR 1995, 202 (216).

48 Zur Entwicklung EHLERS, in: ders. (Hrsg.), EuGR, § 7 Rn. 24.

49 Vgl. KINGREEN, Struktur, S. 116; DERS./STÖRMER, EuR 1998, 263 (288).

50 So JARASS, EuR 1995, 202 (216); DERS., FS Everling Bd. 1, S. 593 (599 f.).

51 Vgl. EHLERS, in: ders. (Hrsg.), EuGR, § 7 Rn. 25.

verhältnis gekennzeichnet[52]: Als Hindernis für die Ausübung der durch den Vertrag gewährleisteten Freiheiten wirkt dabei nicht der Staat, sondern private Marktteilnehmer, generell gesprochen: nichtstaatliche Akteure. Dem Staat wird daher nicht vorgeworfen, selbst unverhältnismäßige Eingriffe in die Grundfreiheiten vorgenommen zu haben, sondern vielmehr, gegen solche Eingriffe von privater Seite nicht eingeschritten zu sein. Der Staat wechselt gleichsam die Seiten: Seine Rolle wandelt sich vom potentiellen Gegner der Grundfreiheiten zum Beschützer derselben[53]. Im Schrifttum wird teilweise der Begriff der Schutzpflicht auch in einem umfassenderen Sinne gebraucht (im Sinne etwa der Gewährleistung von Generationengerechtigkeit etc.[54]). Solchen Ausweitungsversuchen soll hier nicht weiter nachgegangen werden, sondern der im Folgenden zu umreißende Kernbereich der dogmatischen Figur der Schutzpflicht zugrunde gelegt werden.

Gefährdungen für die Grundfreiheiten können zum einen daraus resultieren, dass Einzelne exzessiven oder gar missbräuchlichen Gebrauch von ihren Grundfreiheiten machen und dadurch andere Marktbürger schädigen[55]. Denkbar sind des Weiteren Beeinträchtigungen etwa des freien Warenverkehrs (Art. 28 EG) durch den Gebrauch von Grundrechten wie z.B. der Meinungs- und Versammlungsfreiheit. So verhielt es sich beispielsweise in der Entscheidung „Schmidberger“[56], wo ein Umweltschutzverein gegen die durch den LKW-Transitverkehr ausgelösten Lärmbelästigungen und Umweltschäden an der Brennerautobahn protestierte. Wie die Entscheidung in der Rechtssache „Kommission / Frankreich“[57] allerdings deutlich macht, sind auch andere, auf den ersten Blick nicht zwingend von Grundrechten oder -freiheiten gedeckte Protest-, Blockade- und Zerstörungsaktionen Einzelner (im konkreten Fall von französischen Bauern zulasten spanischer Erzeugnisse) erhebliche Hindernisse für den freien Warenverkehr. Die Beispiele für Störungen der Grundfreiheiten durch Private lassen sich beliebig vermehren: Es mögen etwa Tierschutzorganisationen Streiks organisieren oder zum Boykott aufrufen, um den

---

52 Anschaulich die grafische Darstellung bei SCHINDLER, Kollision, S. 172 f; vgl. auch STOPPEL, Schutzpflichten, S. 15.

53 So zu den Grundrechten des GG prägnant STERN, StaatsR Bd. III/1, § 69 IV 5 α (S. 946).

54 So SZCZEKALLA, Schutzpflichten, S. 706, 865 f.

55 Dazu SZCZEKALLA, Schutzpflichten, S. 559 f.

56 EuGH 12.6.2003, Schmidberger, Rs. C-112/00, Slg. 2003, I-5659 = EuZW 2003, 592 m. Anm. B. KOCH = BayVBl. 2003, 621 m. Anm. LINDNER = ELF 2003, 187 m. Anm. LEIDENMÜHLER ebd., S. 185.

57 EuGH 9.12.1997, Kommission / Frankreich, Rs. C-265/95, Slg. 1997, I-6959.

Import von aus anderen Mitgliedstaaten stammenden Pelzen zu verhindern; eine Versicherungsgesellschaft möge höhere Prämienzahlungen für die Kraftfahrzeugversicherung von EG-Ausländern verlangen[58]; oder ein privater Arbeitgeber weigert sich systematisch, aus einem anderen Mitgliedstaat stammende Arbeitnehmer zu beschäftigen[59]. Jüngst hatte sich die Kommission mit diskriminierenden Bedingungen beim Verkauf von Flugtickets über das Internet auseinander zu setzen[60]. Auch die bevorzugte Belieferung inländischer Abnehmer mit Rohstoffen, wie sie unlängst anlässlich einer sich abzeichnenden Stahlknappheit angedacht wurde, ist in diesen Zusammenhang einzuordnen. Wie zahlreiche parlamentarische Anfragen belegen, sind Blockade- und Protestaktionen allerdings mit die praxisrelevantesten Fälle der Fragestellung[61]. Doch erhellen die genannten Beispiele zugleich, dass private Beeinträchtigungen der Grundfreiheiten nicht nur in Form faktischer Handlungen (Realakte) vorkommen, sondern auch Vertragsabschlüsse oder deren Verweigerung die Ausübung der Grundfreiheiten behindern können[62]. Schon dieser kurze Überblick zeigt ein Dilemma auf: Einerseits erfasst die Schutzpflicht

58 Es sei für die Zwecke dieser Betrachtung davon ausgegangen, dass die Versicherung keine beherrschende Stellung auf dem Gemeinsamen Markt i.S.d. Art. 82 EG innehat, so dass das Konkurrenzproblem zwischen dem Kartellrecht einerseits und den Grundfreiheiten andererseits vernachlässigt werden kann. In Deutschland ist eine solche Tarifgestaltung im Übrigen durch § 81e VAG untersagt.

59 Weitere Beispiele bei FORSTHOFF, EWS 2000, 389 und HINTERSTEININGER, Binnenmarkt, S. 186 (dort Fn. 588); dass solche offenen Diskriminierungen tatsächlich vorkommen, belegt etwa das Urteil des ArbG Wuppertal 10.12.2003, 3 Ca 4927/03, LAGE § 626 BGB 2002 Nr. 2 a, S. 1 ff. m. Anm. HOPPE/WEGE, LAGE § 626 BGB 2002 Nr. 2 a, S. 5.

60 Pressemitteilungen der Kommission v. 19.12.2003 (IP/03/1786) sowie v. 7.6.2004 (IP/04/720).

61 S. etwa die schriftl. Anfragen P-2422/00 des MdEP SUANZES-CARPEGNA (ABl. EG C 72 E v. 6.3.2001, S. 195); P-3079/00 des MdEP SJÖSTEDT (ABl. EG C 103 E v. 3.4.2001, S. 140); P-0842/01 des MdEP RUIZ (ABl. EG C 261 E v. 18.9.2001, S. 207); P-3024/01 des MdEP MAAT (ABl. EG C 115 E v. 16.5.2002, S. 214); P-1016/02 des MdEP STERCKX (ABl. EG C 205 E v. 29.8.2002, S. 247); E-2048/02 des MdEP DE CUE (ABl. EG C 309 E v. 12.12.2002, S. 194); P-3485/02 des MdEP DE CUE (ABl. EU C 110 E v. 08.05.2003, S. 215), jeweils gerichtet an die Kommission; gleiches geht aus dem Bericht der Kommission an den Rat und das EP über die Anwendung der VO 2679/98, KOM(2001) 160 endg. v. 22.3.2001 hervor, s. dort Anhang II, S. 18 f.; B. KOCH, Gewährleistungspflicht, S. 23 spricht insoweit zutreffend von einer „Europäisierung des Protestes“.

62 Vgl. auch PREEDY, Bindung, S. 55 f., 193, 211; zu Folgerungen aus der Unterscheidung zwischen beiden Kategorien s. 2. Teil, C III 2, S. 134 ff. u. 2. Teil, C IV 3, S. 164 f.

potentiell eine Vielfalt von Situationen. Sie stellt mithin ein flexibles Instrument dar, um auf Bedrohungen für die Grundfreiheiten von privater Seite reagieren zu können. Indes ist zu bedenken, dass zumindest ein Teil der soeben genannten Beispiele Ausfluss des Gebrauchmachens von der Privatautonomie der beteiligten Bürger oder Gruppen ist. Diese ist ebenso wie im nationalen Recht auch auf der Ebene der Gemeinschaft geschützt[63], so dass es eines Ausgleichs zwischen den widerstreitenden Rechtspositionen bedarf[64]. Auch wird man sich, insbesondere in prozessualer Hinsicht, die Frage vorzulegen haben, ob der beeinträchtigte Marktbürger nicht vor Inanspruchnahme des Staates unter Berufung auf die Schutzpflichten gehalten ist, zunächst selbst gegen den Störer vorzugehen[65].

II. Begriffsklärung: Zurechnung, Schutzpflicht und Drittwirkung

Voranzustellen ist der folgenden Rechtsprechungsanalyse jedoch noch eine Klärung der Begrifflichkeiten, die angesichts des divergierenden Sprachgebrauchs in der Diskussion um die Schutzpflichten im Gemeinschaftsrecht als geboten erscheint[66]. Die Problematik entzündet sich vor allem an der genauen Reichweite des Begriffs Zurechnung, also - generell gesprochen - an dem Handeln Privater und der Verantwortlichkeit des Staates hierfür nach Maßstäben des Gemeinschaftsrechts[67]. Es stellt sich namentlich die Frage, wann (1) davon gesprochen werden kann, dass das Verhalten Privater dem

---

63 Aus der Rechtsprechung am deutlichsten und mit Zuordnung zum Gemeinschaftsgrundrecht der Berufsfreiheit EuGH 10.7.1991, Neu u.a., verb. Rs. C-90/90 u. C-91/90, Slg. 1991, I-3617 Rn. 13; eher beiläufig EuGH 16.1.1979, Sukkerfabriken Nykøbing / Landwirtschaftsministerium, Rs. 151/78, Slg. 1979, 1 Rn. 20; EuGH 5.10.1999, Spanien / Kommission, Rs. C-240/97, Slg. 1999, I-6571 Rn. 99; EuG 18.9.1992, Automec / Kommission, Rs. T-24/90, Slg. 1992, II-2233, Rn. 51. Aus dem Schrifttum RENGELING, Grundrechtsschutz, S. 21 f.; KINGREEN, in: Calliess/Ruffert, EUV/EGV, Art. 6 EUV Rn. 133; HINTERSTEININGER, Binnenmarkt, S. 273 f.; HEINRICH, Freiheit, S. 158 ff.; vgl. auch BERNSDORFF, in: Meyer, GRCh, Art. 16 Rn. 11 f.; unklar SCHUBERT, Markt, S. 199 („von den Grundfreiheiten vorausgesetzt bzw. geschützt").

64 Vgl. insoweit auch KINGREEN, Struktur, S. 199.

65 Dazu näher unten 4. Teil, C IV 3 b), S. 338 ff.; 4. Teil, C IV 3 c) aa), S. 342 ff.

66 Eine Gesamtaufbereitung der hierdurch aufgeworfenen Rechtsfragen kann im Rahmen dieser Untersuchung nicht geleistet werden; im Folgenden soll daher eine rein terminologische Klarstellung erfolgen, die lediglich sprachliche „Stolpersteine" aus dem Weg zu räumen hat.

67 Aus anderem Blickwinkel WERNICKE, Privatwirkung, S. 23, der in den Fällen der Zurechnung zum Staat von einer Bindung des Privaten ausgeht; ein sachlicher Unterschied liegt hierin nicht begründet.

Staat zurechenbar ist, wann (2) eine Pflicht des Staates zum Einschreiten gegen von Privaten ausgehende Grundfreiheitsbeeinträchtigungen anzunehmen ist (Schutzpflicht) und in welchen Fällen es (3) gerechtfertigt ist, von einer Drittwirkung der Grundfreiheiten zu sprechen. Materielle Kriterien für die Zuordnung einer Fallkonstellation zum einen oder anderen der genannten Lösungsansätze bleiben späteren Überlegungen vorbehalten; hier kann es nur darum gehen, die Grundkonstellationen hinreichend zu verdeutlichen und eine Abgrenzung in sprachlicher Hinsicht zu ermöglichen. Daher soll im Folgenden erläutert werden, in welcher Weise die genannten Begriffe in dieser Arbeit Verwendung finden.

1. Zurechnung

Nicht zufällig ist es, wenn die Erörterung als Ausgangspunkt den Begriff der Zurechnung hat. Dessen Definition und Reichweite kann vorentscheidende Wirkung für die Einordnung einer bestimmten Beeinträchtigung als Schutzpflichtkonstellation oder als Anwendungsfall der abwehrrechtlichen Dimension der Grundfreiheiten haben[68]. Prinzipiell ist es möglich, Zurechnung in zweierlei Weise zu begreifen.

a) Weites Verständnis

Zum einen kann sie in einem weiten Sinne so verstanden werden, dass bereits dann von einer Zurechnung gesprochen wird, wenn ein Handeln Privater zu einer gemeinschaftsrechtlichen Verpflichtung eines Mitgliedstaats führt. Diese Betrachtungsweise klingt mitunter in der Rechtsprechung des Gerichtshofs und den Schlussanträgen der Generalanwälte an[69] und hätte zur Konsequenz, das jedwede Verantwortlichkeit des Mitgliedstaates, die im Zusammenhang mit Handlungen von Privatpersonen steht, vom Begriff der Zurechnung erfasst wäre. Eine Differenzierung nach Art des Verstoßes (Handeln oder Unterlassen) wäre entbehrlich; ebenso wenig käme es darauf an, ob der Staat die handelnden Privaten mit hoheitlichen Aufgaben betraut hat oder nicht. Auch

---

[68] Hier scheint eine Parallele zum Völkerrecht auf, wo es ebenso von der Frage der Zurechnung abhängt, ob das Handeln von natürlichen Personen die völkerrechtliche Verantwortlichkeit eines Staates auslöst, dazu näher HINTERSTEININGER, Binnenmarkt, S. 220 ff.

[69] Näheres hierzu im Rahmen der Rechtsprechungsauswertung unter 2. Teil, B II 4 a), S. 58; 2. Teil, B III 4, S. 61 sowie 2. Teil, B V 4 b), S. 81; aus der Literatur mit gleicher Tendenz etwa BRIGOLA, System, S. 48 f.

die bereits näher erläuterte Schutzpflichtkonstellation[70] wäre bei Befolgung einer solchen Terminologie als Anwendungsfall der Zurechnung zu begreifen.

b) Enges Verständnis

Eine engere Auslegung des Begriffs lässt sich dahingehend formulieren, dass von Zurechnung nur dort gesprochen wird, wo das Verhalten Privater von der Gemeinschaftsrechtsordnung[71] wie staatliches Handeln behandelt wird, weil eine Nähebeziehung zwischen Staat und Privatem besteht, die eine solche Zuordnung rechtfertigt[72]. Abzustellen wäre insoweit auf eine staatliche Lenkung oder sonstige bestimmende Einflussnahme auf die privaten Maßnahmen[73]. Folge hiervon wäre eine Verwendung des Begriffs der Zurechnung nur dort, wo eine solche besondere Einflussmöglichkeit des Staates feststellbar ist.

c) Stellungnahme

Gegenüber der soeben dargestellten weiten Auslegung von Zurechnung erscheint es vorliegend vorzugswürdig, von dem erörterten engeren Verständnis auszugehen, um eine klarere (auch terminologische) Trennung der verschiedenen Fallkonstellationen zu erreichen. Denn an die Entscheidung, ob eine Zurechnung einer Grundfreiheitsverletzung zum Staat oder ein Anwendungsfall der staatlichen Schutzpflicht vorliegt, ist jeweils die gewichtige Folgefrage nach dem Prüfungsmaßstab geknüpft. Bei als staatlich qualifiziertem Handeln aufgrund Zurechnung ist dieser Kontrollmaßstab jedenfalls strenger als bei schutzpflichtauslösender Untätigkeit, weil in den ersteren Fällen die Grundfreiheiten in ihrer ursprünglichen, gegen den Staat gerichteten Abwehrfunktion einschlägig sind, wie es auch aus der insoweit gefestigten Rechtsprechung des EuGH hervorgeht[74]. Im Falle der Schutzpflicht begeht der Staat al-

---

[70] Soeben 2. Teil, A I, S. 31 ff.

[71] Nur diese kann Maßstab für die Beurteilung der Zurechnungsfrage sein, weil andernfalls die einheitliche Anwendung des Gemeinschaftsrechts gefährdet wäre, vgl. B. KOCH, Gewährleistungspflicht, S. 208; s.a. BADURA, ZGR 1997, 291 (295); HAILBRONNER, NJW 1991, 593 (596) mit Blick auf Art. 86 EG bzw. die in Art. 39 Abs. 4 EG und Art. 45 EG statuierten Vorbehalte.

[72] Ähnlich HINTERSTEININGER, Binnenmarkt, S. 176; SCHINDLER, Kollision, S. 32 f.

[73] Vgl. BECKER, in: Schwarze, EU-Komm., Art. 28 EGV Rn. 87.

[74] EuGH 24.11.1982, Kommission / Irland, Rs. 249/81, Slg. 1982, 4005 Rn. 15 („Buy Irish"); EuGH 13.12.1983, Apple and Pear Development Council / Lewis, Rs. 222/82, Slg. 1983, 4083 Rn. 17; bestätigt in EuGH 7.2.1984, Jongeneel Kaas / Niederlande, Rs. 237/82, Slg. 1984, 483 Rn. 19; EuGH 12.12.1990, Hennen Olie, Rs. C-302/88, Slg. 1990, I-4625 Rn. 15 f.; EuGH 5.11.2002, Kommission / Deutschland, Rs. C-325/00, Slg. 2002, I-9977 Rn. 18 („CMA-Gütesiegel").

so einen eigenen Verstoß gegen Gemeinschaftsrecht (durch Unterlassen), im Falle der Zurechnung haftet er für fremde Verstöße wie für eigene kraft eines besonderen Zurechnungstatbestandes[75]. In einer weiten Auslegung liegt zudem aufgrund der dann allumfassenden Bedeutung von Zurechnung kein Erkenntnisgewinn; eine Abgrenzungsfunktion könnte das Kriterium nicht mehr leisten. Demnach wird im Folgenden von Zurechnung nur dann die Rede sein, wenn eine besondere (noch näher zu qualifizierende) Einflussnahme des Staates auf das Handeln Privater vorliegt, die dieses Handeln als staatlich erscheinen lässt.

2. Schutzpflicht und Drittwirkung

Der Begriff der Schutzpflicht und einschlägige Konstellationen wurden bereits behandelt[76]; wenn außerdem im Folgenden von einer (unmittelbaren) Drittwirkung der Grundfreiheiten die Rede ist, so bezeichnet dies das Phänomen, dass die Grundfreiheiten des EG-Vertrages unmittelbar zwischen Privatpersonen Geltung beanspruchen und diese binden[77], also durchaus im Sinne der entsprechenden Begrifflichkeit in der deutschen Grundrechtsdogmatik[78]. Im Zusammenhang mit dem Begriff „Schutzpflicht" ist darauf hinzuweisen, dass dieser vorliegend dazu verwendet wird, das generelle Konzept einer Verpflichtung der Staaten zum Einschreiten gegen private Beeinträchtigungen der Grundfreiheiten zu kennzeichnen. Dabei ist stets zu beachten, dass von einer strikten Handlungspflicht für den Mitgliedstaat nach der hier zugrunde gelegten Begrifflichkeit erst dann gesprochen werden kann, wenn das unterlassene Einschreiten des Mitgliedstaats nicht gerechtfertigt werden kann; vorher besteht noch keine hinreichend konkretisierte und verbindliche Pflicht des Mitgliedstaates. Abgesehen wird davon, alternative Bezeichnungen wie etwa „Gewährleistungspflicht"[79] oder „Handlungsaufträge" einzuführen.

---

[75] Diese Trennung übersieht NOVAK, ELR 1998, 7 (8); wie hier HINTERSTEININGER, Binnenmarkt, S. 221 m. Fn. 683; PARPART, Bindung, S. 303; für eine Abgrenzung von Schutzpflicht und Zurechnung wohl auch JAECKEL, Schutzpflichten, S. 233 f.; B. KOCH, Gewährleistungspflicht, S. 79 f.; 89 ff.; für den Bereich der Menschenrechte ebenso WIESBROCK, Schutz, S. 200 f.

[76] Soeben 2. Teil, A I, S. 31 ff.

[77] Diese wird teilweise auch als „Horizontalwirkung" (so u.a. REICH, Bürgerrechte, S. 74) bezeichnet; vgl. weiter zur Terminologie JAENSCH, Drittwirkung, S. 28 f.

[78] S. nur STERN, Staatsrecht Bd. III/1, § 76 II 1 (S. 1538).

[79] So die Terminologie bei B. KOCH, Gewährleistungspflicht, S. 50, 70 und öfter.

B. Die Rechtsprechung des EuGH zu Schutzpflichten

Die kurze tour d'horizon hat einige Probleme und Unklarheiten der Schutzpflichtendogmatik bereits angerissen. Für die folgende Untersuchung bietet es sich nunmehr an, eine Analyse der einschlägigen Rechtsprechung des Gerichtshofs sowie der Rezeption dieser Rechtsprechung in den Schlussanträgen der Generalanwälte vorzunehmen. Ziel dieses Abschnitts ist es, herauszuarbeiten, ob und inwieweit auf der Basis der bisher ergangenen Judikate bereits auf eine feste dogmatische Struktur der grundfreiheitlichen Schutzpflicht zurückgegriffen werden kann. Dabei gilt das Interesse, wie schon angedeutet[80], nicht der dogmatischen Herleitung der Schutzpflichten, sondern vielmehr ihrer Handhabung und einzelnen Tatbestandsvoraussetzungen. Um spätere Wiederholungen zu vermeiden, liegt das Augenmerk auch schon in diesem Abschnitt auf haftungsrechtlichen Aussagen der Urteile. Die Darstellung folgt dabei dem Schema Sachverhaltsdarstellung, Mitteilung der tragenden Urteilsgründe (soweit für die Schutzpflicht von Interesse) und Auswertung dieser Urteilsgründe. Entsprechend wird mit den Schlussanträgen der Generalanwälte verfahren.

I. Rs. C-265/95 - Kommission / Frankreich

In erstaunlicher Parallelität zur Entwicklung der Schutzpflichten aus dem Grundgesetz im deutschen Recht, die erst ab 1975 verstärkt in den Blickpunkt rückten[81], stand auch im Gemeinschaftsrecht die schutzrechtliche Dimension der Grundfreiheiten lange Zeit zurück. Konstellationen, in denen Beeinträchtigungen der Grundfreiheiten von privater Seite ausgingen, löste der Gerichtshof zunächst jedenfalls im Bereich der Personenverkehrsfreiheiten mit der Rechtsfigur der unmittelbaren Drittwirkung. Teilweise blieb dies auf vom EuGH so genannte „kollektive Regelungen" beschränkt, also Fälle, in denen ein Verband normgeberisch tätig war[82]. Neuere Rechtsprechung[83] scheint aber

---

[80] Oben 1. Teil, A, S. 22.

[81] Ausgehend von BVerfG 25.2.1975, 1 BvF 1-6/74, BVerfGE 39, 1 befasst sich eine kaum noch zu überschauende Fülle von Publikationen bis in die jüngste Zeit mit dem Problem der Schutzpflichten, monographisch beispielsweise aus jüngerer Zeit C. CALLIESS, Rechtsstaat, S. 307 ff.; DOLDERER, Grundrechtsgehalte, S. 177 ff.; TH. KOCH, Grundrechtsschutz, S. 306 ff.; JAECKEL, Schutzpflichten, S. 47 ff.; SZCZEKALLA, Schutzpflichten, S. 99; E. KLEIN, NJW 1989, 1633; weitere Nachweise zur Literatur oben Fn. 7, S. 21.

[82] So insbesondere für Art. 49 EG EuGH 12.12.1974, Walrave / Union Cycliste International, Rs. 36/74, Slg. 1974, 1405 Rn. 16/19 (Radsportverband); EuGH 14.7.1976, Donà / Mantero, Rs. 13/76, Slg. 1976, 1333 Rn. 17/18 (Fußballverband);

zumindest für Art. 39 EG in Richtung zumindest einer Aufweichung, wenn nicht Aufgabe, des Erfordernisses einer „kollektiven Regelung" zu deuten, so dass in diesem Bereich womöglich von einer Drittwirkung auch gegenüber Einzelpersonen gesprochen werden kann[84]. Nach dieser Dominanz der Drittwirkung entwickelte der EuGH erstmals im Dezember des Jahres 1997 die mitgliedstaatlichen Handlungspflichten zum Schutze der Grundfreiheiten vor nichtstaatlichen Beeinträchtigungen.

1. Sachverhalt

Äußerer Anlass für das Urteil in dieser Rechtssache waren Ausschreitungen französischer Landwirte bereits seit dem Jahr 1985. Diese sahen ihre Absatzmöglichkeiten für diverse landwirtschaftliche Produkte durch Importe gefährdet und fürchteten einen Preisverfall durch Überangebote. Um daher die Einfuhr dieser Erzeugnisse zu unterbinden, organisierten die Landwirte Störmaßnahmen, die mehrere Komponenten beinhalteten: So wurden zunächst - überwiegend an Mautstellen - Lastwagen, die entsprechende Güter transportierten, von den Landwirten angehalten, die Ladung geplündert und vernichtet sowie die Fahrer bedroht. Zudem hatte sich eine Organisation der französischen Landwirte namens „Coordination rurale" gebildet, die in den Worten der Kommission[85] „Bedrohungs- und Erpressungsaktionen" gegenüber Groß- und Einzelhändlern initiierte, um diese zum Kauf nur inländischer Produkte zu zwingen. Des Weiteren wurde versucht, Mindestverkaufspreise für die französischen Erzeugnisse durchzusetzen. Insbesondere die Vernichtungsaktionen nahmen im Laufe der Zeit immer exzessivere Ausmaße an[86].

EuGH 11.04.2000, Deliège, verb. Rs. C-51/96 u. C-191/97, Slg. 2000, I-2549 Rn. 47 (Judoverband); EuGH 19.2.2002, Wouters u.a., Rs. C-309/99, Slg. 2002, I-1577 Rn. 120; zu Art. 39 EG EuGH 15.12.1995, Bosman, Rs. C-415/93, Slg. 1995, I-4921 Rn. 82 (wiederum Fußballverband); EuGH 13.4.2000, Lehtonen und Castors Braine, Rs. C-176/96, Slg. 2000, I-2681 Rn. 35 (Basketballverband). Analyse dieser und weiterer einschlägiger Urteile bei PARPART, Bindung, S. 87 ff.; knappe Darstellung bei GANTEN, Drittwirkung, S. 45 ff.

83 EuGH 6.6.2000, Angonese, Rs. C-281/98, Slg. 2000, I-4139 Rn. 36.

84 Vgl. BRECHMANN, in: Calliess/Ruffert, EUV / EGV, Art. 39 EGV Rn. 51; RANDELZHOFER/FORSTHOFF, in: Grabitz/Hilf, Recht der EU, vor Art. 39 - 55 EGV Rn. 72 (Stand: Mai 2001); FRANZEN, in: Streinz, EUV / EGV, Art. 39 EGV Rn. 96; KÖRBER, EuR 2000, 932 (945).

85 Klageschrift der Kommission, Tz. 5, wiedergegeben in den Schlussanträgen von GA LENZ, Rs. C-265/95 ab Tz. 2.

86 In der Klageschrift der Kommission (vorige Fn.), Tz. 4 wird von der Vernichtung von rund 800 Tonnen Erdbeeren im Jahr 1994 berichtet.

Ursprungsländer der Importgüter waren hauptsächlich Spanien und Belgien, auch italienische und dänische Erzeugnisse waren betroffen. Trotz dieser Vorkommnisse und diverser Hinweise und Aufforderungen der Kommission an den französischen Staat, seine Sicherheitskräfte zur Unterbindung dieser Angriffe anzuhalten, ergab sich keine substantielle Verbesserung. Im August 1995 leitete die Kommission daher ein Vertragsverletzungsverfahren nach Art. 226 EG ein, gerichtet auf die Feststellung, die Französische Republik habe dadurch gegen Art. 28 EG in Verbindung mit Art. 10 EG verstoßen, dass sie nicht alle erforderlichen und angemessenen Maßnahmen ergriffen hatte, um zu verhindern, dass der freie Warenverkehr durch die Handlungen von Privatpersonen beeinträchtigt wurde[87].

2. Urteil und Schlussanträge GA *Lenz*

Der EuGH entschied zugunsten der Kommission und stellte entsprechend deren Antrag einen Verstoß der Französischen Republik gegen Art. 28 EG in Verbindung mit Art. 10 EG fest[88], wie es auch GA *Lenz* vorgeschlagen hatte[89]. In einem ersten Schritt hob der Gerichtshof die grundlegende Bedeutung des Art. 28 EG für die Verwirklichung des Binnenmarktes (vgl. Art. 14 Abs. 2 EG) hervor[90] und folgerte hieraus, dass die Vorschriften über den freien Warenverkehr nicht nur auf den Staat zurückzuführende Handlungen untersagten, welche die innergemeinschaftlichen Handelsströme beeinträchtigen könnten, sondern auch dann zur Anwendung kämen, wenn ein Mitgliedstaat es unterlasse, gegen nichtstaatliche Beeinträchtigungen des freien Warenverkehrs einzuschreiten[91]. Für die Erstreckung des Art. 28 EG auf staatliches Unterlassen stellte der Gerichtshof sodann auf ein teleologisches Argument ab: Der innergemeinschaftliche Handelsverkehr könne in gleicher Weise wie durch eine Handlung des Staates auch durch ein Untätigbleiben desselben beeinträchtigt werden, wenn Privatpersonen Handelshemmnisse auf seinem Gebiet errichteten[92]. Ferner nahm der EuGH ergänzend Bezug auf die Vorschrift des Art. 10 EG, die er in Verbindung mit Art. 28 EG als Grundlage der Verpflichtung der Mitgliedstaaten ansah, in ihrem Gebiet alle zum Schutze des freien Waren-

---

87 Daneben wurde Frankreich auch ein Verstoß gegen die gemeinsame Marktorganisation für landwirtschaftliche Erzeugnisse vorgeworfen.

88 EuGH 9.12.1997, Kommission / Frankreich, Rs. C-265/95, Slg. 1997, I-6959 Rn. 66 (in diesem Abschnitt nur als Rs. C-265/95 zitiert).

89 GA Lenz, Schl.-Antr. Rs. C-265/95, Tz. 79.

90 Rs. C-265/95, Rn. 24 f.

91 Rs. C-265/95, Rn. 30.

92 Rs. C-265/95, Rn. 31.

verkehrs erforderlichen und geeigneten Maßnahmen zu ergreifen[93]. Diese Verbindung der beiden Normen hatte auch GA *Lenz* als entscheidend angesehen[94], der zudem auf die praktische Wirksamkeit des Art. 28 EG verwies[95].

Nachdem der EuGH auf diese Weise den Boden für einen möglichen Verstoß gegen Art. 28 EG in Verbindung mit Art. 10 EG bereitet hatte, würdigte der Gerichtshof im Einzelnen die von Frankreich ergriffenen Maßnahmen, um festzustellen, ob ein solcher Verstoß tatsächlich vorlag. Hierzu wies er in kompetenzieller Hinsicht darauf hin, dass die Aufrechterhaltung der öffentlichen Sicherheit und Ordnung in der alleinigen Zuständigkeit der Mitgliedstaaten verblieben sei, weswegen diese über ein Ermessen in diesem Bereich verfügten[96]. Hinsichtlich seiner Kontrolldichte strukturierte er die sich anschließende Prüfung weiterhin mit einem Hinweis darauf, dass es „nicht Sache der Gemeinschaftsorgane [sei], sich an die Stelle der Mitgliedstaaten zu setzen und ihnen vorzuschreiben, welche Maßnahmen sie erlassen und tatsächlich anwenden [müssten]“[97]. GA *Lenz* hatte diesbezüglich ausgeführt, man dürfe in der Konstellation der Grundfreiheitenbeeinträchtigung durch Private nicht vom Mitgliedstaat verlangen, dass dieser ein bestimmtes Ergebnis sicherstelle (obligation de résultat); er sei lediglich verpflichtet, die „zur Herbeiführung dieses Ziels erforderlichen Schritte“ zu unternehmen (obligation de moyens)[98].

Die Qualifizierung der Übergriffe durch französische Bauern als Handelshemmnis im Sinne des Art. 28 EG bereitete dem EuGH dabei keine größeren Probleme, zumal auch Frankreich die Angriffe auf Transporte landwirtschaftlicher Produkte aus anderen Mitgliedstaaten nicht bestritt[99]. Deswegen konnte der Gerichtshof sich nun der Frage zuwenden, ob die französische Regierung ausreichende und geeignete Maßnahmen angesichts der genannten Ereignisse ergriffen hatte. Von Bedeutung waren für den EuGH hier zunächst die Zeiträume, in denen die Überfälle auf Lkw sowie Groß- und Einzelhandel stattfanden. Den Umstand, dass die Kommission bereits 1985 ein Mahnschreiben an Frankreich gerichtet hatte und somit die Ordnungsbehörden bis 1997 genug Zeit hatten, geeignete Maßnahmen zu ergreifen[100], wertete er ebenso zu-

---

[93] Rs. C-265/95, Rn. 32.
[94] GA LENZ, Schl.-Antr. Rs. C-265/95, Tz. 41.
[95] GA LENZ, Schl.-Antr. Rs. C-265/95, Tz. 43.
[96] Rs. C-265/95, Rn. 33.
[97] Rs. C-265/95, Rn. 34.
[98] GA LENZ, Schl.-Antr. Rs. C-265/95, Tz. 45.
[99] Rs. C-265/95, Rn. 37 f.
[100] Rs. C-265/95, Rn. 41 f.

lasten des Klagegegners wie das wiederholte Auftreten dieser Vorkommnisse zu bestimmten Jahreszeiten[101]. Hinsichtlich der strafrechtlichen Verfolgung durch die zuständigen Behörden Frankreichs wurde bemängelt, dass diese trotz hinreichender Erkenntnisquellen durch Fernsehaufnahmen nicht konsequent durchgeführt wurde[102]. Gleiches galt nach Ansicht des Gerichtshofs für die präventiv-polizeilichen Aktivitäten der Ordnungsbehörden - trotz vorheriger Kenntnis von Zerstörungsaktionen und zahlenmäßiger Überlegenheit schritten diese nicht ein[103]. In den Worten des EuGH entstand hierdurch eine „Atmosphäre der Unsicherheit, die sich auf die gesamten Handelsströme nachteilig [auswirke]“[104]. Zusammenfassend stellte er fest, dass die von Frankreich zur Abwehr gegen die Übergriffe der Landwirte getroffenen Maßnahmen offenkundig nicht ausreichten, um den freien innergemeinschaftlichen Handel zu gewährleisten[105].

Den Einwand Frankreichs, das Untätigbleiben der Behörden sei deswegen gerechtfertigt, weil ansonsten noch stärkere Unruhen zu besorgen gewesen wären, wies der EuGH zurück, denn die Befürchtung interner Schwierigkeiten in einem Mitgliedstaat dürfe nicht die korrekte Anwendung des Gemeinschaftsrechts beeinträchtigen[106]. Eine Ausnahme von diesem Grundsatz sei nur dann möglich, wenn der Staat nachweise, dass ansonsten konkrete Gefahren für die öffentliche Ordnung drohten, die er mit seinen Mitteln nicht zu bewältigen imstande sei; auch könne diese Ausnahme jedenfalls nur für Einzelvorkommnisse gelten, nicht aber für alle Unterlassungen durch die Ordnungskräfte[107]. Die durch Frankreich gewährte Zahlung einer verschuldensunabhängigen Entschädigung für die Opfer der Landwirte sei zwar geeignet, den Schaden der Betroffenen zu mindern, könne aber ebenfalls nicht die Vertragsverletzung beseitigen[108]. Schließlich verteidigte sich die Französische Republik mit der schwierigen Lage des französischen Marktes für Obst und Gemüse seit dem Beitritt Spaniens, was nach Ansicht des Gerichtshof aber als wirtschaftlicher Grund anzusehen war, der im Rahmen des Art. 28 EG nicht anzuerken-

---

101 Rs. C-265/95, Rn. 45.
102 Rs. C-265/95, Rn. 49 f.
103 Rs. C-265/95, Rn. 48.
104 Rs. C-265/95, Rn. 53.
105 Rs. C-265/95, Rn. 52; ebenso die Folgerung von GA LENZ, Schl.-Antr. Rs. C-265/95, Tz. 66, 76.
106 Rs. C-265/95, Rn. 55, unter Hinweis auf EuGH 7.12.1995, Kommission / Frankreich, Rs. C-52/95, Slg. 1995, I-4443 Rn. 38.
107 Rs. C-265/95, Rn. 56, 58.
108 Rs. C-265/95, Rn. 60.

nen sei[109]. Der ebenfalls vorgebrachte „tu quoque“-Einwand Frankreichs, spanische Erzeuger hätten sich unlauter bzw. gemeinschaftsrechtswidrig verhalten und dadurch die schwierige Situation erst herbeigeführt[110], blieb desgleichen unberücksichtigt, da der EuGH im Fall „Hedley Lomas“ bereits die Unzulässigkeit einseitiger Maßnahmen der Mitgliedstaaten, um Gemeinschaftsrechtsverletzungen durch andere Mitgliedstaaten zu sanktionieren, ausgesprochen hatte[111].

Angesichts des Mangels an Rechtfertigungsgründen für das unterlassene Einschreiten der französischen Behörden stellte der Gerichtshof abschließend fest, die französische Regierung habe sich „offenkundig und beharrlich geweigert, ausreichende und geeignete Maßnahmen zu ergreifen“[112], um die Angriffe auf Obst- und Gemüsetransporte zu verhindern.

3. Auswertung

Die grundlegende Bedeutung der Entscheidung für die Entwicklung von Schutzpflichten lässt es angeraten erscheinen, bei der Herausarbeitung verallgemeinerungsfähiger Aussagen zwischen verschiedenen Themenkomplexen zu trennen.

a) Zur Herleitung der Schutzpflicht

Zunächst ist in diesem Zusammenhang die Frage abzuschichten, ob sich aus den Vorschriften über den freien Warenverkehr Handlungspflichten der Mitgliedstaaten ergeben, wenn diese Gewährleistungen des Vertrages durch Private beeinträchtigt werden.

aa) Grundsätzliche Anerkennung der Schutzpflicht

Getreu der oben[113] mitgeteilten Einschränkung der Arbeit wird dieser Themenkreis nicht noch einmal eingehend dargestellt, sondern im Einklang mit der dargestellten Entscheidung davon ausgegangen, dass eine schutzrechtliche Dimension zumindest der Vorschriften über den freien Warenverkehr[114] exis-

---

109 Rs. C-265/95, Rn. 62 unter Hinweis auf EuGH 11.6.1985, Kommission / Irland, Rs. 288/83, Slg. 1985, 1761 Rn. 28.

110 Rs. C-265/95, Rn. 63.

111 Rs. C-265/95, Rn. 63 f. unter Hinweis auf EuGH 23.5.1996, Hedley Lomas, Rs. C-5/94, Slg. 1996, I-2553 Rn. 20.

112 So wörtlich Rs. C-265/95, Rn. 65.

113 S. 1. Teil, A, S. 22.

114 Zur Frage der Übertragbarkeit auf die anderen Grundfreiheiten s. 2. Teil, C VI 1 u. 2, S. 180 ff. u. 186 f.

tiert[115]. Argument hierfür ist vor allem, dass sich Untätigkeit seitens des Staates gegenüber von Privaten errichteten Handelshemmnissen in gleicher Weise grundfreiheitsbeschränkend auswirken kann wie staatlich errichtete Hindernisse[116]. Dies hat umso mehr zu gelten, als der Organisationsgrad von Protestbewegungen stetig zunimmt und die Koordination von gezielten Boykottaktionen durch moderne Kommunikationsmittel wie etwa das Internet oder Mobiltelefone erheblich erleichtert wird. Hierdurch können etwa Aufrufe, bestimmte ausländische Produkte nicht zu kaufen oder gezielte Angriffe auf Importwaren wie in der „Kommission / Frankreich"-Entscheidung ein Mehr an Schlagkraft gewinnen, das die Wirkungsgleichheit mit staatlichen Maßnahmen erkennen lässt. Nun ließe sich dieser Gesichtspunkt der Wirkungsgleichheit selbstverständlich auch für die Annahme einer unmittelbaren Drittwirkung fruchtbar machen. Speziell für die Warenverkehrsfreiheit kommt aber hinzu, dass der EuGH sich (nach anfänglichen Unsicherheiten[117]) darauf festgelegt hat, dass Art. 28 EG keine direkte Anwendung auf Maßnahmen Privater findet[118]. Akzeptiert man dies und hätte die Wirkung des Art. 28 EG hiermit ihr Bewenden, ergäbe sich eine empfindliche Schutzlücke in den nicht

---

115 Ebenso die überwiegende Ansicht im Schrifttum, vgl. BIRK, FS BAG, S. 1165 (1174); BLECKMANN, NVwZ 1993, 824 (827) (jetzt wohl anders BLECKMANN, in: ders., EuropaR, Rn. 1517); BURGI, EWS 1999, 327 (329); FRENZ, EuR 2002, 603 (605); HILF/STAEBE, in: E. Klein (Hrsg.), Duty, S. 211 (229); JARVIS, 35 CMLRev. (1998), 1371 (1383); KADELBACH/PETERSEN, EuGRZ 2002, 213 (214); KAINER, JuS 2000, 431 (436); KÜHLING, NJW 1999, 403 (404); LEIDENMÜHLER, ELF 2003, 185 (187) (mit Vorbehalten); LINDNER, BayVBl. 2003, 623 (625); MEIER, EuZW 1998, 87; MEURER, EWS 1998, 196 (198); MUYLLE, ELRev. 1998, 467 (470); REMMERT, Jura 2003, 13 (17); SCHÄRF, EuZW 1998, 617 (618); SCHWARZE, EuR 1998, 53 (54); SZCZEKALLA, DVBl. 1998, 219 (223); HINTERSTEININGER, Binnenmarkt, S. 216 f.; JAECKEL, Schutzpflichten, S. 242; KINGREEN, Struktur, S. 199; KÖRBER, Grundfreiheiten, S. 390; MOJZESOWICZ, Möglichkeiten, S. 147; SZCZEKALLA, Schutzpflichten, S. 640 f.; HARATSCH/KOENIG/PECHSTEIN, EuropaR, Rn. 694; STREINZ, EuropaR, Rn. 709; SCHROEDER, in: Streinz, EUV / EGV, Art. 28 EGV Rn. 26; EPINEY, in: Calliess/Ruffert, EUV / EGV, Art. 28 Rn. 51; BECKER, in: Schwarze, EU-Komm., Art. 28 EGV Rn. 12 f.; anders GANTEN, Drittwirkung, S. 71; B. KOCH, Gewährleistungspflicht, S. 161; PARPART, Bindung, S. 309.

116 Überzeugend Rs. C-265/95, Rn. 30.

117 Zur Analyse der für einschlägig gehaltenen Rechtsprechung s. nur GANTEN, Drittwirkung, S. 34 ff.; SCHINDLER, Kollision, S.78 ff.

118 EuGH 1.10.1987, VVR / Sociale Dienst van de Plaatselijke en Gewestelijke Overheidsdiensten, Rs. 311/85, Slg. 1987, 3801 Rn. 30; EuGH 27.9.1988, Bayer u.a. / Süllhöfer, Rs. 65/86, Slg. 1988, 5249 Rn. 12 f.

seltenen vorkommenden Fallkonstellationen der Grundfreiheitsbeeinträchtigung durch Private.

In teleologischer Hinsicht lässt sich insoweit auch der Grundsatz der praktischen Wirksamkeit des Gemeinschaftsrechts („effet utile") anführen, der verlangt, Gemeinschaftsnormen so auszulegen, dass sie ihre volle Wirkung entfalten können[119]. Das Konzept der Schutzpflicht der Mitgliedstaaten zur Sicherstellung des freien Warenverkehrs erweist sich insbesondere zur Schließung der genannten Schutzlücke als überzeugendes Instrument[120], um dieser Forderung gerecht zu werden[121]. Es erscheint angesichts der ansonsten recht häufigen Berufung des EuGH auf das Prinzip der praktischen Wirksamkeit des EG-Rechts geradezu überraschend, dass sich in der Urteilsbegründung keine eindeutige Bezugnahme auf den „effet utile" findet; lediglich in einigen Passagen deuten Formulierungen auf diesen Topos hin[122]. Weiter wird in der Literatur zu Recht darauf hingewiesen[123], dass die Annahme einer Schutzpflicht des betreffenden Mitgliedstaats nicht nur im Verhältnis Staat / Bürger Vorteile aufweist, sondern ebenso in kompetenzieller Hinsicht vorzugswürdig ist. Denn im Verhältnis zur Gemeinschaft (vertikale Gewaltenteilung) behält der Mitgliedstaat eine Einschätzungsprärogative[124], wie er gegen Bedrohungen der Grundfreiheiten im Bürger / Bürger-Verhältnis vorgehen will[125]. Hier sieht sich der EuGH zwar als letztverbindliches Kontrollorgan, jedoch ist diese Kontrolle eine eingeschränkte[126]. Das trägt dem in Art. 5 EG

---

119 Ständige Rechtsprechung, vgl. nur EuGH 6.10.1970, Grad / Finanzamt Traunstein, Rs. 9/70, Slg. 1970, 825 Rn. 5; EuGH 19.11.1991, Francovich u.a., verb. Rs. C-6 u. C-9/90, Slg. 1991, I-5357 Rn. 32; s. zu Fallgruppen STREINZ, FS Everling Bd. 2, S. 1491 (1492 ff.); SCHWARZE, in: ders., EU-Komm., Art. 220 EGV Rn. 29.

120 Zum Verhältnis zur unmittelbaren Drittwirkung s. 2. Teil, C VI 3, S. 189 ff.

121 GA LENZ verwies in seinen Schlussanträgen anders als der EuGH eindeutig auf die praktische Wirksamkeit, vgl. 2. Teil, B I 2, S. 42; ebenso KAINER, JuS 2000, 431 (433); HINTERSTEININGER, Binnenmarkt, S. 215 f.

122 Rs. C-265/95, Rn. 55: Die „korrekte Anwendung des Gemeinschaftsrechts" dürfe nicht unterlassen werden; Rn. 56: Der Mitgliedstaat habe „die volle, wirksame und korrekte Anwendung des Gemeinschaftsrechts ... sicherzustellen"; allerdings beziehen sich diese Erwägungen auf die Ebene der Rechtfertigung und werden nicht zur Begründung der Schutzpflicht herangezogen.

123 Vgl. BURGI, EWS 1999, 327 (329); JAECKEL, Schutzpflichten, S. 238 f.; kritisch aber PREEDY, Bindung, S. 66 f.

124 Zu ihren Grenzen und näheren Konturierung vor allem 2. Teil, C IV, S. 149 ff.

125 Vgl. MEURER, EWS 1998, 196 (197), der die Beziehung Mitgliedstaat / Gemeinschaft indes als horizontale einstuft (wie hier in der Terminologie MÜHL, Diskriminierung, S. 143 f.); SCHWARZE, EuR 1998, 53 (58); JAECKEL, Schutzpflichten, S. 239.

126 S. Rs. C-265/95, Rn. 34 f.

verankerten Subsidiaritätsgedanken (im weiteren Sinn)[127] Rechnung, indem den nationalen Behörden und den sie kontrollierenden Gerichten ein Einschätzungsspielraum zugestanden wird. Auf der nationalen Ebene bleibt so auch das Gleichgewicht zwischen Judikative und Legislative gewahrt. Das hat seinen Grund darin, dass die Schutzpflicht zu ihrer Aktualisierung in der Regel des Erlasses von Vorschriften durch den parlamentarischen Gesetzgeber bedarf, welcher wiederum der Exekutive rechtliche Handlungsinstrumente an die Hand gibt, um Schutzmaßnahmen ergreifen zu können. Auf diese Weise wird verhindert, dass den Gerichten die Rolle des Normgebers zufällt[128].

Dagegen erscheint der Rekurs auf den konstitutiven Charakter des Art. 28 EG für die Verwirklichung des Binnenmarktes als dogmatische Stütze[129] für sich allein als nicht hinreichend: Denn warum sollte den Personenverkehrsfreiheiten, die in Art. 14 Abs. 2 EG gleichrangig neben dem freien Warenverkehr genannt sind, dieser konstitutive Charakter nicht zukommen? Nimmt man aber Gleichrangigkeit an, ist es aus der Perspektive des EuGH nicht stringent, für die Personenverkehrsfreiheiten eine unmittelbare Drittwirkung derselben im Privatrechtsverkehr anzunehmen. Dieser Aspekt ist also aufgrund seiner vielseitigen - man könnte sagen: beliebigen - Einsetzbarkeit für jedes Ergebnis für die Begründung der Schutzpflicht zu vernachlässigen. Nach alldem ist festzuhalten, dass überzeugende Gründe für eine Schutzpflichtdimension der Vorschriften über den freien Warenverkehr sprechen.

bb) Zu klärende Fragen

Fraglich ist hingegen - insoweit ist die dogmatische Grundlage der Schutzpflicht für die hiesige Untersuchung von Bedeutung - ob Art. 28 EG als alleinige Basis für die Schutzpflicht dienen kann, oder ob, wie der EuGH meint, Art. 10 EG zusätzlich herangezogen werden muss. Sollte Letzteres der Fall sein, kann dies Auswirkungen auf die Einordnung der Schutzdimension der Grundfreiheiten als unmittelbar anwendbare Vorschriften haben; denn es entspricht der EuGH-Rechtsprechung, dass außerhalb von eindeutigen Stillhalteverpflichtungen und Durchführungsverboten, wozu die Schutzpflichten nicht zählen, justitiable Pflichten aus Art. 10 EG erst durch Konkretisierung anhand anderer Vertragsvorschriften oder der Systematik des Vertrages gewonnen

---

127 Vgl. CALLIESS, in: ders./Ruffert, EUV / EGV, Art. 5 EGV Rn. 3.

128 BURGI, EWS 1999, 327 (330); zustimmend STOPPEL, Schutzpflichten, S. 260; ebenso STREINZ, EuropaR, Rn. 707 u. DERS./LEIBLE, EuZW 2000, 459 (466).

129 So Rs. C-265/95, Rn. 30; dem EuGH offenbar zustimmend JAECKEL, Schutzpflichten, S. 238 mit Fn. 278.

werden können[130]. Für den Gerichtshof hatte dies im vorliegenden Urteil noch keine größere Relevanz, da kein Individualrechtsschutzverfahren angestrengt war, sondern ein Vertragsverletzungsverfahren nach Art. 226 EG, bei dem es sich um ein objektiv-rechtliches Verfahren handelt, das die Beeinträchtigung subjektiver Rechte nicht erfordert[131]. Dieser Frage ist - getrennt nach der Erörterung der Notwendigkeit des Rückgriffs auf Art. 10 EG einerseits und den Voraussetzungen der unmittelbaren Anwendbarkeit andererseits - noch nachzugehen[132].

b) Aussagen zu Einzelaspekten der Schutzpflicht

Wie bereits erwähnt, ist die Entscheidung in der Sache „Kommission / Frankreich" das erste Urteil des EuGH, in dem dieser das Konzept der Schutzpflichten entwickelte. Demgemäss verwundert es nicht, dass sich dem Urteil definitive Aussagen zur Struktur der Schutzpflichten nicht entnehmen lassen. Indes finden sich gewisse Hinweise, die zu einer Konturierung dieses Instituts beitragen können.

aa) Die Prüfungsstruktur

Von Interesse ist zunächst der Aufbau der Schutzpflichtprüfung durch den Gerichtshof. Hier lassen sich durchaus Parallelen zum normalerweise praktizierten Prüfungsablauf in abwehrrechtlichen Fällen[133] feststellen, bei dem der EuGH in der Regel nach folgendem Muster vorgeht: (1) Eröffnung des Anwendungsbereichs des Art. 28 EG, insbesondere Vorliegen einer Maßnahme gleicher Wirkung[134]; (2) Rechtfertigung dieser Maßnahme aufgrund von Art. 30 EG oder nach Maßgabe der in der sog. „Cassis de Dijon"-

---

130 Vgl. EuGH 8.6.1971, Deutsche Grammophon / Metro, Rs. 78/70, Slg. 1971, 487 Rn. 5; EuGH 12.7.1973, Geddo / Ente nazionale risi, Rs. 2/73, Slg. 1973, 865 Rn. 4; s.a. KAHL, in: Calliess/Ruffert, EUV / EGV, Art. 10 EGV Rn. 16.

131 Vgl. P. KARPENSTEIN/U. KARPENSTEIN, in: Grabitz/Hilf, Recht der EU, Art. 226 EGV Rn. 6 (Stand: Okt. 1999); EHRICKE, in: Streinz, EUV / EGV, Art. 226 EGV Rn. 1.

132 S. 2. Teil, C I, S. 99 ff. zu Art. 10 EG; 2. Teil, C II, S. 106 ff. zur unmittelbaren Anwendbarkeit.

133 Beispielhaft etwa EuGH 11.7.1974, Dassonville, Rs. 8/74, Slg. 1974, 837 Rn. 5 ff.; EuGH 8.2.1983, Kommission / Vereinigtes Königreich, Rs. 124/81, Slg. 1983, 203 Rn. 11 ff.; EuGH 6.7.1995, Mars, Rs. C-470/93, Slg. 1995, I-1936 Rn. 11 ff.; EuGH 16.1.2003, Kommission / Spanien, Rs. C-12/00, Slg. 2003, I-459 Rn. 70 ff.; vgl. auch BECKER, in: Schwarze, EU-Komm., Art. 28 EGV Rn. 10.

134 Mengenmäßige Einfuhrbeschränkungen, die Art. 28 EG primär verbietet, kommen in der Praxis höchst selten vor, s. EPINEY, in: Calliess/Ruffert, EUV / EGV, Art. 28 EGV Rn. 12; STREINZ, EuropaR, Rn. 730.

Entscheidung[135] entwickelten zwingenden Gründe des Allgemeinwohls mit Prüfung der Verhältnismäßigkeit. Ein ähnliches Schema liegt auch der Prüfung in der vorliegenden Entscheidung zugrunde. Nachdem der EuGH die „Hürde" der Begründung einer Schutzpflicht aus Art. 28 EG genommen hat[136], stellt er (1) zunächst fest, dass eine Beeinträchtigung des freien Warenverkehrs vorlag[137]. Sodann prüft er (2), ob Frankreich seinen Verpflichtungen aus Art. 28 EG in Verbindung mit Art. 5 EG durch Ergreifung ausreichender und geeigneter Maßnahmen gegen private Beeinträchtigungen von Art. 28 EG nachgekommen ist[138]. Problematisch an der Ziehung von Parallelen zum abwehrrechtlichen Schema könnte jedoch sein, dass die zweite Stufe der Prüfung, die sich mit der Erfüllung der Pflicht befasst, systematisch auf den ersten Blick sowohl auf Tatbestands-[139] als auch auf Rechtfertigungsebene eingeordnet werden kann. Für eine Zuordnung zu Ersterem spricht, dass die Erfüllung einer Pflicht systematisch dazu führt, dass diese erlischt, also nicht mehr besteht. Demnach wäre - bei Ergreifen aller notwendigen Maßnahmen durch Frankreich - schon der Tatbestand des Art. 28 EG nicht berührt. Bei dieser Lesart könnte man die Erfüllung der Pflicht gleichsam als negatives Tatbestandsmerkmal der Schutzpflicht begreifen.

Indes lassen sich die besseren Gründe für eine Einordnung auf der Rechtfertigungsebene finden. Zum einen spricht der Gerichtshof davon, dass Frankreich „ausreichende und geeignete Maßnahmen" hätte ergreifen müssen. Diese Wortwahl deutet auf eine Verhältnismäßigkeitsprüfung hin, wie sie vom EuGH üblicherweise im Zusammenhang mit Rechtfertigungsgründen vorgenommen wird[140]. Im weiteren Verlauf dieser Urteilspassage, in welcher der EuGH sich mit Verteidigungsvorbringen Frankreichs beschäftigt, trifft der Gerichtshof dann eine eindeutige Zuordnung zur Rechtfertigungsebene[141]. Dies erscheint auch als begrüßenswert, denn eine Behandlung dieser Frage

---

[135] EuGH 20.2.1979, Rewe / Bundesmonopolverwaltung für Branntwein, Rs. 120/78, Slg. 1979, 649 Rn. 8.

[136] Rs. C-265/95, Rn. 24 - 32.

[137] Rs. C-265/95, Rn. 38.

[138] Rs. C-265/95, Rn. 39 ff.

[139] Der Begriff des Tatbestandes wird vorliegend „eng" verstanden, indem er nur den Schutzbereich und die Beeinträchtigung desselben, nicht aber weitergehende Prüfungsstufen beinhaltet.

[140] EuGH 30.11.1995, Gebhard, Rs. C-55/94, Slg. 1995, I-4165 Rn. 37. Vgl. auch EuGH 20.6.2002, Radiosistemi, verb. Rs. C-388/00 u. C-429/00, Slg. 2002, I-5845 Rn. 42.

[141] Rs. C-265/95, Rn. 55, 58, 62.

bereits auf der Tatbestandsebene[142] belastet diese Prüfungsstufe mit umfangreichen Erwägungen zur Verhältnismäßigkeit und kann deswegen unter systematischen Gesichtspunkten nicht überzeugen[143].

Im Übrigen spricht zwar keine dogmatische, wohl aber eine praktische Erwägung dafür, die Prüfung der Schutzpflicht insgesamt in drei Teile aufzuspalten, wie dies im Schrifttum auch vielfach vorgeschlagen wird[144]: Indem man (1) die Weite des Schutzbereiches feststellt, (2) fragt, ob eine Beeinträchtigung dieses Schutzbereichs vorliegt und (3) prüft, ob diese Beeinträchtigung gerechtfertigt ist, weil der Staat entweder alle erforderlichen Maßnahmen ergriffen hat oder völlig untätig bleiben durfte, wird eine saubere Trennung der argumentativen Ebenen erreicht, die bei strikter Befolgung zu einem Gewinn an Rechtssicherheit und Nachvollziehbarkeit der Argumentation führen kann[145].

bb) Die Erfassung des Tatbestands der Schutzpflicht

Zur Beeinträchtigung, also der Tatbestandsebene des Art. 28 EG ist noch zu bemerken, dass der Gerichtshof sich hier nicht der vom Vertrag vorgegebenen Terminologie bedient, sondern von „Hemmnissen für den innergemeinschaftlichen Handel“ spricht[146]. Im Folgenden wendet er, ohne auf das entsprechende Urteil zu verweisen, die „Dassonville“-Formel[147] an[148], bei der es sich um eine überaus weitreichende Definition handelt, die selbst mittelbare und potentielle Handelshemmnisse umfasst. Auf ein weites Verständnis des Gerichtshofs deutet ebenso hin, dass er bereits das Entstehen einer „Atmosphäre

142 Für die Grundrechte des GG wird dies vom BVerfG so praktiziert, vgl. etwa BVerfG 16.10.1977, 1 BvQ 5/77, BVerfGE 46, 160 (164 f.); BVerfG 20.12.1979, 1 BvR 385/77, BVerfGE 53, 30 (57 f.); BVerfG 28.5.1993, 2 BvF 2/90 u. 4,5/92, BVerfGE 88, 203 (254), wo keine eindeutige Trennung zwischen Tatbestand der Schutzpflicht und Rechtfertigung des unterlassenen Einschreitens vorgenommen wird; dazu MÖSTL, DÖV 1998, 1029 (1035); s.a. die Strukturierung bei SCHERZBERG/MAYER, JA 2004, 51 (52 f.) und CALLIESS/KALLMAYER, JuS 1999, 785 (790).

143 Im Ergebnis ebenso KADELBACH/PETERSEN, EuGRZ 2003, 693 (696); näher unten 2. Teil, C III 2 c) aa), S. 141 ff.

144 KINGREEN, Struktur, S. 199; SZCZEKALLA, Schutzpflichten, S. 431 f; zur EMRK ebenso DRÖGE, Verpflichtungen, S. 344 f.; 355.

145 Vgl. hierzu SZCZEKALLA, Schutzpflichten, S. 430 u. 432; s. im Zusammenhang mit Schutzpflichten aus der EMRK auch DRÖGE, Verpflichtungen, S. 344, 355 f.

146 Rs. C-265/95, Rn. 38.

147 EuGH 11.7.1974, Dassonville, Rs. 8/74, Slg. 1974, 837 Rn. 5.

148 Rs. C-265/95, Rn. 29.

der Unsicherheit" ausreichen lässt, um eine Beschränkung des innergemeinschaftlichen Handels zu begründen[149], also ein im Sinne der „Dassonville"-Formel mittelbares Handelshemmnis. Fraglich ist indes, ob nicht ebenso eine Einordnung der Untätigkeit des französischen Staates als Kontingentierung denkbar ist, mithin als mengenmäßige Einfuhrbeschränkung. Diese wird allgemein definiert als Maßnahme, welche die Einfuhr einer Ware gänzlich oder teilweise begrenzt oder untersagt[150]. Daher müsste das unterlassene Einschreiten der französischen Behörden sich als Begrenzung oder Untersagung der Einfuhr darstellen. Betrachtet man die Wirkung der Untätigkeit der französischen Behörden gegenüber den Gewalttaten der Landwirte, so könnte es durchaus nahe liegen, eine solche Einordnung vorzunehmen[151]. Vom Wortlaut her ist es jedoch schwierig, Unterlassen als Untersagung der Einfuhr aufzufassen. Insofern ist demnach festzuhalten, dass sich der vorliegenden Entscheidung keine näheren Festlegungen des Gerichtshofs in Bezug auf die Weite des Tatbestandes des Art. 28 EG im Falle einer Schutzpflichtkonstellation entnehmen lassen, so dass diese Fragestellung später erörtert wird[152]. Die genaue Einordnung ist auch keineswegs dogmatisches Glasperlenspiel[153], sondern eröffnet die weitere Frage, ob Weiterentwicklungen der „Dassonville"-Formel[154], namentlich die „Keck"-Rechtsprechung[155] auch im Rahmen unterlassenen Tätigwerdens zu berücksichtigen sind.

cc) Das Ermessen und seine Kontrolle

Am ausführlichsten befasst sich der Gerichtshof mit der Frage nach dem Ermessen der Mitgliedstaaten bei der Erfüllung der Schutzpflicht. Den umfangreichen Ausführungen in tatsächlicher Hinsicht lassen sich hauptsächlich zwei rechtliche Strukturelemente entnehmen.

---

149 Rs. C-265/95, Rn. 53.

150 Vgl. EuGH 12.7.1973, Geddo / Ente nazionale risi, Rs. 2/73, Slg. 1973, 865 Rn. 7; SCHROEDER, in: Streinz, EUV / EGV, Art. 28 EGV Rn. 32; EPINEY, in: Calliess/Ruffert, EUV / EGV, Art. 28 EGV Rn. 6.

151 Aus der Schilderung der Geschehnisse in den Schlussanträgen lässt sich folgern, dass zumindest von Seiten der protestierenden Bauern eine kontingentartige Wirkung gewollt war, vgl. GA LENZ, Schl.-Antr. Rs. C-265/95, Tz. 2 unter (5): „... bestätigen wir die Daten der SPERRE DER EINFUHREN von Erdbeeren und Spargel..." (Hervorhebung nicht im Original).

152 S. 2. Teil, C III, S. 121 ff.

153 Ebenso EPINEY, in: Calliess/Ruffert, EUV / EGV, Art. 28 EGV Rn. 8.

154 EuGH 11.7.1974, Dassonville, Rs. 8/74, Slg. 1974, 837 Rn. 5.

155 EuGH 24.11.1993, Keck u. Mithouard, verb. Rs. C-267/93 u. C-268/91, Slg. 1993, I-6097 Rn. 16.

Das zugestandene Ermessen bezieht sich nur auf das „Wie“ der Erfüllung der Schutzpflicht, nicht aber auf das „Ob“, was sich daraus ergibt, dass der EuGH nur die Auswahl, „welche Maßnahmen in einer bestimmten Situation am geeignetsten sind“, den Mitgliedstaaten überlässt[156]. Dabei muss der Gebrauch des Superlativs nicht zwingend bedeuten, dass die Mitgliedstaaten jeweils die optimalste Schutzmaßnahme wählen müssten und der EuGH dies überprüft[157], denn der Gerichtshof spricht kurz nach der angegebenen Stelle davon, er habe zu prüfen, „ob der ... Mitgliedstaat ... geeignete Maßnahmen ergriffen“ habe[158]. Demnach enthält die herangezogene Urteilspassage keine weitergehende Verschärfung der Anforderungen an die Mitgliedstaaten zur Erfüllung ihres Schutzauftrags[159]. Es findet daher im Bereich der Ausübung dieses Gestaltungsermessens durch den Mitgliedstaat eine Kontrolle in Bezug auf die Geeignetheit der getroffenen (Schutz-) Maßnahmen sowie darauf statt, inwieweit diese ausreichend zur Schutzverwirklichung waren[160]. Diese Struktur führt zu einer weiteren Erkenntnis. Der Gerichtshof stellt hier auf Erwägungen ab, wie sie typischerweise im Zusammenhang mit einer Verhältnismäßigkeitsprüfung auftauchen[161]. Innerhalb dieser Verhältnismäßigkeitsprüfung gesteht er den Mitgliedstaaten ein Ermessen zu, welche geeigneten und erforderlichen Maßnahmen zu ergreifen sind. Diese Schachtelung lässt sich jedenfalls der Reihenfolge der Prüfung entnehmen[162]. Drei Komponenten sind für den EuGH bei der Kontrolle der Verhältnismäßigkeit von Bedeutung: Zeit (sich aufteilend in Dauer und Häufigkeit), Intensität des privaten Handelshemmnisses und die Wertigkeit des betroffenen Rechtsguts. Zu Ersterem stellt er in die Abwägung ein, wie lange der betreffende Hoheitsträger untätig geblieben ist[163] und ob dieser (damit zusammenhängend) genügend „Überlegungszeit“ hatte, um zu ergründen, welche Maßnahmen er ergreifen wolle[164]. Bei der Beurteilung der Intensität wird

---

156 Rs. C-265/95, Rn. 33.

157 So aber MEURER, EWS 1998, 196 (200).

158 Rs. C-265/95, Rn. 35.

159 Ebenso LINDNER, BayVBl. 1999, 337 (339); zweifelnd aber jetzt DERS., JuS 2005, 302 (306, dort Fn. 33).

160 Rs. C-265/95, Rn. 35, 39.

161 Zu deren Struktur im Gemeinschaftsrecht vgl. nur SCHWARZE, Europ. VerwR, S. 831 ff.; KISCHEL, EuR 2000, 380 (382 f.).

162 Zunächst Nennung der Teilaspekte des Verhältnismäßigkeitsgrundsatzes, Rs. C-265/95, Rn. 32 und sodann Eröffnung eines Ermessens bei der Beurteilung dieser Teilaspekte, Rs. C-265/95, Rn. 33, 34.

163 Rs. C-265/95, Rn. 40 f.

164 Rs. C-265/95, Rn. 43.

insbesondere berücksichtigt, in welcher Frequenz entsprechende Übergriffe vorgenommen wurden[165] und ob diese nur punktuell oder mit einer erheblichen Breitenwirkung auftraten[166]. Darüber hinaus sind vorherige Warnungen der Kommission zulasten des Mitgliedstaates zu werten[167]. In engem Zusammenhang mit der Intensität der Beeinträchtigungen ist die Wertigkeit des beeinträchtigten Rechtsguts anzusiedeln. Allerdings argumentiert der Gerichtshof nur bei der Begründung einer aus Art. 28 EG folgenden Schutzpflicht mit dem „tragenden Charakter" dieser Vorschrift und ihrer Bedeutung für die Verwirklichung des Binnenmarktes[168]. Später findet dieses Argument keine Verwendung mehr, um das Ermessen der Mitgliedstaaten weitergehend einzuschränken. Feststellen lässt sich aber, dass der EuGH im Bereich der Ermessenskontrolle den Blick weg von der Rangstufe der beeinträchtigten Rechtsnorm richtet und vielmehr die Handlungen der Privaten einordnet, die zu der Beeinträchtigung führen. Bestehen diese, wie im vorliegenden Fall, in Sachbeschädigungen, Erpressungen, kurz: strafrechtlich erheblichen Handlungen und sind hierdurch Individualrechtsgüter bedroht, wird dies zu einer tendenziellen Verschärfung der Anforderungen an die Effizienz der Schutzmaßnahmen führen[169]. Auf die durch GA *Lenz* eingeführte Unterscheidung zwischen „obligations de résultat" und „obligation de moyens" im Rahmen der Verhältnismäßigkeitsprüfung[170] wird noch zurückzukommen sein[171].

dd) Übertragbarkeit des Schutzpflichtkonzepts

Schließlich ist zu fragen, ob sich aus dem Urteil Hinweise dahingehend entnehmen lassen, ob das Konzept der Schutzpflichten auch für andere Grundfreiheiten nutzbar zu machen ist. Es wurde bereits darauf hingewiesen, dass der Begründungsansatz des EuGH, auf den konstitutiven Charakter des Art. 28 EG für die Binnenmarktverwirklichung zu verweisen, sich nicht allein auf diese Vorschrift beschränken lässt[172]. In anderen Judikaten hat der Gerichtshof denn auch die Wichtigkeit der anderen Grundfreiheiten für die Ver-

---

165 Rs. C-265/95, Rn. 40.
166 Rs. C-265/95, Rn. 46 u. 47.
167 Rs. C-265/95, Rn. 41 u. 42.
168 Rs. C-265/95, Rn. 24 - 27.
169 Vgl. Rs. C-265/95, Rn. 38, 44, 53.
170 GA Lenz, Schl.-Antr. Rs. C-265/95, Tz. 45.
171 S. 2. Teil, C IV 2, S. 159 ff.
172 S. 2. Teil, B I 3 a) aa), S. 47.

wirklichung der Ziele der Gemeinschaft zu Recht hervorgehoben[173], woraus sich folgern ließe, dass die Konstruktion der Schutzpflichten nicht auf den freien Warenverkehr beschränkt ist. Indes wurde in folgenden Urteilen insbesondere im Bereich der Personenverkehrsfreiheiten - soweit ersichtlich - weder eine Abkehr von der Annahme einer unmittelbaren Drittwirkung dieser Vorschriften vorgenommen noch neben dieser Verpflichtungsdimension die Anwendbarkeit des Schutzpflichtkonzepts anerkannt. Diese Frage ist somit als durch das vorliegende Urteil nicht geklärt zu betrachten und unter Einbeziehung einschlägiger Äußerungen im Schrifttum einer Lösung zuzuführen[174].

c) Haftungsrechtliche Aussagen

Möglicherweise lassen sich der Entscheidung daneben Hinweise entnehmen, ob der Gerichtshof den Schutzpflichten auch haftungsrechtliche Bedeutung beimisst. Im Jahre 1996 hatte er in der grundlegenden „Brasserie du pêcheur und Factortame"-Entscheidung festgestellt, dass die Haftung der Mitgliedstaaten bei jedem Verstoß gegen Gemeinschaftsrecht eintreten kann, sofern dieser Verstoß hinreichend qualifiziert, nämlich „offenkundig und erheblich" sei[175]. Im Urteil „Kommission / Frankreich" findet sich nun die Formulierung, die Untätigkeit der französischen Regierung sei „offenkundig und beharrlich" gewesen[176]. Im Schrifttum wird dies als Hinweis darauf verstanden, dass der Gerichtshof die Schutzpflichten als Haftungsgrundlage im Sinne der „Brasserie du pêcheur"-Rechtsprechung anerkannt habe[177].

Gegen diese Deutung bestehen Bedenken. Zunächst ist anzumerken, dass die Entscheidung im der objektiven Rechtskontrolle dienenden[178] Vertragsverletzungsverfahren nach Art. 226 EG erging. Insofern bestand für den EuGH kein Anlass, sich zum Grundsatz der gemeinschaftsrechtlich gebotenen Staatshaf-

---

173 Vgl. etwa EuGH 12.12.1974, Walrave / Union cycliste international, Rs. 36/74, Slg. 1974, 1405 Rn. 16/19; EuGH 4.12.1986, Kommission / Deutschland, Rs. 205/84, Slg. 1986, 3755 Rn. 27; EuGH 26. 2.1991, Kommission / Italien, Rs. C-180/89, Slg. 1991, I-709, Rn. 17 und 18; EuGH 20.5.1992, Ramrath, Rs. C-106/91, Slg. 1992, I-3351, Rn. 29 bis 31; EuGH 20.2.2001, Analir u. a., Rs. C-205/99, Slg. 2001, I-1271 Rn. 25 (jeweils für die Personenverkehrsfreiheiten).

174 S. 2. Teil, C VI 2, S. 186 ff.

175 EuGH 5.3.1996, Brasserie du pêcheur und Factortame, verb. Rs. C-46/93 u. C-48/93, Slg. 1996, I-1029 Rn. 55.

176 Rs. C-265/95, Rn. 65.

177 MEIER, EuZW 1998, 87 (88); zustimmend HINTERSTEININGER, Binnenmarkt, S. 247 f.; SCHINDLER, Kollision, S. 204.

178 S. die Nachweise in Fn. 131, S. 48.

tung zu äußern, da dieses Rechtsinstitut vornehmlich der Wahrung der Rechte des Einzelnen dient[179]. Ein zweiter prozessualer Aspekt ist einzubeziehen: Die Frage nach gemeinschaftsrechtlich begründeten Ersatzansprüchen der geschädigten Spediteure und Firmen war nicht verfahrensgegenständlich, denn der Verfahrensgegenstand wird durch das Mahnschreiben der Kommission bestimmt[180], die diesen Aspekt nicht angesprochen hatte. All dies lässt es als unwahrscheinlich erscheinen, dass die Formulierung des Gerichtshofs einen (auch nur versteckten) Hinweis auf Staatshaftungsansprüche enthält. Zu konstatieren ist daher, dass die vorliegende Entscheidung keine Festlegungen zu der Frage nach aus Verletzung von Schutzpflichten resultierenden Schadensersatzansprüchen gegen den untätigen Staat enthält.

II. Rs. C-411/98 - Ferlini

Die nächste Entscheidung, die Berührungspunkte zum Urteil in der Rs. C-265/95 - Kommission / Frankreich aufwies, erging erst etwa drei Jahre später[181]. Da Generalanwalt *Cosmas* in seinen Schlussanträgen ausdrücklich Bezug auf dieses Urteil nahm, sollen seine Erwägungen in die Analyse mit einbezogen werden.

1. Sachverhalt

In dem Rechtsstreit, welcher dem Urteil in der Rs. C-411/98 zugrunde lag, wandte sich der in Luxemburg tätige Kommissionsbeamte Ferlini gegen die Heranziehung zu Krankenhauskosten, die anlässlich der Entbindung und des anschließenden Klinikaufenthalts seiner Frau erhoben wurden. Die Kosten waren für diejenigen Personen erheblich höher, die nicht dem Sozialversicherungssystem von Luxemburg angeschlossen waren, was unter anderem auf die Beamten der Europäischen Gemeinschaften zutrifft[182]. Grundlage der unterschiedlichen Kostenregeln war ein Beschluss der Entente des hopitaux luxemburgeois (EHL) - eines Verbunds der luxemburgischen Krankenhäuser -, der die Behandlungsgebühren für Personen außerhalb des Luxemburger Sozi-

---

179 Vgl. nur EuGH 5.3.1996, Brasserie du pêcheur und Factortame, verb. Rs. C-46/93 u. C-48/93, Slg. 1996, I-1029 Rn. 20, 23.

180 Vgl. dazu EuGH 28.3.1985, Kommission / Italien, Rs. 274/83, Slg. 1985, 1077 Rn. 19; EuGH 15.12.1982, Kommission / Dänemark, Rs. 211/81, Slg. 1982, 4547 Rn. 8; EHRICKE, in: Streinz, EUV / EGV, Art. 226 EGV Rn. 13.

181 EuGH 3.10.2000, Ferlini, Rs. C-411/98, Slg. 2000, I-8081 (in diesem Abschnitt nur als Rs. C-411/98 zitiert).

182 Nähere Schilderung des entsprechenden Rechtsrahmens bei GA COSMAS, Schl.-Antr. Rs. C-411/98, Tz. 8 ff.; die Einzelheiten spielen vorliegend keine Rolle.

al- und Krankenversicherungssystems festlegte. Herr Ferlini machte geltend, diese Unterscheidung stelle eine Diskriminierung dar, die unter anderem gemäß Art. 12 EG sowie Art. 39 EG verboten sei. Deswegen legte er gegen einen zwischenzeitlich ergangenen Zahlungsbefehl Widerspruch ein. Nachdem er in erster Instanz beim Tribunal de paix Luxemburg erfolglos geblieben war, legte das Tribunal d'arrondissement Luxemburg nach Art. 234 EG die von Herrn Ferlini angesprochenen Fragen zur Vorabentscheidung vor.

2. Schlussanträge GA *Cosmas*

GA *Cosmas* stellte in primärrechtlicher Hinsicht[183] zunächst die Anwendbarkeit des Art. 12 EG sowie des Art. 39 EG auch für Beamte der Europäischen Gemeinschaften fest[184], verwendete sodann aber die Arbeitnehmerfreizügigkeit nicht als Prüfungsmaßstab, weil die Anwendung höherer Gebührensätze nicht zu den Arbeitsbedingungen im Sinne des Art. 39 Abs. 2 EG rechne[185]. Im Vorlagebeschluss des nationalen Gerichts war nicht dargelegt, ob es sich bei der EHL um eine staatliche Einrichtung oder um eine juristische Person des Privatrechts handelte; lediglich der Terminus „öffentliche Einrichtung" wurde verwendet[186]. GA *Cosmas* ging angesichts dieser Unklarheit in seiner weiteren rechtlichen Würdigung von einer privatrechtlichen Organisationsform aus und warf das Problem auf, ob das Diskriminierungsverbot des Art. 12 EG auch Privatpersonen als Adressaten verpflichte. Dies bejahte er grundsätzlich unter Berufung auf die Urteile „Walrave"[187], „Donà"[188] und „Bosman"[189], in denen der EuGH für kollektive Regelungen eine unmittelbare Drittwirkung der Arbeitnehmerfreizügigkeit und der Dienstleistungsfreiheit anerkannt hatte[190]. In concreto sei aber eine unmittelbare Drittwirkung des Art. 12 EG abzulehnen, da die streitgegenständliche Gebührenregelung für Personen, die nicht dem luxemburgischen Sozialversicherungssystem angeschlossen waren, nicht im Wege der kollektiven Vereinbarung erfolgt sei. Vielmehr beruhe diese auf einem einseitigen Beschluss der EHL, der zudem

---

183 Auf die Darstellung der sekundärrechtlichen Überlegungen betreffend die VO 1612/68 und VO 1408/71 wird hier verzichtet.
184 GA COSMAS, Schl.-Antr. Rs. C-411/98, Tz. 51.
185 GA COSMAS, Schl.-Antr. Rs. C-411/98, Tz. 54.
186 Vgl. GA COSMAS, Schl.-Antr. Rs. C-411/98, Tz. 71.
187 EuGH 12.12.1974, Walrave / Union Cycliste International, Rs. 36/74, Slg. 1974, 1405.
188 EuGH 14.7.1976, Donà / Mantero, Rs. 13/76, Slg. 1976, 1333.
189 EuGH 15.12.1995, Bosman, Rs. C-415/93, Slg. 1995, I-4921.
190 GA COSMAS, Schl.-Antr. Rs. C-411/98, Tz. 74.

nicht die der Verbandsstruktur Angehörigen, sondern Außenstehende betraf[191].

Nach Auffassung des GA hinderte dies aber nicht die Anwendung des Art. 12 EG. Ein Verstoß Luxemburgs gegen diese Vorschrift liege nämlich darin, dass der Ursprung der Diskriminierung in den nationalen Rechtsvorschriften zu suchen sei, welche die Möglichkeit von Kollektivverträgen zwischen den Krankenhäusern eröffneten[192]. Zwar betreffe diese Regelung nicht direkt die erhöhte Gebühr, die u.a. von Herrn Ferlini erhoben wurde. Allerdings schaffe sie die Möglichkeit, solche unterschiedlichen, auf einseitigem Beschluss beruhenden Gebühren einzuführen und versage so einer bestimmten Gruppe von Personen Schutz[193]; nicht ein positives Handeln, sondern Untätigkeit des Staates sei der zu erhebende Vorwurf[194]. In Verbindung mit Art. 10 EG beinhalteten aber die grundlegenden Freiheiten im Gemeinsamen Markt auch die Verpflichtung der Mitgliedstaaten, alle erforderlichen und geeigneten Maßnahmen zu ergreifen, um die Beachtung dieser Freiheiten in ihrem Hoheitsgebiet sicherzustellen[195], weswegen die Diskriminierungen durch die EHL dem luxemburgischen Staat zuzurechnen seien[196].

3. Urteil

In seinem Urteil schloss der Gerichtshofs sich zunächst der Auffassung des Generalanwalts an, dass weder Sekundärrecht in Gestalt der VOen 1612/68 und 1408/71 noch Art. 39 EG einschlägig seien[197]. Deshalb seien die unterschiedlichen Berechnungen der Krankenhauskosten in erster Linie am allgemeinen Diskriminierungsverbot des Art. 12 EG zu messen[198]. Unter Verweis auf die auch von GA *Cosmas* zitierten Urteile in Sachen „Walrave und Koch“[199] sowie „Bosman“[200] führte der EuGH sodann aus, dass Art. 12 EG auch dann gelte, wenn „eine Gruppe oder Organisation wie die EHL gegenüber Einzelpersonen bestimmte Befugnisse ausüben und sie Bedingungen un-

---

191 GA COSMAS, Schl.-Antr. Rs. C-411/98, Tz. 75.
192 GA COSMAS, Schl.-Antr. Rs. C-411/98, Tz. 77.
193 GA COSMAS, a.a.O.
194 GA COSMAS, a.a.O.
195 GA COSMAS, Schl.-Antr. Rs. C-411/98, Tz. 78 unter Berufung auf EuGH 9.12.1997, Kommission / Frankreich, Rs. C-265/95, Slg. 1997, I-6959.
196 GA COSMAS, a.a.O., Tz. 79.
197 Rs. C-411/98, Rn. 41, 44, 45.
198 Rs. C-411/98, Rn. 47.
199 EuGH 12.12.1974, Walrave / Union Cycliste International, Rs. 36/74, Slg. 1974, 1405.
200 EuGH 15.12.1995, Bosman, Rs. C-415/93, Slg. 1995, I-4921.

terwerfen kann, die die Wahrnehmung der ... Grundfreiheiten beeinträchtigen"[201], nahm mithin eine von der Einschätzung des Generalanwalts abweichende Bewertung der zitierten Urteile vor. Da der Gerichtshof auch einen nicht zu rechtfertigenden Verstoß gegen das Diskriminierungsverbot des Art. 12 EG in der Regelung der EHL erblickte[202], kam es auf eine Prüfung des Art. 81 EG für ihn nicht mehr an[203].

4. Auswertung

Die Schlussanträge und das davon teilweise abweichende Urteil zeigen exemplarisch auf, welche Anwendungsunsicherheiten im Hinblick auf die Schutzpflichtkonstruktion bestehen.

a) Zurechnung oder Schutzpflicht?

Dies betrifft zunächst die im Urteil „Kommission / Frankreich" noch nicht aufgeworfene Frage der Abgrenzung zwischen Zurechnung, der Verpflichtung des Staates zum Einschreiten gegen von Privaten ausgehende Grundfreiheitsbeeinträchtigungen und der unmittelbaren Drittwirkung der Grundfreiheiten[204]. In seinen Schlussanträgen scheint GA *Cosmas* zunächst von einer Auffangfunktion der Schutzpflicht im Verhältnis zur unmittelbaren Drittwirkung der Grundfreiheiten auszugehen, wenn er nach Verneinung Letzterer im konkreten Fall auf Erstere zurückgreift[205], um die Geltung des Art. 12 EG für den Sachverhalt des Ausgangsrechtsstreits zu begründen. Zumindest missverständlich ist es sodann aber, wenn er nach Feststellung der Einschlägigkeit der Schutzpflicht ausführt, in Anwendung derselben seien die auf das Handeln Privater zurückgehenden Diskriminierungen dem Mitgliedstaat zuzurechnen[206]. Wie oben bereits ausgeführt[207], ist es nämlich geboten, die Frage der Zurechnung vom Bestehen einer Schutzpflicht zu trennen. Diese Unterscheidung ist zudem in der Rechtsprechung des EuGH angelegt und kann als gesichert gelten[208]; sie sollte ungeachtet möglicher Abgrenzungsprobleme[209] nicht

201 Rs. C-411/98, Rn. 50.
202 Rs. C-411/98, Rn. 60.
203 Rs. C-411/98, Rn. 61.
204 Zur hier vorgenommenen Systematisierung s. 2. Teil, A II, S. 35 f.
205 Vgl. GA COSMAS, Schl.-Antr. Rs. C-411/98, Tz. 77 f.
206 GA COSMAS, a.a.O., Tz. 79.
207 S. 2. Teil, A II 1 c), S. 37.
208 EuGH 24.11.1982, Kommission / Irland, Rs. 249/81, Slg. 1982, 4005 Rn. 15 („Buy Irish"); EuGH 13.12.1983, Apple and Pear Development Council / Lewis, Rs. 222/82, Slg. 1983, 4083 Rn. 17; bestätigt in EuGH 7.2.1984, Jongeneel Kaas / Niederlande,

ohne triftigen Grund aufgegeben werden. Insbesondere im Hinblick auf die gerichtliche Kontrolldichte ist es für die Beurteilung auch von Staatshaftungsansprüchen von elementarer Bedeutung, eine möglichst trennscharfe Unterscheidung zwischen diesen beiden Kategorien vorzunehmen[210]. Die von GA *Cosmas* vorgenommene Vermengung der beiden Elemente ist daher abzulehnen. Was die vom EuGH unter Bezug auf frühere Entscheidungen und ansonsten ohne nähere Begründung angenommene Drittwirkung des Art. 12 EG angeht, so bietet es sich an, die Frage nach Verhältnis von Drittwirkung und Schutzpflicht später unter Einbeziehung einschlägiger Äußerungen im Schrifttum zu erörtern[211]; dies vor allem deshalb, weil auch dem vorliegenden Urteil keine Hinweise hierzu zu entnehmen sind.

b) Übertragbarkeit des Schutzpflichtkonzepts

GA *Cosmas* ging bei der Anwendung des Art. 12 EG ohne weiteres davon aus, dass die vom Gerichtshof in der „Kommission / Frankreich"-Entscheidung[212] etablierte Schutzpflicht auch für das allgemeine Diskriminierungsverbot verwertbar sei und begründete dies damit, dass es schwer vorstellbar sei, dass einerseits Art. 141 EG Anwendung auf Arbeitsverträge zwischen Privaten finden solle, andererseits Art. 12 EG bei einer Vereinbarung über Krankenhausleistungen nicht zu gelten habe[213]. Indes zeigt diese Begründung, wie schon zuvor konstatiert, dass der Generalanwalt die Schutzpflicht als bloße Ergänzung zur unmittelbaren Drittwirkung ansieht. Die entsprechende EuGH-Rechtsprechung zu Art. 141 EG etablierte nämlich eine Drittwirkung dieser Vorschrift im Privatrechtsverkehr[214]. Hieran zeigt sich einmal mehr die Unklarheit, die hinsichtlich des Verhältnisses der Trias von Schutzpflicht, Drittwirkung und Zurechnung herrscht. Ein Argument für die einheitliche Anwendbarkeit der Schutzpflichtkonstruktion lässt sich den Ausführungen des Generalanwalts aus diesem Grund jedenfalls nicht entnehmen.

Rs. 237/82, Slg. 1984, 483 Rn. 19; EuGH 12.12.1990, Hennen Olie, Rs. C-302/88, Slg. 1990, I-4625 Rn. 15 f.; EuGH 5.11.2002, Kommission / Deutschland, Rs. C-325/00, Slg. 2002, I-9977 Rn. 18 („CMA-Gütesiegel"); dazu bereits oben 2. Teil, A II, S. 35 f.

209 S. dazu 2. Teil, C V, S. 167 ff.

210 S. 2. Teil, A II, S. 35 ff.

211 S. 2. Teil, C VI 3, S. 189 ff.

212 EuGH 9.12.1997, Kommission / Frankreich, Rs. C-265/95, Slg. 1997, I-6959.

213 Schl.-Antr. Rs. C-411/98, Tz. 79.

214 Vgl. EuGH 8.4.1976, Defrenne, Rs. 43/75, Slg. 1976, 455 Rn. 38/39.

III. Rs. C-162/99 - Kommission / Italien

Im nun zu erörternden Urteil „Kommission / Italien"[215] war es wiederum ein Generalanwalt, der Bezug auf das Schutzpflichturteil des Gerichtshofs nahm. Problemschwerpunkt war vorliegend der richtige Anknüpfungspunkt für den Vertragsverstoß Italiens.

1. Sachverhalt

Die Kommission hatte Italien vorgeworfen, dass italienische Vorschriften betreffend die Ausübung des Zahnarztberufs gegen die Art. 39 EG und 43 EG verstießen. Zwar hatte Italien 1991 ein Gesetz geändert, dass ursprünglich eine Wohnsitzverpflichtung im Bezirk der Kammer für Zahnärzte und eine Streichung aus dem Register dieser zuständigen berufsständischen Vertretung bei Wegzug ins Ausland vorgeschrieben hatte. Indes hatte die Kommission Kenntnis von der Regelung einer Kammer erhalten, die eine solche Wohnsitzverpflichtung weiterhin vorsah.

2. Schlussanträge GA *Léger*

GA *Léger* erkannte zwar an, dass Italiens Rechtslage rein formell mit dem Gemeinschaftsrecht übereinstimmte, soweit sie das Erfordernis eines Wohnsitzes im Bereich der zuständigen Zahnarztkammer nicht mehr voraussetzte[216]. Dies sei, so führte er unter Berufung auf das Urteil „Kommission / Frankreich"[217] aus, aber nicht ausreichend, um anzunehmen, dass Italien seinen Verpflichtungen aus den Art. 39, 43 EG genügt habe[218]. Es erscheine möglich, dass die Italienische Republik gegen die genannten Grundfreiheiten in Verbindung mit Art. 10 EG verstoßen habe, indem sie nicht gegen Verhaltensweisen eingeschritten sei, welche nicht auf den Staat zurückzuführen seien. Im vorliegenden Fall habe Italien keine Maßnahmen gegen die Regelungen der Zahnarztkammern ergriffen, die contra legem an dem Wohnsitzerfordernis festgehalten hatten; ein Verstoß gegen Art. 39, 43 EG in Verbindung mit Art. 10 EG liege daher vor[219].

---

[215] EuGH 18.1.2001, Kommission / Italien, Rs. C-162/99, Slg. 2001, I-541 (in diesem Abschnitt nur als Rs. C-162/99 zitiert).

[216] GA LÉGER, Schl.-Antr. Rs. C-162/99, Tz. 30.

[217] EuGH 9.12.1997, Kommission / Frankreich, Rs. C-265/95, Slg. 1997, I-6959.

[218] GA LÉGER, a.a.O., Tz. 31 ff.

[219] GA LÉGER, a.a.O., Tz. 39 f.

3. Urteil

Der EuGH enthielt sich einer genauen Zuordnung des Verstoßes zu einem bestimmten Urheber. Zwar stellte er in den Urteilsgründen zunächst fest, die streitige Regelung stelle eine Beschränkung durch einen Mitgliedstaat dar[220]; einige Absätze später ging er dann aber auch auf das Verhalten der Zahnarztkammern ein, die mit ihrer Auslegung das Wohnsitzerfordernis trotz gegenteiliger Gesetzeslage aufrechterhalten hätten[221] und formulierte im Tenor dann, Italien habe dadurch gegen seine Verpflichtungen aus Art. 39 und Art. 43 EG verstoßen, dass es die faktische Anwendung des alten Gesetzes zulasse[222].

4. Auswertung

Wie schon im Rahmen der Erörterungen zur „Ferlini"-Entscheidung ausgeführt[223], erweist sich einmal mehr als problematisch, welchen der handelnden (bzw. unterlassenden) Akteure man als Urheber der Grundfreiheitsbeeinträchtigungen ansieht. Mithin ist hier - wie schon zuvor - die Zurechnungsfrage das „Zünglein an der Waage".

Ist man mit dem EuGH der Ansicht, die Italienische Republik habe den Verstoß selbst durch die Schaffung einer unklaren Rechtslage begangen[224], ergibt sich ein unproblematischer Anwendungsfall der Abwehrdimension der Grundfreiheiten. Teilt man hingegen die Auffassung von GA *Léger*, der die Auslegung des Gesetzes durch die Zahnärztekammern als Verhaltensweisen einordnete, „die nicht auf den Staat zurückzuführen sind"[225], führt nur die Schutzpflichtfunktion zu einem Vertragsverstoß Italiens. Bedauerlicherweise legen aber weder der Generalanwalt noch der EuGH die Kriterien offen, nach denen die Stellung der Zahnärztekammern im italienischen Rechtssystem zu bemessen ist; *B. Koch*[226] bemängelt insofern zu Recht, dass das Urteil dogmatisch inkonsequent sei, zumal der Gerichtshof in vergleichbaren Verfahren die Zurechnungsfrage durchaus geprüft hatte[227]. In diesen Entscheidungen hatte

---

220 Rs. C-162/99, Rn. 20.

221 Rs. C-162/99, Rn. 26.

222 Rs. C-162/99, Rn. 37.

223 Soeben 2. Teil, B II 4 a), S. 58.

224 So muss man die Ausführungen des Gerichtshofs (Rs. C-162/99, Rn. 20 u. 22 f.) wohl deuten, obwohl dies im Tenor nicht klar zum Ausdruck kommt, vgl. auch B. KOCH, Gewährleistungspflicht, S. 111.

225 GA LÉGER, Schl.-Antr. Rs. C-162/99, Tz. 33.

226 Gewährleistungspflicht, S. 111 f.

227 Vgl. EuGH 18.5.1989, The Queen / Royal Pharmaceutical Society of Great Britain, ex parte Association of Pharmcaceutical Importers, verb. Rs. 266 u. 267/87, Slg. 1989,

der EuGH u.a. eine Standesorganisation der Apotheker deswegen dem Staat zugerechnet, weil Erstere im britischen Recht vorgesehen war, die einzige Standesorganisation ihrer Art war, das Standesrecht der Apotheker erließ und ein Verzeichnis führte, in das jeder Apotheker eingetragen sein musste, um seinen Beruf auszuüben[228]. Legt man diese Kriterien an, erscheint es plausibler, auch in der Rs. C-162/99 die Zahnärztekammern dem italienischen Staat zuzurechnen. Diese waren ebenfalls durch Gesetz gegründet[229]; weiter war ihr Verfahren (Eintragung und Streichung aus dem Register) durch Gesetz geregelt[230]. Dies stützt das vom EuGH gefundene Ergebnis; die Einbeziehung der Schutzpflichtkonstellation durch GA *Léger* ist in diesem Fall mithin abzulehnen.

IV. Rs. C-60/01 - Kommission / Frankreich

Die als nächstes zu analysierende Entscheidung[231] beleuchtet die Frage nach Schutzpflichten aus einer ungewohnten Perspektive: GA *Alber* griff die zu den Grundfreiheiten entwickelte dogmatische Figur auf und versuchte, sie im Bereich der Richtlinienumsetzung fruchtbar zu machen. Seine Schlussanträge verdienen aufgrund ihrer ausführlichen Untersuchung der Problematik besondere Beachtung.

1. Sachverhalt

Streitgegenständlich war die Frankreich von der Kommission vorgeworfene mangelhafte Umsetzung von Richtlinien betreffend die Luftreinhaltung[232]. Diese waren durch ministeriellen Erlass zwar ordnungsgemäß in französisches Recht umgesetzt worden, jedoch hatte die Kommission Kenntnis davon erlangt, dass eine beträchtliche Anzahl von Müllverbrennungsanlagen den Anforderungen der Richtlinien nicht entsprach. Deswegen strengte sie ein Vertragsverletzungsverfahren (Art. 226 EG) an und warf Frankreich vor,

---

1295 Rn. 13 ff.; s.a. EuGH 3.2.1983, Van Luipen, Rs. 29/72, Slg. 1983, 151 Rn. 7, 10 sowie die oben in Fn. 208, S. 58 angeführten Urteile.

228 EuGH 18.5.1989, The Queen / Royal Pharmaceutical Society of Great Britain, ex parte Association of Pharmaceutical Importers, verb. Rs. 266 u. 267/87, Slg. 1989, 1295 Rn. 14.

229 GA LÉGER, Schl.-Antr. Rs. C-162/99, Tz. 2.

230 GA LÉGER, Schl.-Antr. Rs. C-162/99, Tz. 5, 6.

231 EuGH 18.6.2002, Kommission / Frankreich, Rs. C-60/01, Slg. 2002, I-5679 (in diesem Abschnitt nur als Rs. C-60/01 zitiert).

232 Richtlinie 89/369/EWG, ABl. EG L 163 v. 14.6.1989, S. 32; Richtlinie 89/429/EWG, ABl. EG L 203 v. 15.7.1989, S. 50.

nicht alle erforderlichen und geeigneten Maßnahmen ergriffen zu haben, um sicherzustellen, dass alle Müllverbrennungsanlagen entweder den Vorgaben der Richtlinien entsprachen oder stillgelegt wurden.

2. Schlussanträge GA *Alber*

Da unstreitig war, dass die legislativen Umsetzungsmaßnahmen Frankreichs den Anforderungen des Gemeinschaftsrechts genügten[233], konnte GA *Alber* sich auf die Frage konzentrieren, wie der Umstand, dass diese Vorgaben teilweise durch die Betreiber der Anlagen nicht befolgt wurden, gemeinschaftsrechtlich zu würdigen war. Der Generalanwalt teilte seine Prüfung auf: Zunächst sei zu erörtern, ob ein tatsächlicher Zustand vorliege, der dem Gemeinschaftsrecht widerspreche und sodann zu prüfen, ob dieser Verstoß gegen EG-Recht dem Mitgliedstaat objektiv zuzurechnen sei, weil dieser seinen Verpflichtungen nicht nachgekommen sei[234]. Die erste Voraussetzung erachtete er als gegeben[235].

Eine Zurechnung der Vertragsverletzung hielt GA *Alber* dann für möglich, wenn Letztere auf einer Pflichtverletzung Frankreichs beruhte. Deswegen war für ihn zu klären, welche Pflichten aus dem EG-Vertrag sowie den einschlägigen Richtlinien in dem Falle folgten, dass der vertragswidrige Zustand auf einem Handeln privater Wirtschaftsteilnehmer beruhte[236]. Vorher schied er Fälle aus, in denen Anlagen, welche die Grenzwerte der Richtlinie überschritten, in unmittelbarer oder mittelbarer staatlicher Regie betrieben wurden; deren Verstöße gegen die Grenzwerte seien dem Mitgliedstaat ohne weiteres zuzurechnen[237]. Unter Bezugnahme auf die Schlussanträge von GA *Lenz* in der Leitentscheidung zu grundfreiheitlichen Schutzpflichten[238] und auf ein EuGH-Urteil[239] nahm GA *Alber* sodann eine Differenzierung vor: man habe bei den zu untersuchenden Pflichtenstellungen zwischen Erfolgsverpflichtungen (obligation de résultat) und Verpflichtungen zum Ergreifen bestimmter Maßnahmen (obligation de moyens) zu unterscheiden[240]. Während Erstere dem Mitgliedstaat die Herbeiführung eines bestimmten Erfolgs in Zusammenhang mit

233 GA ALBER, Schl.-Antr. Rs. C-60/01, Tz. 35.
234 GA ALBER, a.a.O., Tz. 46.
235 GA ALBER, a.a.O., Tz. 53; die Einzelheiten sind hier nicht relevant.
236 GA ALBER, a.a.O., Tz. 56 f.
237 GA ALBER, a.a.O., Tz. 57.
238 GA LENZ, Schl.-Antr. v. 9.7.1997, Kommission / Frankreich, Rs. C-265/95, Slg. 1997, I-6959 Tz. 61.
239 EuGH 9.11.1999, Kommission / Italien, Rs. C-365/97, Slg. 1999, I-7773 Rn. 67 f.
240 GA ALBER, Schl.-Antr. Rs. C-60/01, Tz. 61.

der Ausführung von Gemeinschaftsrecht auferlegten, verlangten Letztere lediglich, dass der Mitgliedstaat bestimmte Maßnahmen ergreife, nicht aber ein bestimmtes Resultat herbeiführe[241]. Präzise Vorgaben einer Richtlinie sprächen dabei für die Annahme einer Erfolgspflicht; ein weiteres Kriterium für die Annahme einer solchen Pflicht sei die überschaubare Anzahl der zu überwachenden Anlagen und die erheblichen Gefahren für die menschliche Gesundheit, die von ihnen ausgingen[242]. Dies unterscheide den vorliegenden Fall von der „Kommission / Frankreich"-Entscheidung betreffend die Bauernproteste[243], in dem eine Vielzahl unbekannter Akteure rechtswidrig den freien Warenverkehr behindert hatte[244]. Schon praktische Gründe sprächen in diesem Fall für die Annahme einer Verhaltenspflicht. Gegen die Annahme einer Erfolgspflicht spreche auch, dass in dem genannten Urteil die pflichtbegründende Vorschrift des Art. 10 EG nur sehr allgemeine Regelungen enthalten hatte[245].

3. Urteil

In seinem Urteil befasste sich auch der Gerichtshof mit dem Problem, dass die unzulässig betriebenen Anlagen sich in privater Trägerschaft befanden, indem er ebenso wie zuvor der Generalanwalt verlangte, die gemeinschaftsrechtswidrige Situation müsse dem Mitgliedstaat objektiv zuzurechnen sein[246]. Da er dies von der Qualifizierung der aus den Richtlinien folgenden Pflichten abhängig machte, würdigte er diese im Folgenden und kam zu dem Ergebnis, dass es sich um „klar und eindeutig formulierte Erfolgspflichten" handele und demzufolge das Ergreifen aller möglichen Maßnahmen nicht ausreiche, solange der geforderte Erfolg ausbleibe[247]. Kriterien für die Annahme einer Erfolgspflicht des Mitgliedstaats waren insbesondere die Detailliertheit und Genauigkeit der Anforderungen in den Richtlinien[248]. Da Frankreich nach Ansicht des Gerichtshofs somit nicht alle erforderlichen und geeigneten Maßnahmen ergriffen hatte, um die Einhaltung der Richtliniennormen gegenüber

---

241 GA ALBER, a.a.O., Tz. 69.
242 GA ALBER, a.a.O., Tz. 77, 78, 80.
243 EuGH 9.12.1997, Kommission / Frankreich, Rs. C-265/95, Slg. 1997, I-6959.
244 GA ALBER, Schl.-Antr. Rs. C-60/01, Tz. 79.
245 GA ALBER, Schl.-Antr. Rs. C-60/01, Tz. 65.
246 Rs. C-60/01, Rn. 29.
247 Rs. C-60/01, Rn. 33, 34.
248 Rs. C-60/01, Rn. 33.

den Anlagenbetreibern durchzusetzen, wurde die Vertragsverletzung Frankreichs antragsgemäß festgestellt[249].

4. Auswertung

Auf den ersten Blick scheinen sowohl Urteil als auch Schlussanträge wenige Berührungspunkte mit Schutzpflichten aus den Grundfreiheiten aufzuweisen. Dennoch lohnt eine nähere Betrachtung im Hinblick insbesondere auf Fragen des Ermessens und seiner Kontrolle im Falle unterlassenen Einschreitens.

a) Die Übertragbarkeit der Überlegungen von EuGH und GA *Alber*

Methodisch vorrangig ist indes die Klärung der Frage, inwieweit die Ausführungen des Gerichtshofs und des Generalanwalts auf die vorliegende Konstellation der Schutzpflichten übertragbar sind; denn es erscheint durchaus nahe liegend, dass Richtlinien als Sekundärrecht anderen Regeln folgen als die hier zu untersuchenden Grundfreiheiten als Teil des Primärrechts der Gemeinschaft.

Ein mögliches Bedenken könnte sich aus dem Umstand ergeben, dass im Falle der Richtlinien schon primärrechtlich Vorsorge für den Fall geschaffen ist, dass die umgesetzten Regeln durch Private nicht befolgt werden (Art. 249 Abs. 3 EG). Diese Vorschrift verlangt von den Mitgliedstaaten in Verbindung mit Art. 10 EG von den Mitgliedstaaten unter anderem, dafür Sorge zu tragen, dass Verstöße gegen Richtlinien wirksam und abschreckend geahndet werden[250]. Da alle staatlichen Stellen durch Art. 249 Abs. 3 EG verpflichtet werden[251], ist auch der vorliegende Fall erfasst, in welchem die Verwaltung es versäumt, die Einhaltung von Grenzwerten zu kontrollieren bzw. durchzusetzen. Man könnte daher einwenden, es handele sich bei der vom EuGH zu beurteilenden Konstellation im Wesentlichen um ein Problem der Gesetzestreue, die der einzelne Bürger dem Staat schuldet und es mangele an der für die Schutzpflicht charakteristischen Dreieckskonstellation[252]. An einer solchen fehlt es aber nicht bereits deshalb, weil die Anlagenbetreiber durch den Verstoß gegen die in der Richtlinie vorgegebenen Grenzwerte nicht in Rechte an-

---

249 Rs. C-60/01, Rn. 42.

250 Vgl. nur EuGH 8.6.1994, Kommission / Vereinigtes Königreich, Rs. C-383/92, Slg. 1994, I-2479 Rn. 40; EuGH 26.10.1995, Siesse, Rs. C-36/94, Slg. 1995, I-3573 Rn. 20.

251 Vgl. BIERVERT, in: Schwarze, EU-Komm., Art. 249 EGV Rn. 28; NETTESHEIM, in: Grabitz/Hilf, Recht der EU, Art. 249 EGV Rn. 139 (Stand: August 2002).

252 Dazu bereits oben 2. Teil, A I, S. 33.

derer Privater eingegriffen hätten[253]. Der Gerichtshof hat anerkannt, dass Richtlinien Rechte Einzelner auf die Einhaltung von deren Vorgaben begründen können[254]. Unschädlich ist es insoweit, dass der EuGH die Fälle der Nichteinhaltung von durch Richtlinien vorgeschriebenen Rechtssätzen vornehmlich unter dem Stichwort der gleichmäßigen und wirksamen Durchsetzung des Gemeinschaftsrechts behandelt[255] - der Sache nach handelt es sich durchaus um die Erfüllung von (wenn auch nicht grundfreiheitlichen) Schutzpflichten[256].

Demnach ist zumindest in dieser Hinsicht eine Vergleichbarkeit der Nichtbefolgung von individualschützenden Richtlinien einerseits und den hier zu untersuchenden grundfreiheitlichen Schutzpflichten andererseits zu bejahen. Auch ansonsten bestehen keine grundsätzlichen Bedenken, im Bereich des Richtlinienrechts gewonnene Erkenntnisse zu Fragen des Ermessens auf die Grundfreiheiten zu übertragen, da es sich hierbei um eine allgemeine Kategorie des Gemeinschaftsrechts handelt[257].

b) Pflichten und Ermessen

Begrüßenswert an den Schlussanträgen GA *Albers* ist zunächst die klare Scheidung von staatlichen und nicht-staatlichen Verstößen gegen die Vorschriften der Richtlinie[258]; wie oben bereits dargelegt[259], begründet diese Prüfung auch eine entscheidende Weichenstellung in Richtung entweder der ab-

---

253 Wie es in der Entscheidung EuGH 9.12.1997, Kommission / Frankreich, Rs. C-265/95, Slg. 1997, I-6959 unbestreitbar der Fall war.

254 Vgl. EuGH 16.9.1999, WWF / Provinz Bozen, Rs. C-435/97, Slg. 1999, I-5613 Rn. 69; EuGH 19.9.2000, Linster, Rs. C-287/98, Slg. 2000, I-6917 Rn. 32; SCHROEDER, in: Streinz, EUV / EGV, Art. 249 EGV Rn. 110; RUFFERT, in: Calliess/Ruffert, EUV / EGV, Art. 249 EGV Rn. 101; WINTER, NVwZ 1999, 467 (469). Auf den Streit, ob die Gewährung subjektiver Rechte Voraussetzung oder Rechtsfolge der unmittelbaren Wirkung ist, kommt es vorliegend nicht an, s. dazu 2. Teil, C II 1, S. 109.

255 Vgl. STREINZ, in: ders., EUV / EGV, Art. 10 EGV Rn. 26 f.; KAHL, in: Calliess/Ruffert, EUV / EGV, Art. 10 EGV Rn. 19; VON BOGDANDY, in: Grabitz/Hilf, Recht der EU, Art. 10 EGV Rn. 34 f., 42 (Stand: August 2002).

256 Vgl. SZCZEKALLA, Schutzpflichten, S. 982 f.; SUERBAUM, EuR 2003, 390 (410); JAECKEL, Schutzpflichten, S. 254. Ein Anwendungsbeispiel aus jüngerer Zeit ist die Entscheidung EuGH 5.10.2004, Pfeiffer u.a., verb. Rs. C-397/01 bis C-403/01, Slg. 2004, I-8835 Rn. 98.

257 SCHILLING, EuGRZ 2000, 3 (23) m.w.N.

258 S. GA ALBER, Schl.-Antr. Rs. C-60/01, Tz. 57.

259 S. 2. Teil, A II, S. 35 ff. sowie soeben 2. Teil, B III 4, S. 61 f.

wehr- oder der schutzrechtlichen Dimension der Grundfreiheiten. Die Einführung verschiedener Pflichtenkategorien durch Generalanwalt und EuGH mit Differenzierung nach der Verbindlichkeit der zu erreichenden Ziele scheint zunächst zu einer etwas komplizierteren Verschachtelung von mehreren Kategorien zu führen, indem Ermessen, Verhaltens- oder Erfolgspflichten sowie Fragen der Verhältnismäßigkeit verquickt werden[260]. Auflösen lässt sich diese nur vordergründige Gemengelage indes, wenn man bei der Prüfung eine Trennung vornimmt[261]: Die Frage nach der Natur der Pflicht des Mitgliedstaates (Verhaltens- oder Erfolgsverpflichtung) kann sinnvoll nur als Kriterium innerhalb der Ermessensprüfung verwandt werden, da je nach Einordnung eine strengere oder großzügigere Kontrolle des Ermessens erfolgt[262]. In der Struktur ist also das Element der Ermessenskontrolle vorrangig und das dem Mitgliedstaat auferlegte Pflichtenprogramm gleichsam Hilfsnorm zur Festlegung der Kontrolldichte. Dagegen stellt sich die Einordnung der Verhältnismäßigkeitserwägungen als schwieriger dar. Im Anwendungsbereich der Nichtigkeitsklage trennt der Gerichtshof die Kategorien des Ermessens und der Verhältnismäßigkeit[263]; im vorliegenden Urteil erscheinen Ermessens- und Verhältnismäßigkeitsfragen aber gemeinsam geprüft zu werden, was sich insbesondere im Urteilsausspruch manifestiert[264]. Das entspricht dem Prüfungsaufbau in der Rs. C-265/95[265] und wird auch in der sonstigen Praxis des Gerichtshofs teilweise so gehandhabt[266]. Nimmt man hinzu, dass der Gerichtshof das Ermessen der Mitgliedstaaten üblicherweise als Topos verwendet, um die

---

260 S. GA ALBER, Schl.-Antr. Rs. C-60/01, Tz. 86; ebenso im Urteil, Rs. C-60/01, Rn. 41.

261 Vgl. die zu EuGH 9.12.1997, Kommission / Frankreich, Rs. C-265/95, Slg. 1997, I-6959 angestellten Erwägungen unter 2. Teil, B I 3 b) cc), S. 52.

262 S. die Hilfserwägungen von GA ALBER, Schl.-Antr. Rs. C-60/01, Tz. 86; ähnlich bereits der Ansatz von GA LENZ, s. 2. Teil, B I 3 b) cc), S. 53.

263 Beispielhaft etwa EuGH 22.11.2001, Niederlande / Rat, Rs. C-110/97, Slg. 2001, I-8763 Rn. 122 und 135; vgl. hierzu O. KOCH, Grundsatz, S. 247 f.; CREMER, in: Calliess/Ruffert, EUV / EGV, Art. 230 EGV Rn. 77, 78; dies ergibt sich aus dem engen Verständnis des Ermessensmissbrauchs in Art. 230 Abs. 2, so dass Verhältnismäßigkeitsfragen lediglich von der Variante „Verletzung dieses Vertrags oder einer bei seiner Durchführung anzuwendenden Rechtsnorm" erfasst werden.

264 Rs. C-60/01, Rn. 41.

265 S. 2. Teil, B I 3 b) cc), S. 52.

266 Vgl. etwa EuGH 17.7.1997, National Farmers' Union u.a., Rs. C-354/95, Slg. 1997, I-4559 Rn. 53; der Sache nach ebenso EuGH 13.5.1997, Deutschland / Parlament und Rat, Rs. C-233/94, Slg. 1997, I-2405 Rn. 55, 56; dazu auch O. KOCH, Grundsatz, S. 212 f., 250.

Geeignetheit einer Maßnahme oder deren Angemessenheit zu begründen[267], lässt sich eine deutliche Struktur herausarbeiten: Zentrales Kontrollinstrument, an dem das Unterlassen des betreffenden Mitgliedstaates gemessen wird, ist der Grundsatz der Verhältnismäßigkeit[268]. Innerhalb von dessen Teilstufen Geeignetheit, Erforderlichkeit und Angemessenheit ist zu fragen, ob und bejahendenfalls in welchem Umfang den Mitgliedstaaten hier ein Ermessens- bzw. Beurteilungsspielraum[269] zusteht[270]. Für die Ermittlung des Ermessensspielraums wiederum kommt es nach dem vorliegenden Urteil darauf an, ob eine Erfolgs- oder Verhaltenspflicht des Mitgliedstaates anzunehmen ist. Angesichts der soeben dargelegten Einordnung kann es systematisch nicht überzeugen, wenn sowohl Generalanwalt[271] als auch EuGH[272] das Kriterium des Ermessens bzw. die Frage nach der Natur der mitgliedstaatlichen Pflichten unter dem Gesichtspunkt der Zurechnung einer Handlung zum Mitgliedstaat erörtern. Richtigerweise hat der Umstand, dass ein Mitgliedstaat seiner Erfolgs- oder Verhaltenspflicht im Zusammenhang mit privatem Handeln nachgekommen ist, keine Bedeutung für die Frage der Zurechnung[273]. Vielmehr ist diese Frage - entsprechend ihrer soeben dargelegten Relevanz erst für die Verhältnismäßigkeitsprüfung - auf der Ebene der Rechtfertigung des Nichteinschreitens anzusiedeln.

Demnach bleibt zu klären, wann eine Erfolgs- und wann eine Verhaltensverpflichtung anzunehmen ist. Die Ausführungen von Generalanwalt[274] und EuGH[275] stellen hierzu hauptsächlich auf die Formulierungen der jeweiligen Richtlinien ab; dieser Ansatz ist naturgemäß auf die Grundfreiheiten nicht oh-

---

267 Exemplarisch EuGH 7.2.1973, Schroeder / Deutschland, Rs. 40/72, Slg. 1973, 125 Rn. 14; EuGH 29.10.1980, Maizena / Rat, Rs. 139/79, Slg. 1980, 3393 Rn. 26; EuGH 5.10.1994, Deutschland / Rat, Rs. C-280/93, Slg. 1994, I-4973 Rn. 94.

268 Zu dessen Teilelementen und ihrer ggf. erforderlichen Modifikation im Zusammenhang mit unterlassenem Tätigwerden näher 2. Teil, C IV, S. 149 ff.

269 Zur synonymen Verwendung dieser Begriffe durch den EuGH s. EuGH 10.10.1985, Rheingold / Hauptzollamt Wiesbaden, Rs. 183/84, Slg. 1985, 3351 Rn. 23 f.; VON DANWITZ, System, S. 327 f.; KADELBACH, Verwaltungsrecht, S. 453; EMMERICH-FRITSCHE, Grundsatz, S. 232.

270 Ebenso O. KOCH, Grundsatz, S. 212, 250; EMMERICH-FRITSCHE, Grundsatz, S. 233; KISCHEL, EuR 2000, 380 (386).

271 GA ALBER, Schl.-Antr. Rs. C-60/01, Tz. 56 f.

272 Rs. C-60/01, Rn. 29 f.

273 Die ohnehin nicht die hier eigentlich vorliegende Schutzpflichtkonstellation betrifft, vgl. dazu oben 2. Teil, A II, S. 35 ff.

274 GA ALBER, Schl.-Antr. Rs. C-60/01, Tz. 70 ff.

275 Rs. C-60/01, Rn. 24 ff.

ne weiteres anwendbar, da es diesen an den entsprechenden textlichen Anhaltspunkten fehlt. Das gilt umso mehr für die erst richterrechtlich entwickelten Schutzpflichten. Eine nähere Erörterung auch unter Einbeziehung der entsprechenden Überlegungen von GA *Lenz* in der Rs. C-265/95[276] ist aus diesem Grund im Zusammenhang mit der Auseinandersetzung mit Äußerungen in der Literatur vorzunehmen[277]; hierbei wird dann auch die Bedeutung der soeben entwickelten Struktur genauer zu überprüfen sein.

V. Rs. C-112/00 - Schmidberger

Das jüngst ergangene Urteil des EuGH in der Sache „Schmidberger"[278] kann - ohne der folgenden Analyse vorzugreifen - als in der direkten Nachfolge der „Kommission / Frankreich"-Entscheidung[279] stehend angesehen werden. Soweit ersichtlich erstmals seit dem letztgenannten Urteil hatte der Gerichtshof sich u.a. mit der Frage auseinander zu setzen, ob und unter welchen Voraussetzungen die Blockade eines wichtigen Verkehrsweges durch Demonstranten einen Verstoß eines Mitgliedstaats gegen Art. 28 EG begründen kann; es stand mithin eine „klassische"[280] Schutzpflichtkonstellation im Raume. Auch staatshaftungsrechtliche Fragen wurden im Verfahren aufgeworfen. Wiederum finden sich weiteren Aufschluss versprechende Überlegungen in den Schlussanträgen des Generalanwalts, weswegen diese in die Analyse mit einbezogen werden.

1. Sachverhalt

Streitgegenständlich war im Verfahren „Schmidberger" eine Versammlung des Umweltschutzvereins „Transitforum Austria Tirol", der es sich zum Ziel gesetzt hatte, die Behörden Österreichs und der Gemeinschaft auf erhebliche Umweltbelastungen im Bereich der Brenner-Autobahn aufmerksam zu machen. Letztere resultierten vor allem aus dem stark zunehmenden Schwerlastverkehr auf dieser Route, einer der wichtigsten Transitstrecken zwischen Norditalien und Süddeutschland. Die ordnungsgemäß angemeldete und von

---

[276] GA LENZ, Schl.-Antr. v. 9.7.1997, Kommission / Frankreich, Rs. C-265/95, Slg. 1997, I-6959, Tz. 45 ff.

[277] S. 2. Teil, C IV 2, S. 159 ff.

[278] EuGH 12.6.2003, Schmidberger, Rs. C-112/00, Slg. 2003, I-5659 = JTDE 2003, 243 (auszugsweise) = EuZW 2003, 592 = BayVBl. 2003, 621 = ELF 2003, 187; im folgenden Abschnitt als Rs. C-112/00 zitiert.

[279] EuGH 9.12.1997, Kommission / Frankreich, Rs. C-265/95, Slg. 1997, I-6959; dazu oben 2. Teil, B I, S. 39 ff.

[280] Im Sinne der oben 2. Teil, A I, S. 33 herausgearbeiteten Typologie.

den Behörden nicht untersagte Demonstration fand im Juni 1998 an zwei Tagen auf der Fahrspur der Brenner-Autobahn statt, die hierdurch für den normalen Verkehr gesperrt war. In Verbindung mit einem vorhergehenden Feiertag und dem nachfolgenden Wochenende (in beiden Fällen gelten in Österreich weitgehende Fahrverbote für Schwerlastverkehr) führte dies dazu, dass die Strecke für Fahrzeuge mit einem zulässigen Gesamtgewicht über 7,5 t de facto für vier Tage nicht befahrbar war[281]. Mögliche gemeinschaftsrechtliche Vorgaben hatte die zuständige österreichische Behörde bei der Entscheidung über die Anmeldung der Demonstration nicht in Betracht gezogen. Unter Berufung auf eine Verpflichtung Österreichs aus Art. 28 EG, wichtige Transitstrecken von Behinderungen frei zu halten, verlangte Herr Schmidberger für ihm entstandene finanzielle Nachteile Schadensersatz vom österreichischen Staat. Als Inhaber eines kleinen Transportunternehmens in Bayern, das hauptsächlich Holz- sowie Stahltransporte von und nach Italien durchführte, machte er geltend, durch die Sperrung der Brenner-Autobahn seien ihm Schäden von insgesamt 140.000 österreichischen Schilling durch unnötige Stehzeiten, Kosten für die Lkw-Fahrer und Verdienstausfälle aufgrund von Verspätungen entstanden. Österreich machte geltend, die Verkehrsteilnehmer seien im Vorfeld über die Versammlungen unterrichtet gewesen und es hätten Ausweichmöglichkeiten zur Verfügung gestanden. Deswegen sei die Beschränkung des freien Warenverkehrs nicht schwerwiegend gewesen, weshalb den Grundrechten der Meinungs- und Demonstrationsfreiheit der Versammlungsteilnehmer im konkreten Fall der Vorrang einzuräumen gewesen sei.

Das in der Berufungsinstanz mit der Schadensersatzklage Schmidbergers befasste OLG Innsbruck war der Auffassung, in mehrerlei Hinsicht sei eine Vorabentscheidung des EuGH erforderlich und legte diesem den Rechtsstreit nach Art. 234 EG vor. Von den sechs Vorlagefragen[282] betrafen zwei die Auslegung der Art. 28 ff. EG. In diesem Zusammenhang wollte das OLG Innsbruck wissen, ob die genannten Vorschriften eine Verpflichtung des Mitgliedstaats zur Freihaltung wichtiger Transitrouten - auch im Falle einer Sperrung

---

[281] Die Kumulation mit den Feiertagen war offensichtlich von den Demonstranten beabsichtigt; das legt zumindest der ironische Ton in den Verlautbarungen auf der Homepage des veranstaltenden „Transit Forum Austria Tirol" nahe, vgl. etwa das Flugblatt „Ostern aktiv" (unter HTTP://WWW.TRANSITFORUM.AT/OSTERN „Wichtige Regeln für die Bürgerversammlungen", direkter Link: HTTP://WWW.TRANSITFORUM.AT/PDF/20040329WICHTIGEREGELN.PDF; letzter Aufruf am 19.6.2006): „...zufällig war vorher ein Feiertag und pünktlich zu Ende ... ist das Wochenendfahrverbot für Lkw in Kraft getreten.".

[282] Wiedergabe der Vorlagefragen in Rs. C-112/00, Rn. 25.

durch eine politische Versammlung - geböten[283]. Weiter fragte es, ob das Ziel der Demonstration, auf die gesundheitliche Gefährdung der Anwohner und die Gefahren für die Umwelt durch den Schwerlastverkehr hinzuweisen, als höherwertig gegenüber den Vorschriften über den freien Warenverkehr einzustufen sei[284]. Die weiteren vorlegten Rechtsfragen hatten den gemeinschaftsrechtlichen Staatshaftungsanspruch zum Gegenstand. Fraglich war hier, ob ein hinreichend qualifizierter Verstoß des österreichischen Gesetzgebers gegen Gemeinschaftsrecht in einem fehlenden Hinweis im österreichischen Versammlungsrecht lag, dass Gemeinschaftsrecht bei der Entscheidung über Versammlungsuntersagungen zu beachten sei[285]. Denkbar sei, so das OLG Innsbruck, aber auch, dass ein Verstoß gegen Gemeinschaftsrecht in der Nichtuntersagung der Versammlung durch die Exekutive liege[286]. Weiter ersuchte es den EuGH darüber um Auskunft, ob ein Schaden im Sinne des gemeinschaftsrechtlichen Staatshaftungsanspruches bereits dann zu bejahen sei, wenn zwar sämtliche Voraussetzungen für die Erzielung eines Verdienstes vorlägen, der Ausfall einer konkreten Transportfahrt aber nicht nachzuweisen sei[287]. Schließlich bat das OLG Innsbruck um Auskunft über eine verfahrensrechtliche Frage. Zu klären sei, ob es aus Art. 10 EG folge, dass Regeln des nationalen Rechts, die gemeinschaftsrechtlich begründete Rechtspositionen einschränkten, solange nicht anzuwenden seien, bis über den Inhalt des Anspruchs nach Gemeinschaftsrecht vollständige Klarheit gewonnen sei[288]. Hintergrund dieser Frage war, dass die Vorinstanz die Klage Schmidbergers allein deswegen abgewiesen hatte, weil der Kläger seiner Substanziierungspflicht hinsichtlich des Vortrags der anspruchsbegründenden Tatsachen nicht nachgekommen sei[289]. Eine weitere Prüfung der Anspruchsvoraussetzungen nach Gemeinschaftsrecht hatte es aus diesem Grund nicht mehr vorgenommen.

2. Schlussanträge GA *Jacobs*

Der Generalanwalt hatte sich zunächst mit dem - hier nicht näher interessierenden - Vorbringen der Parteien zur Zulässigkeit der Vorabentschei-

---

283 1. Vorlagefrage, Rs. C-112/00, Rn. 25.
284 4. Vorlagefrage, Rs. C-112/00, Rn. 25.
285 2. Vorlagefrage, Rs. C-112/00, Rn. 25.
286 3. Vorlagefrage, Rs. C-112/00, Rn. 25.
287 5. Vorlagefrage, Rs. C-112/00, Rn. 25.
288 6. Vorlagefrage, Rs. C-112/00, Rn. 25.
289 Wiedergabe dieser Erwägungen in Rs. C-112/00, Rn. 18.

dungsfrage auseinander zu setzen[290], bevor er sich der fünften und sechsten Vorlagefrage betreffend den Nachweis des entstandenen Schadens zuwenden konnte. Nach Wiedergabe der einschlägigen Rechtsprechung des EuGH zum gemeinschaftsrechtlichen Staatshaftungsanspruch[291] ordnete der Generalanwalt die Frage nach den an den Schadensnachweis zu stellenden Anforderungen grundsätzlich dem nationalen Recht zu; allerdings müssten der Grundsatz der Gleichwertigkeit, d.h. der Nichtdiskriminierung, sowie der Effektivitätsgrundsatz gewahrt bleiben[292]. Vorliegend sei aber nicht zu erkennen, dass die von den österreichischen Gerichten gestellten Anforderungen diskriminierend seien. Auch machten sie nach Ansicht des Generalanwalts den Nachweis eines Schadens nicht praktisch unmöglich oder erschwerten ihn übermäßig[293]. Insbesondere könne es nicht als dem Effektivitätsgrundsatz zuwiderlaufend angesehen werden, dass das Gericht bei Nichtvorliegen eines Tatbestandsmerkmals des Staatshaftungsanspruchs auf die anderen Voraussetzungen nicht mehr eingehe, vielmehr entspreche ein solches Vorgehen dem Grundsatz der Prozessökonomie[294]. Gleiches gelte für die Regel, dass die Beweislast auch für die Kausalität zwischen dem Verstoß gegen Gemeinschaftsrecht und dem entstandenen Schaden der Kläger trage[295]. Hinsichtlich der Schadensberechnung hielt es GA *Jacobs* für eindeutig, dass grundsätzlich immer dann eine Entschädigung möglich sein müsse, wenn ein Wirtschaftsteilnehmer wegen Gemeinschaftsrechtsverstößen eines Mitgliedstaates daran gehindert war, seinen Geschäften nachzugehen[296]; hierfür sei auch eine Pauschalberechnung des Schadens möglich, wenn der Schaden in der Praxis nicht genau[297] berechnet werden könne[298]. Zum vom OLG Innsbruck angesprochenen Problem, ob ein etwaiger Verstoß gegen Gemeinschaftsrecht dem Gesetzgeber oder der Exekutive anzulasten sei[299], ging GA *Jacobs* von Letzterem aus, was sich aus der unmittelbaren Wirkung von Vorschriften des EG-Vertrages ergebe: In diesem Fall bedürfe es keiner spezifischen Umsetzungsakte durch den natio-

---

290 GA JACOBS, Schl.-Antr. Rs. C-112/00, Tz. 29 - 31.
291 GA JACOBS, a.a.O., Tz. 20 - 24.
292 GA JACOBS, a.a.O., Tz. 33.
293 GA JACOBS, a.a.O., Tz. 33, 39, 43.
294 GA JACOBS, a.a.O., Tz. 35.
295 GA JACOBS, a.a.O., Tz. 47.
296 GA JACOBS, a.a.O., Tz. 37.
297 Also auf Grund eines Vergleichs der Lage des Geschädigtens nach dem Schaden mit seiner (hypothetischen) Lage bei Hinwegdenken des schädigenden Ereignisses, vgl. GA JACOBS, a.a.O., Tz. 46.
298 GA JACOBS a.a.O.
299 2. und 3. Vorlagefrage, Rs. C-112/00, Rn. 25.

nalen Gesetzgeber. Deswegen könne ein Verstoß Österreichs gegen den Vertrag nur in der Duldung der Versammlung durch die Behörden, nicht aber in einem unterlassenen Hinweis des Gesetzgebers auf die Pflicht zur Beachtung von Gemeinschaftsrecht liegen[300].

Sodann befasste sich der Generalanwalt mit der Frage, ob gegen Art. 28 EG verstoßen worden war. Zunächst sei zu erörtern, ob die Sperrung der Transitroute durch eine private Versammlung dem Mitgliedstaat als Beschränkung des freien Warenverkehrs zuzurechnen sei. Sodann sei fraglich, ob diese Beschränkung durch verfassungsmäßige Rechte der Demonstrationsteilnehmer gerechtfertigt sein könne[301]. Hinsichtlich des erstgenanten Aspektes stellte GA *Jacobs* fest, dass Art. 28 ff. EG neben der ausdrücklich geregelten Ein- und Ausfuhr auch die hier in Rede stehende Durchfuhr von Waren beträfen[302], weshalb die zeitweilige Sperre wichtiger Transitrouten durch einen Mitgliedstaat Art. 28 EG beeinträchtigen könne[303]. Gleichwohl gebe es „keine absolute Pflicht, den ungehinderten Transit von Waren zu jeder Zeit ohne Rücksicht auf die Kosten sicherzustellen"[304]. Vorstellbar seien etwa verkehrsbedingte Verzögerungen, deren Ursachen unvermeidlich seien. In solchen Fällen sei nicht stets ein Verstoß gegen Gemeinschaftsrecht anzunehmen[305]. Vorliegend sei die Blockade der Brenner-Autobahn aber weder verkehrsbedingt noch unvermeidlich gewesen und aus diesem Grund geeignet, Art. 28 EG zu beschränken[306]. Eine vom Generalanwalt grundsätzlich befürwortete „de minimis"-Einschränkung dahingehend, dass geringfügige oder nicht spürbare Beeinträchtigungen des freien Warenverkehrs keine Handelshemmnisse im Sinne des Art. 28 EG begründeten, sei vorliegend aufgrund des umfangreichen, über die Brenner-Autobahn abgewickelten Handelverkehrs und der Bedeutung dieser Route für den Überland-Handelsverkehr mit Italien nicht einschlägig[307].

Im Folgenden setzte GA *Jacobs* sich mit dem Problem auseinander, ob die Blockade den österreichischen Behörden zuzurechnen sei, was deswegen problematisch sei, weil die Beschränkung „vor allem auf dem autonomen und

---

300 GA JACOBS, Schl.-Antr. Rs. C-112/00, Tz. 53.
301 GA JACOBS, a.a.O., Tz. 56.
302 GA JACOBS, a.a.O., Tz. 62 unter Hinweis auf den Wortlaut des Art. 30 EG sowie EuGH 26.9.2000, Kommission / Frankreich, Rs. C-23/99, Slg. 2000, I-7653.
303 GA JACOBS, a.a.O., Tz. 63.
304 GA JACOBS (wie vorige Fn.).
305 GA JACOBS, a.a.O.
306 GA JACOBS, a.a.O.
307 GA JACOBS, a.a.O., Tz. 65 - 67.

freiwilligen Verhalten von Privatpersonen“[308] beruhe. Unter Wiedergabe der tragenden Urteilserwägungen des Urteils „Kommission / Frankreich“[309] stellte er zunächst die Unterschiede zwischen den beiden Fällen heraus. So habe es vorliegend keine Gewalttaten oder strafbare Handlungen gegeben, die Demonstration habe sich nicht spezifisch gegen Produkte aus anderen Mitgliedstaaten gerichtet und die Brenner-Autobahn sei nicht mehr als zehn Jahre regelmäßig blockiert gewesen[310]. Zu bedenken sei aber, dass es für die Feststellung einer Beeinträchtigung der Art. 28 ff. EG nicht auf die subjektive Zielsetzung der für die Beschränkung verantwortlichen Personen oder die Qualifizierung der Beschränkung nach nationalem Recht ankäme[311]. Deswegen favorisierte GA *Jacobs* eine Berücksichtigung der Unterschiede zwischen den im „Kommission / Frankreich“-Urteil[312] und den im Verfahren „Schmidberger“ streitgegenständlichen Blockaden erst auf der Rechtfertigungsebene; auf die Zurechnung der Blockade zu den österreichischen Behörden hätten die Unterschiede noch keinen Einfluss[313]. Da die Behörden Österreichs die durch Privatpersonen verursachten Hindernisse für den freien Warenverkehr nicht verhindert hätten, falle ihr Verhalten „wenn es nicht unmittelbar unter Art. 28 fallen sollte, zumindest unter die Art. 28 ff. in Verbindung mit Art. 10 EG“[314].

Zur Frage der Rechtfertigung dieser Beschränkung von Art. 28 EG führte GA *Jacobs* aus, erstmalig berufe sich ein Mitgliedstaat auf den Schutz nationaler Grundrechte, um Beschränkungen der gemeinschaftsrechtlichen Grundfreiheiten zu rechtfertigen[315]. Allerdings ließen sich bereits einige der vom EuGH anerkannten Rechtfertigungsgründe so verstehen, als seien sie grundrechtlich fundiert[316]. Deswegen schlug der Generalanwalt vor, wie bei den geschriebenen Rechtfertigungsgründen vorzugehen und zunächst zu prüfen, ob der Mitgliedstaat mit dem Schutz seiner nationalen Grundrechte ein legitimes Ziel verfolge. Diese Prüfungsstufe sei aufgrund gewisser Unterschiede in den nati-

---

308 GA JACOBS, a.a.O., Tz. 68.

309 EuGH 9.12.1997, Kommission / Frankreich, Rs. C-265/95, Slg. 1997, I-6959; dazu oben 2. Teil, B I, S. 39 ff.

310 GA JACOBS, Schl.-Antr. Rs. C-112/00, Tz. 79.

311 GA JACOBS, a.a.O., Tz. 80.

312 EuGH 9.12.1997, Kommission / Frankreich, Rs. C-265/95, Slg. 1997, I-6959; dazu oben 2. Teil, B I, S. 39 ff.

313 GA JACOBS, Schl.-Antr. Rs. C-112/00, Tz. 81.

314 So wörtlich GA JACOBS, a.a.O., Tz. 84.

315 GA JACOBS, a.a.O., Tz. 89, 94.

316 GA JACOBS, a.a.O., Tz. 89 unter Hinweis auf die damals noch anhängige Rs. C-36/02 (Omega), in der unlängst das Urteil ergangen ist, EuGH 14.10.2004, Omega, Rs. C-36/02, Slg. 2004, 9609.

onalen Grundrechtskulturen nötig, um sicherzustellen, dass mitgliedstaatliche Grundrechte keine diskriminierenden oder sonst gegen die Ziele der Gemeinschaft verstoßenden Ziele verfolgten[317]. Sodann seien die aufgrund dieses legitimen Ziels getroffenen Maßnahmen auf ihre Angemessenheit zu überprüfen[318]. Bei Durchführung dieser zweistufigen Prüfung im konkreten Fall ergebe sich, dass die Meinungs- und Versammlungsfreiheit auch in der Gemeinschaftsrechtsordnung grundsätzlich geschützt seien und Österreich deswegen mit dem Schutz der genannten Grundrechte durch die Nichtuntersagung der Demonstrationen ein legitimes Ziel verfolgt habe[319]. In Fällen, in denen die Beeinträchtigungen von Grundfreiheiten wie vorliegend von Privatpersonen ausgingen, sei allerdings eine allzu strenge Verhältnismäßigkeitsprüfung nicht angezeigt, sondern ein Ermessen des Mitgliedstaates bei der Entscheidung darüber anzunehmen, wann er handeln wolle und welche Maßnahmen er zu ergreifen gedenke[320]. Im Ergebnis hätten die österreichischen Behörden die Grenzen ihres Ermessens nicht überschritten. Hierbei sei zum einen zu berücksichtigen, dass die Demonstration nur einen kurzen Zeitraum umfasst habe und zum anderen, dass das zeitliche Zusammenfallen mit den ohnehin bestehenden Wochenend- und Nachtfahrverboten[321] letztlich nicht künstlich zu der Blockadezeit hinzuzurechnen sei[322]. Zugunsten der österreichischen Behörden habe man auch in Rechnung zu stellen, dass Maßnahmen ergriffen wurden, um die Störung in Grenzen zu halten[323]. Weitgehende Auflagen für die Versammlung, wie etwa die Durchführung lediglich in der Nähe der Autobahn, hätten, so GA *Jacobs*, die Teilnehmer der Versammlung in ihren Rechten verletzt, da nur bei Inanspruchnahme der Fahrbahn eine hinreichende Durchschlagkraft der Demonstration gesichert gewesen sei[324]. Denkbar sei zudem, dass es bei Verhängung solcher Auflagen für die Versammlung zu stärkeren, nicht ohne weiteres kontrollierbaren Störungen durch die Demonstranten gekommen wäre[325]. Da der Güterverkehr über die Brenner-Autobahn mithin nicht in gleicher Weise beeinträchtigt gewesen

---

317 GA JACOBS, a.a.O., Tz. 96 f. bringt das hypothetische Beispiel eines Grundrechts auf Schutz vor unlauterem Wettbewerb durch andere, insbesondere ausländische Unternehmen.

318 GA JACOBS, a.a.O., Tz. 95.

319 GA JACOBS, a.a.O., Tz. 101 - 103.

320 GA JACOBS, a.a.O., Tz. 106.

321 Dazu bereits oben 2. Teil, B V 1, S. 69, bei und in Fn. 281.

322 GA JACOBS, Schl.-Antr. Rs. C-112/00, Tz. 108.

323 GA JACOBS, a.a.O., Tz. 109.

324 GA JACOBS, a.a.O., Tz. 110.

325 GA JACOBS, a.a.O., Tz. 111.

sei wie die Freiheitsrechte der Versammlungsteilnehmer, liege ein Verstoß gegen Art. 28 EG nicht vor[326].

Hilfsweise wandte der Generalanwalt sich sodann den Voraussetzungen des gemeinschaftsrechtlichen Staatshaftungsanspruchs zu und prüfte, ob ein etwaiger Verstoß gegen Gemeinschaftsrecht hinreichend qualifiziert gewesen wäre, also eine offenkundige und erhebliche Überschreitung des Ermessens der österreichischen Behörden dargestellt hätte[327]. Aus den vorangegangenen Erwägungen zur Verhältnismäßigkeit des Nichteinschreitens gegen die Demonstration ergebe sich aber, dass selbst wenn die Behörden überhaupt gegen EG-Recht verstoßen hätten, dieser „Verstoß jedenfalls nicht hinreichend qualifiziert wäre, um die Haftung Österreichs auszulösen“[328]. Deswegen fehle es an einer Voraussetzung des gemeinschaftsrechtlichen Staatshaftungsanspruchs.

3. Urteil

Mit der Begründung, dass es einer Erörterung der staatshaftungsrechtlichen Fragen des OLG Innsbruck nur dann bedürfe, wenn ein Verstoß gegen Art. 28 EG festzustellen sei, begann der Gerichtshof zunächst mit einer Prüfung der letzteren Norm[329] und bekräftigte in diesem Zusammenhang die im Urteil „Kommission / Frankreich“[330] getroffene Feststellung, dass Art. 28 EG in seinem Anwendungsbereich nicht nur staatliche Maßnahmen untersage, sondern auch dann zur Anwendung komme, wenn ein Mitgliedstaat nicht die erforderlichen Maßnahmen gegen nichtstaatliche Beeinträchtigungen ergriffen habe[331]. Zur Begründung wies der Gerichtshof wiederum u.a. auf Art. 10 EG hin[332]. Diesen Überlegungen stellte der EuGH voran, dass Art. 28 EG verlange, „alle unmittelbaren oder mittelbaren, tatsächlichen oder potenziellen Beeinträchtigungen der Handelsströme innerhalb der Gemeinschaft“ zu beseitigen[333]. Die grundlegende Bedeutung des freien Warenverkehrs erfordere, dass diese Verpflichtung zum Einschreiten unabhängig davon gelte, ob Einfuhr,

---

326 GA JACOBS, a.a.O., Tz. 112

327 GA JACOBS, a.a.O., Tz. 114.

328 GA JACOBS, a.a.O., Tz. 117.

329 Rs. C-112/00, Rn. 50.

330 EuGH 9.12.1997, Kommission / Frankreich, Rs. C-265/95, Slg. 1997, I-6959 Rn. 30; dazu oben 2. Teil, B I, S. 39 ff.

331 Rs. C-112/00, Rn. 57.

332 Rs. C-112/00, Rn. 59.

333 Rs. C-112/00, Rn. 56 unter Hinweis auf EuGH 11.7.1974, Dassonville, Rs. 8/74, Slg. 1974, 837 Rn. 5.

Ausfuhr oder die bloße Durchfuhr von Waren betroffen seien, womit auch die streitgegenständliche Konstellation erfasst sei, dass sich die Waren nur auf der Durchfuhr durch Österreich befanden[334]. Die Verpflichtung der Mitgliedstaaten verstärke sich noch dadurch, dass hier eine der Hauptrouten des Überland-Handelsverkehrs zwischen Nordeuropa und Norditalien betroffen sei[335], weswegen die Nichtuntersagung der Versammlung durch die Behörden eine Maßnahme gleicher Wirkung wie mengenmäßige Beschränkungen darstelle, die nur dann nicht gegen Art. 28, 30 EG in Verbindung mit Art. 10 EG verstoße, wenn sie objektiv gerechtfertigt werden könne.

Zur Frage der Rechtfertigung des Nichteinschreitens stellte der EuGH klar, dass die Zielsetzung der Versammlung, auf die Umweltbelastung und die Gesundheitsgefährdungen für die Bevölkerung hinzuweisen, zwar ein legitimes Ziel darstelle, das eine Beeinträchtigung von Art. 28 EG rechtfertigen könne. Vorliegend gehe es aber nicht darum, welche konkreten Ziele die Versammlung verfolgt habe, sondern allein darum, welches Ziel „die nationalen Stellen mit der stillschweigend erteilten Genehmigung bzw. der Nichtuntersagung dieser Versammlung verfolgten"[336]. Es handele sich dabei um den Schutz der Meinungsäußerungs- sowie der Versammlungsfreiheit, die sowohl von der österreichischen Verfassung als auch von der EMRK gewährleistet würden[337]. Zum Verhältnis der Grundrechte zu den Grundfreiheiten wies der EuGH nach einer Darstellung der Rechtsgrundlagen der gemeinschaftsrechtlichen Grundrechte[338] zunächst darauf hin, dass der Schutz dieser Grundrechte ein berechtigtes Interesse darstelle, auf das sich ein Mitgliedstaat berufen könne, um eine Beschränkung seiner gemeinschaftsrechtlichen Verpflichtungen zu rechtfertigen[339]. Allerdings stelle sich die Frage, wie der sonach mögliche Grundrechtsschutz mit den Erfordernissen einer Grundfreiheit in Einklang gebracht werden könne; hierbei sei zu bedenken, dass sowohl der freie Warenverkehr (Art. 28 EG) als auch die durch die EMRK (Art. 10, 11 EMRK) geschützte Meinungsäußerungs- und Versammlungsfreiheit bestimmten Beschränkungsmöglichkeiten unterworfen seien (Art. 30 EG, Art. 10 Abs. 2, 11 Abs. 2 EMRK) und daher keine uneingeschränkte Geltung beanspruchen

---

334 Rs. C-112/00, Rn. 60 - 62.
335 Rs. C-112/00, Rn. 63.
336 Rs. C-112/00, Rn. 66, 68.
337 Rs. C-112/00, Rn. 69.
338 Insbesondere die gemeinsamen Verfassungstraditionen der Mitgliedstaaten sowie die EMRK, vgl. im Einzelnen Rs. C-112/00, Rn. 71 - 73.
339 Rs. C-112/00, Rn. 74.

könnten[340]. Aus diesem Grund seien „die bestehenden Interessen abzuwägen ... und ... anhand sämtlicher Umstände des jeweiligen Einzelfalls festzustellen, ob das rechte Gleichgewicht zwischen diesen Interessen gewahrt worden [sei]“[341], wobei den zuständigen Behörden ein weites Ermessen zuzugestehen sei[342].

Innerhalb der Würdigung der konkreten Umstände des Falles arbeitete der EuGH heraus, dass dessen Ausgangssituation sich wesentlich von derjenigen im Urteil „Kommission / Frankreich“[343] unterscheide, was zum einen daraus folge, dass die Demonstrationen auf der Brenner-Autobahn im Vorfeld auf Antrag genehmigt worden seien und der Verkehr nur auf dieser Strecke lediglich für ein einziges Mal blockiert gewesen sei[344]. Zum anderen habe die Demonstration - anders als die Blockaden durch die französischen Landwirte - nicht bezweckt, den Handel mit Waren bestimmter Art oder Herkunft zu behindern, sondern stelle sich als Grundrechtsausübung dar, mit der die Teilnehmer ihre Grundrechte ausgeübt und eine ihnen im öffentlichen Leben wichtig erscheinende Meinung geäußert hätten[345]. Eine allgemeine Atmosphäre der Unsicherheit, wie sie aufgrund der im Urteil „Kommission / Frankreich“[346] geschilderten Vorfälle angenommen wurde, habe die isolierte Aktion der Demonstranten nicht geschaffen[347]. Sowohl ein Verbot der Versammlung als auch strengere Auflagen hätten dieser zuviel von ihrer Wirkung genommen, während die demonstrationsbedingten Nachteile für unbeteiligte Personen hinzunehmen seien, wenn mit der Versammlung „im Wesentlichen der Zweck verfolgt [werde], auf rechtmäßige Weise eine Meinung öffentlich zu äußern“[348]. In diesem Zusammenhang sei auch der unwidersprochen gebliebene Vortrag der beklagten Republik Österreich zutreffend, dass Alternativlösungen zulasten der Versammlung die Gefahr von Zusammenstößen verschiedener Protestbewegungen oder Gewalttaten von Demonstranten mit sich gebracht hätten[349]. Unter Berücksichtigung des weiten Ermessens der nationalen Behörden stelle daher die Nichtuntersagung der Versammlung unter den

---

340 Rs. C-112/00, Rn. 78, 79, 80.
341 Rs. C-112/00, Rn. 81.
342 Rs. C-112/00, Rn. 82.
343 EuGH 9.12.1997, Kommission / Frankreich, Rs. C-265/95, Slg. 1997, I-6959.
344 Rs. C-112/00, Rn. 84, 85.
345 Rs. C-112/00, Rn. 86.
346 EuGH 9.12.1997, Kommission / Frankreich, Rs. C-265/95, Slg. 1997, I-6959.
347 Rs. C-112/00, Rn. 88.
348 Rs. C-112/00, Rn. 90, 91.
349 Rs. C-112/00, Rn. 92.

vorliegenden Umständen keinen Verstoß gegen die Art. 28, 30 EG in Verbindung mit Art. 10 EG dar[350]. Sei sonach kein Verstoß gegen Gemeinschaftsrecht gegeben, könne von einer Erörterung der Voraussetzungen des gemeinschaftsrechtlichen Staatshaftungsanspruches abgesehen werden[351].

4. Auswertung

Die Entscheidung wirft mehrere Fragen auf, deren getrennte Untersuchung angezeigt erscheint.

a) Urheber der Maßnahme

Was zunächst den Urheber des Unterlassens angeht, so sprechen die zweite und dritte Vorlagefrage einen neuralgischen Punkt sowohl für die Beurteilung des Primär[352]- als auch des Sekundärrechtsschutzes[353] an. Fraglich ist namentlich, wem die fehlende Berücksichtigung grundfreiheitlicher Schutzpflichten anzulasten ist, wenn nicht explizit gesetzlich vorgeschrieben ist, dass Gemeinschaftsrecht bei der Entscheidung über die Untersagung oder Zulassung von Versammlungen zu beachten ist[354].

aa) Deutungsmöglichkeiten

Geht man davon aus, dass ein Verstoß der Legislative durch Unterlassen eines entsprechenden Hinweises im Versammlungsgesetz vorliegt, könnte sich eine für den Betroffenen empfindliche Einschränkung im Bereich der Haftung des Mitgliedstaats ergeben. Zwar ist nach der Rechtsprechung des EuGH der gemeinschaftsrechtliche Staatshaftungsanspruch nicht bereits von vornherein ausgeschlossen, weil der nationale Gesetzgeber gehandelt (in der vorliegenden Konstellation: nicht gehandelt) hat[355]; indes gelten für dessen Verstöße gegen Gemeinschaftsrecht im Bereich der Haftungskriterien einschränkende Voraussetzungen[356]. Der EuGH verlangt insoweit, dass dem betreffenden Legislativorgan eine offenkundige und erhebliche Überschreitung seiner Befug-

---

350 Rs. C-112/00, Rn. 94.

351 Rs. C-112/00, Rn. 96.

352 Zu ihm siehe näher unten, 3. Teil, A II u. III, S. 210 ff.

353 S. hierzu 4. Teil, C I, S. 282 ff.

354 Die entsprechenden Vorlagefragen finden sich in Rs. C-112/00, Rn. 25 unter 2 und 3.

355 Vgl. nur EuGH 5.3.1996, Brasserie du pêcheur und Factortame, verb. Rs. C-46/93 und C-48/93, Slg. 1996, I-1029 Rn. 34, 35.

356 S. GA LÉGER, Schl.-Antr. v. 20.6.1995, Hedley Lomas, Rs. C-5/94, Slg. 1996, I-2553 Tz. 127.

nisse anzulasten sei[357]. Erblickt man hingegen einen Verstoß der österreichischen Behörden darin, dass diese bei der Ausübung ihres Ermessens Gemeinschaftsrecht nicht beachtet haben, gelangt man unproblematischer zur Annahme eines hinreichend qualifizierten Verstoßes gegen Gemeinschaftsrecht, weil anzunehmen ist, dass die nationalen Behörden in der Regel über einen weniger weitgehenden Ermessensspielraum als die Legislative verfügen[358].

bb) Würdigung

Vorliegend sprechen einige Gesichtspunkte für die Zuordnung eines möglichen Verstoßes gegen Gemeinschaftsrecht zur Exekutive. Ausgangspunkt hierfür ist - wie GA *Jacobs* zutreffend ausführt - die unmittelbare Wirkung von Vorschriften des EG-Vertrages, welche dazu führt, dass die Verpflichtung der Behörden zur Anwendung von Gemeinschaftsrecht nicht von einer vorherigen Umsetzung desselben in nationales Recht abhängt[359]. Auch rein tatsächlich erscheint es problematisch, vom Gesetzgeber zu fordern, jedes Gesetz gleichsam mit einem „Warnhinweis" zu versehen, dass bei der Auslegung desselben die Grundfreiheiten (oder allgemeiner: das Gemeinschaftsrecht) zu beachten seien. Dies käme einer Überspannung der Anforderungen an die grundsätzlich durchaus erforderliche Rechtsklarheit[360] gleich. Zudem würde bei einer solchen Deutung verkannt, dass die Beachtung des Gemeinschaftsrechts jeder staatlichen Stelle unabhängig von ihrer Stellung im Gefüge der nationalen Gewaltenteilung auferlegt ist[361]. Macht man die Beachtung des europäischen Rechts durch die Behörden von einem vorherigen Hinweis auf diesen Umstand durch den Gesetzgeber abhängig, so lockert dies in bedenklicher Weise ihre Bindung an die Vorgaben des Gemeinschaftsrechts und damit ihre Pflicht zur eigenverantwortlichen Prüfung und Beachtung von Gemeinschaftsrecht. Die Exekutive könnte sich letztlich damit exkulpieren, dass sie

---

357 EuGH 5.3.1996, Brasserie du pêcheur und Factortame, verb. Rs. C-46/93 und C-48/93, Slg. 1996, I-1029 Rn. 55.

358 Vgl. RUFFERT, in: Calliess/Ruffert, EUV / EGV, Art. 288 EGV Rn. 38; VON BOGDANDY, in: Grabitz/Hilf, Recht der EU, Art. 288 EGV Rn. 149 (Stand: Jan. 2001).

359 GA JACOBS, Schl.-Antr. Rs. C-112/00, Tz. 53.

360 Zu der Anwendung dieses Grundsatzes im Falle eines Verstoßes nationaler Vorschriften gegen Richtlinienvorschriften vgl. etwa EuGH 25.7.1991, Emmott, Rs. C-208/90, Slg. 1991, I-4269 Rn. 22; EuGH 18.1.2001, Kommission / Italien, Rs. C-162/99, Slg. 2001, I-541 Rn. 22.

361 Dies entspricht der ständigen Rechtsprechung des Gerichtshofs, vgl. EuGH 28.4.1977, Thieffry, Rs. 71/76, Slg. 1977, 765 Rn. 15/18; EuGH 10.4.1984, von Colson und Kamann, Rs. C-14/83, Slg. 1984, 1891 Rn. 26; EuGH 14.7.1994, Faccini Dori, Rs. C-91/92, Slg. 1994, I-3325 Rn. 26.

auf die vorrangige Verantwortlichkeit des Gesetzgebers für die Beachtung des Europarechts verweist, was mit der soeben zitierten Rechtsprechung des EuGH nicht in Einklang zu bringen ist. Aus diesen Gründen ist im Einklang mit den Schlussanträgen von GA *Jacobs*[362] davon auszugehen, dass ein eventueller Verstoß gegen Gemeinschaftsrecht vorliegend der Exekutive zuzuschreiben wäre.

b) Zurechnung oder Schutzpflicht?

Ein weiterer, nicht weniger bedeutsamer Aspekt des Urteils betrifft die auch in den vorherigen Entscheidungen[363] vermehrt virulent gewordene Frage nach der Unterscheidung zwischen Zurechnung privaten Handelns zum Staat einerseits und der Schutzpflichtkonstruktion andererseits. Ohne hieraus soweit ersichtlich sachliche Konsequenzen zu ziehen, spricht der Gerichtshof abwechselnd von der „stillschweigend erteilten Genehmigung“[364] für die Versammlung und von der „Nichtuntersagung der Versammlung durch die Behörden“[365]. Mitunter werden beide Termini auch gleichwertig verwendet[366], was deutlich macht, dass der Gerichtshof die Zuordnung letztlich offen lässt bzw. nicht für ergebnisrelevant erachtet. Hinzu kommt, dass der Generalanwalt den Terminus „Zurechnung“ verwendet, um die Verantwortlichkeit der österreichischen Behörden zu begründen[367]; ebenso lässt er offen, ob das Verhalten der österreichischen Behörden unmittelbar unter Art. 28 EG oder unter Art. 28 EG in Verbindung mit Art. 10 EG zu subsumieren sei[368]. Beide Stellungnahmen lassen also zumindest eine Deutung dahingehend zu, dass EuGH und Generalanwalt von einer gewissen Annäherung der Schutzpflicht an die abwehrrechtliche Dimension der Grundfreiheiten ausgehen.

Dem kann aber nur dann gefolgt werden, wenn im Gemeinschaftsrecht - erstens - rechtstechnisch kein Unterschied zwischen staatlich genehmigtem Verhalten Privater und privatautonomem Handeln im Wirkungsbereich einzelner Freiheitsgrundrechte zu machen wäre oder - zweitens - Abwehr- und Schutzfunktion der Grundfreiheiten immer zu gleichen Ergebnissen führten. Ange-

---

[362] GA JACOBS, Schl.-Antr. Rs. C-112/00, Tz. 53.

[363] S. insbesondere 2. Teil, B II 4 a), S. 58 sowie 2. Teil, B III 4, S. 61.

[364] Rs. C-112/00, Rn. 2.

[365] Rs. C-112/00, Rn. 64; Rn. 84.

[366] Rs. C-112/00, Rn. 68.

[367] GA JACOBS, Schl.-Antr. Rs. C-112/00, Tz. 56, 64, 68, 82; ebenso bereits GA LENZ, Schl.-Antr. v. 9.7.1997, Kommission / Frankreich, Rs. C-265/95, Slg. 1997, I-6959 Tz. 13, 18.

[368] GA JACOBS, Schl.-Antr. Rs. C-112/00, Tz. 84.

sichts des den nationalen Stellen eingeräumten weiten Ermessens bei der Erfüllung der Schutzpflicht einerseits[369] und einer deutlich strengeren Kontrolle dort, wo staatlicher Einfluss zur Anwendung des Abwehrrechts führt andererseits[370], erscheint es zunächst nicht gerechtfertigt, letztere Frage zu bejahen. Erstere Frage ist bereits im deutschen Recht durchaus umstritten[371]. Auch im Bereich der grundfreiheitlichen Schutzpflichten wird in der Literatur - an entsprechende Überlegungen zu den Grundrechten des GG angelehnt - vertreten, eine Genehmigung privaten Verhaltens durch den Staat führe zur Einschlägigkeit der abwehrrechtlichen Dimension der Grundfreiheiten[372]. Ungeachtet der bereits oben abgelehnten Vermengung von Zurechnung und Schutzpflicht[373] durch den Generalanwalt erscheint es allerdings angezeigt, die Frage nach der Wirkung einer Erlaubnis späteren Überlegungen zu überlassen[374]. Dort gilt es auch, in Auseinandersetzung mit Auffassungen im Schrifttum gemeinschaftsrechtliche Kriterien zu entwickeln, mittels derer dogmatische Klarheit in die Trennung zwischen Schutzpflicht und Zurechnung gebracht werden kann; dem vorliegenden Urteil lassen sich hierzu keine verwertbaren Hinweise entnehmen.

c) Reichweite der Schutzpflicht

Soeben konnte festgestellt werden, dass den Ausführungen des EuGH zur Schutzpflicht eine - wenn auch abzulehnende - Gleichstellung von Schutzpflicht und Abwehrrecht entnommen werden kann[375]. Diese Linie des Gerichtshofs setzt sich fort in seiner Beurteilung der tatbestandlichen Reichweite des Art. 28 EG in Schutzpflichtkonstellationen: In Übereinstimmung mit GA *Jacobs*[376] sieht der EuGH sowohl Ein- als auch Durchfuhr von Waren als von der Norm geschützt an[377] und greift zur Definition der Maßnahmen gleicher

---

369 Dazu bereits 2. Teil, B I 3 b) cc), S. 51.

370 Paradigmatisch hierfür sind die „Buy national“-Fälle, EuGH 24.11.1982, Kommission / Irland, Rs. 249/81, Slg. 1982, 4005 Rn. 28; EuGH 13.12.1983, Apple and Pear Development Council / Lewis, Rs. 222/82, Slg. 1983, 4083 Rn.17; dazu oben 2. Teil, A II 1 c), S. 37.

371 Vgl. nur JAECKEL, Schutzpflichten, S. 68 ff.; HERMES, Grundrecht, S. 85 ff.; die Problematik im deutschen Recht kann hier nicht vertieft werden.

372 SZCZEKALLA, Schutzpflichten, S. 641, zum Fall der Nichtuntersagung einer Versammlung.

373 S. 2. Teil, B II 4 a), S. 58 f.

374 S. 2. Teil, C V 6, S. 174 f.

375 S. 2. Teil, B V 4 b), S. 81.

376 Schl.-Antr. Rs. C-112/00, Tz. 62.

377 Rs. C-112/00, Rn. 60.

Wirkung auf seine „Dassonville“-Formel[378] zurück. Bestätigt wird zudem die Aussage, dass die Schutzpflichtkonstruktion auch Schutz vor einer „Atmosphäre der Unsicherheit“ gewährt[379]. Wie in der oben erörterten Entscheidung „Kommission / Frankreich“[380] ergeben sich folglich auch hier Fragen der Einordnung und der Übertragbarkeit abwehrrechtlicher Weiterungen auf die Schutzpflicht, die aus Darstellungsgründen erst später[381] einer näheren Betrachtung unterzogen werden. Bereits hier kann aber festgehalten werden, dass eine Übertragung solcher Entwicklungen auf Tatbestandsebene nicht zwingend die Gefahr begründet, dass die schutzrechtliche Dimension der Grundfreiheiten den nationalen Behörden keinen eigenen Spielraum belässt. Dieser Gesichtspunkt wird vom Gerichtshof erst im Rahmen der Verhältnismäßigkeitsprüfung und damit auf der Ebene der Rechtfertigung berücksichtigt[382]. Es wird zu überlegen sein, ob die Sicherstellung des Handlungsspielraums von Exekutive und Legislative auch anderweitig berücksichtigt werden kann.

d) Rechtfertigungsebene: Berücksichtigung von Grundrechten

Als das eigentliche Novum der Entscheidung werten manche die erstmalige Berücksichtigung von Grundrechten im Rahmen der Rechtfertigung des Nichteinschreitens der Behörden[383]. Das erscheint jedoch unter Berücksichtigung der bisherigen Rechtsprechung als unzutreffend. In der „ERT“-Entscheidung[384] führte der EuGH bereits aus, dass die Gemeinschaftsgrundrechte dann von den Mitgliedstaaten zu beachten seien, wenn Letztere sich auf Rechtfertigungsgründe zur Einschränkung von Grundfreiheiten beriefen. Er postulierte also zunächst eine mittelbare Berücksichtigung der Grundrechte, indem diese als „Schranken-Schranken“ der geschriebenen Rechtfertigungsgründe der Einschränkung von Grundfreiheiten durch einen Mitgliedstaat Grenzen setzten[385]. Die unmittelbare[386] Berücksichtigung eines

---

[378] EuGH 11.7.1974, Dassonville, Rs. 8/74, Slg. 1974, 837 Rn. 5.

[379] Rs. C-112/00, Rn. 88.

[380] S. 2. Teil, B I 3 b) bb), S. 50.

[381] S. 2. Teil, C III, S. 121 ff.

[382] S. 2. Teil, B I 3 b) cc), S. 51 und sogleich 2. Teil, B V 4 e), S. 93.

[383] So BROWN, 40 CMLRev. (2003), 1499; KADELBACH/PETERSEN, EuGRZ 2003, 693 (695).

[384] EuGH 18.6.1991, ERT, Rs. C-260/89, Slg. 1991, I-2925 Rn. 43; ebenso in der Entscheidung EuGH 8.4.1992, Kommission / Deutschland, Rs. C-62/90, Slg. 1992, I-2575 Rn. 23.

[385] Vgl. KINGREEN, in: Calliess/Ruffert, EUV / EGV, Art. 6 EUV Rn. 60; EHLERS, in: ders. (Hrsg.), EuGR, § 14 Rn. 34; SCHALLER, EU-Mitgliedstaaten, S. 73;

Gemeinschaftsgrundrechts als „zwingendes Erfordernis" im Sinne der „Cassis de Dijon"-Entscheidung[387] lässt sich aber im Urteil „Familiapress"[388] erkennen[389]. Dort prüfte der EuGH die Vereinbarkeit eines österreichischen Verbotes zum Verkauf von Zeitschriften, die Gewinnspiele enthielten, mit Art. 28 EG und stellte im Rahmen der Rechtfertigung dieses Verbots fest, dass die Aufrechterhaltung der Medienvielfalt ein zwingendes Erfordernis darstelle. Diese „trage nämlich zur Wahrung des Rechts der freien Meinungsäußerung bei, das durch Art. 10 [der EMRK] geschützt [sei] und zu den von der Gemeinschaftsrechtsordnung geschützten Grundrechten [gehöre]"[390]. Hieraus wird deutlich, dass der EuGH Gemeinschaftsgrundrechte bereits früher unmittelbar berücksichtigt hat, wenn es um die Rechtfertigung von Grundfreiheitseingriffen durch die Mitgliedstaaten ging[391]. Eine Besonderheit des Urteils in der Sache „Schmidberger" lag daher allenfalls darin begründet, dass der Mitgliedstaat nicht aktive Eingriffe in Art. 28 EG mit der Beachtung von Grundrechten rechtfertigen wollte, sondern sein Unterlassen, in concreto das Nichteinschreiten gegen die Versammlung.

aa) Die anwendbaren Grundrechte

Als eigentliche Neuheit stellt sich aber darüber hinaus das Problem, welche Grundrechte im Rahmen der Rechtfertigung dieses Unterlassens Anwendung finden: Gilt die soeben dargestellte „ERT"-Rechtsprechung[392] mit der Folge

---

JÜRGENSEN/SCHLÜNDER, AöR 121 (1996), 200 (217). Anders, aber unzutreffend in Bezug auf das zuletzt genannte Urteil (Fn. 384) CIRKEL, Bindungen, S. 217, der darin eine eigenständige Grundrechtsprüfung erblickt; der EuGH rekurriert aber ausdrücklich auf eine Auslegung der Rechtfertigungsbestimmungen „*im Lichte*... insbesondere der Grundrechte" (EuGH 8.4.1992, Kommission / Deutschland, Rs. C-62/90, Slg. 1992, I-2575 Rn. 23; Hervorhebung hinzugefügt).

386 Darunter wird hier eine ohne „Vermittlung" über die Auslegung eines geschriebenen Rechtfertigungsgrundes vorgenommene Berücksichtigung von Grundrechten verstanden; das Grundrecht dient also selbst als Schranke bzw. „zwingendes Erfordernis".

387 EuGH 20.2.1979, Rewe / Bundesmonopolverwaltung für Branntwein, Rs. 120/78, Slg. 1979, 649 Rn. 8.

388 EuGH 26.6.1997, Familiapress, Rs. C-368/95, Slg. 1997, I-3689.

389 Ebenso KINGREEN, Struktur, S. 167.

390 EuGH 26.6.1997, Familiapress, Rs. C-368/95, Slg. 1997, I-3689, Rn. 18; ähnlich EuGH 5.10.1994, TV10, Rs. C-23/93, Slg. 1994, I-4795 Rn. 24 f.

391 Auch in Rs. C-112/00, Rn. 66, 78, ordnet der EuGH (entgegen KADELBACH/PETERSEN, EuGRZ 2003, 693 [695], die darin „eine neue Kategorie von Fällen" sehen) die Berücksichtigung von Grundrechten den zwingenden Erfordernissen im Sinne der „Cassis de Dijon"-Entscheidung zu.

392 EuGH 18.6.1991, ERT, Rs. C-260/89, Slg. 1991, I-2925 Rn. 43.

der Anwendbarkeit der Gemeinschaftsgrundrechte oder kommt es hier auf nationale Grundrechte an? Geht man von der bisherigen Rechtsprechung aus, scheint die Frage auf den ersten Blick im Sinne der erstgenannten Alternative zu beantworten zu sein.

(1) Die zweistufige Prüfung von GA Jacobs

Dem stellt jedoch GA *Jacobs* in seinen Schlussanträgen ein anderes Modell gegenüber[393]. Er will in den Fällen, in denen ein Mitgliedstaat Grundrechte seiner Verfassung ins Feld führt, um Einschränkungen der Grundfreiheiten zu rechtfertigen, eine zweistufige Prüfung vornehmen[394], bei der (1) geprüft wird, ob der Mitgliedstaat mit Berufung auf das betreffende nationale Grundrecht ein gemeinschaftsrechtlich legitimes Ziel verfolgt und (2), ob die Beschränkung zu diesem Ziel in einem angemessenen Verhältnis stehe[395]. Innerhalb der ersten Prüfungsstufe sei dann relevant, ob das nationale Grundrecht eine Entsprechung auf Gemeinschaftsebene habe, weil es widersprüchlich sei, einem Mitgliedstaat die Verfolgung von Zielen zu verbieten, die der Gemeinschaft selbst auferlegt seien[396].

(2) Lösung nach bisheriger Rechtsprechung

In der Tat ist fraglich, ob die Voraussetzung erfüllt ist, die der EuGH normalerweise stellt, um die Anwendbarkeit der Gemeinschaftsgrundrechte auf Handlungen der Mitgliedstaaten zu begründen.

Nötig ist ein Handeln im Anwendungsbereich des Gemeinschaftsrechts[397]. Übertragen auf den vorliegenden Fall muss also die unterlassene Untersagung der Versammlung durch die Behörden als Anwendung des Gemeinschaftsrechts anzusehen sein, wovon der Gerichtshof offensichtlich ausgeht[398]. Völlig unproblematisch ist diese Annahme indes nicht: Betrachtet man isoliert das Unterlassen der Behörde, ist von außen nicht erkennbar, warum diese nicht

---

393 GA JACOBS, Schl.-Antr. Rs. C-112/00, Tz. 94 ff.; ähnlich bereits MEURER, EWS 1998, 196 (199); jüngst zustimmend (im Rahmen einer Falllösung) SIEMEN, JuS 2005, 251 (254).

394 Ebenso SCHORKOPF, ZaöRV 64 (2004), 125 (133 f.).

395 GA JACOBS, a.a.O., Tz. 95.

396 GA JACOBS, a.a.O., Tz. 101 f.

397 EuGH 18.6.1991, ERT, Rs. C-260/89, Slg. 1991, I-2925 Rn. 42; aus jüngerer Zeit EuGH 13.4.2000, Karlsson u.a., Rs. C-292/97, Slg. 2000, I-2737 Rn. 37; EuGH 12.12.2002, Caballero, Rs. C-442/00, Slg. 2002, I-11915 Rn. 30.

398 Rs. C-112/00, Rn. 75; ebenso KADELBACH/PETERSEN, EuGRZ 2003, 693 (695).

handelt[399]; sie mag etwa aus Beweggründen nicht eingeschritten sein, die auf der innerstaatlichen Rechtsordnung beruhen[400]. Allenfalls eine später abgegebene (aber in der Regel erst im Prozess vorstellbare[401]) Begründung des Nichteinschreitens kann Aufschluss geben, ob das Unterlassen der Behörde gemeinschaftsrechtliche Bezüge aufwies. Der gemeinschaftsrechtliche Bezug ergibt sich daher vornehmlich daraus, dass die Demonstranten in ein gemeinschaftsrechtlich geschütztes Rechtsgut, hier Art. 28 EG, eingreifen[402]. Soweit im Schrifttum argumentiert wird, dass in Konstellationen wie der vorliegenden ein Vorgehen der Behörden gegen von privater Seite ausgehende Störungen der Grundfreiheiten als Durchführung des Gemeinschaftsrechts anzusehen sei[403], erscheint dies insofern zweifelhaft, als hier gerade ein „Nichtvorgehen" in Rede steht. Konstruktiv lässt sich diese Ansicht aber halten, wenn man - wie soeben dargelegt - darauf abstellt, dass eine Gefährdung einer gemeinschaftsrechtlichen Norm durch Private vorliegt[404]. Diese Sichtweise hat außerdem den Vorzug, dass sie auf objektive Kriterien zur Prüfung der Einschlägigkeit des Gemeinschaftsrechts abzustellen vermag, also insbesondere, ob ein zwischenstaatlicher Bezug vorlag[405]. Es bedarf dann keiner Spekulation über die eventuelle Motivation der Behörde. Auch ergibt sich hieraus keine übermäßige Ausdehnung des Anwendungsbereich des Gemeinschaftsrechts, da durch das zuletzt genannte Merkmal der Zwischenstaatlichkeit sichergestellt ist, dass rein interne Sachverhalte im Einklang mit der ständigen Rechtsprechung des Gerichtshofs[406] nach wie vor nicht auf den Prüfstand des Gemeinschaftsrechts geraten.

---

399 Vgl. auch B. KOCH, Gewährleistungspflicht, S. 187, zur ähnlichen Problematik im Bereich der geschriebenen Rechtfertigungsgründe.

400 So verhielt es sich offensichtlich im Falle „Schmidberger", da die Behörden etwaige gemeinschaftsrechtliche Dimensionen des Falles nicht geprüft hatten, vgl. Rs. C-112/00, Rn. 13.

401 Das ergibt sich zwanglos daraus, dass etwa die durch die Demonstration betroffenen Verkehrsteilnehmer von der Behörde keine Benachrichtigung über die Nichtuntersagung erhalten.

402 Ähnlicher Ansatz bei FRENZ, EuR 2002, 603 (604).

403 So KADELBACH/PETERSEN, EuGRZ 2003, 693 (695).

404 Ebenso SCHORKOPF, ZaöRV 64 (2004), 125 (137).

405 Zu diesem Merkmal LEIBLE, in: Grabitz/Hilf, Recht der EU, Art. 28 EGV Rn. 14 (Stand: Jan. 2000); BECKER, in: Schwarze, EU-Komm., Art. 28 EGV Rn. 19 ff.

406 Vgl. nur EuGH 15.1.1986, Hurd, Rs. 44/84, Slg. 1986, 29 Rn. 55; EuGH 28.1.1992, Steen, Rs. C-332/90, Slg. 1992, I-341 Rn. 9.

Demnach ist im vorliegenden Fall das Nichteinschreiten der Behörden - in Übereinstimmung mit der Einschätzung des EuGH[407] - als Durchführung des Gemeinschaftsrechts anzusehen, da durch die Demonstration Gefährdungen für den freien Warenverkehr zu besorgen waren. Folge hiervon ist unter Zugrundelegung der „ERT"-Rechtsprechung[408], dass die Gemeinschaftsgrundrechte den Rechtfertigungsmaßstab für das unterlassene Einschreiten der nationalen Stellen vorgeben[409].

(3) Fazit

Allein die Berücksichtigung der Gemeinschaftsgrundrechte erscheint vorliegend sachgerecht. Entgegen einer im Schrifttum vorgebrachten Deutung des Urteils „Schmidberger"[410] ist dies auch die Position des EuGH. Zuzugeben ist zwar, dass die starke Orientierung des Gerichtshofs an der EMRK[411] auch darin ihren Grund haben könnte, dass diese in Österreich Verfassungsrang hat[412] und somit als nationaler Grundrechtsstandard anzusehen ist. Indes spricht entscheidend für die Anwendung der Gemeinschaftsgrundrechte durch den EuGH, dass in der die Grundrechtsprüfung einleitenden Passage ausgeführt wird, es gehe um die Grundrechte „deren Wahrung der Gerichtshof sichert"[413]. Hierbei kann es sich, da nur der EGMR und nicht der EuGH zur verbindlichen Auslegung der EMRK berufen ist (vgl. Art. 19 EMRK), allein um die Gemeinschaftsgrundrechte handeln[414]. Dies wird gestützt durch den Umstand, dass die zitierte Formulierung auch in den anderen Fällen wiederkehrt, in denen der Gerichtshof die gemeinschaftsrechtlich garantierten

---

407 Rs. C-112/00, Rn. 75.

408 EuGH 18.6.1991, ERT, Slg. 1991, I-2925 Rn. 43; nichts anderes ergibt sich nach einem möglichen Inkrafttreten des Verfassungsvertrages (dazu oben 1. Teil, C, S. 26 f.), da Art. II-111 Abs. 1 VV die Bindung der Mitgliedstaaten an die zuvor genannten Grundrechte ebenso von einer „Durchführung des Rechts der Union" abhängig macht. Hierdurch sollte nicht hinter den erreichten Stand der Rechtsprechung zur Bindung der Mitgliedstaaten an die Gemeinschaftsgrundrechte zurückgegangen werden, vgl. GRABENWARTER, EuGRZ 2004, 563 (564 m.w.N.).

409 Auf gleicher Linie KADELBACH/PETERSEN, EuGRZ 2003, 693 (695); so auch die Forderung von SCHORKOPF, ZaöRV 64 (2004), 125 (137), der aber zu Unrecht davon ausgeht, der EuGH habe ein nationales Grundrecht als Rechtfertigungsgrund angesehen, SCHORKOPF, a.a.O., (140). Zu dieser Deutung sogleich unter (3).

410 Vgl. SCHORKOPF, ZaöRV 64 (2004), 125 (138 ff., 140).

411 Rs. C-112/00, Rn. 79, 80.

412 Vgl. nur BERKA, Lehrbuch, Rn. 37; ERMACORA, Verfassungslehre, S. 332, 335.

413 Rs. C-112/00, Rn. 75.

414 Ebenso wohl die Einschätzung von GAin STIX-HACKL, Schl.-Antr. v. 18.3.2004, Omega, Rs. C-36/02, Slg. 2004, 9609 Tz. 44, 70 ff.

Grundrechte anwendet[415]. Weiterhin lassen sich im Wesentlichen zwei Gründe anführen, welche die auch hier befürwortete These stützen, dass allein Gemeinschaftsgrundrechte den Maßstab für die Rechtfertigung bilden.

Zum einen würde ein konsequentes Abstellen auf nationale Grundrechte dazu führen, dass der EuGH diese bei der Einzelabwägung mit der beeinträchtigten Grundfreiheit zugrunde zu legen hätte[416]. Nimmt man in Betracht, dass die Grundrechtsordnungen der Mitgliedstaaten in einzelnen Belangen immer noch erheblich differieren[417], könnte dies zu signifikanten Unterschieden in der Entscheidung von ansonsten gleich liegenden Fällen führen. Der EuGH wäre dann - bei Abstellen auf das nationale Grundrecht - unter Umständen sogar gehalten, die Gewichtung je nach betroffenem Grundrecht und der jeweiligen mitgliedstaatlichen Auffassung unterschiedlich vorzunehmen, was unter dem Aspekt der Rechtssicherheit nicht überzeugen kann. Es widerspricht zudem der ständigen Judikatur des Gerichtshofs, nach der er nicht zur Auslegung des nationalen Rechts berufen ist[418] und gefährdet überdies die Einheitlichkeit des Gemeinschaftsrechts[419]. Die Lösung von GA *Jacobs* vermeidet diese Konsequenz zwar teilweise, indem sie die nationalen Grundrechte nur auf einer ersten Stufe berücksichtigt[420]. Sie sieht sich aber dem Einwand ausgesetzt, dass sie keine Kriterien für die Fälle bieten kann, in denen ein na-

---

415 Vgl. EuGH 18.6.1991, ERT, Rs. C-260/89, Slg. 1991, I-2925 Rn. 44; EuGH 4.10.1991, Society for the Protection of Unborn Children Ireland, Rs. C-159/90, Slg. 1991, I-4685 Rn. 31; EuGH 6.3.2001, Connolly, Rs. C-274/99 P, Slg. 2001, I-1611 Rn. 37; EuGH 22.10.2002, Roquette Frères, Rs. C-94/00, Slg. 2002, I-9011 Rn. 25; EuGH 25.3.2004, Karner, Rs. C-71/02, Slg. 2004, I-3025 Rn. 48.

416 Das übersieht meines Erachtens GA JACOBS, Schl.-Antr. Rs. C-112/00, Tz. 95, der nur prüfen will, ob der Schutz eines nationalen Grundrechts ein legitimes Ziel darstellt; folgte man dem konsequent, könnte in der sich anschließenden Abwägung nur abstrakt darauf abgestellt werden, dass ein Grundrecht betroffen ist. Offen bliebe, welches Grundrecht dies ist, da der EuGH wie bereits dargelegt nicht über die Schutzbereiche oder Gewichtung nationaler Grundrechte zu judizieren hat.

417 Vgl. CIRKEL, Bindungen, S. 193 (unter Hinweis auf die bei RENGELING, Grundrechtsschutz, jeweils vorangestellten Verfassungsvergleiche, etwa S. 16 f.; S. 30 f.; S. 59 f.). Weitere Beispiele bei RUFFERT, EuGRZ 1995, 518 f.

418 Vgl. dazu EHRICKE, in: Streinz, EUV / EGV, Art. 234 EGV Rn. 12 m.w.N.; WEGENER, in: Calliess/Ruffert, EUV / EGV, Art. 234 EGV Rn. 2.

419 In diesem Sinne bereits grundlegend EuGH 17.12.1970, Internationale Handelsgesellschaft, Rs. 11/70, Slg. 1970, 1125 Rn. 3 zum Vorrang des Gemeinschaftsrechts auch vor nationalen Verfassungsprinzipien, insbesondere Grundrechten; ebenso GEBAUER, Grundfreiheiten, S. 320 f.; KADELBACH/PETERSEN, EuGRZ 2002, 213 (215 f.); BIRK, FS BAG, S. 1165 (1173).

420 GA JACOBS, Schl.-Antr. Rs. C-112/00, Tz. 95.

tionales Grundrecht nicht von der EMRK oder den gemeinsamen Verfassungstraditionen der Mitgliedstaaten gedeckt ist. Unklar bliebe in diesen Konstellationen, wonach sich die „Legitimität“ des verfolgten Zieles und das „öffentliche Interesse“[421] an seiner Verfolgung bemessen oder ob die Nichterwähnung des konkreten Grundrechts in EMRK und anderen nationalen Verfassungen nicht automatisch zu dessen „Illegitimität“ auf Gemeinschaftsebene führen müsste[422].

Gegen die Anwendbarkeit nationaler Grundrechte lässt sich zudem anführen, dass der EuGH den Mitgliedstaaten schon bei der Auslegung der Rechtfertigungstatbestände „öffentliche Sicherheit und Ordnung“ (Art. 30 S. 1 EG, Art. 39 Abs. 3 EG, Art. 46 Abs. 1 EG, Art. 55 in Verbindung mit Art. 46 Abs. 1 EG) einen gewissen Beurteilungsspielraum lässt[423] und dies tendenziell bereits die Gefahr einer differierenden Anwendung des Gemeinschaftsrechts je nach Mitgliedstaat in sich birgt[424]. Ließe man nun zu, dass nationale Grundrechte im Rahmen der Auslegung der Rechtfertigungsgründe zu berücksichtigen sind, wäre die Einheitlichkeit des Gemeinschaftsrechts in noch größerem Ausmaß gefährdet. Folglich sind allein die Gemeinschaftsgrundrechte bei der Beurteilung der Rechtfertigung des Unterlassens maßstäblich.

bb) Berücksichtigung der Ziele der Demonstration

Übereinstimmend stellen Generalanwalt[425] und Gerichtshof[426] fest, dass der von den Demonstranten mit der Versammlung bezweckte Umwelt- und Gesundheitsschutz im Rahmen der Rechtfertigung des behördlichen Unterlassens keine unmittelbare Berücksichtigung finden kann. Begründet wird dies überzeugend mit der Erwägung, dass es im Staatshaftungsprozess gegen den

---

421 GA JACOBS, Schl.-Antr. Rs. C-112/00, Tz. 95.

422 Übereinstimmend insoweit SCHORKOPF, ZaöRV 64 (2004), 125 (134 f.); die Problematik kann hier aufgrund ihrer weitreichenden Bedeutung nur angerissen werden. Eine eingehende Würdigung und ggf. Entwicklung von eigenständigen Kriterien kann im Rahmen dieser Arbeit nicht geleistet werden, ist aber nach der hier vertretenen Auffassung auch nicht nötig.

423 EuGH 4.12.1974, Van Duyn, Rs. 41/74, Slg. 1974, 1337 Rn. 18/19; EuGH 27.10.1977, Bouchereau, Rs. 30/77, Slg. 1977, 1999 Rn. 34; EuGH 14.3.2000, Église de scientologie, Rs. C-54/99, Slg. 2000, I-1335 Rn. 17; s. auch H. SCHNEIDER, Ordnung, S. 74 ff. m.w.N.

424 H. SCHNEIDER, Ordnung, S. 77.

425 GA JACOBS, Schl.-Antr. Rs. C-112/00, Tz. 54.

426 Rs. C-112/00, Rn. 66.

Mitgliedstaat allein auf dessen Handeln ankomme[427], nicht auf dasjenige von Privaten. Das entspricht auch der hier vertretenen Ablehnung der Gleichsetzung von Zurechnung und Schutzpflicht[428], denn bei Annahme der Zurechenbarkeit des privaten Verhaltens zum Staat wäre auch die Zielsetzung der Privatpersonen im Rahmen der Haftung des Staates zu würdigen. Vorliegend geht es aber nicht um die Frage eines Einstehenmüssens *für* fremdes Fehlverhalten, sondern lediglich *anlässlich* eines solchen[429].

In der Literatur wird zwar bemängelt, dieser Ansatz gehe von einer falschen Voraussetzung aus, weil das Ziel der Demonstration von den Mitgliedstaaten jedenfalls bei der Entscheidung darüber zu berücksichtigen sei, ob die Untersagung der Demonstration einen ungerechtfertigten Eingriff in Meinungs- und Versammlungsfreiheit darstelle[430]. Dabei wird jedoch verkannt, dass es allenfalls eine mittelbare Berücksichtigung der Versammlungsziele geben kann, und zwar bei der Beurteilung, ob die nationalen Behörden (nur deren „Handlungsmotivation" wird bei der Untersuchung des legitimen Zwecks hinterfragt) mit ihrem Unterlassen Grundrechte der Versammlungsteilnehmer schützen wollten und dies von Gemeinschaftsrechts wegen auch durften. Nur in dieser Beziehung kann das Ziel der Versammlung inzident relevant sein[431]. Dies kann sich etwa dann auf die Abwägung auswirken, wenn je nach betroffenem Sachbereich ein strengerer oder großzügigerer Kontrollmaßstab an die Beachtung der gemeinschaftsrechtlichen Grundrechte durch die Mitgliedstaaten angelegt wird. In der neueren Rechtsprechung des EuGH ist eine solche Argumentation auch bereits angelegt, wenn er im Rahmen der Meinungsäußerungsfreiheit zwischen Aussagen, die „zu einer Debatte von allgemeinem Interesse beitragen"[432] und solchen, die dies nicht tun, wie etwa die kommerzielle Werbung, unterscheidet[433].

Zusammenfassend ist festzuhalten, dass ein unmittelbarer Rückgriff auf die Ziele der Demonstration als Rechtfertigung für das Nichteinschreiten der Be-

---

427 Rs. C-112/00, Rn. 66 f. im Anschluss an GA JACOBS, Schl.-Antr. Rs. C-112/00, Tz. 54.

428 S. 2. Teil, A II 1 c), S. 37 sowie 2. Teil, B II 4 a), S. 58.

429 Zu dieser Trennung bereits oben 2. Teil, A II 1 c), S. 37.

430 So BROWN, 40 CMLRev. (2003), 1499 (1504).

431 Zutreffend GA JACOBS, Schl.-Antr. Rs. C-112/00, Tz. 55; GONZALES, 31 LIEI (2004), 219 (222).

432 EuGH 25.3.2004, Karner, Rs. C-71/02, Slg. 2004, I-3025 Rn. 51; zuvor bereits EuGH 23.10.2003, RTL Television, Rs. C-245/01, Slg. 2003, I-12489, Rn. 73.

433 Eine solche Differenzierung klingt an bei GA TESAURO, Schl.-Antr. v. 13.3.1997, Familiapress, Rs. C-368/95, Slg. 1997, I-3689 Tz. 28 f.

hörden nicht zulässig ist, da Letztere sich nicht die Ziele der Versammlung zu Eigen machen, wenn sie diese nicht untersagen. Dagegen können diese Ziele mittelbar dann berücksichtigt werden, wenn beurteilt wird, ob die Behörde die Gewichtung der widerstreitenden Belange zutreffend vorgenommen hat.

cc) Abwägungsfragen

Hinsichtlich der Abwägung der widerstreitenden Belange im Einzelfall kehren die bereits im Urteil „Kommission / Frankreich"[434] herausgearbeiteten Kriterien der zeitlichen Dauer, der Intensität der Beeinträchtigung und der Wertigkeit des betroffenen Rechtsguts im Wesentlichen wieder. Der Gerichtshof hebt insbesondere hervor, es habe sich um eine Beeinträchtigung von begrenzter Tragweite gehandelt, da die Strecke nur ein einziges Mal für 30 Stunden blockiert gewesen sei[435]. Im Falle „Schmidberger" beurteilte der EuGH demgemäss anders als in „Kommission / Frankreich"[436] die Wertigkeit des freien Warenverkehrs in concreto als nachrangig gegenüber den Grundrechten der Demonstranten[437]. Angesichts der verstärkten Berücksichtigung der EMRK und der Rechtsprechung des EGMR durch den EuGH[438] verwundert es indes, dass sich kein Bezug auf eine Entscheidung der EKMR aus dem Jahre 1989[439] findet; dort hatte die EKMR eine strafrechtliche Verurteilung anlässlich eines Sitzblockade auf einer öffentlichen Straße als nach Art. 11 Abs. 2 EMRK gerechtfertigt angesehen[440]. Auch im Fall „Schmidberger" erscheint ein Abwägungsergebnis, dass die Rechte der Verkehrsteilnehmer aus Art. 28 EG gegenüber den Anliegen der Demonstranten bevorzugt, als nicht fernliegend[441]. Zwar verlieh der prominente Versammlungsort der Demonstration zusätzlichen „Biss"[442]; allerdings ist zu bedenken, dass eine Sperrung des

---

434 S. 2. Teil, B I 3 b) cc), S. 51.

435 Rs. C-112/00, Rn. 85.

436 S. 2. Teil, B I 3 b) cc), S. 51.

437 Rs. C-112/00, Rn. 86.

438 Rs. C-112/00, Rn. 79; ferner etwa EuGH 18.6.1991, ERT, Rs. C-260/89, Slg. 1991, I-2925 Rn. 41; EuGH 26.6.1997, Familiapress, Rs. C-368/95, Slg. 1997, I-3689 Rn. 24 f.; EuGH 25.3.2004, Karner, Rs. C-71/02, Slg. 2004, I-3025 Rn. 48 m.w.N.

439 EKMR 6.3.1989, G / Bundesrepublik Deutschland, Nr. 13079/87, Decisions and Reports 60, 256 (auch abrufbar unter HTTP://HUDOC.ECHR.COE.INT).

440 FROWEIN, in: ders./Peukert, EMRK, Art. 11 Rn. 4 hält verkehrsblockierende Versammlungen bereits für unfriedlich und demnach nicht vom Schutzbereich des Art. 11 EMRK umfasst; zustimmend wohl MEYER-LADEWIG, Hk-EMRK, Art. 11 Rn. 5.

441 SCHORKOPF, ZaöRV 64 (2004), 125 (135); B. KOCH, EuZW 2003, 598 (599); KRIST, ÖJZ 1999, 241 (250).

442 So die Formulierung von GA JACOBS, Schl.-Antr. Rs. C-112/00, Tz. 110.

einzig praktikablen Verkehrsweges über die Alpen nach Italien den freien Warenverkehr in dieser Region in seinem Kernbereich traf, indem die Ein-, Aus- und Durchfuhr für drei Tage zur Gänze unmöglich gemacht wurde. Demgegenüber wäre eine zeitliche und örtliche Einschränkung der Demonstration keineswegs unzumutbar gewesen; eine „Missionierung“[443] der Öffentlichkeit in Bezug auf eine bestimmte Frage, verfolge sie auch noch so hehre Ziele, kann schwerlich das Recht umfassen, diesen einzigen Verkehrsweg als Forum in Anspruch zu nehmen[444]. Ohnehin scheint der EuGH in der vorliegenden Entscheidung stillschweigend von seiner im Urteil „Kommission / Frankreich“ begründeten Linie abzuweichen, dass nur schwerwiegende Störungen der öffentlichen Ordnung ein Nichteinschreiten rechtfertigen könnten[445], indem er (nicht vorgekommene!) Gewalttaten von Umweltschutzdemonstranten nunmehr als potentiell gravierendere Gefahr für die öffentliche Ordnung ansieht[446] als die unbestreitbar kriminellen Aktionen der französischen Landwirte[447]. Die Aufweichung dieses Kriteriums kann bedenkliche Signalwirkungen für ähnliche Fälle haben; Mitgliedstaaten könnten in der Folge geneigt sein, schon bei geringfügigen zu befürchtenden Reaktionen der Demonstranten auf polizeiliches Einschreiten von Letzterem abzusehen[448].

Kritisch ist zudem anzumerken, dass der EuGH zwar - wie bereits herausgestellt - bei der Abwägung die gleichen Kriterien wie in der Entscheidung „Kommission / Frankreich“[449] heranzieht, aber kein differenziertes Prüfungsprogramm entwirft, dass zu einer besseren Vorhersehbarkeit von Entscheidungen und damit zur Rechtssicherheit beitragen kann. Für die Entwicklung eines solchen Systems hätte es durchaus Vorbilder in anderen Entscheidungen gegeben[450].

---

[443] Treffend ARZT, JZ 1988, 775 (777) zu Straßenblockaden im deutschen Recht.

[444] Vgl. zum deutschen Recht allerdings mit ähnlichem Ergebnis wie der EuGH BVerfG 24.10.2001, 1 BvR 1190/90, 2173/93, 433/96, BVerfGE 104, 92 (105).

[445] EuGH 9.12.1997, Kommission / Frankreich, Rs. C-265/95, Slg. 1997, I-6959 Rn. 56.

[446] S. Rs. C-112/00, Rn. 92.

[447] Deren Angriffe und Gewalttaten hatte der Gerichtshof noch als nicht schwerwiegend genug erachtet, um die Untätigkeit der französischen Behörden zu rechtfertigen, EuGH 9.12.1997, Kommission / Frankreich, Rs. C-265/95, Slg. 1997, I-6959 Rn. 57.

[448] Ähnlich GONZALES, 31 LIEI (2004), 219 (224); ebenso schon GA VERLOREN VAN THEMAAT, Schl.-Antr. v. 23.10.1984, Cullet / Leclerc, Rs. 231/83, Slg. 1985, 305 (312).

[449] EuGH 9.12.1997, Kommission / Frankreich, Rs. C-265/95, Slg. 1997, I-6959.

[450] Vgl. die oben 2. Teil, B IV 4 b), S. 66 angestellten Überlegungen.

e) Verhältnismäßigkeit und Ermessenskriterien

In Übereinstimmung mit der gerade getroffenen Feststellung, dass der EuGH nähere Präzisierungen im Bereich der Abwägung und damit im Bereich der Verhältnismäßigkeitsprüfung vermissen lässt, ergeben sich aus der vorliegenden Entscheidung zwar keine grundlegenden Neuerungen im Bereich der Verhältnismäßigkeitsprüfung auf Rechtfertigungsebene. Es kann aber konstatiert werden, dass in Parallelität zur „Kommission / Frankreich"-Entscheidung[451] wiederum eine eingehende Würdigung der einander entgegengesetzten Interessen (hier von Demonstranten und Verkehrsteilnehmern) vorgenommen wird[452]. Auch ergibt sich durch die zusätzliche Prüfung des gemeinschaftsrechtlichen Staatshaftungsanspruches eine Doppelfunktion des Ermessenskriteriums: Es ist gleichermaßen relevant bei der Prüfung der Primärnorm (hier Art. 28 EG), wo es im Rahmen der Verhältnismäßigkeit verwendet wird[453] und beim Sekundäranspruch, also der Staatshaftung. Dort dient es neben anderen Kriterien der Feststellung eines hinreichend qualifizierten Verstoßes[454]. Schon hier kann festgehalten werden, dass es Fälle geben kann, in denen die Prüfungsergebnisse verschieden ausfallen. So hat der Gerichtshof beispielsweise in der unlängst entschiedenen Rechtssache „Köbler"[455] zwar einen Verstoß gegen Gemeinschaftsrecht bejaht, eine hinreichende Qualifiziertheit dieses Verstoßes, die zur Begründung der Haftung nötig ist, aber abgelehnt[456]. Nicht denkbar ist dagegen der Fall, in dem bei der Primärnorm die Grenzen des Ermessens gewahrt werden, aber dennoch die Haftung eingreift. In diesen Konstellationen fehlt es bereits an der Haftungsvoraussetzung „Verstoß gegen Gemeinschaftsrecht"[457].

---

451 S. 2. Teil, B I 3 b) cc), S. 51.

452 Rs. C-112/00, Rn. 83 ff.

453 Rs. C-112/00, Rn. 82; GA JACOBS, Schl.-Antr. Rs. C-112/00, Tz. 105, 106.

454 Rs. C-112/00, Rn. 95 i.V.m. Rn. 48; GA JACOBS, Schl.-Antr. Rs. C-112/00, Tz. 116, 117; vgl. bereits EuGH 23.5.1996, Hedley Lomas, Rs. C-5/94, Slg. 1996, I-2553 Rn. 28; EuGH 8.10.1996, Dillenkofer u.a., verb. Rs. C-178/94, C-179/94, C-188 - 190/94, Slg. 1996, I-4845 Rn. 25.

455 EuGH 30.9.2003, Köbler, Rs. C-224/01, Slg. 2003, I-10239 = EuZW 2003, 718 m. Anm. OBWEXER = ZfRV 2003, 228 m. Anm. SCHWARZENEGGER.

456 EuGH, a.a.O., Rn. 88 (zum Verstoß gegen Gemeinschaftsrecht) und Rn. 124 (zur hinreichenden Qualifiziertheit dieses Verstoßes); ebenso verhielt es sich in der Entscheidung EuGH 26.3.1996, British Telecommunications, Rs. C-392/93, Slg. 1996, I-1631 Rn. 29 u. 45.

457 In der Literatur wird allerdings für Art. 288 Abs. 2 EG, anknüpfend u.a. an die Entscheidungen EuG 28.4.1999, Dorsch Consult, Rs. T-184/95, Slg. 1998, II-667 Rn. 59 ff. und EuGH 15.6.2000, Dorsch Consult, Rs. C-237/98 P, Slg. 2000, I-4549 Rn. 17

f) Haftungsrechtliche Aussagen

Auch im vorliegenden Urteil finden sich nahezu keine Ausführungen zu näheren Voraussetzungen der Staatshaftung bei Verletzung grundfreiheitlicher Schutzpflichten. Einer Betrachtung bedürfen daher vor allem die Schlussanträge von GA *Jacobs*, in denen der Generalanwalt zumindest davon auszugehen scheint, dass der gemeinschaftsrechtliche Staatshaftungsanspruch auch in dieser Konstellation prinzipiell eingreifen kann.

aa) Schadensumfang und -berechnung

Abweichungen zu bisheriger Rechtsprechung oder Fortentwicklung enthalten die Hinweise des Generalanwalts hinsichtlich des Umfangs des Schadenersatzes und der Erfassung auch des entgangenen Gewinns nicht. Schon in dem Urteil „Brasserie du pêcheur und Factortame", auf das der Generalanwalt zutreffend hinweist[458], hatte der Gerichtshof entschieden, dass entgangener Gewinn prinzipiell ersatzfähig ist und die Bestimmung des Schadensumfangs sich nach nationalem Recht unter Berücksichtigung des Gleichwertigkeits- und Effizienzgebots richtet[459].

bb) Hinreichend qualifizierter Verstoß

Im Gegensatz zum Gerichtshof setzte der Generalanwalt sich allerdings ausführlicher mit der Frage auseinander, ob ein etwaiger Verstoß Österreichs gegen die aus Art. 28 EG folgende Schutzpflicht hinreichend qualifiziert war, um die Haftung auszulösen.

Dabei verwundert zunächst die Feststellung GA *Jacobs'*, der Erlass individueller Verwaltungsakte, wie er hier streitgegenständlich sei, sei in der bisherigen Rechtsprechung noch nicht aufgetreten. Wenn damit die Haftung des Staates für gemeinschaftsrechtswidrige Handlungen seiner Behörden, mithin administratives Unrecht gemeint sein sollte, so ist festzustellen, dass sich - entgegen GA *Jacobs* - für diese Fallgruppe des gemeinschaftsrechtlichen

---

ff., eine Haftung der Gemeinschaft auch für rechtmäßiges Handeln diskutiert; zusammenfassend VON BOGDANDY, in: Grabitz/Hilf, Recht der EU, Art. 288 EGV Rn. 94 ff. (Stand: Jan. 2001); GILSDORF/NIEJAHR, in: von der Groeben/Schwarze, EUV / EGV, Art. 288 EG Rn. 89 ff. Ob diese Entwicklung auch für den gemeinschaftsrechtlichen Staatshaftungsanspruch zu befürworten ist, kann hier nicht diskutiert werden.

458 GA JACOBS, Schl.-Antr. Rs. C-112/00, Tz. 22, 23.

459 Vgl. EuGH 5.3.1996, Brasserie du pêcheur und Factortame, verb. Rs. C-46/93 u. C-48/93, Slg. 1996, I-1029 Rn. 67 u. 87.

Staatshaftungsanspruchs bereits einige Belege anführen lassen[460]. Zutreffend dürfte dagegen sein, dass bisher noch kein Urteil die Frage aufgeworfen hat, inwieweit auch schutzpflichtwidriges Unterlassen einen hinreichend qualifizierten Gemeinschaftsrechtsverstoß begründen kann.

Die oben[461] dargelegte Verbindung zwischen Ermessen im Rahmen der Primärnorm (hier Art. 28 EG) und dem im Rahmen des Haftungstatbestandes relevanten Ermessen nimmt auch der Generalanwalt letztlich zum Anlass, einen hinreichend qualifizierten Verstoß zu verneinen[462]. Der den mitgliedstaatlichen Behörden durch die Schutzpflicht gewährte Ermessensspielraum erweist sich demnach auch in diesem Zusammenhang als zentrales Merkmal, an dem die Erfolgsaussichten sowohl des Primär- als auch des Sekundärrechtsschutzes zu bemessen sind. Umso dringlicher erscheint eine Strukturierung dieses Merkmals und damit zusammenhängend bzw. übergeordnet des Verhältnismäßigkeitskriteriums. Zu der vorgreiflichen Frage, ob auch die Schutzpflichtdimension des Art. 28 EG die Verleihung von Rechten an Einzelne bezweckt, wie es Voraussetzung für den gemeinschaftsrechtlichen Staatshaftungsanspruch ist[463], äußern sich weder Generalanwalt noch Gerichtshof.

cc) Keine Priorität einzelner Haftungsvoraussetzungen

Vorbehaltlose Zustimmung verdient jedenfalls die Feststellung GA *Jacobs'*, dass keine bestimmte Reihenfolge bei der Prüfung der Voraussetzungen des gemeinschaftsrechtlichen Staatshaftungsanspruchs einzuhalten ist[464]; in der Tat wird man dem über den Anspruch judizierenden nationalen Richter nicht zumuten können, diffizile Überlegungen etwa zu aus der verletzten Norm folgenden subjektiven Rechten anzustellen, wenn das Fehlen eines Schadens evident ist[465]. Dies entspricht im Übrigen auch der Rechtsprechung des EuGH zu Art. 288 Abs. 2 EG[466].

---

460 EuGH 23.5.1996, Hedley Lomas, Rs. C-5/94, Slg. 1996, I-2553; EuGH 24.9.1998, Brinkmann, Rs. C-319/96, Slg. 1998, I-5255; EuGH 4.7.2000, Haim, Rs. C-424/97, Slg. 2000, I-5123.

461 S. soeben 2. Teil, B V 4 e), S. 93.

462 GA JACOBS, Schl.-Antr. Rs. C-112/00, Tz. 117.

463 Vgl. nur EuGH 5.3.1996, Brasserie du pêcheur und Factortame, verb. Rs. C-46/93 u. C-48/93, Slg. 1996, I-1029 Rn. 51; VON BOGDANDY, in: Grabitz/Hilf, Recht der EU, Art. 288 EGV Rn. 131 (Stand: Jan. 2001).

464 GA JACOBS, Schl.-Antr. Rs. C-112/00, Tz. 35.

465 Überzeugend GA JACOBS, a.a.O., unter Hinweis auf die Prozessökonomie.

466 EuGH 9.9.1999, Lucaccioni / Kommission, Rs. C-257/98 P, Slg. 1999, I-5251 Rn. 13.

VI. Zusammenfassung der Erkenntnisse aus den Urteilen

Abschließend sollen die aus der Auswertung der bisherigen Rechtsprechung gewonnenen Erkenntnisse systematisch zusammengefasst werden, um sie bei der anschließenden Erörterung des Meinungsstands im Schrifttum einfließen lassen zu können und um einen ersten Überblick über die Struktur der Schutzpflicht zu gewinnen. Die folgende Gliederung orientiert sich dabei soweit möglich an der oben[467] in Ansätzen herausgearbeiteten Prüfungsstruktur der Schutzpflicht.

1. Tatbestand

Zunächst sind die Aussagen der Rechtsprechung zur Tatbestandsebene der Schutzpflicht in den Blick zu nehmen.

a) Anwendbarkeit für alle Grundfreiheiten?

Gleichsam als Vorfrage ist relevant, ob jede der Grundfreiheiten schutzpflichttauglich ist. Die Rechtsprechung ist insoweit ebenso unergiebig wie Stellungnahmen der Generalanwälte[468], so dass diese Frage als noch offen anzusehen ist. Allenfalls lässt sich konstatieren, dass die ausdrückliche Anwendung der Schutzpflicht durch den Gerichtshof bislang nur im Rahmen des Art. 28 EG erfolgte[469].

b) Reichweite des Schutzbereichs und Beeinträchtigung

Hinsichtlich der Reichweite des Schutzbereichs hat die Analyse ergeben, dass der EuGH im Rahmen der Schutzpflicht ein weites Verständnis zugrunde legt und sich von ähnlichen Überlegungen leiten lässt, wie er sie auch im Bereich des Abwehrrechts anstellt. Namentlich ist hier der Rückgriff auf die „Dassonville"-Formel zu erwähnen[470]. Eine mögliche Ausweitung erfährt diese Definition der „Maßnahme gleicher Wirkung" im Sinne des Art. 28 EG dadurch, dass der Gerichtshof auch die Schaffung einer „Atmosphäre der Unsicherheit" als relevantes Handelshemmnis ansieht[471]. Ungeklärt ist dagegen, ob bereits auf Tatbestandsebene Einschränkungen dieser außerordentlich weiten Definition in Anlehnung an die „Keck"-Rechtsprechung des Gerichtshofs zu machen sind und ob und unter welchen Voraussetzungen die Untätigkeit des

---

467 S. 2. Teil, B I 3 b) aa), S. 48.
468 S. 2. Teil, B I 3 b) dd, S. 53; 2. Teil, B II 4 b), S. 59.
469 S. 2. Teil, B I 2, S. 41; 2. Teil, B V 3, S. 76.
470 S. 2. Teil, B I 3 b) bb), S. 50; 2. Teil, B V 4 c), S. 82.
471 S. 2. Teil, B I 3 b) bb), S. 50; 2. Teil, B V 4 c), S. 82.

Staates als mengenmäßige Einfuhrbeschränkung angesehen werden kann[472]. Erforderlich ist auf Tatbestandsebene weiter eine Beeinträchtigung des Schutzbereichs durch Untätigbleiben gegenüber von Privaten ausgehenden Beeinträchtigungen der Grundfreiheiten[473].

c) Abgrenzung zur Zurechnung

Es konnte festgestellt werden, dass eine Abgrenzung der Schutzpflichtkonstellationen von den abwehrrechtlich zu beurteilenden Fällen nötig ist, in denen eine Zurechnung privater Verhaltensweisen zum Staat anzunehmen ist[474]. Dies wird von EuGH und Generalanwälten - obschon in der Rechtsprechung des Gerichtshofs angelegt - nicht immer stringent durchgehalten[475]. Nähere Kriterien für die Durchführung der Abgrenzung lassen sich möglicherweise einschlägigen Judikaten des EuGH entnehmen, die noch einer näheren Systematisierung bedürfen.

2. Rechtfertigung

Aus der ausgewerteten Rechtsprechung ergibt sich, dass wie im Bereich des staatsgerichteten Abwehrrechts aus Art. 28 EG auch bei der Schutzpflicht des Staates eine Trennung von Tatbestand und Rechtfertigung durchzuführen ist[476].

a) Entgegenstehende Rechte

Als Umstand, der das Nichteingreifen des Staates rechtfertigen kann, hat der Gerichtshof zwei Gesichtspunkte ausdrücklich anerkannt. Zum einen sind dies schwerwiegende Störungen der öffentlichen Ordnung, die bei einem Einschreiten zu befürchten wären[477]; in der neueren Rechtsprechung sind allerdings Tendenzen zu einer großzügigen und tendenziell ausweitenden Auslegung des Merkmals der „schwerwiegenden Störung" feststellbar[478]. Zum anderen bilden die Grundrechte der privaten Störer eine Grenze für die Ein-

---

472 S. 2. Teil, B I 3 b) bb), S. 50; 2. Teil, B V 4 c), S. 82.
473 S. 2. Teil, B I 3 b) aa), S. 48.
474 S. 2. Teil, A II 1 c), S. 37.
475 S. 2. Teil, B II 4 a), S. 58; 2. Teil, B IV 4 b), S. 66.; 2. Teil, B V 4 b), S. 81.
476 S. 2. Teil, B I 3 b) aa), S. 48.
477 S. 2. Teil, B I 2, S. 43.
478 S. 2. Teil, B V 4 d) cc), S. 92.

schreitpflicht des Staates[479]. Abzustellen ist insoweit allein auf die Gemeinschafts-, nicht aber auf nationale Grundrechte[480].

b) Verhältnismäßigkeitsprüfung

Das Unterlassen des Staates muss sich nach der Rechtsprechung des EuGH auch am Maßstab des Verhältnismäßigkeitsgrundsatzes messen lassen[481]. Bei der Beurteilung der einzelnen Prüfungsstufen dieses Grundsatzes belässt der Gerichtshof den Mitgliedstaaten einen Ermessens- bzw. Beurteilungsspielraum[482]. Dieser bezieht sich allerdings nur auf das „Wie", nicht das „Ob" der Erfüllung der Schutzpflicht[483]. Dies lässt sich möglicherweise mit der Kategorisierung der Schutzpflichten als Erfolgs- oder Verhaltenspflichten näher belegen[484]. Bei der Frage, ob der Mitgliedstaat mit seiner Untätigkeit ein legitimes Ziel verfolgt, haben die Zielsetzungen der privaten Grundfreiheitsstörer grundsätzlich außer Betracht zu bleiben; allenfalls können sie inzident Relevanz bei der Überprüfung der Ermessensentscheidung des Mitgliedstaates erlangen[485].

3. Haftungsfragen

Eindeutige Festlegungen zu Haftungsfragen lassen sich den untersuchten Entscheidungen des Gerichtshofs nicht entnehmen[486]; so herrscht Unklarheit über die subjektiv-rechtliche Seite der Schutzpflicht und die Anforderungen, die an die Schutzpflichtverletzung zu stellen sind, damit diese als hinreichend qualifiziert anzusehen ist[487]. Jedenfalls kommt, sollte sich der Haftungsanspruch als einschlägig erweisen, dem Ermessen der Mitgliedstaaten eine entscheidende Bedeutung bei der Beurteilung sowohl der hinreichenden Qualifiziertheit der Rechtsverletzung als auch der Rechtsverletzung selbst zu[488]. Ein Prüfungsvorrang hinsichtlich einzelner Elemente des Staatshaftungstatbestandes existiert nicht[489].

---

479 S. 2. Teil, B V 4 d), S. 83.
480 S. 2. Teil, B V 4 d) aa) (3), S. 87.
481 S. 2. Teil, B I 3 b) cc), S. 51; 2. Teil, B IV 4 b), S. 67; 2. Teil, B V 4 e), S. 93.
482 S. 2. Teil, B I 3 b) cc), S. 51; 2. Teil, B IV 4 b), S. ; 2. Teil, B V 4 e), S. 93.
483 S. 2. Teil, B I 3 b) cc), S. 51.
484 S. 2. Teil, B IV 4 b), S. 66.
485 S. 2. Teil, B V 4 d) bb), S. 89.
486 S. 2. Teil, B I 3 c), S. 54; 2. Teil, B V 4 f), S. 94.
487 S. 2. Teil, B V 4 f) bb), S. 94.
488 S. 2. Teil, B V 4 e), S. 93.
489 S. 2. Teil, B V 4 f) cc), S. 95.

C. Offene Fragen der grundfreiheitlichen Schutzpflichten

Die Analyse der Rechtsprechung hat ergeben, dass einige für die praktische Anwendung der Schutzpflicht relevante Aspekte noch immer einer Klärung harren. Im folgenden Abschnitt gilt es nun, diese offenen Fragen unter Einbeziehung der Literatur näher zu erörtern, um die so gewonnenen Erkenntnisse insbesondere für den im Anschluss zu erörternden Themenkreis Rechtsschutz[490] verwerten zu können. Anders als im Rahmen der Rechtsprechungsauswertung bleibt der gemeinschaftsrechtliche Staatshaftungsanspruch hier noch außen vor, um eine zusammenhängende Darstellung und Analyse im 4. Teil zu ermöglichen.

I. Notwendiger Rückgriff auf Art. 10 EG?

Wie gesehen, greift der EuGH zur Konstruktion grundfreiheitlicher Schutzpflichten der Mitgliedstaaten stets auf Art. 28 EG in Verbindung mit Art. 10 EG zurück[491]. Der Grund hierfür liegt möglicherweise darin, dass der Gerichtshof dies aufgrund der ausdrücklichen Erwähnung mitgliedstaatlicher Handlungspflichten in Art. 10 Abs. 1 EG als einzige Möglichkeit sah, der Schutzpflicht eine wenigstens angedeutete normative Verankerung zu geben. Diese Einbindung des Art. 10 EG wirft die Frage auf, ob nicht dem Gerichtshof insoweit Inkonsequenz vorzuhalten ist. Jedenfalls in der Entscheidung „Schmidberger" ist er implizit davon ausgegangen, ein Einzelner könne sich vor Gericht gegenüber dem Staat - hier im Kontext des Staatshaftungsanspruches - grundsätzlich auf die Schutzpflicht berufen[492], hat mithin die unmittelbare Anwendbarkeit[493] ohne weiteres angenommen[494], was im Bereich des

---

490 S. 3. Teil, S. 207 ff.

491 S. 2. Teil, B I 3 a) bb), S. 47; 2. Teil, B V 3, S. 76.

492 EuGH 12.6.2003, Schmidberger, Rs. C-112/00, Slg. 2003, I-5659 Rn. 95.

493 Die Terminologie ist äußerst unklar (dazu JARASS, NJW 1990, 2420; DERS./BELJIN, JZ 2003, 768 [769 f.]; BLECKMANN, in: ders., EuropaR, Rn. 1152 ff.; NETTESHEIM, in: Grabitz/Hilf, Recht der EU, Art. 249 EGV Rn. 31 [Stand: Aug. 2002]). Im Folgenden wird sowohl von „unmittelbarer Anwendbarkeit" als auch von „unmittelbarer Wirkung" gesprochen, soweit damit das Phänomen gemeint ist, dass ein Einzelner aus einer Norm des Gemeinschaftsrechts ein Recht herleiten kann und sich somit im Rechtsstreit auf sie berufen kann (so auch KADELBACH, Verwaltungsrecht, S. 20 f.).

494 Anders ohne Begründung JAECKEL, 28 ELRev (2003), 508 (522): Der Gerichtshof habe sich mit dieser Frage nicht befasst. Das ist deswegen unzutreffend, weil der EuGH in der Regel die Verleihung von Rechten an Einzelnen im Rahmen des Staatshaftungstatbestands bereits dann bejaht, wenn die Norm unmittelbar anwendbar ist (zur Berechtigung dieser Vorgehensweise s. aber noch unten 4. Teil, C II 3 a) aa), S. 298).

Art. 10 EG aber problematisch sein kann[495]. Als konkretes Beispiel kann die Argumentation des House of Lords im Falle „International Trader's Ferry Ltd." dienen, wo eine unmittelbare Wirkung der mit Art. 10 EG begründeten Schutzpflicht mit dem Argument verneint wurde, es fehle wegen des vom EuGH eingeräumten weiten Ermessens an der Klarheit und Unbedingtheit als Voraussetzungen der unmittelbaren Wirkung[496].

1. Schrifttum

Im Schrifttum wird die Diskussion um die dogmatische Verankerung des Schutzpflichtkonzepts zwar geführt, allerdings zumeist ohne Berücksichtigung des Zusammenhangs mit der unmittelbaren Anwendbarkeit und möglichen Konsequenzen. Hier lassen sich - bei allen Unterschieden im Einzelnen - zwei Hauptrichtungen unterscheiden.

a) Bejahende Auffassungen

Teilweise wird die Notwendigkeit eines Rückgriffs auf Art. 10 EG zur Begründung von Schutzpflichten bejaht. Voraus zu schicken ist insoweit aber, dass mitunter die Berufung auf Art. 10 Abs. 1 EG ohne Begründung oder unter bloßem Verweis auf die Rechtsprechung des Gerichtshofs erfolgt[497]. Andere Stimmen weisen auf rechtstheoretische Erwägungen hin, wonach ein Unterlassen stets nur dann dem Handeln gleichstehe, wenn eine Pflicht zum Handeln bestehe. Eine solche Garantenpflicht könne sich nur aus Art. 10 Abs. 1 EG in Verbindung mit der betroffenen Grundfreiheit ergeben[498]. Wei-

---

495 Die Möglichkeit der Herleitung Rechte Einzelner aus Art. 10 EG wird etwa verneint von LENZ, in: ders./Borchardt, EUV / EGV, Art. 10 EGV Rn. 12; für den Regelfall auch KAHL, in: Calliess/Ruffert, EUV / EGV, Art. 10 EGV Rn. 16; ZULEEG, in: von der Groeben/Schwarze, EUV / EGV, Art. 10 EG Rn. 3; STREINZ, in: ders., EUV / EGV, Art. 10 EGV Rn. 9; HATJE, in: Schwarze, EU-Komm., Art. 10 EGV Rn. 6. Näher sogleich unter 2.

496 House of Lords 11.11.1998, Regina vs. Chief Constable of Sussex, ex parte International Trader's Ferry Limited, EuGRZ 1999, 333 (346 [opinion Lord Slynn of Hadley]): Die Schutzpflicht für den freien Warenverkehr sei „ein unwahrscheinlicher Kandidat für eine unmittelbare Wirksamkeit".

497 So etwa BROWN, 40 CMLRev. (2003), 1499 (1503); BURGI, EWS 1999, 327 (329); JARVIS, 35 CMLRev. (1998), 1371 (1378); KARENFORT/SCHNEIDER, EuZW 2003, 587 (591); KRIST, ÖJZ 1999, 241 (249); ROLOFF, Beschränkungsverbot, S. 129; PARPART, Bindung, S. 304; offenlassend LEIBLE, in: Grabitz/Hilf, Recht der EU, Art. 28 EGV Rn. 68 (Stand: Jan. 2000).

498 ERICHSEN, JK 99, EGV Art. 30/2; MEIER, EuZW 1998, 87; MÜHL, Diskriminierung, S. 163; SCHWARZE, EuR 1998, 53 (54); KAHL, in: Calliess/Ruffert, EUV / EGV,

ter wird argumentiert, die Heranziehung von Art. 10 Abs. 1 EG weise Parallelen zur deutschen Grundrechtsdogmatik auf. Dort werde die grundrechtliche Schutzpflicht unter anderem auf Art. 1 Abs. 1 S. 2 GG zurückgeführt; diese Norm finde eine verallgemeinerte Entsprechung in Art. 10 EG[499].

Die Anwendung des Art. 10 Abs. 1 EG sei auch wegen der Parallele zum Wettbewerbsrecht (Art. 81 ff. EG) schlüssig[500]. In der „Cullet/Leclerc"-Entscheidung hatte der EuGH den Adressatenkreis des Art. 81 EG mit Hilfe von Art. 10 EG auf den Staat ausgedehnt und diesen verpflichtet, „keine Maßnahmen [zu] ergreifen oder [beizubehalten], die die praktische Wirksamkeit der für die Unternehmen geltenden Wettbewerbsregeln ausschalten könnten"[501]. Zwar handele es sich in diesem Fall um eine Unterlassungspflicht aus Art. 10 Abs. 2 EG, die praktische Wirksamkeit des Art. 28 EG erfordere jedoch, aus Art. 10 Abs. 1 EG in der vorliegenden Konstellation eine Handlungspflicht des Staates abzuleiten[502].

Zu den Befürwortern einer Heranziehung des Art. 10 Abs. 1 EG sind auch diejenigen Autoren zu rechnen, die Art. 10 Abs. 1 EG nicht für die Begründung, sondern nur für die Erfüllung der Schutzpflicht durch die Mitgliedstaaten für relevant erachten, denn gerade in letzterem Fall stellt sich die Frage der unmittelbaren Anwendbarkeit des Art. 10 Abs. 1 EG mit aller Deutlichkeit. Von ihrer Beantwortung hängt es ab, ob es dem Einzelnen möglich ist, sich vor nationalen Gerichten oder vor dem EuGH auf die Schutzpflicht zu berufen, um deren Erfüllung nötigenfalls zu erzwingen. Dieser Ansicht zufolge ist Art. 10 Abs. 1 EG in den Bereichen von konstitutiver Bedeutung, in welchen den Mitgliedstaaten die alleinige Kompetenz zur Aufrechterhaltung der öffentlichen Sicherheit zusteht. Die Vorschrift stelle dann, indem sie den Mitgliedstaat zu polizeilichen Maßnahmen zur Erfüllung der Schutzpflicht verpflichte, eine akzessorische Sicherung der Funktionen des Gemeinschaftsrechts dar[503].

Art. 10 EGV Rn. 48 will offensichtlich Art. 10 Abs. 2 EG (eine Unterlassungspflicht!) zur Begründung von Handlungspflichten heranziehen.

499 KAINER, JuS 2000, 431 (433).

500 GA LENZ, Schl.-Antr. v. 9.7.1997, Kommission / Frankreich, Rs. C-265/95, Slg. 1997, I-6959 Tz. 42; zustimmend KAINER, JuS 2000, 431 (433).

501 EuGH 29.1.1985, Cullet/Leclerc, Rs. 231/83, Slg. 1985, 305 Rn. 16.

502 GA LENZ, Schl.-Antr. v. 9.7.1997, Kommission / Frankreich, Rs. C-265/95, Slg. 1997, I-6959 Tz. 43.

503 So MEURER, EWS 1998, 196 (198); JAECKEL, Schutzpflichten, S. 238 f.; SCHINDLER, Kollision, S. 195 f.

Ein weiterer Ansatz geht dahin, Art. 10 Abs. 1 EG als Optimierungsklausel zu sehen[504] oder die Schutzpflicht als Ausfluss der aus Art. 10 EG folgenden Gemeinschaftstreue zu verstehen[505]. Eine nähere Begründung unterbleibt. Wenn weiterhin Art. 10 Abs. 1 EG eine umfassende Verpflichtung der Mitgliedstaaten zur Sicherung des Funktionierens der Gemeinschaft entnommen und aus dieser eine Pflicht des Staates zum Einschreiten gegen private Handelshemmnisse hergeleitet wird[506], so kann dieser Erklärungsversuch vorliegend deshalb außer Betracht bleiben, weil dieser Ansicht ein abweichender dogmatischer Ausgangspunkt zugrunde liegt[507]: Die Prämisse der genannten Autoren ist das Konzept einer umfassenden Drittwirkung der Grundfreiheiten[508]. Art. 10 Abs. 1 EG verlangt in dieser Lesart dann zwar, dass der Mitgliedstaat über die Einhaltung der Grundfreiheiten im Privatrechtsverhältnis wacht, dies jedoch nur zur Absicherung der ohnehin bestehenden Bindung der Privatpersonen an die Grundfreiheiten[509]. Mit anderen Worten: Der Verpflichtung der Mitgliedstaaten, gegen von Privaten verursachte Störungen der Grundfreiheiten einzuschreiten, kommt in diesem Konzept nur eine komplementäre Bedeutung bei. Zu der hier interessierenden Frage kann die zuletzt genannte Lösung also nichts beitragen.

b) Verneinende Auffassungen

Andere dagegen folgern aus den Grundfreiheiten selbst, dass diesen neben der abwehrrechtlichen auch eine Schutzfunktion innewohnt. Auf Art. 10 Abs. 1 EG kommt es nach dieser Ansicht nicht mehr an[510]. Teilweise wird die Entbehrlichkeit der Vorschrift dabei bereits aus der Rechtsprechung des Gerichtshofs herausgelesen und vorgebracht, der EuGH habe offengelassen, ob die Verpflichtung des Mitgliedstaates aus Art. 28 EG oder aus dieser Vorschrift in Verbindung mit Art. 10 EG folge[511]. Aus dogmatischer Sicht sei zu

---

504 So LINDNER, BayVBl 1999, 337 (338).

505 So wohl KERWER, Gemeinschaftsrecht, S. 37.

506 SCHAEFER, Wirkung, S. 265 m.w.N.; zustimmend MÜLLER-GRAFF, in: von der Groeben/Schwarze, EUV / EGV, Art. 28 EG Rn. 324.

507 Deutlich bei GANTEN, Drittwirkung, S. 68.

508 S. SCHAEFER, Wirkung, S. 188, 265; GANTEN, Drittwirkung, S. 71 f.; wohl auch MÜLLER-GRAFF, in: von der Groeben/Schwarze, EUV / EGV, Art. 28 EG Rn. 324.

509 Vgl. GANTEN, Drittwirkung, S. 71.

510 Auch in diesem Zusammenhang wird teilweise die fehlende Einschlägigkeit des Art. 10 Abs. 1 EG mehr behauptet als begründet, etwa LUX, in: Lenz/Borchardt, EUV / EGV, Art. 28 EGV Rn. 21.

511 EPINEY, in: Calliess/Ruffert, EUV / EGV, Art. 28 EGV Rn. 49 unter Hinweis auf EuGH 9.12.1997, Kommission / Frankreich, Rs. C-265/95, Slg. 1997, I-6959 Rn. 32.

bedenken, dass die Grundrechtsähnlichkeit des Art. 28 EG dafür spreche, allein aus dieser Vorschrift in Parallelität zu „normalen“ Grundrechten die staatliche Schutzpflicht abzuleiten[512].

Dem vorstehenden Konzept verwandt scheint ein Ansatz, der Art. 10 Abs. 1 EG nicht für einschlägig hält, weil die Schutzverpflichtung schon dem objektiv-rechtlichen Gehalt des Art. 28 EG zu entnehmen sei[513]. Art. 28 EGV sei insoweit mehrdimensional. Die Schutzpflicht stelle eine besondere Dimension der Handlungspflicht der Mitgliedstaaten dar; diese verlange, bestehende nationale Vorschriften zu beseitigen, die gegen Art. 28 EG verstießen[514]. Zudem müssten die Grundfreiheiten als auf das übergeordnete Ziel „Binnenmarkt“ ausgerichtet angesehen werden, was erfordere, sie als Schutzgüter effektiv zu gewährleisten und zu verwirklichen[515]. Diese durch Art. 2 EG sowie Art. 14 EG vorgegebene Zielrichtung strebe einen Endzustand an, zu dessen Verwirklichung den Mitgliedstaaten nicht ein im Vertrag genau bezeichnetes Verhalten verboten werden solle[516]. Da die Beeinträchtigung dieses Ziels sowohl durch Handeln als auch durch Unterlassen der Mitgliedstaaten zu besorgen sei, stelle die Schutzpflicht eine logische Fortbildung des Schutzes der Grundfreiheiten dar, die letztlich in der Finalität der Grundfreiheiten ihre Grundlage finde[517].

2. Stellungnahme

a) Berücksichtigung des „effet utile“

Bei einer Entscheidung für eine der dargestellten Auffassungen ist zunächst zu berücksichtigen, dass dem Schutzpflichtkonzept unter anderem der Gedanke des „effet utile“ zugrunde liegt[518]. Dieser verlangt, zunächst die jeweils einschlägige Norm so auszulegen, dass ihre praktische Wirksamkeit gewähr-

---

512 EPINEY, a.a.O. (Fn. 511); bereits vorher andeutend BLECKMANN, GS Sasse Bd. 2, S. 665 (677); deutlicher dann DERS., NVwZ 1993, 824 (827).

513 BECKER, in: Schwarze, EU-Komm., Art. 28 EGV Rn. 12; SCHROEDER, in: Streinz, EUV / EGV, Art. 28 EGV Rn. 26; ebenso FRENZ, EuR 2002, 603 (605); SZCZEKALLA, Schutzpflicht, S. 611 (unklar aber S. 628, wo nach Nennung der objektiv-rechtlichen Interpretation dann doch wieder auf den grundrechtlichen Gehalt und damit auf subjektiv-rechtliche Gesichtspunkte rekurriert wird).

514 Vgl. SCHROEDER, in: Streinz, EUV / EGV, Art. 28 EGV Rn. 26.

515 FRENZ, EuR 2002, 603 (605 f.).

516 KADELBACH/PETERSEN, EuGRZ 2002, 213 (214).

517 KADELBACH/PETERSEN, EuGRZ 2002, 213 (214); ebenso HINTERSTEININGER, Binnenmarkt, S. 216 f.

518 S. 2. Teil, B I 3 a) aa), S. 46.

leistet ist[519]. Wie oben schon ausgeführt, erweist sich der Aspekt der Wirkungsgleichheit staatlicher und privater Handelshemmnisse als hinreichend tragfähig zur Begründung von Schutzpflichten aus Art. 28 EG[520]. Mithin ergibt schon die Auslegung der Norm selbst eine Schutzpflichtdimension. Dieser Ansatz trifft sich mit den Ansichten, die Schutzpflichten aus der Finalität der Grundfreiheiten ableiten. Ob sich diese Schlussfolgerung aus einer objektiv- oder subjektiv-rechtlichen Seite des Art. 28 EG bzw. einer anderen Grundfreiheit ergibt, kann hier noch offen bleiben; sie lässt aber jedenfalls die zusätzliche oder gar konstitutive Stützung auf Art. 10 Abs. 1 EG als unnötigen Umweg erscheinen[521].

b) Vergleich mit der Drittwirkungsrechtsprechung

Zieht man vergleichend die Urteile zur Drittwirkung heran - unabhängig davon, ob diesem Konzept zu folgen ist - , so ist festzustellen, dass der EuGH es nie für nötig befunden hat, eine zusätzliche Norm außer den Grundfreiheiten heranzuziehen, um die Bindung von Privatpersonen an diese zu etablieren. Dies mag insofern verständlich sein, als sich im EG-Vertrag deutlich mehr Normen finden, die Mitgliedstaaten verpflichten als solche, die dies für Private tun[522]. Allerdings erscheint es wenig konsequent, wenn für eine Erweiterung des Adressatenkreises wie im Falle der Drittwirkung die Grundfreiheit selbst ausreichende Rechtsgrundlage sein soll, während dies unter Beibehaltung des Adressaten und einer bloßen Erweiterung des Pflichtenkreises dieses Adressaten im Falle der Schutzpflicht nicht der Fall sein soll.

c) Zur Parallelität zu den Wettbewerbsvorschriften

Ein ähnliches Argument spricht auch gegen die vereinzelt gezogene Parallele zur Bindung der Mitgliedstaaten an Art. 81 EG. Dieser Ansatz vermag deshalb nicht zu überzeugen, weil er die Unterschiede der beiden Konstellationen

---

519 WEGENER, in: Calliess/Ruffert, EUV / EGV, Art. 220 EGV Rn. 14; EuGH 4.12.1974, Van Duyn / Home Office, Rs. 41/74, Slg. 1974, 1337 Rn. 12; vgl. auch EuGH 9.3.1978, Simmenthal, Rs. 106/77, Slg. 1978, 629 Rn. 21/23.

520 S. 2. Teil, B I 3 a) aa), S. 44.

521 So auch SUERBAUM, EuR 2003, 390 (395), der treffend davon spricht, eines „Geschmacksverstärkers Gemeinschaftstreue“ bedürfe es nicht.

522 Vgl. JARASS, NJW 1990, 2420. Die Art. 81, 82 EG und Art. 86 Abs. 2 EG stellen insoweit Ausnahmen dar; bei Art. 249 Abs. 2 EG (Verordnungen) sowie Art. 249 Abs. 4 EG (Entscheidungen) ist die Verpflichtung nur eine potentielle (SCHROEDER, in: Streinz, EUV / EGV, Art. 249 Rn. 57), da die Bindung noch durch einen zu erlassenden Rechtsakt konkretisiert werden muss.

einebnet[523]. Im Falle der Wettbewerbsvorschriften wird mit Hilfe von Art. 10 Abs. 2 EG der Kreis der Verpflichteten von privaten Unternehmen auf die Mitgliedstaaten erweitert. Dagegen geht es bei der Begründung grundfreiheitlicher Schutzpflichten um die Ausdehnung der aus den Grundfreiheiten folgenden mitgliedstaatlichen Unterlassungspflichten auf Handlungspflichten. Normadressaten aber sind die Mitgliedstaaten im Falle der Grundfreiheiten bereits; lediglich ihr Pflichtenkreis soll erweitert werden[524]. Dieser Gegensatz lässt die beiden Fallgestaltungen als nicht vergleichbar erscheinen, was durch die Normstruktur des Art. 10 EG gestützt wird[525]: Unterlassungspflichten der Mitgliedstaaten (wie im Falle des Art. 81 EG) sind nach Art. 10 Abs. 2 EG schon bei der Gefährdung von Vertragszielen, also den allgemein gefassten Art. 2 EG und Art. 3 EG[526] begründet. Hingegen bedarf es zur Heranziehung der Mitgliedstaaten zu Handlungspflichten gemäß Art. 10 Abs. 1 EG einer bereits bestehenden Verpflichtung der Mitgliedstaaten aus dem Vertrag, also einer ungleich deutlicheren normativen Anbindung.

d) Art. 10 EG als Verpflichtungsnorm je nach betroffenem Hoheitsträger

Soweit im Schrifttum argumentiert wird, Art. 10 Abs. 1 EG sei jedenfalls zur Begründung von Handlungspflichten einzelner Staatsorgane - z.B. gefahrenabwehrrechtlicher oder strafverfolgender Natur - heranzuziehen, so liegt diesem Konzept implizit die Annahme zugrunde, die Verpflichtung der Mitgliedstaaten aus der Grundfreiheit selbst sei nicht geeignet, auch die Exekutive zu binden. Ansonsten bedürfte es nach dieser Ansicht nicht einer zusätzlichen Norm, um eine derartige Bindung herbeizuführen. Damit wird indes die gemeinschaftsrechtliche Perspektive auf die Mitgliedstaaten verkannt. Aus der Sicht der Gemeinschaft erscheinen die Staaten, wie es auch der traditionellen Sicht im Völkerrecht entspricht, grundsätzlich als Einheiten[527]; dies ist u.a. gemeint, wenn davon gesprochen wird, die EG sei „landesblind" (*Ipsen*[528]). Die Organisation in föderalen oder zentralistischen Strukturen oder die konkrete Aufgabenverteilung im innerstaatlichen Gefüge der Gewaltenteilung

---

523 Vgl. SCHINDLER, Kollision, S. 192; B. KOCH, Gewährleistungspflicht, S. 133.

524 SCHINDLER, Kollision, S. 192.

525 SCHINDLER, Kollision, S. 192; B. KOCH, Gewährleistungspflicht, S. 133 f.

526 Zum Verweis des Art. 10 Abs. 2 EG auf diese Normen s. STREINZ, in: ders., EUV / EGV, Art. 10 EGV Rn. 39; HATJE, in: Schwarze, EU-Komm., Art. 10 EGV Rn. 47.

527 S. dazu nur EuGH 5.3.1996, Brasserie du pêcheur und Factortame, verb. Rs. C-46/93 u. C-48/93, Slg. 1996, I-1029 Rn. 34.

528 FS Hallstein, S. 248 (256).

bleiben bei dieser Betrachtungsweise grundsätzlich außen vor[529]. Trifft letztere Feststellung zu, muss aber auch davon ausgegangen werden, dass unabhängig von der konkreten Staatsorganisation des jeweiligen Mitgliedstaats jede staatliche Stelle - und damit auch und gerade die Exekutive - an die Vorgaben des Gemeinschaftsrechts, in concreto die Schutzpflicht, gebunden ist[530]. Der Rückgriff auf Art. 10 EG ist dann unnötig. Dem Anliegen dieser Ansicht, ausschließliche Kompetenzen der Mitgliedstaaten zu respektieren, kann auch auf andere Weise Rechnung getragen werden, namentlich durch eine differenzierte Betrachtung sowohl auf der Tatbestands-, als auch auf der Rechtsfolgenseite. Hier ist insbesondere eine geringere Kontrolldichte im Bereich der Verhältnismäßigkeitsprüfung denkbar, um ein zu starkes Einbrechen gemeinschaftsrechtlicher Vorgaben in originär mitgliedstaatliche Kompetenzen zu vermeiden. Demnach kann auch dieser modifizierten Einbindung des Art. 10 Abs. 1 EG in das Schutzpflichtkonzept nicht gefolgt werden.

e) Ergebnis

Dogmatische Klarheit und Geschlossenheit sprechen nach alldem dafür, allein Art. 28 EG als Rechtsgrundlage heranzuziehen und Art. 10 Abs. 1 EG als nicht zusätzlich erforderlich zu betrachten.

II. Die unmittelbare Anwendbarkeit der Schutzpflicht

Ist demnach die Problematik des Art. 10 EG abgeschichtet und kann - wie soeben dargelegt - davon ausgegangen werden, dass Art. 28 EG selbst Rechtsgrundlage für die Schutzpflicht ist, so stellt sich dennoch die Frage, inwieweit sich der Einzelne vor Gericht auf sie berufen kann. Es ist dies in der Terminologie des Gemeinschaftsrechts die Frage nach der unmittelbaren Anwendbarkeit oder Wirkung der Vorschrift im innerstaatlichen Rechtsraum. Die Beantwortung dieser Frage hat weitreichende Folgen. Funktional ähnlich wie im deutschen Recht[531] entscheidet sie über die gerichtliche Durchsetzbarkeit von Gemeinschaftsrecht gegenüber dem Staat; nach der Rechtsprechung des Gerichtshofs ist sie auch für die Zuerkennung von Staatshaftungsansprüchen

---

[529] Vgl. EuGH 6.11.1985, Kommission / Italien, Rs. 131/84, Slg. 1985, 3531 Rn. 6; EuGH 12.7.1988, Kommission / Italien, Rs. 310/86, Slg. 1988, 3987 Rn. 6 (jeweils zur Richtlinienumsetzung); EPINEY, EuR 1994, 301 (305); STREINZ, EuropaR, Rn. 99.

[530] Dies entspricht ebenfalls der ständigen Rechtsprechung des Gerichtshofs, vgl. nur EuGH 10.4.1984, von Colson und Kamann, Rs. 14/83, Slg. 1984, 1891 Rn. 28; EuGH 14.7.1994, Faccini Dori, Rs. C-91/92, Slg. 1994, I-3325 Rn. 26; EuGH 13.7.2000, Centrosteel, Rs. C-456/98, Slg. 2000, I-6007 Rn. 16.

[531] Vgl. KADELBACH, Verwaltungsrecht, S. 368; STÜBER, Jura 2001, 798.

maßgeblich[532]. In diesem Zusammenhang ist der eben schon angeklungene Einwand zu berücksichtigen, das weite Ermessen der Mitgliedstaaten bei Erfüllung der Schutzpflicht schließe es aus, dass innerstaatliche Gerichte bei ihrer Entscheidungsfindung die Schutzfunktion der Grundfreiheiten zu berücksichtigen hätten[533]. Zudem ist zu bedenken, dass vertreten wird, die Schutzpflicht folge aus dem objektiv-rechtlichen Charakter der Grundfreiheiten[534]. Nähere Begründungen für die eine oder andere Auffassung sucht man aber zumeist vergebens, weshalb es angezeigt erscheint, sich zunächst die allgemeinen Entstehungsvoraussetzungen eines subjektiven Rechts auf Gemeinschaftsebene vor Augen zu führen, um diese dann auf grundfreiheitliche Schutzpflichten anzuwenden.

1. Grundsätze der unmittelbaren Anwendbarkeit des Gemeinschaftsrechts

Dazu ist zunächst anzumerken, dass der Begriff des „subjektiven Rechts" in der einschlägigen Rechtsprechung des Gerichtshofs nicht auftaucht; zumeist spricht der EuGH von „Rechten Einzelner"[535] oder der „unmittelbaren Anwendbarkeit" bzw. „unmittelbaren Wirkung"[536] des Gemeinschaftsrechts[537]. Trotz dieser Begriffsvielfalt lassen sich aber einheitliche Voraussetzungen

---

532 Vgl. CLASSEN, VerwArch 88 (1997), 645 (673) und zur Problematik dieser Vorgehensweise unten 4. Teil, C IV 3 a) aa), S. 298 ff.; die privatrechtlichen Implikationen der Anerkennung eines subjektiven Rechts im Hinblick etwa auf § 823 BGB bleiben vorliegend noch außer Betracht.

533 House of Lords 11.11.1998, Regina vs. Chief Constable of Sussex, ex parte International Trader's Ferry Limited, EuGRZ 1999, 333 (346 [opinion Lord HOFFMANN]).

534 S. soeben 2. Teil, C I 1, S. 103.

535 So etwa in der grundlegenden Entscheidung EuGH 5.2.1963, Van Gend & Loos, Rs. 26/62, Slg. 1963, 1 (24); s.a. EuGH 16.6.1966, Lütticke, Rs. 57/65, Slg. 1966, 258 (267); EuGH 8.4.1976, Defrenne, Rs. 43/75, Slg. 1976, 455 Rn. 40; s. dazu auch SCHAEFER, Wirkung, S. 14 ff., der der Bezeichnung als subjektive Rechte kritisch gegenübersteht.

536 Zur auch hier praktizierten synonymen Verwendung der beiden Termini s. oben Fn. 493, S. 99.

537 Etwa EuGH 16.6.1966, Lütticke, Rs. 57/65, Slg. 1966, 258 (267); aus neuerer Zeit EuGH 10.12.1991, Merci convenzionali porto di Genova, Rs. C-179/90, Slg. 1991, I-5889 Rn. 23; EuGH 17.7.1997, GT-Link, Rs. C-242/95, Slg. 1997, I-4449 Rn. 57; EuGH 8.6.2000, Carra u.a., Rs. C-258/98, Slg. 2000, I-4217 Rn. 11. In EuGH 29.4.1999, Ciola, Rs. C-224/97, Slg. 1999, I-2517 Rn. 26 wird auch von „unmittelbarer Geltung" gesprochen.

feststellen, die sowohl für die Beurteilung der unmittelbaren Anwendbarkeit von Primär- als auch für diejenige von Sekundärrecht gelten[538].

Zunächst muss die zu interpretierende Norm eine uneingeschränkte Verpflichtung eines Mitgliedstaats enthalten (inhaltliche Unbedingtheit)[539]; an letzterer Voraussetzung fehlt es, wenn die Vorschrift den betreffenden Mitgliedstaat noch zum Erlass von Durchführungsmaßnahmen ermächtigt[540]. Das ist entschieden für Unterlassungspflichten der Mitgliedstaaten, dürfte aber auch auf Handlungspflichten übertragbar sein[541]. Andererseits hindern solche Rechtsetzungsvorbehalte, die einer gerichtlichen Nachprüfung zugänglich sind, die unmittelbare Anwendbarkeit nicht[542]. Hinreichende Genauigkeit als zweite Voraussetzung kommt einer Vorschrift des Gemeinschaftsrechts dann zu, wenn sie klar und präzise formuliert ist[543]. Verneint wird diese hinreichende Klarheit der Norm in der Regel dann, wenn dem Mitgliedstaat ein Ermessensspielraum eingeräumt ist[544]. Das gilt aber nur, wenn dieser Spielraum dem Gesetzgeber eingeräumt ist; verwaltungsbehördliches Ermessen ist insoweit unschädlich[545]. Der Gerichtshof hat dies dahingehend präzisiert, dass das

---

538 Vgl. zu dieser Konvergenz BIERVERT, in: Schwarze, EU-Komm., Art. 249 EGV Rn. 6; NETTESHEIM, in: Grabitz/Hilf, Recht der EU, Art. 249 EGV Rn. 33 (Stand: Aug. 2002); KADELBACH, Verwaltungsrecht, S. 370.

539 EuGH 5.2.1963, Van Gend & Loos, Rs. 26/62, Slg. 1963, 1 (25); EuGH 22.3.1977, Iannelli und Volpi, Rs. 74/76, Slg. 1977, 557 Rn. 13.

540 EuGH 5.2.1963, Van Gend & Loos, Rs. 26/62, Slg. 1963, 1 (25); EuGH 4.12.1974, Van Duyn / Home Office, Rs. 41/74, Slg. 1974, 1337 Rn. 5/7; EuGH 22.3.1977, Iannelli und Volpi, Rs. 74/76, Slg. 1977, 557 Rn. 13; einschränkend zu dieser Voraussetzung möglicherweise unlängst EuGH 5.11.2002, Überseering, Rs. C-208/00, Slg. 2002, I-9919 Rn. 54, 60 mit Blick auf Art. 43, 48 EG und den in Art. 293 EG (3. Spiegelstrich) statuierten Vorbehalt zugunsten eines völkerrechtlichen Vertrages zur Verwirklichung der gegenseitigen Anerkennung von Gesellschaften.

541 Vgl. grundsätzlich, wenn auch in concreto verneinend, EuGH 19.12.1968, Salgoil, Rs. 13/68, Slg. 1968, 679 (692); aus der Literatur bejahend FABIS, Auswirkungen, S. 109 m.w.N.; NETTESHEIM, in: Grabitz/Hilf, Recht der EU, Art. 249 EGV Rn. 36 (Stand: Aug. 2002); BIERVERT, in: Schwarze, EU-Komm., Art. 249 EGV Rn. 6; KADELBACH, Verwaltungsrecht, S. 60 f.; OPPERMANN, EuropaR, § 7 Rn. 10; STREINZ, EuropaR, Rn. 349; im Grundsatz auch BLECKMANN, in: ders., EuropaR, Rn. 1176.

542 EuGH 4.12.1974, Van Duyn / Home Office, Rs. 41/74, Slg. 1974, 1337 Rn. 5/7.

543 EuGH 5.2.1963, Van Gend & Loos, Rs. 26/62, Slg. 1963, 1 (25); EuGH 3.4.1968, Molkerei-Zentrale Westfalen-Lippe, Rs. 28/67, Slg. 1968, 215 (230).

544 EuGH 4.12.1974, Van Duyn / Home Office, Rs. 41/74, Slg. 1974, 1337 Rn. 5/7; EuGH 15.1.1986, Hurd, Rs. 44/84, Slg. 1986, 29 Rn. 47; EuGH 19.11.1991, Francovich u.a., verb. Rs. C-6/90 u. C-9/90, Slg. 1991, I-5357 Rn. 25.

545 So BLECKMANN, in: ders., EuropaR, Rn. 1181.

Ergebnis der Verpflichtung der Mitgliedstaaten „klar umrissen“ sein müsse[546]. Hat der Staat ein Wahlrecht zwischen mehreren Mitteln, die er zur Erreichung dieses Ziels einsetzen kann, schließt dies nicht aus, dass sich Einzelne auf die fragliche Bestimmung berufen können, sofern sich der Inhalt der dem Einzelnen verliehenen Rechte aus der Norm entnehmen lässt[547]. Entscheidend ist auch hier der funktionale Aspekt, dass eine gerichtliche Kontrolle möglich ist[548].

Unnötig ist hingegen im Hinblick auf die unmittelbare Anwendbarkeit, dass die betreffende Vorschrift auch dem Schutz des Einzelnen zu dienen bestimmt ist[549], wie dies nach der deutschen Schutznormtheorie[550] Voraussetzung für die Begründung subjektiver Rechte ist. Hiervon abweichende Ansichten verkennen, dass ein solches Erfordernis in der Rechtsprechung des Gerichtshofs nicht aufgestellt wird[551]. Zwar fordert der Gerichtshof zur Eingrenzung des Kreises der Berechtigten zumindest ein „Betroffensein“, doch lässt sich dies nicht mit einem Schutznormerfordernis gleichsetzen[552]. Auch ist zu bedenken, dass im Kontext der unmittelbaren Anwendbarkeit die wirksame Durchsetzung des Gemeinschaftsrechts im Mittelpunkt steht. Der einzelne Bürger wird nach der Konzeption des EuGH, indem er sich vor nationalen Gerichten auf Gemeinschaftsrecht beruft, im Interesse der Gemeinschaft tätig, was es recht-

---

546 EuGH 3.12.1974, Van Binsbergen / Bedrijfsvereniging Metaalnijverheid, Rs. 33/74, Slg. 1974, 1299 Rn. 24/26; vgl. auch JARASS, Grundfragen, S. 74 m.w.N.

547 EuGH 19.11.1991, Francovich u.a., verb. Rs. C-6/90 u. C-9/90, Slg. 1991, I-5357 Rn. 17.

548 CLASSEN, VerwArch 88 (1997), 645 (654 f.) m.w.N.

549 Vgl. VON DANWITZ, DÖV 1996, 481 (484 f.); DERS., System, S. 232 f.; EILMANSBERGER, Rechtsfolgen, S. 197; JARASS, Grundfragen, S. 72 f. (zu Richtlinien); DERS./BELJIN, JZ 2003, 768 (771); CLASSEN, VerwArch 88 (1997), 645 (654); RUFFERT, Rechte, S. 161; DERS., DVBl. 1998, 69 (71); DERS., in: Calliess/Ruffert, EUV / EGV, Art. 249 EGV Rn. 90; KADELBACH, Verwaltungsrecht, S. 58 f.; SCHROEDER, Gemeinschaftsrechtssystem, S. 460 ff.; DERS., in: Streinz, EUV / EGV, Art. 249 EGV Rn. 51; BIERVERT, in: Schwarze, EU-Komm., Art. 249 EGV Rn. 6; SCHERMERS/WAELBROECK, Judicial Protection, § 355; wohl auch FRENZ, DVBl. 1995, 408 (412); NETTESHEIM, in: Grabitz/Hilf, Recht der EU, Art. 249 EGV Rn. 36 (Stand: Aug. 2002); a.A. TRIANTAFYLLOU, DÖV 1997, 192 (196); C. CALLIESS, NVwZ 1996, 339 (340 f.); PAPIER, DVBl. 1993, 809; HANEKLAUS, DVBl. 1993, 129 (132 m.w.N.).

550 Dazu statt aller KOPP/SCHENKE, VwGO, § 42 Rn. 83 ff.; SCHMIDT-AßMANN, in: Maunz/Dürig, GG, Art. 19 Abs. 4 Rn. 128 ff. (Stand: Feb. 2003).

551 Vgl. CLASSEN, VerwArch 88 (1997), 645 (654); VON DANWITZ, DÖV 1996, 481 (484); RUFFERT, DVBl. 1998, 69 (71).

552 RUFFERT, DVBl. 1998, 69 (71).

fertigt, insofern auf die individuelle Schutzrichtung der betroffenen Norm zu verzichten[553].

2. Anwendung auf die Schutzpflicht

Zu prüfen ist nunmehr, ob die grundfreiheitliche Schutzpflicht unter die derart skizzierten Voraussetzungen der unmittelbaren Wirkung des Gemeinschaftsrechts zu subsumieren ist.

a) Inhaltliche Unbedingtheit

Obwohl dies in der Literatur überwiegend nicht problematisiert wird, lassen sich in zweierlei Hinsicht Zweifel an der Voraussetzung der inhaltlichen Unbedingtheit der grundfreiheitlichen Schutzpflicht anmelden. Das betrifft zum einen die Frage, ob die Schutzpflicht eine uneingeschränkte Verpflichtung des jeweiligen Mitgliedstaates enthält. *Bleckmann* argumentiert, bei Handlungspflichten handele es sich überwiegend um Gesetzgebungspflichten. Den Gerichten der Mitgliedstaaten sei es aber zumeist verwehrt, den Gesetzgeber zum Erlass eines bestimmten Gesetzes zu verpflichten, weswegen die unmittelbare Anwendbarkeit von Handlungspflichten dort abzulehnen sei, wo Individualansprüche auf Erlass eines Gesetzes in Rede stünden[554]. Daran ist sicher richtig, dass die Schutzverpflichtung aus den Grundfreiheiten, wie oben bereits dargelegt[555], im Falle der Bejahung der unmittelbaren Wirkung auch von den Gerichten zu beachten ist. Ob sie soweit gehen kann, dass der Erlass eines konkreten Gesetzes durch Einzelne gerichtlich durchsetzbar wird, kann aber hier noch offen bleiben, denn die Argumentation *Bleckmanns* krankt in der Begründung bereits daran, dass sie entscheidend auf die (national-)verfassungsrechtliche Rolle des Richters abstellt, welche bei Annahme unmittelbar anwendbarer Handlungspflichten eine grundlegende Veränderung erfahre. Diese Einwirkung auf Grundlagen der nationalen Verfassung solle die unmittelbare Anwendbarkeit von Handlungs- und insbesondere Gesetzgebungspflichten im Grundsatz ausschließen[556]. Vor dem Hintergrund des mittlerweile einhellig anerkannten Vorrangs des Gemeinschaftsrechts auch vor nationalem Verfassungsrecht[557] erscheint es hingegen nicht überzeugend, mit

---

553 VON DANWITZ, DÖV 1996, 481 (484); RUFFERT, DVBl. 1998, 69 (71); MASING, Mobilisierung, S. 52 f., 225 ff.

554 BLECKMANN, in: ders., EuropaR, Rn. 1176.

555 S. 2. Teil, C I 2 d), S. 106.

556 BLECKMANN, in: ders., EuropaR, Rn. 1176.

557 EuGH 17.12.1970, Internationale Handelsgesellschaft, Rs. 11/70, Slg. 1970, 1125 Rn. 3; als Beispiel zuletzt EuGH 11.1.2000, Kreil, Rs. C-285/98, Slg. 2000, I-69.

einem solchen Argument zu operieren. Unter diesem Aspekt ist eine inhaltliche Bedingtheit der Schutzpflicht daher nicht festzustellen. Die Frage, ob sich aus Schutzpflichten Ansprüche auf Normerlass ergeben können, stellt sich mithin nicht als Problem der unmittelbaren Anwendbarkeit der Schutzpflicht, sondern vielmehr als ein Rechtsfolgenproblem dar, dass sich dogmatisch der Frage des Beurteilungsspielraums bzw. des Ermessens der Mitgliedstaaten bei der Erfüllung der Schutzpflicht zuordnen lässt.

Diese Erkenntnis eröffnet zugleich einen alternativen Lösungsweg, der den grundsätzlich berechtigten Bedenken *Bleckmanns* im Hinblick auf die Gewaltenteilung in den Mitgliedstaaten in gemeinschaftsrechtskonformer Weise Rechnung trägt: Statt der Schutzpflicht je nach verpflichtetem Hoheitsträger eine „gespaltene" unmittelbare Anwendbarkeit zuzuerkennen, bietet es sich an, im Rahmen der möglichen Rechtsfolgen eines derartigen Anspruchs Einschränkungen vorzunehmen. Vorbilder zum Schutz der auch vom Gemeinschaftsrecht anerkannten Besonderheiten sowohl der richterlichen als auch der gesetzgebenden Funktion lassen sich hier vor allem im Bereich der mitgliedstaatlichen Haftung für Gemeinschaftsrechtsverletzungen finden[558]. So hat der EuGH entschieden, dass nicht jede Verletzung von Gemeinschaftsrecht durch ein mitgliedstaatliches Organ die Haftung auslöst, sondern etwa im Bereich der Rechtssetzung beachtet werden müsse, dass im Allgemeininteresse liegendes legislatives Tätigwerden nicht jedes Mal durch drohende (Staatshaftungs-)Klagen verhindert werden dürfe[559]. Eine Übertragung dieses Gedankens auf die hier in Rede stehende Problematik bietet aus gemeinschaftsrechtlicher Sicht zwei Vorteile. Zum einen verbleibt die Regelung der Rechtsfolgen grundsätzlich in der Autonomie der Mitgliedstaaten und trägt so dem Subsidiaritätsgrundsatz (Art. 5 Abs. 2 EG) Rechnung. Zum anderen kann das Gemeinschaftsinteresse dadurch berücksichtigt werden, dass auf entsprechende Klagen Einzelner der aus Art. 10 EG abgeleitete[560] Grundsatz der Nichtdiskriminierung sowie derjenige der Effektivität angewendet wird. Einigen Folgerungen aus dieser Konstruktion ist später noch nachzugehen[561].

---

558 Zur Judikative EuGH 30.9.2003, Köbler, Rs. C-224/01, Slg. 2003, I-10239 Rn. 53; zur Legislative EuGH 5.3.1996, Brasserie du pêcheur und Factortame, verb. Rs. C-46/93 u. C-48/93, Slg. 1996, I-1029 Rn. 43. Ähnlicher Ansatz bei RUFFERT, Rechte, S. 62.

559 EuGH 5.3.1996, Brasserie du pêcheur und Factortame, verb. Rs. C-46/93 u. C-48/93, Slg. 1996, I-1029 Rn. 45.

560 Vgl. nur KAHL, in: Calliess/Ruffert, EUV / EGV, Art. 10 EGV Rn. 31; STREINZ, in: ders., EUV / EGV, Art. 10 EGV Rn. 32.

561 Näher hierzu 3. Teil, A, S. 208 ff.

Leichter ist dagegen dem möglichen[562] Einwand zu begegnen, es mangele an der inhaltlichen Unbedingtheit der Schutzpflicht deshalb, weil sie zu ihrer Realisierung stets eines Durchführungsaktes der Mitgliedstaaten bedürfe. Dieses Erfordernis ist eine Eigenschaft schlechthin jeder Handlungspflicht; verstünde man es im soeben dargelegten Sinne, so ginge damit eine zu weitgehende Entlassung der Mitgliedstaaten aus gemeinschaftsrechtlichen Einbindungen einher. Das zeigt, dass die Übertragung der Kriterien für die unmittelbare Anwendbarkeit von Unterlassungs- auf Handlungspflichten prinzipiell möglich ist[563], aber nicht ohne gewisse Modifikationen auskommt. Man wird daher die Voraussetzung fehlender Durchführungsakte im Falle der Schutzpflicht so zu verstehen haben, dass für das Entstehen einer Schutzpflicht (nicht für ihre Wahrnehmung) keine konstitutiven Akte der Mitgliedstaaten erforderlich sind. Diese aber ist vorliegend erfüllt: Wie im Rahmen der Rechtsprechungsanalyse herausgearbeitet werden konnte, steht es den Mitgliedstaaten nicht mehr frei, darüber zu entscheiden, ob sie eine Schutzpflicht wahrnehmen, sondern nur, in welcher Weise sie dies tun[564]. Die Problematik verlagert sich dann auf das noch zu erörternde Merkmal der hinreichenden Bestimmtheit der gemeinschaftsrechtlichen Norm[565]. Folglich ist die erste Voraussetzung der unmittelbaren Anwendbarkeit zu bejahen: Grundfreiheitliche Schutzpflichten sind inhaltlich unbedingt.

b) Hinreichende Genauigkeit

Ob sie darüber hinaus auch hinreichend genau sind, wird in der Literatur, aber auch vom englischen House of Lords, angezweifelt.

aa) Bedenken

Burgi ist der Auffassung, die unmittelbare Wirkung der Schutzpflicht sei nur denkbar, wenn es sich um eine konkrete Verpflichtung zugunsten eines bestimmbaren Adressaten handele[566]; *Scholz* und *Langer* verneinen, dass der von ihnen so genannte „grundfreiheitliche Schutzauftrag“ als Grundlage von Individualansprüchen auf Herstellung bestimmter rechtlicher Rahmenbedingun-

---

562 In der Literatur aber soweit ersichtlich noch nicht erhobenen.
563 Ebenso HUBER, Recht der Europäischen Integration, § 8 Rn. 10.
564 S. 2. Teil, B I 3 b) cc), S. 51.
565 Daher im Ergebnis zutreffend, wenn auch ohne Begründung, EuGH 19.12.1968, Salgoil, Rs. 13/68, Slg. 1968, 679 (692), wo die Frage nach der unmittelbaren Anwendbarkeit einer Handlungspflicht im Wesentlichen nur anhand der hinreichenden Bestimmtheit der Regelung geprüft wird.
566 BURGI, EWS 1999, 327 (330, dort Fn. 41).

gen dienen könne[567]. Jedenfalls könne ein Schutzanspruch nur unter wesentlich engeren Voraussetzungen als im Grundgesetz angenommen werden[568]. Skeptisch äußert sich daneben auch *Ruffert*, allerdings im Hinblick auf grundrechtliche Schutzpflichten der Gemeinschaft. Solche „Grundrechte auf Schutz" sollten ausschließlich in besonders schwerwiegenden Fällen geltend gemacht werden können[569]. Nach Lord *Hoffmann* im „I.T.F."-Urteil des House of Lords[570] schließt es das weite Ermessen der Mitgliedstaaten bei der Erfüllung der Schutzpflicht grundsätzlich aus, die Voraussetzungen der unmittelbaren Wirkung zu bejahen.

bb) Dahinterstehende Wertungen

Hinter diesen eher einschränkenden Überlegungen steht teilweise - ohne dass dies stets explizit gesagt wird - die durchaus berechtigte teleologische Überlegung, die Regelungssouveränität der Mitgliedstaaten nicht über Gebühr zu beschränken; besonders deutlich wird dies, wenn *Scholz/Langer* befürchten, der Einzelne könne den gerichtlichen Rechtsschutz zur offensiven Vorantreibung des Binnenmarktkonzepts instrumentalisieren[571]. Nimmt man tatsächlich eine uneingeschränkte gerichtliche Durchsetzbarkeit grundfreiheitlicher Schutzpflichten an und sieht dies im Zusammenhang damit, dass der EuGH auch die gegen staatliche Ingerenzen gerichtete abwehrrechtliche Funktion der Grundfreiheiten zuweilen im Interesse der Binnenmarktförderung recht extensiv interpretiert[572], so scheint eine solche Annahme nicht fernliegend. Allerdings wurde soeben schon angedeutet[573], dass dem Desiderat einer klaren Abgren-

---

567 SCHOLZ/LANGER, Binnenmarkt, S. 68 f.

568 SCHOLZ/LANGER, Binnenmarkt, S. 69 (dort Fn. 111).

569 RUFFERT, Rechte, S. 62.

570 House of Lords 11.11.1998, Regina vs. Chief Constable of Sussex, ex parte International Trader's Ferry Limited, EuGRZ 1999, 333 (346 [opinion Lord HOFFMANN]).

571 SCHOLZ/LANGER, Binnenmarkt, S. 69.

572 Als Beispiele seien hier nur genannt: die „Cassis de Dijon"-Entscheidung (o. Fn. 135), die zur Entwicklung des Grundsatzes der „gegenseitigen Anerkennung" führte (dazu etwa LEIBLE, in: Streinz, EUV / EGV, Art. 14 EGV Rn. 18); die sehr weite Auslegung des Merkmals „zwischen den Mitgliedstaaten" im Rahmen des Art. 28 EG mit der Folge, dass kaum noch rein innerstaatliche Sachverhalte anerkannt werden (EuGH 7.5.1997, Pistre, Rs. C-321/94, Slg. 1997, I-2343 Rn. 44 ff.; jüngst EuGH 25.3.2004, Karner, Rs. C-71/02, Slg. 2004, I-3025 Rn. 19 ff.; dazu WEYER, EuZW 2004, 455 m.w.N.); schließlich noch die Weiterentwicklung der Grundfreiheiten von Diskriminierungs- zu Beschränkungsverboten (dazu RANDELZHOFER/FORSTHOFF, in: Grabitz/Hilf, Recht der EU, vor Art. 39 - 55 EGV Rn. 86 ff. [Stand: Mai 2001]).

573 S. 2. Teil, C I 2 a), S. 111.

zung zwischen Kompetenzen der Gemeinschaft und solchen der Mitgliedstaaten auch auf andere Weise nachgekommen werden kann, und zwar indem die teilweise gemeinschaftsrechtliche Beeinflussung des nationalen Rechts durch unmittelbar anwendbare Schutzpflichten anerkannt wird, aber zugleich strenge Voraussetzungen hinsichtlich des Anspruchsinhalts und der schutzpflichtauslösenden Umstände gelten.

cc) Dogmatische Erwägungen

Letzterer Lösungsansatz lässt sich jedoch nur dann realisieren, wenn die weiteren dogmatischen Einwände gegen die hinreichende Genauigkeit der Schutzpflicht noch aus dem Weg geräumt werden können.

(1) Einheitliche oder differenzierte Ermessensbetrachtung?

Die Äußerungen *Burgis* und Lord *Hoffmanns* zielen auf die problematische Frage, wie sich das in der Tat weite Ermessen der Mitgliedstaaten bei der Erfüllung der Schutzpflicht mit dem Erfordernis einer hinreichenden Genauigkeit bzw. Bestimmtheit verträgt[574]. Selbst wenn man der Ansicht *Bleckmanns* folgt, dass nur ein gesetzgeberisches, nicht aber ein verwaltungsbehördliches Ermessen die hinreichende Genauigkeit einer Regelung ausschließe[575], kann das diese Bedenken zunächst nicht ausräumen. Das folgt für die hier vertretene Auffassung daraus, dass die Schutzpflicht als grundsätzlich alle Erscheinungsformen mitgliedstaatlicher Ausübung von Hoheitsrechten verpflichtend angesehen wird[576] und somit auch die Legislative erfasst. Wenn dem so ist, erscheint es aber nicht als stringent, diese einheitliche Verbindlichkeit der Schutzpflicht gleichsam durch die Hintertür dadurch wieder aufzuspalten, dass je nach betroffener („schutzpflichtiger") Staatsfunktion und damit je nach Weite des Ermessens eine Einzelbewertung der hinreichenden Genauigkeit der Schutzpflicht vorgenommen wird.

Zu bedenken wäre allerdings, ob die Ablehnung einer solchen Einzelbetrachtung mit dem soeben vorgeschlagenen[577] Ansatz konform geht, Einschränkungen hinsichtlich der Rechtsfolgen grundfreiheitlicher Schutzpflichten zu etab-

---

574 Andere Einordnung bei JARASS, Grundfragen, S. 77, der Ermessens- oder Beurteilungsspielräume bei der Unbedingtheit der Regelung prüfen will (anders jetzt JARASS/BELJIN, JZ 2003, 768 [770]). Ein sachlicher Unterschied zur hier vorgenommenen Einteilung (wie hier auch KADELBACH/PETERSEN, EuGRZ 2002, 213 [219]) besteht aber nicht.

575 BLECKMANN, in: ders., EuropaR, Rn. 1181.

576 Zur Begründung s. 2. Teil, C I 2 d), S. 105.

577 S. 2. Teil, C I 2 d), S. 106.

lieren. Einwenden ließe sich, die durch letztere Konstruktion notwendigen Erweiterungen des Ermessensspielraums einzelner Staatsorgane der Mitgliedstaaten zwängen zu einer differenzierten Betrachtung der unmittelbaren Anwendbarkeit, da hierdurch gerade kein einheitlicher Ermessensmaßstab an die Schutzpflicht angelegt werde. Diese schwierige Frage kann allerdings vorliegend offen bleiben, wenn festzustellen ist, dass auch das im Regelfall weiteste Ermessen, nämlich das der gesetzgebenden Körperschaften, nicht gegen die hinreichende Bestimmtheit der grundfreiheitlichen Schutzpflichten ins Feld geführt werden kann.

(2) Beurteilung der durch den Gerichtshof eingeräumten Ermessensspielräume

Will man beurteilen, welcher Art das Ermessen ist, das der EuGH den Mitgliedstaaten bei der Erfüllung der Schutzpflicht einräumt, ist es zunächst nützlich, sich darauf zu besinnen, dass in der „Kommission / Frankreich"-Entscheidung[578] ein solches nur hinsichtlich des „Wie" des Einschreitens, also in Bezug auf die Mittel zur Erfüllung der Schutzpflicht, nicht aber bezüglich des „Ob" des Einschreitens anerkannt wurde[579]. Ruft man sich zudem die Rechtsprechung des Gerichtshofs in Erinnerung, wonach „auch [dann,] wenn eine Richtlinienbestimmung den Mitgliedstaaten in Bezug auf die Wahl der Form und der Mittel zur Erreichung des Ziels ein Ermessen belässt, [...] sie doch in unbedingter Weise das Ziel vorgeben [kann], das erreicht werden muss"[580], dann erscheinen die Bedenken gegen eine hinreichende Bestimmtheit der Schutzpflicht als im Ergebnis nicht gerechtfertigt. Wie oben schon ausgeführt, gelten die Voraussetzungen für die unmittelbare Anwendbarkeit unabhängig davon, ob es sich um Vertragsbestimmungen oder solche des Sekundärrechts handelt[581], so dass sich das zuletzt zitierte Urteil des EuGH auch für die Schutzpflicht fruchtbar machen lässt. Das Ziel der Schutzpflicht steht nicht mehr in Frage: Es ist auf die Beseitigung der durch private Störer geschaffenen Handelshemmnisse gerichtet, soweit diese eine hinreichende Intensität aufweisen. Der verbleibende Gestaltungsspielraum der Mitgliedstaa-

---

578 EuGH 9.12.1997, Kommission / Frankreich, Rs. C-265/95, Slg. 1997, I-6959.

579 S. 2. Teil, B I 3 b cc), S. 51.

580 EuGH 4.12.1986, Federatie Nederlandse Vakbeweging, Rs. 71/85, Slg. 1986, 3855 Rn. 20; EuGH 19.1.1982, Becker, Rs. 8/81, Slg. 1982, 53 Rn. 28 f.; vgl. auch EuGH 10.4.2003, Steffensen, Rs. C-276/01, Slg. 2003, I-3735 Rn. 46, wo mitgliedstaatliche Regelungsbefugnisse von Modalitäten der Ausübung eines Rechts durch den Begünstigten als unschädlich für die hinreichende Genauigkeit angesehen wurde.

581 Nachweise oben in Fn. 538, S. 108.

ten in Bezug auf die einzusetzenden Mittel zur Beseitigung dieses Zustandes stellt sich damit als unschädlich dar. Hierdurch wird lediglich der Anspruchsinhalt geprägt, nicht aber die hinreichende Bestimmtheit; die unmittelbare Wirkung der Schutzpflicht wird folglich durch diesen Spielraum nicht in Frage gestellt[582].

Soweit *Burgi*[583] fordert, die unmittelbare Wirkung in jedem Fall nur dann zu bejahen, wenn eine konkrete Verpflichtung zugunsten eines bestimmbaren Adressaten festzustellen sei, so dürfte dies die Anforderungen an die hinreichende Genauigkeit überspannen; die genannten Kriterien erinnern eher an die restriktiven Formeln des Gerichtshofs zur Bestimmung der Klagebefugnis natürlicher Personen bei der Anfechtung von Verordnungen im Rahmen des Art. 230 Abs. 4 EG[584], finden aber keine Stütze im Bereich der unmittelbaren Wirkung. Sie betreffen, wie gerade erörtert, nur die anders gelagerte Frage, welchen Inhalt der Anspruch des einzelnen Bürgers gegenüber dem Staat hat.

(3) Zwischenergebnis

Hieraus lässt sich folgern, dass die grundfreiheitlichen Schutzpflichten die an unmittelbar anwendbare Normen gestellten Anforderungen erfüllen.

c) Weitere Aspekte

Darüber hinaus werden im Schrifttum noch weitere Argumente für und gegen die unmittelbare Anwendbarkeit der grundfreiheitlichen Schutzpflicht diskutiert, die sich nicht unmittelbar den soeben untersuchten Kriterien der inhaltlichen Unbedingtheit und der hinreichenden Genauigkeit zuordnen lassen. Diesen soll im Folgenden nachgegangen werden.

aa) Primär objektiv-rechtliche Deutung

Gegen die unmittelbare Wirkung von Schutzpflichten könnte zunächst sprechen, dass sie einer objektiv-rechtlichen Funktion der Grundfreiheiten ent-

---

582 Vgl. bereits die Überlegungen oben 2. Teil, C II 2 a), S. 111 und 2. Teil, C II 2 b) bb), S. 113 sowie KADELBACH/PETERSEN, EuGRZ 2002, 213 (219); ROLOFF, Beschränkungsverbot, S. 137 (allerdings unter fälschlicher Berufung auf BURGI, EWS 1999, 327 [330], dazu sogleich); zu Schutzpflichten aus Gemeinschaftsgrundrechten übereinstimmend SUERBAUM, EuR 2003, 390 (414).

583 EWS 1999, 327 (330, dort Fn. 41).

584 Sog. „Plaumann-Test“, s. EuGH 15.7.1963, Plaumann, Rs. 25/62, Slg. 1963, 213 (238); jüngst bestätigt durch EuGH 25.7.2002, Unión de Pequeños Agricultores / Rat, Rs. C-50/00 P, Slg. 2002, I-6677 Rn. 36; EuGH 1.4.2004, Kommission / Jégo-Quéré, Rs. C-263/02 P, Slg. 2004, 3425 Rn. 45.

springen[585]. *Schaefer*[586] geht weitergehend davon aus, dass das Gemeinschaftsrecht allgemein eine primär objektive Rechtsordnung darstelle, was die Position der soeben genannten Autoren zur objektiv-rechtlichen Herkunft der Schutzpflicht stützen könnte. Verfolgt man diesen Denkansatz konsequent weiter, so ließe sich vertreten, ein Recht des Einzelnen auf Schutz könne aufgrund dieses rein objektiven Charakters der Schutzpflichten nicht angenommen werden. Für eine objektiv-rechtliche Deutung der Schutzpflicht lässt sich auch anführen, dass in ihrem Anwendungsbereich keine Vermutung zugunsten der Begründung subjektiver Rechte besteht. Das ergibt sich daraus, dass der Begünstigung des einen Bürgers in der für die Schutzpflicht kennzeichnenden Dreieckskonstellation[587] korrespondierend die Belastung desjenigen gegenüber steht, gegen den die Staatsgewalt nunmehr einschreiten muss[588].

Dazu ist zu sagen, dass eine rein objektive Deutung der gesamten Gemeinschaftsrechtsordnung, wie sie bei *Schaefer* anklingt, beim heutigen Stand des Gemeinschaftsrechts nicht zu überzeugen vermag. Vielmehr ist in mehrerlei Hinsicht eine deutliche Ausrichtung auf die Wahrung der subjektiven Rechte Einzelner zu konstatieren. Ein rein äußerlicher Anhaltspunkt für diese These ist die durch Art. G (Abschnitt A 1) des Vertrags von Maastricht[589] erfolgte Umbenennung der „Europäischen Wirtschaftsgemeinschaft" in „Europäische Gemeinschaft", worin bereits eine Abkehr von einer reinen Wirtschaftsgemeinschaft zugunsten einer „Union der Völker Europas" (Art. 1 Abs. 2 EU), deren Bezugspunkt auch der Einzelne ist, erblickt werden kann[590]. Als besonders augenfällig für einen subjektiv-rechtlichen Bezug des Gemeinschaftsrechts sind in diesem Zusammenhang auch die Regelungen über die Unionsbürgerschaft (Art. 17 ff. EG) zu nennen. Die Ausübung dieser Rechte hängt

---

585 So die Verortung der Schutzpflichten bei BECKER, in: Schwarze, EU-Komm., Art. 28 EGV Rn. 12; SCHROEDER, in: Streinz, EUV / EGV, Art. 28 EGV Rn. 26; SZCZEKALLA, Schutzpflicht, S. 610, 628; DERS., DVBl. 1998, 219 (220, dort Fn. 8); FRENZ, EuR 2002, 603 (605), die allerdings nicht die Konsequenzen aus dieser Einordnung ziehen. Im Hinblick auf die Abwägung zwischen Grundfreiheiten und Grundrechten sieht auch SCHINDLER, Kollision, S. 179 ff., 184 in ersteren „primär institutionelle Garantie[n]" verankert.

586 Wirkung, S. 16 f. m.w.N.

587 S. 2. Teil, A I, S. 33.

588 Vgl. zum deutschen Recht nur KADELBACH, Verwaltungsrecht, S. 374 m.w.N.

589 ABl. EG C 191 v. 29.7.1992, S. 1 ff.

590 Ohnehin hatte der Gerichtshof bereits in seiner Entscheidung „Van Gend & Loos" (EuGH 5.2.1963, Van Gend & Loos, Rs. 26/62, Slg. 1963, 1 [25]) ausgeführt, die Gemeinschaft stelle eine Rechtsordnung dar, „deren Rechtssubjekte nicht nur die Mitgliedstaaten, sondern auch die einzelnen sind".

nicht von einer wirtschaftlichen Betätigung der Begünstigten ab[591]; ihren Telos umschreibt Art. 2, 3. Spiegelstrich EU mit der „Stärkung des Schutzes der Rechte [...] der Angehörigen [der] Mitgliedstaaten". Zudem macht die Anerkennung von gemeinschaftsrechtlich geschützten Grundrechten durch Art. 6 Abs. 2 EU in Verbindung mit der einschlägigen Rechtsprechung des Gerichtshofs[592] deutlich, dass dem Gemeinschaftsrecht auch eine subjektivrechtliche Zielsetzung zukommt. Diese wenigen Beispiele dürften als Beleg dafür genügen, dass die Qualifizierung der Rechtsordnung der Gemeinschaft als primär objektiv-rechtlich jedenfalls beim derzeitigen Stand der Integration nicht mehr zutrifft.

Damit ist indes nicht ausgeschlossen, dass es einzelne Normen geben könnte, denen eine besondere objektiv-rechtliche Dimension innewohnt[593]. Im deutschen Verfassungsrecht, dem eine derartige Deutung durchaus geläufig ist[594], werden Schutzpflichten nach der Rechtsprechung des BVerfG mit Hilfe einer objektiv-rechtlichen Dimension der Grundrechte begründet[595]. Allerdings erscheint es fraglich, ob diese Lehre auf das Gemeinschaftsrecht übertragbar ist. Schon im Bereich der Gemeinschaftsgrundrechte wird vielfach kritisiert, die Verästelungen der deutschen Grundrechtsdogmatik seien nicht ohne weiteres auf europäischer Ebene vermittelbar[596]. Weiterhin sind Erkenntnisgewinne aus der Einführung einer „objektiven Wertordnungsdimension" auf Gemeinschaftsebene eher nicht zu erwarten, so dass für die Zwecke dieser Untersuchung - ohne dass die Problematik abschließend gewürdigt werden kann -

---

591 Vgl. HILF, in: Grabitz/Hilf, Recht der EU, Art. 17 EGV Rn. 4 (Stand: Jan. 2001); STREINZ, EuropaR, Rn. 654.

592 Grundlegend EuGH 12.11.1969, Stauder / Ulm, Rs. 29/69, Slg. 1969, 419 Rn. 7; EuGH 17.12.1970, Internationale Handelsgesellschaft, Rs. 11/70, Slg. 1970, 1125 Rn. 4.

593 Damit ist nicht der generelle Charakter von Normen als objektives Recht gemeint. Diese Eigenschaft muss jeder Norm als unabdingbare Voraussetzung unabhängig davon zukommen, ob sie ein Recht des Einzelnen beinhaltet oder nicht, vgl. nur STERN, StaatsR Bd. III/1, § 69 II 4 c), S. 920; CANARIS, AcP 184 (1984), 201 (225); DREIER, Jura 1994, 505 (509).

594 Vgl. etwa BVerfG 15.1.1958, 1 BvR 400/51, BVerfGE 7, 198 (205) zur Deutung der Grundrechte als einer objektiven Wertordnung; näher STERN, StaatsR Bd. III/1, § 69 I 3 c), S. 897 ff.

595 BVerfG 25.2.1975, 1 BvF 1-6/74, BVerfGE 39, 1 (41 f.); BVerfG 8.8.1978, 2 BvL 8/77, BVerfGE 49, 89 (141 f.); BVerfG 20.12.1979, 1 BvR 385/77, BVerfGE 53, 30 (57).

596 TETTINGER, DVBl. 1999, 679 (683); RUFFERT, Rechte, S. 61; KINGREEN, EuR 2003, 960 (961); KÜHLING/LIETH, EuR 2003, 371 (384).

weiterhin davon ausgegangen werden soll, dass eine solche zusätzliche Dimension der Grundfreiheiten mit eigenständigem Bedeutungsgehalt nicht existiert[597]. Hiervon unberührt bleibt indes die Möglichkeit, dass die Grundfreiheiten in ihrer Ausprägung als Schutzpflichten auch bei der Auslegung und Anwendung nationalen Privatrechts zu beachten sind, wie es für die Grundrechte des GG angenommen wird. Es ist dies aber keine Folge einer durch die Grundfreiheiten errichteten Wertordnung, sondern resultiert vielmehr aus der innerstaatlichen Anwendbarkeit der Grundfreiheiten und ihres - im Falle einer Kollision - Vorrangs vor nationalem Recht[598]: Weil alle staatliche Gewalt an die grundfreiheitlichen Schutzpflichten gebunden ist, muss auch der etwa über einen nach nationalem Zivilrecht zu beurteilenden Fall judizierende Richter diese Bindung beachten und bei seiner Urteilsfindung berücksichtigen. Widerspricht eine Auslegung z.B. eines zivilrechtlichen Vertrages - unter bestimmten, noch näher zu erörternden Voraussetzungen[599] - dieser Schutzverpflichtung, hat sie zu unterbleiben. Damit ist es möglich, auch ohne den Begriff einer durch die Grundfreiheiten errichteten „objektiven Wertordnung" auszukommen.

Folglich rechtfertigt der Rekurs auf eine objektiv-rechtliche Dimension der Schutzpflichten aus den Grundfreiheiten keine vom oben gefundenen[600] (Zwischen-)Resultat abweichende Bewertung, dass die Schutzpflicht unmittelbar anwendbar ist. Ohnehin ist zu bedenken, dass das Gegensatzpaar objektives Recht - subjektives Recht für die Frage der unmittelbaren Anwendbarkeit nur bedingt aussagekräftig ist, da es - wie oben gesehen[601] - auf eine rechtsverleihende Zielrichtung der betreffenden Norm im Kontext der unmittelbaren Anwendbarkeit nicht ankommt.

bb) Parallelen zur EMRK und zum abwehrrechtlichen Gehalt der Grundfreiheiten

Dennoch wird im Schrifttum - oftmals in Abhängigkeit vom jeweils favorisierten Ansatz für die Begründung der Schutzpflicht - auf weitere Aspekte hingewiesen, die das vorläufige Ergebnis der unmittelbaren Anwendbarkeit der grundfreiheitlichen Schutzpflicht stützen.

---

597 Anders hingegen FRENZ, HdBEuR Bd. 1, Rn. 216.

598 Insoweit zutreffend FRENZ, HdBEuR Bd. 1, Rn. 213; vgl. auch JAECKEL, Schutzpflichten, S. 255.

599 Sogleich unten 2. Teil, C III 2, S. 134 ff.; 2. Teil, C IV 3, S. 164.

600 S. 2. Teil, C II 2 b) cc) (2), S. 116.

601 S. 2. Teil, C II 1, S. 109.

Parallelen zur EMRK werden von *Suerbaum* und *Szczekalla* gezogen[602]: Auch in diesem Bereich sei die Existenz eines subjektiven Rechts auf Schutz anerkannt. Diese zutreffende Feststellung gewinnt noch an Gewicht, wenn man die in der Entscheidung „Schmidberger" zu beobachtende Tendenz des EuGH in den Blick nimmt, sich zumindest im Bereich der Grundrechte stark an den Gewährleistungen der EMRK und ihrer judikativen Interpretation durch den EGMR zu orientieren[603]. Es dürfte zumindest nicht fern liegen, dass die relativ ausgeprägte Rechtsprechung des EGMR zu konventionsrechtlichen Schutzpflichten[604] in Zukunft primär für die gemeinschaftsrechtlichen Grundrechte, aber möglicherweise auch für die Schutzpflichtdimension der Grundfreiheiten als Inspirationsquelle für den EuGH dient.

Auf die Entscheidung „Schmidberger" können sich auch diejenigen Ansätze stützen, die zur Begründung der unmittelbaren Anwendbarkeit von Schutzpflichten anführen, dass durch die Schutzfunktion der Grundfreiheiten die gleichen Rechtsgüter geschützt seien wie bei der Abwehrfunktion, was einen Gleichlauf auch bei der Zuerkennung einer subjektiven Rechtsposition nahe lege[605]. Wie schon im Rahmen der Rechtsprechungsanalyse konstatiert, lassen einige Formulierungen des Gerichtshofs darauf schließen, dass er eine solche Parallelität durchaus befürwortet[606]. Zumindest in Bezug auf das hier zu diskutierende Problem der Subjektivierung der Schutzpflicht ist diesem Ansatz im Ergebnis insoweit beizupflichten, als auch auf die Schutzpflicht die normalen Kriterien für die unmittelbare Anwendbarkeit anzuwenden sind und diese zu einer Bejahung derselben führen[607].

Überdies dürfte die Anerkennung der unmittelbaren Anwendbarkeit der grundfreiheitlichen Schutzpflicht auch der im Gemeinschaftsrecht zu beobachtenden Tendenz zur Aktivierung des Einzelnen zur Rechtsdurchsetzung

---

602 SUERBAUM, EuR 2003, 390 (414 f.); SZCZEKALLA, EuGRZ 1999, 350 (351).

603 EuGH 12.6.2003, Schmidberger, Rs. C-112/00, Slg. 2003, I-5659 Rn. 71, 71, 79 ff.; weitere Beispiele aus jüngerer Zeit sind EuGH 23.3.2003, Akrich, Rs. C-109/01, Slg. 2003, I-9607 Rn. 58 ff.; EuGH 29.4.2004, Orfanopoulos u.a., verb. Rs. C-482/01 und C-493/01, Slg. 2004, I-5257 Rn. 99; s. außerdem die Urteile oben Fn. 438, S. 91.

604 Dazu eingehend WIESBROCK, Schutz, S. 102 ff.; DRÖGE, Verpflichtungen, S. 13 ff.

605 Vgl. JAECKEL, Schutzpflichten, S. 245; KÜHLING, NJW 1999, 403 (404); GLOS, Berufsfreiheit, S. 108 f.

606 S. 2. Teil, B I 3 b) aa), S. 48; 2. Teil, B I 3 b) bb), S. 50; 2. Teil, B V 4 b), S. 81; 2. Teil, B V 4 c), S. 82.

607 S. 2. Teil, C II 2, S. 110 ff.

entsprechen[608]. Ob dies, wie *von Danwitz*[609] meint, zu einem allgemeinen Gesetzesvollziehungsanspruch des Einzelnen kraft Gemeinschaftsrecht führen kann, erscheint problematisch, kann aber hier offen bleiben; es ist später noch aufzugreifen[610]. Bedenken dahingehend, dass eine direkte Berufungsmöglichkeit auf die Schutzpflicht vor innerstaatlichen Gerichten und Behörden zu einer unübersehbaren Flut von Prozessen führen könnte und so das eigentlich gewünschte Ergebnis der Verbesserung des Rechtsschutzes des Einzelnen in sein Gegenteil verkehren könnte[611], sind zwar nicht von vornherein von der Hand zu weisen. Doch belegt bereits die Praxis des Gerichtshofs, der bislang lediglich in zwei Fällen mit den grundfreiheitlichen Schutzpflichten befasst war - einer davon zudem im objektiv ausgestalteten Vertragsverletzungsverfahren - , dass eine solche Überlastung der Gerichte durch auf Verletzung von Schutzpflichten gestützte Klagebegehren zumindest bisher nicht zu besorgen ist.

d) Ergebnis

Damit kann festgestellt werden, dass der Schutzpflicht aus den Grundfreiheiten auch ein Recht auf Wahrnehmung dieses Schutzes durch die zuständigen staatlichen Stellen korrespondiert; einer rein objektiv-rechtlichen Deutung der Schutzfunktion war dabei ebenso wenig zu folgen wie Auffassungen, welche die Weite des Ermessens als Argument gegen die unmittelbare Wirkung der Schutzpflicht anführen.

III. Der Tatbestand der Schutzpflicht

Die Anerkennung eines Rechts auf Beachtung der Schutzpflicht durch die Mitgliedstaaten und ihre Untergliederungen wirft die weitere Frage auf, ab welcher Beeinträchtigungsschwelle der Tatbestand der Schutzpflicht berührt wird mit der Folge, dass das Nichteinschreiten des Mitgliedstaats unter Rechtfertigungszwang gerät. In der bisherigen EuGH-Rechtsprechung wird hierzu lediglich auf die „Dassonville"-Formel rekurriert[612] und damit eine Definition

---

[608] Vgl. JAECKEL, Schutzpflichten, S. 245; VON DANWITZ, DÖV 1996, 481 (482); RUFFERT, DVBl. 1998, 69 (71); STÜBER, Jura 2001, 798 (803); ERICHSEN, in: ders./Ehlers (Hrsg.), Allg. VerwR, § 11 Rn. 43 m.w.N.; kritisch zu dieser Einordnung der Rechtsprechung CLASSEN, VerwArch 88 (1997), 645 (650, 653).

[609] DÖV 1996, 481 (483).

[610] S. 4. Teil, C II 3 a), S. 299.

[611] Dazu im Zusammenhang der deutschen Grundrechte ROBBERS, Sicherheit, S. 178.

[612] S. 2. Teil, B I 3 b) bb), S. 50 und 2. Teil, B V 4 c), S. 82.

angewendet, die schon in der gegen staatliche Beeinträchtigungen gerichteten Funktion des Art. 28 EG der Einschränkung bedurfte.

Der Bezugspunkt für die Anwendung der „Dassonville"-Formel in der Rechtsprechung des EuGH zu den grundfreiheitlichen Schutzpflichten liegt dabei stets im Unterlassen der Mitgliedstaaten[613]. Das ist deswegen besonders zu betonen, weil im Schrifttum mitunter das Handeln *der Privatpersonen* unter die Definition subsumiert wird, um festzustellen, ob deren Voraussetzungen erfüllt sind[614]. Richtigerweise ist zu fragen, ob das Unterlassen des Schutzes *durch den Mitgliedstaat* als Maßnahme gleicher Wirkung bzw. Beschränkung anzusehen ist. Das Handeln der Privaten ist lediglich der Auslöser für die Handlungspflicht der Mitgliedstaaten. Dies ist im Übrigen unabhängig davon, ob die „Dassonville"-Formel für die Schutzfunktion übernommen wird oder nicht, da mit dieser Betrachtung nicht die tatbestandliche Reichweite der Schutzpflicht präjudiziert wird, sondern lediglich der Anknüpfungspunkt für diese Beurteilung festgelegt wird.

Nimmt man die „Dassonville"-Formel und ihre Anwendung auf staatliches Unterlassen ernst, würde das jedoch - zumindest bei isolierter Betrachtung der Tatbestandsebene der Schutzpflicht - ebenso wie bei der Abwehrfunktion der Grundfreiheiten zu Resultaten führen, die evident nicht gewollt sind[615]. So würde die Schutzpflicht des Staates etwa aktiviert, sobald eine Privatperson - aus welchen Motiven auch immer - bestimmte Produkte nur kauft, wenn sie aus dem eigenen Mitgliedstaat stammen[616]. Greift der Staat dann nicht ein, so würde es in der Logik der Rechtsprechung[617] liegen, hierin zumindest tat-

---

613 Das wird deutlich in EuGH 9.12.1997, Kommission / Frankreich, Rs. C-265/95, Slg. 1997, I-6959 Rn. 30, 31 und EuGH 12.6.2003, Schmidberger, Rs. C-112/00, Slg. 2003, I-5659 Rn. 58, wo der Gerichtshof die „Dassonville"-Formel ausdrücklich auf das unterbliebene Tätigwerden des Mitgliedstaats bezieht; zutreffend KÖRBER, Grundfreiheiten, S. 806.

614 So bei B. KOCH, Gewährleistungspflicht, S. 167 f.; wohl auch JAECKEL, Schutzpflichten, S. 262.

615 Eine leichte Akzentverschiebung ergibt sich lediglich dadurch, dass eine weite Auslegung der abwehrrechtlichen Dimension der Grundfreiheiten stärker in die nationalen Rechtssysteme als solche eingreift, während eine weite Auslegung der Schutzpflicht die Regelungsspielräume Privater, vermittelt über den „Umweg" des Staates, einengen würde.

616 Vgl. die Beispiele oben 2. Teil, A I, S. 34; weitere potentielle Anwendungsfälle bei SCHAEFER, Wirkung, S. 214 f.; B. KOCH, Gewährleistungspflicht, S. 162.

617 Die zudem ein Spürbarkeitskriterium im Bereich der Grundfreiheiten ablehnt, vgl. nur EuGH 18.5.1993, Yves Rocher, Rs. C-126/91, Slg. 1993, I-2361 Rn. 21; BECKER, in: Schwarze, EU-Komm., Art. 28 EGV Rn. 40 m.w.N.

bestandlich ein Unterlassen zu sehen, das den Handel mit Erzeugnissen aus anderen Mitgliedstaaten potentiell beeinträchtigen kann[618]. Dass solche Ergebnisse und damit eine staatliche Bevormundung das Ende der Privatautonomie heraufbeschwören, dürfte einerseits auf der Hand liegen[619]. Andererseits ist zu bedenken, dass Korrekturen hieran dogmatisch auf mehreren Ebenen verarbeitet werden können. Ebenso wie es bei der staatsgerichteten Abwehrfunktion der Grundfreiheiten für nötig erachtet wird[620], ist hier zunächst eine tatbestandliche Restriktion zu erwägen, die den genannten Bedenken Rechnung trägt.

1. Lösungsansätze im Schrifttum

In der Literatur sind zur Vermeidung der genannten Konsequenzen mehrere Lösungsansätze in Betracht gezogen worden[621]. Im Folgenden soll, aufbauend auf diesen Überlegungen[622], der Versuch unternommen werden, den Tatbestand der Schutzpflicht näher zu konturieren und ein dogmatisch stimmiges System zu entwickeln, das eine Anwendung der grundfreiheitlichen Schutzpflichten zum einen in der Rechtsanwendung erleichtert und zum anderen für den Einzelnen vorhersehbare und nachvollziehbare Ergebnisse hervorbringt.

a) Übertragung abwehrrechtlicher Entwicklungen

Zum Teil wird versucht, eine ausufernde Weite der Schutzpflichtfunktion dadurch zu verhindern, dass der „Dassonville“-Formel, wie dies im abwehr-

---

618 Vgl. MEURER, EWS 1998, 196 (198); KADELBACH/PETERSEN, EuGRZ 2002, 213 (214); KAINER, JuS 2000, 431 (434); B. KOCH, Gewährleistungspflicht, S. 162 f.

619 Vgl. B. KOCH, Gewährleistungspflicht, S. 162; s. auch die entsprechenden Befürchtungen zur Drittwirkung bei KLUTH, AöR 122 (1997), 557 (581); anders wohl JAECKEL, Schutzpflichten, S. 261 (dort Fn. 374), die diese Gefahr nur bei einer unmittelbaren Drittwirkung der Grundfreiheiten sieht. Zur parallel verlaufenden Diskussion betreffend die deutschen Grundrechte etwa E. KLEIN, NJW 1989, 1633 (1640); BRÜNING, JuS 2000, 955 (956).

620 Vgl. etwa RANDELZHOFER/FORSTHOFF, in: Grabitz/Hilf, Recht der EU, vor Art. 39 - 55 EGV Rn. 90 ff. (Stand: Mai 2001); STREINZ, EuropaR, Rn. 681 f.

621 Dem EuGH dagegen grundsätzlich zustimmend JAECKEL, Schutzpflichten, S. 261 f.

622 Von einer näheren Darstellung des von MEURER, EWS 1998, 196 (199 f.) in die Diskussion eingebrachten Kriteriums der „verbotenen Beeinträchtigung“ der jeweiligen Grundfreiheit wird im Folgenden abgesehen, da KAINER (JuS 2000, 431 [434]) sowie B. KOCH (Gewährleistungspflicht, S. 163 f., 167) zutreffend die Zirkelschlüssigkeit dieses Kriteriums herausgearbeitet haben: Die Verbotenheit soll nach MEURER (a.a.O.) nach dem Schutzzweck des Art. 28 EG beurteilt werden, dessen tatbestandliche Weite aber gerade Gegenstand der Ausgangsfrage ist. Zur Ablehnung eines solchen Maßstabes in der deutschen Diskussion vgl. etwa HERMES, Grundrecht, S. 227.

rechtlichen Bereich der Grundfreiheiten geschehen ist, die einschränkende „Keck"-Rechtsprechung[623] entgegengehalten wird[624]. In letzterem Urteil entschied der EuGH, dass nationale Regelungen, die lediglich Verkaufsmodalitäten beschränken oder verbieten, nicht unter die „Dassonville"-Formel fallen, sofern sie „für alle betroffenen Wirtschaftsteilnehmer gelten, die ihre Tätigkeit im Inland ausüben, und sofern sie den Absatz der inländischen Erzeugnisse und der Erzeugnisse aus anderen Mitgliedstaaten rechtlich wie tatsächlich in gleicher Weise berühren"[625]. Damit wird vor allem eine Abgrenzung zwischen vertriebsbezogenen und produktbezogenen Maßnahmen nötig[626]. Während Erstere bei Vorliegen der weiteren Voraussetzungen der „Keck"-Formel vom Verbot des Art. 28 EG nicht erfasst werden, fallen Letztere in dessen Anwendungsbereich und bedürfen der Rechtfertigung durch Art. 30 EG oder ein zwingendes Erfordernis im Sinne der „Cassis de Dijon"-Entscheidung[627].

aa) Maßgeblicher Anknüpfungspunkt für die „Keck"-Rechtsprechung

Überträgt man die Grundsätze dieser Entscheidung auf die Pflicht der Mitgliedstaaten, gegen von Privaten herrührende Beschränkungen des freien Warenverkehrs einzuschreiten, so ist zunächst festzuhalten, dass es nicht darauf ankommt, ob die jeweilige Handlung der Privaten produkt- oder vertriebsbezogen ist[628]. Dies lässt sich dadurch begründen, dass - im Unterschied zum Konzept der unmittelbaren Drittwirkung - im Rahmen der grundfreiheitlichen Schutzpflicht immer noch der Staat Normadressat ist. Allein sein Unterlassen kann daher den Anknüpfungspunkt bilden: Entscheidend ist, ob dieses staatliche Unterlassen sich als produkt- oder vertriebsbezogen im Sinne der „Keck"-Rechtsprechung darstellt. Zuzugeben ist zwar, dass die Betrachtung allein des privaten Verhaltens diese Beurteilung zu erleichtern vermag, weil dann zu-

---

623 Zu dieser vgl. jüngst nur FEIDEN, Bedeutung, S. 17 ff.

624 So die Überlegung bei B. KOCH, Gewährleistungspflicht, S. 167 f., der diesen Ansatz aber letztendlich (a.a.O., S. 168) verwirft.

625 EuGH 24.11.1993, Keck und Mithouard, verb. Rs. C-267/91 u. C-268/91, Slg. 1993, I-6097 Rn. 16.

626 Vgl. BECKER, in: Schwarze, EU-Komm., Art. 28 EGV Rn. 48; EPINEY, in: Calliess/Ruffert, EUV / EGV, Art. 28 EGV Rn. 27; LEIBLE, in: Grabitz/Hilf, Recht der EU, Art. 28 EGV Rn. 28 (Stand: Jan. 2000).

627 EuGH 20.2.1979, Rewe / Bundesmonopolverwaltung für Branntwein, Rs. 120/78, Slg. 1979, 649.

628 So aber B. KOCH, Gewährleistungspflicht, S. 167 f.; s. bereits oben 2. Teil, C III, S. 122.

meist aktives Handeln im Raum steht; dogmatisch ist sie aus den genannten Gründen indes unstimmig[629].

bb) Anwendungsschwierigkeiten im Bereich des Unterlassens

Die Subsumtion von Unterlassen unter die Voraussetzungen dieser Rechtsprechung kann mitunter schwierig durchzuführen sein. Eindeutig sind noch die Fälle zu lösen, in denen Private andere Private aufgrund deren Staatsangehörigkeit benachteiligen. Ein Beispiel im rechtsgeschäftlichen Bereich wäre etwa eine Versicherung, die EU-Ausländern aufgrund bestimmter Erwägungen schlechtere Konditionen gewährt als Bürgern des Mitgliedstaats, in dem sie ansässig ist oder die im Fall „Bosman“[630] streitgegenständlichen Ausländerklauseln. Hinsichtlich faktischer Beeinträchtigungen kann insoweit die Entscheidung „Kommission / Frankreich“ als Beispiel dienen: Hier ging es den protestierenden Bauern gerade darum, die Einfuhr von Produkten aus anderen Mitgliedstaaten zu verhindern. Das Unterlassen des Staates wirkt also in beiden Fällen (nur) zulasten von Angehörigen anderer Mitgliedstaaten, indem diesen kein Schutz gewährt wird. In derartigen Konstellationen fehlt es an der Voraussetzung der Nichtdiskriminierung als weiterem Merkmal der „Keck“-Formel; schon aus diesem Grund ist sie nicht einschlägig.

Kommt es aber, weil das staatliche Unterlassen sich sowohl auf Aus- als auch auf Inländer auswirkt und damit eine unterschiedslose Beeinträchtigung beinhaltet, auf die Qualifizierung des Unterlassens als „produktbezogen“ oder „vertriebsbezogen“ an, so erweist sich eine Einordnung als diffiziler. Das ergibt sich daraus, dass es schon im originären Anwendungsbereich der „Keck“-Formel keineswegs gesichert ist, wie Vertriebs- oder Produktbezug einer staatlichen Maßnahme voneinander abzugrenzen sind[631]. Ähnliche Probleme können auch im Bereich der Schutzpflicht auftreten: Weigert sich - um ein Beispiel zu nennen - ein Spediteur, bestimmte Waren ungeachtet ihrer Herkunft zu befördern oder empfiehlt ein Spediteursverband seinen Mitgliedern solche Maßnahmen und wird dadurch der innergemeinschaftliche Handel potentiell beeinträchtigt, ist es durchaus fraglich, ob staatliches Nichteinschreiten gegen derartige Praktiken nur Vertriebsmodalitäten betrifft oder ob dieses sich als produktbezogen darstellt. Für Ersteres könnte argumentiert

---

629 Allerdings sind kaum Fälle vorstellbar, wo der unterschiedliche Ansatzpunkt zu abweichenden Resultaten führt.

630 EuGH 15.12.1995, Bosman, Rs. C-415/93, Slg. 1995, I-4921.

631 Dazu etwa HÖDL, Beurteilung, S. 148 ff.; EPINEY, in: Ehlers (Hrsg.), EuGR, § 8 Rn. 38 f.

werden, dass lediglich eine Beförderungsmöglichkeit nicht zur Wahl steht und daher eine Vertriebsmodalität durch das unterlassene Einschreiten betroffen ist. Andererseits kann eine solche Vertriebsmodalität oftmals die einzig praktikable Art und Weise der Beförderung darstellen; steht sie dann nicht zur Verfügung, ist die Einfuhr bzw. der Vertrieb des betreffenden Erzeugnisses im innergemeinschaftlichen Handel nicht möglich[632].

Diese Abgrenzungsschwierigkeiten machen deutlich, dass es vorzugswürdig ist, sich von der ursprünglichen Terminologie des EuGH zu lösen und anstelle von „Verkaufsmodalitäten" und „Produktbezug" des staatlichen Unterlassens in Erinnerung zu rufen, worin die eigentliche ratio der „Keck"-Rechtsprechung besteht[633]: Den aus anderen Mitgliedstaaten stammenden Waren soll durch die Grundfreiheiten (nur) ein effektives Marktzugangsrecht gewährt werden[634], eine vollkommene Angleichung der mitgliedstaatlichen Rechtsordnungen vermittels der Grundfreiheiten ist dagegen weder erwünscht noch im Hinblick auf das Subsidiaritätsprinzip rechtlich zulässig[635]. Insoweit bedürfen nur solche Regelungen einer intensiven Kontrolle unter Anwendung der „Dassonville"-Formel, die den Zugang zu mitgliedstaatlichen Märkten verhindern. Werden hingegen lediglich nach erfolgtem Marktzutritt bestimmte Anforderungen an das „Wie" der Marktteilnahme gestellt, so korrespondiert dies den (in der „Keck"-Diktion gesprochen) „bestimmten Verkaufsmodalitäten", vor denen Art. 28 EG keinen Schutz bieten soll[636]. Diese Terminologie erweist sich gerade im Bereich staatlichen Unterlassens als deutliche Vereinfachung und hätte - die generelle Anwendbarkeit der „Keck"-

---

632 Die Problematik war auch virulent in der Entscheidung „Schmidberger", wo GA JACOBS ausdrücklich darauf hinwies, dass die blockierte Autobahn „die Haupt-, wenn nicht die einzige innergemeinschaftliche Route" zur Durchführung des Transitverkehrs zwischen Italien und Deutschland darstelle (Schl.-Antr. v. 11.7.2002, Schmidberger, Rs. C-112/00, Slg. 2003, I-5659 Tz. 2).

633 Zum Folgenden eingehend BECKER, EuR 1994, 162 (170 ff.); HÖDL, Beurteilung, S. 148 ff., 193 f.; ARNDT, EuropaR, S. 189; MÜLLER-GRAFF, in: von der Groeben/Schwarze, EUV / EGV, Art. 28 EG Rn. 254; vgl. auch LEIBLE, in: Grabitz/Hilf, Recht der EU, Art. 28 EGV Rn. 28 (Stand: Jan. 2000); so auch der Ansatz von GANTEN, Drittwirkung, S. 131 f.

634 Vgl. HARATSCH/KOENIG/PECHSTEIN, EuropaR, Rn. 736 f. m.w.N.; STREINZ, EuropaR, Rn. 733; EHLERS, in: ders. (Hrsg.), EuGR, § 7 Rn. 76 m.w.N.; SCHROEDER, in: Streinz, EUV / EGV, Art. 28 EGV Rn. 54. Ansätze hierzu bereits in EuGH 24.11.1993, Keck und Mithouard, verb. Rs. C-267/91 u. C-268/91, Slg. 1993, I-6097 Rn. 14.

635 ARNDT, EuropaR, S. 189; REMIEN, JZ 1994, 349 (353); ähnlich EBERHARTINGER, EWS 1997, 43 (49).

636 Vgl. auch GANTEN, Drittwirkung, S. 134 f.

Rechtsprechung auf die Schutzpflicht einmal unterstellt - zur Folge, dass zu fragen ist, ob sich die Untätigkeit des Staates gegenüber privaten Hindernissen für den innergemeinschaftlichen Handel auf den Zugang zu Märkten der Mitgliedstaaten auswirkt oder ob durch das Unterlassen das Marktverhalten der Störungsopfer betroffen wird[637]. Ist Letzteres der Fall, so wäre schon auf Tatbestandsebene die Einschlägigkeit der grundfreiheitlichen Schutzfunktion zu verneinen, wenn auch die weiteren Voraussetzungen der Nichtdiskriminierung sowie der „gleichen Berührung in tatsächlicher und rechtlicher Hinsicht" vorliegen.

cc) Beurteilung dieses Ansatzes

Fraglich bleibt aber, ob dieser Ansatz zur Tatbestandsrestriktion gerade auch im Hinblick auf grundfreiheitliche Schutzpflichten zu überzeugen vermag. *B. Koch* wendet gegen die Anwendung der „Keck"-Formel ein, diese sei auf staatliche Maßnahmen zugeschnitten und passe nicht für von Privatpersonen ausgehende Handelsbeschränkungen[638]. Zudem sei es Privaten in der Regel nicht möglich, den Marktzugang von Produkten zu verhindern, da die den Mitgliedstaaten insoweit offenstehenden Eingriffsbefugnisse Privaten nicht zur Verfügung stünden[639]. Allein unter Rückgriff auf diese Gesichtspunkte dürfte sich ein Ausschluss der „Keck"-Formel aus der Reihe der möglichen Tatbestandsrestriktionen indes nicht rechtfertigen lassen. Hinsichtlich des ersten Arguments betreffend den Adressaten der „Keck"-Formel ist bereits darauf hingewiesen worden, dass es gerade nicht auf das Verhalten der Privatpersonen ankommt[640]. Dieses bildet zwar den Anlass, nicht aber den Beurteilungsmaßstab bei der Prüfung der Schutzpflicht. Insofern besteht kein relevanter Unterschied zwischen den abwehrrechtlichen Anwendungsfällen der „Keck"-Formel und den hier zu beurteilenden Unterlassungskonstellationen; unterstützend lässt sich noch anführen, dass das hier bevorzugte Differenzierungskriterium „Marktzugang oder Marktverhalten" auch im Bereich der Schutzpflicht durchaus gehandhabt werden kann. Allein der Gesichts-

---

[637] Allerdings kann diese Einordnung naturgemäß nur einen ersten Schritt in der Wertung darstellen, da durchaus vorstellbar ist, dass sich auf das Marktverhalten beziehende Unterlassungen im Einzelfall eine den Marktzugang versperrende Wirkung aufweisen, vgl. EuGH 13.1.2000, TK-Heimdienst Sass, Rs. C-254/98, Slg. 2000, I-151 Rn. 26, 29; EuGH 10.5.1995, Alpine Investments, Rs. C-384/93, Slg. 1995, I-1141 Rn. 37 f. (Letzteres zu Art. 49 EG).

[638] Gewährleistungspflicht, S. 168.

[639] B. KOCH, Gewährleistungspflicht, S. 168.

[640] S. 2. Teil, C III 1 a) aa), S. 124.

punkt, dass der „Keck"-Test auf staatliche Maßnahmen Anwendung findet, kann daher nicht gegen seine Anwendung auf die Schutzpflicht angeführt werden, da nach der hier vertretenen Sichtweise auch im Anwendungsbereich der Schutzpflicht eine staatliche Maßnahme (wenngleich in der Sonderform des Unterlassens) zur Überprüfung steht.

Überlegenswert ist hingegen der Einwand, es sei Privaten in den seltensten Fällen möglich, Marktzugangsbarrieren zu errichten. Geht dies auch von dem unzutreffenden Ausgangspunkt aus, es komme bei der Prüfung der Maßnahme auf das Verhalten der Privatpersonen an, so ist in der Sache doch zuzugeben, dass staatliches Untätigbleiben seltener zu einer Abschottung der nationalen Märkte führt als aktive staatliche Maßnahmen[641]. Allerdings muss hieraus nicht zwingend auf die generelle Untauglichkeit der „Keck"-Formel zur Einschränkung des Tatbestandes der Schutzpflicht geschlossen werden. Richtig ist, dass es infolge der Anwendung der genannten Kriterien zu einer weitgehenden Einengung des grundfreiheitlichen Schutzfunktion käme. Schutzpflichttauglich wäre dann - verkürzt gesagt - lediglich Nichteinschreiten des Staates, das sich diskriminierend auswirkt und solches, das den Marktzugang für einzelne Wirtschaftsteilnehmer behindert[642].

Die eigentliche Problematik einer Restriktion des Schutzpflichttatbestandes nach Vorbild der „Keck"-Rechtsprechung liegt indes auf einer anderen Ebene. Ist die Zuordnung eines staatlichen Unterlassens zum Bereich des Marktverhaltens der von anderen Privaten in ihren Grundfreiheiten beeinträchtigten Marktteilnehmer getroffen und ist dieses unterlassene Einschreiten zudem nichtdiskriminierend, so entfällt die Schutzpflicht ohne Berücksichtigung weiterer Kriterien. Darin liegt eine sehr starre Lösung, die der Vielzahl der vorstellbaren Fallkonstellationen nicht gerecht werden dürfte. Illustrieren lässt sich dieser Gesichtspunkt an Hand der häufiger in diesem Zusammenhang he-

---

641 Entgegen B. KOCH, Gewährleistungspflicht, S. 168 sind aber neben den Grenzblockadefällen auch Fälle kollektiver Rechtssetzung etwa durch einen nichtstaatlichen Verband denkbar, die den Marktzugang für bestimmte Erzeugnisse beschränken; zutreffend FORSTHOFF, EWS 2000, 389 (393).

642 Hier zeigt sich die Überlegenheit des Rückgriffs auf das Kriterium des Marktzugangs gegenüber Ansätzen, die unter Annahme einer Drittwirkung der Grundfreiheiten weiterhin auf den Produktbezug abstellen, vgl. etwa die konstruktiven Schwierigkeiten, denen sich GANTEN, Drittwirkung, S. 136 aufgrund dieser Terminologie ausgesetzt sieht.

rangezogenen Streikfälle[643]. Ruft beispielsweise eine Gewerkschaft der Hafenarbeiter in einem Mitgliedstaat zum Arbeitskampf auf, um höhere Löhne oder bessere Arbeitsbedingungen zu erstreiken und werden hierdurch einige Häfen dieses Staats für das Export- oder Importgewerbe unzugänglich[644], so stellt das Nichteinschreiten staatlicher Stellen gegen die Streiks unter Zugrundelegung der „Dassonville"-Formel eine Beeinträchtigung des freien Warenverkehrs dar, da es zumindest mittelbar geeignet ist, den innergemeinschaftlichen Handel mit Gütern zu behindern, die auf dem Seeweg transportiert werden. Allerdings ist das staatliche Unterlassen - unterstellt, es seien nicht alle Häfen des Mitgliedstaats betroffen - nicht geeignet, den Marktzugang für bestimmte Erzeugnisse zu versperren. Es richtet sich weiterhin weder spezifisch gegen ausländische Produkte noch ergibt sich aus der Untätigkeit des Staates eine rechtlich oder tatsächlich unterschiedliche Berührung des Absatzes von in- und ausländischen Produkten. Damit ist den Voraussetzungen der „Keck"-Rechtsprechung in der oben erörterten Auslegung[645] genüge getan, so dass ein Ausschluss des Tatbestandes der Schutzpflicht anzunehmen ist: Es besteht keine Pflicht des Staates, gegen die Streiks einzuschreiten. Diesem Ergebnis wird man auch wertungsmäßig durchaus beipflichten können, denn der Sinn des Streiks besteht gerade darin, wirtschaftlichen Druck vermittels dieser Kollektivmaßnahme ausüben zu können. Anders dürfte die Wertung allerdings ausfallen, wenn man den Sachverhalt dahingehend abwandelt, dass der Streik dazu dient, einer bestimmten politischen Forderung der Gewerkschaft Nachdruck zu verleihen oder auf die Unterstützung von in einer anderen Branche streikenden Gewerkschaften abzielt, ohne dass damit Vorteile für die eigene Gewerkschaft verbunden wären[646]. Hier lässt sich durchaus die Auffassung vertreten, es bedürfe in diesen Fallgestaltungen einer staatlichen Intervention, wie auch immer diese im konkreten Fall aussehen mag[647]. Des-

---

643 Als Beispiel gewählt bereits von SCHAEFER, Wirkung, S. 175 ff., 240 ff.; vgl. weiter etwa GANTEN, Drittwirkung, S. 186; PREEDY, Bindung, S. 217 ff.; KADELBACH/PETERSEN, EuGRZ 2002, 213 (215); MEURER, EWS 1998, 196 (199).

644 Beispiele nach SCHAEFER, Wirkung, S. 242, 244, der diese allerdings naturgemäß nicht unter dem Blickwinkel der „Keck"-Formel erörtert.

645 S. 2. Teil, C III 1 a) bb), S. 125 ff.

646 Fälle des „politischen Streiks" bzw. „Sympathiestreiks".

647 In Deutschland käme ein Unterlassungsanspruch der betroffenen Arbeitgeber nach § 1004 BGB in Betracht, der als Verfügungsanspruch im Rahmen einer einstweiligen Verfügung nach §§ 935, 940 ZPO dienen kann (vgl. dazu nur LIEB, ArbeitsR, Rn. 627 ff.). Insoweit wäre die Judikative zur Verwirklichung des Schutzes der Grundfreiheiten vor der privaten Störung berufen; alternativ wäre an einen Anspruch auf polizeiliches Einschreiten zu denken.

sen ungeachtet würde die strikte Anwendung der „Keck"-Formel in den beiden zuletzt genannten Fällen zum gleichen Ergebnis wie im Ausgangsfall führen, dass ein Unterlassen des Staates nicht dem Tatbestand des Art. 28 EG in seiner Schutzpflichtdimension unterfällt.

Natürlich kann nicht bei diesen zunächst auf möglicherweise außerrechtlichen Erwägungen, die zudem vom Vorverständnis des jeweiligen Rechtsanwenders geprägt sein können, stehen geblieben werden; die sich aufdrängenden Bedenken bedürfen vielmehr einer dogmatischen Verankerung. Dabei stellt sich bei näherem Hinsehen heraus, dass die „Keck"-Formel deswegen in wertungsmäßig möglicherweise unterschiedlichen Fällen zu gleichen Ergebnissen führt, weil sie eine zentrale Wertungsebene außer Acht lässt. Die Unterschiede in den oben genannten Fällen beruhen wesentlich darauf, dass die Streikenden Gebrauch von grundrechtlichen Gewährleistungen machen[648]; hier handelt es sich um das prinzipiell auch das Streikrecht umfassende (Gemeinschafts-)Grundrecht der Vereinigungsfreiheit[649]. Ein rein auf die Auswirkungen des staatlichen Unterlassens abstellendes Kriterium wie die „Keck"-Formel kann die im Grundrechtsbereich nötigen strukturierten Abwägungsprozesse aber weder leisten noch adäquat ersetzen. Erst im Anwendungsbereich der Schutzpflicht scheint dieses Defizit der „Keck"-Rechtsprechung mit aller Deutlichkeit auf. Zwar ist die Berücksichtigung von Grundrechten auch in den Fällen notwendig, in denen die abwehrrechtliche Funktion der Grundfreiheiten einschlägig ist[650] und kann die „Keck"-Formel auch dabei dazu führen, dass grundrechtliche Wertungen nicht mehr zum Zuge kommen, weil sie erst auf einer darauf folgenden dogmatischen Ebene angesiedelt sind[651]. Al-

---

648 Zutreffend SCHAEFER, Wirkung, S. 177 f., 240 ff.

649 Dessen Konturen und Reichweite sind bislang noch unklar (Konkretisierungsansätze bei GRAMLICH, DÖV 1996, 801 [806 ff.]), was nicht zuletzt auf Art. 137 Abs. 5 EG zurückzuführen ist, der das Streikrecht ausdrücklich dem regulierenden Zugriff der Gemeinschaft entzieht. Vgl. aber Art. 12 Abs. 1 der bislang unverbindlichen Charta der Grundrechte der EU (GR-Charta, ABl. EG C 364 v. 18.12.2000, S. 1 ff.) sowie Art. 28 GR-Charta, die das Recht auf Koalitionsfreiheit bzw. das Recht auf Streik anerkennen, die Ausgestaltung indes den Rechtsvorschriften der Mitgliedstaaten überlassen (dazu etwa STREINZ, in: ders., EUV / EGV, Art. 28 GR-Charta Rn. 1 ff.).

650 Vgl. zu den einschlägigen Konstellationen KINGREEN, in: Calliess/Ruffert, EUV / EGV, Art. 6 EUV Rn. 78 ff.; BEUTLER, in: von der Groeben/Schwarze, EUV / EGV, Art. 6 EU Rn. 68 f.

651 Allerdings hat auch der Gerichtshof in jüngster Zeit erkennen lassen, dass er der dargelegten Problematik auch im abwehrrechtlichen Bereich der Grundfreiheiten entgegenwirken will: So hat er in der Entscheidung „Karner" trotz Bejahung der Voraussetzungen der „Keck"-Rechtsprechung das fragliche Werbeverbot am

lerdings ist zu beachten, dass in letzteren Fällen eine weniger komplexe Situation in Rede steht als in Schutzpflichtkonstellationen. Während im Falle der grundfreiheitlichen Schutzpflicht üblicherweise drei Relationen zwischen den Beteiligten zu unterscheiden sind[652], ist im Falle der Abwehr staatlicher Eingriffe in die Grundfreiheiten mit der Beziehung zwischen Staat und Bürger lediglich eine dieser drei Relationen betroffen. An widerstreitenden Interessen bzw. Rechtspositionen, die in dieser Beziehung einem Ausgleich zugeführt werden müssen, sind hier zwei zu nennen: zum einen das öffentliche Interesse des Staates an der Durchsetzung seiner Normen und zum anderen das aus den Grundfreiheiten folgende subjektive Abwehrrecht des Bürgers, das gegebenenfalls auch durch Grundrechte verstärkt sein kann[653]. Dagegen ist es eine Eigenschaft der Schutzpflichtkonstellation, dass jede Wertung gegenläufiger Interessen innerhalb der drei Relationen auf die jeweils anderen zurückwirkt[654]. Diesem ungleich höheren Komplexitätsgrad der Abwägungsprozesse kann die „Keck"-Formel, mag sie für die einfacher strukturierte abwehrrechtliche Prüfung auch weitgehend taugliche Resultate hervorbringen, mit ihrer „Alles oder nichts"-Regel nicht gerecht werden[655]. Diese Erkenntnis lässt es als zweckmäßig erscheinen, sich einer anderen Möglichkeiten der Tatbestandsrestriktion zuzuwenden, welche die genannten Kritikpunkte vermeiden können[656].

b) Grundrechtskollision und Schutzzweckberücksichtigung

Bereits *Schaefer*[657] hat das Problem der Berücksichtigung von Gemeinschaftsgrundrechten als immanente Grenze der Grundfreiheiten angespro-

---

Gemeinschaftsgrundrecht der Meinungsfreiheit gemessen, EuGH 25.3.2004, Karner, Rs. C-71/02, Slg. 2004, I-3025 Rn. 43, 48.

652 (1) Beziehung Staat - beeinträchtigter Privater; (2) Beziehung Staat - eingreifender Privater; (3) Beziehung beeinträchtigter Privater - eingreifender Privater. Besonders anschaulich die grafische Darstellung bei SCHINDLER, Kollision, S. 172.

653 Zu dieser Konstellation und sich hieraus möglicherweise ergebenden Komplikationen FRENZ, EuR 2002, 603 (606 ff.); MÜLLER-GRAFF, FS Steinberger, S. 1281 (1294 f.).

654 Insoweit zutreffend SCHINDLER, Kollision, S. 173 ff., der allerdings daraus folgert, die unmittelbare Drittwirkung von Grundfreiheiten sei notwendige Folge der Abwägungslösung, S. 175. Dem wird noch nachzugehen sein (2. Teil, C VI 2, S. 189 ff.).

655 Anderer Ansicht, wenn auch unter Zugrundelegung einer unmittelbaren Drittwirkung der Grundfreiheiten, GANTEN, Drittwirkung, S. 141.

656 Zu weiteren möglichen Ansätzen, denen hier nicht im Einzelnen nachgegangen werden kann, B. KOCH, Gewährleistungspflicht, S. 167 ff.

657 Wirkung, S. 232 ff.

chen, allerdings von der Warte einer unmittelbaren Drittwirkung aus[658] und vorgeschlagen, die den Einzelnen verpflichtenden Normen des primären Gemeinschaftsrechts „auf dem Hintergrund der gemeinschaftsrechtlichen Grundrechte auszulegen“[659]. In die gleiche Richtung gehen Vorschläge, die vorsehen, bei der Auslegung des Tatbestandes der Schutzpflicht die Privatautonomie zu berücksichtigen und eine relevante Beeinträchtigung des Tatbestandes dann zu verneinen, wenn der Staat schützende Eingriffe gegen Handlungen Privater unterlässt, die sich als Ausübung der Privatautonomie darstellten. So könne der Vertrag zwischen zwei inländischen Herstellern zwar potentiell zu einer Beschränkung der Einfuhr ausländischer Waren führen; es sei aber zu weitgehend, hieraus resultierende staatliche Eingriffspflichten herzuleiten. Zu bejahen sei eine Beeinträchtigung des Schutzbereichs dagegen dann, wenn Zwangsmaßnahmen der Privaten in Rede stünden[660]. Eine solche Auslegung sei aufgrund des Schutzzweckes der Grundfreiheiten geboten[661]; diese bezweckten, „den Bereich privatautonom grenzüberschreitender Handelsbeziehungen zu maximieren, um damit sowohl integrative wie auch ökonomische Ziele zu verfolgen“[662]. Auch der VO 2679/98[663] liegt eine solche Konzeption zugrunde: Art. 5 Abs. 2 VO verpflichtet die Kommission, bei der Feststellung, ob (tatbestandlich) eine Behinderung des freien Warenverkehrs vorliegt, Art. 2 VO Rechnung zu tragen. Letztere Vorschrift verlangt, die Verordnung nicht so auszulegen, dass sie „in irgendeiner Weise die Ausübung der [...] Grundrechte [...] beeinträchtigt“. Darin ist letztlich eine Tatbestandsreduktion mit Hilfe grundrechtlicher Erwägungen zu erblicken.

Gegen das Abstellen auf Grundrechte als der Handlungsverpflichtung aus Grundfreiheiten entgegenstehende Rechtsgüter hat *Frenz*[664] eingewandt, dass hierauf basierende Konzeptionen in den Fällen nicht anwendbar seien, in denen dem Störer keine grundrechtliche Position zur Seite stehe. Eine Berücksichtigung von Grundrechten als Korrektiv sei nur dann stets durchführbar, wenn jegliche vom Staat potentiell zu unterbindenden Handlungen Privater, selbst die Anwendung von Gewalt, der allgemeinen Handlungsfreiheit zu un-

---

658 SCHAEFER, Wirkung, S. 180.
659 SCHAEFER, Wirkung, S. 232.
660 KAINER, JuS 2000, 431 (434); im Ansatz ähnlich KINGREEN, Struktur, S. 199.
661 KAINER, JuS 2000, 431 (434); so auch MEURER, EWS 1998, 196 (198), der allerdings daraus den Schluß zieht, nur rechtswidrige Beeinträchtigungen erfüllten den Tatbestand der Schutzpflicht; dazu bereits ablehnend 2. Teil, C III 1, S. 123 (Fn. 622).
662 KAINER, JuS 2000, 431 (434).
663 Fundstelle oben Fn. 23, S. 25.
664 EuR 2002, 603 (604).

terstellen seien. Letztere aber begrenze die grundrechtliche Schutzpflicht, begründe sie jedoch nicht[665], weswegen eine abwägungstaugliche Kollisionslage zwischen Grundfreiheiten und Grundrechten nicht sichergestellt sei.

Indes erscheint der Ausgangspunkt letzterer Argumentation als nicht zwingend. Ihre unausgesprochene Prämisse liegt in einer - nach im deutschen Verfassungsrecht gebräuchlicher Terminologie - „engen Tatbestandstheorie“[666], wonach evidente Verletzungen der Grundrechte oder (wie vorliegend) der Grundfreiheiten anderer nicht vom Schutzbereich der Grundrechte gedeckt wären[667]. Eine solche Festlegung lässt sich aber aus der Rechtsprechung des Gerichtshofs, namentlich der Entscheidung „Kommission / Frankreich“[668], nicht mit Sicherheit herleiten. Es erscheint nämlich als nicht unwahrscheinlich, dass der Gerichtshof eine Abwägung mit entgegenstehenden Grundrechten der Landwirte (auch der allgemeinen Handlungsfreiheit) nur deshalb nicht ausdrücklich vorgenommen hat, weil in concreto das Ergebnis des Abwägungsprozesses aufgrund der klar zutage liegenden Umstände des Einzelfalls eindeutig war und daher keiner näheren Erörterung bedurfte[669]. Gegen eine Einschränkung des Tatbestandes zumindest von Grundfreiheiten im Falle eines Verstoßes gegen Strafgesetze spricht auch der Vertragstext[670], da nach Art. 30 EG (erst) eine Rechtfertigungsmöglichkeit für solche Ausübungen der Warenverkehrsfreiheit besteht, die gegen öffentliche Ordnung und Sicherheit verstoßen[671]. Aus diesem Grund ist die Heranziehung einer „engen Tatbestandstheorie“ sowohl im Bereich der Gemeinschaftsgrundrechte als auch im Bereich der Grundfreiheiten abzulehnen[672]; damit dürfte in aller Regel sichergestellt sein, dass eine Abwägung zwischen gegenläufigen Rechtsgütern mög-

---

665 FRENZ, EuR 2002, 603 (604).

666 Beispielhaft etwa ISENSEE, in: ders./Kirchhof (Hrsg)., HdBStR Bd. V, § 111 Rn. 176 ff.

667 Dazu auch KADELBACH/PETERSEN, EuGRZ 2003, 693 (697) m.w.N. zur Diskussion im deutschen Recht.

668 EuGH 9.12.1997, Kommission / Frankreich, Rs. C-265/95, Slg. 1997, I-6959.

669 Im Ergebnis ebenso MÜLLER-GRAFF, FS Steinberger, S. 1281 (1299); vgl. die entsprechenden Überlegungen zur praktischen Umsetzung der Abwägung bei den Schutzpflichten des GG bei BOROWSKI, Grundrechte, S. 264.

670 Zutreffend KADELBACH/PETERSEN, EuGRZ 2003, 693 (697).

671 Dabei wird nicht verkannt, dass die Begriffe der öffentlichen Ordnung und Sicherheit gemeinschaftsrechtsautonom auszulegen sind und folglich nicht - wie im deutschen Polizei- und Ordnungsrecht - bereits bei jedem Verstoß gegen die Rechtsordnung ihre Merkmale erfüllt sind (dazu statt aller BECKER, in: Schwarze, EU-Komm., Art. 30 EGV Rn. 10).

672 Ebenso jetzt SZCZEKALLA, DVBl. 2005, 286 (290).

lich ist[673]. Sollte im Einzelfall tatsächlich das Verhalten der Störer nicht von Grundrechten gedeckt sein[674], wirft dies aber konstruktiv auch keine größeren Probleme auf: Das Ergebnis der „Abwägung" (die in diesem Fall mangels entgegenstehender Rechte anderer faktisch nicht stattfindet) fällt dann zugunsten des in seinen Grundfreiheiten beeinträchtigten Privaten aus.

2. Die Gewährleistung von Privatautonomie als Leitfaden?

Der zuletzt genannte Lösungsvorschlag, eine Einschränkung des Tatbestandes der Schutzpflicht durch die Abwägung mit gegenläufigen Grundrechten zu erreichen, hat gegenüber der „Keck"-Formel - wie gesehen - den Vorzug, die jeweiligen Umstände des Einzelfalls sachgerechter berücksichtigen zu können. Diese Flexibilität setzt ihn zwar zugleich dem möglichen Vorwurf aus, der jeder Abwägung entgegenzuhalten ist: Es besteht die Gefahr, dass dem über die Anwendung der Schutzpflicht judizierenden Richter ein zu weitgehender Spielraum belassen wird, der ihm eine (politische) Gestaltungsmacht an die Hand gibt, welche prinzipiell der Legislative zusteht[675]. Bedenken in die gleiche Richtung ergeben sich bei der Exekutive überlassenen Bewertungsspielräumen[676]. Dieser Gefahr kann jedoch dann wirkungsvoll begegnet werden, wenn der gerichtliche Entscheidungsprozess Argumentations- und Begründungserfordernissen unterworfen ist und zumindest die Prämissen dieser Argumentationsstrukturen rational überprüfbar sind[677].

---

673 So im Ergebnis wohl auch GANTEN, Drittwirkung, S. 184; anderer Ansicht PREEDY, Bindung, S. 171, die eine enge Tatbestandsfassung mit der Begründung annimmt, auf europäischer Ebene seien geringere Eingriffsmöglichkeiten gegeben als auf nationaler Ebene. Das dürfte schon rechtstatsächlich schwerlich haltbar sein, wenn man sich vergegenwärtigt, wie viele Teile auch grundrechtssensibler nationaler Rechtsgebiete bereits gemeinschaftsrechtlich determiniert sind.

674 Vorstellbar wäre dies etwa bei Gemeinschaftsgrundrechten, die wie Art. 8 GG bereits eine geschriebene Schutzbereichsbegrenzung aufweisen; zu entsprechenden Überlegungen beim Gemeinschaftsgrundrecht der Versammlungsfreiheit MANN/RIPKE, EuGRZ 2004, 125 (129 f.).

675 Dazu SCHINDLER, Kollision, S. 166 f.; s. auch oben 1. Teil, B, S. 25 im Zusammenhang mit möglichen Haftungsansprüchen.

676 Diese Bedenken kommen jedoch nur sekundär zum Tragen, da in der Regel eine gerichtliche Kontrolle der Behördenentscheidung gewährleistet sein wird, so dass die Problematik im Bereich der Judikative ihren wichtigsten Beispielsfall haben dürfte.

677 Eingehend SCHINDLER, Kollision, S. 166 ff. m.w.N.; insoweit ergänzt diese Forderung das oben (2. Teil, B I 3 b) aa), S. 49) begründete Erfordernis einer differenzierten Struktur der Schutzpflicht zur Erreichung einer gewissen Rechtssicherheit bei ihrer Anwendung.

Ein Lösungsversuch hat daher bei der Schaffung solcher Strukturen anzusetzen, um den soeben skizzierten Erfordernissen gerecht zu werden. Bei der Darstellung der verschiedenen Ansätze zur Tatbestandsreduktion ist bereits deutlich geworden, dass die grundfreiheitlichen Schutzpflichten potentiell nicht nur dann einschlägig sind, wenn Demonstrationen oder Streiks für eine Behinderung des freien Warenverkehrs sorgen, sondern auch dann, wenn Verträge zwischen Privaten dazu führen, dass der Handel zwischen den Mitgliedstaaten eingeschränkt oder unterbunden wird[678]. Dies öffnet den Blick für eine mögliche Differenzierung innerhalb des Tatbestandes der Schutzpflicht: Es ist zu überlegen, ob auf die Unterscheidung zwischen der staatlichen Untätigkeit angesichts rechtsgeschäftlicher Störungen der Grundfreiheiten durch Private einerseits und Nichteinschreiten gegen faktische Beeinträchtigungen von privater Seite andererseits unterschieden wird[679]. Eine solche Konstruktion weist den Vorteil auf, dass die Kategorien „faktisch" und „rechtsgeschäftlich" einer relativ trennscharfen Abgrenzung zugänglich sind und daher eventuellen Besonderheiten Rechnung getragen werden kann. Beiden Konstellationen ist zwar gemeinsam, dass die jeweiligen Störer sich auf Grundrechte berufen können. Allerdings kann bei der Annahme einer Handlungspflicht des Staates bei rechtsgeschäftlichen Störungskonstellationen die Privatautonomie der Vertragspartner empfindliche Beeinträchtigungen erleiden, wenn nunmehr von staatlicher Seite vorgeschrieben werden soll, was zwischen den Parteien vertraglich gelten soll. Letztlich entsteht durch eine zu weitgehende Kontrolle privatautonomer Regelungen ein unauflöslicher Widerspruch, indem die Gewährleistung der Vertragsfreiheit durch den Staat vermittels einer umfassenden Inhaltskontrolle von Verträgen durch Gerichte und damit ebenfalls den Staat gleichsam ausgehebelt wird[680]. Mögliche Unterschiede zwischen fakti-

---

678 S. 2. Teil, C III 1 a) cc), S. 128 sowie 2. Teil, C III 1 b), S. 132.

679 Zutreffend PREEDY, Bindung, S. 162 ff.; andeutungsweise VAN GERVEN, 10 EPL (2004), 261 (281 f.). Dieser Ansatz kann sich auf Vorbilder in der deutschen Grundrechtsdogmatik stützen; auch hier erfasst die Schutzpflicht zwar sowohl faktische bzw. deliktische als auch rechtsgeschäftliche Beeinträchtigungen, jedoch wird in letzterem Anwendungsfall die Verletzung der Schutzpflicht von weiteren Voraussetzungen abhängig gemacht (vgl. zur Einbeziehung von vertraglichen Bindungen in die Schutzfunktion der Grundrechte etwa BVerfG 19.10.1993, 1 BvR 567, 1044/89, BVerfGE 89, 214 [230 ff.]; RÜFNER, in: Isensee/Kirchhof [Hrsg.], HdBStR Bd. V, § 117 Rn. 64; CANARIS, AcP 184 [1984], 201 [229 ff.]; DERS., Grundrechte, S. 47 f.; HILLGRUBER, AcP 191 [1991], 69 [85]; kritisch u.a. ISENSEE, FS Großfeld, S. 485 [500 ff.] m.w.N.; KEMPEN, DZWiR 1994, 499 [503].

680 Zu diesem Gesichtspunkt CANARIS, FS Lerche, S. 873 (887).

scher und rechtsgeschäftlicher Beeinträchtigung gilt es im Folgenden herauszuarbeiten und einen Lösungsansatz zu entwerfen, der ihnen Rechnung trägt.

a) Faktische Beeinträchtigungen

Die hier so genannten faktischen Beeinträchtigungen der Grundfreiheiten durch Private und das Nichteinschreiten des Staates gegen diese Beeinträchtigungen bilden die erste abzuschichtende Fallgruppe. Sie zeichnet sich dadurch aus, dass es Realakte[681] Privater sind, die negative Auswirkungen auf die Grundfreiheiten zeitigen und der Staat hiergegen nichts unternimmt. Es ist zugleich diejenige Schutzpflichtkonstellation, mit welcher der Gerichtshof sowohl in der Entscheidung „Kommission / Frankreich"[682] als auch in „Schmidberger"[683] konfrontiert war. Paradigmatisch sind damit Blockade- und Demonstrationsfälle, die auch ansonsten den Schwerpunkt der Schutzpflichtfragestellungen bilden dürften[684]. Im Gegensatz zu rechtsgeschäftlichen Beeinträchtigungen, die sich zumeist auf die Ausübung des Gemeinschaftsgrundrechts der Privatautonomie bzw. der Vertragsfreiheit[685] zurückführen lassen, ist bei der Fallgruppe der faktischen Beeinträchtigungen zumindest potentiell eine Vielzahl von Grundrechten denkbar, die einer Schutzpflicht aus den Grundfreiheiten möglicherweise gegenläufig sind[686]. Dies erschwert die Formulierung einer abstrakten, den Tatbestand einschränkenden Regel sowie eine damit einhergehende Typisierung von Situationen, die eine Vorhersagbarkeit der Entscheidung fördern kann. Zugleich wird deutlich, dass eine Orientierung allein an der Privatautonomie als gemeinsamem Anknüpfungspunkt für rechtsgeschäftliche und faktische Beeinträchtigungen der Grundfreiheiten

---

681 Hier verstanden als Gegensatz zu rechtsgeschäftlichem Handeln.

682 EuGH 9.12.1997, Kommission / Frankreich, Rs. C-265/95, Slg. 1997, I-6959.

683 EuGH 12.6.2003, Schmidberger, Rs. C-112/00, Slg. 2003, I-5659.

684 Vgl. insoweit die oben 2. Teil, A I, S.34 (Fn. 61) nachgewiesenen Parlamentarischen Anfragen.

685 Zur Existenz eines solchen Grundrechts auf Gemeinschaftsebene oben 2. Teil, A I, S. 34 (Fn. 63).

686 So kann eine Demonstration vom Versammlungsgrundrecht gedeckt sein, während etwa ein Boykott am Maßstab der Meinungsfreiheit zu messen wäre; Blockaden oder Zerstörungsaktionen ließen sich möglicherweise einem Gemeinschaftsgrundrecht der allgemeinen Handlungsfreiheit zuordnen, zu dessen Existenz und dahingehender Reichweite einerseits (ablehnend) PREEDY, Bindung, S. 164, 170; andererseits (bejahend) SZCZEKALLA, DVBl. 2005, 286 ff.; GANTEN, Drittwirkung, S. 184.

durch Private nicht weiterführt, sondern entscheidend auf die im Einzelfall betroffenen Grundrechte abgestellt werden muss[687].

Aus dem Umstand, dass faktische Beeinträchtigungen der Grundfreiheiten und unterlassenes Einschreiten des Staates hiergegen - insbesondere in den häufigen Blockadefällen - im Ergebnis zu Marktzugangssperren für ausländische Erzeugnisse führen können und damit den Zielen des Binnenmarktes (Art. 3 Abs. 1 lit. c) EG, Art. 14 Abs. 2 EG) diametral entgegengesetzt sind, lässt es als gerechtfertigt erscheinen, im Bereich dieser Fallgruppe in jedem Fall in eine Abwägung der widerstreitenden Grundrechte und Grundfreiheiten einzutreten[688]; dem genannten Gefährdungspotential würde ein pauschaler Tatbestandsausschluss mit dem Hinweis darauf, dass das Verhalten der Störer zumindest tatbestandlich von einem Gemeinschaftsgrundrecht abgedeckt sei, nicht gerecht[689]. Das entspricht auch der Kontrolldichte, die der EuGH in den Entscheidungen „Kommission / Frankreich"[690] und „Schmidberger"[691] angelegt hat, wo jeweils eine eingehende Würdigung der Umstände des Einzelfalls und eine hierauf gegründete Abwägung vorgenommen wurde[692]. Diese Einschätzung bedarf jedoch noch der Überprüfung, ob sie in systematischer Hinsicht überzeugen kann[693].

b) Rechtsgeschäftliche Beeinträchtigung

Fraglich ist, ob im Bereich der rechtsgeschäftlichen Beeinträchtigung von Grundfreiheiten durch Private in gleicher Weise davon ausgegangen werden kann, dass in jedem Einzelfall eine Abwägung auf Tatbestandsebene vorgenommen werden muss. Ein entscheidender Unterschied zu den soeben erörterten Fallgestaltungen liegt darin, dass sich der beeinträchtigende Private im

---

687 Vgl. Kadelbach/Petersen, EuGRZ 2002, 213 (215); im Ergebnis auch B. Koch, Gewährleistungspflicht, S. 182; dies übersieht Kainer, Unternehmensübernahmen, S. 188, der auch im Falle faktischer Beeinträchtigungen die Privatautonomie heranziehen will.

688 Kadelbach/Petersen, EuGRZ 2002, 213 (215); dies., EuGRZ 2003, 693 (696).

689 Mit anderer Akzentsetzung Kainer, JuS 2000, 431 (434), der dann in die Abwägung eintreten will, wenn Zwangsmaßnahmen hinzutreten.

690 EuGH 9.12.1997, Kommission / Frankreich, Rs. C-265/95, Slg. 1997, I-6959 Rn. 40 ff.

691 EuGH 12.6.2003, Schmidberger, Rs. C-112/00, Slg. 2003, I-5659 Rn. 83 ff.

692 Zu Einzelaspekten des Abwägungsvorgangs bereits oben 2. Teil, B I 3 b) cc), S. 51 sowie 2. Teil, B V 4 d) cc), S. 91.

693 Dazu sogleich 2. Teil, C III 2 c), S. 141.

Falle von Störungen der Grundfreiheiten durch private Verträge[694] in aller Regel nur auf das Gemeinschaftsgrundrecht der Privatautonomie berufen kann, was eine typisierende Betrachtung ermöglichen könnte. Vorstellbar ist zwar auch, dass im Einzelfall etwa das Grundrecht auf Eigentum oder die Berufsfreiheit berührt sind; aufgrund der sachlichen Nähe dieser Grundrechte und des Umstands, dass der EuGH die Gewährleistung der Privatautonomie aus der Berufsfreiheit herleitet[695], erscheint dies jedoch im Hinblick auf eine Typisierung bestimmter Konstellationen als unschädlich.

Die hier anzustellende Überlegung[696] basiert auf der Annahme, dass im Bereich des rechtsgeschäftlichen Verkehrs zwischen Privaten, anders als dies bei faktischen Beeinträchtigungen durch Blockade- oder Protestaktionen der Fall ist[697], die Privatautonomie es jeder beteiligten Partei grundsätzlich ermöglicht, ihre Vorstellungen oder Präferenzen im Verhandlungswege zu wahren[698]. Hieraus müssen nicht immer vernünftige oder gar gerechte[699] rechtsgeschäftliche Bindungen folgen; gleichwohl wird diese Folge von der Rechtsordnung hingenommen, weil und soweit der Wille der Parteien sich als Entfaltung der

---

694 Oder gerade den in diskriminierender Weise unterlassenen Vertragsschluss; ein durch staatliche Intervention (in Erfüllung der Schutzpflicht) erreichter Kontrahierungszwang kann jedenfalls nicht mit der rein begrifflichen Argumentation ausgeschlossen werden, für Private begründeten die Grundfreiheiten nur Unterlassungs-, nicht aber Handlungspflichten (so aber GANTEN, Drittwirkung, S. 140 f. unter der Prämisse einer unmittelbaren Drittwirkung der Grundfreiheiten).

695 S. oben 2. Teil, A I, S. 34 (Fn. 63).

696 Sie kann schon aus Raumgründen nicht auf eine vollständige Klärung oder auch nur Darstellung der damit angesprochenen Rechtsprobleme gerichtet sein und beschränkt sich daher auf die Grundlinien der Problematik; vgl. jetzt näher PREEDY, Bindung, S. 175, 181 ff.; KÖRBER, Grundfreiheiten, S. 804 ff.

697 In diesen Fällen wird zumeist eine rein zahlenmäßige Überlegenheit der „Störer" bestehen.

698 Vgl. PREEDY, Bindung, S. 184 f. Daran ändert die rein faktische Lage, dass im Wirtschaftsverkehr insbesondere durch Allgemeine Geschäftsbedingungen oder ähnlich standardisierte Klauseln und Verträge bei vielen Transaktionen ein individuelles Verhandeln über die Vertragskonditionen nicht mehr stattfindet (dazu KÖTZ, FS Mestmäcker, S. 1037 [1040 f.]), deshalb nichts, weil in diesem Fall durch den bestehenden Wettbewerb auf einem Markt in der Regel Ausweichmöglichkeiten bestehen, die diese Lage weitgehend neutralisieren (vgl. näher zu diesem Mechanismus CANARIS, FS Lerche, S. 873 [875, 882]; COESTER-WALTJEN, AcP 190 (1990), 1 [21, 24]).

699 Zum schwierig zu bestimmenden Verhältnis von Vertragsfreiheit und Gerechtigkeit, das hier nicht weiter verfolgt werden kann, vgl. die monographische Untersuchung von HEINRICH, Freiheit; s. dazu auch CANARIS, FS Lerche, S. 873 (881 ff.), je m.w.N.

grundrechtlich garantierten Freiheit darstellt[700]. Aus dem Gebrauch dieser Freiheit folgt zwar nicht alleine aufgrund des Verhandlungsmechanismus eine „Richtigkeitsgewähr des Vertrages“ im Sinne *Schmidt-Rimplers*[701], wohl aber bietet dies eine gewisse Gewähr dafür, dass kein krasser Verstoß gegen die Anforderungen der Gerechtigkeit auftritt[702]. Aufgrund dieser Erkenntnis ließe sich vertreten, dass es eines staatlichen Einschreitens gegen von privaten Rechtsgeschäften ausgehende Beeinträchtigungen der Grundfreiheiten grundsätzlich nicht bedürfe, da die Privatautonomie in diesen Fällen ein hinreichendes Regulativ sei[703].

Allerdings bedarf die letztgenannte Aussage sogleich der Einschränkung: Denn die regulierende Funktion der Privatautonomie kann ihre Wirkung nur dann entfalten, wenn auch die Voraussetzungen für die Ausübung der Privatautonomie gegeben sind. An Vorschlägen, wann das Fehlen wesentlicher Voraussetzungen für die Ausübung der Privatautonomie gegeben ist, mangelt es jedenfalls im deutschen Recht nicht[704]. Das BVerfG stellt insoweit darauf ab, ob eine „strukturelle Unterlegenheit des einen Vertragsteils“ vorliegt und ob die Folgen des Vertrages für den unterlegenen Vertragsteil außergewöhnlich belastend sind[705]. Das Aufstellen allgemeingültiger Kriterien für die gemeinschaftsrechtliche Fragestellung, wann ein staatliches Eingreifen gegenüber durch Rechtsgeschäft hervorgerufenen Grundfreiheitsbeeinträchtigungen ausnahmsweise geboten ist, kann im Rahmen dieser Untersuchung nicht geleistet werden. Im Folgenden seien daher lediglich einige Gesichtspunkte zusammengestellt[706], die in einer Gesamtschau als Indizien dafür dienen können, ob eine Störung der Privatautonomie bzw. ihrer Voraussetzungen vorliegt und die daher eine Intervention des Staates als erforderlich erscheinen lassen.

---

[700] Vgl. HEINRICH, Freiheit, S. 171; SCHUBERT, Markt, S. 200; COESTER-WALTJEN, AcP 190 (1990), 1 (14); HILLGRUBER, AcP 191 (1991), 69 (73); CANARIS, FS Lerche, S. 873 (884).

[701] Grundlegend SCHMIDT-RIMPLER, AcP 147 (1941), 130 (149 ff., insbes. 156 f., dort Fn. 34); s. auch DENS., FS L. Raiser, S. 3 (5 ff.); dazu und zu weiteren Ansätzen eingehend HEINRICH, Freiheit, S. 174 ff.

[702] Näher zu dieser negativen Formulierung CANARIS, FS Lerche, S. 873 (883 ff.).

[703] Vgl. SCHUBERT, Markt, S. 199 f.; im Ansatz auch SCHAEFER, Wirkung, S. 234 ff.; KAINER, JuS 2000, 431 (434).

[704] Zusammenfassend dazu nur HEINRICH, Freiheit, S. 174 ff.; Ansätze bereits bei SCHMIDT-RIMPLER, AcP 147 (1941), 130 (157 f., dort Fn. 34).

[705] BVerfG 19.10.1993, 1 BvR 567,1044/89, BVerfGE 89, 214 (232); kritisch CANARIS, Grundrechte, S. 49 (dort Fn. 147) m.w.N.

[706] Systematisierungsversuche bei SCHUBERT, Markt, S. 200 ff.; PREEDY, Bindung, S. 185 ff.

Sicherlich ist eine Kontrolle durch staatliches Eingreifen - auch in legislativer Form - dann nötig, wenn zusätzlich zu der rechtsgeschäftlichen Absprache (physische) Zwangsmaßnahmen eines Vertragsteils hinzutreten[707]. Von solch eindeutigen Fällen abgesehen wird im Schrifttum vorgeschlagen, ähnlich zum deutschen Recht auch im Gemeinschaftsrecht darauf abzustellen, ob die freie Selbstbestimmung eines der Vertragsteile in einer Weise eingeschränkt ist, dass faktisch „Fremdbestimmung" vorliege[708]. Relevant sei, ob ein Kräfteungleichgewicht zwischen den Parteien bestehe, das die Berufung auf die Privatautonomie als sinnwidrig erscheinen lasse[709]. Auch diese Formeln können indes bloße Anhaltspunkte liefern; so kann ein gestörtes Kräfteungleichgewicht zwischen den Vertragsteilen durchaus im Einzelfall hinzunehmen sein, denn in einem auf den freien Wettbewerb gerichteten Binnenmarkt (Art. 3 Abs. 1 lit. g) EG) steht es eben jedem Wirtschaftsteilnehmer frei, sich durch ökonomisch geschicktes Verhalten eine Position der wirtschaftlichen Stärke zu erarbeiten[710]. Das macht deutlich, dass es hier im Einzelfall auf eine Abwägung ankommen wird[711], in die aber - insoweit unterschiedlich zur unter a) erörterten Konstellation - nur eingetreten werden muss, wenn eines der genannten Indizien darauf hinweist, dass vom grundsätzlichen Vorrang der privatautonomen Vereinbarung wegen möglichen Fehlens von Voraussetzungen autonomer Entscheidung abgewichen werden muss und kann[712].

Damit lässt sich auf der Tatbestandsebene der Schutzpflicht ein Regel-/Ausnahmeverhältnis für Nichteinschreiten gegen rechtsgeschäftliche Beeinträchtigungen der Grundfreiheiten durch Private entwerfen. Im Regelfall stellt das unterlassene Einschreiten keine Maßnahme gleicher Wirkung im Sinne der „Dassonville"-Formel dar; nur wenn besondere Umstände vorliegen, die Zweifel am Vorliegen der Grundvoraussetzungen der Privatautonomie wecken, ist eine nähere Überprüfung anhand einer Abwägung der gegen-

---

707 Insoweit zutreffend KAINER, JuS 2000, 431 (434); PREEDY, Bindung, S. 189; im deutschen Recht enthält unter anderem § 123 Abs. 1 BGB die Umsetzung dieser Anforderung (COESTER-WALTJEN, AcP 190 [1990], 1 [2 f.]).

708 Vgl. die Argumentationskette bei SCHUBERT, Markt, S. 201 ff. mit weiterer Differenzierung zwischen externen und internen Gründen, die Eingriffe in die Privatautonomie legitimieren können; PREEDY, Bindung, S. 189 will im Anschluss an das BVerfG an eine „strukturelle Ungleichgewichtslage" anknüpfen.

709 So KINGREEN, Struktur, S. 199.

710 Ähnlich KLUTH, AöR 122 (1997), 557 (576 f.).

711 Das konzediert auch SCHUBERT, Markt, S. 202.

712 Vgl. SCHUBERT, Markt, S. 203; PREEDY, Bindung, S. 189; im Ergebnis ähnlich, wenn auch von einem Verständnis der Grundfreiheiten als primär institutionellen Gewährleistungen her SCHINDLER, Kollision, S. 151; KLUTH, AöR 122 (1997), 557 (577).

läufigen Rechtsgüter geboten, um eine Einordnung als Maßnahme gleicher Wirkung vornehmen zu können. Indes bedarf es der Prüfung, ob dieses Wertungsmodell, ebenso wie das oben für faktische Beeinträchtigungen skizzierte, auch in systematischer Hinsicht und dogmatischer Einordnung überzeugen kann.

c) Systematische Bedenken

Bedenken könnten sich in systematischer Hinsicht daraus ergeben, dass sowohl die für staatliches Nichteinschreiten gegen faktische Beeinträchtigungen der Grundfreiheiten durch Private entwickelte Lösung als auch diejenige für rechtsgeschäftliche Hindernisse auf Tatbestandsebene angesiedelt sind. Es wurde bereits darauf hingewiesen[713], dass eine Berücksichtigung konfligierender Rechtsgüter auf Tatbestandsebene eine rationale Behandlung der Sachprobleme nicht erleichtert, sondern tendenziell erschwert: Der Unterschied zwischen dem Umfang des Schutzbereichs und der Rechtfertigung eines Eingriffs, der in der grundsätzlich abstrakten Festlegung des Ersteren liegt, wird durch eine Zusammenfassung der beiden Ebenen verwischt[714].

aa) Rechtstheoretische Erwägungen

Auch rechtstheoretisch lässt sich eine Trennung zwischen Tatbestand und Rechtfertigungsebene auf der Basis der Unterscheidung zwischen Innen- und Außentheorie[715] begründen. Dieses Denkmodell kann hier nur stark verkürzt dahingehend dargestellt werden, dass die Außentheorie, angewendet auf subjektive Rechte, zwischen zwei Beurteilungsgegenständen unterscheidet: einem „prima facie"-Recht und dem definitiven Recht. Letzteres ergibt sich, wenn an das „prima facie"-Recht Beschränkungen herangetragen werden und diese Beschränkung wirksam ist. Der Erkenntnisprozess ist insoweit ein zweistufiger. Dagegen geht die Innentheorie davon aus, es existiere nur ein Recht mit einem bestimmten Inhalt, dessen Grenzen von vornherein feststünden. Eine einstufige Prüfung, die Tatbestand und Rechtfertigung zusammenfasst und von daher strukturell der Innentheorie entspricht, bietet nicht die Gewähr dafür, dass die kollidierenden Interessen geordnet zueinander in Bezug gesetzt

---

713 S. 2. Teil, B I 3 b) aa), S. 50.

714 Vgl. zur parallelen Argumentation im Bereich der deutschen Grundrechte PIEROTH/SCHLINK, Grundrechte, Rn. 235, 324; BLECKMANN, StaatsR II, § 12 Rn. 27; JARASS, AöR 120 (1995), 345 (371).

715 Vgl. eingehend BOROWSKI, Grundrechte, S. 29 ff, 99 ff; ALEXY, Theorie, S. 278 ff. (mit den Begriffen „enger" und „weiter" Tatbestandstheorien). Auf diesem Modell auch für die Grundfreiheiten aufbauend wohl KINGREEN, Struktur, S. 74.

werden, sondern birgt vielmehr die Gefahr in sich, dass die maßgeblichen Abwägungsprämissen verschleiert werden[716], indem unter Berufung auf entgegenstehende Grundrechte des Störers pauschal die Einschlägigkeit des Schutzbereiches verneint wird.

Zwar könnte dem dadurch Rechnung getragen werden, dass - wie oben vorgeschlagen - zumindest im Bereich der faktischen Beeinträchtigungen durch Private zwingend eine Einzelabwägung vorgeschrieben wird und diese auch bei rechtsgeschäftlich errichteten Hindernissen für die Grundfreiheiten zumindest im Einzelfall eingreifen kann. Allerdings hilft auch dies nicht über ein weiteres Bedenken hinweg, das sich bei der Berücksichtigung der widerstreitenden Interessen bereits im Tatbestand der Grundfreiheiten ergibt. Sind die dem Entstehen der Schutzpflicht entgegenstehenden Grundrechte des Störers geeignet, tatbestandsausschließend zu wirken, so kann hieraus eine Verschiebung in der Argumentationslast folgen[717], die sich im Rahmen der prozessualen Geltendmachung potentiell zulasten des sich auf die Schutzpflicht berufenden Bürgers auswirken kann. Dies ergibt sich daraus, dass die Annahme einer zweistufigen Prüfung - hier verstanden im Sinne einer Trennung zwischen Tatbestand und Rechtfertigung - impliziert, dass die Schutzpflicht dem einzelnen Bürger prinzipiell zur Seite steht, das unterlassene Einschreiten des Staates jedoch gerechtfertigt werden kann, wenn diesem Einschreiten (Abwehr-)Grundrechte des Störers entgegenstehen[718]. Dieser Mechanismus erlegt also die „Beweislast“ für das Vorliegen einer wirksamen Beschränkung der Schutzpflicht dem Staat auf, indem dieser sich für Eingriffe in den prima facie gewährten Tatbestand der Schutzpflicht rechtfertigen muss[719]. Anders stellt sich dies bei einer bereits im Tatbestand stattfindenden Abwägung dar, die - fällt sie zulasten des durch einen anderen Privaten beeinträchtigten Bürgers aus - zur Folge hat, dass schon der Anwendungsbereich der Schutzpflicht zu verneinen wäre. Hier wäre es Sache des betroffenen Bürgers darzulegen, warum das Verhalten des Störers in concreto nicht von Grundrechten gedeckt

---

[716] ALEXY, Theorie, S. 289 f.; BOROWSKI, Grundrechte, S. 46 f., 253.

[717] Vgl. BOROWSKI, Grundrechte, S. 47.

[718] Schlagwortartig wird dies mit dem Satz gekennzeichnet: „Die Tatbestandsmäßigkeit indiziert die Rechtswidrigkeit“, vgl. HINTERSTEININGER, Binnenmarkt, S. 279; JARASS, EuR 1995, 202 (222).

[719] Vgl. zu diesen Konsequenzen der Zuordnung zu Tatbestand oder Rechtfertigung OLIVER, 36 CMLRev. (1999), 783 (804 f.), anhand der Einordnung der „Cassis“-Gründe.

sei bzw. die Abwägung zulasten des Störers auszufallen habe[720]. Letzteres Ergebnis erscheint als nicht vereinbar mit dem Charakter der Grundfreiheiten als Rechten des Einzelnen, der im Übrigen nicht durch ihre Funktion als Schutzpflichten in Frage gestellt wird[721].

bb) Vertragssystematische Aspekte

Hinzu kommt, dass die Vornahme einer Abwägung kollidierender Rechtsgüter im Tatbestand einer Norm zumindest im Bereich der Grundfreiheiten keine Vorbilder findet. Im Gegenteil lässt sich belegen, dass der EG-Vertrag insoweit zwischen abstrakter Tatbestandseinschränkung und Rechtfertigung mittels einer Abwägung im Einzelfall unterscheidet. Beispiele für Ersteres bilden die Bereichsausnahmen der Grundfreiheiten, die im Bereich der Arbeitnehmerfreizügigkeit den Bereich der öffentlichen Verwaltung aus dem Anwendungsbereich der Grundfreiheiten ausschließen (Art. 39 Abs. 4 EG); zu nennen ist weiterhin für die Niederlassungsfreiheit Art. 45 Abs. 1 EG (Vorbehalt der öffentlichen Gewalt) und für die Dienstleistungsfreiheit der hierauf verweisende Art. 55 EG. Diesen Bestimmungen ist gemein, dass sie - sofern ihre Voraussetzungen vorliegen - die Anwendbarkeit der Grundfreiheiten auf die genannten Bereiche ausschließen, ohne dass es insoweit auf zusätzliche Rechtfertigungserwägungen ankäme[722].

Dagegen sind Vorschriften, die auf eine Rechtfertigung eines an sich tatbestandsmäßigen staatlichen Verhaltens im Schutzbereich der Grundfreiheiten gerichtet sind, im EG-Vertrag bereits an ihrem Normtext erkennbar, der nicht wie bei den soeben angeführten Normen „findet keine Anwendung" lautet, sondern vielmehr davon spricht, dass bestimmte Maßnahmen „gerechtfertigt sind" (Art. 30 S. 1 EG, Art. 39 Abs. 3 EG, Art. 46 Abs. 1 EG). Für diese Rechtfertigungsnormen ist es kennzeichnend, dass es stets einer Verhältnismäßigkeitsprüfung bedarf[723]. Folglich ist die Unterscheidung zwischen abstrakter Tatbestandseinschränkung und durch Abwägung gekennzeichneter

---

720 Skeptisch allerdings HINTERSTEININGER, Binnenmarkt, S. 280 f., die keine unterschiedlichen Beweislastanforderungen an die dogmatische Einordnung knüpfen möchte, jedoch mit anderer Begründung auch zum hier vertretenen Ergebnis gelangt (a.a.O., S. 282 f.).

721 S. 2. Teil, C II 2 c) aa), S. 116 ff.

722 Vgl. EHLERS, in: ders. (Hrsg.), EuGR, § 7 Rn. 61 f.; STREINZ, EuropaR, Rn. 697; KINGREEN, Struktur, S. 76 f.; anders aber JARASS, EuR 1995, 202 (223); DERS., EuR 2000, 705 (717 f.).

723 Vgl. EHLERS, in: ders. (Hrsg.), EuGR, § 7 Rn. 96; STREINZ, EuropaR, Rn. 703.

Rechtfertigung von Beeinträchtigungen dieses Tatbestandes bereits primärrechtlich angelegt.

cc) Zwischenergebnis

Hieran erweist sich, dass es aus systematischen Gründen nicht als angeraten erscheint, eine Abwägung zwischen grundfreiheitlichen und grundrechtlichen Positionen bereits im Tatbestand der Schutzpflicht vorzunehmen, sondern dass die Herstellung praktischer Konkordanz zwischen den widerstreitenden Interessen auf der Ebene der Rechtfertigung zu verorten ist[724].

3. Mengenmäßige Beschränkungen und „Dassonville"-Formel als Ausgangspunkt

Zwar mag diese Einordnung dazu führen, dass der Tatbestand der Schutzpflicht eine zu große Ausdehnung erfährt und damit auch Situationen erfasst, in denen die Berufung auf die Schutzpflicht als sinnwidrig erscheint. Allerdings weist sie auch den Vorteil auf, dass sowohl abwehrrechtliche als auch schutzrechtliche Funktion im Grundsatz dem gleichen Prüfungsansatz folgen und erleichtert somit die praktische Rechtsanwendung[725], bei der die Zuordnung bestimmter Fallgestaltungen zu Abwehr- oder Schutzfunktion der Grundfreiheiten im Einzelfall schwer fallen kann. Zudem lässt sie sich zwanglos mit der bisherigen Rechtsprechung des EuGH in Einklang bringen, der in den Entscheidungen, in denen er sich ausdrücklich auf die Schutzpflicht-Konstruktion berief, von einer weiten Tatbestandsfassung der Schutzpflicht ausgegangen ist[726]. Untragbare Eingriffe in die Privatautonomie ergeben sich hieraus - insoweit wären die oben angedeuteten[727] Bedenken entkräftet - dann nicht, wenn die Kriterien für die Zuerkennung eines definitiven Rechts aus dem „prima facie"-Recht[728], das der Tatbestand der Schutzpflicht in seiner weiten Auslegung gewährt, hinreichend klar sind. Anzumerken ist insoweit, dass die Annahme eines weiten Tatbestandes der

---

[724] Im Ergebnis ebenso KADELBACH/PETERSEN, EuGRZ 2003, 693 (696); SCHORKOPF, EWS 2000, 156 (161); HINTERSTEININGER, Binnenmarkt, S. 283; SCHINDLER, Kollision, S. 167 f. Anderer Ansicht B. KOCH, Gewährleistungspflicht, S. 166 (dort Fn. 634); wohl auch SCHAEFER, Wirkung, S. 214, 234, 236.

[725] Zu dieser Aufgabe der Dogmatik JARASS, AöR 120 (1995), 345 (347); KÜHLING/LIETH, EuR 2003, 371 (380).

[726] S. 2. Teil, B I 3 b) bb), S. 50 und 2. Teil, B V 4 c), S. 82.

[727] S. 2. Teil, C III, S. 122.

[728] Zu dieser begrifflichen Unterscheidung auf Basis der Außentheorie s. 2. Teil, C III 2 c) aa), S. 141.

Schutzpflicht auch ganz überwiegend Ausgangspunkt der deutschen Schutzpflichtdogmatik ist, ohne dass hierdurch gravierende Probleme entstanden sind[729]. Angesprochen sind damit die Anforderungen an die Strukturierung der Rechtfertigungsprüfung, denen sogleich nachzugehen ist[730]. Zuvor ist jedoch zwei noch offenen Fragen nachzugehen, die den Tatbestand der Schutzpflicht betreffen.

a) Schutz vor einer „Atmosphäre der Unsicherheit" und ihre dogmatische Einordnung

In der EuGH-Rechtsprechung zu den Schutzpflichten ist die Tendenz erkennbar, bereits die Entstehung einer „Atmosphäre der Unsicherheit" als schutzpflichtauslösend anzuerkennen[731]. Hieran dürfte zutreffend sein, dass eine staatliche Schutzpflicht nicht erst dann ausgelöst wird, wenn die Grundfreiheiten durch private Störungsaktionen oder andere nichtstaatliche Gefahrenquellen bereits eine Beeinträchtigung erfahren haben und so „das Kind in den Brunnen gefallen ist"[732]; vielmehr ergibt sich bereits aus der „Dassonville"-Formel in ihrer Anwendung auf die Schutzpflicht, dass auch potentielle Hindernisse für den innergemeinschaftlichen Handelsverkehr nicht außerhalb des Schutzbereichs der Grundfreiheiten liegen[733]. Als schwierig erweist sich indessen die nähere Konturierung eines Schutzes vor einer „Atmosphäre der Unsicherheit". Die massiv auftretenden Gewalttaten der französischen Landwirte, die den Hintergrund der „Kommission / Frankreich"-Entscheidung[734] bildeten, mögen es plausibel erscheinen lassen, dass einzelne Unternehmer angesichts der häufig auftretenden Übergriffe und der hieraus resultierenden potentiellen Gefahren für ihre Ware von Importen nach Frankreich abgesehen haben. Außerhalb dieses noch eindeutig zu bestimmenden Kernbereichs des Begriffs der „Atmosphäre der Unsicherheit", dem eine gewisse Berechtigung nicht abzusprechen ist, erscheint jedoch der Rückgriff auf diesen Argumentationstopos als problembehaftet. Denn „Unsicherheit" ist ebenso wie „Furcht"

---

729 Vgl. BOROWSKI, Grundrechte, S. 256 unter Hinweis auf BVerfG 28.5.1993, 2 BvF 2/90 u. 4,5/92, BVerfGE 88, 203 (262 f.); MÖSTL, Garantie, S. 95 f.; JAECKEL, Schutzpflichten, S. 86 ff.; SZCZEKALLA, Schutzpflichten, S. 171 f.; DIETLEIN, Lehre, S. 82; PIETRZAK, JuS 1994, 748 (751).

730 Unten 2. Teil, C IV, S. 149 ff.

731 S. 2. Teil, B I 3 b) bb), S. 51 f.; 2. Teil, B V 4 c), S. 82.

732 Vgl. zu den deutschen Grundrechten ROBBERS, Sicherheit, S. 225 f.

733 Daher einen aus den Grundfreiheiten abgeleiteten Schutz gegen Furcht bzw. Angst prinzipiell befürwortend SZCZEKALLA, DVBl. 1998, 219 (220, dort Fn. 14).

734 EuGH 9.12.1997, Kommission / Frankreich, Rs. C-265/95, Slg. 1997, I-6959.

oder „Angst“ zunächst ein psychischer Sachverhalt, dessen unbesehene Übertragung auf juristische Fragestellungen die Gefahr der Begriffsmanipulation in sich birgt[735]. Dies lässt es als von vornherein ausgeschlossen erscheinen, auf eine *subjektiv* geprägte „Unsicherheit“ des Einzelnen abzustellen; hierdurch verlöre die Einschreitschwelle der Schutzpflicht jegliche Konturen und damit letztlich ihre normative Kraft. Abzustellen ist vielmehr darauf, ob *objektive* Anhaltspunkte für die Furcht vor Eingriffen anderer Privater in die Grundfreiheiten vorliegen[736]. Nur insoweit enthalten die grundfreiheitlichen Schutzpflichten Elemente des vorbeugenden Schutzes[737].

Steht damit aber fest, dass nur objektive Merkmale zur Begründung einer „Atmosphäre der Unsicherheit“ und damit zur Einschlägigkeit des Tatbestands der Schutzpflicht herangezogen werden können, erscheint es entbehrlich, diesem Begriff eine eigenständige Bedeutung zuzumessen[738]. Zwar eignet er sich, um plastisch die den Kernbereich der relevanten Schutzpflichtkonstellationen bildenden Situationen zu beschreiben; ein normativer Gehalt, der über die aus der Anwendung der „Dassonville“-Formel hinausgehenden Erkenntnisse weiteren Aufschluss bietet, kann ihm aber nicht entnommen werden. Dem entspricht es, wenn der Gerichtshof in den einschlägigen Entscheidungen den Topos der „Atmosphäre der Unsicherheit“ zwar als Handelshemmnis deklariert und damit grundsätzlich der Tatbestandsebene zuordnet, ihn jedoch erst auf der Ebene der Rechtfertigung verwendet, um die Notwendigkeit des Einschreitens im Einzelfall im Wege der Abwägung zu beurteilen[739].

b) Unterlassenes Einschreiten als mengenmäßige Beschränkung

Eine weitere Frage ist, ob neben den Maßnahmen gleicher Wirkung, deren Übertragbarkeit von der abwehrrechtlichen auf die schutzrechtliche Funktion Gegenstand der bisherigen Ausführungen war, auch die in Art. 28 EG genannten mengenmäßigen Beschränkungen im Bereich der Schutzpflicht von Bedeutung sind. Praktische Relevanz weist diese Fragestellung insoweit auf,

---

735 Vgl. ISENSEE, Grundrecht, S. 26; ROBBERS, Sicherheit, S. 224.

736 ISENSEE, Grundrecht, S. 26; SZCZEKALLA, DVBl. 1998, 219 (220, dort Fn. 14); weitergehend wohl ROBBERS, Sicherheit, S. 226 f., der auch unbegründete Furcht einbeziehen will.

737 Zu diesem Gedanken in der deutschen Schutzpflichtdogmatik ROBBERS, Sicherheit, S. 225 f.; zu den Grundfreiheiten JAECKEL, Schutzpflichten, S. 264.

738 So zum deutschen Verfassungsrecht auch MÖSTL, Garantie, S. 98.

739 Vgl. EuGH 9.12.1997, Kommission / Frankreich, Rs. C-265/95, Slg. 1997, I-6959 Rn. 53; EuGH 12.6.2003, Schmidberger, Rs. C-112/00, Slg. 2003, I-5659 Rn. 88.

als bei einer Einordnung staatlichen Unterlassens als mengenmäßige Beschränkung dem nicht eingreifenden Staat nur die Berufung auf die ausdrücklich in Art. 30 EG genannten Rechtfertigungsgründe verbliebe; ein Rückgriff auf die durch die „Cassis de Dijon“-Rechtsprechung erweiterten Rechtfertigungsmöglichkeiten[740] ist im Bereich der mengenmäßigen Beschränkungen nicht zulässig[741]. Es wurde bereits darauf hingewiesen[742], dass nach der Rechtsprechung des EuGH eine mengenmäßige Beschränkung vorliegt, wenn die Maßnahme die Einfuhr einer Ware gänzlich oder teilweise begrenzt oder untersagt[743]. Mag auch die Wirkung zumindest von unterlassenem Einschreiten gegen Grenzblockaden von privater Seite dieser Definition entsprechen, so ergeben sich doch Zweifel, ob auch die Voraussetzungen dieser Tatbestandsalternative auf die Schutzpflicht übertragbar ist. Hiergegen lässt sich insbesondere einwenden, dass der Begriff der „Beschränkung“ in sprachlicher Hinsicht ein aktives Tun nahe legt. Nichtvorgehen gegen von Privaten errichtete mengenmäßige Beschränkungen erfüllt diese Voraussetzung gerade nicht. Auch impliziert der Wortlaut, dass ein imperatives Verhalten des Staates vorliegen muss, woran es im Falle des Unterlassens fehlt[744]. Daher ist eine Einbeziehung des Begriffs der mengenmäßigen Beschränkungen in den Tatbestand der Schutzpflicht abzulehnen.

4. Zusammenfassung der tatbestandlichen Struktur der Schutzpflicht

Zusammenfassend hat die Untersuchung des Tatbestandes der Schutzpflicht damit folgende Ergebnisse gezeitigt:

Relevanter Anknüpfungspunkt für die Erfassung des Tatbestands ist das jeweilige Unterlassen des Mitgliedstaats, nicht das der handelnden Privatpersonen[745]. Eine Tatbestandsreduktion mittels der zur abwehrrechtlichen Funktion

---

740 Zur Ablehnung der Übertragung der „Keck“-Rechtsprechung auf die Schutzpflicht s. 2. Teil, C III 1 a) cc), S. 127 ff.

741 EPINEY, in: Calliess/Ruffert, EUV / EGV, Art. 28 EGV Rn. 8; MÜLLER-GRAFF, in: von der Groeben/Schwarze, EUV / EGV, Art. 28 EG Rn. 24; a.A. wohl LEIBLE, in: Grabitz/Hilf, Recht der EU, Art. 28 EGV Rn. 2 (Stand: Jan. 2000), der die Unterscheidung für nicht relevant hält.

742 S. 2. Teil, B I 3 b) bb), S. 51.

743 Nachweise oben Fn. 150, S. 51.

744 Besonders deutlich wird dies, wenn man annimmt, eine mengenmäßige Beschränkung setze stets eine Rechtsvorschrift voraus, die ausdrücklich bestimmte Voraussetzungen für die Wareneinfuhr aufstellt, so etwa LUX, in: Lenz/Borchardt, EUV / EGV, Art. 28 EGV Rn. 14. An dieser fehlt es im Bereich der Schutzpflichten regelmäßig.

745 S. 2. Teil, C III, S. 122; 2. Teil, C III 1 a) aa), S. 124.

der Grundfreiheiten entwickelten „Keck"-Formel sollte im Bereich der Schutzpflicht nicht vorgenommen werden, weil hierdurch der notwendigen komplexen Abwägung zwischen den beteiligten Interessen nicht hinreichend Rechnung getragen werden kann[746]. Diesen Nachteil vermeidet eine Lösung, die darauf abstellt, dass es im Bereich der Schutzpflicht regelmäßig zu einer Kollision zwischen Grundfreiheiten und Grundrechten kommt, die mit einer Abwägung der widerstreitenden Rechtsgüter aufgelöst werden könnte[747]. Eine solche Kollisionslage ist unter Zugrundelegung einer weiten Tatbestandstheorie der EG-Grundrechte in der Regel herstellbar[748]. Hierbei ist eine Trennung zwischen Nichteinschreiten gegen faktische Beeinträchtigungen der Grundfreiheiten durch Private einerseits und gegen rechtsgeschäftliche Beeinträchtigungen andererseits in Betracht zu ziehen[749]. Im Bereich der faktischen Beeinträchtigungen wäre insoweit aufgrund der potentiellen Vielzahl von der Schutzpflicht entgegenstehenden Grundrechte lediglich eine in jedem Einzelfall vorzunehmende Abwägung eine sinnvolle Lösung[750]. Im rechtsgeschäftlichen Bereich könnte dagegen eine typisierende Betrachtung dahingehend vorgenommen werden, dass nur bei Fehlen der Voraussetzungen des privatautonomen Handelns einer Partei in die Abwägung eingetreten werden muss und ansonsten von einem Vorrang der Privatautonomie ausgegangen werden muss[751]. Dieser Ansatz kann jedoch unter systematischen und dogmatischen Gesichtspunkten nicht auf der Tatbestandsebene der Schutzpflicht verortet werden, was allerdings den Rückgriff auf ihn im Rahmen der Rechtfertigungsebene nicht ausschließt[752]. Deshalb ist von einer Anwendung der nicht durch die „Keck"-Rechtsprechung modifizierten „Dassonville"-Formel auch im Bereich der Schutzpflicht auszugehen; in der EuGH-Rechtsprechung sind ähnliche Tendenzen zu beobachten[753]. Demnach ist der Tatbestand der grundfreiheitlichen Schutzpflicht im Bereich des Art. 28 EG schon dann zu bejahen, wenn das staatliche Unterlassen geeignet ist, den Handel zwischen den Mitgliedstaaten unmittelbar oder mittelbar, tatsächlich oder potentiell zu beeinträchtigen. Der vom Gerichtshof verwendete Begriff der „Atmosphäre der Unsicherheit" ist nicht relevant für die tatbestandliche Struktur der Schutz-

---

[746] S. 2. Teil, C III 1 a), S. 123 ff.
[747] S. 2. Teil, C III 1 b), S. 131.
[748] S. 2. Teil, C III 1 b), S. 133.
[749] S. 2. Teil, C III 2, S. 134 ff.
[750] S. 2. Teil, C III 2 a), S. 136.
[751] S. 2. Teil, C III 2 b), S. 137 ff.
[752] S. 2. Teil, C III 2 c), S. 141 ff.
[753] S. 2. Teil, C III 3, S. 144 f.

pflicht; aufgrund seiner Manipulationsanfälligkeit sollte er aufgegeben werden[754]. Der Begriff der „mengenmäßigen Beschränkungen" (Art. 28 EG) ist auf den Tatbestand der Schutzpflicht nicht übertragbar[755].

IV. Rechtfertigungsebene: Verhältnismäßigkeitsprüfung und Struktur der Ermessenskontrolle

Nachdem somit die Tatbestandsebene der Schutzpflicht behandelt wurde, gilt es nun, sich der Ebene der Rechtfertigung unterlassenen staatlichen Einschreitens zuzuwenden. Dieser kommt unter Zugrundelegung der soeben dargelegten weiten Auslegung des Tatbestandes der Schutzpflichten eine entscheidende Bedeutung unter anderem bei der Frage zu, ob der Einzelne eine bestimmte Schutzmaßnahme von staatlichen Stellen verlangen kann; an ihr erweist sich, ob bisherige Schutzmaßnahmen als ausreichend anzusehen sind. Eine besondere Komplexität ergibt sich aus dem der Schutzpflicht regelmäßig zugrunde liegenden Dreiecksverhältnis Staat - Störer - Beeinträchtigter, da auch im Rahmen der staatsgerichteten Schutzpflicht die rechtlich geschützten Interessen des Störers mit in die Abwägung einzustellen sind: Sie markieren die äußerste Grenze der dem Staat möglichen Eingriffe in die Rechtsgüter des Störers zur Verwirklichung des Schutzes des Beeinträchtigten[756].

Der Schwerpunkt soll im Folgenden nicht darauf liegen, welche Rechtfertigungsgründe im Einzelnen geltend gemacht werden können[757], sondern wird vielmehr auf eine Strukturierung der Rechtfertigungsprüfung insgesamt gelegt. Im deutschen Schrifttum ist speziell für grundrechtliche Schutzpflichten die dogmatische Figur des „Untermaßverbots" eingeführt worden[758], dessen Übernahme auch für die grundfreiheitlichen Schutzpflichten erwogen wird[759]. Dieser Frage wird ebenso nachzugehen sein wie dem oben herausgearbeiteten Ansatz von GA *Alber*, bei der Kontrolldichte innerhalb des Ermessens- oder Gestaltungsspielraums der Mitgliedstaaten eine Unterscheidung zwischen der

---

[754] S. 2. Teil, C III 3 a), S. 145.

[755] S. 2. Teil, C III 3 b), S. 146.

[756] Von WAHL/MASING, JZ 1990, 553 ist diese Konstellation treffend als „Schutz durch Eingriff" bezeichnet worden.

[757] Dazu B. KOCH, Gewährleistungspflicht, S. 186 ff.; zu Abwägungsaspekten bei einzelnen Grundrechten GANTEN, Drittwirkung, S. 180 ff. (allerdings von der Warte einer unmittelbaren Drittwirkung aus).

[758] Grundlegend CANARIS, AcP 184 (1984), 201 (228, 245); aufgegriffen von BVerfG 28.5.1993, 2 BvF 2/90 u. 4,5/92, BVerfGE 88, 203 (254).

[759] Vgl. MEURER, EWS 1998, 196 (200).

Art der diesen auferlegten Pflichten vorzunehmen[760]. Bei der Untersuchung ist ein besonderes Augenmerk auf die Erhaltung von Gestaltungsspielräumen zu richten, die den Mitgliedstaaten bei der Erfüllung der Schutzpflicht bereits von der EuGH-Rechtsprechung zugestanden werden[761].

1. Anwendung des Grundsatzes der Verhältnismäßigkeit und seine Modifikationen

Im Rahmen der Rechtsprechungsanalyse konnte herausgearbeitet werden, dass der Gerichtshof bei der Prüfung der Rechtfertigung unterlassenen Einschreitens gegen private Beeinträchtigungen der Grundfreiheiten Argumentationselemente einsetzt, die ihren Platz üblicherweise im Rahmen des Verhältnismäßigkeitsgrundsatzes haben[762]. Indes kann es sich hierbei nicht um eine unbesehene Übertragung der Prüfung im abwehrrechtlichen Bereich der Grundfreiheiten handeln, da die Abwehr- und die Schutzfunktion sich kategorial unterscheiden[763]: Während Erstere als Ziel ein staatliches Unterlassen (des Eingriffs) aufweist, richtet sich Letztere auf ein staatliches Handeln - das Ergreifen von Schutzmaßnahmen. Dies lässt es als notwendig erscheinen, die einzelnen Teilstufen des Verhältnismäßigkeitsgrundsatzes einer näheren Betrachtung zu unterziehen und notwendige Modifikationen zu erwägen, die dem genannten Unterschied Rechnung tragen[764] (im Folgenden a. - d.). Hiernach ist die Frage zu stellen, ob ein dem deutschen Recht entsprechendes Untermaßverbot auch im Gemeinschaftsrecht nutzbar zu machen ist (dazu e.).

a) Legitimer Zweck

In der Literatur wird mitunter darauf verwiesen, bei der Beurteilung, ob ein legitimer Zweck vorliege, ergäben sich keine Unterschiede zur Prüfung der Verhältnismäßigkeit beim Abwehrrecht[765]. Eine solche Aussage bedarf jedoch mindestens der Präzisierung, da bei grundfreiheitlichen Schutzpflichten mehrere vom Staat verfolgte Zwecke in Betracht kommen.

---

[760] S. 2. Teil, B IV 4 b), S. 66 ff.

[761] S. EuGH 9.12.1997, Kommission / Frankreich, Rs. C-265/95, Slg. 1997, I-6959 Rn. 33 f.; EuGH 12.6.2003, Schmidberger, Rs. C-112/00, Slg. 2003, I-5659 Rn. 82.

[762] S. 2. Teil, B I 3 b) cc), S. 52; 2. Teil, B V 4 e), S. 93.

[763] Vgl. zu den Grundrechten des GG MICHAEL, JuS 2001, 148 (151); MÖSTL, Garantie, S. 99 f.

[764] Ebenso der Ansatz von MÖSTL, Garantie, S. 104.

[765] So etwa EMMERICH-FRITSCHE, Grundsatz, S. 249.

aa) Betrachtung allein des unterlassenen Tätigwerdens

Legt man - wie hier mehrfach vorgeschlagen - den Schwerpunkt darauf, dass stets das staatliche Unterlassen von Schutz den Beurteilungsgegenstand bildet, so sind auf den ersten Blick nur solche Zwecke oder Ziele relevant, die gegen ein Einschreiten sprechen. Das können insbesondere entgegenstehende Grundrechte der Störer sein, wie es etwa in der Entscheidung „Schmidberger" der Fall war[766] oder die Vermeidung von schweren Störungen der öffentlichen Ordnung und Sicherheit, wie im Fall „Kommission / Frankreich" vorgetragen[767]. Einen solchen Ansatz scheint auch der Gerichtshof in der von ihm vorgenommenen Rechtfertigungsprüfung bei den Schutzpflichten zu verfolgen[768].

bb) Doppelte Zweckprüfung

Allerdings ist nicht zu verkennen, dass diese Betrachtungsweise einen entscheidenden Aspekt ausblendet, worauf für die deutschen Schutzpflichten zu Recht hingewiesen worden ist[769]. Dies beruht auf der soeben angesprochenen Dreieckskonstellation, in der nicht nur entgegenstehende Rechte des Störers, sondern - da beide Interessen in einen verhältnismäßigen Ausgleich zu bringen sind - auch die Rechte des Beeinträchtigten Beachtung finden müssen. Falls Letztere nicht bereits bei der Festlegung des mit der Schutzmaßnahme verfolgten Zwecks identifiziert werden, könnte auf sie im Rahmen der nachfolgenden Teilstufen der Prüfung bei einer konsequenten Vorgehensweise nicht zurückgegriffen werden. Daher bedarf es einer Einbeziehung sowohl von Rechten des Störers als auch des Zwecks der Schutzmaßnahme[770]. Man kann insoweit von einer doppelten Zweckprüfung sprechen, die sicherstellt, dass sowohl der Rechtsanwender als auch der überprüfende Richter die widerstreitenden Interessen und Belange offen legen. Es gilt jedoch zu betonen, dass hierdurch nicht der Prüfungsgegenstand verändert wird. Dieser besteht nach wie vor in einem staatlichen Unterlassen, das nunmehr aber sowohl darauf zu überprüfen ist, ob es (1) dem Schutz des beeinträchtigten Bürgers dient als auch darauf, ob es (2) zugleich die (Grund-)Rechte des Störers hinreichend beachtet. Die Pflicht der Mitgliedstaaten, ihren Schutzpflichten nachzukommen, wird auf diese Weise begrenzt durch die Pflicht zur Berücksichtigung entgegenstehender Grundrechte der Störer.

---

766 EuGH 12.6.2003, Schmidberger, Rs. C-112/00, Slg. 2003, I-5659 Rn. 66.

767 EuGH 9.12.1997, Kommission / Frankreich, Rs. C-265/95, Slg. 1997, I-6959 Rn. 54.

768 Vgl. die soeben zitierten Urteile.

769 MICHAEL, JuS 2001, 148 (151); MÖSTL, Garantie, S. 105.

770 Vgl. MICHAEL, JuS 2001, 148 (151).

cc) Nur ergriffene Schutzmaßnahmen als Anhaltspunkt für die Prüfung

Fraglich bleibt aber weiter, was den konkreten Prüfungsgegenstand des Grundsatzes der Verhältnismäßigkeit bildet; dieser muss bereits zu Beginn der Prüfprogramms feststehen. Oben wurde herausgearbeitet, dass das Unterlassen sich an zweierlei Zwecken messen lassen muss. Eine Fokussierung der Verhältnismäßigkeitskontrolle auf ein vom beeinträchtigten Bürger gewünschtes Schutzmittel wie etwa polizeiliches Einschreiten oder ein behördliches Verbot der vom Störer vorgenommenen Tätigkeit erweist sich dabei als problematisch. Eine solche Ausrichtung der Verhältnismäßigkeitsprüfung kann als Ergebnis nur hervorbringen, dass die begehrte Schutzmaßnahme möglich ist; keine Auskunft gibt die Prüfung indes darüber, ob auch gerade dieses Mittel unter mehreren denkbaren das in concreto gebotene ist[771]. Zugleich wirft sie für den Richter das Dilemma auf, dass er aufgrund des zuletzt genannten Umstandes gezwungen wäre, geeignete alternative Schutzmaßnahmen zu ermitteln[772]. Ein so verstandenes - letztlich final programmiertes[773] - Untermaßverbot aber würde nicht nur die Funktionsgrenzen der Rechtsprechung übersteigen, sondern auch zu bedenklichen Verschiebungen der Gewaltenteilung führen. In dieser kommt traditionell der Exekutive und der Legislative primär die Aufgabe der Gestaltung zu[774]; dies würde beeinträchtigt, soweit durch die Judikative detaillierte Vorgaben zur Schutzgewährung gemacht würden. Wählt man als Gegenstand der Prüfung anhand des Grundsatzes der Verhältnismäßigkeit dagegen nicht die vom beeinträchtigten Bürger *begehrten* Schutzmittel, sondern nimmt als Anhaltspunkt die vom Staat *bereits ergriffenen* Schutzmaßnahmen, so vermeidet dies die soeben geschilderten Nachteile[775]. Indem der Bürger darauf verwiesen wird, ein bestehendes Schutzniveau als unzureichend anzugreifen, ist das über die Erfüllung der Schutzpflicht judizierende Gericht mit einer nachträglichen Kontrollfunktion betraut, die der üblichen gerichtlichen Tätigkeit weitaus besser gerecht wird als der soeben referierte Ansatz. Aus Sicht des Rechtsschutzsuchenden erweist es sich zudem als günstig, sich an bestehenden Schutzmaßnahmen zu orientieren, da ihm hierdurch die - oftmals diffizile - Darlegung abgenommen wird, welches von mehreren in Betracht kommenden Schutzmitteln das in der

---

771 MICHAEL, JuS 2001, 148 (151).

772 MÖSTL, Garantie, S. 105.

773 Zutreffend MÖSTL, a.a.O.

774 Dazu und zu Differenzierungen näher ZIPPELIUS, Allg. Staatslehre, § 31 III (S. 329 f.); vgl. auch WOLFF/BACHOF/STOBER, VerwR Bd. 1, § 20 Rn. 42, 68.

775 Vgl. MÖSTL, Garantie, S. 105.

gegebenen Bedrohungssituation geeignete sei[776]. Gegenstand der gerichtlichen Überprüfung ist dann entweder ein vom Staat ergriffenes Schutzmittel, das im Einzelfall nach Sicht des Klägers keinen hinreichenden Schutz gewährt, oder - soweit ein solches nicht vorhanden ist - ein bestimmtes Zusammenspiel von Normen oder anderen vom Staat getroffenen Vorkehrungen. Im letzteren Fall ist vom Schutz begehrenden Kläger das insgesamt unzureichende Schutzniveau zu rügen[777]; geltend zu machen ist, der Staat habe es pflichtwidrig unterlassen, für einen ausreichenden Schutz zu sorgen. Der Beurteilungsspielraum der Mitgliedstaaten, den auch der EuGH für einen entscheidenden Gesichtspunkt hält[778], wird auf diese Weise gewährleistet, indem ein Anspruch des Bürgers auf ein bestimmtes Schutzmittel in aller Regel nicht besteht. Dies wäre allenfalls in wenig komplexen Konstellationen vorstellbar, in denen sicher festgestellt werden kann, dass nur dieses Mittel zur Schutzverwirklichung geboten ist[779]. Aufgrund der Seltenheit solch eindeutiger Fallgestaltungen wird sich das erkennende Gericht - insbesondere der EuGH - zumeist auf die Feststellung beschränken müssen, dass die bisher ergriffenen Maßnahmen nicht das von den Grundfreiheiten geforderte Schutzniveau aufweisen. Dies lässt sich auch ohne weiteres mit der hier betonten Sichtweise in Einklang bringen, dass stets das Unterlassen (und nicht etwa ein positives Handeln) der staatlichen Stellen zu beurteilen ist[780]: Es wird gerade nicht die Schaffung der unzureichenden Schutzmaßnahme gerügt, sondern vielmehr, dass diese nicht den gebotenen Schutz realisiert. Letzteres aber ist ein Nichthandeln, also ein Unterlassen[781].

Durch die geschilderte Vorgehensweise gewährt die grundfreiheitliche Schutzpflicht dem Bürger somit in der meisten Zahl der Fälle zwar ein Recht

---

776 MÖSTL, Garantie, S. 106.

777 MÖSTL, a.a.O., der weiterhin zutreffend darauf hinweist, dass mit polizeilicher Generalklausel (etwa § 14 OBG NW) und den Möglichkeiten der zivilrechtlichen deliktischen Ansprüche in aller Regel solche Schutzmaßnahmen existieren (zur Verwirklichung von Schutzpflichten durch Deliktsrecht vgl. daneben VON BAR, Gemeineuropäisches Deliktsrecht Bd. 1, Rn. 556 f.); näher 3. Teil, A II u. III, S. 210 ff. u. S. 223 ff.

778 EuGH 9.12.1997, Kommission / Frankreich, Rs. C-265/95, Slg. 1997, I-6959 Rn. 33; EuGH 12.6.2003, Schmidberger, Rs. C-112/00, Slg. 2003, I-5659 Rn. 82.

779 MÖSTL, Garantie, S. 107.

780 S. 2. Teil, C III, S. 122; 2. Teil, C III 1 a) aa), S. 124; 2. Teil, C IV 1, S. 150.

781 Insofern findet eben nur eine Orientierung an den bestehenden Schutzmitteln statt; dadurch werden aber nicht diese selbst als positive Handlungen etwa des Gesetzgebers Prüfungsgegenstand.

auf fehlerfreie Ermessensausübung[782], nicht aber auf konkrete Schutzmaßnahmen[783], was angesichts der notwendigen Wahrung der Gewaltenteilung innerhalb der Mitgliedstaaten als auch der Eingrenzung der Kompetenzen des Gerichtshofs gegenüber Schutzmaßnahmen der Mitgliedstaaten auch durchaus als geboten erscheint.

b) Geeignetheit

Die Teilstufe der Geeignetheit weist im Bereich der Verhältnismäßigkeit der Schutzpflichterfüllung keine Besonderheiten auf: Hier ist ebenso wie in der abwehrrechtlichen Prüfung zu fragen, ob die gewählten Mittel tauglich sind, das zuvor festgelegte legitime Ziel zu fördern[784]. Hierbei dürften jedoch in Anlehnung an die Kontrolldichte bei der abwehrrechtlichen Prüfung nur Maßnahmen ausgeschieden werden können, die evident zur Erfüllung des Schutzziels nichts beitragen können[785]; damit sind allerdings entgegen *Möstl* nicht nur die Fälle angesprochen, in denen staatliche Stellen zur Gänze untätig geblieben sind[786], da es dann zumindest als möglich erscheint, dass das Unterlassen weiterer Schutzmaßnahmen geeignet ist, entgegenstehende Rechte des Störers zu berücksichtigen[787]. Insgesamt kommt dieser Prüfungsstufe damit nur ein geringes Kontrollpotential zu. Oben wurde darüber hinaus bereits dargelegt, dass der EuGH in der „Kommission / Frankreich"-Entscheidung das Handeln der Mitgliedstaaten nicht darauf überprüft, ob der bestmögliche Schutz verwirklicht wird[788], sondern nur kontrolliert, ob die Maßnahmen überhaupt geeignet waren.

---

[782] Das sich, wie oben 2. Teil, B I 3 b) cc), S. 51 ff. dargelegt, indes nur auf das Auswahlermessen bezieht; dagegen steht dem Staat kein Entschließungsermessen mehr zu (ebenso SCHINDLER, Kollision, S. 201 , 205).

[783] MÖSTL, Garantie, S. 107.

[784] EMMERICH-FRITSCHE, Grundsatz, S. 247.

[785] Vgl. EMMERICH-FRITSCHE, Grundsatz, S. 247; SCHINDLER, Kollision, S. 205; aus der Rechtsprechung etwa EuGH 17.12.1981, Ludwigshafen Walzmühle, Rs. 197 - 200 u. 243, 245 u. 247/80, Slg. 1981, 3211 Rn. 37: Die Mitgliedstaaten könnten „weitgehend nach ihrem Ermessen [...] das für ihr Vorgehen geeignete Instrumentarium wählen"; EuGH 5.10.1994, Deutschland / Rat, Rs. C-280/93, Slg. 1994, I-4973 Rn. 95: Beschränkung der Kontrolle auf „offensichtlich ungeeignete Maßnahmen".

[786] So aber MÖSTL, Garantie, S. 109.

[787] Zutreffend MICHAEL, JuS 2001, 148 (151); das trägt dem Umstand Rechnung, dass diese Rechte des Störers bereits bei der Betrachtung des legitimen Ziels mit einbezogen werden müssen, dazu 2. Teil, C IV 1 a) bb), S. 151.

[788] S. 2. Teil, B I 3 b) cc), S. 52.

c) Erforderlichkeit oder Effektivität?

Im Gegensatz zum Merkmal der Geeignetheit bedarf dasjenige der Erforderlichkeit im Bereich der Schutzpflichten einer Modifikation. Für die abwehrrechtliche Funktion der Grundfreiheiten hat der EuGH in der Entscheidung „Gebhard" ausgesprochen, die staatlichen Maßnahmen dürften „nicht über das hinausgehen, was zur Erreichung dieses Ziels erforderlich ist"[789]. Gefragt ist also, ob es den Bürger weniger beeinträchtigende Mittel gibt, die den verfolgten staatlichen Zweck ebenso gut fördern können[790]. Diese Fragestellung verfehlt aber bei den Schutzpflichten teilweise das Ziel[791]: Zwar geht es auch bei ihnen um eine Betrachtung alternativer Mittel der Schutzgewährung, jedoch kommt es entscheidend darauf an, ob diese Mittel den Schutz in besserer Weise leisten und dabei in gleicher Weise den Rechten Dritter oder anderen öffentlichen Belangen Rechnung tragen würden[792]. Auf eine verkürzende Formel gebracht ist also herauszuarbeiten, ob im konkreten Fall „effektivere, gleich milde Mittel"[793] zu Gebote stehen, weswegen es sich anbietet, statt vom Grundsatz der Erforderlichkeit im Anwendungsbereich der Schutzpflicht vom Grundsatz der Effektivität zu sprechen[794]. Hieran wird deutlich, dass die Feststellung des doppelten Zwecks des staatlichen Unterlassens[795] unabweisbar notwendig ist, um die Einbeziehung sowohl der Belange des um Schutz nachsuchenden Bürgers als auch die einem Einschreiten potentiell entgegenstehenden Rechte der Störer zu gewährleisten. Zugleich zeigt sich, dass - bildlich gesprochen - bei der Prüfung der Verhältnismäßigkeit der Schutzpflichterfüllung der Blick gleichsam zwischen Schutzrecht des Beeinträchtigten und Abwehrrecht des Störers gegenüber staatlichen Eingriffen zur Verwirklichung des Schutzes hin und her wandern muss, da das Schutzrecht seine notwendige Grenze in den entgegenstehenden Rechten Dritter findet. In der Sache nimmt auch der Gerichtshof eine solche Prüfung der Effektivität des Schutzes vor, wenn er ausführt: „Zwar müssen die zuständigen nationalen Stellen bestrebt sein, die mit einer Demonstration [...] verbundenen *unausbleiblichen Auswir-*

---

789 EuGH 30.11.1995, Gebhard, Rs. C-55/94, Slg. 1995, I-4165 Rn. 37.

790 FRENZ, HdBEuR Bd. 1, Rn. 529.

791 Vgl. EMMERICH-FRITSCHE, Grundsatz, S. 249; zu den Schutzpflichten im GG MÖSTL, Garantie, S. 109; DERS., DÖV 1998, 1029 (1038 f.); KRINGS, Grund, S. 303.

792 MÖSTL, Garantie, S. 109; EMMERICH-FRITSCHE, Grundsatz, S. 249.

793 MICHAEL, JuS 2001, 148 (151); ähnlich C. CALLIESS, JZ 2006, 321 (329).

794 So überzeugend MÖSTL, Garantie, S. 109; ebenso KRINGS, Grund, S. 303.

795 S. soeben 2. Teil, C IV 1 a) bb), S. 151.

kungen auf die Freiheit des Verkehrs *möglichst gering* zu halten, doch haben sie dieses Interesse *gegenüber dem der Demonstranten* [...] abzuwägen."[796]

d) Angemessenheit

Der Prüfungspunkt der Angemessenheit ist in der Vergangenheit vielfach als Anlass genommen worden, die Grundrechtsrechtsprechung des EuGH zu kritisieren, weil es in den einschlägigen Entscheidungen oftmals an einer wirklichen Abwägung der widerstreitenden Belange fehlte und sich der Gerichtshof mehrfach auf apodiktische Feststellungen beschränkte[797]. Ein ähnliches Defizit lässt sich auch in der bisherigen Verhältnismäßigkeitsprüfung der Grundfreiheiten belegen, wo mitunter die Angemessenheit überhaupt nicht im Prüfprogramm auftaucht[798]. Insoweit stellte bereits die Entscheidung „Kommission / Frankreich" eine Ausnahme[799] dar, wo - wie oben dargelegt - der Gerichtshof eine eingehende Würdigung der relevanten Umstände des Einzelfalls vornahm und diese auch gewichtete[800]; ebenso verfuhr der EuGH im Urteil „Schmidberger"[801]. In letzterer Entscheidung stellte der EuGH ausdrücklich klar, es seien „die bestehenden Interessen abzuwägen, und [...] anhand sämtlicher Umstände des jeweiligen Einzelfalls festzustellen, ob das rechte Gleichgewicht zwischen diesen Interessen gewahrt" worden sei[802]. Das bedeutet, dass die bereits im Rahmen der Feststellung eines legitimen Zwecks herausgearbeiteten Interessen sowohl des Störers als auch des beeinträchtigten Bürgers gegeneinander abgewogen werden müssen und im Einzelfall begründet werden muss, warum einer Rechtsposition der Vorrang eingeräumt wurde.

---

796 EuGH 12.6.2003, Schmidberger, Rs. C-112/00, Slg. 2003, I-5659 Rn. 90 (Hervorhebung hinzugefügt).

797 Beispielhaft EuGH 5.10.1994, Deutschland / Rat, Rs. C-280/93, Slg. 1994, I-4973 Rn. 81; EuGH 13.12.1994, SMW Winzersekt, Rs. C-306/93, Slg. 1995, I-5555 Rn. 24 ff.; dazu kritisch NETTESHEIM, EuZW 1995, 106; vgl. auch PACHE, EuR 2001, 475 (488) sowie FRENZ, HdBEuR Bd. 1, Rn. 534, je m.w.N.

798 Etwa EuGH 30.11.1995, Gebhard, Rs. C-55/94, Slg. 1995, I-4165 Rn. 37, wo nur Geeignetheit und Erforderlichkeit geprüft werden; vgl. FRENZ, HdBEuR Bd. 1, Rn. 523.

799 Zu optimistisch wohl FRENZ, HdBEuR Bd. 1, Rn. 536, der das Urteil „Schmidberger" als „Vorbild für den Regelfall" ansieht. Angesichts des Umstandes, dass eine umfassende Prüfung der Angemessenheit bereits in „Kommission / Frankreich" erfolgte, sich eine Rezeption dieses Konzepts aber in nachfolgenden abwehrrechtlichen Entscheidungen nicht nachweisen lässt (Beispiel: EuGH 4.7.2000, Haim, Rs. C-424/97, Slg. 2000, I-5123 Rn. 57), dürfte eine eingehende Prüfung der Angemessenheit weiterhin dem Bereich der Schutzpflichten vorbehalten sein.

800 S. 2. Teil, B I 3 b) cc), S. 52.

801 S. 2. Teil, B V 4 d) cc), S. 93.

802 EuGH 12.6.2003, Schmidberger, Rs. C-112/00, Slg. 2003, I-5659 Rn. 81.

Allerdings besteht insbesondere an dieser Stelle ein latentes Spannungsverhältnis zwischen dem Gebot, den widerstreitenden Interessen gerecht zu werden und dem verbleibenden Gestaltungsspielraum der nationalen Behörden sowie des Gesetzgebers. Während Ersteres eine eingehende Prüfung, somit eine hohe Kontrolldichte, nahe legt, weist der letztere Gesichtspunkt in Richtung einer reduzierten Kontrolle, um dem genannten Beurteilungsspielraum Rechnung zu tragen. Der EuGH gesteht den Mitgliedstaaten ausdrücklich ein weites Ermessen bei der Beurteilung der einzelnen Teilstufen des Verhältnismäßigkeitsgrundsatzes zu[803], das sich nach den Aussagen der einschlägigen Urteile jedoch nicht auf das „Ob" des Einschreitens, sondern lediglich auf das „Wie" bezieht[804]. Für eine dogmatische Untermauerung dieses Ergebnisses kann ein Blick auf die Einordnung der Schutzpflicht als Erfolgs- oder Verhaltenspflicht von Gewinn sein[805].

e) Schlussfolgerung: Existenz eines Untermaßverbots im Gemeinschaftsrecht?

Die vorstehenden Überlegungen haben gezeigt, dass im Anwendungsbereich der grundfreiheitlichen Schutzpflichten die Anwendung des Verhältnismäßigkeitsgrundsatzes - wenn auch mit einigen Modifikationen - möglich und geboten ist. Abschließend stellt sich die Frage, ob hieraus gefolgert werden kann, auch im Gemeinschaftsrecht existiere ein dem deutschen Untermaßverbot entsprechendes Rechtsinstitut.

aa) Gefahren der Übernahme nationaler Begrifflichkeiten ins Gemeinschaftsrecht

Dabei ist vorauszuschicken, dass bei der Übertragung solcher Begrifflichkeiten des nationalen Rechts stets die Gefahr besteht, Erkenntnisse der deutschen Dogmatik unbesehen im Gemeinschaftsrecht anzuwenden, obwohl diese in den Rechtsordnungen der anderen Mitgliedstaaten möglicherweise nicht bekannt sind[806]. Statt einer erwünschten Erleichterung des wissenschaftlichen Diskurses und der praktischen Rechtsfindung[807] auf Gemeinschaftsebene droht dann durch eine Vielzahl isolierter und nationalrechtlich geprägter Dis-

---

803 EuGH 12.6.2003, Schmidberger, Rs. C-112/00, Slg. 2003, I-5659 Rn. 82.

804 S. 2. Teil, B I 3 b) cc), S. 51 ff sowie 2. Teil, C IV 1 a) cc), S. 154 (Fn. 782).

805 Dazu sogleich 2. Teil, C IV 2, S. 159 ff.

806 KÜHLING/LIETH, EuR 2003, 371 (384) warnen daher grundsätzlich zu Recht vor einem „Dogmatik-Imperialismus"; vgl. ebenso bereits IPSEN, FS Hallstein, S. 248 (251) sowie die in Fn. 596, S. 118 zitierten Autoren.

807 Zu dieser Aufgabe der Dogmatik F. MÜLLER/CHRISTENSEN, Methodik Bd. 1, Rn. 403; JARASS, AöR 120 (1995), 345 (346); KÜHLING/LIETH, EuR 2003, 371 (384 f.).

kurse die einheitliche Anwendung und Auslegung des Gemeinschaftsrechts ins Hintertreffen zu geraten[808]. Im vorliegenden Zusammenhang bestehen solche Bedenken indes zumindest in geringerem Maße: Der Verhältnismäßigkeitsgrundsatz im Gemeinschaftsrecht ist zwar wesentlich auf Einflüsse der deutschen Dogmatik zurückzuführen[809], durch den EuGH jedoch anerkannt[810].

bb) Konsequenzen für die vorliegende Fragestellung

Infolge dieser Erkenntnis ließe sich argumentieren, dass auch die im deutschen Recht weiterentwickelten Ausprägungen dieses Grundsatzes wie das Untermaßverbot im gemeinschaftsrechtlichen Rechtsraum konsensfähig seien[811]. In der Tat sehen manche Autoren ein gemeinschaftsrechtliches Untermaßverbot als bereits in der Rechtsprechung des EuGH vorhanden an, wenn auch unter Berufung auf unterschiedliche Judikate[812]. Das deckt sich mit der soeben herausgearbeiteten Erkenntnis, dass die Teilstufen der Verhältnismäßigkeitsprüfung sich sowohl in der Entscheidung „Kommission / Frankreich" als auch im Urteil „Schmidberger" finden lassen und dass der EuGH hierbei auch die Besonderheiten der Verhältnismäßigkeitsprüfung im Rahmen der Schutzpflicht berücksichtigt[813]. Wenn auch kaum zu erwarten ist, dass sich die deutsche Begrifflichkeit, in der zwischen Über- und Untermaßverbot getrennt wird, durchsetzt, so konnte anhand der oben systematisierten und vertieften Prüfungsstruktur doch aufgezeigt werden, dass eine weitere Verfeinerung der Schutzpflichtdogmatik durchaus wünschenswert, teilweise auch notwendig ist. Da sich zumindest Spurenelemente eines Untermaßverbotes demnach in der Rechtsprechung des EuGH nachweisen lassen, erscheint es durchaus als angebracht, eine eigenständige Kategorie der Verhältnismäßigkeitsprüfung für Schutzpflichten anzuerkennen[814]; zur besseren Ermöglichung eines wissenschaftlichen Diskurses auf Gemeinschaftsebene sollte diese aber nicht mit

---

808 KÜHLING/LIETH, EuR 2003, 371 (384).

809 SCHWARZE, Europ. VerwR, S. 832.

810 Vgl. EuGH 17.12.1970, Internationale Handelsgesellschaft, Rs. 11/70, Slg. 1970, 1125 Rn. 12 ff.

811 Vgl. MEURER, EWS 1998, 196 (200).

812 EMMERICH-FRITSCHE, Grundsatz, S. 247 unter Hinweis auf EuGH 18.3.1980, Valsabbia, verb. Rs. 154, 205, 206, 226 - 228, 263/78 u.a., Slg. 1980, 907 Rn. 117; MEURER, EWS 1998, 196 (200) unter Hinweis auf EuGH 9.12.1997, Kommission / Frankreich, Rs. C-265/95, Slg. 1997, I-6959; dem zustimmend SCHINDLER, Kollision, S. 204.

813 S. 2. Teil, C IV 1 b), S. 154; 2. Teil, C IV 1 c), S. 155; 2. Teil, C IV 1 d), S. 156.

814 Anders SZCZEKALLA, Schutzpflichten, S. 711, der - ausgehend von „einer [...] Kongruenz zwischen Über- und Untermaßverbot" - eine unmodifizierte Verhältnismäßigkeitsprüfung vornehmen will.

dem durch das deutsche Recht geprägten Terminus „Untermaßverbot" belegt werden, sondern vielmehr anhand der bereichsspezifischen Besonderheiten der Schutzpflichtprüfung identifiziert werden. Letztere Vorgehensweise eröffnet einen mehr problem- als begriffsorientierten Ansatz.

2. Schutzpflichten als Erfolgs- oder Verhaltenspflichten?

Bei der Festlegung einer dogmatischen Struktur für die Vornahme der Verhältnismäßigkeitsprüfung ist ein Aspekt bisher aus Gründen der Problemabschichtung außer Betracht geblieben. Es handelt sich dabei um die Frage, anhand welcher Kriterien die Beurteilungsspielräume des der Untätigkeit geziehenen Mitgliedstaates innerhalb dieser Prüfung der Verhältnismäßigkeit zu konturieren sind. Lassen sich, mit anderen Worten, Leitlinien erkennen, die Anhaltspunkte für die Kontrolldichte im Rahmen der Verhältnismäßigkeitsprüfung geben? Die Vorgabe des EuGH besteht insoweit lediglich in der Aussage, dass dem Mitgliedstaat bei Verletzung der Schutzpflicht kein Ermessen mehr dahingehend verbleibe, ob er einschreite; das Gemeinschaftsrecht schreibe ihm aber kein bestimmtes Mittel zur Erfüllung der Schutzpflicht vor[815]. Bereits oben wurde herausgearbeitet, dass insoweit ein Mehrebenensystem bestehen kann, in dem das Ermessen bzw. der Beurteilungsspielraum des Mitgliedstaats als Kriterien innerhalb der Teilstufen der Verhältnismäßigkeitsprüfung verwendet werden und die Einordnung einer Pflicht als Erfolgs- oder Verhaltenspflicht dann über die Weite dieses Ermessens entscheidet[816]. Die Tauglichkeit der genannten Unterscheidung zwischen Erfolgs- und Verhaltenspflicht für die Dogmatik der grundfreiheitlichen Schutzpflichten ist dabei zunächst darzulegen (unter a.), bevor geklärt werden kann, welcher der genannten Kategorien die Schutzpflicht angehört (dazu b.) und hiermit die vom Gerichtshof gezogenen Folgerungen hinsichtlich der Eingrenzung des mitgliedstaatlichen Ermessens auf ihre Berechtigung untersucht werden können.

a) Übertragbarkeit der Unterscheidung auf die Schutzpflichtprüfung

Hinsichtlich der Übertragbarkeit des Konzepts der Unterscheidung zwischen Erfolgs- oder Verhaltenspflichten der Mitgliedstaaten auf die Schutzpflichten wurde oben bereits ausgeführt, dass dessen Herkunft aus dem Bereich der

---

[815] EuGH 9.12.1997, Kommission / Frankreich, Rs. C-265/95, Slg. 1997, I-6959 Rn. 34; vgl. auch EuGH 12.6.2003, Schmidberger, Rs. C-112/00, Slg. 2003, I-5659 Rn. 82.

[816] S. 2. Teil, B I 3 b) cc), S. 52; 2. Teil, B IV 4 b), S. 66.

Richtlinienumsetzung[817] unschädlich ist[818]; unterstützend sei darauf hingewiesen, dass der Gerichtshof die Rechtsfigur der Erfolgspflicht bereits in anderem Zusammenhang verwendet hat, um die Reichweite des Ermessens mitgliedstaatlicher Organe zu begründen[819]. In seinen Schlussanträgen zur Entscheidung „Kommission / Frankreich" bediente sich auch GA *Lenz* dieser Unterscheidung[820], deren Ursprung im Völkerrecht zu suchen ist[821]. Zu den genannten Argumenten, die für eine Nutzbarmachung der Erfolgs- und Verhaltenspflichten im Bereich der grundfreiheitlichen Schutzpflichten sprechen, kommt hinzu, dass die Verwendung dieser Kategorien einen weiteren Anteil zur Konturierung der Schutzpflichten beiträgt und auf diese Weise die Rationalität und Nachvollziehbarkeit der Argumentation fördern kann. Aus diesen Gründen erscheint es als sinnvoll, auch in der modifizierten Verhältnismäßigkeitsprüfung für Schutzpflichten auf die Unterscheidung zwischen Erfolgs- und Verhaltenspflicht zurückzugreifen und sich den näheren Voraussetzungen für die Annahme einer Erfolgs- oder Verhaltenspflicht zuzuwenden.

b) Einordnung der grundfreiheitlichen Schutzpflichten und Konsequenzen für die Ermessensprüfung

Hierzu bedarf es zunächst einer Vergewisserung darüber, was die Charakteristika von Erfolgs- und Verhaltenspflichten sind, um die Vorgabe des EuGH, die Mitgliedstaaten hätten „alle erforderlichen und geeigneten Maßnahmen zu ergreifen, um [...] die Beachtung [des Art. 28 EG] sicherzustellen"[822], dogmatisch einordnen und auf ihre Stimmigkeit prüfen zu können.

---

817 Außer in EuGH 18.6.2002, Kommission / Frankreich, Rs. C-60/01, Slg. 2002, I-5679 (dazu 2. Teil, B IV, S. 62 ff.) taucht die Rechtsfigur mehr oder weniger deutlich weiterhin auf in EuGH 16.11.2000, Kommission / Griechenland, Rs. C-214/98, Slg. 2000, 9601 Rn. 51; EuGH 14.7.1993, Kommission / Vereinigtes Königreich, Rs. C-56/90, Slg. 1993, I-4109 Rn. 42 ff.; vgl. auch EuGH 12.2.1998, Kommission / Spanien, Rs. C-92/96, Slg. 1998, I-505 Rn. 28 f.; GA MISCHO, Schl.-Antr. v. 20.10.1999, Kommission / Portugal, Rs. C-62/98 u. C-84/98, Slg. 2000, I-5171 Tz. 53 ff.

818 S. 2. Teil, B IV 4 a), S. 65 f.

819 EuGH 5.3.1996, Brasserie du pêcheur und Factortame, verb. Rs. C-46/93 u. C-48/93, Slg. 1996, I-1029 Rn. 46 zur Prüfung des Ermessens innerhalb des gemeinschaftsrechtlichen Staatshaftungsanspruches.

820 GA LENZ, Schl.-Antr. v. 9.7.1997, Kommission / Frankreich, Rs. C-265/95, Slg. 1997, I-6959 Tz. 45.

821 Vgl. näher DAHM/DELBRÜCK/WOLFRUM, Völkerrecht Bd. I/3, S. 876 f.; DUPUY, EJIL 1999, 371; HINTERSTEININGER, Binnenmarkt, S. 221 f.

822 EuGH 9.12.1997, Kommission / Frankreich, Rs. C-265/95, Slg. 1997, I-6959 Rn. 32.

In Anlehnung an die völkerrechtliche Terminologie[823] kann von einer Erfolgspflicht („obligation of result") dann gesprochen werden, wenn der Staat zur Herbeiführung eines bestimmten Ergebnisses verpflichtet ist; diese Pflicht ist verletzt, wenn der Erfolg nicht eintritt[824]. Als klassisches Beispiel aus dem Gemeinschaftsrecht kann insoweit die Handlungsform der Richtlinie (Art. 249 Abs. 3 EG) dienen[825]: Nach dem Wortlaut der genannten Vorschrift ist die Richtlinie „...hinsichtlich des zu erreichenden Ziels verbindlich, überlässt jedoch den innerstaatlichen Stellen die Wahl der Form und der Mittel". Verdeutlichen lässt sich diese aus der Richtlinie folgende Verpflichtung der Mitgliedstaaten auf ein bestimmtes Ergebnis anhand eines Blicks auf andere Sprachfassungen, in denen von „result" bzw. „résultat" gesprochen wird, denen in der deutschen Sprache eher das Wort „Ergebnis" als „Ziel" entspricht[826]. Dagegen liegt eine Verhaltenspflicht („obligation of means" oder „obligation of conduct") dann vor, wenn dem Mitgliedstaat vorgeschrieben ist, auf welche Weise oder mit welchen Mitteln er vorgehen muss. Zwar ist diese Pflicht insofern auch auf die Erreichung eines bestimmten Ergebnisses gerichtet, als das Tätigwerden an sich nie Selbstzweck sein wird, jedoch kommt es für die Einhaltung der Pflicht nicht darauf an, ob das Ergebnis erreicht wird[827]. Vielmehr ist der Mitgliedstaat schon dann exkulpiert, wenn er sich der vorgeschriebenen Mittel auf die vorgeschriebene Art und Weise bedient hat[828]. Es gilt allerdings dennoch festzuhalten, dass tendenziell die Einordnung der Schutzpflicht als Verhaltenspflicht zu einer höheren Kontrolldichte des EuGH in Bezug auf die mitgliedstaatlichen Schutzmaßnahmen

---

823 Hier kann aufgrund der Weite des angesprochenen Problemfelds nur ein kursorischer Überblick über die wesentlichen Inhalte dieser Pflichten im Völkerrecht geleistet werden; eingehend und kritisch DUPUY, EJIL 1999, 371 (374 ff.); DAHM/DELBRÜCK/WOLFRUM, Völkerrecht Bd. I/3, S. 876 ff.; DAILLIER/PELLET, Droit international public, S. 771 ff.

824 Vgl. DAHM/DELBRÜCK/WOLFRUM, Völkerrecht Bd. I/3, S. 876; HINTERSTEININGER, Binnenmarkt, S. 222; BLECKMANN, in: ders., EuropaR, Rn. 680; in diesem Sinn wird der Begriff wohl auch durch den Gerichtshof verwendet (s. die oben [Fn. 817, S. 160] angeführten Urteile).

825 Vgl. IPSEN, Gemeinschaftsrecht, S. 458 f.; skeptisch allerdings DAILLIER/PELLET, Droit international public, S. 772.

826 BIERVERT, in: Schwarze, EU-Komm., Art. 249 EGV Rn. 25; vgl. auch SCHROEDER, in: Streinz, EUV / EGV, Art. 249 EGV Rn. 77.

827 Vgl. HINTERSTEININGER, Binnenmarkt, S. 222 f.

828 DAHM/DELBRÜCK/WOLFRUM, Völkerrecht Bd. I/3, S. 876; DAILLIER/PELLET, Droit international public, S. 771; BLECKMANN, in: ders., EuropaR, Rn. 681 weist treffend auf den dienstvertragsähnlichen Charakter der Verhaltenspflicht hin; dazu auch DUPUY, EJIL 1999, 371 (378 ff.).

führt, weil hierdurch die jeweiligen Einzelmaßnahmen des Staates auf den Prüfstand des Gemeinschaftsrechts geraten. Im Gegensatz dazu unterbleibt eine solche Einzelkontrolle im Falle einer Erfolgspflicht, da es für diese - wie gesehen - nur auf den (Nicht-)Eintritt des Erfolges ankommt, nicht aber auf den Weg, auf dem dieser Erfolg herbeigeführt wurde.

Unter Zugrundelegung dieser Maßstäbe erscheint es als zweifelhaft, wenn GA *Alber*[829] eine Verhaltenspflicht im Anschluss an GA *Lenz*[830] bereits dann annimmt, wenn eine Norm des Primär- oder des Sekundärrechts die Mitgliedstaaten verpflichtet, alle geeigneten Maßnahmen zu ergreifen. Denn in diesem Fall dürfte der Konkretisierungsgrad der vorgeschriebenen Maßnahmen zu gering sein, um von der Verpflichtung zu einem bestimmten Verhalten zu sprechen[831]. Entscheidend ist jedoch, dass die genannte Einschätzung der Generalanwälte auf der Annahme beruht, Erfolgspflichten begründeten eine Art Garantiehaftung, in deren Folge dem Mitgliedstaat eine absolute Verpflichtung zur Erreichung eines bestimmten Zustandes auferlegt würde[832]. Dies ist indes aus zwei Gründen unzutreffend: Zunächst ist darauf aufmerksam zu machen, dass Richtlinien (Art. 249 Abs. 3 EG) zwar in der Mehrzahl der Fälle Erfolgspflichten begründen[833], hieraus aber soweit ersichtlich noch nicht der Schluss gezogen worden ist, dies etabliere eine den Mitgliedstaaten unzumutbare Garantiehaftung zur Erreichung der Ziele der Richtlinie. Vielmehr ist diese, da sie dem Mitgliedstaat die Wahl der Mittel zur Umsetzung belässt, ein für Letzteren weniger „belastendes" Element des Rechtssetzungsinstrumentariums der Gemeinschaft. Aus diesem Grund wird die Richtlinie als Regelungsinstrument insbesondere in sensiblen Politikbereichen eingesetzt, um bei umstrittenen Fragen die Kompromissbereitschaft der Mitgliedstaaten zu

---

829 GA ALBER, Schl.-Antr. v. 31.1.2002, Kommission / Frankreich, Rs. C-60/01, Slg. 2002, I-5679 Tz. 61.

830 GA LENZ, Schl.-Antr. v. 9.7.1997, Kommission / Frankreich, Rs. C-265/95, Slg. 1997, I-6959 Tz. 45.

831 Zutreffend HINTERSTEININGER, Binnenmarkt, S. 224; vgl. auch die weitaus konkreter gefassten Beispiele für Verhaltenspflichten aus dem völkerrechtlichen Bereich bei DAHM/DELBRÜCK/WOLFRUM, Völkerrecht Bd. I/3, S. 877.

832 Vgl. GA LENZ, Schl.-Antr. v. 9.7.1997, Kommission / Frankreich, Rs. C-265/95, Slg. 1997, I-6959 Tz. 45; ähnlich GA ALBER, Schl.-Antr. v. 31.1.2002, Kommission / Frankreich, Rs. C-60/01, Slg. 2002, I-5679 Tz. 61 u. 79; dem zustimmend SCHINDLER, Kollision, S. 52 f.

833 Das konzediert auch GA ALBER, Schl.-Antr. v. 31.1.2002, Kommission / Frankreich, Rs. C-60/01, Slg. 2002, I-5679 Tz. 72.

erhöhen[834]. Hinzu kommt, dass eine Erfolgsverpflichtung keineswegs begriffsnotwendig eine unbedingte Pflicht des Mitgliedstaats zur Erreichung dieses Erfolgs beinhaltet[835], sondern jedenfalls durch den allgemeinen Rechtsgrundsatz begrenzt ist, dass Unmögliches (auch) von Staaten nicht gefordert werden kann und darf[836]. Insbesondere in der Entscheidung „Kommission / Frankreich" hat der Gerichtshof hierzu festgestellt, dass der Mitgliedstaat sein Nichteinschreiten unter bestimmten Voraussetzungen rechtfertigen könne, nämlich dann, wenn ein Einschreiten Störungen der öffentlichen Ordnung zur Folge hätte, die mit den Mitteln des Mitgliedstaats nicht bewältigt werden könnten[837]. Insgesamt zeigt sich also, dass die Annahme einer Erfolgspflicht durchaus schonender für die nationalen Rechtssysteme sein kann, da diese keine Vorgaben für die konkrete Ausgestaltung dieser Strukturen macht und zudem in allgemeinen Rechtsgrundsätzen eine Grenze findet.

Hinsichtlich der Schutzpflichten aus den Grundfreiheiten sprechen die besseren Gründe für eine Einordnung als Erfolgspflicht[838], was sich vor allem aus der oben genannten Anforderung ergibt, dass für Verhaltenspflichten ein größerer Konkretisierungsgrad zu fordern ist als das Postulat, der Mitgliedstaat habe „alle erforderlichen und geeigneten Maßnahmen zu ergreifen"[839]. Hieraus folgt für die Gestaltung des Ermessensspielraumes die Bestätigung des durch den EuGH gewählten Konzepts, den Mitgliedstaaten weiterhin die Wahl der Mittel zu überlassen, anhand derer sie Schutz im Einzelfall gewähren, diese aber mit Blick auf den angestrebten Erfolg auf ihre Wirksamkeit anhand eines modifizierten Verhältnismäßigkeitsmaßstabes zu überprüfen.

---

834 SCHROEDER, in: Streinz, EUV / EGV, Art. 249 EGV Rn. 69; STREINZ, EuropaR, Rn. 385; BIERVERT, in: Schwarze, EU-Komm., Art. 249 EGV Rn. 23.

835 So auch HINTERSTEININGER, Binnenmarkt, S. 225.

836 Offengelassen allerdings von EuGH 14.7.1993, Kommission / Großbritannien, Rs. C-56/90, Slg. 1993, I-4109 Rn. 46; EuGH 8.6.1999, Kommission / Deutschland, Rs. C-198/97, Slg. 1999, I-3257 Rn. 41; wie hier tendenziell HINTERSTEININGER, Binnenmarkt, S. 231 (dort Fn. 713).

837 EuGH 9.12.1997, Kommission / Frankreich, Rs. C-265/95, Slg. 1997, I-6959 Rn. 56.

838 Überzeugend HINTERSTEININGER, Binnenmarkt, S. 224; so auch KÖRBER, EuR 2000, 932 (951); DERS., Grundfreiheiten, S. 392; SCHWARZE, EuR 1998, 53 (54); ähnlich MEIER, EuZW 1998, 87; zu den Gemeinschaftsgrundrechten ebenso EMMERICH-FRITSCHE, Grundsatz, S. 359; anderer Ansicht SCHINDLER, Kollision, S. 53.

839 So die Formulierung in EuGH 9.12.1997, Kommission / Frankreich, Rs. C-265/95, Slg. 1997, I-6959 Rn. 32; EuGH 12.6.2003, Schmidberger, Rs. C-112/00, Slg. 2003, I-5659 Rn. 60.

3. Einzelne abwägungsrelevante Elemente

Ist damit festgelegt, dass eine primärrechtliche Vorgabe für bestimmte Schutzmaßnahmen der Mitgliedstaaten nicht existiert, gleichwohl bestehende Schutzmaßnahmen[840] einer Verhältnismäßigkeitsprüfung unterliegen, ist abschließend noch kurz darzulegen, welche Umstände des Einzelfalls in die Abwägung eingestellt werden müssen. Hierbei kann zunächst die Rechtsprechung des EuGH in den Fällen „Kommission / Frankreich" und „Schmidberger" als Anhaltspunkt dienen. Die Analyse der genannten Urteile hat ergeben, dass der Gerichtshof mehrere Gesichtspunkte für bedeutsam hält. Dies sind im Einzelnen Dauer der Störung, mithin der Zeitraum, während dessen der Staat untätig blieb, Intensität der Störung durch das unterlassene Einschreiten sowie die Wertigkeit der betroffenen Rechtsgüter[841]. Zu letzterem Punkt ist allerdings anzumerken, dass sich ein abstrakter Vorrang einer Position im praktisch wichtigen Fall der Kollision von Grundfreiheiten und Gemeinschaftsgrundrechten nicht begründen lassen dürfte[842], was es aber nicht ausschließt, die Wertigkeit der im Einzelfall betroffenen Rechtsgüter zu berücksichtigen[843]. Weiter können relevant sein der Bekanntheitsgrad der Gefahrenlage für die betroffene Grundfreiheit sowie die Möglichkeit des in der Ausübung einer Grundfreiheit Beeinträchtigten, selbst Vorkehrungen oder Maßnahmen gegen die Beeinträchtigung zu treffen[844].

Insbesondere im Hinblick auf den letzteren Gesichtspunkt kann weiterhin der oben bereits näher entwickelte Ansatz fruchtbar gemacht werden, zumindest

---

840 Zu dieser Einschränkung und ihrer Begründung s. 2. Teil, C IV 1 a) cc), S. 152 ff.

841 S. 2. Teil, B I 3 b) cc), S. 52 ff.; 2. Teil, B V 4 d) cc), S. 91.

842 FRENZ, HdBEuR Bd. 1, Rn. 76; KINGREEN, Struktur, S. 167; GANTEN, Drittwirkung, S. 176; SCHAEFER, Wirkung, S. 232; HINTERSTEININGER, Binnenmarkt, S. 277; anders wohl SCHINDLER, Kollision, S. 149, der unterschiedliche Schutzbedürfnisse konstatiert; GONZALES 31 LIEI (2004), 219 (226). Zum Ansatz von PREEDY, Bindung, S. 193 ff., die nach unterschiedlichen Grundrechtsgehalten der Grundfreiheiten differenzieren will, s. sogleich 2. Teil, C VI 2, S. 188 f.

843 So ließe sich etwa zumindest ein Vorrang des Grundrechts auf Leben vor den Vorschriften über den freien Warenverkehr begründen, sofern dies nur ein Begründungselement bleibt und durch andere Abwägungsgesichtspunkte gestützt wird; zu einseitig in Richtung eines Vorrangs des freien Warenverkehrs daher MEIER, EuZW 1998, 87; gegen ihn zutreffend MEURER, EWS 1998, 196 (200, dort Fn. 33); vgl. auch SCHÄRF, EuZW 1998, 617 f.

844 Vgl. EMMERICH-FRITSCHE, Grundsatz, S. 359 f.; dieser Aspekt wird außerdem bei der Frage des Verhältnisses von Zivil- und Verwaltungsrechtsschutz bei der Durchsetzung der Schutzpflicht relevant (s. dazu 3. Teil, A II 2 b), S. 222 f.; 3. Teil, A III 2 c), S. 232 f.).

auf der Rechtfertigungsebene zwischen rechtsgeschäftlichen und faktischen Beschränkungen zu differenzieren und nur das staatliche Nichteinschreiten gegen Letztere im Regelfall einer eingehenderen Verhältnismäßigkeitsprüfung zu unterwerfen[845]; die oben angemeldeten systematischen Bedenken[846] bestehen auf der Rechtfertigungsebene gerade nicht mehr. In der Folge dieses Ansatzes bedarf es einer Verhältnismäßigkeitsprüfung im Falle rechtsgeschäftlicher Grundfreiheitsbeschränkungen durch Private nur noch dann, wenn Indizien für das Fehlen von Privatautonomie im konkreten Fall vorliegen[847]. In allen anderen Fällen ist ein Einschreiten dagegen nicht geboten, weil insofern von einem Vorrang der Privatautonomie ausgegangen werden kann, welcher es beiden Parteien ermöglicht, ihnen nicht genehme Rechtsgeschäfte entweder nicht abzuschließen oder - im Falle einseitiger Beschränkungen der Grundfreiheiten durch Rechtsgeschäft - diesen auszuweichen. Der so begründete Vorrang beruht allerdings nicht, wie nochmals betont werden muss, auf einem grundsätzlichen Stufenverhältnis von Gemeinschaftsgrundrechten und Grundfreiheiten, sondern vielmehr auf einer typisierenden Betrachtung der Abwägungsergebnisse, die sich in solchen Konstellationen regelmäßig ergeben.

4. Zusammenfassung

Die Zusammenfassung der vorstehenden Überlegungen ergibt damit das folgende Bild:

Auch das staatlicherseits unterlassene Einschreiten gegen von Privaten ausgehende Störungen der Grundfreiheiten unterliegt einer Verhältnismäßigkeitsprüfung[848], deren Kriterien aber im Vergleich zur abwehrrechtlichen Prüfung einiger Modifikationen bedürfen. Dies betrifft zunächst die Feststellung eines legitimen Zwecks. Hier sind sowohl das Ziel des Schutzes des Beeinträchtigten als auch die dem entgegenstehenden Rechte des Störers zu identifizieren, um diese transparent in den nachfolgenden Abwägungsprozess einstellen zu können (doppelte Zweckprüfung)[849]. Als Prüfungsgegenstand der Verhältnismäßigkeitsprüfung sollten aus Gründen der funktionalen Trennung von Legislative und Judikative dabei nicht die vom Bürger gewünschten, sondern primär die staatlicherseits bereits ergriffenen Schutzmaßnahmen herangezogen

---

[845] S. eingehend 2. Teil, C III 2, S. 134 ff.
[846] S. 2. Teil, C III 2 c), S. 141 ff.
[847] Näher 2. Teil, C III 2 b), S. 137 f.
[848] S. 2. Teil, C IV 1, S. 150.
[849] S. 2. Teil, C IV 1 a) bb), S. 151.

werden und darauf überprüft werden, ob das Unterlassen ihrer Verschärfung oder Erweiterung die grundfreiheitliche Schutzpflicht verletzt[850]. Dieser Ansatz erlaubt eine hinreichende Wahrung des Beurteilungsspielraums der Mitgliedstaaten bei Erfüllung der Schutzpflicht[851]. Keine Besonderheiten weist - abgesehen von der Berücksichtigung des doppelten Zwecks der staatlichen Untätigkeit - das Merkmal der Geeignetheit auf; ihm kommt nur eine geringe Bedeutung bei der Kontrolle mitgliedstaatlichen Unterlassens zu[852]. Der Maßstab der Erforderlichkeit ist im Anwendungsbereich der Schutzpflicht dahingehend zu modifizieren, dass (verkürzend) nach effektiveren, gleich milden Mitteln zu suchen ist statt den Blick auf ebenso effektive, aber mildere Mittel zu richten, wie es für die abwehrrechtliche Dimension der Grundfreiheiten gehandhabt wird. Von daher sollte auch statt von der Prüfung der Erforderlichkeit von einer Prüfung der Effektivität gesprochen werden[853].

Im Rahmen der Angemessenheitsprüfung bedarf es einer Abwägung der gegenüberstehenden Rechte, die zuvor als Zwecke des staatlichen Unterlassens identifiziert wurden[854]. Da die grundfreiheitlichen Schutzpflichten als Erfolgspflichten zu charakterisieren sind, beschränkt sich der Beurteilungsspielraum der Mitgliedstaaten innerhalb der einzelnen Prüfungsschritte der Verhältnismäßigkeitsprüfung darauf, welche Maßnahmen sie ergreifen wollen bzw. ergriffen haben; ein Entschließungsermessen steht ihnen nicht mehr zu[855]. Innerhalb der Abwägung ist die Dauer der Störung der Grundfreiheiten durch Private ebenso zu berücksichtigen wie deren Intensität. Weiterhin kommt es auf den Erkenntnisstand der staatlichen Stellen bzw. den Bekanntheitsgrad der Gefahrenlage an. Abwägungserheblich ist außerdem die Möglichkeit des Bürgers, gegen die von einem anderen Privaten ausgehende Beeinträchtigung der ihm zustehenden Grundfreiheiten mit eigenen Mitteln vorzugehen[856]. Eines Eintritts in eine eingehende Verhältnismäßigkeitsprüfung des Nichteinschreitens bedarf es nur dann, wenn private Realakte die Grundfreiheiten anderer Bürger beeinträchtigen; dagegen ist das unterlassene Einschreiten gegen rechtsgeschäftliche Einschränkungen der Grundfreiheiten nur dann einer Verhältnismäßigkeitsprüfung unterworfen, wenn Indizien für

---

[850] S. 2. Teil, C IV 1 a) cc), S. 152 ff.
[851] S. 2. Teil, C IV 1 a) cc), S. 153.
[852] S. 2. Teil, C IV 1 b), S. 154.
[853] S. 2. Teil, C IV 1 c), S. 155.
[854] S. 2. Teil, C IV 1 d), S. 156.
[855] S. 2. Teil, C IV 2, S. 159 ff.
[856] S. 2. Teil, C IV 3, S. 164.

eine Störung der Voraussetzungen der Privatautonomie vorliegen[857]. Die dargelegten Tendenzen zu einer bereichsspezifischen Modifikation des Grundsatzes der Verhältnismäßigkeit im Bereich der Schutzpflichten lassen sich auch in der Rechtsprechung des EuGH ansatzweise nachweisen und zeigen insgesamt eine Annäherung an das aus dem deutschen Verfassungsrecht bekannte Untermaßverbot. Um nicht nationale Begrifflichkeiten mit ihren Implikationen in das Gemeinschaftsrecht zu übertragen, sollte von der letztgenannten Bezeichnung indes abgesehen werden und eher von einer modifizierten Verhältnismäßigkeitsprüfung gesprochen werden[858].

V. Das Verhältnis von Zurechnung und Schutzpflicht

Nachdem damit Tatbestands- und Rechtfertigungsebene der grundfreiheitlichen Schutzpflichten eine hinreichende Konturierung erfahren haben, kann nun die Aufgabe angegangen werden, die Position der Schutzpflicht innerhalb der Trias Zurechnung - Schutzpflicht - Drittwirkung[859] näher zu beleuchten. Zunächst soll dabei das Verhältnis speziell von Zurechnung und Schutzpflicht betrachtet werden, das sich schon im Rahmen der Rechtsprechungsanalyse als weitgehend ungeklärt erwiesen hat[860]. Dieser Umstand ist umso misslicher, als die Bejahung oder Verneinung einer Zurechnung privaten Handelns zum Staat durchaus gravierende Konsequenzen für die rechtliche Beurteilung zeitigt[861]. Oben wurde bereits dargelegt, dass von Zurechnung nur dann gesprochen werden sollte, wenn eine besondere Einflussnahme des Staates auf das Handeln Privater vorliegt, die dieses Handeln als staatlich erscheinen lässt. Offen ist aber noch, welche Kriterien für die Annahme dieser besonderen Einflussnahme maßgeblich sind. Dieses Problem berührt grundsätzliche Fragen der Reichweite des Staatsbegriffs im Gemeinschaftsrechts[862], woran deutlich wird, dass die folgenden Ausführungen sich auf eine Skizzierung der wesentlichen Grundsätze beschränken müssen[863]. Der Zugriff auf den Zurechnungsbegriff wird zudem dadurch erschwert, dass er in mehreren Bereichen des Gemeinschaftsrechts verwendet wird. Außer im Bereich der Grundfreiheiten,

---

857 S. 2. Teil, C IV 3, S. 165.

858 S. 2. Teil, C IV 1 e), S. 157.

859 S. 2. Teil, A II, S. 35.

860 S. 2. Teil, B II 4 a), S. 58; 2. Teil, B III 4, S. 61; 2. Teil, B IV 4 b), S. 68; zum Verhältnis zur Drittwirkung s. 2. Teil, C VI 3, S. 189 ff.

861 S. 2. Teil, A II 1 c), S. 37.

862 Vgl. B. KOCH, Gewährleistungspflicht, S. 92 f.

863 Eingehend dazu WERNICKE, Privatwirkung, S. 106 ff.; KÖRBER, Grundfreiheiten, S. 638 ff.

wofür die Entscheidung „Buy Irish“ als Beispielsfall gelten kann, ist die Fragestellung auch im Beihilfen- und Vergaberecht virulent[864]. Als weiterer Anwendungsfall, allerdings aus dem Sekundärrecht, ist die Wirkung von Richtlinien (Art. 249 Abs. 3 EG) zu nennen, die als Adressaten den Mitgliedstaat bezeichnen. Im Folgenden sollen kurz die vom EuGH zu den genannten Rechtsgebieten herausgearbeiteten Kriterien vorgestellt werden (unter 1. bis 4.), bevor die Frage der Verwendbarkeit dieser Kriterien für die hiesige Fragestellung aufgeworfen wird (unter 5.) und der Bedeutung einer staatlichen Genehmigung besonderes Augenmerk gewidmet wird (6.). Abschließend werden noch verbleibende Zweifelsfälle im Bereich der Zurechnung analysiert (unter 7.).

1. Zurechnung im Bereich der Grundfreiheiten

Die Bedeutung der Bejahung oder Verneinung einer Zurechnung solcher privater Handlungen zum Staat, die Auswirkungen auf die Gewährleistungen der Grundfreiheiten haben, schien bereits bei mehreren Judikaten des EuGH auf. In der Entscheidung „Buy Irish“[865] und dem ihr nachfolgenden Urteil „Apple and Pear Development Council“[866] bejahte der Gerichtshof die Zurechnung der Werbekampagnen, die durch formell nicht in den Staatsaufbau integrierte Einheiten vorgenommen wurden, zum Staat aufgrund folgender Erwägungen: Die betreffenden Einrichtungen waren durch staatlichen Hoheitsakt gegründet oder vorgesehen[867], unterlagen einem durch öffentliche Stellen ausgeübten Weisungsrecht und bezogen Großteile ihrer Finanzierung aus gesetzlich angeordneten Pflichtbeiträgen ihrer Mitglieder[868]. Für eine Zurechnung privater Maßnahmen zum Staat sprach zudem die Besetzung von Gremien der privaten Einrichtung durch Regierungsmitglieder oder die Berufung auf solche Posten durch die Regierung[869].

---

864 Vgl. SCHINDLER, Kollision, S. 34.

865 EuGH 24.11.1982, Kommission / Irland, Rs. 249/81, Slg. 1982, 4005 („Buy Irish“).

866 EuGH 13.12.1983, Apple and Pear Development Council / Lewis, Rs. 222/82, Slg. 1983, 4083.

867 EuGH 24.11.1982, Kommission / Irland, Rs. 249/81, Slg. 1982, 4005 Rn. 24; EuGH 13.12.1983, Apple and Pear Development Council / Lewis, Rs. 222/82, Slg. 1983, 4083 Rn. 17; vgl. auch EuGH 7.2.1984, Jongeneel Kaas / Niederlande, Rs. 237/82, Slg. 1984, 483 Rn. 19; EuGH 12.12.1990, Hennen Olie, Rs. C-302/88, Slg. 1990, I-4625 Rn. 14 f.

868 EuGH 5.11.2002, Kommission / Deutschland, Rs. C-325/00, Slg. 2002, I-9977 Rn. 17 („CMA-Gütesiegel“).

869 EuGH 24.11.1982, Kommission / Irland, Rs. 249/81, Slg. 1982, 4005 Rn. 15.

2. Zurechnung im Beihilfenrecht

Im Rahmen der gemeinschaftsrechtlichen Beihilfenkontrolle (Art. 87 ff. EG) wird die Zurechnung privaten Handelns zum Staat anhand des Tatbestandsmerkmals „staatliche oder aus staatlichen Mitteln gewährte Beihilfen" geprüft. Der Einfallsreichtum der Mitgliedstaaten, die oftmals verwickelte Gestaltungen wählen, um die Klassifizierung staatlicher Kapitalzufuhr[870] als von Art. 87 Abs. 1 EG grundsätzlich untersagte Beihilfe zu vermeiden, hat zu einer reichen Judikatur geführt, die sich mit diesem Merkmal auseinander zu setzen hatte[871]. Dabei fallen unter „staatliche Beihilfen" alle diejenigen Mittel, die unmittelbar durch staatliche Stellen aus öffentlichen Mitteln gewährt werden; die Alternative „aus staatlichen Mitteln" dient ergänzend dazu, solche Begünstigungen in den Verbotstatbestand mit einzubeziehen, die über eine vom Staat benannte oder errichtete öffentliche oder private Einrichtung gewährt werden[872]. Als Kriterium für die Zurechenbarkeit kommt es nach der Rechtsprechung unter anderem entscheidend darauf an, ob staatliche Stellen unmittelbar oder mittelbar beherrschenden Einfluss auf ein der Rechtsform nach privates Unternehmen ausüben können; wenn die zu gewährenden Geldmittel nicht auf Dauer zum Vermögen des Staates gehören, führt der Umstand ständiger staatlicher Kontrolle zu ihrer Einordnung als staatliche Mittel[873]. Es findet daher eine zweischrittige Prüfung statt, in der zunächst festgestellt wird, ob die Begünstigung aus Mitteln des Mitgliedstaats erbracht wird und sodann die Zurechenbarkeit dieser Beihilfe zum Staat erörtert wird[874]. Indizien für die Annahme einer die Zurechenbarkeit begründenden Kontrolle, deren Ausübung zudem im Einzelfall belegt werden muss, sind Weisungsrechte einer Behörde sowie deren Intensität. Zudem kommt es darauf an, welchem Rechtsregime das die Beihilfen formell gewährende Unternehmen unterliegt (öffentliches Recht oder allgemeines Gesellschaftsrecht?)[875]. Hier zeigt sich im Übrigen ein Unterschied zu den Grundfreiheiten: Während dort die Zuordnung eines Akteurs zum Staat als ausreichend anzu-

---

[870] Oder sonstiger Begünstigungen.

[871] Einen kurzen Überblick über die jüngste Rechtsprechung bietet JAEGER, EuZW 2004, 558; vgl. auch MESTMÄCKER/ SCHWEITZER, Europ. WettbewerbsR, § 43 Rn. 65 ff.

[872] EuGH 16.5.2002, Frankreich / Kommission, Rs. C-482/99, Slg. 2002, I-4397 Rn. 17 („Stardust Marine"); EuGH 13.3.2001, PreussenElektra, Rs. C-379/98, Slg. 2001, I-2099 Rn. 58, jeweils m.w.N.

[873] EuGH 16.5.2002, Frankreich / Kommission, Rs. C-482/99, Slg. 2002, I-4397 Rn. 34, 37; EuGH 16.5.2000, Ladbroke Racing, Rs. C-83/98 P, Slg. 2000, I-3271 Rn. 50.

[874] Vgl. MESTMÄCKER/SCHWEITZER, Europ. WettbewerbsR, § 43 Rn. 66 m.w.N.

[875] EuGH 16.5.2002, Frankreich / Kommission, Rs. C-482/99, Slg. 2002, I-4397 Rn. 56.

sehen ist, um die Bindung seiner Handlungen an die Grundfreiheiten zu begründen, bedarf es bei Art. 87 Abs. 1 EG zusätzlich des Nachweises, ob ein Unternehmen, das unter beherrschendem Einfluss des Staates steht, im konkreten Fall tatsächlich durch diese Weisungsbefugnis zur Gewährung der Beihilfe veranlasst wurde. Auch kann entscheidend sein, ob das Unternehmen oder die betreffende Einrichtung hoheitlich gegründet wurde und ob ihre Aufgaben gesetzlich festgeschrieben sind[876]. Letztlich kommt es auf eine Zusammenschau der genannten Kriterien an[877].

3. Zurechnung im Vergaberecht

Für das Vergaberecht[878], das die Vergabe öffentlicher Aufträge regelt und bezweckt, staatliche Nachfragemacht rechtlichen Regeln zu unterwerfen sowie die nationalen Beschaffungsmärkte gemeinschaftsweit zu öffnen[879], existieren - abgesehen von einer Erwähnung des Beschaffungswesens in Art. 163 Abs. 2 und Art. 183 Abs. 4 EG - keine ausdrücklichen primärrechtlichen Regeln im Gemeinschaftsrecht[880]. Für die vorliegende Fragestellung wichtig ist aber die Feststellung, dass die Marktöffnungsfunktion der Vergaberegeln ganz wesentlich auf den Vorgaben der Grundfreiheiten und des allgemeinen Diskriminierungsverbots (Art. 12 EG) fußt und deren Vorgaben konkretisiert[881]; dies legt die Übertragbarkeit der hier maßgeblichen Zurechnungserwägungen auf die

---

876 EuGH 22.3.1977, Steinike und Weinlig, Rs. 78/76, Slg. 1977, 595 Rn. 21; s.a. EuGH 15.7.2004, Pearle BV u.a. / Hoofdbedrifschap Ambachten, Rs. C-345/02, Slg. 2004, I-7139 Rn. 38.

877 So wohl EuGH 2.2.1988, Van der Kooy, verb. Rs. 67, 68 u. 70/85, Slg. 1988, 219 Rn. 37.

878 Maßgebliche Rechtsgrundlagen des materiellen Vergaberechts sind nunmehr die Richtlinie 2004/18/EG des Europäischen Parlaments und des Rates vom 31. März 2004 über die Koordinierung der Verfahren zur Vergabe öffentlicher Bauaufträge, Lieferaufträge und Dienstleistungsaufträge, ABl. EG L 134 v. 30.4.2004, S. 114 (im Folgenden LBD-RiLi) sowie die sog. „Sektorenrichtlinie“: Richtlinie 2004/17/EG des Europäischen Parlaments und des Rates vom 31.3.2004 zur Koordinierung der Zuschlagserteilung durch Auftraggeber im Bereich der Wasser-, Energie- und Verkehrsversorgung sowie der Postdienste, ABl. EG L 134 v. 30.4.2004, S. 1 (im Folgenden SK-RiLi).

879 EuGH 3.10.2000, University of Cambridge, Rs. C-380/98, Slg. 2000, I-8035 Rn. 16 f.; MARX, in: Jestaedt/Kemper/Marx/Prieß, Recht der Auftragsvergabe, S.10; MESTMÄCKER/SCHWEITZER, Europ. WettbewerbsR, § 36 Rn. 9.

880 Vgl. MESTMÄCKER/SCHWEITZER, Europ. WettbewerbsR, § 36 Rn. 12; CRASS, Auftraggeber, S. 12.

881 Erwägungsgrund 3 der LBD-RiLi (o. Fn. 878); MESTMÄCKER/SCHWEITZER, Europ. WettbewerbsR, § 36 Rn. 13 f.

Grundfreiheiten zumindest nahe. Solche Zurechnungserwägungen sind im Vergaberecht dann nötig, wenn die Anwendbarkeit der LBD-RiLi oder der SK-RiLi in Frage steht. Diese verpflichten ausweislich Art. 2 Abs. 1 SK-RiLi und Art. 1 Abs. 9 LBD-RiLi nur öffentliche Auftraggeber zur Durchführung eines Vergabeverfahrens, worunter neben dem Staat und den Gebietskörperschaften insbesondere Einrichtungen des öffentlichen Rechts fallen. Übereinstimmend definieren die Art. 2 Abs. 1 lit. a) SK-RiLi sowie Art. 1 Abs. 9 LBD-RiLi, dass eine solche Einrichtung vorliegt, wenn sie

„- zu dem besonderen Zweck gegründet wurde, im Allgemeininteresse liegende Aufgaben nicht gewerblicher Art zu erfüllen,

- Rechtspersönlichkeit besitzt und

- überwiegend vom Staat, von den Gebietskörperschaften oder von anderen Einrichtungen des öffentlichen Rechts finanziert wird, hinsichtlich ihrer Leistung der Aufsicht durch Letztere unterliegt, oder deren Verwaltungs-, Leitungs- oder Aufsichtsorgan mehrheitlich aus Mitgliedern besteht, die vom Staat, von den Gebietskörperschaften oder von anderen Einrichtungen des öffentlichen Rechts ernannt worden sind."

Diese Kriterien entsprechen im Wesentlichen denen, die der EuGH in der „Beentjes"-Entscheidung[882] als maßgeblich erachtete[883]; in dieser Entscheidung hielt der Gerichtshof für die Zurechnung für entscheidend, dass die im Streitfall zu beurteilende Einrichtung durch Gesetz gegründet war, staatlicher Einflussnahme durch regierungsseitige Entsendung von Organen sowie staatlichen Richtlinien unterlag und durch staatliche Stellen finanziert wurde[884].

4. Zurechnung im Richtlinienrecht

Schließlich ist die Zurechnungsfrage im Anwendungsbereich der Richtlinien (Art. 249 Abs. 3 EG) in den Blick zu nehmen. Von Bedeutung ist die Feststellung, ob ein bestimmter Akteur dem Staat zuzurechnen ist hier vor allem im Bereich der unmittelbaren Wirkung von nicht oder fehlerhaft umgesetzten Richtlinien[885]. Bekanntlich hat der Gerichtshof eine unmittelbare Wirkung solcher Richtlinien nur insoweit zugelassen, als sich ein Bürger gegenüber dem Staat auf die Bestimmungen der Richtlinie beruft; nicht möglich ist die

---

882 EuGH 20.9.1988, Beentjes, Rs. 31/87, Slg. 1988, 4635.

883 Eingehend und m.w.N. zum Begriff des „öffentlichen Auftraggebers" MARX/PRIEß, in: Jestaedt/Kemper/Marx/Prieß, Recht der Auftragsvergabe, S. 16 ff.

884 EuGH 20.9.1988, Beentjes, Rs. 31/87, Slg. 1988, 4635 Rn. 12.

885 PRECHAL, Directives, S. 77.

Anwendung dagegen im horizontalen Verhältnis zwischen Privatpersonen[886]. Im grundlegenden Urteil „Foster“[887] hatte der Gerichtshof sich daher vor allem mit der Frage auseinander zu setzen[888], wann nicht umgesetzte Bestimmungen einer Richtlinie gegenüber einem Unternehmen geltend gemacht werden konnten, das formell nicht in den Staatsaufbau integriert war. Er entschied, dass „... jedenfalls eine Einrichtung, die unabhängig von ihrer Rechtsform kraft staatlichen Rechtsakts unter staatlicher Aufsicht eine Dienstleistung im öffentlichen Interesse zu erbringen hat und die hierzu mit besonderen Rechten ausgestattet ist, die über das hinausgehen, was für die Beziehungen zwischen Privatpersonen gilt, zu den Rechtssubjekten [gehört], denen die unmittelbar anwendbaren Bestimmungen einer Richtlinie entgegengehalten werden können“.

5. Erkenntnisse für die vorliegende Fragestellung

Betrachtet man die Gesamtheit der soeben dargestellten Kriterien, die in der Rechtsprechung zur Begründung der Zurechnung privaten Verhaltens zum Staat Anwendung finden, so lassen sich mehrere Gemeinsamkeiten feststellen[889]. Zum einen kehrt in jedem der untersuchten Bereiche des Gemeinschaftsrechts der Topos der Gründung durch Hoheitsakt wieder, der für eine Zurechnung zum Staat fruchtbar gemacht wird. Entscheidend sind weiterhin die Kontroll- oder Aufsichtsmöglichkeiten der öffentlichen Hand; lediglich im Beihilfenrecht werden hier etwas strengere Anforderungen als in den übrigen Gebieten gestellt. Eine Rolle spielt auch die Finanzierung der Tätigkeiten Privater durch staatliche Stellen. Zusammengefasst lassen sich also die personelle sowie die finanzielle Verflechtung mit dem Staat sowie dessen Einfluss auf die Zielsetzung des handelnden Privaten als entscheidungserhebliche Kriterien identifizieren[890]. Jeweils kommt es auf eine Gesamtschau der verschiedenen Gesichtspunkte an[891].

Die Konvergenz, wenn nicht Identität aller dieser Kriterien lässt es als nahe liegend erscheinen, ihnen nicht nur für die jeweils genannten Rechtsgebiete

---

886 EuGH 11.6.1987, Pretore di Salò/X, Rs. 14/86, Slg. 1987, 2545 Rn. 19; EuGH 14.7.1994, Faccini Dori, Rs. C-91/92, Slg. 1994, I-3325 Rn. 24.

887 EuGH 12.7.1990, Foster, Rs. C-188/89, Slg. 1990, I-3313 Rn. 20.

888 Näher zum Sachverhalt und zu Einzelfragen PRECHAL, Directives, S. 80 ff; WERNICKE, Privatwirkung, S. 145 ff.

889 So auch SCHINDLER, Kollision, S. 39; WERNICKE, Privatwirkung, S. 161.

890 Vgl. SCHINDLER, Kollision, S. 39.

891 SCHINDLER, Kollision, S. 39 f.; ähnlich KÖRBER, Grundfreiheiten, S. 639 („[...] Grenze [...] kann im Einzelfall verschwimmen“.

Bedeutung beizumessen, sondern diese Erkenntnisse auf die hier vorliegende Fragestellung zu übertragen; fraglich ist indes, ob einer solche Übertragung systematische Einwände entgegenstehen. Der Pflichtenkreis des Adressaten der jeweiligen Regelungen könnte hier gegen eine Übertragbarkeit angeführt werden. Beihilfenrecht und Grundfreiheiten weisen zwar insofern eine Gemeinsamkeit auf, als dass der Staat in beiden Fällen einem Verbot unterliegt: Er darf keine Maßnahmen treffen, die den Grundfreiheiten zuwiderlaufen und ebenso wenig bestimmten Unternehmen den Gemeinsamen Markt beeinträchtigende Beihilfen gewähren. Anders ist die Situation aber im Vergaberecht, welches ein Handlungsgebot dahingehend enthält, dass - bei Vorliegen bestimmter weiterer Voraussetzungen - die Durchführung eines Vergabeverfahrens erforderlich ist. Auf den ersten Blick schwieriger stellt sich die Situation im Richtlinienrecht dar: Das Gebot, die Richtlinie umzusetzen oder ihre Bestimmungen trotz Nichtumsetzung zu befolgen, stellt zwar unzweifelhaft ein Handlungsgebot dar. Jedoch können einzelne Richtlinien, je nach ihrem Inhalt, auch durchaus Unterlassungspflichten enthalten, was eine eindeutige Einordnung erschweren könnte. Bei der letzteren Sichtweise würde allerdings übersehen, dass Art. 249 Abs. 3 EG im vorliegenden Kontext die maßgebliche Norm darstellt, an der die Verpflichtung staatlicher Stellen zu messen ist; diese Norm enthält ein eindeutiges Handlungsgebot, ohne dass die Ziele oder Pflichten aus der umzusetzenden Richtlinie dabei zu berücksichtigen wären[892].

Letztlich dürften die hierdurch begründeten Unterschiede zwischen Handlungs- und Unterlassungsgeboten aber zumindest für die Frage der Zurechnung keine entscheidende Rolle spielen, da die Auslegung der Zurechnungskriterien in jedem Fall funktionellen Gesichtspunkten folgt und zudem einheitlich eine eher weite Auslegung des Begriffs der staatlichen Kontrolle oder des staatlichen Einflusses auszumachen ist[893]. Auch im Schrifttum wird von einer generellen Anwendbarkeit der herausgearbeiteten Kriterien auf alle Bereiche des Gemeinschaftsrechts ausgegangen, in denen Fragen der Zurechnung privaten Handelns zum Staat in Rede stehen[894]. Sind diese Kriterien erfüllt, ist somit nicht die grundfreiheitliche Schutzpflicht einschlägig, sondern vielmehr die abwehrrechtliche Funktion der Grundfreiheiten.

---

892 PRECHAL, Directives, S. 79.

893 Vgl. GA VAN GERVEN, Schl.-Antr. v. 8.5.1990, Foster, Rs. C-188/89, Slg. 1990, I-3313 Tz. 16.

894 Vgl. SCHINDLER, Kollision, S. 39; WERNICKE, Privatwirkung, S. 161; B. KOCH, Gewährleistungspflicht, S. 218; MÜLLER-GRAFF, in: von der Groeben/Schwarze, EUV / EGV, Art. 28 EG Rn. 290.

Dabei liegt der wesentliche Unterschied zwischen Zurechnung und Schutzpflicht, worauf *Schindler*[895] zutreffend hinweist, darin begründet, dass dem Staat im ersteren Fall die Möglichkeit der internen Einflussnahme auf das betreffende nicht-staatliche Rechtssubjekt offen steht. Durch die Bestellung und Abberufung von Aufsichts- oder anderen Organen, die Wahrnehmung von (gesetzlich begründeten) Weisungsrechten oder der schlichten Ankündigung, die staatlicherseits gewährte Finanzierung zu kürzen[896], stehen dem Mitgliedstaat hier mannigfaltige Handlungsoptionen zur Verfügung, um ein gemeinschaftsrechtskonformes Verhalten des betroffenen Rechtssubjekts gleichsam „von innen" herbeizuführen. Die sonach tatsächlich bestehenden Einflussmöglichkeiten lassen es auch in teleologischer Hinsicht als gerechtfertigt erscheinen, in den Zurechnungskonstellationen die Abwehrfunktion der Grundfreiheiten mit ihren strengeren Anforderungen an die mitgliedstaatliche Rechtfertigung zum Tragen kommen zu lassen. Dies ergibt sich mit besonderer Deutlichkeit, wenn man sich nochmals die typische Schutzpflichtkonstellation vor Augen hält[897], bei der es sich im Gegensatz zu Zurechnungsfällen häufig um Fälle spontaner oder jedenfalls im Verborgenen geplanter Protestaktionen handelt, denen der Mitgliedstaat oftmals lediglich mittels seiner Sicherheitskräfte - mithin unter Rückgriff auf sein Gewaltmonopol - entgegentreten kann. Hier verbleibt lediglich die Möglichkeit eines Zugriffs auf die Störer „von außen", also durch staatliche Zwangsmittel[898], der durch die Notwendigkeit der Kenntnis von den genannten Handlungsweisen nicht unbeträchtlich erschwert werden kann. Die Aufrechterhaltung eines gemeinschaftsrechtskonformen Zustands ist demnach in Schutzpflichtkonstellationen schwieriger zu erreichen; eben dieser Erkenntnis trägt dann auch eine modifizierte Verhältnismäßigkeitsprüfung[899] in diesen Fällen Rechnung.

6. Insbesondere: Bedeutung einer staatlichen Genehmigung

Die Zurechnungsproblematik weist darüber hinaus allerdings noch eine weitere Dimension auf, die bereits in der Analyse der einschlägigen EuGH-Rechtsprechung[900] angeklungen ist: Wie sind diejenigen Fälle zu behandeln, in denen die staatliche Einflussnahme lediglich darin begründet liegt, dass der Staat privates Verhalten genehmigt hat oder eine Rechtslage geschaffen hat,

---

[895] Kollision, S. 40 f.
[896] Alternativ: sie bei „Wohlverhalten" beizubehalten oder zu erweitern.
[897] S. 2. Teil, A I, S. 32.
[898] SCHINDLER, Kollision, S. 41.
[899] S. 2. Teil, C IV 1 e) bb), S. 158; zusammenfassend 2. Teil, C IV 4, S. 165.
[900] S. 2. Teil, B III 4, S. 61; 2. Teil, B V 4 b), S. 81 f.

die dieses private Verhalten ermöglicht hat? Sollte auch diese Einflussnahme für die Bejahung einer Zurechnung privaten Handelns zum Staat genügen, würde der Anwendungsbereich der Schutzpflicht zugunsten der abwehrrechtlichen Dimension der Grundfreiheiten deutlich schrumpfen; der Fall „Schmidberger" etwa wäre nach diesem Modell aufgrund der durch die Behörden erteilten Genehmigung für die Demonstration der Umweltschützer nach abwehrrechtlichen Grundsätzen zu beurteilen. *Jaeckel* möchte die Unterscheidung danach vornehmen, ob der Mitgliedstaat den entscheidenden oder wesentlichen Beitrag für die Beeinträchtigung der Grundfreiheiten durch den Privaten gesetzt hat[901]. Doch dürfte damit kaum ein Gewinn an Rechtssicherheit verbunden sein, denn das Kriterium der Wesentlichkeit oder des „konstitutiven Beitrags" ist einer genauen Definition kaum zugänglich[902]. Obgleich von einer umfassenden Aufarbeitung dieser zudem keineswegs als geklärt anzusehenden Problematik hier schon aus Raumgründen abgesehen werden muss, so erscheinen doch zwei Positionen prinzipiell als denkbar.

a) Erweiterter Zurechnungsbegriff?

Ein Ansatz wäre, wie soeben geschildert, zusätzlich zu den soeben erörterten Konstellationen des staatlichen Einflusses auf private Rechtssubjekte[903] auch diejenigen Fälle der abwehrrechtlichen Funktion der Grundfreiheiten zuzuschlagen, in denen eine mitgliedstaatliche Beteiligung jeglicher Art an dem privaten Verhalten festzustellen ist. In der Konsequenz dieses Ansatzes läge es, eine staatliche Erlaubnis bereits daraus herzuleiten, dass ein Mitgliedstaat ein bestimmtes staatliches Verhalten nicht verboten hat und anzunehmen, eine solche „schwache Erlaubnis" begründe stets eine Verantwortlichkeit des Mitgliedstaats nach abwehrrechtlichen Grundsätzen[904]. Diese Lösung hätte eine Beschränkung, wenn nicht völlige Verdrängung der Schutzpflicht zur Folge; sie kann sich auf entsprechende Vorbilder in der deutschen Grundrechtsdogmatik (sog. „abwehrrechtliche Lösung") stützen[905]. Auch die hier in Rede ste-

---

901 JAECKEL, Schutzpflichten, S. 255.

902 Im deutschen Recht lässt sich die Problematik des Begriffs „wesentlich" etwa an der Diskussion um die sog. Wesentlichkeitstheorie des BVerfG illustrieren, die ebenso ob der Unbestimmtheit ihres Leitbegriffs Kritik erfährt (dazu KLOEPFER, JZ 1984, 685 [692 f.]; ROELLECKE, NJW 1978, 1776 [1778 f.]; zusammenfassend SCHULZE-FIELITZ, in: Dreier, GG, Art. 20 [Rechtsstaat] Rn. 103 ff.).

903 S. 2. Teil, C V 5, S. 172.

904 So SZCZEKALLA, Schutzpflichten, S. 1057, dort auch Begriff der „schwachen Erlaubnis".

905 Hier seien stellvertretend nur genannt SCHWABE, Probleme, S. 213 ff.; MURSWIEK, Verantwortung, S. 61 ff., 88 ff.; so auch SZCZEKALLA, Schutzpflichten, S. 390 ff.

hende Erteilung einer staatlichen Genehmigung wird nach dieser Auffassung als ausreichend für eine Zurechnung des privaten Handelns in Ausübung der Genehmigung angesehen[906].

b) Einwände gegen eine Erweiterung des Zurechnungsbegriffs

Der Gegenentwurf zur dargestellten Position lässt sich dahingehend formulieren, dass außerhalb der Fallgestaltungen, in denen eine interne staatliche Einflussnahme im soeben dargelegten Sinne festgestellt werden kann[907], von einer staatlichen Beteiligung nicht ausgegangen werden kann, sondern vielmehr die grundfreiheitliche Schutzpflicht einschließlich ihrer Kautelen zur Wahrung der mitgliedstaatlichen Handlungsspielräume einschlägig ist. Begriffliche Einwände gegen eine Erweiterung des Zurechnungsbegriffs in Richtung des soeben dargelegten abwehrrechtlichen Ansatzes wurden bereits dargelegt[908]. In materieller Hinsicht ist darauf hinzuweisen, dass die Notwendigkeit einer staatlichen Genehmigung privaten Verhaltens nicht bedeuten muss, dass der Mitgliedstaat nunmehr jegliches von privater Seite ausgehendes Fehlverhalten billigt[909]; eine solche Deutung hätte die äußerst bedenkliche Konsequenz, dass der auch durch die Privatautonomie verbürgte Grundsatz der Eigenverantwortung in sein Gegenteil verkehrt würde, indem eine weitgehende staatliche Ersatzhaftung für privates Fehlverhalten etabliert würde[910]. Im Gegensatz hierzu dient das Genehmigungserfordernis vielmehr der Erfüllung von Schutzpflichten, indem die staatliche Möglichkeit zur präventiven Kontrolle verbessert wird[911]. Wie soeben dargelegt[912], bedarf es aufgrund der im Bereich der Schutzpflicht typischen Fallgestaltungen auch oftmals einer solchen Vorverlagerung der Gefahrenabwehr mittels Genehmigungserfordernis, um das Informationsgefälle zwischen Behörden des Mitgliedstaats und Störern zumindest ansatzweise wieder auszugleichen. Hierdurch werden aber keine Pflichten anderer Bürger begründet, Beeinträchtigungen ihrer Grund-

---

m.w.N.; vgl. weiterhin (ablehnend) JAECKEL, Schutzpflichten, S. 36 ff. m.w.N; DIETLEIN, Lehre, S. 35 ff. m.w.N.; KRINGS, Grund, S. 105 ff. m.w.N; C. CALLIESS, JZ 2006, 321 (325).

906 Vgl. SZCZEKALLA, Schutzpflichten, S. 1057.

907 S. 2. Teil, C V 5, S. 172.

908 S. 2. Teil, A II 1 c), S. 37.

909 So auch KÖRBER, Grundfreiheiten, S. 649 m.w.N.

910 Vgl. SCHINDLER, Kollision, S. 41 f.; zu den Grundrechten des GG DIETLEIN, Lehre, S. 92; ähnlich KRINGS, Grund, S. 108 f.

911 JAECKEL, Schutzpflichten, S. 251; vgl. auch BURGI, EWS 1999, 327 (331, dort Fn. 60); zum deutschen Recht RAUSCHNING, DVBl. 1980, 831 (832).

912 S. 2. Teil, C V 5, S. 174.

freiheiten durch Private zu dulden[913]. Aus einer spezifisch gemeinschaftsrechtlichen Sicht erscheint es zudem nicht als angeraten, an nationale Ausgestaltungen des Verwaltungs- oder Verfassungsrechts insbesondere in Bezug auf staatliche Genehmigungen anzuknüpfen: Was in dem einen Mitgliedstaat etwa aufgrund eines Genehmigungserfordernisses gehandhabt wird, mag in einem anderen einer nur nachträglich eingreifenden Aufsicht unterliegen. Es überzeugt nicht, an derartige Gegebenheiten der nationalen Rechtsordnungen so weitreichende gemeinschaftsrechtliche Folgen wie die nach Zuordnung einer Fallgestaltung zur Abwehr- oder zur Schutzfunktion der Grundfreiheiten zu knüpfen[914]. Allenfalls kann überlegt werden, ob die Zulassung der Gefahrenquelle durch Genehmigung zu einer Verschärfung der Verhältnismäßigkeitskontrolle im Rahmen der Schutzpflicht führt, weil die Genehmigungspflicht eine erhöhte Gefährlichkeit der jeweiligen Gefahrenquelle impliziert und hierdurch ein Vertrauen der potentiell Geschädigten auf die Beherrschbarkeit dieser Gefahrenquelle durch den Staat begründet wird[915].

c) Zwischenergebnis

Demnach ist daran festzuhalten, dass eine klare Trennung zwischen Zurechnungsfällen und Schutzpflichtkonstellationen vorzunehmen ist; als Kriterien für die zuerst genannte Kategorie sind nur diejenigen heranzuziehen, die bereits herausgearbeitet wurden. Eine Ausweitung des Zurechnungsbegriffs dahingehend, dass jegliche staatliche Beteiligung eine Zurechnung privaten Handelns zum Staat auslöst, ist nicht zu befürworten.

7. Verbleibende Zweifelsfälle

Doch verbleiben auch unter Zugrundelegung dieser Kriterien noch einige Zweifelsfälle, in denen nicht sicher ist, ob insoweit eine Zurechnung der Handlungen Privater zum Staat stattzufinden hat oder die grundfreiheitliche Schutzpflicht einschlägig ist. Diese Problematik stellt sich vor allem dann, wenn die von Privaten ausgehenden Beeinträchtigungen für die Grundfreiheiten darauf beruhen, dass sie sich bestimmter Rechtsinstitute des nationalen Rechts bedienen und so Hindernisse etwa für den freien Warenverkehr errichten.

---

913 Zu den Grundrechten des GG DIETLEIN, Lehre, S. 94; KRINGS, Grund, S. 115.
914 Vgl. JAECKEL, Schutzpflichten, S. 252.
915 REBHAHN, Staatshaftung, S. 238 f.

Als aktuelles Beispiel mag hier das in Deutschland eingeführte so genannte Dosenpfand dienen. Die deutsche VerpackV[916] sieht ein Zwangspfandsystem für bestimmte als ökologisch nachteilig bewertete Getränkeverpackungen vor. Dieses Pfand wird dem Käufer bei Rückgabe der Verpackung erstattet (§ 8 Abs. 1 S. 1, 3 VerpackV); betroffen sind Einwegverpackungen. Um den Verpflichtungen aus diesem System zu entgehen, entfernten mehrere große Supermarktketten Einwegverpackungen zugunsten von Mehrwegverpackungen aus ihrem Sortiment (so genannte Auslistung), wodurch unter anderem Importeure von Getränken in Einwegverpackungen aus anderen Mitgliedstaaten Umsatzverluste erlitten, da sie anders als nur im Inland tätige Hersteller ihre Produktion nicht ohne weiteres auf andere Verpackungen umstellen konnten[917]. Die Auswirkungen solcher Maßnahmen auf den freien Warenverkehr (Art. 28 EG) sind nicht zu leugnen[918]. Doch sind diese Auslistungen als private Beeinträchtigungen der Grundfreiheiten anzusehen mit der Folge, dass der Bundesrepublik Deutschland ein unterlassenes Einschreiten gegen die Auslistungen vorzuwerfen ist[919]? Oder liegt die eigentliche Beeinträchtigung des Art. 28 EG nicht vielmehr darin begründet, dass der nationale Normgeber, hier die Bundesregierung[920], ein solches Pfandsystem eingerichtet hat und dadurch die Einfuhr von Einwegverpackungen erschwert hat?

Die Lösung dieses Falles und ähnlicher Fallgestaltungen[921] kann ein Gedanke erleichtern, den *Streinz/Leible*[922] in ähnlichem Zusammenhang entwickelt haben. Grundidee hierbei ist die Trennung zwischen normkausalem und genuin privatautonomem Handeln, wobei als normkausal diejenigen Beeinträchtigungen der Grundfreiheiten anzusehen sind, die schon in einer bestimmten Norm des nationalen Rechts angelegt sind. Sind diese Beeinträchtigungen der Grundfreiheiten notwendige Folge der Anwendung der Norm im Privatrechtsverhältnis, ist es gerechtfertigt, diese Beeinträchtigungsfolgen dem Staat zuzurechnen, weil und soweit sich das Handeln Privater lediglich als Normbefolgung darstellt. Anders ist es hingegen zu beurteilen, wenn Beeinträchti-

[916] Verordnung über die Vermeidung und Verwertung von Verpackungsabfällen v. 21.8.1998, BGBl. I, S. 2379.

[917] Vgl. näher KARENFORT/SCHNEIDER, EuZW 2003, 587 (590).

[918] S. EuGH 14.12.2004, Kommission / Deutschland, Rs. C-463/01, Slg. 2004, I-11705 Rn. 69; insoweit zutreffend auch KARENFORT/SCHNEIDER, EuZW 2003, 587 (590).

[919] So KARENFORT/SCHNEIDER, EuZW 2003, 587 (591).

[920] Vgl. die Eingangsformel der VerpackV.

[921] Hierzu ist auch der oben, 2. Teil, B III, S. 60 ff. analysierte Fall EuGH 18.1.2001, Kommission / Italien, Rs. C-162/99, Slg. 2001, I-541 zu rechnen.

[922] EuZW 2000, 459 (465).

gungen der Grundfreiheiten zwar unter Nutzung von Normen des nationalen Rechts durch Private vorgenommen werden[923], diese Normen aber in ihrer Anwendung nicht zwingend zu einer Beeinträchtigung von Grundfreiheiten führen[924]; gleich steht der Fall, in dem eine Norm überhaupt fehlt[925]. Dann kann eine staatliche Beteiligung, die eine Zurechnung rechtfertigen könnte, nicht festgestellt werden und es ist als Anknüpfungspunkt für einen Vertragsverstoß des Mitgliedstaats nur ein Unterlassen in Betracht zu ziehen. Unter Zugrundelegung dieses Ansatzes lässt sich der genannte Beispielsfall des Dosenpfandes der Kategorie der normkausalen Beeinträchtigungen zuordnen: Bereits die Existenz eines Zwangspfandsystems erschwert die Einfuhr von Getränken in Einwegverpackungen, indem ein Anreiz geschaffen wird, Mehrwegverpackungen aufgrund ihrer ökologischen Vorteilhaftigkeit zu verwenden. Genau dies ist auch das Ziel der Normen. Insofern stellen sich die Auslistungen von Getränken in Einwegverpackungen, durch die Endverkäufer ihren Rücknahmeverpflichtungen entgehen wollen, lediglich als notwendige Folge der bereits durch die VerpackV intendierten Zurückdrängung von Einwegverpackungen dar, begründen aber keine eigenständige private Beeinträchtigung der Grundfreiheiten, gegen die Deutschland einzuschreiten verpflichtet wäre[926]. Insgesamt stellt die Unterscheidung zwischen normkausalen und rein privatautonomen Beeinträchtigungen der Grundfreiheiten damit ein durchaus sinnvolles Kriterium dar, wenn fraglich ist, ob das Gebrauchmachen von Normen des nationalen Rechts durch Private schon als auf die Norm rückführbare staatliche Einwirkung auf die Grundfreiheiten anzusehen ist oder ob es sich um nichtstaatliche Beeinträchtigungen handelt, gegenüber denen eine Handlungspflicht der Mitgliedstaaten besteht.

---

923 Man denke etwa an in Ausübung der Vertragsfreiheit geschlossene Verträge mit diskriminierenden Bedingungen.

924 STREINZ/LEIBLE, EuZW 2000, 459 (466) beschränken dies auf den Fall, in dem eine Norm gänzlich fehlt; doch ist gerade das soeben genannte Beispiel des Vertragsschlusses (Fn. 923) ein Beleg dafür, dass allein von privater Seite vorgenommene Beschränkungen der Grundfreiheiten selten ohne entsprechende Instrumente des nationalen Rechts auskommen.

925 Insoweit übereinstimmend STREINZ/LEIBLE, EuZW 2000, 459 (466).

926 Anderer Ansicht KARENFORT/SCHNEIDER, EuZW 2003, 587 (590), die den maßgeblichen Anknüpfungspunkt zu Unrecht im Unterlassen von Regulierung des privatwirtschaftlichen Pfandsystems erblicken; im Ergebnis wie hier, jedoch ohne Diskussion der Frage EuGH 14.12.2004, Kommission / Deutschland, Rs. C-463/01, Slg. 2004, I-11705 Rn. 62; ebenso EuGH 14.12.2004, Radlberger Getränkegesellschaft, Rs. C-309/02, Slg. 2004, I-11763 Rn. 67.

VI. Konvergenz der Grundfreiheiten als Argumentationstopos

Damit verbleiben zwei Problemfelder, die durch die Rechtsprechungsanalyse noch keiner befriedigenden Klärung zugeführt werden konnten. Dabei handelt es sich zum einen um die Frage, ob neben den bisherigen Fällen, in denen die Schutzpflicht der Mitgliedstaaten lediglich für den freien Warenverkehr (Art. 28 EG) anerkannt wurde, auch die Arbeitnehmerfreizügigkeit (Art. 39 EG), die Niederlassungs- (Art. 43 EG) und die Dienstleistungsfreiheit (Art. 49 EG) sowie die Freiheit des Kapital- und Zahlungsverkehrs (Art. 56 EG) eine Schutzpflichtdimension aufweisen; es ist dies die Frage nach der einheitlichen Anwendbarkeit der Schutzpflicht auf alle Grundfreiheiten (hierzu unter 2.). Zum anderen ist - insbesondere bei Bejahung der ersten Frage - fraglich und noch nicht abschließend geklärt, wie sich die vom EuGH teilweise angenommene unmittelbare Drittwirkung der Grundfreiheiten und das Schutzpflichtkonzept zueinander verhalten (hierzu unter 3.).

1. Die Ausgangsproblematik: Bestehen einer Konvergenz?

Jedenfalls die erste Frage wirft die Notwendigkeit auf, sich über die Gemeinsamkeiten und Unterschiede der Grundfreiheiten des EG-Vertrages Rechenschaft abzulegen. In diesem Zusammenhang wird im Schrifttum häufig das Bild von einer „Konvergenz der Grundfreiheiten" bemüht[927], womit eine Annäherung der einzelnen Gewährleistungen hinsichtlich Tatbestands- und Rechtfertigungsstruktur gemeint ist. In einem ersten Schritt ist daher zu untersuchen, wie es um diese „Konvergenz der Grundfreiheiten" bestellt ist, um die hieraus gewonnenen Erkenntnisse sodann für die genannten Fragestellungen nutzbar zu machen.

a) Zum gegenwärtigen Stand der Konvergenz der Grundfreiheiten

Bei der Ermittlung des gegenwärtigen Stands der Konvergenz der Grundfreiheiten soll das Hauptaugenmerk zunächst - wie schon zuvor - auf die Rechtsprechung des EuGH gerichtet werden. Für den Aspekt der Übertragbarkeit von Schutzpflichten auf alle Grundfreiheiten sind vor allem drei Gesichtspunkte wesentlich, die im Folgenden untersucht werden sollen. Dabei handelt es sich zum einen um die Frage, inwieweit auf Tatbestandsebene ein Gleich-

---

[927] Beispielhaft etwa EPINEY, in: Calliess/Ruffert, EUV / EGV, Art. 28 EGV Rn. 59; FÜLLER, Grundlagen, S. 165; MOJZESOWICZ, Möglichkeiten, S. 133 ff.; HARATSCH/KOENIG/PECHSTEIN, EuropaR, Rn. 691; BEHRENS, EuR 1992, 145 (155); EBERHARTINGER, EWS 1997, 43 (52); JARASS, EuR 2000, 705 (706); wohl auch EHLERS, in: ders. (Hrsg.), EuGR, § 7 Rn. 16.

lauf der Grundfreiheiten insbesondere mit Blick auf ein Beschränkungsverbot besteht (dazu aa.), die sich deshalb stellt, weil eine weite Auslegung des Tatbestandes auch bei den Schutzpflichten geboten ist[928]. Die äußerst kontroverse Diskussion darüber, ob die „Keck"-Rechtsprechung auf andere Grundfreiheiten als Art. 28 EG Anwendung findet[929], kann dagegen vernachlässigt werden, da schon dargelegt wurde, dass die „Keck"-Formel für die Schutzpflichtkonstellationen ohnehin nicht zur Tatbestandsrestriktion geeignet ist[930]. Zum anderen ist zu erörtern, inwieweit auf der Rechtfertigungsseite strukturelle Unterschiede oder Gemeinsamkeiten zwischen den einzelnen grundfreiheitlichen Gewährleistungen bestehen (dazu bb.). Auf eine Einzelexegese der jeweiligen Rechtfertigungsgründe kann - wie schon bei der Erörterung der dogmatischen Struktur der Schutzpflicht[931] - dagegen verzichtet werden. Abschließend ist zu fragen, inwiefern verschiedene Zielrichtungen der Grundfreiheiten möglicherweise eine unterschiedliche dogmatische Behandlung rechtfertigen können (dazu cc.).

aa) Tatbestandsebene

Vorab ist zu klären, was unter dem Begriff „Beschränkungsverbot" zu verstehen ist. Ausgangspunkt hierfür ist, dass die Arbeitnehmerfreizügigkeit, die Niederlassungs- und die Dienstleistungsfreiheit jedenfalls ein Verbot der Diskriminierung aufgrund der Staatsangehörigkeit beinhalten, wofür sich Anhaltspunkte in Art. 39 Abs. 2 EG, Art. 43 Abs. 2 EG sowie Art. 50 Abs. 3 EG finden[932]. Systematisch lässt sich anführen, dass die Grundfreiheiten spezielle Ausformungen des allgemeinen Diskriminierungsverbots in Art. 12 EG darstellen[933].

Über ein Diskriminierungsverbot hinausgehend fordert ein Beschränkungsverbot, dass auch solche staatlichen Maßnahmen anhand der Grundfreiheiten zu überprüfen sind, die zwar keinen diskriminierenden Charakter aufweisen, aber „die Ausübung der durch den Vertrag garantierten grundlegenden Freiheiten behindern oder weniger attraktiv machen können"[934]. Für Art. 28 EG ist

---

928 S. 2. Teil, C III 3, S. 144.

929 Dazu eingehend FEIDEN, Bedeutung, S. 121 ff.

930 S. 2. Teil, C III 1 a) cc), S. 127 ff.

931 S. 2. Teil, C IV, S. 149.

932 Vgl. STREINZ, EuropaR, Rn. 667; FRENZ, HdBEuR Bd. 1, Rn. 104.

933 EHLERS, in: ders. (Hrsg), EuGR, § 7 Rn. 19; differenzierend MÜHL, Diskriminierung, S. 75 f.

934 So die allgemein formulierte Definition in EuGH 30.11.1995, Gebhard, Rs. C-55/94, Slg. 1995, I-4165 Rn. 37.

dies mit der „Dassonville"-Formel gesicherte Rechtsprechung. Im Hinblick auf Art. 39 EG stellte der Gerichtshof in der Entscheidung „Graf" fest, dass die Norm nicht nur Diskriminierungen, sondern „auch nationale Regelungen verbietet, die, auch wenn sie unabhängig von der Staatsangehörigkeit der betroffenen Arbeitnehmer anwendbar sind, deren Freizügigkeit beeinträchtigen"[935]. Auch Art. 39 EG enthält insoweit also ein Beschränkungsverbot; Überlegungen zu Tatbestandsrestriktionen in Anlehnung an die „Keck"-Formel[936] ändern daran - wie soeben dargelegt - nichts.

Die Niederlassungsfreiheit enthält ebenso wie die Dienstleistungsfreiheit (Art. 49 Abs. 1 EG)[937] seit der Neufassung durch den Vertrag von Amsterdam in Art. 43 Abs. 1 S. 1 EG einen ersten textlichen Hinweis auf die Existenz eines Beschränkungsverbots. Der Rechtsprechung bis 2002 kann hingegen nicht eindeutig entnommen werden, ob sie ein solches für Art. 43 EG annahm[938]. In den Entscheidungen „Kommission / Italien"[939] sowie „Payroll Data Services"[940] spricht der Gerichtshof jedoch deutlich aus, dass Art. 43 EG „die Aufhebung der Beschränkungen der Niederlassungsfreiheit vorschreibt und dass als solche Beschränkungen alle Maßnahmen anzusehen sind, die die Ausübung dieser Freiheit unterbinden, behindern oder weniger attraktiv machen"[941]. Mithin ist, vor allem unter Berücksichtigung des Umstandes, dass der Gerichtshof sich der gleichen Formulierung wie im Urteil „Gebhard"[942] bedient, auch für die Niederlassungsfreiheit von der Existenz eines Beschränkungsverbots auszugehen.

Im Bereich der Dienstleistungsfreiheit wird der erwähnte textliche Befund durch das Urteil in der Rechtssache „Säger" bestätigt. Hier führte der Gerichtshof aus, Art. 43 EG fordere „nicht nur die Beseitigung sämtlicher Diskriminierungen [...] aufgrund [der] Staatsangehörigkeit, sondern auch die Aufhebung aller Beschränkungen - selbst wenn sie unterschiedslos für einheimische Dienstleistende wie für Dienstleistende anderer Mitgliedstaaten gelten - [...], wenn sie geeignet sind, die Tätigkeit des Dienstleistenden, der in

---

935 EuGH 27.1.2000, Graf, Rs. C-190/98, Slg. 2000, I-493 Rn. 18; ähnlich zuvor EuGH 15.12.1995, Bosman, Rs. C-415/93, Slg. 1995, I-4921 Rn. 96.

936 Überblick hierzu bei ROLOFF, Beschränkungsverbot, S. 93 ff.

937 Vgl. TIEDJE/TROBERG, in: von der Groeben/Schwarze, EUV / EGV, Art. 49 EG Rn. 29.

938 S. zusammenfassend FRENZ, HdBEuR Bd. 1, Rn. 2190 ff.

939 EuGH 15.1.2002, Kommission / Italien, Rs. C-439/99, Slg. 2002, I-305 Rn. 22.

940 EuGH 17.10.2002, Payroll Data Services, Rs. C-79/01, Slg. 2002, I-8923 Rn. 26.

941 EuGH 17.10.2002, Payroll Data Services, Rs. C-79/01, Slg. 2002, I-8923 Rn. 26.

942 Oben Fn. 934, S. 181.

einem anderen Mitgliedstaat ansässig ist und dort rechtmäßig ähnliche Dienstleistungen erbringt, zu unterbinden oder zu behindern“[943]. Bestätigt wurde diese Rechtsprechung seitdem in mehreren Urteilen[944], so dass auch für die Dienstleistungsfreiheit ein Beschränkungsverbot anzunehmen ist.

Abschließend ist die Freiheit des Kapital- und Zahlungsverkehrs (Art. 56 EG) in den Blick zu nehmen, bei der die Reichweite des im Normtext auftauchenden Beschränkungsbegriffs längere Zeit einer Klärung durch den EuGH harrte[945]. In den Entscheidungen „Goldene Aktien I und II“ war der Gerichtshof dann mit dem Argument konfrontiert, die streitgegenständlichen Genehmigungserfordernisse für den Erwerb von Anteilen an bestimmten Unternehmen beanspruchten Geltung sowohl für In- als auch für Ausländer und stellten insofern keine gegen Art. 56 EG verstoßende Diskriminierung dar. Dies wies der EuGH zurück, denn „Art. 73b EG-Vertrag [jetzt Art. 56 EG] verbiete [...] ganz allgemein Beschränkungen des Kapitalverkehrs zwischen den Mitgliedstaaten“ und gehe „über die Beseitigung einer Ungleichbehandlung [...] aufgrund [...] [der] Staatsangehörigkeit hinaus“[946]. Auch für diese Grundfreiheiten kann daher festgestellt werden, dass ihnen ein Verbot von Beschränkungen innewohnt.

Zusammenfassend ergibt sich somit ein einheitliche Bild auf der Tatbestandsebene: Alle untersuchten Grundfreiheiten weisen in Parallelität zu Art. 28 EG eine weite Fassung des dem Staat verbotenen Verhaltens auf, indem sie über ein Diskriminierungsverbot hinausgehend ein Verbot jeglicher Maßnahmen statuieren, welche die Ausübung der Grundfreiheiten behindern oder weniger attraktiv machen können. Die im Urteil „Gebhard“[947] enthaltene Aussage wird insoweit durch die Einzelanalyse der sonstigen Rechtsprechung bestätigt.

bb) Rechtfertigungsebene

Auf der Ebene der Rechtfertigung steht, wie für die Schutzpflicht aus Art. 28 EG anhand der Rechtsprechung des Gerichtshofs bereits herausgearbeitet wurde, die Prüfung der Verhältnismäßigkeit des Nichteinschreitens im Vor-

---

943 EuGH 25.7.1991, Säger, Rs. C-76/90, Slg. 1991, I-4221 Rn. 12.

944 Etwa EuGH 23.11.1999, Arblade und Leloup, verb. Rs. C-369/96 u. C-376/96, Slg. 1999, I-8453 Rn. 33 m.w.N.; EuGH 7.2.2002, Kommission / Italien, Rs. C-279/00, Slg. 2002, I-1425 Rn. 31.

945 Dazu nur KIEMEL, in: von der Groeben/Schwarze, EUV / EGV, Art. 56 EG Rn. 7.

946 EuGH 4.6.2002, Kommission / Portugal, Rs. C-367/98, Slg. 2002, I-4731 Rn. 44; EuGH 4.6.2002, Kommission / Frankreich, Rs. C-483/99, Slg. 2002, I-4781 Rn. 40.

947 EuGH 30.11.1995, Gebhard, Rs. C-55/94, Slg. 1995, I-4165 Rn. 37.

dergrund[948]; relevant ist zudem, welche entgegenstehenden Bestimmungen zur Rechtfertigung eines unterlassenen Tätigwerdens des Staates geltend gemacht werden können, wobei die Wahrung von Grundrechten der die Grundfreiheiten störenden Privaten die bedeutendste Rolle spielen dürfte. Dementsprechend ist für den hier untersuchten Bereich der Schutzpflichten vor allem eine Konvergenz im Bereich der Struktur der Rechtfertigungsprüfung von Interesse.

Wiederum enthält die Entscheidung „Gebhard“ einen gewichtigen Hinweis, der auf eine solche Konvergenz schließen lässt. Dort entschied der Gerichtshof, ohne dies auf die eigentlich streitgegenständliche Niederlassungsfreiheit zu beschränken, dass „nationale Maßnahmen, die die Ausübung der *durch den Vertrag garantierten grundlegenden Freiheiten* behindern oder weniger attraktiv machen können, vier Voraussetzungen erfüllen müssen: Sie müssen in nichtdiskriminierender Weise angewandt werden, sie müssen aus zwingenden Gründen des Allgemeininteresses gerechtfertigt sein, sie müssen geeignet sein, die Verwirklichung des mit ihnen verfolgten Zieles zu gewährleisten, und sie dürfen nicht über das hinausgehen, was zur Erreichung dieses Zieles erforderlich ist“[949]. Dieser Befund bestätigt sich bei einer Durchsicht einschlägiger Entscheidungen zu den jeweiligen Grundfreiheiten, wo der Gerichtshof im Rahmen der Rechtfertigung beschränkender Maßnahmen ebenso eine Verhältnismäßigkeitsprüfung vornahm; sowohl bei Art. 39 EG[950] und Art. 43 EG[951] als auch bei Art. 49 EG[952] sowie Art. 56 EG[953] lässt sich dieselbe Struktur der Rechtfertigungsprüfung nachweisen. Auch im Schrifttum ist diese Auffassung vorherrschend[954]. Was die Berücksichtigung von Grundrechten bei der Rechtfertigung staatlicher Maßnahmen anbelangt, so hat der Gerichtshof in mehreren Entscheidungen übergreifend für alle Grundfreiheiten für Recht erkannt, dass jede Rechtfertigung einschränkender Maßnahmen im Lichte der Gemeinschaftsgrundrechte auszulegen sei und Letztere auch als

---

948 S. 2. Teil, B VI 2 b), S. 98; 2. Teil, C IV 1, S. 150 ff.

949 EuGH 30.11.1995, Gebhard, Rs. C-55/94, Slg. 1995, I-4165 Rn. 37 (Hervorhebung hinzugefügt).

950 EuGH 15.12.1995, Bosman, Rs. C-415/93, Slg. 1995, I-4921 Rn. 104.

951 EuGH 30.11.1995, Gebhard, Rs. C-55/94, Slg. 1995, I-4165 Rn. 37.

952 EuGH 23.11.1999, Arblade und Leloup, verb. Rs. C-369/96 u. C-376/96, Slg. 1999, I-8453 Rn. 34 f.

953 EuGH 14.3.2000, Église de scientologie, Rs. C-54/99, Slg. 2000, I-1335 Rn. 18.

954 Vgl. STREINZ, EuropaR, Rn. 677; EHLERS, in: ders. (Hrsg.), EuGR, § 7 Rn. 89; JARASS, EuR 2000, 705 (721); FRENZ, HdBEuR Bd. 1, Rn. 501 f.

„zwingende Erfordernisse" im Sinne der „Cassis"-Formel anerkannt[955]. Der auf der Tatbestandsebene ermittelte Befund ist somit auch für den hier relevanten Ausschnitt der Struktur der Rechtfertigungsprüfung zutreffend: Für alle Grundfreiheiten ist eine einheitliche Rechtfertigungsprüfung anerkannt, in deren Rahmen die Verhältnismäßigkeit von zentraler Bedeutung ist und Gemeinschaftsgrundrechte Berücksichtigung finden.

cc) Verbleibende Strukturunterschiede

Sind somit auf der Ebene der praktischen Anwendung der Schutzpflicht keine wesentlichen Divergenzen zwischen den grundfreiheitlichen Gewährleistungen auszumachen, so ist dennoch zu überlegen, ob nicht sonstige Unterschiede zwischen ihnen bestehen, die eine Übertragung des Schutzpflichtkonzepts auf alle Grundfreiheiten hindern. Solche Unterschiede lassen sich zum einen aus der Systematik des EG-Vertrages und zum anderen aus teleologischen Überlegungen herleiten.

Zunächst ist die in Art. 3 Abs. 1 lit c) EG sowie Art. 14 Abs. 2 EG zum Ausdruck kommende Differenzierung in den Blick zu nehmen. Der Vertrag fasst hier Niederlassungsfreiheit und Arbeitnehmerfreizügigkeit unter dem Oberbegriff des „freie[n] Verkehr[s] von [...] Personen" (Art. 14 Abs. 2 EG) zusammen, während freier Warenverkehr, Dienstleistungs- sowie Kapitalverkehrsfreiheit separat genannt werden. Hierin kommt vor allem zum Ausdruck, dass die ersteren beiden Freiheiten einen stärkeren Personenbezug aufweisen als die drei zuletzt genannten[956], die auch als Produktverkehrsfreiheiten bezeichnet werden[957]. Art. 39 EG und Art. 43 EG haben insoweit stärker den einzelnen Marktbürger im Blickpunkt[958]. In teleologischer Hinsicht ist darauf hinzuweisen, dass sowohl Art. 39 EG als auch Art. 43 EG darauf ausgerichtet

---

[955] Dazu näher bereits oben 2. Teil, B V 4 d), S. 83.

[956] Vgl. JARASS, EuR 1995, 202 (206); STEINBERG, EuGRZ 2002, 13 (14); ähnlich WÖLKER/GRILL, in: von der Groeben/Schwarze, EUV / EGV, Vorbem. Art. 39 - 41 EG Rn. 6 („humane[r] Aspekt der Freizügigkeitsregeln").

[957] JARASS, EuR 1995, 202 (205); FRENZ, HdBEuR Bd. 1, Rn. 220; dabei ist allerdings zu beachten, dass Art. 49 EG je nach Fallgestaltung auch Elemente einer Personenverkehrsfreiheit aufweisen kann, vgl. RANDELZHOFER/FORSTHOFF, in: Grabitz/Hilf, Recht der EU, Art. 49/50 EGV Rn. 3 (Stand: Mai 2001).

[958] So auch, ausgehend von einem unterschiedlichen Grundrechtsgehalt von Produkt- und Personenverkehrsfreiheiten, PREEDY, Bindung, S. 160, 205. Allerdings ändert dies nichts daran, dass alle Grundfreiheiten Rechte der Bürger der Mitgliedstaaten begründen, auf die diese sich gegenüber nationalen Stellen berufen können, dazu 2. Teil, A I, S. 31.

sind, dass der Berechtigte sich dauerhaft oder zumindest für einen längeren Zeitraum in einen anderen Mitgliedstaat begibt[959], während Dienstleistung, Waren- und Kapitalverkehr typischerweise vorübergehende Tätigkeiten zum Gegenstand haben (vgl. Art. 50 Abs. 3 EG). Sie erfordern aus diesem Grund im Gegensatz zu Art. 39 EG und Art. 43 EG keine Integration in eine nationale Volkswirtschaft[960]. Aus dem letzteren Gesichtspunkt lässt sich folgern, dass Arbeitnehmern und Niederlassungswilligen eher zugemutet werden kann, sich den Rechtsvorschriften des Empfangsstaates zu unterwerfen[961].

b) Zusammenfassung

Zusammenfassend ist festzuhalten, dass hinsichtlich der dogmatischen Strukturierung der Grundfreiheiten jedenfalls im Hinblick auf die den Gegenstand dieser Untersuchung bildenden Elemente keine Abweichungen zu verzeichnen sind: Allen Grundfreiheiten ist ein Beschränkungsverbot, mithin eine weite Fassung des Tatbestandes, zu eigen. Auch unterliegen Einschränkungen aller Grundfreiheiten auf der Rechtfertigungsebene einer Verhältnismäßigkeitsprüfung, in deren Ablauf die Gemeinschaftsgrundrechte integriert sind. Besonderheiten bestehen lediglich insofern, als Art. 39 EG sowie Art. 43 EG einen stärkeren Personenbezug aufweisen als Art. 28 EG, Art. 49 EG und Art. 56 EG; auch sind die zuerst genannten Grundfreiheiten auf eine längere Integration des Berechtigten in den Aufnahmestaat gerichtet.

2. Einheitliche Anwendbarkeit der Schutzpflicht auf alle Grundfreiheiten

Fraglich ist somit, ob diese beiden verbleibenden Unterschiede zwischen den Personen- und den Produktverkehrsfreiheiten es als vorzugswürdig erscheinen lassen, von einer einheitlichen Anwendung des Schutzpflichtkonzepts auf alle Grundfreiheiten abzusehen. Für eine Übertragung des zu Art. 28 EG entwickelten Konzepts auf Art. 49 EG sowie Art. 56 EG streitet, wie sich aus den vorstehenden Überlegungen bereits ergibt, sowohl ihre parallele dogmatische Struktur als auch ihre identische Zielrichtung. Bestätigt wird diese Einschätzung durch den Umstand, dass der EuGH in einem jüngeren Urteil eine nationale Regelung gleichzeitig (und damit gleichberechtigt) an Art. 28 EG und Art. 49 EG gemessen hat[962]. Zudem ist festzuhalten, dass ein wesentliches Argument, mit dem die Notwendigkeit einer aus Art. 28 EG folgenden Schutz-

---

959 Vgl. dazu FRENZ, HdBEuR Bd. 1, Rn. 1126.

960 RANDELZHOFER/FORSTHOFF, in: Grabitz/Hilf, Recht der EU, Art. 43 EGV Rn. 24 (Stand: Mai 2001); TIETJE, in: Ehlers (Hrsg.), EuGR, § 10 Rn. 32.

961 S. TIEDJE/TROBERG, in: von der Groeben/Schwarze, EUV / EGV, Art. 49 EG Rn. 25.

962 EuGH 22.1.2002, Canal Satélite Digital SL, Rs. C-390/99, Slg. 2002, I-607 Rn. 32 f.

pflicht begründet wurde[963] auch für Art. 49 und Art. 56 EG Geltung beansprucht: Ebenso wie im Bereich des freien Warenverkehrs sind auch für den freien Dienstleistungsverkehr und den Kapital- und Zahlungsverkehr Beeinträchtigungen von privater Seite vorstellbar, die in ihrer binnenmarktbehindernden Wirkung staatlichen Beeinträchtigungen gleichkommen[964]. Eine einheitliche Geltung des Schutzpflichtkonzepts für diese Gruppe der Grundfreiheiten ist daher zu bejahen.

Damit bleibt für Art. 39 EG sowie Art. 43 EG zu überlegen, ob deren Personenbezug sowie ihre auf längeren Aufenthalt des Berechtigten im Empfangsstaat gerichteten Gewährleistungen gegen eine Übertragbarkeit des Schutzpflichtkonzepts sprechen. Hinsichtlich des letzteren Gesichtspunktes ist das zu verneinen, denn diese Überlegung hat Verbindungslinien hauptsächlich zu der Frage, inwieweit ein nationaler Rechtsrahmen Niederlassungswilligen und Arbeitnehmern entgegengehalten werden kann[965]. Dagegen betrifft die Schutzpflicht die Konstellation, dass staatliches Unterlassen die durch die Grundfreiheiten gewährleistete Freiheitssphäre nicht gegen die Beeinträchtigungen anderer Privater absichert. Für letztere Frage enthält aber die dauerhafte oder längere Ansässigkeit in einem Mitgliedstaat keine normativen Vorgaben; insbesondere lässt sich aus diesem Umstand nicht entnehmen, dass etwa der Arbeitnehmer aus einem anderen Mitgliedstaat nunmehr in einer stärkeren Weise privaten Beeinträchtigungen der Grundfreiheiten ausgesetzt sein sollte, ohne dass der Staat hiergegen einschreiten müsste. Was den stärkeren Fokus von Arbeitnehmerfreizügigkeit und Niederlassungsfreiheit auf die Person des Marktbürgers betrifft, so dürfte diesem Unterschied jedenfalls in der dogmatischen Strukturierung kein so gravierendes Gewicht zukommen, dass er eine Nichtanwendung des Schutzpflichtkonzepts auch auf diese Grundfreiheiten rechtfertigen könnte. Vielmehr tritt er zurück hinter den Aspekt der Binnenmarktfinalität, der allen Grundfreiheiten gemeinsam ist[966] und der sich insoweit aufgrund seiner übergreifenden Bedeutung als stärkeres systembildendes Element erweist. Diese Sichtweise wird bestärkt durch den Umstand, dass im Europäischen Verfassungsvertrag[967] in Art. I-4 VV die Niederlassungsfreiheit nicht mehr gemeinsam mit der Arbeitnehmerfreizügigkeit unter den Begriff „Personenverkehr“ gefasst wird, sondern separat steht. Be-

---

963 Dazu oben 2. Teil, B I 3 a) aa), S. 44.

964 Beispiele hierzu bei FRENZ, HdBEuR Bd. 1 Rn. 2575, 2747 u. 2753.

965 S. 2. Teil, C VI 1 a) cc), S. 186.

966 RANDELZHOFER/FORSTHOFF, in: Grabitz/Hilf, Recht der EU, vor Art. 39 - 55 EGV Rn. 3 (Stand: Mai 2001).

967 ABl. EU C 310 v. 16.12.2004, S. 1.

rücksichtigt man darüber hinaus, dass der Gesichtspunkt der Wirkungsgleichheit von privaten und staatlich errichteten Binnenmarkthindernissen auch für Niederlassungsfreiheit und Arbeitnehmerfreizügigkeit eine Rolle spielt[968], so ergibt sich, dass auch im Hinblick auf die Personenverkehrsfreiheiten eine Anwendung des Schutzpflichtkonzepts gerechtfertigt ist. Gegen eine solche einheitliche Behandlung aller Grundfreiheiten hat allerdings jüngst *Preedy* eingewandt, Personenverkehrsfreiheiten einerseits und Produktverkehrsfreiheiten andererseits wiesen einen unterschiedlichen Grundrechtsgehalt auf[969]. Während Art. 39, 43 EG und je nach Fallkonstellation auch Art. 49 EG durch ein auf Art. 12 EG gestütztes Gemeinschaftsgrundrecht auf Nichtdiskriminierung grundrechtlich aufgeladen seien, ermangelten die Produktverkehrsfreiheiten Art. 28 sowie Art. 56 EG eines solchen Gehalts[970]. Dies rechtfertige - allerdings ausgehend von einer Bindung Privater an die Grundfreiheiten[971] - eine unterschiedliche Gewichtung jedenfalls im Rahmen der notwendigen Abwägung zwischen den jeweiligen kollidierenden Interessen der Privaten[972]. Doch spricht neben den soeben vorgetragenen Argumenten gegen den Ansatz von *Preedy*, dass er durch die notwendige Unterscheidung, ob an die Person oder das Produkt angeknüpft wird[973], eine umständliche Abgrenzung erfordert und zu Spekulationen nötigt, ob der „Störer" nun den Verkäufer oder das Produkt diskriminieren wollte. Außerdem erscheint die These, dass die Produktfreiheiten nicht durch das Diskriminierungsverbot des Art. 12 EG fundiert seien[974], äußerst zweifelhaft. Abgesehen davon, dass der Zusammenhang zwischen Art. 12 EG und allen Grundfreiheiten der ganz herrschenden Auffassung entspricht[975], ist darauf hinzuweisen, dass Waren oder Kapital im Binnenmarkt nicht um ihrer selbst willen zirkulieren, sondern weil eine natürliche oder juristische Person, die hierdurch grenzüberschreitend tätig wird, dies

968 Man denke etwa an eine Vermietungsgesellschaft, die an Arbeitnehmer aus anderen Mitgliedstaaten keine Wohnungen vermietet oder Niederlassungswilligen keine Geschäftsräume überlassen will; weitere Beispiele bei FORSTHOFF, EWS 2000, 389; zu Art. 43 EG bei FRENZ, HdBEuR Bd. 1, Rn. 1881.

969 PREEDY, Bindung, S. 160.

970 PREEDY, Bindung, S. 158 ff.

971 So der Ausgangspunkt von PREEDY, Bindung, S. 126, 161, 193 ff.

972 PREEDY, Bindung, S. 180 f.

973 So PREEDY, Bindung, S. 159.

974 PREEDY, Bindung, S. 158.

975 Vgl. etwa FRENZ, HdBEuR Bd. 1, Rn. 107; BRIGOLA, System, S. 184; KINGREEN, Struktur, S. 38 f.; HINTERSTEININGER, Binnenmarkt, S. 21 ff.; EHLERS, in: ders. (Hrsg.), EuGR, § 7 Rn. 19; zum Zusammenhang des Art. 12 EGV zu den Grundfreiheiten s. auch EuGH 20.3.1997, Hayes, Rs. C-323/95, Slg. 1997, I-1711 Rn. 13 ff.

veranlasst hat. Ist dies aber der Fall, erscheint es als nicht einleuchtend, an die Trennung zwischen Produkt- und Personenverkehrsfreiheiten derart weitgehende Folgerungen für die Abwägung einerseits und die Frage der Drittwirkung bzw. Schutzpflicht andererseits zu knüpfen. Der Unterscheidung von *Preedy* ist daher nicht zu folgen. Damit ergibt sich, dass alle Grundfreiheiten als Basis von Schutzpflichten dienen können[976].

3. Das Verhältnis von Drittwirkung und Schutzpflicht

Sowohl Schutzpflicht als auch Drittwirkung stellen Erklärungsmuster für die Wirkung der Grundfreiheiten im Verhältnis Privater bereit[977]. Demzufolge ist es verständlich, wenn in der Literatur, wenn auch zumeist erst seit Erlass des Urteils „Kommission / Frankreich“[978], dem Verhältnis dieser beiden Institute Überlegungen gewidmet werden und die Positionen von völliger Ablehnung der Schutzpflicht über eine Koexistenz von Schutzpflicht und Drittwirkung bis zur völligen Ablehnung einer unmittelbaren Drittwirkung der Grundfreiheiten reichen. Die Diskussion hierum hat inzwischen einen Umfang erreicht, der es als wenig förderlich erscheinen lässt, im Rahmen dieser Arbeit die Problematik nochmals in ihrer gesamten Breite aufzuarbeiten. Die folgenden Erörterungen beschränken sich daher darauf, den Kontrast zwischen dem Drittwirkungskonzept einerseits und der Schutzpflichtkonstruktion andererseits herauszuarbeiten. Dazu soll nach einem kurzen Überblick über den Meinungsstand (dazu a.) ein Aspekt besonders herausgegriffen werden, der bisher nicht im Mittelpunkt der Diskussion stand, durch die Fragestellung der vorliegenden Arbeit aber in größerem Maße in den Fokus rückt: der Gesichtspunkt der Rechtsfolgen von Schutzpflichtverletzungen im Vergleich zu denjenigen von Verletzungen unmittelbar drittwirkender Grundfreiheiten (dazu b.).

a) Die Positionen im Schrifttum

Wie bereits angedeutet, ist das Meinungsbild im Schrifttum hinsichtlich des Verhältnisses von Drittwirkung und Schutzpflicht äußerst vielfältig; im Folgenden soll daher eine kurze Systematisierung der vorgebrachten Argumente

---

976 Im Ergebnis ebenso, wenn auch zumeist nur unter Verweis auf die Konvergenz der Grundfreiheiten FRENZ, HdBEuR Bd. 1, Rn. 192, 342; MEURER, EWS 1998, 196 (202); KÜHLING, NJW 1999, 403 (404); KAINER, JuS 2000, 431 (434 f.); LEIDENMÜHLER, ELF 2003, 185 (187); JAECKEL, Schutzpflichten, S. 237 f.; ROLOFF, Beschränkungsverbot, S. 129; BIRK, FS BAG, S. 1165 (1174).

977 Vgl. KADELBACH/PETERSEN, EuGRZ 2002, 213 (218).

978 EuGH 9.12.1997, Kommission / Frankreich, Rs. C-265/95, Slg. 1997, I-6959.

unternommen werden, bevor näher auf die aus Sicht der vorliegenden Untersuchung entscheidenden Aspekte eingegangen wird.

aa) Verwerfung der Schutzpflicht

Bei der Darstellung bleiben dabei aus Gründen der Themenbeschränkung[979] Ansichten unberücksichtigt, welche die Existenz von grundfreiheitlichen Schutzpflichten generell verneinen[980] und die auftretenden Problemfälle mit anderen Konzepten lösen wollen[981]. Die hiernach verbleibenden Möglichkeiten der Verbindung von Schutzpflicht und Drittwirkung beschränken sich daher auf die Annahme einer Komplementarität oder jedenfalls Koexistenz der beiden Figuren (dazu bb.) und auf die Verwerfung der Drittwirkung zugunsten des Schutzpflichtkonzepts (dazu cc.).

bb) Komplementarität von Schutzpflicht und Drittwirkung

Insbesondere *Schindler* hat sich - unter Zugrundelegung der Erkenntnis, dass die Anwendung der Grundfreiheiten auf privates Verhalten letztlich ein Kollisionsproblem zwischen Grundfreiheiten und Grundrechten aufwerfe, das mit Hilfe einer umfassenden Abwägung zu lösen sei[982] - dafür ausgesprochen, dass Schutzpflicht und Drittwirkung untrennbar miteinander verknüpft seien[983]. Um die Schutzpflichtfunktion der Grundfreiheiten im Verhältnis zwischen den Bürgern zur Geltung zu bringen, bedürfe es notwendig in diesem Verhältnis einer unmittelbaren Drittwirkung[984].

Für eine gleichberechtigte Koexistenz wird zudem angeführt, dass eine solche doppelte Bindung eine Stärkung des Gemeinschaftsrechts bewirke, indem sowohl der einzelne Bürger als auch der Mitgliedstaat zur Beachtung der Grundfreiheiten in die Pflicht genommen würden[985]. Ähnlich wird argumen-

---

979 S. 1. Teil, A I, S. 22.

980 Vgl. GANTEN, Drittwirkung, S. 64 ff.; STEINDORFF, EG-Vertrag, S. 278 ff., 299; DERS., FS Lerche, S. 575 (586); KERWER, Gemeinschaftsrecht, S. 38 f.; grundsätzlich auch B. KOCH, Gewährleistungspflicht, S. 161.

981 Unklar FORSTHOFF, EWS 2000, 389 (393 einerseits, 396 andererseits).

982 SCHINDLER, Kollision, S. 165 ff.

983 SCHINDLER, Kollision, S. 175.

984 SCHINDLER, Kollision, S. 175; im Ansatz ebenso GANTEN, Drittwirkung, S. 69 ff., der dies allerdings als Argument dafür verwendet, eine Pflicht der Mitgliedstaaten zur Sicherstellung der Beachtung der Grundfreiheiten im Verkehr zwischen Privaten als bloßen Unterfall der Drittwirkung zu kennzeichnen (S. 71 f.); ähnlich SCHAEFER, Wirkung, S. 265.

985 B. KOCH, Gewährleistungspflicht, S. 105; ROLOFF, Beschränkungsverbot, S. 130; PARPART, Bindung, S. 305 f.

tiert, der „effet utile“ spreche für eine Kumulation von Drittwirkung und Schutzpflicht; dies sei allerdings auf Verbandsnormen zu beschränken[986]. Eine Parallele finde sich in Art. 86 Abs. 1 EG, der trotz einer bereits bestehenden Bindung der öffentlichen Unternehmen an den EG-Vertrag die Mitgliedstaaten verpflichte, keine dem Vertrag widersprechenden Maßnahmen in Bezug auf diese Unternehmen zu treffen[987].

Auch wird geltend gemacht, es bedürfe einer Handlungspflicht der Mitgliedstaaten deshalb, weil die Drittwirkung der Grundfreiheiten nur im Falle rechtsgeschäftlicher Beeinträchtigungen mit der Rechtsfolge der Nichtdurchsetzbarkeit oder Nichtigkeit dieser Rechtsgeschäfte eingreifen könne; für die Fälle faktischer Beeinträchtigungen böte die Rechtsfolge der Unanwendbarkeit jedoch keinen Schutz, weswegen in diesen Konstellationen der Staat zum Einschreiten verpflichtet sei[988]. Zusammenfassend gesagt stellen nach den Vertretern der soeben dargestellten Ansicht Schutzpflicht und Drittwirkung zwei Seiten derselben Medaille dar; zu unterschiedlichen Ergebnissen - so wird gesagt - führe die Anwendung der einen oder anderen Figur im Regelfall aufgrund der in jedem Fall notwendigen Abwägung nicht[989].

cc) Schutzpflicht als alleiniges Erklärungsmuster

Dieser kumulativen Anwendung von Schutzpflicht und unmittelbarer Drittwirkung steht ein Ansatz entgegen, der das Konzept der Drittwirkung verwirft und die Konstellation der Beeinträchtigung von Grundfreiheiten durch Private unter alleinigem Rückgriff auf die Schutzpflicht aus den Grundfreiheiten lösen möchte.

Dabei werden vor allem Bedenken gegen die Anerkennung einer unmittelbaren Drittwirkung der Grundfreiheiten erhoben, die hier noch einmal kurz referiert seien[990]. In systematischer Hinsicht werden insoweit insbesondere die Wettbewerbsvorschriften (Art. 81 ff. EG), Art. 86 Abs. 2 EG sowie die Rechtfertigungstatbestände der Grundfreiheiten als relevant angesehen. Hinsichtlich der letzteren Bestimmungen wird vorgebracht, diese richteten sich - wenn auch teilweise nicht hinsichtlich ihres Wortlauts, so doch im Hinblick auf die

---

986 RÖTHEL, EuR 2001, 908 (914); DIES., EuZW 2000, 329 (330); KADELBACH/PETERSEN, EuGRZ 2002, 213 (218).

987 B. KOCH, Gewährleistungspflicht, S. 105.

988 HINTERSTEININGER, Binnenmarkt, S. 210; in diese Richtung auch VIEWEG/RÖTHEL, ZHR 166 (2002), 6 (19 f.).

989 Vgl. SCHINDLER, Kollision, S. 110, 157 f., 162; GLOS, Berufsfreiheit, S. 109.

990 Zusammenfassend jüngst auch KÖRBER, Grundfreiheiten, S. 775 ff.

genannten Ziele - an den Staat und nicht an Private, was die Folgerung nahe lege, dass die Grundfreiheiten eben nicht Private als Adressaten ansprächen[991]. Art. 86 Abs. 2 EG erlaube weiterhin den Umkehrschluss, dass die dort nicht genannten Privatpersonen keiner direkten Bindung an die Grundfreiheiten unterlägen[992]. Auch gerieten die Vertreter einer unmittelbaren Drittwirkung der Grundfreiheiten in Konflikt mit den Art. 81 ff. EG. Das dort errichtete System des Schutzes des Wettbewerbs vor privaten Beeinträchtigungen sei im Hinblick auf die bei Art. 81 EG im Gegensatz zu den Grundfreiheiten erforderliche Spürbarkeit der Wettbewerbsbeschränkung sowie die nur bei Art. 81 Abs. 3 EG anzutreffende Möglichkeit der Freistellung bestimmter Vereinbarungen vom Kartellverbot bei Annahme einer unmittelbaren Drittwirkung der Grundfreiheiten gefährdet und könne ausgehebelt werden[993].

Diesen Nachteilen und Begründungsschwächen der unmittelbaren Drittwirkung werden im Wesentlichen diejenigen Argumente für das Schutzpflichtkonzept gegenüber gestellt, die bereits Gegenstand näherer Ausführungen waren[994] und daher nur noch einmal schlagwortartig genannt werden sollen: Zum einen weise das Schutzpflichtkonzept Vorteile insofern auf, als es zur Wahrung der Kompetenzen der Mitgliedstaaten beitrage, weil die Verwirklichung der Schutzmaßnahmen in der Hand des nationalen Gesetzgebers verbleibe, während eine unmittelbare Drittwirkung dazu führe, dass der EuGH über die Ausgestaltung nationaler Vorschriften zu judizieren hätte[995]. Zwar sei zuzugeben, dass der durch die grundfreiheitlichen Schutzpflichten gewährte Rechtsschutz des Einzelnen umständlicher zu bewerkstelligen sei als derjenige bei Annahme einer unmittelbaren Drittwirkung der Grundfreiheiten[996]; dies sei jedoch hinzunehmen, da der „effet utile" für sich genommen auch nach

---

991 JAENSCH, Drittwirkung, S. 130, 132 f.; KINGREEN, Struktur, S. 195 f.; MOJZESOWICZ, Möglichkeiten, S. 145; WEIß, Personenverkehrsfreiheiten, S. 109; STREINZ/LEIBLE, EuZW 2000, 459 (461); KÖRBER, EuR 2000, 932 (947); REMMERT, Jura 2003, 13 (14 f.); KLUTH, AöR 122 (1997), 557 (572); GLOS, Berufsfreiheit, S. 110.

992 JAENSCH, Drittwirkung, S. 252; ROTH, FS Everling Bd. 1, S. 1231 (1245); WEIß, Personenverkehrsfreiheiten, S. 109 f.; STREINZ/LEIBLE, EuZW 2000, 459 (464); REMMERT, Jura 2003, 13 (15).

993 JAENSCH, Drittwirkung, S. 152, 171; ROTH, FS Everling Bd. 1, S. 1231 (1242 f.); WEIß, Personenverkehrsfreiheiten, S. 109; FRENZ, HdBEuR Bd. 1, Rn. 336 f.; GLOS, Berufsfreiheit, S. 110; KÖRBER, Grundfreiheiten, S. 760 f.; KLUTH, AöR 122 (1997), 557 (573); STREINZ/LEIBLE, EuZW 2000, 459 (464); REMMERT, Jura 2003, 13 (15).

994 S. 2. Teil, B I 3 a) aa), S. 44 ff.

995 BURGI, EWS 1999, 327 (330); STREINZ/LEIBLE, EuZW 2000, 459 (467); KÖRBER, Grundfreiheiten, S. 808; zustimmend GLOS, Berufsfreiheit, S. 110.

996 JARVIS, 35 CMLRev. (1998), 1371 (1379).

der Rechtsprechung des Gerichtshofs nicht geeignet sei, Durchbrechungen der Vertragssystematik zu rechtfertigen[997]. Schließlich weise das Schutzpflichtkonzept den Vorteil auf, die Wertungen der Grundfreiheiten systemgerechter und flexibler in die nationalen Rechtssysteme einpassen zu können[998].

b) Stellungnahme und Rechtsfolgenansatz

Will man die genannten Argumente bewerten, so bietet es sich an, verschiedene Gesichtspunkte auseinander zu halten.

aa) Entbehrlichkeit einer parallelen Anwendung von Drittwirkung und Schutzpflicht

Dabei bedarf es zunächst einer Erörterung der Konsequenzen und Vorteile einer Lösung, die Schutzpflicht und Drittwirkung als notwendig verbunden ansieht und beide Institute daher parallel anwenden will. Zentrales Anliegen der Vertreter dieser Ansicht ist es, die Folgen der im Verhältnis Bürger - Staat bestehenden Schutzpflicht für das Verhältnis Privater untereinander dogmatisch zu verarbeiten; die in der ersteren Relation als maßgeblich erkannten Wertungen sollen von der vertikalen Beziehung auf die horizontale Ebene übertragen werden[999]. Prämisse dieses Ansatzes ist es daher, dass eine Abwägung der privaten Interessen ansonsten dogmatisch nicht stimmig durchgeführt werden kann, es vielmehr eines Vehikels bedürfe, um ein nur im Verhältnis Bürger - Staat zu gewinnendes Abwägungsergebnis auf die anderen Relationen im Schutzpflichtdreieck zu übertragen. Indes ist diese Prämisse unzutreffend. Vielmehr bietet, wie oben nachgewiesen, eine Modifikation des Verhältnismäßigkeitsgrundsatzes ein probates und sich dogmatisch in das System der Grundfreiheiten einfügendes Instrument, um bereits in der Konstellation des um staatlichen Schutz gegen private Beeinträchtigungen der Grundfreiheiten nachsuchenden Bürger sowohl die Interessen des Beeinträchtigten als auch diejenigen des Störers zu berücksichtigen und in einen Abwägungsprozess einzustellen[1000]. Insbesondere wird die Abwägung der Interessen in der Horizontalbeziehung Bürger - Bürger durch die Einbeziehung aller relevanten Rechtspositionen in die Verhältnismäßigkeitsprüfung bereits gewährleistet.

---

997 BURGI, EWS 1999, 327 (330); STREINZ/LEIBLE, EuZW 2000, 459 (466) unter Hinweis auf die eine horizontale Wirkung nicht umgesetzter Richtlinien ablehnende Rechtsprechung des EuGH.

998 RANDELZHOFER/FORSTHOFF, in: Grabitz/Hilf, Recht der EU, vor Art. 39 - 55 EGV Rn. 71 (Stand: Mai 2001).

999 Vgl. SCHINDLER, Kollision, S. 175.

1000 S. 2. Teil, C IV 1, S. 150 ff.

Dies wird rechtstechnisch durch die doppelte Zweckprüfung im Rahmen der Verhältnismäßigkeitsprüfung sichergestellt[1001].

Fraglich könnte aber weiterhin sein, ob die Durchsetzung dieses Abwägungsergebnisses in der Horizontalbeziehung nicht dennoch auf eine unmittelbare Drittwirkung hinausläuft. Den Weg zur Lösung dieser Frage weist die auch von *Schindler*[1002] konzedierte Erkenntnis, dass die von ihm so genannte unmittelbare Drittwirkung in Form der Berücksichtigung der im Vertikalverhältnis gefundenen Abwägungsergebnisse lediglich als Wirkungsebene anzusehen sei. Wenn dem aber so ist, dann stellt sich die Rechtsgestaltung im Verhältnis zwischen den beiden Privaten lediglich als Folge der staatlichen (Nicht)Intervention dar. Dies lässt sich an einem Beispiel illustrieren: Indem der Staat etwa dem Störer S untersagt, auf der Autobahn zu demonstrieren, reguliert er dessen Freiheitssphäre einschränkend; zugleich wird diejenige des Beeinträchtigten B erweitert, der frei seiner Wege fahren kann. Doch ist diese nur mittelbare Erweiterung der Freiheit des B auf Kosten der Einschränkung des S kein Spezifikum, das nur im Schutzpflichtbereich anzutreffen wäre und daher einer gesonderten dogmatischen Behandlung in Form einer unmittelbaren Drittwirkung bedürfte. Insofern verwirklicht sich lediglich die Schutzpflicht des Staates; dieser bedient sich bestimmter Instrumente der innerstaatlichen Rechtssetzung[1003] und setzt diese schützend ein. Sofern dieser Schutz durch die Gestaltung, insbesondere Einschränkung, der Rechtssphäre des Störers realisiert wird[1004], sind die Folgen im Verhältnis Bürger - Bürger Ausfluss der Gesetzesunterworfenheit des Störers. Sie nötigen aber nicht zur Annahme einer unmittelbaren Drittwirkung in diesem Verhältnis. Gleiches gilt, wenn bestimmte Privatrechtsnormen Schutz gewähren: Ein deliktischer Anspruch gegen den privaten Grundfreiheitsstörer setzt nicht voraus, dass dieser grundfreiheitsgebunden ist, sondern verlangt von dem über diesen Anspruch judizierenden Gericht eine der grundfreiheitlichen Schutzpflicht entsprechende Auslegung des innerstaatlichen Deliktsrechts. Hieraus ergibt sich, dass ein notwendiges Komplementärverhältnis zwischen Schutzpflicht und Drittwirkung dergestalt, dass Letztere notwendige Voraussetzung für Erstere wäre, nicht besteht.

[1001] S. 2. Teil, C IV 1 a) bb), S. 151.

[1002] Kollision, S. 176.

[1003] Im Beispiel einen Verwaltungsakt; denkbar ist selbstverständlich auch die Wahrnehmung der Schutzpflicht durch Gesetz, Verordnung oder auch Realakt.

[1004] Es liegt dann die Konstellation „Schutz durch Eingriff“ vor, dazu aus Sicht des deutschen Verfassungsrechts WAHL/MASING, JZ 1990, 553.

bb) Die Unsicherheit hinsichtlich des Haftungsgegners

Neben den bereits dargestellten Argumenten gegen eine Heranziehung der unmittelbaren Drittwirkung der Grundfreiheiten[1005] ist noch ein spezifisch rechtsfolgenorientierter Aspekt von Gewicht, der deutlich macht, dass eine Ausdehnung des Schutzpflichtkonzepts auf alle Grundfreiheiten unter Verwerfung der unmittelbaren Drittwirkung dogmatisch vorzugswürdig gegenüber einem Nebeneinander der beiden Konzepte ist. Dieser Gesichtspunkt scheint vor allem dann auf, wenn man die Rechtsprechung des EuGH zugrunde legt, die jedenfalls für Art. 39 EG und Art. 49 EG eine unmittelbare Drittwirkung postuliert[1006]. Die Problematik ergibt sich dabei zum einen daraus, dass je nach betroffener Grundfreiheitsfunktion (Drittwirkung oder Schutzpflicht) ein unterschiedlicher Rechtsdurchsetzungsmechanismus im nationalen Recht einschlägig ist; zum anderen spielt hier das schwierige Feld der Abgrenzung der Schutzbereiche der Grundfreiheiten untereinander eine Rolle. Ersteres äußert sich darin, dass eine unmittelbare Drittwirkung der Grundfreiheiten im nationalen Privatrecht deren Einstufung als Verbotsgesetze im Sinne des § 134 BGB nach sich zöge[1007] und Verletzungen der Grundfreiheiten durch Private u.a. deliktsrechtlich nach § 823 Abs. 1 BGB[1008] oder § 823 Abs. 2 BGB[1009] sanktioniert wären. Dagegen eröffnet die Schutzpflichtkonstruktion auf den ersten Blick[1010] nur die Möglichkeit, den pflichtwidrig untätig gebliebenen Staat im Wege der Staatshaftung[1011] in Anspruch zu nehmen[1012]. Als Herausforderung für ein solches zweispuriges Rechtsschutzsystem erweisen sich demzufolge besonders diejenigen Fälle, in denen die Zuordnung einer Konstellation zu der einen oder der anderen Grundfreiheit nicht eindeutig durchgeführt werden kann. Dieses Dilemma wird unmittelbar einsichtig, wenn man es an einem Fall exemplifiziert.

Es mögen etwa Fernsehprogramme in einem Mitgliedstaat ausgestrahlt werden, die auch in einem anderen Mitgliedstaat empfangen werden sollen; diese

---

[1005] S. 2. Teil, C VI 3 a) cc), S. 191.

[1006] Nachweise oben Fn. 82, S. 39.

[1007] GANTEN, Drittwirkung, S. 201.

[1008] Die Grundfreiheiten wären insoweit als „sonstiges Recht" einzustufen, vgl. RANDELZHOFER/FORSTHOFF, in: Grabitz/Hilf, Recht der EU, vor Art. 39 - 55 EGV Rn. 85 (Stand: Mai 2001); REMMERT, Jura 2003, 13; a.A. SCHAEFER, Wirkung, S. 258.

[1009] Für diese Möglichkeit GANTEN, Drittwirkung, S. 204; SCHAEFER, Wirkung, S. 258.

[1010] Zu Präzisierungen und Richtigstellungen sogleich unter cc).

[1011] Deren Einschlägigkeit hier einmal, ohne der weiteren Untersuchung vorzugreifen, unterstellt sei.

[1012] So BURGI, EWS 1999, 327 (330); JARVIS, 35 CMLRev. (1998), 1371 (1379).

werden von einem Verband privater Fernsehanstalten aus dem anderen Mitgliedstaat - gleich aus welchen Motiven - mit Störsendern beeinträchtigt und so an der Ausstrahlung gehindert. In einem anderen Fall mögen diese Fernsehprogramme, gespeichert auf Datenträgern, zur Ausstrahlung aus einem Mitgliedstaat in einen anderen verbracht werden und an der Grenze von gewerkschaftlich organisierten Privaten aufgehalten werden. Der betroffene Fernsehsender fragt sich, welche Rechtsbehelfe er gegen solche Beeinträchtigungen ergreifen kann. Nach der Rechtsprechung des Gerichtshofs wäre er im ersten Fall, welcher der Dienstleistungsfreiheit zuzuordnen ist[1013], auf das zivilrechtliche Vorgehen gegen die Störer zu verweisen, da dieser Grundfreiheit eine unmittelbare Drittwirkung zuerkannt wird[1014]; der zweite Fall hingegen unterfällt den Vorschriften über den freien Warenverkehr[1015]. Im letzteren Falle müsste der Fernsehsender sich also - entsprechend der Konstellation der Entscheidung „Schmidberger“[1016] - unter Berufung auf die gemeinschaftsrechtlich gebotene Staatshaftung an den Mitgliedstaat wenden[1017].

Dasselbe Problem des divergierenden Rechtsschutzes und damit eines je nach betroffener Grundfreiheit unterschiedlichen Haftungsgegners stellt sich im Fall des Imports von Lotterielosen in einen anderen Mitgliedstaat; werden diese dort von einer Gruppe religiöser Eiferer zerstört, die jede Form des Glücksspiels ablehnt, stellt sich wiederum die Frage, ob gegen den Mitgliedstaat oder die Störer vorgegangen werden muss. Obwohl es zunächst einleuchtet, die Lotterielose als körperliche Gegenstände, die einen Geldwert haben und daher Gegenstand von Handelsgeschäften sein können, mithin als Waren im Sinne des Art. 28 EG, einzustufen, hat der EuGH in der Entscheidung „Schindler“ den Schwerpunkt der Versendung der Lose im Erbringen der Dienstleistung „Lottospiel“ erblickt und den Fall anhand von Art. 49 EG beurteilt[1018].

[1013] So EuGH 30.4.1977, Sacchi, Rs. 155/73, Slg. 1974, 409 Rn. 6.

[1014] Entschieden wurde dies bislang zwar nur für rechtsgeschäftliche Beeinträchtigungen der Dienstleistungsfreiheit (vgl. EuGH 12.12.1974, Walrave / Union Cycliste International, Rs. 36/74, Slg. 1974, 1405 Rn. 16/19), soll aber hier zum Zwecke der Verdeutlichung auch für faktische Beeinträchtigungen angenommen werden.

[1015] So EuGH 30.4.1977, Sacchi, Rs. 155/73, Slg. 1974, 409 Rn. 7/8.

[1016] EuGH 12.6.2003, Schmidberger, Rs. C-112/00, Slg. 2003, I-5659.

[1017] Dabei werden nationale Vorschriften, die Sachbeschädigung, Nötigung und dergleichen unter Strafe stellen, vorliegend ausgeblendet, da es in diesem Zusammenhang allein um die Auslotung des korrekten dogmatischen Verhältnisses von Drittwirkung und Schutzpflicht geht.

[1018] EuGH 24.3.1994, Schindler, Rs. C-275/92, Slg. 1994, I-1039 Rn. 22, 24, 25.

Aus Sicht des in seinen Grundfreiheiten beeinträchtigten Bürgers überzeugt es nicht, den jeweiligen Haftungsgegner und die zu wählende Form des Rechtsschutzes an eine solche Zufälligkeit der Zuordnung einer Fallgestaltung zum Schutzbereich einer Grundfreiheit zu knüpfen. Hinzu kommt, dass für die Abgrenzung der Grundfreiheiten voneinander, also für die Frage der Konkurrenz von Grundfreiheiten, keineswegs gesicherte Maßstäbe oder Kriterien existieren; vielmehr prüft der Gerichtshof, wo im Einzelfall der Schwerpunkt der Maßnahme liegt[1019]. Mögen sich hieraus auch zumindest Anhaltspunkte für die Zuordnung zu der einen oder anderen Gewährleistung in den bisher ergangenen Judikaten des Gerichtshofs finden, so wird die Lage vollends unüberschaubar, wenn man der neueren Rechtsprechung des EuGH folgt, die Art. 28 EG und Art. 49 EG gleichzeitig nebeneinander zur Anwendung bringt[1020]. Soll hier das Drittwirkungs- oder das Schutzpflichtkonzept zur Anwendung kommen? Bedenkt man, dass eine Präzisierung der Abgrenzungskriterien zwischen den Schutzbereichen der Grundfreiheiten auch weiterhin nicht ohne eine wertende Einzelfallbetrachtung auskommen wird[1021], wie sie in der Rechtsprechung des EuGH mit dem Kriterium des „Schwerpunkts" angelegt ist[1022], so ist eine Auflösung des dargestellten Rechtsschutzproblems nur dann zu erreichen, wenn die Schutzpflichtkonstruktion konsequent auf alle Grundfreiheiten angewendet wird und insofern die Drittwirkung, die aus den oben dargestellten Gründen[1023] ohnehin höchst problematisch ist, ersetzt.

cc) Das Argument der Schwerfälligkeit des Rechtsschutzes

Doch verbleibt noch das Argument, die Schutzpflicht sei im Vergleich zu einer unmittelbaren Drittwirkung weniger rechtsschutzintensiv. Insbesondere im Hinblick auf den privaten Rechtsschutz wird der Schutzpflicht entgegengehalten, sie führe dazu, dass dem beeinträchtigten Bürger nur der äußerst schwerfällige Weg verbleibe, den verpflichteten Mitgliedstaat entweder auf Vornahme einer schützenden Handlung oder auf Schadensersatz für erlittene

---

1019 EuGH 24.3.1994, Schindler, Rs. C-275/92, Slg. 1994, I-1039 Rn. 22; EuGH 25.3.2004, Karner, Rs. C-71/02, Slg. 2004, I-3025 Rn. 46.

1020 EuGH 22.1.2002, Canal Satélite Digital SL, Rs. C-390/99, Slg. 2002, I-607 Rn. 32 f.; befürwortend auch FRENZ, HdBEuR Bd. 1, Rn. 368.

1021 Vgl. RANDELZHOFER/FORSTHOFF, in: Grabitz/Hilf, Recht der EU, Art. 39 EGV Rn. 12 (Stand: Mai 2001); GA ALBER, Schl-Antr. v. 8.4.2003, Karner, Rs. C-71/02, Slg. 2004, I-3025 Tz. 93.

1022 Nachweise aus der Rechtsprechung soeben Fn. 1019, S. 197.

1023 S. 2. Teil, C VI 3 a) cc), S. 191.

Schäden in Anspruch zu nehmen[1024]. Eine unmittelbare Bindung privater Wirtschaftsteilnehmer an die Grundfreiheiten dagegen eröffne direkte zivilrechtliche Ansprüche gegen diese. Bei genauerer Betrachtung ist dies indes nicht stichhaltig.

(1) Verwirklichung der Schutzpflicht auch im Privatrecht

Die Schlussfolgerung, dem beeinträchtigten Bürger verblieben nur Rechtsbehelfe gegen den Staat, wäre nämlich nur dann zutreffend, wenn das Schutzpflichtkonzept nur Auswirkungen auf das Verhältnis Bürger - Staat hätte. Die Schutzpflicht aber verpflichtet - ebenso wie das aus den Grundfreiheiten folgende Abwehrrecht - jede Form staatlicher Gewalt zu ihrer Beachtung[1025], so dass eine Auslegung auch des nationalen Zivilrechts im Lichte der grundfreiheitlichen Schutzfunktion geboten ist[1026]. Allgemeiner formuliert, ist der Mitgliedstaat verpflichtet, sein Privatrecht so auszugestalten - zu ergänzen ist: durch alle hierzu berufenen Instanzen, also im Rahmen ihrer Auslegungskompetenzen auch die nationalen Gerichte -, dass den Grundfreiheiten zuwiderlaufende Beeinträchtigungen durch Privatpersonen nicht möglich sind oder sanktioniert werden[1027]. Dabei verbleibt ihm selbstverständlich der oben herausgearbeitete und näher konturierte Ermessensspielraum[1028]. Eine allgemeine aus den Grundfreiheiten hergeleitete Pflicht der Mitgliedstaaten zur Rechtsangleichung folgt hieraus aber nicht[1029], was sich für die hier vertretene Auffassung schon daraus ergibt, dass der Bürger in aller Regel keinen Anspruch auf eine bestimmte Maßnahme des Staates zur Schutzpflichtverwirklichung hat[1030].

[1024] JARVIS, 35 CMLRev. (1998), 1371 (1379); BURGI, EWS 1999, 327 (330); PARPART, Bindung, S. 308; GANTEN, Drittwirkung, S. 66; das konzediert auch KÖRBER, Grundfreiheiten, S. 807.

[1025] S. 2. Teil, C I 2 d), S. 106 m.w.N.; speziell für die vorliegende Fragestellung KAINER, Unternehmensübernahmen, S. 196 m.w.N.

[1026] Zutreffend KADELBACH/PETERSEN, EuGRZ 2002, 213 (218); jüngst PREEDY, Bindung, S. 63.

[1027] Vgl. STREINZ/LEIBLE, EuZW 2000, 459 (466); REMMERT, Jura 2003, 13 (17). Das ist nicht zu verwechseln mit der der abwehrrechtlichen Funktion der Grundfreiheiten zuzurechnenden Problematik, dass der Gesetzgeber keine Normen erlassen darf, die als solche bereits - also ohne von Privaten ausgehende Initiative - die Grundfreiheiten beschränken.

[1028] S. 2. Teil, C IV, S. 149 ff.

[1029] Vgl. zutreffend KÖRBER, Grundfreiheiten, S. 395 ff.

[1030] S. 2. Teil, C IV 1 a) cc), S. 153.

Diese Verpflichtung lässt sich im deutschen Recht etwa durch eine entsprechende Auslegung von Generalklauseln (beispielsweise §§ 138, 242, 826 BGB) realisieren; doch dürfte es nicht ausgeschlossen sein, dass die Schutzpflicht auch dort auf das nationale Zivilrecht einwirkt, wo solche Generalklauseln nicht existieren oder keine Geltung beanspruchen. Es ist nämlich durchaus vorstellbar, dass Normen, die keinen generalklauselartigen Charakter haben, schutzpflichtrealisierend wirken können; zudem bestünde sonst die Gefahr einer Verflachung des Schutzniveaus, falls im konkreten Fall einmal keine Generalklausel einschlägig ist[1031]. Die gegenteilige Ansicht, die einen Einfluss der Grundfreiheiten nur über Generalklauseln für möglich erachtet[1032] und aufgrund der Verschiedenheit der mitgliedstaatlichen Privatrechtsordnungen eine uneinheitliche Anwendung des Gemeinschaftsrechts befürchtet, übersieht zum einen, dass es sich bei den grundfreiheitlichen Schutzpflichten um Ergebnisverpflichtungen handelt, die den Mitgliedstaaten zwar die Wahl überlassen, wie sie einen der Schutzpflicht entsprechenden Rechtszustand erschaffen, nicht aber, ob sie diesen errichten[1033]. Es wäre darüber hinaus inkonsequent, für die abwehrrechtliche Funktion eine grundfreiheitenkonforme Auslegung[1034] auch des nationalen Zivilrechts zu befürworten[1035], der Schutzpflicht aus den Grundfreiheiten eine solche Wirkung dagegen abzusprechen. Dies würde vor allem dem Umstand widersprechen, dass die grundfreiheitliche Schutzpflicht ebenso wie das Abwehrrecht unmittelbar anwendbar ist[1036]: Die Realisierung unmittelbar anwendbaren Gemeinschaftsrechts kann nicht davon abhängen, ob hierfür im nationalen Recht geeignete Instrumente bereitstehen, weil dies den Vorrang des Gemeinschaftsrechts beeinträchtigen würde[1037]. Letztlich ergibt sich die Pflicht zur Auslegung des nationalen Rechts im Lichte der Schutzpflichten aus den Grundfreiheiten damit aus dem Vorrang

---

[1031] CANARIS, AcP 184 (1984), 201 (223) zu den deutschen Grundrechten.

[1032] PARPART, Bindung, S. 326 f.

[1033] S. 2. Teil, C IV 2 b), S. 163.

[1034] Als Unterfall der gemeinschaftsrechtskonformen Auslegung, dazu ZULEEG, in: von der Groeben/Schwarze, EUV / EGV, Art. 10 EG Rn. 6; VON BOGDANDY, in: Grabitz/Hilf, Recht der EU, Art. 10 EG Rn. 55 (Stand: Aug. 2002); KAINER, Unternehmensübernahmen, S. 194 ff., 200 f.

[1035] Vgl. dazu KINGREEN, Struktur, S. 197; REMMERT, Jura 2003, 13 (16); STREINZ/LEIBLE, EuZW 2000, 459 (465 f.).

[1036] S. 2. Teil, C II 2 d), S. 121.

[1037] Eben dies ist die Kernaussage von EuGH 15.7.1964, Costa / E.N.E.L., Rs. 6/64, Slg. 1964, 1253 (1269).

des Gemeinschaftsrechts[1038]. Unter Berücksichtigung dieses Ansatzes ergibt sich eine Lösung, die in ihren Ergebnissen dem nahe kommt, was im deutschen Verfassungsrecht als „mittelbare Drittwirkung der Grundrechte" bezeichnet wird[1039]. Auch in diesem Kontext wird zunehmend die dogmatische Grundlage der mittelbaren Drittwirkung im Schutzpflichtkonzept gesehen[1040].

(2) Flexiblerer Rechtsschutz durch Schutzpflichten als durch Drittwirkung

Dem geschädigten Bürger verbleiben also bei Annahme einer reinen Schutzpflichtlösung de facto mehr Rechtsschutzmöglichkeiten als bei Annahme einer Drittwirkung: Kann er der Störer nicht selbst habhaft werden und diese zivilrechtlich haftbar machen, so verbleibt ihm alternativ die Möglichkeit, den Mitgliedstaat unter Berufung auf dessen Schutzpflicht um Schutz zu ersuchen. Letzteres wäre ihm bei Annahme einer unmittelbaren Drittwirkung der Grundfreiheiten aber verwehrt, da Verbotsadressat insoweit allein der andere Bürger ist. Insofern behält das soeben[1041] vorgetragene Argument hinsichtlich der Unsicherheit betreffend den adäquaten Durchsetzungsmechanismus und den Haftungsgegner durchaus seine Gültigkeit. Es ist daher unzutreffend, wenn geltend gemacht wird, der durch das Schutzpflichtkonzept implizierte Rechtsschutz sei ineffektiver oder schwerfälliger als derjenige, der durch eine unmittelbare Drittwirkung der Grundfreiheiten gewährt wird. Dabei wird - wie dargelegt - nämlich übersehen, dass auch die Schutzpflicht es nicht ausschließt, privatrechtliche Instrumente zur Schutzverwirklichung einzusetzen und keinesfalls eine rein öffentlich-rechtliche Durchsetzung im Verhältnis Bürger - Staat verlangt. Dagegen führt eine rein an dem Konzept einer unmittelbaren Drittwirkung orientierte Lösung zu einer „Alles oder nichts"-Regelung, durch die der Beeinträchtigte dann rechtsschutzlos gestellt wird, wenn gegen den oder die privaten Störer nicht vorgegangen werden kann.

1038 Vgl. allgemein KAINER, Unternehmensübernahmen, S. 196; FRANZEN, Privatrechtsangleichung, S. 300; KÖRBER, Grundfreiheiten, S. 61 ff.

1039 Vgl. STREINZ/LEIBLE, EuZW 2000, 459 (465); FRENZ, HdBEuR Bd. 1, Rn. 334, 342; KINGREEN, Struktur, S. 199.

1040 S. nur STERN, StaatsR Bd. III/1, § 76 III 4 b), S. 1560 m.w.N. sowie § 76 IV 5, S. 1572 ff.; CANARIS, AcP 184 (1984), 201 (225 f.); ISENSEE, FS Großfeld, S. 485 (497 ff.); KRINGS, Grund, S. 335; RÖTHEL, EuR 2001, 908 (913 f.) m.w.N.

1041 S. 2. Teil, C VI 3 b) bb), S. 195.

(3) Kontrollüberlegung: Keine Notwendigkeit unmittelbarer Drittwirkung zur Realisierung der Schutzpflicht

Aus einer solchen schutzpflichtkonformen Auslegung mitgliedstaatlichen Rechts ergibt sich auch kein von den obigen Feststellungen[1042] abweichendes Ergebnis zur notwendigen Komplementarität von Schutzpflicht und unmittelbarer Drittwirkung der Grundfreiheiten, obwohl die praktischen Ergebnisse ähnlich sein mögen. Dies lässt sich außer anhand der oben vorgetragenen Argumente auch durch eine Parallelität zum Richtlinienrecht (Art. 249 Abs. 3 EG) belegen. In diesem Bereich ist der EuGH in mehreren Entscheidungen zur richtlinienkonformen Auslegung nationalen Rechts zu Ergebnissen gelangt, die einer Horizontalwirkung der Richtlinie durchaus nahe oder sogar gleich kamen; gleichwohl beruhte die Wirkung der Richtlinie nicht auf ihrer direkten Anwendung im Privatrechtsverhältnis, sondern auf einer entsprechenden Auslegung des nationalen Rechts im Lichte der Richtlinie. Das erklärt auch, warum das Argument, der Bürger dürfe darauf vertrauen, dass nicht umgesetzte Richtlinien nicht zu seinen Ungunsten wirken[1043], für den Bereich der richtlinienkonformen Auslegung nicht gilt: Darauf, dass die Auslegung nationalen Rechts nicht wechselt, kann der Bürger in aller Regel nicht vertrauen[1044]. Zuletzt hat der EuGH diese Grundsätze in den Entscheidungen „Wells“ und „Pfeiffer“ verdeutlicht und herausgestellt, dass horizontale Wirkung der Richtlinie und richtlinienkonforme Auslegung zwei verschiedene Rechtsinstitute darstellen[1045]. Diese Überlegungen lassen sich auch auf die schutzpflichtkonforme Auslegung nationalen Rechts und ihr Verhältnis zur unmittelbaren Drittwirkung übertragen.

Was das Argument der effektiveren Durchsetzung des Gemeinschaftsrechts durch eine Doppelbindung angeht, so wäre diese Annahme lediglich dann zutreffend, wenn den Grundfreiheiten auch tatsächlich eine Drittwirkung zwischen Privatpersonen zukäme. Nur in diesem Fall wäre es nötig, ihre insoweit bestehende Geltung effektiv durchzusetzen[1046]. Da eine solche unmittelbare Drittwirkung der Grundfreiheiten, wie soeben dargelegt, aber abzulehnen ist, büßt dieses Argument seine Überzeugungskraft ein. Zudem ist, wie gesehen,

---

[1042] S. 2. Teil, C VI 3 b) aa), S. 193.

[1043] EuGH 26.2.1986, Marshall, Rs. 152/84, Slg. 1986, 723 Rn. 48.

[1044] Dazu RUFFERT, in: Calliess/Ruffert, EUV / EGV, Art. 249 EGV Rn. 111; im Ergebnis auch HERRMANN, Richtlinienumsetzung, S. 164.

[1045] EuGH 7.1.2004, Wells, Rs. C-201/02, Slg. 2004, I-723 Rn. 56 f.; EuGH 5.10.2004, Pfeiffer u.a., verb. Rs. C-397/01 bis C-403/01, Slg. 2004, I-8835 Rn. 108 ff.

[1046] Vgl. WEIß, Personenverkehrsfreiheiten, S. 110.

eine Bindung von Privatpersonen an die Grundfreiheiten auch unnötig, um den Wertungen der Grundfreiheiten im Zivilrecht zur Geltung zu verhelfen.

(4) Zwischenergebnis

Zusammenfassend ist daher festzuhalten, dass von einer Schwerfälligkeit des Rechtsschutzes unter Zugrundelegung des Schutzpflichtkonzepts nicht gesprochen werden kann; im Gegenteil bietet es gegenüber der unmittelbaren Drittwirkung ein flexibleres und systemkonformeres Instrument, um die Wertungen der Schutzfunktion in die Vorschriften des nationalen Rechts zu transponieren.

dd) Möglichkeit eines Vertragsverletzungsverfahrens

Schließlich ist darauf hinzuweisen, dass auch das Bedürfnis nach einer effektiven Durchsetzung des Gemeinschaftsrechts durch die Organe der Gemeinschaft dafür spricht, von dem Konzept einer unmittelbaren Drittwirkung der Grundfreiheiten Abstand zu nehmen. Denn ein Vertragsverletzungsverfahren (Art. 226 EG) gegen einen Mitgliedstaat kann die Kommission nur dann initiieren, wenn dieser selbst gegen die Grundfreiheiten verstoßen hat, Verstöße von Privatpersonen gegen Gemeinschaftsrecht sind - mangelnde Zurechenbarkeit[1047] dieser Verstöße zum Staat einmal unterstellt - kein zulässiger Klagegegenstand[1048]. Folglich eröffnet nur die Schutzpflichtkonzeption durch ihre Anknüpfung an das staatliche Unterlassen die Möglichkeit des Vertragsverletzungsverfahrens, während das Konzept einer unmittelbaren Drittwirkung die Durchsetzung des Gemeinschaftsrechts durch die Kommission tendenziell schwächt, indem es ihr dieses Instrument verwehrt[1049]. Im letzteren Falle fehlt es gerade an einer Beteiligung des Staates, die dessen Verantwortlichkeit begründen könnte. Angesichts des Potentials privater Kräfte, die Gewährleistungen des Binnenmarktes illusorisch zu machen[1050], kann es nicht überzeugen, die Mitgliedstaaten durch das Konstrukt der unmittelbaren Drittwirkung von jeder Verantwortlichkeit hierfür gegenüber der Europäischen Gemeinschaft freizustellen.

Zudem ist die Befürchtung[1051], dass die Beschränkung auf das Schutzpflichtkonzept dazu führen könnte, dass sie einen Lösungsansatz ausschließlich im

---

[1047] Zu den Kriterien hierfür s. 2. Teil, C V, S. 167 ff.

[1048] CREMER, in: Calliess/Ruffert, EUV / EGV, Art. 226 EGV Rn. 27.

[1049] OLIVER, Movement, S. 59 f.; KINGREEN, Struktur, S. 200.

[1050] Dazu oben 2. Teil, B I 3 a) aa), S. 44.

[1051] So SCHINDLER, Kollision, S. 160.

Vertragsverletzungsverfahren (Art. 226 EG) darstellt, nicht stichhaltig; denn wie ausgeführt[1052] wirken die Schutzpflichten auch auf das nationale Zivilrecht ein und sind insoweit geeignet, Gegenstand entsprechender Vorlagefragen (Art. 234 EG) nationaler Zivilgerichte zu sein. Letzteres Verfahren kann ebenso einschlägig sein, wenn die Schutzpflicht als verletzte Primärnorm innerhalb des gemeinschaftsrechtlichen Staatshaftungsanspruchs gerügt wird. Auch aus praktischer Sicht ist diese Befürchtung bereits widerlegt worden. Den beiden grundlegenden Urteilen zu Schutzpflichten lagen nämlich einmal ein Vertragsverletzungsverfahren und beim anderen Mal ein Vorabentscheidungsverfahren zugrunde[1053]. Der letztere Fall verdeutlicht zugleich, dass entgegen mancher Einschätzungen[1054] die Geltendmachung von Haftungsansprüchen durchaus kein seltener oder unwahrscheinlicher Fall ist.

ee) Zwischenergebnis

Aus diesen Gründen sollte davon ausgegangen werden, dass die Grundfreiheiten des Gemeinschaftsrechts keine unmittelbare Drittwirkung entfalten, sondern dass ihnen einheitlich Schutzpflichten zu entnehmen sind.

VII. Zusammenfassung

Als wesentliche Ergebnisse der vorangegangenen Untersuchungen zu in der Rechtsprechung noch nicht hinreichend geklärten Aspekten der Schutzpflicht sind nach alledem die folgenden Erkenntnisse kurz zusammenzufassen. Wo bereits Zwischenergebnisse solche Zusammenfassungen enthalten, wird auf diese lediglich verwiesen; die Ergebnisse werden aber nicht nochmals gesondert dargestellt.

Zur Begründung der Schutzpflicht bedarf es des Rückgriffs auf Art. 10 EG nicht[1055]. Die Schutzpflicht aus den Grundfreiheiten entspricht den Anforderungen, die an die unmittelbare Anwendbarkeit des Gemeinschaftsrechts gestellt werden; demzufolge können sich einzelne Bürger vor den mitgliedstaatlichen Gerichten darauf berufen, dass der Staat es unterlassen hat, gegen private Beeinträchtigungen der Grundfreiheiten vorzugehen[1056]. Hinsichtlich

---

[1052] S. 2. Teil, C VI 3 b) cc) (1), S. 198 f.

[1053] Ein Vertragsverletzungsverfahren stellte den Hintergrund des Verfahrens EuGH 9.12.1997, Kommission / Frankreich, Rs. C-265/95, Slg. 1997, I-6959 dar, während in EuGH 12.6.2003, Schmidberger, Rs. C-112/00, Slg. 2003, I-5659 ein Vorabentscheidungsersuchen den prozessualen Rahmen bildete.

[1054] RÖTHEL, EuR 2001, 908 (913, dort Fn. 40).

[1055] S. 2. Teil, C I, S. 99 ff.

[1056] S. 2. Teil, C II, S. 106 ff.

der Struktur des Tatbestands der Schutzpflicht ist auf die bereits erfolgte Zusammenfassung der wesentlichen Ergebnisse hierzu zu verweisen[1057]; gleiches gilt für die Rechtfertigungsebene[1058]. Die Zurechnung privaten Verhaltens zum Staat einerseits und das Bestehen einer Schutzpflicht andererseits sind strikt voneinander zu trennen, da sie unterschiedliche Rechtsfolgen und Bezugspunkte haben[1059]. Es bedarf deshalb der Herausarbeitung von Kriterien für die Annahme einer Zurechnung; Anhaltspunkte hierfür finden sich außer in der Rechtsprechung des Gerichtshofs zu den Grundfreiheiten auch im Beihilfen-, Vergabe- und Richtlinienrecht[1060]. Die in diesen Rechtsgebieten verwendeten Kriterien sind weitgehend aneinander angenähert; eine Übertragbarkeit auf die Grundfreiheiten ist aus systematischen Gründen nicht ausgeschlossen[1061]. Der wesentliche Unterschied zwischen Schutzpflicht und Zurechnung liegt darin begründet, dass dem Mitgliedstaat in den letzteren Konstellationen die Möglichkeit der internen Einflussnahme verbleibt[1062]. Eine Erweiterung des Zurechnungsbegriffs dahingehend, dass bereits staatliche Genehmigungen privaten Verhaltens zur Bejahung der Zurechnung führen, ist nicht zu befürworten[1063]. Für die Problemfelder der einheitlichen Anwendbarkeit der Schutzpflichtkonstruktion auf alle Grundfreiheiten sowie des Verhältnisses von Drittwirkung und Schutzpflicht ist die Frage nach einer Konvergenz der Grundfreiheiten auf Tatbestands- und Rechtfertigungsebene vorgreiflich; für die hier relevanten Strukturen kann eine solche Konvergenz bejaht werden[1064]. Demzufolge ist von einer Übertragbarkeit des Schutzpflichtkonzepts auf alle Grundfreiheiten auszugehen; systematische Bedenken sind insoweit nicht zu erheben[1065]. Zum Verhältnis der Drittwirkung zu den Schutzpflichten gilt, dass zwischen diesen beiden Konzepten kein notwendiger Zusammenhang besteht. Insbesondere ist die Drittwirkung kein dogmatisches Vehikel zur Realisierung der Schutzpflicht[1066]. Der Rückgriff auf Drittwirkung oder Schutzpflicht je nach betroffener Grundfreiheit kann aus Rechtsschutzgesichtspunkten nicht überzeugen[1067]. Gegen eine Heranziehung der Drittwirkung neben der Schutz-

---

[1057] S. 2. Teil, C III 4, S. 147 ff.
[1058] S. 2. Teil, C IV 4, S. 165.
[1059] S. 2. Teil, C V, S. 167.
[1060] S. 2. Teil, C V 1 - 4, S. 168 ff.
[1061] S. 2. Teil, C V 5, S. 172 f.
[1062] S. 2. Teil, C V 5, S. 174.
[1063] S. 2. Teil, C V 6, S. 174 ff.
[1064] S. 2. Teil, C VI 1, S. 180 ff.
[1065] S. 2. Teil, C VI 2, S. 186 ff.
[1066] S. 2. Teil, C VI 3 b) aa), S. 193.
[1067] S. 2. Teil, C VI 3 b) bb), S. 195 ff.

pflicht spricht zudem, dass Letztere keineswegs einen ineffektiveren Rechtsschutz gewährleistet als Erstere; eine nähere Betrachtung ergibt, dass das Schutzpflichtkonzept sich besser in die nationalen Rechtsstrukturen einzufügen vermag und gegenüber der unmittelbaren Drittwirkung insofern sogar Vorteile aufweist[1068]. Die Schutzpflicht hat auch Auswirkungen auf das nationale Privatrecht[1069], woraus aber keine unmittelbare Drittwirkung der Grundfreiheiten folgt[1070]. Aus dem Blickwinkel der Gemeinschaft weist die Schutzpflicht gegenüber der Drittwirkung den Vorteil auf, dass sie die Möglichkeit eines Vertragsverletzungsverfahrens (Art. 226 EG) gegen den untätigen Mitgliedstaat eröffnet[1071].

1068 S. 2. Teil, C VI 3 b) cc), S. 197 ff.
1069 S. 2. Teil, C VI 3 b) cc) (1), S. 198.
1070 S. 2. Teil, C VI 3 b) cc) (3), S. 201 f.
1071 S. 2. Teil, C VI 3 b) dd), S. 202.

3. Teil: Durchsetzung der Schutzpflicht im Wege des Primärrechtsschutzes

Die vorstehend herausgearbeiteten Strukturen der Schutzpflichten aus den gemeinschaftsrechtlichen Grundfreiheiten erlauben es nunmehr, sich der Frage ihrer praktischen Durchsetzbarkeit zuzuwenden. Wie die aus den Schutzpflichten folgenden Vorgaben im Einzelnen in das materielle Recht der Mitgliedstaaten umgesetzt werden müssen oder können, kann hier nicht eingehend entfaltet werden[1072]; dies erklärt sich bereits daraus, dass nach der hier vertretenen Konzeption die Schutzpflicht potentiell alle Rechtsgebiete eines Mitgliedstaats zu determinieren geeignet ist[1073]. Insbesondere im Hinblick auf das Zivilrecht der Mitgliedstaaten ergibt sich eine große Menge an Vorschriften, die schutzrealisierend wirken können, was daraus folgt, dass eine Durchsetzung der grundfreiheitlichen Schutzpflichten nicht auf die Generalklauseln des nationalen Rechts als „Einfallstore" angewiesen ist[1074]. Auch ist zu berücksichtigen, dass die hier gewonnenen Erkenntnisse zum Primärrechtsschutz dem Zweck dienen sollen, einige dem noch zu erörternden gemeinschaftsrechtlichen Staatshaftungsanspruch vorgreifliche Fragen - insbesondere hinsichtlich einer etwaigen Rechtsmittelversäumnis - zu klären. Hierzu bedarf es keiner eingehenden Untersuchung der Umsetzungsmechanismen in das nationale materielle Recht; diese werden nur dort herangezogen, wo dies für die vorliegende Fragestellung als ertragreich erscheint.

Im Regelfall wird der in seinen Grundfreiheiten beeinträchtigte Private den Versuch unternehmen, zunächst gegen den Störer selbst vorzugehen. Im Falle grundfreiheitenbeschränkender vertraglicher Bindungen kommt daher beispielsweise die Anrufung eines nationalen Zivilgerichts in Betracht. Ist aber des Störers nicht habhaft zu werden, wie es insbesondere in den Fällen faktischer Beeinträchtigungen der Grundfreiheiten durch Private häufig der Fall ist, so verbleibt dem Bürger als effektive Möglichkeit des Rechtsschutzes noch das Nachsuchen um Schutz bei den nationalen Polizei- und Ordnungsbehörden und die entsprechende gerichtliche Durchsetzung solcher Ersuchen mit Hilfe der Verwaltungsgerichte[1075]. Ob unter Berufung auf die Nichtberücksichtigung grundfreiheitlicher Schutzpflichten durch Staatsorgane auch

---

[1072] Aus dem Blickwinkel der Drittwirkung bietet GANTEN, Drittwirkung, S. 195 ff. eine Analyse der Durchsetzung von sich aus den Grundfreiheiten ergebenden Rechtsfolgen im nationalen Recht.

[1073] S. 2. Teil, C VI 3 b) cc), S. 197 f.

[1074] S. 2. Teil, C VI 3 b) cc) (1), S. 198.

[1075] Die Untersuchung beschränkt sich dabei auf das gerichtliche Verfahren.

das BVerfG angerufen werden kann, bedarf dabei näherer Untersuchung. Die folgende Analyse von Rechtsschutzmöglichkeiten Einzelner zur Durchsetzung grundfreiheitlicher Schutzpflichten orientiert sich an der so entstehenden Abfolge; im Anschluss an die Erörterung des Rechtsschutzes nach nationalem Recht werden die Möglichkeiten der Befassung des EuGH mit Schutzpflichtkonstellationen einer näheren Betrachtung unterzogen. In dieser Hinsicht ist neben der Individualrechtsdurchsetzung die Möglichkeit der Kommission, ein Vertragsverletzungsverfahren nach Art. 226 EG gegen den jeweiligen Mitgliedstaat einzuleiten, ebenso in den Blick zu nehmen wie das im Vergleich dazu modifizierte Verfahren nach der VO 2679/98[1076].

A. Schutzpflichten und ihre Durchsetzung vor den nationalen Gerichten

Zunächst bedarf es einer näheren Betrachtung derjenigen Rechtsbehelfe, die ein Bürger eines Mitgliedstaats ergreifen kann, um die Beachtung und Durchsetzung der dem Staat obliegenden Schutzpflichten zu erreichen. Die Darstellung nimmt dabei das deutsche materielle sowie Prozessrecht als Ausgangspunkt.

I. Allgemeine Grundsätze der Durchsetzung von Gemeinschaftsrecht durch nationale Gerichte

Zu der soeben genannten Prämisse der Geltung deutschen (bzw. des jeweiligen nationalen) Prozessrechts ist anzumerken, dass die Pflicht zur Berücksichtigung von Gemeinschaftsrecht bei der Urteilsfindung die nationalen Gerichte nicht zu bloßen „verlängerten Armen“ der Gemeinschaft selbst macht[1077], die etwa nach unmittelbar dem Gemeinschaftsrecht zu entnehmenden prozessrechtlichen Maximen oder Sachnormen vorzugehen hätten; vielmehr hat der Gerichtshof zu Recht in ständiger Rechtsprechung ausgeführt, „dass die Bestimmung der zuständigen Gerichte und die Ausgestaltung von Verfahren, die den Schutz der dem Bürger aus der unmittelbaren Wirkung des Gemeinschaftsrechts erwachsenden Rechte gewährleisten sollen, mangels einer gemeinschaftsrechtlichen Regelung auf diesem Gebiet Sache der inner-

---

[1076] VO (EG) 2679/98 über das Funktionieren des Binnenmarktes im Zusammenhang mit dem freien Warenverkehr zwischen den Mitgliedstaaten, ABl. EG L 337 v. 12.12.1998, S. 8.

[1077] Das gilt trotz der gelegentlichen Bezeichnung der Gemeinschaftsrecht durchführenden nationalen Gerichte als „Gemeinschaftsgerichte“ oder „Gemeinschaftsrechtsgerichte“, vgl. dazu STREINZ, in: ders., EUV / EGV, Art. 10 EGV Rn. 32; EHLERS, DVBl. 2004, 1441 (1442 m.w.N.).

staatlichen Rechtsordnung der einzelnen Mitgliedstaaten sind“[1078]. Anders gewendet gilt der Grundsatz der Verfahrensautonomie der Mitgliedstaaten[1079], der sich auch auf die materielle Regelung von durch Gemeinschaftsrecht determinierten Sachverhalten bezieht[1080]. Dieser Grundsatz erfährt allerdings zwei auch für die Durchsetzung von Schutzpflichten bedeutsame Einschränkungen, denen sogleich nachzugehen ist.

1. Effektivitätsgrundsatz

Zum einen dürfen Normen des nationalen Verfahrensrechts[1081] die Ausübung der durch das Gemeinschaftsrecht gewährten Rechte nicht praktisch unmöglich machen oder übermäßig erschweren[1082]; dieses als Effektivitätsgrundsatz[1083] bezeichnete Prinzip stellt sicher, dass materielle Gemeinschaftsrechte dem Bürger nicht dadurch gleichsam wieder aus der Hand geschlagen werden, dass sie verfahrensrechtlich nicht durchgesetzt werden können und hat seinen Ursprung letztlich im Erfordernis einer wirksamen Durchsetzung des Gemeinschaftsrechts[1084]. Normativ verankert wird es, ebenso wie der nachfolgend zu erörternde Gleichwertigkeitsgrundsatz, in Art. 10 EG, der in seinem Abs. 1 S. 1 die Mitgliedstaaten verpflichtet, alle Maßnahmen allgemeiner oder besonderer Art zu treffen, um ihre Verpflichtungen aus dem EG-Vertrag

---

1078 EuGH 14.12.1995, van Schijndel u. van Veen, verb. Rs. C-430/93 u. C-431/93, Slg. 1995, I-4705 Rn. 17; EuGH 16.12.1976, Rewe, Rs. 33/76, Slg. 1976, 1989 Rn. 5; EuGH 19.11.1991, Francovich u.a., verb. Rs. C-6/90 u. C-9/90, Slg. 1991, I-5357 Rn. 42.

1079 STREINZ, in: ders., EGV / EUV, Art. 10 EGV Rn. 29; HATJE, in: Schwarze, EU-Komm., Art. 10 EGV Rn. 40; SCHOCH, NVwZ 1999, 457 (459, 465); WEYER, EuR 2000, 145 (149); kritisch zur Begrifflichkeit, der Sache nach aber ebenso VON BOGDANDY, in: Grabitz/Hilf, Recht der EU, Art. 10 EGV Rn. 43, 53 (Stand: Aug. 2002); KAHL, in: Calliess/Ruffert, EUV / EGV, Art. 10 EGV Rn. 24.

1080 Vgl. EuGH 21.9.1989, Kommission / Griechenland, Rs. 68/88, Slg. 1989, 2965 Rn. 23; ZULEEG, in: von der Groeben/Schwarze, EUV / EGV, Art. 10 EG Rn. 6.

1081 Und des materiellen Rechts (dazu vorige Fn.); es ist im Folgenden immer, auch wenn dies nicht ausdrücklich erwähnt ist, mit erfasst.

1082 EuGH 16.12.1976, Rewe, Rs. 33/76, Slg. 1976, 1989 Rn. 5; EuGH 16.12.1976, Comet, Rs. 45/76, Slg. 1976, 2043, Rn. 12 ff.; EuGH 14.12.1995, Peterbroeck, Rs. C-312/93, Slg. 1995, I-4599 Rn. 12; EuGH 14.12.1995, van Schijndel u. van Veen, verb. Rs. C-430/93 u. C-431/93, Slg. 1995, I-4705 Rn. 17.

1083 So EuGH 10.7.1997, Palmisani, Rs. C-261/95, Slg. 1997, I-4025 Rn. 27 aE.

1084 Vgl. nur HATJE, in: Schwarze, EU-Komm., Art. 10 EGV Rn. 16; KADELBACH, Verwaltungsrecht, S. 115.

zu erfüllen[1085]. Bereichsspezifischen Einzelausprägungen des Effektivitätsgrundsatzes ist im Zusammenhang mit den Überlegungen zu einzelnen nationalen Verfahren nachzugehen[1086].

2. Grundsatz der Gleichwertigkeit / Äquivalenz

Als zweiter, die Autonomie der Mitgliedstaaten bei der Anwendung von Gemeinschaftsrecht begrenzender Grundsatz ist derjenige der Gleichwertigkeit oder Äquivalenz zu nennen. Er verlangt nach der Rechtsprechung, dass Verfahren, in denen Gemeinschaftsrecht anzuwenden oder zu berücksichtigen ist, „nicht weniger günstig gestaltet werden dürfen als bei entsprechenden Klagen, die nur innerstaatliches Recht betreffen"[1087]. Die Schwierigkeit der sonach geforderten Gleichbehandlung mit rein nach nationalem Recht zu beurteilenden Sachverhalten liegt darin begründet, das richtige nationale Verfahren als Vergleichsmaßstab auszuwählen[1088].

II. Verfahren vor den Zivilgerichten

Sind somit die abstrakten gemeinschaftsrechtlichen Vorgaben klar, gilt es nunmehr, dem konkreten Verfahren vor den nationalen Zivilgerichten einige Überlegungen zu widmen. Da die Schutzpflicht nicht auf einen öffentlich-rechtlichen Durchsetzungsmechanismus beschränkt ist[1089], dies auch nicht sein kann, da dem Gemeinschaftsrecht eine dem deutschen Recht entsprechende Trennung der beiden Rechtsgebiete fremd ist[1090], sind auch die Zivilgerichte zur Gewährung von Schutz verpflichtet.

1. Anspruchsziele

Dabei korrespondiert der Vielzahl der von der Schutzpflicht erfassten Konstellationen eine ebenso breitgefächerte Palette an möglichen materiellen An-

---

1085 EuGH 16.12.1976, Rewe, Rs. 33/76, Slg. 1976, 1989 Rn. 5; EuGH 16.12.1976, Comet, Rs. 45/76, Slg. 1976, 2043, Rn. 12; WEYER, EuR 2000, 145 (147 f.); EHLERS, DVBl. 2004, 1441 (1442); HATJE, in: Schwarze, EU-Komm., Art. 10 EGV Rn. 40.

1086 S. sogleich 3. Teil, A II u. III, S. 210 ff. u. S. 223 ff.

1087 EuGH 15.9.1998, Edis, Rs. C-231/96, Slg. 1998, I-4951 Rn. 34; EuGH 16.12.1976, Rewe, Rs. 33/76, Slg. 1976, 1989 Rn. 5; EuGH 16.12.1976, Comet, Rs. 45/76, Slg. 1976, 2043 Rn. 12; EuGH 21.1.1999, Upjohn, Rs. C-120/97, Slg. 1999, I-223 Rn. 32.

1088 VON BOGDANDY, in: Grabitz/Hilf, Recht der EU, Art. 10 EGV Rn. 45 (Stand: Aug. 2002).

1089 S. 2. Teil, C VI 3 b) cc) (1), S. 198.

1090 Vgl. TONNE, Rechtsschutz, S. 31 f.; GANTEN, Drittwirkung, S. 204; SZCZEKALLA, Schutzpflichten, S. 978 m.w.N.

spruchszielen. Aus dieser seien hier mit dem Schadensersatzbegehren und der Frage nach einem aus der Schutzfunktion der Grundfreiheiten möglicherweise folgenden Kontrahierungszwang zwei Aspekte exemplarisch herausgegriffen, die in der Praxis die größte Relevanz aufweisen dürften.

a) Insbesondere: Schadensersatz

Erleidet ein Bürger eines Mitgliedstaats finanzielle Nachteile dadurch, dass er durch einen anderen Privaten in der Ausübung seiner Grundfreiheiten gestört wird, so wird er bemüht sein, diesen Schaden beim Störer selbst zu liquidieren. Dies dürfte vor allem in solchen Fällen von Interesse sein, die der Sachverhaltskonstellation in der Entscheidung „Schmidberger“[1091] ähneln; es möge etwa ein Gewerbetreibender verderbliche Waren aufgrund von Grenzblockaden nicht rechtzeitig an ihren Bestimmungsort in einem anderen Mitgliedstaat bringen können. Dahingehende Schadensersatzansprüche hält das nationale Deliktsrecht jedenfalls insofern bereit, als neben den durch die Grundfreiheiten garantierten wirtschaftlichen Freizügigkeitsrechten auch die in § 823 Abs. 1 BGB geschützten absoluten Rechte verletzt werden oder bereits nach deutschem Recht ein Verstoß gegen ein Schutzgesetz im Sinne des § 823 Abs. 2 BGB zu bejahen ist. In den Fällen der Blockade von Verkehrswegen ist hier vor allem an § 240 StGB zu denken[1092].

Falls sich die Rechtsfolge Schadensersatz aus dem nationalen Recht hiernach nicht bereits ohne besondere Einwirkungen des Gemeinschaftsrechts ergeben sollte[1093], ist zu überlegen, ob dieser aufgrund einer schutzpflichtkonformen Auslegung nationalen Rechts gewährt werden muss oder gar im Gemeinschaftsrecht selbst seinen Ursprung hat. Die letztere Option eines unmittelbar aus dem Gemeinschaftsrecht selbst zu entnehmenden Schadensersatzanspruches gegen Private wegen Verletzung von Gemeinschaftsrecht scheint auf den

---

1091 EuGH 12.6.2003, Schmidberger, Rs. C-112/00, Slg. 2003, I-5659.

1092 Zur verfassungsrechtlichen Dimension der Strafbarkeit von Straßenblockaden vgl. nur BVerfG 24.10.2001, 1 BvR 1190/90, 2173/93, 433/96, BVerfGE 104, 92 (104 ff.). Zur strafrechtlichen Seite zusammenfassend ESER, in: Schönke/Schröder, StGB, § 240 Rn. 1b f.

1093 So wird von der deutschen Rechtsprechung beispielsweise eine Eigentumsverletzung im Sinne des § 823 Abs. 1 BGB verneint, wenn bestimmte an einem Fluss gelegene Lagereinrichtungen aufgrund einer Seewegsblockade von Kunden nicht oder nur auf dem Landwege erreicht werden können, BGH 15.11.1982, II ZR 206/81, BGHZ 86, 152 (155); vgl. auch BGH 21.12.1970, II ZR 133/68, BGHZ 55, 153 (160); im Schrifttum wird allerdings eine Ausnahme hiervon befürwortet, wenn die Blockade vorsätzlich erfolgte, s. nur LARENZ/CANARIS, SchuldR II/2, § 76 II 3 c), S. 390.

ersten Blick eher fernliegend zu sein, doch geben eine neuere Entscheidung des EuGH[1094] und ihr folgende Äußerungen des Schrifttums Anlass, dieser Möglichkeit zumindest kurz nachzugehen.

aa) Die Entscheidung „Courage / Crehan"

In der Entscheidung „Courage / Crehan"[1095] hatte die Brauerei Courage Ltd. mit dem Beklagten des Ausgangsverfahrens, Bernhard Crehan, unter anderem eine Bierbezugsverpflichtung dahingehend abgeschlossen, dass Herr Crehan für den Ausschank in seiner Gaststätte ausschließlich Bier der Klägerin bei dieser bezog. Crehan verweigerte später die Bezahlung des gelieferten Bieres, weswegen er von Courage Ltd. auf Zahlung verklagt wurde. Er verlangte widerklagend Schadensersatz von der Klägerin mit der Begründung, die Alleinbezugsverpflichtung verstoße gegen Art. 81 Abs. 1 EG. Sein Schaden liege darin begründet, dass andere Schankwirte, die an keine Alleinbezugsverpflichtung mit der Klägerin gebunden waren, einen wesentlich niedrigeren Preis hätten zahlen müssen[1096]. Der EuGH entschied zum einen, dass sich auch die Beteiligten einer Kartellabrede auf die aus Art. 81 Abs. 2 EG folgende Nichtigkeit dieser Abrede berufen könnten[1097]. Für die vorliegende Fragestellung von größerem Interesse aber ist die in Randnummer 26 des Urteils enthaltene Aussage, dass „die praktische Wirksamkeit des [...] Verbots [des Art. 81 Abs. 1 EG] beeinträchtigt [wäre], wenn nicht jedermann Ersatz des Schadens verlangen könnte, der ihm durch einen Vertrag, der den Wettbewerb beschränken oder verfälschen kann [...] entstanden ist."[1098]. In der Literatur wird diese Passage teilweise dahingehend interpretiert, dass Schadensersatzansprüche, die sich auf die Verletzung unmittelbar anwendbaren Gemeinschaftsrechts durch Private stützen, ihre Grundlage allein im Gemeinschaftsrechts fänden[1099]. Hiernach bestehe nicht nur ein gemeinschaftsrechtlicher Staatshaftungsanspruch, sondern auch ein gemeinschaftsrechtlicher Schadensersatzanspruch gegen Private. Eine ähnliche Konzeption hatte bereits GA *van Gerven* in seinen Schlussanträgen in der Entscheidung „Banks" vorge-

---

1094 EuGH 20.9.2001, Courage / Crehan, Rs. C-453/99, Slg. 2001, I-6297.
1095 EuGH 20.9.2001, Courage / Crehan, Rs. C-453/99, Slg. 2001, I-6297.
1096 Näher zum Sachverhalt EuGH 20.9.2001, Courage / Crehan, Rs. C-453/99, Slg. 2001, I-6297 Rn. 1 - 9.
1097 EuGH 20.9.2001, Courage / Crehan, Rs. C-453/99, Slg. 2001, I-6297 Rn. 24.
1098 EuGH 20.9.2001, Courage / Crehan, Rs. C-453/99, Slg. 2001, I-6297 Rn. 26.
1099 So KOMNINOS, 39 CMLRev. (2002), 447 (449, 470); NOWAK, EuZW 2001, 717 (718); KREMER, EuR 2003, 696 (699 f.).

schlagen[1100], der einen solchen Schadensersatzanspruch in Anlehnung an die „Francovich"-Rechtsprechung bei Verstößen Privater gegen unmittelbar wirksames Gemeinschaftsrecht annehmen wollte. Es wird argumentiert, dies führe zu einheitlichen Maßstäben der Schadensersatzhaftung in der Gemeinschaft und ergänze die Drittwirkung von Vorschriften des Gemeinschaftsrechts[1101].

bb) Folgerungen aus „Courage / Crehan" für die vorliegende Problematik

Folgt man diesem Ansatz eines unmittelbar im Gemeinschaftsrecht wurzelnden Anspruchs, so zeigt sich ein deutlicher Unterschied zur bisherigen Konzeption: Das Gemeinschaftsrecht ist für seine Durchsetzung hiernach nicht mehr auf Mechanismen des nationalen Rechts angewiesen, dem es Vorgaben hinsichtlich der Effektivität und Gleichwertigkeit macht, sondern stellt selber die Voraussetzungen der Haftung auf und belässt den Mitgliedstaaten Regelungsspielräume lediglich im Rahmen dieser Voraussetzungen[1102]. Doch sind Bedenken gegen eine Etablierung eines derartigen gemeinschaftsrechtsunmittelbaren Anspruchs angebracht. Denn dem Gerichtshof fehlt die Kompetenz für eine gemeinschaftsweite Harmonisierung der Zivilrechtsfolgen eines Verstoßes gegen Art. 81 Abs. 1 EG; eine solche Harmonisierungskompetenz stünde allenfalls dem Gemeinschaftsgesetzgeber zu[1103]. Zum anderen geht die nachfolgende Rechtsprechung des EuG[1104] ohne weiteres davon aus, dass ein etwaiger Schadensersatzanspruch seinen Ursprung im nationalen Recht hat[1105]. Auch ist die Vergleichbarkeit der Konstellation der Haftung Privater

---

1100 GA VAN GERVEN, Schl.-Antr. v. 27.10.1993, Banks, Rs. C-128/92, Slg. 1994, I-1209 Tz. 42 ff.; so wohl auch GA JACOBS, Schl.-Antr. v. 22.5.2003, AOK u.a., verb. Rs. C-264/01, C-306/01, C-354/01 u. C-355/01, Slg. 2004, I-2493 Tz. 104.

1101 GA VAN GERVEN, Schl.-Antr. v. 27.10.1993, Banks, Rs. C-128/92, Slg. 1994, I-1209 Tz. 47; KREMER, EuR 2003, 696 (699).

1102 GA VAN GERVEN, Schl.-Antr. v. 27.10.1993, Banks, Rs. C-128/92, Slg. 1994, I-1209 Tz. 47 aE nennt dies eine „stärkere Wechselwirkung zwischen Gemeinschaftsrecht und nationalem Recht".

1103 Vgl. WEYER, ZEuP 2003, 318 (323, 339).

1104 Urteile des EuGH, die sich auf die „Courage / Crehan"-Entscheidung berufen, liegen soweit ersichtlich noch nicht vor. In der Entscheidung EuGH 16.3.2004, AOK u.a., verb. Rs. C-264/01, C-306/01, C-354/01 u. C-355/01, Slg. 2004, I-2493 Rn. 32, war die Frage zwar aufgeworfen worden, wurde vom EuGH aufgrund der Verneinung eines Verstoßes gegen Art. 81 EG aber nicht beantwortet (Rn. 66); in dem Beschluss EuGH 11.2.2004, Cannito u.a., verb. Rs. C-438/03, C-439/03, C-509/03 u. C-2/04, Slg. 2004, I-1605 Rn. 10 ff. waren solche Fragen ebenfalls gestellt, allerdings wurde das Vorabentscheidungsersuchen als unzulässig zurückgewiesen.

1105 EuG 28.2.2002, Atlantic Container Line, Rs. T-395/94, Slg. 2002, II-875 Rn. 298.

mit der des Staates nicht gegeben[1106]. Das gilt umso mehr, als schon für den gemeinschaftsrechtlichen Staatshaftungsanspruch, der ja als Vorbild für die Ausformung der Haftung Privater propagiert wird, der Charakter als eigenständiger Anspruch im Schrifttum durchaus in Zweifel gezogen wird[1107].

Entscheidend aber ist, dass der Entscheidung „Courage" ein Ziel zugrunde liegt, das sich für die Schutzpflichtkonstruktion nicht als tragfähig erweist. Hinter der Entscheidung steht nämlich, wie sich aus der oben zitierten Passage[1108] der Urteilsgründe ergibt, der Gedanke, dass die Durchsetzung gemeinschaftsrechtlich begründeter Pflichten Einzelner nunmehr hinreichender Grund für die Gewährung von Schadensersatzansprüchen sein soll[1109]. Aus dieser Pflichtenstellung des Einzelnen folgen dann nach dem Konzept des EuGH erst mittelbar korrespondierende Rechte anderer; mit anderen Worten werden die durch ein Kartell Geschädigten zur effektiven Durchsetzung der aus Art. 81 EG folgenden Pflichtenstellung instrumentalisiert[1110]. Zwar ergeben sich in den einschlägigen Schutzpflichtkonstellationen durchaus auch Pflichten Einzelner, wenn der Mitgliedstaat diese in Erfüllung seiner Schutzpflicht begründet[1111], was für eine Übertragbarkeit dieses Ansatzes sprechen könnte. Indes führt der genannte Umstand, wie oben bereits ausgeführt[1112], gerade nicht dazu, dass der einzelne Bürger Adressat eines Ge- oder Verbots unmittelbar kraft Gemeinschaftsrecht wird. Dies aber ist die Prämisse der Befürworter eines unmittelbar im Gemeinschaftsrecht wurzelnden Anspruchs, die eine unmittelbar private Pflichten begründende Norm als Voraussetzung für die Gewährung von Schadensersatz fordern[1113]. Vielmehr ist Adressat der gemeinschaftsrechtlichen Schutzpflicht - im Unterschied zum Konzept einer unmittelbaren Drittwirkung - allein der Mitgliedstaat. Dessen nationalem

---

1106 Näher WEYER, ZEuP 2003, 318 (329 f.).

1107 Für die Einordnung als eigenständiges Institut neben den Vorschriften über die Staatshaftung nach deutschem Recht etwa OSSENBÜHL, StaatshaftungsR, S. 525 f.; HATJE, EuR 1997, 297 (303); CREMER, JuS 2001, 643 (645 f.); für eine Einpassung in die nationalen Vorschriften durch gemeinschaftsrechtskonforme Auslegung von § 839 BGB, Art. 34 GG HERDEGEN/RENSMANN, ZHR 161 (1997), 522 (551); STREINZ, EuZW 1993, 599 (600); GUNDEL, DVBl. 2001, 95 (100).

1108 S. soeben 3. Teil, A II 1 a) aa), S. 212.

1109 EuGH 20.9.2001, Courage / Crehan, Rs. C-453/99, Slg. 2001, I-6297 Rn. 26; vgl. WEYER, ZEuP 2003, 318 (334).

1110 WEYER, ZEuP 2003, 318 (340).

1111 S. 2. Teil, C VI 3 b) aa), S. 193 sowie 2. Teil, C VI 3 b) cc) (3), S. 201.

1112 S. nochmals 2. Teil, C VI 3 b) aa), S. 193 sowie 2. Teil, C VI 3 b) cc) (3), S. 201.

1113 GA VAN GERVEN, Schl.-Antr. v. 27.10.1993, Banks, Rs. C-128/92, Slg. 1994, I-1209 Tz. 43; KREMER, EuR 2003, 696.

Recht obliegt es, den durch die Grundfreiheiten geforderten Schutz gegenüber privaten Beeinträchtigungen zu leisten. Hiernach ist festzuhalten, dass ein eigenständiger, im Gemeinschaftsrecht wurzelnder Anspruch auf Schadensersatz gegen Private bei Verletzung von Gemeinschaftsrecht weder allgemein anzuerkennen ist[1114] noch auf die Schutzpflichtkonstellation übertragen werden sollte.

cc) Zwingende Notwendigkeit der Gewährung von Schadensersatz?

Sonach verbleibt es bei der Verwirklichung von durch die grundfreiheitliche Schutzpflicht gebotenen Schadensersatzansprüchen im Wege der gemeinschaftsrechtskonformen Auslegung nationalen Rechts durch die hierzu berufenen Gerichte. Ob die Zuerkennung der Rechtsfolge Schadensersatz stets geboten ist, kann nur mit Blick auf den Einzelfall entschieden werden; in den (seltenen) Fällen, in denen sich eine gemeinschaftsrechtskonforme Auslegung der entsprechenden Normen nicht herbeiführen lässt, ist unter Umständen ein Tätigwerden des nationalen Gesetzgebers gefordert. Hierbei ist dann zu bedenken, dass auch diesem - selbst vor dem Hintergrund des Effektivitätsgrundsatzes - ein Spielraum verbleibt, wie er seiner Verpflichtung zur Abstellung des schutzpflichtwidrigen Zustands nachkommt[1115].

b) Insbesondere: Kontrahierungszwang

Mit einem Schadensersatzanspruch wird allerdings oftmals dann keine wirksame Abhilfe gegen von privaten Akteuren ausgehende Beeinträchtigungen der Grundfreiheiten verbunden sein, wenn sich die fragliche Beeinträchtigung im rechtsgeschäftlichen Bereich abspielt. Denkbare Konstellationen sind die systematische Verweigerung von Abschlüssen von Verträgen mit Angehörigen anderer Mitgliedstaaten oder die Weigerung, Arbeitnehmer aus anderen Mitgliedstaaten einzustellen. Hier ist dem benachteiligten Arbeitnehmer oder Vertragsschlusswilligen vielmehr daran gelegen, den entsprechenden Vertrag abzuschließen. Die somit aufgeworfene Frage ist also, ob die Mitgliedstaaten und insbesondere deren Zivilgerichte kraft der grundfreiheitlichen Schutzpflicht gehalten sind, in Fällen einer grundfreiheitenwidrigen Diskriminierung durch Private einen Kontrahierungszwang zu etablieren.

In diesem Zusammenhang ist zum einen zu bedenken, dass ein solcher Zwang zum Vertragsabschluss durchaus einige Vorbilder im deutschen Recht hat. Zu

---

1114 So im Ergebnis auch WURMNEST, RIW 2003, 896 (897).

1115 S. 2. Teil, B I 3 b) cc), S. 51 sowie 2. Teil, C IV 1 a) cc), S. 154 (Fn. 782).

nennen sind beispielsweise[1116] die spezialgesetzlichen Abschlussgebote der § 10 Abs. 1 EnWG, § 22 PBefG sowie § 8 PostG. Für die hier relevante Fragestellung eines Kontrahierungszwangs unter Privaten, die nicht Unternehmer sind[1117], ist auf die Vorschrift des § 826 BGB abzustellen; jedenfalls hieraus[1118] ergibt sich eine Pflicht zum Vertragsschluss dann, wenn die Verweigerung des Vertragsschlusses sich als vorsätzliche sittenwidrige Schädigung im Sinne der Norm begreifen lässt[1119]. Bei der Wertung, ob die Schädigung gegen das Anstandsgefühl aller billig und gerecht Denkenden[1120] verstößt, kommt den Wertungen der Verfassung, insbesondere den Grundrechten, entscheidende Bedeutung zu[1121]. Wird also die aus den nationalen Grundrechten folgende Schutzfunktion dergestalt in nationales Zivilrecht transformiert, erscheint es nahe liegend, dieselbe Bedeutung den grundfreiheitlichen Schutzpflichten zuzumessen. Dies ergibt sich bereits daraus, dass der Grundsatz der Gleichwertigkeit verlangt, dass Mechanismen zur Durchsetzung von Gemeinschaftsrecht nicht ungünstiger sein dürfen als vergleichbare nationale Mechanismen[1122]. Der rechtstechnischen Umsetzung eines durch die grundfreiheitliche Schutzpflicht gebotenen Kontrahierungszwangs würden insoweit keine unüberwindlichen Hindernisse entgegenstehen. Auch lässt sich nicht überzeugend dartun, dass dies zu einer unmittelbaren Drittwirkung der Grundfreiheiten führt; denn der Weg, auf dem das in der Tat oft ähnliche Ergebnis erzielt wird, ist bei der Schutzpflicht ein grundlegend anderer. Während die Vertreter einer unmittelbaren Drittwirkung die Gebotenheit eines Kontrahierungszwangs allein aus den Grundfreiheiten herleiten müssen, ist die Schutzpflicht zu ihrer Verwirklichung auf das nationale Recht angewiesen und durch

---

1116 Aufzählung weiterer gesetzlich angeordneter Abschlussgebote bei HEINRICHS, in: Palandt, BGB, Einf. vor § 145 Rn. 8 f.; KRAMER, in: MünchKomm, BGB, vor § 145 Rn. 10; BORK, in: Staudinger, BGB, Vorbem. zu §§ 145 - 156 Rn. 17.

1117 Für diese kann ein mittelbarer Abschlusszwang nach der Rechtsprechung aus §§ 33, 20 GWB folgen, s. nur BGH 7.3.1989, KZR 15/87, BGHZ 107, 273 (279); näher BORK, in: Staudinger, BGB, Vorbem. zu §§ 145 - 156 Rn. 18 ff.

1118 Zu anderen Ansätzen, denen hier nicht nachgegangen werden kann, eingehend FABIS, Auswirkungen, S. 207 ff.

1119 BORK, in: Staudinger, BGB, Vorbem. zu §§ 145 - 156 Rn. 22; BEZZENBERGER, AcP 196 (1996), 395 (429) m.w.N.; weitergehend HEINRICHS, in: Palandt, BGB, Einf. vor § 145 Rn. 10.

1120 Zu dieser Definition der Sittenwidrigkeit statt aller BGH 28.11.1990, XII ZR 16/90, NJW 1991, 913 (914); TEICHMANN, in: Jauernig, BGB, § 826 Rn. 3.

1121 BORK, in: Staudinger, BGB, Vorbem. zu §§ 145 - 156 Rn. 22; BGH 9.2.1978, III ZR 59/76, BGHZ 70, 313 (324) zu § 138 BGB.

1122 S. 3. Teil, A I 2, S. 210.

dieses mediatisiert; diesem sind dann - in den Grenzen des gemeinschaftsrechtlichen Effektivitäts- und Äquivalenzgrundsatzes - primär die maßgeblichen Wertungen zu entnehmen[1123].

Doch ergeben sich sachliche Bedenken insoweit, als der die Einstellung oder den Vertragsschluss verweigernden präsumtiven Vertragspartei das gemeinschaftsrechtliche Grundrecht der Vertragsfreiheit[1124] zur Seite steht, das durch die Beeinträchtigung der Abschlussfreiheit, mithin des „Ob" und nicht nur des „Wie" des Vertragsschlusses in besonderem Maße beeinträchtigt wird[1125]. Aus diesem Grund operiert die Rechtsprechung des BGH mit Recht äußerst zurückhaltend insbesondere mit der Einbeziehung von in Art. 3 GG enthaltenen Wertungen im Privatrecht[1126]. Zutreffend erscheint dies insbesondere, wenn man sich vor Augen hält, dass sich den verfassungsrechtlichen Vorgaben in aller Regel keine Präponderanz der einen oder der anderen grundrechtlichen Position entnehmen lässt, sondern es regelmäßig einer politischen Entscheidung des Gesetzgebers bedarf[1127]. Eben diese Wertung gilt es auch bei der zivilrechtlichen Verwirklichung der grundfreiheitlichen Schutzpflicht im Auge zu behalten; insbesondere ist zu berücksichtigen, ob dem Beeinträchtigten trotz Verweigerung des Vertragsschlusses noch zumutbare Ausweichmöglichkeiten verbleiben. Dies folgt bereits aus dem Gebot, dass im Rahmen der Rechtfertigung des Nichteinschreitens des Staates eine Abwägung zwischen der zu schützenden Grundfreiheit und dem entgegenstehenden Grundrecht des Störers auf Privatautonomie abzuwägen ist[1128]. Ist hiernach eine Ausweichmöglichkeit nicht gegeben, ist in seltenen Einzelfällen die Annahme eines aus der grundfreiheitlichen Schutzpflicht folgenden Kontrahierungszwangs durchaus möglich[1129]. Zu bedenken ist aber stets, dass ein solcher insbesondere dort wenig sinnvoll ist, wo das Vertragsverhältnis maßgeblich vom persön-

---

1123 Entsprechend für die Grundrechte des GG CANARIS, AcP 184 (1984), 201 (242).

1124 Zu dessen Existenz s. Nachweise oben Fn. 63, S. 35.

1125 Vgl. PREEDY, Bindung, S. 175.

1126 Beispielhaft BGH 9.2.1978, III ZR 59/76, BGHZ 70, 313 (324).

1127 Vgl. näher HOPPE/WEGE, LAGE § 626 BGB 2002 Nr. 2 a, S. 5 (12 f.).

1128 Zur Struktur dieser Abwägung eingehend oben 2. Teil, C IV, S. 149 ff.

1129 Anders GANTEN, Drittwirkung, S. 139 f., 210, der selbst bei Annahme einer unmittelbaren Drittwirkung einen Kontrahierungszwang ohne Ausnahme verneint. Jedoch ist die dafür gegebene Begründung nicht tragfähig, vgl. bereits oben 2. Teil, C III 2 b), S. 138 in Fn. 694. Weitergehend auf der Basis einer unmittelbaren Drittwirkung FABIS, Auswirkungen, S. 207 ff.

lichen Verhältnis der Vertragspartner geprägt ist; Paradebeispiel dürfte insoweit das Arbeitsrecht sein[1130].

Die Rechtsprechung des EuGH zur Richtlinie 76/207/EWG[1131] lässt sich ergänzend heranziehen. Der Gerichtshof hat in diesem Zusammenhang mehrfach entschieden, dass nationale Sanktionsregelungen wirksam, verhältnismäßig und abschreckend sein müssen[1132]. Art. 6 der genannten Richtlinie enthält das zu der hier in Rede stehenden Konstellation durchaus vergleichbare Gebot, es müsse dem Diskriminierten möglich sein, seine Rechte gerichtlich geltend zu machen. Der Gerichtshof urteilte, dass ein Kontrahierungszwang zwar eine mögliche Sanktion für von der Richtlinie verbotene Diskriminierungen sein könnte, den Mitgliedstaaten aber die Freiheit der Wahl unter mehreren Sanktionen verbleibe, die sie für geeignet hielten[1133]. Dies zeigt, dass dem Erfordernis der Wirksamkeit von Sanktionen zumindest weitgehend auch ohne Kontrahierungszwang nachgekommen werden kann und korrespondiert mit der bereits oben getroffenen Feststellung, dass ein Anspruch auf ein bestimmtes Schutzmittel sich im Regelfall aus der Schutzpflicht nicht ableiten lässt[1134].

c) Weitere denkbare Anspruchsziele

Als Alternative zur Annahme eines Kontrahierungszwangs oder zu Schadensersatz kann der beeinträchtigte Bürger darüber hinaus ein Interesse daran ha-

---

[1130] Unter anderem aus diesem Grund wird ein Kontrahierungszwang auf Basis der Richtlinie 2000/43/EG des Rates zur Anwendung des Gleichbehandlungsgrundsatzes ohne Unterschied der Rasse oder der ethnischen Herkunft, ABl. L 180 v. 19.7.2000, S. 22 überwiegend abgelehnt. Vgl. dazu REICHOLD, JZ 2004, 384 (392); HOPPE/WEGE, LAGE § 626 BGB 2002 Nr. 2 a, S. 5 (21).

[1131] Richtlinie 76/207/EWG des Rates zur Verwirklichung des Grundsatzes der Gleichbehandlung von Männern und Frauen hinsichtlich des Zugangs zur Beschäftigung, zur Berufsbildung und zum beruflichen Aufstieg sowie in bezug auf die Arbeitsbedingungen, ABl. EG L 39 v. 14.2.1976, S. 40; zuletzt geändert durch Richtlinie 2002/73/EG des Europäischen Parlaments und des Rates zur Änderung der Richtlinie 76/207/EWG des Rates zur Verwirklichung des Grundsatzes der Gleichbehandlung von Männern und Frauen hinsichtlich des Zugangs zur Beschäftigung, zur Berufsbildung und zum beruflichen Aufstieg sowie in Bezug auf die Arbeitsbedingungen, ABl. L 269 v. 5.10.2002, S. 15.

[1132] EuGH 10.4.1984, von Colson und Kamann, Rs. C-14/83, Slg. 1984, 1891 Rn. 23; EuGH 21.9.1989, Kommission / Griechenland, Rs. 68/88, Slg. 1989, 2965 Rn. 24; KAHL, in: Calliess/Ruffert, EUV / EGV, Art. 10 EGV Rn. 28 m.w.N.

[1133] EuGH 10.4.1984, von Colson und Kamann, Rs. C-14/83, Slg. 1984, 1891 Rn. 18.

[1134] S. 2. Teil, C IV 1 a) cc), S. 153 f.

ben, dass bestimmte vertragliche Abreden ihm gegenüber keine Wirkung entfalten oder dass Aufrufe zum Boykott unterlassen werden.

Der erstere Fall ist etwa vorstellbar, wenn eine Supermarktkette mit Lieferanten aus dem EG-Ausland Verträge abschließt, in denen Letzteren - im Unterschied zu inländischen Lieferanten - ein zusätzliches Entgelt abverlangt wird, damit deren Waren verkaufsgünstig in den Märkten platziert werden. Im Unterschied zur Lösung mittels einer unmittelbaren Drittwirkung der Grundfreiheiten[1135] sind solche Abreden nicht bereits nach § 134 BGB nichtig, da die grundfreiheitliche Schutzpflicht als solche aufgrund des Umstands, dass sie als Adressaten lediglich den jeweiligen Mitgliedstaat anspricht, keine unmittelbar für den Einzelnen wirkenden Verbote statuieren kann. In Betracht kommt allerdings die Heranziehung von § 138 BGB. Ebenso wie dies bei § 826 BGB der Fall ist[1136], kann auch hier der Begriff der Sittenwidrigkeit durch die nationalen Gerichte nach den Vorgaben der grundfreiheitlichen Schutzpflichten dahingehend ausgelegt werden, dass Abreden, die beispielsweise den freien Warenverkehr oder die Arbeitnehmerfreizügigkeit beeinträchtigen, der Nichtigkeit anheimfallen. Wiederum ist aber darauf hinzuweisen, dass hierbei Bedacht auf den Grundsatz der Privatautonomie genommen werden muss. Gemeinschaftsrechtlich ist zudem zu beachten, dass bei rechtsgeschäftlich bewirkten Beschränkungen der Grundfreiheiten vom Staat nur unter besonderen Umständen, insbesondere dem Fehlen der Voraussetzungen der Privatautonomie, ein Einschreiten verlangt werden kann[1137]. Hieraus folgt, dass die nationalen Gerichte in aller Regel nicht verpflichtet sind, derartige Abreden unter § 138 BGB oder andere die Nichtigkeit anordnende Normen zu subsumieren. Gleiches gilt selbstverständlich auch für den soeben erörterten Kontrahierungszwang.

Ein Unterlassungs- oder Beseitigungsanspruch wird den Zielen des Anspruchsstellers vor allem dann gerecht werden, wenn private Beeinträchtigungen der Grundfreiheiten durch Realakte in Rede stehen. Zu denken ist hierbei neben den bereits erwähnten Blockadefällen vor allem an Boykottaufrufe, etwa die Kampagne einer Zeitung mit dem Ziel, Produkte einer bestimmten Herkunft nicht zu erwerben. Mit dem aus § 1004 Abs. 1 S. 2 BGB entnommenen quasinegatorischen Beseitigungs- und Unterlassungsanspruch[1138] steht

---

[1135] Dazu HAUSCHKA, DB 1990, 873 (874); GANTEN, Drittwirkung, S. 201.

[1136] S. soeben 3. Teil, A II 1 b), S. 216 f.

[1137] S. 2. Teil, C IV 3, S. 164 f. sowie eingehend 2. Teil, C III 2, S. 134 ff.

[1138] Dazu statt aller FRITZSCHE, in: Bamberger/Roth, BGB, § 1004 Rn. 2 ff. m.w.N.; MEDICUS, in: MünchKomm, BGB, § 1004 Rn. 6.

ein Instrument des nationalen Zivilrechts zur Realisierung solcher Ansprüche prinzipiell bereit[1139]. Hiernach kann nicht nur die erfolgte Verletzung von Rechten und Rechtsgütern rückgängig gemacht werden, vielmehr können bereits alle drohenden Beeinträchtigungen der in § 823 Abs. 1 BGB geschützten Rechtsgüter vorbeugend abgewehrt werden[1140]. Auf ein Verschulden des Anspruchsgegners kommt es nicht an[1141]. Oftmals wird allerdings vor allem in Blockadefällen oder bei Protestkampagnen das Gemeinschaftsgrundrecht der Meinungs- oder der Versammlungsfreiheit[1142] die Abwägung zu Ungunsten einer Verpflichtung des Mitgliedstaats zur Bereitstellung von Unterlassungsansprüchen ausfallen lassen.

2. Prozessuale Durchsetzung

Hinsichtlich der prozessualen Durchsetzung der soeben skizzierten materiellrechtlichen Ansprüche sind ebenfalls der Effektivitäts- sowie der Gleichwertigkeitsgrundsatz maßgeblich. Schwierigkeiten dürften sich vor allem in den Fällen ergeben, in denen vom Kläger verlangt wird, den grundfreiheitenbeschränkenden Charakter einer von Privatpersonen ausgehenden Maßnahme darzulegen und zu beweisen[1143].

a) Beweisrechtliche Fragen

Nach allgemeinen Grundsätzen obliegt im Zivilprozess einer Partei die Beweislast für ihr günstige, mithin anspruchsbegründende Tatsachen[1144]. Das Vorliegen einer den Grundfreiheiten zuwiderlaufenden Behandlung durch

---

[1139] SCHAEFER, Wirkung, S. 259 f.; GANTEN, Drittwirkung, S. 209 f., allerdings vom Standpunkt einer unmittelbaren Drittwirkung.

[1140] FRITZSCHE, in: Bamberger/Roth, BGB, § 1004 Rn. 2.

[1141] FRITZSCHE, in: Bamberger/Roth, BGB, § 1004 Rn. 6.

[1142] Zur Meinungsfreiheit EuGH 18.6.1991, ERT, Rs. C-260/89, Slg. 1991, I-2925, Rn. 44; EuGH 26.6.1997, Familiapress, Rs. C-368/95, Slg. 1997, I-3689 Rn. 25; EuGH 6.3.2001, Connolly / Kommission, Rs. C-274/99 P, Slg. 2001, 1611 Rn. 37 ff.; zur Versammlungsfreiheit EuGH 12.6.2003, Schmidberger, Rs. C-112/00, Slg. 2003, I-5659 Rn. 79.

[1143] Zwar kommt es, wie bereits mehrfach hervorgehoben, allein darauf an, ob sich das staatliche Nichthandeln als Diskriminierung oder Beschränkung im Sinne der grundfreiheitlichen Schutzpflicht darstellt (s. insoweit 2. Teil, C III, S. 122 sowie 2. Teil, C III 1 a) aa), S. 124); jedoch ist die Beeinträchtigung durch Private Vorbedingung für die Handlungspflicht des Staates und insofern vom Kläger darzulegen und zu beweisen.

[1144] BGH 17.2.1970, III ZR 139/67, BGHZ 53, 245 (250); BGH 16.6.1983, VII ZR 370/82, BGHZ 87, 393 (399).

Private ist wesentliche Voraussetzung für die Zuerkennung der oben erläuterten Ansprüche, da in deren Tatbestand - wie soeben dargelegt - jeweils die Wertungen der grundfreiheitlichen Schutzpflicht einzubeziehen sind. Insofern sind diese Umstände dem Beeinträchtigten günstig. Hiernach obläge es auch ihm, den Beweis zu führen, dass er von anderen Privatpersonen an der Ausübung seiner Grundfreiheiten gehindert wird. Vor allem in Konstellationen, in denen der Kläger eine Schlechterbehandlung aufgrund der Staatsangehörigkeit geltend macht, ist aber dieser Nachweis häufig dadurch erschwert, dass der Störer in den seltensten Fällen die Ungleichbehandlung mit der anderen Staatsangehörigkeit des Beeinträchtigten begründen wird, sondern andere, auf den ersten Blick billigenswerte Gründe vorschieben wird oder seine Motive überhaupt nicht offen legt[1145]. Soweit die Anforderung, für das Vorliegen einer Diskriminierung den vollen Beweis zu erbringen, somit den privatrechtlichen Rechtsschutz des Beeinträchtigten vereitelt, kann daher eine schutzpflichtkonforme Anwendung der Regeln über den Anscheinsbeweis geboten sein[1146]. Eine Umkehr der Beweislast dürfte dagegen über das Ziel hinausschießen und in vielerlei Fällen übermäßige und daher ungerechtfertigte Eingriffe in die Privatautonomie bewirken.

Etwaigen Beweisschwierigkeiten hinsichtlich des Nachweises, welcher von mehreren Störern bei einer den innergemeinschaftlichen Handel beeinträchtigenden Protestaktion konkret für die schädigende Handlung verantwortlich war, kann bereits mit einer Anwendung des § 830 BGB begegnet werden: Die Vorschrift erspart es dem Geschädigten, für jeden einzelnen Beteiligten die haftungsbegründende Kausalität nachzuweisen[1147]. Die Rechtsprechung des BGH hierzu belegt, dass mit Hilfe dieser Vorschrift insbesondere durch Demonstrationen verursachte Schäden effektiv liquidiert werden können und hierbei andererseits den Grundrechten der Demonstranten hinreichend Rechnung getragen werden kann[1148]. Der Effektivitätsgrundsatz dürfte eine weiter gehende Regelung daher nicht fordern.

b) Einstweiliger Rechtsschutz

Von besonderer Bedeutung für die Durchsetzung der grundfreiheitlichen Schutzpflichten im nationalen Zivilrecht ist der Bereich des einstweiligen

---

1145 BEZZENBERGER, AcP 196 (1996), 395 (431); GANTEN, Drittwirkung, S. 211.

1146 FABIS, Auswirkungen, S. 184 f.; GANTEN, Drittwirkung, S. 212, jeweils für die unmittelbare Drittwirkung; BEZZENBERGER, AcP 196 (1996), 395 (431) zu den Einflüssen der Grundrechte des GG.

1147 S. nur SPINDLER, in: Bamberger/Roth, BGB, § 830 Rn. 17.

1148 Vgl. BGH 4.11.1997, VI ZR 348/96, BGHZ 137, 89 (102 ff.).

Rechtsschutzes nach Maßgabe der ZPO. Dies ergibt sich daraus, dass in den häufigen Blockade- oder Protestfällen zwar ein nachträglicher Schadensersatzprozess möglich ist, dem in seinen Grundfreiheiten beeinträchtigten Privaten aber - insbesondere, soweit er gewerblich tätig wird - primär daran gelegen ist, die Störung selbst zu verhindern oder zu beseitigen, bevor es zu Schäden gekommen ist. Die gleiche Erwägung gilt auch für Fälle diskriminierender Pressekampagnen. Geeignete Rechtsschutzform aus dem deutschen Zivilprozessrecht ist die einstweilige Verfügung (§§ 935, 940 ZPO). Probleme ergeben sich hier wiederum bei Gruppen von Störern, deren Zusammensetzung wie z.B. bei Demonstrationen oder Besetzungen von Auslieferungslagern ständigem Wandel unterworfen ist. Auch sind die Störer in diesen Fällen oftmals nicht namentlich bekannt. Diese Umstände erschweren die korrekte Bezeichnung und Identifizierung des Antragsgegners, die unabdingbare Voraussetzung für den Erlass einer einstweiligen Verfügung ist[1149]. Zwar bedarf es für einen wirksamen Antrag nicht zwingend einer namentlichen Benennung der Störer[1150], doch muss jedenfalls zweifelsfrei feststehen und für Dritte erkennbar sein, wer Partei sein soll[1151]. Dieser Anforderung ist nach der Rechtsprechung der Obergerichte und der überwiegenden Literaturansicht nur dann Genüge getan, wenn eine konkrete Zahl von Antragsgegnern, also Störern, im Antrag bezeichnet wird und deren Zusammensetzung nicht wechselt[1152]. Kann der Beeinträchtigte diesen Anforderungen nicht nachkommen, ist allerdings fraglich, ob in diesem Fall die effektive Durchsetzung der grundfreiheitlichen Schutzpflicht von den Zivilgerichten fordert, eine großzügigere Auslegung vorzunehmen und bei der Parteibezeichnung auch einen wechselnden Personenkreis ausreichen zu lassen. Denn denkbar ist hier auch eine Schutzgewährung durch den Mitgliedstaat mit Hilfe seiner Ordnungsbehörden, die unter bestimmten Voraussetzungen auch zum Schutz privater Rechte berufen sind. Dem Auswahlermessen des Mitgliedstaats hinsichtlich der Mittel, durch die er den grundfreiheitlich gebotenen Schutz gewährt[1153], würde eine einseitige Fokussierung auf zivilrechtliche Mechanismen ebenso

---

1149 Statt aller VOLLKOMMER, in: Zöller, ZPO, § 935 Rn. 4.

1150 RAESCHKE-KESSLER, NJW 1981, 663; DIETLEIN, Lehre, S. 191; OLG Köln 18.8.1981, 3 W 24/81, NJW 1982, 1888; LG Krefeld 30.7.1981, 5 O 303/81, NJW 1982, 289.

1151 VOLLKOMMER, in: Zöller, ZPO, § 935 Rn. 4; RAESCHKE-KESSLER, NJW 1981, 663; OLG Köln 18.8.1981, 3 W 24/81, NJW 1982, 1888.

1152 OLG Köln 18.8.1981, 3 W 24/81, NJW 1982, 1888; LG Krefeld 30.7.1981, 5 O 303/81, NJW 1982, 289 (290); RAESCHKE-KESSLER, NJW 1981, 663; VOLLKOMMER, in: Zöller, ZPO, § 935 Rn. 4 m.w.N.; anders LISKEN, NJW 1982, 1136 (1137).

1153 S. 2. Teil, B I 3 b) cc), S. 51 ff.; 2. Teil, C IV 1 a) cc), S. 154 (Fn. 782) sowie 2. Teil, C IV 2 b), S. 163.

zuwiderlaufen wie eine Beschränkung auf Schutzgewährung allein mit Mitteln des öffentlichen Rechts[1154]. Folglich bedarf es zur Beurteilung dieser Frage vorgreiflich einer Untersuchung dahingehend, welche öffentlich-rechtlichen Durchsetzungsmechanismen dem in seinen Grundfreiheiten Beeinträchtigten zur Verfügung stehen[1155]. Sollten sich dabei andersartige, aber in ihrer Effektivität gleichwertige Rechtsschutzmöglichkeiten ergeben, ist es im Grundsatz nicht zu beanstanden, wenn der Mitgliedstaat den Bürger auf diese verweist. Die Schutzpflicht fordert eben keinen bestmöglichen, sondern lediglich effektiven Rechtsschutz gegen Beeinträchtigungen der Grundfreiheiten durch Private.

3. Zwischenergebnis und Zusammenfassung

Der Überblick über die möglichen zivilrechtlichen Anspruchsziele und deren prozessuale Durchsetzungsmöglichkeiten hat gezeigt, dass das deutsche Zivilrecht in den weitaus meisten Bereichen die Berücksichtigung der Vorgaben der Schutzpflicht erlaubt und insoweit sowohl dem Effektivitäts- als auch dem Äquivalenzgrundsatz (Art. 10 EG) entspricht. Wo dies nicht oder nicht eindeutig der Fall ist, kann dem Gemeinschaftsrecht ohne Systembruch dadurch zur Durchsetzung verholfen werden, dass Regelungen des nationalen Rechts gemeinschaftsrechtskonform ausgelegt werden.

III. Verfahren vor den Verwaltungsgerichten

Schutzgewährung durch Zivilgerichte ist nach dem soeben Gesagten also durchaus in vielen Fällen möglich und praktikabel. Anders ist dies hingegen, wenn die Störungen der Grundfreiheiten durch private Gruppen durchgeführt werden, die nicht in einer bestimmten Rechtsform organisiert sind oder gegen die aufgrund gezielter und schnell durchgeführter Störungen nicht zivilgerichtlich vorgegangen werden kann. Dabei handelt es sich vor allem um Vorfälle, die den dem Urteil „Kommission / Frankreich“[1156] zugrunde liegenden Aktionen französischer Landwirte ähneln[1157]; mit anderen Worten ist meist die Abwehr faktischer (und nicht rechtsgeschäftlicher) Eingriffe Privater in die Gewährleistungen der Grundfreiheiten des EG-Vertrages bezweckt. Zwar darf sich der Beeinträchtigte hiergegen unter Berufung auf die durch das Zivil-

---

[1154] S. 2. Teil, C VI 3 b) cc) (1), S. 198.

[1155] Sogleich 3. Teil, A III 2 c), S. 232.

[1156] EuGH 9.12.1997, Kommission / Frankreich, Rs. C-265/95, Slg. 1997, I-6959.

[1157] Detaillierte Schilderung dieser Vorgänge bei GA LENZ, Schl.-Antr. v. 9.7.1997, Kommission / Frankreich, Rs. C-265/95, Slg. 1997, I-6959 Tz. 2.

und Strafrecht gewährten Notrechte[1158] - bei Vorliegen von deren Voraussetzungen - wehren. Doch helfen selbst diese das staatliche Gewaltmonopol ausnahmsweise durchbrechenden Normen[1159] nicht über den Umstand hinweg, dass sich der Bürger häufig einer zahlenmäßigen Übermacht von Störern gegenüber sieht, welche die tatsächliche Umsetzung solcher rechtlichen Erlaubnisse zur Gegenwehr illusorisch erscheinen lässt. In diesen Fällen scheint die Angewiesenheit auf staatliche Schutzgewährung, nunmehr durch öffentlich-rechtliche Einrichtungen, in besonderer Weise auf. Hier sind die Verwaltungsgerichte dazu berufen, die Verpflichtungen der jeweiligen Behörden im Streitfall zu aktualisieren. Der Schwerpunkt der folgenden Betrachtungen liegt dabei im Folgenden auf den allgemeinen Polizei- und Ordnungsbehörden[1160].

1. Anspruchsziele und Voraussetzungen behördlichen Tätigwerdens

So vielfältig sich die möglichen Anspruchsziele des Bürgers gegen solche Beeinträchtigungen im Bereich der zivilrechtlichen Rechtsbehelfe darstellen mögen, so reduziert erscheint sein Begehren in der Konstellation, in der er bei den Polizei- und Ordnungsbehörden um Schutz nachsucht: Es lässt sich dahin zusammenfassen, dass ein ordnungsbehördliches[1161] Einschreiten gefordert wird, also im Wesentlichen ein Leistungsbegehren an den Staat herangetragen wird. Jedoch lassen sich die Erscheinungsformen dieses verlangten Einschreitens noch nach Intensität und zeitlicher Abfolge auffächern, so dass sich eine mehrstufige Reihenfolge ergibt[1162]. So können im Vorfeld konkreter Gefahren von den Behörden Maßnahmen der Gefahrenvorsorge, etwa durch Information oder Beratung, gefordert sein[1163]. Steht noch nicht fest, ob eine Gefahr durch Eingriffe Privater überhaupt besteht, etwa wenn nur Gerüchte über mögliche Übergriffe zulasten EG-ausländischer Dienstleister kursieren, kön-

---

[1158] Aus dem Zivilrecht sind zu nennen: §§ 227, 229 BGB; im Strafrecht ist § 32 StGB einschlägig.

[1159] Vgl. zu diesem Zusammenhang nur GÖTZ, in: Isensee/Kirchhof (Hrsg.), HdBStR Bd. III, § 79 Rn. 32 m.w.N.

[1160] Zur Gefahrenabwehr durch andere Einrichtungen, etwa Verfassungsschutzbehörden, vgl. EHLERS, FS Lukes, S. 337 (341 ff.).

[1161] Oder polizeiliches; soweit sich keine sachlichen Unterschiede ergeben, wird die jeweils andere Behörde nicht gesondert erwähnt oder zusammenfassend von Sicherheitsbehörden gesprochen.

[1162] Dazu EHLERS, FS Lukes, S. 337 (341); vgl. allgemein zu durch das Gemeinschaftsrecht geforderten Handlungen auch KAHL, in: Calliess/Ruffert, EUV / EGV, Art. 10 EGV Rn. 28.

[1163] EHLERS, FS Lukes, S. 337 (341).

nen die Sicherheitsbehörden gehalten sein, solchen Hinweisen nachzugehen und gegebenenfalls Gefahrerforschungseingriffe[1164] vorzunehmen. Schließlich wird, soweit durch private Beeinträchtigungen der Grundfreiheiten konkrete Gefahren entstanden sind, selbstverständlich die Abwehr dieser Gefahren im Interesse des Beeinträchtigten liegen.

Es ist hier nicht der Ort, um Einzelauslegungen der sicherheitsbehördlichen Eingriffsbefugnisse zu erörtern[1165]; doch seien anhand der polizeilichen bzw. ordnungsbehördlichen Generalklausel kurz die möglichen Einflüsse der grundfreiheitlichen Schutzpflicht auf diesem Rechtsgebiet dargestellt. § 14 OBG NRW, der hier als Ausgangspunkt genommen werden soll, gibt den Ordnungsbehörden die Befugnis, bei Gefahren für die öffentliche Sicherheit oder Ordnung einzuschreiten.

a) Berührung eines Schutzguts der Generalklauseln

Damit die Sicherheitsbehörden also befugt sind, in Rechtsgüter des Störers einzugreifen und auf diese Weise den Schutz des Beeinträchtigten zu gewährleisten, muss eins der genannten Schutzgüter der Generalklausel berührt sein. Vom Begriff der öffentlichen Sicherheit[1166] sind neben Gemeinschaftsgütern wie dem Schutz des Bestands des Staates und seiner Einrichtungen auch die Unverletzlichkeit der objektiven Rechtsordnung und die Individualrechtsgüter des Einzelnen umfasst[1167]. Unproblematisch erfüllt sind diese Tatbestandsvoraussetzungen der ordnungsrechtlichen Eingriffsermächtigung daher dann, wenn durch die Beeinträchtigungen der Grundfreiheiten durch Private zugleich Straf- oder Ordnungswidrigkeitentatbestände verwirklicht werden[1168], wie es in der Entscheidung „Kommission / Frankreich" der Fall war[1169]. Erfolgen faktische Beeinträchtigungen der Grundfreiheiten also durch

---

1164 Dazu statt aller SCHOCH, in: Schmidt-Aßmann (Hrsg.), Bes. VerwR, 2. Kap. Rn. 97 f.

1165 Eingehend zum Schutz privater Rechte durch die Polizei KRÜGER, Privatrechtsschutz; speziell mit Blick auf die Einflüsse des Gemeinschaftsrechts jetzt LINDNER, JuS 2005, 302 (305 ff.).

1166 Das Schutzgut „öffentliche Ordnung" wird im Folgenden nicht weiter verfolgt, da zum einen die für die Schutzpflicht relevanten Fallkonstellationen sich weitestgehend über das Merkmal der „öffentlichen Sicherheit" lösen lassen dürften und zum anderen ohnehin eine Tendenz besteht, die „öffentliche Ordnung" als Befugniskriterium zurückzudrängen (vgl. z.B. § 8 Abs. 1 PolG NRW, der ein entsprechendes Tatbestandsmerkmal nicht mehr enthält).

1167 Statt aller SCHOCH, in: Schmidt-Aßmann (Hrsg.), Bes. VerwR, 2. Kap. Rn. 66 ff.

1168 Insoweit ist die Unverletzlichkeit der Rechtsordnung als Schutzgut einschlägig, vgl. SCHOCH, in: Schmidt-Aßmann (Hrsg.), Bes. VerwR, 2. Kap. Rn. 68, 73.

1169 EuGH 9.12.1997, Kommission / Frankreich, Rs. C-265/95, Slg. 1997, I-6959 Rn. 4 ff.

vorsätzliche Körperverletzung, Nötigung und Sachbeschädigung, sind die Handlungsmöglichkeiten der Sicherheitsbehörden gegenüber dem Störer bereits nach nationalem Recht eröffnet. Zugleich ist die grundfreiheitliche Schutzpflicht, wie sich der Entscheidung „Kommission / Frankreich" entnehmen lässt, regelmäßig verletzt, wenn die Ordnungskräfte gegen derartige Handlungen nicht einschreiten[1170]. Da die Schutzpflicht aus den Grundfreiheiten unmittelbar anwendbar ist[1171], müssen ihre Vorgaben auch bei der Auslegung der Generalklausel beachtet werden. Dies gilt umso mehr, als die Berücksichtigung von aus den Grundrechten des GG folgenden Schutzpflichten im Rahmen der polizeilichen Eingriffsermächtigungen inzwischen anerkannt ist[1172]; insoweit gebietet schon der Grundsatz der Gleichwertigkeit von rein nationalen Verfahren und solchen mit gemeinschaftsrechtlichem Bezug, dass Entsprechendes auch für grundfreiheitliche Schutzpflichten gilt[1173].

b) Die notwendige Gefahrenintensität und Ermessensfragen

Die tatbestandliche Einschlägigkeit eines Schutzguts der öffentlichen Sicherheit im Sinne des § 14 Abs. 1 OBG NRW ist jedoch nicht ausreichend, um eine Handlungsbefugnis der Ordnungsbehörde zu begründen. Vielmehr muss zusätzlich eine Gefahr für dieses Schutzgut bestehen. Gefahr wird dabei definiert als Sachlage, in welcher der Eintritt eines Schadens im Einzelfall in absehbarer Zeit mit hinreichender Wahrscheinlichkeit zu erwarten ist[1174]. In diesem Zusammenhang sind für die Beurteilung der Gefahrenlage in Fällen, in denen die gemeinschaftsrechtliche Schutzpflicht einschlägig ist, deren Maßstäbe für die Beurteilung maßgeblich. Eine abstrakte, für alle Konstellationen gültige Definition lässt sich hierbei nicht geben[1175]. Doch wurde oben bereits herausgearbeitet, welche Kriterien insoweit herangezogen werden können[1176]. Diese sind auch bedeutsam für die Ausübung des Ermessens durch die nationalen Ordnungsbehörden[1177]; hier ist wiederum darauf hinzuweisen, dass Letzteren durch die grundfreiheitliche Schutzpflicht zwar ein Auswahlermessen, nicht aber ein Entschließungsermessen eingeräumt wird. Dies kann etwa

---

[1170] S. 2. Teil, B I 3 b) cc), S. 53.
[1171] S. 2. Teil, C II 2, S. 110 ff.
[1172] ISENSEE, Grundrecht, S. 52 ff. m.w.N.; DIETLEIN, Lehre, S. 188.
[1173] Ähnlich LINDNER, JuS 2005, 302 (305).
[1174] BVerwG 26.2.1974, 1 C 31.72, BVerwGE 45, 51 (57); SCHOCH, in: Schmidt-Aßmann (Hrsg.), Bes. VerwR, 2. Kap. Rn. 84.
[1175] Vgl. JAECKEL, Schutzpflichten, S. 264.
[1176] S. 2. Teil, B I 3 b) cc), S. 51 und 2. Teil, C IV 3, S. 164.
[1177] Vgl. allgemein KADELBACH, Verwaltungsrecht, S. 452 m.w.N.

im Fall von Fabrik- oder Hausbesetzungen durch Private, die zu Behinderungen der Grundfreiheiten führen, Divergenzen mit rein nationalen Sachverhalten zur Folge haben. Denn es wird auch in der Rechtsprechung vertreten, bei Gefahren für materielle Güter wie das Eigentum (im Gegensatz zu solchen für immaterielle Güter wie Leben und Gesundheit) sei das Entschließungsermessen der Ordnungsbehörden nicht auf Null reduziert[1178], ein Einschreiten deswegen nicht stets geboten[1179]. Auch die Grundfreiheiten können primär als Garantien wirtschaftlicher Betätigungsfreiheit und damit materielle Güter angesehen werden, was schon das tatbestandliche Erfordernis eines Bezugs zum Wirtschaftslebens zeigt[1180]. Indes wäre eine auf dieser Argumentation basierende Eröffnung eines Entschließungsermessens für die Sicherheitsbehörden nicht mit den Vorgaben des Gerichtshofs vereinbar; im Wege der gemeinschaftsrechtskonformen Auslegung ist daher bei Verletzung der Schutzpflicht aus den Grundfreiheiten ein Einschreiten der Behörden in jedem Fall als geboten anzusehen[1181].

Im Hinblick auf die Handlungsbefugnisse der Polizei- und Ordnungsbehörden bestehen sonach ausreichende Möglichkeiten der Schutzgewährung; durch die Schutzpflicht indizierte Korrekturen nationaler Vorgaben betreffen lediglich die Auslegung einzelner Normen und können durch eine gemeinschaftsrechtskonforme Auslegung vorgenommen werden[1182].

2. Prozessuale Durchsetzung

In prozessualer Hinsicht ist im deutschen Verwaltungsprozessrecht allgemein bereits ein erheblicher Einfluss des Gemeinschaftsrechts zu verzeichnen[1183]; die Fragestellungen reichen hier von der Beeinflussung der Klagebefugnis (§ 42 Abs. 2 VwGO) durch Gemeinschaftsrecht über die Verwerfungskompetenz der Gerichte für gemeinschaftsrechtswidriges nationales Recht bis zur Gewährung vorläufigen Rechtsschutzes bei gemeinschaftsrechtlich berührten

---

1178 Zur Ermessensreduzierung auf Null s. nur HAIN/SCHLETTE/SCHMITZ, AöR 122 (1997), 32 (39 ff.); OSSENBÜHL, in: Erichsen/Ehlers (Hrsg.), Allg. VerwR, § 10 Rn. 19 ff.

1179 VG Berlin 6.4.1981, 1 A 87/81, NJW 1981, 1748 (1749); wohl auch HAIN/SCHLETTE/SCHMITZ, AöR 122 (1997), 32 (52), die einen Anspruch auf Einschreiten nur bei Verletzungen der Menschenwürde annehmen; dagegen DEGENHART, JuS 1982, 330 (334); GÖTZ, NVwZ 1984, 211 (216); DIETLEIN, Lehre, S. 192.

1180 Vgl. nur STREINZ, EuropaR, Rn. 664.

1181 So jetzt auch LINDNER, JuS 2005, 302 (305).

1182 Zu weiteren Auswirkungen der grundfreiheitlichen Schutzpflicht auf das Polizeirecht LINDNER, JuS 2005, 302 (305 ff.).

1183 S. HUFEN, VerwaltungsprozessR, § 3 Rn. 13.

Sachverhalten[1184]. Vor allem die letztere Problematik soll im Folgenden kurz betrachtet werden (a.), bevor die Frage nach der Notwendigkeit einer Normerlassklage aufgeworfen wird (b.). Abschließend ist das Verhältnis von zivilgerichtlichem und verwaltungsgerichtlichem Schutz zu untersuchen (c.).

a) Einstweiliger Rechtsschutz

Eine noch größere Bedeutung als im Bereich der Schutzpflichterfüllung durch Zivilgerichte hat der einstweilige Rechtsschutz, wenn polizeiliches Einschreiten begehrt wird. Während zumindest zivilrechtliche Klagen auf Schadensersatz ohne weiteres in normalen Erkenntnisverfahren durchgeführt werden können, wird das Recht des Einzelnen auf Einschreiten der Polizei potentiell vereitelt, wenn zuvor ein komplettes verwaltungsgerichtliches Verfahren, unter Umständen mit vorgeschaltetem Widerspruchsverfahren (§§ 68 ff. VwGO), durchlaufen werden müsste. Aus diesem Grund ist das in § 123 VwGO geregelte Verfahren der einstweiligen Anordnung das Mittel der Wahl, wenn ordnungsbehördliches Einschreiten prozessual erzwungen werden soll. Dies gilt sowohl in dem Falle, in dem der Bürger den Erlass eines Verwaltungsakts gegenüber den Störern begehrt als auch in der Konstellation, dass sich die Schutzmaßnahmen als Realakte darstellen würden, denn § 123 VwGO ermöglicht einstweiligen Rechtsschutz sowohl bei Verpflichtungsbegehren im Sinne des § 113 Abs. 5 VwGO als auch bei Begehren, die im Hauptsacheverfahren im Wege der allgemeinen Leistungsklage zu verfolgen wären[1185]. Dies ergibt sich daraus, dass § 123 VwGO alle diejenigen Fälle vorläufigen Rechtsschutzes unterfallen, die nicht nach § 80 Abs. 5 VwGO zu beurteilen sind (§ 123 Abs. 5 VwGO)[1186]. Als Anordnungsanspruch sind hier als Ausfluss des Gleichwertigkeitsgrundsatzes auch gemeinschaftsrechtlich begründete Rechtsposition anzuerkennen[1187], insbesondere also aus der unmittelbar von den nationalen Gerichten zu beachtenden Schutzpflicht fließende Ansprüche auf behördliches Einschreiten.

Die zur positiven Bescheidung des Antragstellers notwendige Spruchreife (§ 113 Abs. 5 S. 2 VwGO) fehlt dann, wenn der Behörde noch ein Ermes-

---

1184 HUFEN, VerwaltungsprozessR, § 3 Rn. 14; EHLERS, DVBl. 2004, 1441 mit weiteren Beispielen.

1185 S. nur VON FRAGSTEIN, Einwirkungen, S. 57 f.

1186 Vgl. FUNKE-KAISER, in: Bader, VwGO, § 123 Rn. 3; KOPP/SCHENKE, VwGO, § 123 Rn. 1; HUFEN, VerwaltungsprozessR, § 33 Rn. 1.

1187 DÖRR, Rechtsschutzauftrag, S. 233; BUCK, Europäisierung, S. 252 f.; wohl auch VON FRAGSTEIN, Einwirkungen, S. 177.

sensspielraum zusteht[1188], so dass eine einstweilige Anordnung bei Ermessensentscheidungen nur dann ergehen darf, wenn eine erneute Ermessensausübung überwiegend wahrscheinlich zugunsten des Antragstellers ausginge[1189]. Die grundfreiheitliche Schutzpflicht belässt den zuständigen Stellen der Mitgliedstaaten jedoch - sofern ihre Voraussetzungen vorliegen - kein Entschließungsermessen mehr[1190]. Das verbleibende Auswahlermessen hinsichtlich der Mittel kann im Hinblick darauf, dass nationale Verfahrensvorschriften den einstweiligen Rechtsschutz im Hinblick auf gemeinschaftsrechtlich begründete Rechte nicht übermäßig erschweren oder unmöglich machen dürfen, kein Grund für die Versagung des Rechtsschutzes sein, sondern allenfalls Anlass für das Gericht, die Behörde in analoger Anwendung des § 113 Abs. 5 S. 2 VwGO[1191] dazu zu verpflichten, unter Berücksichtigung der gegebenen Reduzierung des Entschließungsermessens auf Null tätig zu werden und der Behörde dabei die Wahl der Mittel zu belassen. Darüber hinaus dürften die in § 123 VwGO niedergelegten Rechtsschutzmöglichkeiten den Ansprüchen des Gemeinschaftsrechts hinsichtlich des Effektivitäts- und des Äquivalenzgrundsatzes durchweg genügen[1192], so dass auch durch die grundfreiheitlichen Schutzpflichten eine über den bisherigen Rechtszustand hinausgehende Gewährung einstweiligen Rechtsschutzes nicht geboten erscheint.

b) Notwendigkeit einer Normerlassklage?

Eine weitere Frage ist es, wie Rechtsschutz in Fällen zu bewerkstelligen ist, in denen der Verstoß des Staates gegen die Schutzpflicht darin besteht, dass er den Erlass schutzgewährender Normen unterlassen hat. In besonders drängender Weise stellt sich diese Frage in Fällen, in denen die nationalen Gerichte außer Stande sind, im Wege der gemeinschaftsrechtskonformen Auslegung den gebotenen Schutz zu realisieren, etwa weil eine solche Auslegung den Rahmen zulässiger Rechtsfortbildung verlassen würde[1193]. Die Problematik ist

---

1188 KOPP/SCHENKE, VwGO, § 113 Rn. 195.

1189 FUNKE-KAISER, in: Bader, VwGO, § 123 Rn. 59 m.w.N.

1190 2. Teil, B I 3 b) cc), S. 51; 2. Teil, C IV 1 a) cc), S. 154 (Fn. 782) sowie 2. Teil, C IV 2 b), S. 163.

1191 Zu dieser Möglichkeit FUNKE-KAISER, in: Bader, VwGO, § 123 Rn. 59; KOPP/SCHENKE, VwGO, § 123 Rn. 28.

1192 CLASSEN, Europäisierung, S. 113; VON FRAGSTEIN, Einwirkungen, S. 182; BUCK, Europäisierung, S. 253 f.; DÖRR, Rechtsschutzauftrag, S. 233; GELLERMANN, in: Rengeling/Middeke/Gellermann, Handbuch des Rechtsschutzes, § 36 Rn. 82.

1193 Diese Grenze erkennt auch der Gerichtshof an, indem er die Gerichte zur gemeinschaftsrechtskonformen Auslegung nur im Rahmen ihrer Zuständigkeit verpflichtet, vgl. EuGH 10.4.1984, von Colson und Kamann, Rs. 14/83, Slg. 1984, 1891 Rn. 26;

komplex und bedürfte einer eingehenderen Betrachtung, die hier, um den Rahmen der vorliegenden Arbeit nicht zu sprengen, nicht geleistet werden kann. Bisher wurde die Frage eines gemeinschaftsrechtlich begründeten Rechts auf Normerlass vornehmlich anhand der Konstellation einer unterlassenen Richtlinienumsetzung diskutiert[1194], weshalb hier nur einige Hinweise auf Lösungsansätze gegeben werden sollen.

Eine erste Differenzierung ist jedenfalls zu treffen zwischen dem Fall des Unterlassens untergesetzlicher Normen und demjenigen, in dem Schutz durch ein förmliches Parlamentsgesetz geboten wäre[1195]. In ersterem Falle sind nach der Generalklausel des § 40 VwGO die Verwaltungsgerichte zur Gewährung von Schutz berufen[1196], wenn man nicht, wie gelegentlich vertreten[1197], bereits Streitigkeiten um den Erlass untergesetzlicher Normen als verfassungsrechtliche Streitigkeit im Sinne des § 40 VwGO qualifiziert. Ist somit der Rechtsweg zu den Verwaltungsgerichten eröffnet, wovon hier ausgegangen werden soll, bietet sich eine Anlehnung an die im nationalen Recht von der Rechtsprechung anerkannte und dogmatisch auf die Feststellungsklage (§ 43 VwGO) gestützte[1198] Normerlassklage an[1199]. Auch für aus den Grundrechten des GG folgende Schutzpflichten wird eine Umsetzung eines etwaigen materiellen Normerlassanspruchs auf diesem Wege befürwortet[1200].

Größere Schwierigkeiten bereitet dagegen der Fall, in dem der gebotene Schutz nur durch ein Parlamentsgesetz realisiert werden kann. Sieht man einmal davon ab, dass ein solcher Fall in Schutzpflichtkonstellationen die Ausnahme bleiben dürfte, wird gegen eine solche Bindung des parlamentarischen Gesetzgebers vorgebracht, dies stelle einen zu großen Einbruch in die Souveränität der Mitgliedstaaten dar[1201]. Andererseits wird ein gerichtlich

---

EuGH 13.11.1990, Marleasing, Rs. C-106/89, Slg. 1990, I-4135 Rn. 8; EuGH 16.12.1993, Wagner-Miret, Rs. C-334/92, Slg. 1993, I-6911 Rn. 22 f.

1194 Etwa GURLIT, FS Reich, S. 55; MUSIL, EuR 1998, 705; VON DANWITZ, System, S. 314 f.; DÖRR, Rechtsschutzauftrag, S. 213 ff.

1195 Vgl. DÖRR, Rechtsschutzauftrag, S. 213 f.; MUSIL, EuR 1998, 705 (713 f.).

1196 GURLIT, FS Reich, S. 55 (77); MUSIL, EuR 1998, 705 (714); DÖRR, Rechtsschutzauftrag, S. 214.

1197 So SCHENKE, VerwaltungsprozessR, Rn. 131, 1083; KOPP/SCHENKE, VwGO, § 43 Rn. 8a.

1198 Vgl. nur BVerwG 3.11.1988, 7 C 115.86, BVerwGE 80, 355 (363); BVerwG 4.7.2002, 2 C 13.01, NVwZ 2002, 1505.

1199 MUSIL, EuR 1998, 705 (714); wohl auch DÖRR, Rechtsschutzauftrag, S. 215; allgemein GÖTZ, DVBl. 2002, 1 (2); a.A. GURLIT, FS Reich, S. 55 (78).

1200 Vgl. DIETLEIN, Lehre, S. 213 f.

1201 CLASSEN, AöR 125 (2000), 162 (165); GRZESZICK, Rechte, S. 523 (dort Fn. 133).

durchsetzbarer gemeinschaftsrechtlicher Anspruch auf Normerlass als vorzugswürdig gegenüber etwaigen Haftungsansprüchen angesehen[1202]. Zu dieser materiellrechtlichen Problematik kommt hinzu, dass sich eine Durchsetzung solcher Ansprüche im innerstaatlichen Rechtsraum kompliziert gestalten dürfte. Nahe liegt es, da bereits die Verwerfung förmlicher Gesetze beim BVerfG monopolisiert ist (Art. 100 Abs. 1 GG), diesem die ausschließliche Kompetenz für die verbindliche Feststellung solcher Rechtssetzungspflichten zuzusprechen, wovon auch §§ 92, 95 Abs. 1 S. 1 BVerfGG ausgehen[1203]. In der Rechtsprechung des BVerfG lassen sich dementsprechend Belege dafür erkennen, dass grundrechtliche Schutzpflichten im Einzelfall unter sehr engen Voraussetzungen zu einklagbaren Normsetzungsansprüchen führen können[1204]. Will sich ein durch die unterlassene Normsetzung beeinträchtigter Bürger jedoch (nur) unter Berufung auf grundfreiheitliche Schutzpflichten gegen das unzureichende legislative Schutzniveau an das BVerfG wenden, so sieht er sich im Rahmen der Verfassungsbeschwerde (Art. 93 Abs. 1 Nr. 4a GG, §§ 13 Nr. 8a, 90 ff. BVerfGG) dem Erfordernis gegenüber, eine Verletzung der in Art. 93 Abs. 1 Nr. 4a GG, § 90 Abs. 1 BVerfGG abschließend genannten[1205] Grundrechte oder grundrechtsgleichen Rechte zu rügen. Hieran muss eine rein auf Gemeinschaftsrecht als Anspruchsgrundlage gestützte Verfassungsbeschwerde notwendig scheitern. Zwar fehlt es nicht an Versuchen, diesem als unbefriedigend empfundenen und in der Tat zumindest in der vorliegenden Konstellation potentiell zu Rechtsschutzlücken führendem Zustand abzuhelfen[1206]; diese gehen etwa dahin, dass die Grundfreiheiten des Gemeinschaftsrechts aufgrund der Rechtsschutzgarantie des Art. 19 Abs. 4 GG als Grundrechte im Sinne des § 90 Abs. 1 BVerfGG anzusehen seien[1207]. Andere dagegen wollen eine inzidente Berufung auf Gemeinschaftsrecht vor dem BVerfG dadurch ermöglichen, dass die Verletzung von gemeinschaftsrechtlichen Normen stets als Verletzung von Art. 2 Abs. 1 GG angesehen wird, da das gemeinschaftsrechtswidrige nationale Recht aufgrund des Vorrangs des Gemeinschaftsrechts unanwendbar sei und daher Art. 2 Abs. 1 GG in seiner

---

1202 VON DANWITZ, System, S. 314.

1203 HERMES, Grundrecht, S. 212; ISENSEE, Grundrecht, S. 51; DIETLEIN, Lehre, S. 175 ff., 180 m.w.N.

1204 Dazu im Einzelnen LECHNER/ZUCK, BVerfGG, § 90 Rn. 108 ff.; eingehend MÖSTL, DÖV 1998, 1029.

1205 Vgl. nur SCHLAICH/KORIOTH, Bundesverfassungsgericht, Rn. 218; DÖRR, Rechtsschutzauftrag, S. 210.

1206 Eingehend dazu DÖRR, Rechtsschutzauftrag, S. 209 ff.

1207 So FRENZ, DÖV 1995, 414 (417); dagegen DÖRR, Rechtsschutzauftrag, S. 211.

Ausprägung als allgemeine Handlungsfreiheit verletzt sei[1208]. Mag zumindest der letztere Vorschlag konstruktiv im Lichte der so genannten „Elfes-Rechtsprechung" des BVerfG[1209] durchaus plausibel erscheinen[1210], so ist doch zu bedenken, dass eine Übertragung dieser abwehrrechtlich orientierten Lösungsversuche auf die Fälle einer Schutzpflichtverletzung zumindest einer näheren Untersuchung bedürfte, die sich auch der Frage zu stellen hätte, ob Art. 2 Abs. 1 GG insoweit überhaupt eine Schutzpflicht zugunsten der allgemeinen Handlungsfreiheit zu entnehmen ist[1211]. Auch ist festzuhalten, dass das BVerfG solchen Ansätzen bisher nicht gefolgt ist und eine Einbeziehung gemeinschaftsrechtlicher Rechtspositionen in die Beurteilung der Begründetheit von Verfassungsbeschwerden ausdrücklich abgelehnt hat[1212]. Möglich ist allenfalls die auf Art. 101 Abs. 1 S. 2 GG gestützte Rüge, ein Fachgericht habe es in willkürlicher Weise unterlassen, eine potentiell schutzpflichtrelevante Konstellation dem EuGH zur Vorabentscheidung vorzulegen (Art. 234 EG); denn auch der EuGH ist gesetzlicher Richter im Sinne der ersteren Vorschrift[1213]. Für die weitere Untersuchung wird daher davon ausgegangen, dass jedenfalls ein aus der grundfreiheitlichen Schutzpflicht folgender Anspruch auf Erlass eines förmlichen Gesetzes im Wege des nationalen Rechtsschutzes nicht durchsetzbar wäre.

c) Verhältnis zum zivilgerichtlichen Schutz

Bereits oben wurde die Frage aufgeworfen, wie sich zivilgerichtlicher und verwaltungsgerichtlicher Schutz zueinander verhalten[1214]. Materiellrechtlich enthält für den hier interessierenden Bereich § 1 Abs. 2 PolG NRW die Weichenstellung[1215]: Nach dieser Norm ist die Polizei zwar für den Schutz privater Rechte zuständig, dies aber nur dann, wenn „gerichtlicher Schutz nicht

---

1208 E. KLEIN, FS Stern, S. 1301 (1309); KUBE, JuS 2003, 461 (464 f.); ähnlich EHLERS, in: ders. (Hrsg.), EuGR, § 7 Rn. 102.

1209 BVerfG 16.1.1957, 1 BvR 253/56, BVerfGE 6, 32 (37 f.).

1210 Ablehnend aber DÖRR, Rechtsschutzauftrag, S. 210, dort auch zu weiteren Ansätzen.

1211 Bejahend ROBBERS, Sicherheit, S. 200.

1212 BVerfG 31.5.1990, 2 BvL 12,13/88, 2 BvR 1436/87, BVerfGE 82, 159 (191); BVerfG 16.3.2004, 1 BvR 1778/01, NVwZ 2004, 597 (599); zustimmend SCHLAICH/KORIOTH, Bundesverfassungsgericht, Rn. 366.

1213 BVerfG 22.10.1986, 2 BvR 197/83, BVerfGE 73, 339 (366 ff.); BVerfG 31.5.1990, 2 BvL 12,13/88, 2 BvR 1436/87, BVerfGE 82, 159 (192); DÖRR, Rechtsschutzauftrag, S. 155.

1214 S. 3. Teil, A II 2 b), S. 222 f.

1215 Entsprechendes gilt auch für die Ordnungsbehörden, vgl. SCHOCH, in: Schmidt-Aßmann (Hrsg.), Bes. VerwR, 2. Kap. Rn. 73.

rechtzeitig zu erlangen ist und wenn ohne polizeiliche Hilfe die Verwirklichung des Rechts vereitelt oder wesentlich erschwert werden würde". Hieraus folgt, dass ein Antrag vor dem Verwaltungsgericht mit dem Begehren, die Sicherheitsbehörden zu einem Einschreiten gegen private Beeinträchtigungen der Grundfreiheiten zu verurteilen, nur dann hinreichende Erfolgsaussichten hat, wenn der Antragsteller dartun kann, entweder bereits erfolglos um Schutz durch die Zivilgerichte nachgesucht zu haben oder dies von vornherein sinnlos gewesen wäre. Insbesondere in Fällen wie dem soeben erörterten, in denen eine zivilrechtliche einstweilige Verfügung (§§ 935, 940 ZPO) mangels hinreichender Bezeichnung der Störer gegen diese nicht erlangt werden kann, stellt sich also die Frage, ob nunmehr den Sicherheitsbehörden aufgegeben werden kann, gegen die Störer einzuschreiten. Das scheint auf den ersten Blick ohne weiteres der Fall zu sein, da die Unmöglichkeit, die Störer in hinreichender Weise zu individualisieren, zivilrechtliche Maßnahmen gegen diese ausschließt. Dabei würde aber unter dem Blickwinkel des nationalen Rechts der Zweck der Subsidiaritätsklausel verfehlt. Diese bietet dem Störer Gewähr dafür, dass die ihm im Zivilprozess in der Regel zu Gebote stehenden Rechtswahrungsmöglichkeiten nicht über Gebühr beschnitten werden, indem der Beeinträchtigte unter Abwälzung seines Prozessrisikos nunmehr die staatlichen Behörden für die endgültige Durchsetzung seiner Zwecke einsetzt[1216]. Letztlich handelt es sich also um eine Frage der Verhältnismäßigkeit staatlicher Eingriffe gegenüber dem Störer und damit um einen auch gemeinschaftsrechtlich relevanten Gesichtspunkt: Wie die obenstehenden Überlegungen zur Verhältnismäßigkeit gezeigt haben[1217], sind auch die dem Einschreiten entgegenstehende Rechte des Störers in die Verhältnismäßigkeitsprüfung einzustellen. Insofern sollte es auch gemeinschaftsrechtlich in aller Regel nicht zu beanstanden sein, wenn polizeiliche Maßnahmen in Fällen, in denen die Unbekanntheit der Störer zivilgerichtlichen Schutz vereitelt, auf die Feststellung der Identität der Störer beschränkt sind[1218]. Allerdings gelten diese Erwägungen dann nicht und sind die Sicherheitsbehörden mithin ohne Einschränkung zum Einschreiten befugt, wenn durch die Beeinträchtigung der Grundfreiheiten zugleich Straftaten oder Ordnungswidrigkeiten begangen werden; insofern sind eben nicht nur private Rechte tangiert, sondern auch die

---

[1216] ROBBERS, Sicherheit, S. 242 f.; DIETLEIN, Lehre, S. 190.

[1217] S. 2. Teil, C IV 1 c), S. 155 ff.

[1218] Zum deutschen Recht DIETLEIN, Lehre, S. 191 f.; ROBBERS, Sicherheit, S. 244; KRÜGER, Privatrechtsschutz, S. 30; RAESCHKE-KESSLER, NJW 1981, 663; LG Krefeld 30.7.1981, 5 O 303/81, NJW 1982, 289 (290).

objektive Rechtsordnung als Schutzgut der öffentlichen Sicherheit. Folgerichtig gilt die Subsidiaritätsklausel in solchen Fällen nicht[1219].

3. Exkurs: Schutz durch Strafrecht

Nur der Vollständigkeit halber sei schließlich erwähnt, dass der Polizei selbstverständlich nicht nur die präventive Gefahrenabwehr obliegt, sondern ihr auch die Aufgabe der Strafverfolgung zukommt (vgl. z.B. § 1 Abs. 4 PolG NRW in Verbindung mit §§ 161 Abs. 1, 163 StPO). Bestehen die Beeinträchtigungen der Grundfreiheiten daher in Straftaten, die durch präventives Tätigwerden nicht verhindert werden können, kann die grundfreiheitliche Schutzpflicht die Sicherheitsbehörden im Rahmen ihrer Kompetenzen auch dazu verpflichten, repressiv tätig zu werden und die Störer strafrechtlich zu verfolgen[1220]. Gleiches gilt selbstverständlich für die primär hierzu berufene Staatsanwaltschaft (§ 161 Abs. 1 StPO). Mögliche Einflussbereiche sind beispielsweise die Frage, ob die Staatsanwaltschaft im Falle der in § 374 StPO genannten Delikte, die typischerweise mit schutzpflichtrelevanten Protestaktionen einhergehen (etwa § 374 Abs. 1 Nr. 4, 5, 6 StPO), ein öffentliches Interesse an der Strafverfolgung bejaht (§ 376 StPO); auch kann, um eine effektive Strafverfolgung der Störer zu verwirklichen, durch die Schutzpflicht eine restriktive Interpretation der Einstellungsmöglichkeiten nach §§ 153 ff. StPO geboten sein[1221]. Dazu sei bemerkt, dass die fehlenden Kompetenzen der Gemeinschaft auf dem Gebiet des Straf- und Strafverfahrensrechts[1222] einer sol-

---

1219 S. nur SCHOCH, JuS 1994, 570 (573) m.w.N.; DERS., in: Schmidt-Aßmann (Hrsg.), Bes. VerwR, 2. Kap. Rn. 73; EHLERS, FS Lukes, S. 337 (341); DIETLEIN, Lehre, S. 192.

1220 Das ergibt sich zwar noch nicht aus der Entscheidung EuGH 21.9.1989, Kommission / Griechenland, Rs. 68/88, Slg. 1989, 2965 Rn. 22 ff., da diese die Pönalisierung von gemeinschaftsrechtlich begründeten Pflichten Einzelner betraf; jedoch folgt dies aus EuGH 9.12.1997, Kommission / Frankreich, Rs. C-265/95, Slg. 1997, I-6959 Rn. 51 ff., wo der EuGH die mangelnde strafrechtliche Verfolgung als staatlichen Verstoß gegen die Schutzpflicht ansah. Im Ergebnis auch SZCZEKALLA, Schutzpflichten, S. 636, 978.

1221 Vgl. SCHÄRF, EuZW 1998, 617 (618).

1222 Hieran ändern auch die im EUV verankerten Vorschriften (Art. 29 - 42 EU) über die polizeiliche und justitielle Zusammenarbeit in Strafsachen nichts, dazu DANNECKER/STREINZ, in: Rengeling (Hrsg.), EUDUR Bd. 1, § 8 Rn. 54, 55 m.w.N.; DANNECKER, in: Rengeling/Middeke/Gellermann, Handbuch des Rechtsschutzes, § 38 Rn. 5 m.w.N.; SATZGER, Internationales und Europäisches Strafrecht, § 7 Rn. 25 ff.; THOMAS, NJW 1991, 2233 (2234); gegen eine umfassende Kompetenz auch BÖSE, Strafen, S. 94.

chen Feststellung nicht entgegenstehen[1223]. Denn für die unmittelbare Anwendbarkeit von primärem Gemeinschaftsrecht im deutschen Rechtsraum und die Begründung des Anwendungsvorrangs des Gemeinschaftsrechts, als die sich die Einflüsse der grundfreiheitlichen Schutzpflichten letztlich darstellen, bedarf die Gemeinschaft keines besonderen Kompetenztitels[1224]. Der Umstand, dass in der Domäne der Mitgliedstaaten verbliebene Kompetenzen durch die Anwendung der Schutzfunktion der Grundfreiheiten berührt werden, erfordert deshalb keine gesonderte Zuständigkeitsregel zugunsten der Gemeinschaft[1225]; einer solchen bedürfte sie lediglich, soweit sie selbst rechtsetzend auf dem Sachgebiet des Strafrechts tätig werden wollte.

Doch sind auch Grenzen einer solchen gemeinschaftsrechtskonformen Auslegung des nationalen Strafrechts zu beachten[1226]. Diese finden sich in der auch für die hier zu diskutierende Konstellation relevanten Rechtsprechung des EuGH zur Frage der Grenzen der richtlinienkonformen Auslegung. Hier wie dort geht es um die Problematik, inwieweit zunächst staatsgerichtete Verpflichtungen strafverschärfend für den Einzelnen wirken können. In diesem Zusammenhang hat der EuGH auf die allgemeinen Rechtsgrundsätze des Gemeinschaftsrechts, insbesondere den Grundsatz der Rechtssicherheit und den Bestimmtheitsgrundsatz rekurriert und ausgeführt, „dass eine Richtlinie für sich allein und unabhängig von zu ihrer Durchführung erlassenen innerstaatlichen Rechtsvorschriften eines Mitgliedstaats nicht die Wirkung haben kann, die strafrechtliche Verantwortlichkeit derjenigen, die gegen die Vorschriften der Richtlinie verstoßen, festzulegen oder zu verschärfen.“[1227]. Übertragen auf die grundfreiheitliche Schutzpflicht besagt dies, dass eine schutzpflichtkonforme Auslegung nationalen Rechts dort ihre Grenzen findet, wo eine solche Auslegung den Wortlaut der Strafnorm überschreitet und so erst die Strafbarkeit bestimmter Verhaltensweisen begründet[1228].

[1223] Vgl. SZCZEKALLA, Schutzpflichten, S. 636; SATZGER, Internationales und Europäisches Strafrecht, § 8 Rn. 6.

[1224] Vgl. DANNECKER/STREINZ, in: Rengeling (Hrsg.), EUDUR Bd. 1, § 8 Rn. 60 m.w.N.; THOMAS, NJW 1991, 2233 (2238).

[1225] EuGH 11.11.1981, Casati, Rs. 203/80, Slg. 1981, 2595 Rn. 27; EuGH 2.2.1989, Cowan, Rs. 186/87, Slg. 1989, 195 Rn. 19; EuGH 16.6.1998, Lemmens, Rs. C-226/97, Slg. 1998, 3711 Rn. 19; vgl. allgemein STREINZ, EuropaR, Rn. 665.

[1226] Eingehend dazu HEISE, Gemeinschaftsrecht, S. 106 ff.

[1227] EuGH 8.10.1987, Kolpinghuis Nijmegen, Rs. 80/86, Slg. 1987, 3969 Rn. 13.

[1228] Vgl. zu Richtlinien DANNECKER/STREINZ, in: Rengeling (Hrsg.), EUDUR Bd. 1, § 8 Rn. 61; HEISE, Gemeinschaftsrecht, S. 165; BÖSE, Strafen, S. 432; SATZGER, Internationales und Europäisches Strafrecht, § 8 Rn. 83.

4. Zwischenergebnis und Zusammenfassung

Damit ist ebenso wie für die zivilrechtlichen Rechtsschutzmöglichkeiten auch für die Gewährung von Schutz durch öffentlich-rechtliche Normen und die zu deren Auslegung berufenen Gerichte und Behörden ein im Grundsatz positives Fazit zu ziehen. Das deutsche System des verwaltungsgerichtlichen Rechtsschutzes bietet insoweit ein hinreichendes Instrumentarium an einstweiligem Rechtsschutz[1229]; auch sind Ansprüche auf Erlass untergesetzlicher Normen denkbar[1230]. Im Zusammenspiel mit Ansprüchen des Zivilrechts und deren prozessualen Durchsetzungsmechanismen ergibt sich ein nahezu lückenloses Schutzinstrumentarium, das allerdings dort ein Defizit aufweist, wo die grundfreiheitliche Schutzpflicht den Erlass eines förmlichen Gesetzes fordert[1231]. Auch das Strafrecht kann - in bestimmten Grenzen - zur Schutzpflichterfüllung herangezogen werden[1232].

B. Schutzpflichten und ihre Durchsetzung vor den Gemeinschaftsgerichten

Wie gesehen wird die Anrufung nationaler Behörden und Gerichte in aller Regel dazu führen, dass der Mitgliedstaat seinen Schutzpflichten nachkommt und ihm hierfür aufgrund seines innerstaatlichen Rechts - wie soeben anhand der deutschen Rechtsordnung exemplarisch untersucht - die entsprechenden Befugnisse und Instrumente zur Seite stehen. Doch wie das Urteil „Kommission / Frankreich"[1233] erwiesen hat, können solche innerstaatlichen Rechtsbehelfe auch versagen, wenn weder präventive Befugnisse zweckentsprechend und schutzpflichtkonform ausgeübt werden noch die strafrechtliche Verfolgung von durch Private vorgenommenen Störungen des Binnenmarktes effektiv ist. In diesen Fällen ist die durch solche Vorkommnisse beeinträchtigte Privatperson darauf angewiesen, dass europäische Instanzen der Schutzpflicht zur Durchsetzung verhelfen; hierfür kommt insbesondere der Gerichtshof in Betracht. Im Folgenden werden daher die Möglichkeiten des Einzelnen untersucht, den Gerichtshof oder das Gericht erster Instanz mit Schutzpflichtkonstellationen zu befassen.

1229 S. 3. Teil, A III 2 a), S. 228 ff.
1230 S. 3. Teil, A III 2 b), S. 229 ff.
1231 S. 3. Teil, A III 2 b), S. 230.
1232 S. 3. Teil, A III 3, S. 234.
1233 EuGH 9.12.1997, Kommission / Frankreich, Rs. C-265/95, Slg. 1997, I-6959.

I. Vorabentscheidungsverfahren, Art. 234 EG

Hierfür kommt zum einen das Vorabentscheidungsverfahren in Betracht; nach Art. 234 Abs. 1 lit. a) EG entscheidet der Gerichtshof letztverbindlich über die Auslegung des EG-Vertrages[1234]. Dazu bedarf es jedoch zum einen eines anhängigen nationalen Verfahrens. Zum anderen muss der beeinträchtigte Bürger das mitgliedstaatliche Gericht, falls dieses die grundfreiheitliche Schutzpflicht zu Unrecht nicht für einschlägig erachtet, davon überzeugen, dass eine Vorlage an den EuGH geboten ist. Die Entscheidung „Schmidberger“[1235] zeigt, dass durchaus auch auf diese Weise schutzpflichtrelevante Fragestellungen vor den EuGH gelangen können. Sollte ein nationales Gericht aber trotz objektiv bestehender Vorlageverpflichtung[1236] ein Verfahren nach Art. 234 EG nicht einleiten wollen[1237], kann die Vorlage nicht unmittelbar vom Rechtsschutzsuchenden erzwungen werden. Lediglich über Art. 101 Abs. 1 S. 2 GG[1238] ist die objektiv willkürliche Nichtvorlage verfassungsrechtlich abgesichert[1239]; gemeinschaftsrechtlich ist die Einleitung eines Vertragsverletzungsverfahrens nach Art. 226 EG wegen Nichtvorlage entscheidungserheblicher Auslegungsfragen eine eher theoretische Möglichkeit geblieben[1240]. An der so genannten „acte-clair-Doktrin“, wonach Vorabentscheidungsersuchen dann unzulässig sind, wenn die richtige Anwendung des Gemeinschaftsrechts derart offenkundig ist, dass keinerlei vernünftige Zwei-

---

1234 Von der Möglichkeit, die Zuständigkeit für Vorabentscheidungsverfahren nach Art. 225 Abs. 3 EG auch dem EuG zu verleihen, wurde - soweit ersichtlich - noch kein Gebrauch gemacht.

1235 EuGH 12.6.2003, Schmidberger, Rs. C-112/00, Slg. 2003, I-5659.

1236 Die Einzelkonstellationen, in denen Art. 234 Abs. 3 EG eine solche Pflicht begründet sowie die „Foto-Frost“-Rechtsprechung des EuGH sollen hier nicht näher dargestellt werden; dazu etwa DAUSES, Vorabentscheidungsverfahren, S. 109 ff.; MIDDEKE, in: Rengeling/Middeke/Gellermann, Handbuch des Rechtsschutzes, § 10 Rn. 54.

1237 Zu möglichen Gründen DAUSES, Vorabentscheidungsverfahren, S. 162 f.

1238 Zum EuGH als gesetzlichem Richter im Sinne dieser Norm bereits 3. Teil, A III 2 b), S. 232.

1239 Zu Einzelheiten MIDDEKE, in: Rengeling/Middeke/Gellermann, Handbuch des Rechtsschutzes, § 10 Rn. 67; DAUSES, Vorabentscheidungsverfahren, S. 121; KOENIG/PECHSTEIN/SANDER, EU-Prozessrecht, Rn. 808.

1240 Vgl. DAUSES, Vorabentscheidungsverfahren, S. 119 f.; KOENIG/PECHSTEIN/SANDER, EU-Prozessrecht, Rn. 807; ob bereits ein Verstoß gegen die Vorlagepflicht als solche Staatshaftungsansprüche des einzelnen Bürgers gegen den betreffenden Mitgliedstaat begründet, wie es einige Formulierungen der Entscheidung „Köbler“ (EuGH 30.9.2003, Köbler, Rs. C-224/01, Slg. 2003, I-10239, insbes. Rn. 22 [Vorbringen der Republik Österreich] und Rn. 35) nahe legen könnten, soll hier nicht weiter verfolgt werden.

fel an der Entscheidung der gestellten Frage bestehen können[1241], wird die Vorlage von die Schutzpflicht betreffenden Fragen in aller Regel nicht scheitern, da die bislang hierzu ergangenen Entscheidungen, wie die vorangegangenen Untersuchungen gezeigt haben[1242], noch in vielerlei Hinsicht Raum für Auslegungsfragen lassen.

II. Vertragsverletzungsverfahren, Art. 226 EG

Wird die Schutzpflicht durch Organe des Mitgliedstaats nicht beachtet, so verstößt dieser gegen das Gemeinschaftsrecht. Für derartige Fälle sieht der EG-Vertrag die Möglichkeit des Vertragsverletzungsverfahrens nach Art. 226 EG vor, in dessen Rahmen der EuGH die Nichtbeachtung des Gemeinschaftsrechts durch einen Mitgliedstaat wenn schon nicht beseitigen, so doch zumindest feststellen kann (Art. 228 Abs. 1 EG). Dabei kann die nach Art. 226 EG nötige mitgliedstaatliche Verletzung des Gemeinschaftsrechts sowohl in einem positiven Tun als auch - wie im Falle der Schutzpflichten - in einem Unterlassen bestehen[1243].

1. Kein Anspruch auf Einschreiten der Kommission

Aus der Perspektive des Individualrechtsschutzes ist jedoch problematisch, dass allein die Kommission aktiv parteifähig im Vertragsverletzungsverfahren ist (Art. 226 Abs. 2 EG). Folge hiervon ist, dass es einzelnen Bürgern verwehrt ist, die Nichtbeachtung von Gemeinschaftsrecht durch den Mitgliedstaat vom EuGH feststellen zu lassen. Auch entspricht es der Rechtsprechung des Gerichtshofs[1244], dass die Bürger der Mitgliedstaaten keinen Anspruch auf Klageerhebung durch die Kommission haben, der etwa mit einer Untätigkeitsklage (Art. 232 EG) oder einer gegen den Ablehnungsbescheid der Kommission gerichteten Nichtigkeitsklage (Art. 230 Abs. 4 EG) durchsetzbar wäre[1245]; gleiches gilt für die Einleitung des Vorverfahrens[1246]. Besteht nach

---

1241 Grundlegend EuGH 6.10.1982, C.I.L.F.I.T., Rs. 283/81, Slg. 1982, 3415 Rn. 16; dazu eingehend DAUSES, Vorabentscheidungsverfahren, S. 113 ff.; MIDDEKE, in: Rengeling/Middeke/Gellermann, Handbuch des Rechtsschutzes, § 10 Rn. 61 ff.

1242 S. 2. Teil, C, S. 99 ff.

1243 Vgl. JAECKEL, Schutzpflicht, S. 274 f.; CREMER, in: Calliess/Ruffert, EUV / EGV, Art. 226 EGV Rn. 27; BURGI, in: Rengeling/Middeke/Gellermann, Handbuch des Rechtsschutzes, § 6 Rn. 44; SCHORKOPF, EuZW 1998, 237 (239).

1244 EuGH 14.2.1989, Star Fruit Company, Rs. 247/87, Slg. 1989, 291 Rn. 11; EuGH 23.5.1990, Asia Motor France, Rs. C-72/90, Slg. 1990, I-2181 Rn. 11.

1245 Zu abweichenden Ansichten CREMER, in: Calliess/Ruffert, EUV / EGV, Art. 226 EGV Rn. 40 ff.; P. KARPENSTEIN/U. KARPENSTEIN, in: Grabitz/Hilf, Recht der EU, Art. 226 EGV Rn. 32 ff. (Stand: Okt. 1999).

diesen Grundsätzen also keine Möglichkeit, ein Vertragsverletzungsverfahren zu erzwingen, wäre allenfalls überlegenswert, ob der Gemeinschaft selbst, hier insbesondere der Kommission als Hüterin des Vertrages, obliegende Schutzpflichten für die Grundfreiheiten zu einem abweichenden Ergebnis führen könnten. Erkennt man eine solche Schutzpflicht auch der Gemeinschaftsorgane an, was hier nicht näher erörtert werden kann[1247], könnte in Anwendung der Erkenntnisse zur Ermessensreduzierung der Mitgliedstaaten[1248] das Entschließungsermessen der Kommission, ob sie ein Verfahren nach Art. 226 EG einleitet, im Einzelfall so reduziert sein, dass eine auf Einschreiten der Kommission gegen den untätigen Mitgliedstaat gerichtete Untätigkeitsklage begründet wäre. Doch spricht gegen eine solche Konstruktion, dass die grundfreiheitlichen Schutzpflichten nicht dazu missbraucht werden dürfen, das Kompetenzgefüge des Vertrages zu durchbrechen[1249] und einen vertraglich nicht vorgesehenen Anspruch des Einzelnen auf Einschreiten der Kommission zu begründen. Aus demselben Grund dürfte eine aus Mitteilungen der Kommission[1250] abzuleitende Selbstbindung der Kommission dahingehend, bei bestimmten schwerwiegenden Beeinträchtigungen[1251] stets einschreiten zu wollen, nicht festzustellen sein[1252]. Ohnehin lässt die lange Verfahrensdauer von fast zwei Jahren das Vertragsverletzungsverfahren als zur raschen und effektiven Durchsetzung der mitgliedstaatlichen Schutzpflicht ungeeignet erscheinen[1253]. Deutlich wird dies an der Vorgeschichte der Entscheidung „Kommission / Frankreich“: Hier dauerte es drei Jahre vom ersten Mahnschreiben der

---

1246 Vgl. neben den in Fn. 1244 genannten Urteilen auch EuGH 20.2.1997, Bundesverband der Bilanzbuchhalter, Rs. C-107/95 P, Slg. 1997, I-947 Rn. 19; BURGI, in: Rengeling/Middeke/Gellermann, Handbuch des Rechtsschutzes, § 6 Rn. 24.

1247 Bejahend etwa JAECKEL, Schutzpflichten, S. 265 ff.

1248 S. 2. Teil, B I 3 b) cc), S. 51 ff.; 2. Teil, C IV 1 a) cc), S. 154 (Fn. 782) sowie 2. Teil, C IV 2 b), S. 163.

1249 Ähnlich im Zusammenhang mit der Frage des Verhältnisses von Schutz durch Gemeinschafts- und durch mitgliedstaatliche Organe JAECKEL, Schutzpflichten, S. 267.

1250 Insbesondere die Mitteilung der Kommission zur besseren Kontrolle der Anwendung des Gemeinschaftsrechts, KOM(2002) 725 endg. v. 11.12.2002.

1251 Beispiele für solche Beeinträchtigungen finden sich in der Mitteilung der Kommission zur besseren Kontrolle der Anwendung des Gemeinschaftsrechts, KOM(2002) 725 endg. v. 11.12.2002 , S. 12 f.

1252 In diese Richtung aber wohl CREMER, in: Calliess/Ruffert, EUV / EGV, Art. 226 EGV Rn. 42; P. KARPENSTEIN/U. KARPENSTEIN, in: Grabitz/Hilf, Recht der EU, Art. 226 EGV Rn. 41 (Stand: Okt. 1999).

1253 SCHORKOPF, EuZW 1998, 237 (239).

Kommission bis zum die Vertragsverletzung feststellenden Urteil des Gerichtshofs[1254].

2. Besonderheit bei Art. 28 EG: die VO 2679/98

Die genannten Nachteile des regulären Vertragsverletzungsverfahrens nach Art. 226 EG haben den Rat bewogen, speziell für den Bereich des freien Warenverkehrs die VO 2679/98[1255] zu schaffen, die ausweislich ihrer Präambel auf Art. 308 EG gestützt wurde; außerdem wurde eine dazugehörige Entschließung verabschiedet[1256]. Hier sollen nur kurz die Besonderheiten dieser Verordnung gegenüber dem regulären Verfahrensablauf dargestellt werden[1257]: Zum einen wurde die Antwortfrist, die den Mitgliedstaaten im Rahmen des Art. 226 EG zu gewähren ist und die in der Regel zwei Monate beträgt[1258], durch Art. 5 Abs. 4 VO 2679/98 drastisch auf fünf Arbeitstage verkürzt; da die Mitteilung der Kommission nach Art. 5 Abs. 1 VO 2679/98 zugleich das nach Art. 226 Abs. 1, letzter Halbsatz EG erforderliche so genannte Mahnschreiben darstellt[1259], tritt eine deutliche Straffung des Verfahrens ein, indem die Kommission unmittelbar nach fruchtlosem Ablauf der kurzen Frist eine mit Gründen versehene Stellungnahme abgeben kann[1260]. Zum anderen ist die Öffentlichkeit des Verfahrens zu nennen, die durch eine mögliche Veröffentlichung der Mitteilung der Kommission an den untätigen Mitgliedstaat im Amtsblatt sichergestellt wird (Art. 5 Abs. 3 VO 2679/98). Im Gegensatz hierzu wird die Kommunikation zwischen Kommission und Mitgliedstaat im regulären Vertragsverletzungsverfahren regelmäßig vertraulich

---

1254 Vgl. die Schilderung des Verfahrensverlaufs in EuGH 9.12.1997, Kommission / Frankreich, Rs. C-265/95, Slg. 1997, I-6959 Rn. 7 ff.

1255 VO (EG) 2679/98 über das Funktionieren des Binnenmarktes im Zusammenhang mit dem freien Warenverkehr zwischen den Mitgliedstaaten, ABl. EG L 337 v. 12.12.1998, S. 8.

1256 Entschließung des Rates und der im Rat vereinigten Vertreter der Regierungen der Mitgliedstaaten vom 7.12.1998 über den freien Warenverkehr, ABl. EG L 337 v. 12.12.1998, S. 10.

1257 Näher zur Entstehungsgeschichte und zu weiteren Einzelheiten SCHORKOPF, EuZW 1998, 237; DERS., EWS 2000, 156; HAUSCHILD, EuZW 1999, 236; STOPPEL, Schutzpflichten, S. 133 ff.

1258 CREMER, in: Calliess/Ruffert, EUV / EGV, Art. 226 EGV Rn. 24; P. KARPENSTEIN/U. KARPENSTEIN, in: Grabitz/Hilf, Recht der EU, Art. 226 EGV Rn. 55 (Stand: Okt. 1999); GAITANIDES, in: von der Groeben/Schwarze, EUV / EGV, Art. 226 EG Rn. 26.

1259 HAUSCHILD, EuZW 1999, 236 (238); SCHORKOPF, EWS 2000, 156 (160).

1260 SCHORKOPF, EWS 2000, 156 (160).

behandelt[1261]. Schließlich ist zu erwähnen, dass der Kommission bei der Frage, ob sie einschreitet, wenn nach ihrer Auffassung eine Behinderung des freien Warenverkehrs gegeben ist, nach Art. 5 Abs. 1 VO 2679/98 kein Entschließungsermessen mehr zusteht[1262]. Insofern besteht also eine strengere Bindung als im normalen Verfahren[1263].

Diesen durchaus positiven Impulsen der VO 2679/98 stehen jedoch zwei Kritikpunkte gegenüber. Zunächst ist hier die Beschränkung der VO auf Beeinträchtigungen des Art. 28 EG zu nennen. Zwar haben sich in dessen Anwendungsbereich in der Tat die spektakulären Blockade- und Demonstrationsfälle abgespielt, die massive Hindernisse für den innergemeinschaftlichen Handel darstellten; doch sind ähnliche Vorkommnisse auch bei den anderen Grundfreiheiten durchaus denkbar[1264]. Belässt man es für diese bei dem normalen Verfahrensablauf, so besteht die Gefahr, dass auf gemeinschaftsrechtlicher Ebene im Wege des Sekundärrechts eine stärkere Befolgung des Art. 28 EG durchgesetzt wird und diesem dadurch faktisch eine gegenüber den anderen Grundfreiheiten hervorgehobene Stellung zuteil wird, die sich vertragssystematisch nicht begründen lässt. Zudem enthält die VO 2679/98 keinerlei Regelungen über Schadensersatz, der den durch das Nichteinschreiten nachteilig betroffene Wirtschaftsteilnehmer gewährt werden könnte[1265].

III. Zusammenfassung

Zusammenfassend ist daher festzustellen, dass auf Ebene der Gemeinschaftsgerichte keine annähernd so erfolgversprechenden Möglichkeiten des Einzelnen bestehen, Rechtsschutz gegen mitgliedstaatliche Verletzungen der grundfreiheitlichen Schutzpflichten zu erlangen wie im nationalen Recht. Die Einleitung eines Vorabentscheidungsverfahrens (Art. 234 EG) durch ein nationales Gericht kann in Deutschland nur im Falle objektiv willkürlicher Nicht-

---

1261 HAUSCHILD, EuZW 1999, 236 (239).

1262 HAUSCHILD, EuZW 1999, 236 (238 f.).

1263 Dazu soeben 3. Teil, B II 1, S. 238 f.

1264 S. 2. Teil, C VI 3 b) bb), S. 195.

1265 S. aber immerhin die Entschließung des Rates und der im Rat vereinigten Vertreter der Regierungen der Mitgliedstaaten vom 7.12.1998 über den freien Warenverkehr, ABl. EG L 337 v. 12.12.1998, S. 10 (unter Nr. 3), in der die Mitgliedstaaten übereinkommen, bei erlittenen Schäden „rasche und wirksame Überprüfungsverfahren" bereitzustellen; hieraus dürfte sich allerdings noch nicht entnehmen lassen, dass sich die Mitgliedstaaten verpflichtet haben, auf nationaler Ebene für Schadensersatz zu sorgen (anders aber HAUSCHILD, EuZW 1999, 236 [239]).

vorlage erzwungen werden[1266]; auf eine Durchführung des Vertragsverletzungsverfahrens durch die Kommission besteht kein Anspruch[1267]. Die VO 2679/98 bringt zwar insbesondere hinsichtlich der Verfahrensdauer Verbesserungen, ist in ihrem Anwendungsbereich aber zu eng gefasst[1268].

[1266] S. 3. Teil, B I, S. 237 f.
[1267] S. 3. Teil, B II 1, S. 238.
[1268] S. 3. Teil, B II 2, S. 240.

4. Teil: Staatshaftung bei Verletzung grundfreiheitlicher Schutzpflichten

Die bisherige Untersuchung hat gezeigt, dass die grundfreiheitlichen Schutzpflichten einen durchaus bedeutsamen Einfluss auf das Recht der Mitgliedstaaten ausüben können, indem sie Zivil-, Straf- und öffentliches Recht zumindest zu einem gewissen Grade gemeinschaftsrechtlich zu determinieren vermögen; gleichwohl belassen sie den Mitgliedstaaten hinreichende Ermessensspielräume. Die Überschreitung dieser Ermessensgrenzen, die nach den oben angestellten Überlegungen eine vorsichtige nähere Konturierung erfahren haben[1269], bildet für die folgenden Untersuchungen gleichsam den Hintergrund: Was für Möglichkeiten verbleiben dem Bürger, wenn der Staat den ihm obliegenden Schutzpflichten nicht oder nicht ausreichend nachgekommen ist und der Bürger hierdurch einen Schaden erlitten hat? In den Mittelpunkt rückt hier die Frage nach der Einschlägigkeit des gemeinschaftsrechtlichen Staatshaftungsanspruchs, den der EuGH in inzwischen ständiger Rechtsprechung für jeden mitgliedstaatlichen Verstoß gegen Gemeinschaftsrecht, insbesondere die Grundfreiheiten, anerkannt hat[1270]. Bevor jedoch einzelnen Fragen der Haftungsvoraussetzungen nachgegangen wird, soll zunächst die Anwendbarkeit des gemeinschaftsrechtlichen Staatshaftungsanspruchs auch auf Fälle mitgliedstaatlichen Unterlassens gegen mögliche prinzipielle Einwände abgesichert werden (dazu sogleich A.) und die bisherige Staatshaftungsjudikatur des EuGH speziell im Hinblick auf solche Fälle untersucht werden, die der Haftung wegen Schutzpflichtverletzung ähneln (dazu B.). Sodann können Einzelvoraussetzungen des Haftungstatbestandes analysiert werden (dazu unter C.).

A. Mögliche Einwände gegen die Unterlassenshaftung

Der Untersuchung einzelner dogmatischer Gesichtspunkte des gemeinschaftsrechtlichen Staatshaftungsanspruches hat denklogisch die Frage nach dessen genereller Anwendbarkeit vorauszugehen. Zwar scheint diese Frage durch die Rechtsprechung des EuGH hinreichend geklärt, da dieser ausgeführt hat, die Haftung greife unabhängig davon ein, „welches mitgliedstaatliche Organ

---

[1269] S. 2. Teil, C IV, S. 149 ff.

[1270] Grundlegend EuGH 19.11.1991, Francovich u.a., verb. Rs. C-6/90 u. C-9/90, Slg. 1991, I-5357 Rn. 31 ff.; die Erweiterung auf jeden Verstoß gegen Gemeinschaftsrecht wurde vorgenommen durch EuGH 5.3.1996, Brasserie du pêcheur und Factortame, verb. Rs. C-46/93 u. C-48/93, Slg. 1996, I-1029 Rn. 32.

durch sein Handeln oder Unterlassen den Verstoß begangen hat"[1271]. Doch scheint es lohnenswert, einigen grundsätzlichen Einwänden gegen die Gewährung von Schadensersatz in Fällen von Schutzpflichtverletzungen zumindest kurz nachzugehen[1272].

I. Die Gefahr der Überverrechtlichung durch Staatshaftungsansprüche

Zunächst sind hier solche Überlegungen zu nennen, die auch schon im Rahmen der Untersuchung der Struktur der grundfreiheitlichen Schutzpflicht eine Rolle gespielt haben. Dazu gehören zum einen Bedenken dahingehend, dass die Anerkennung von mitgliedstaatlichen Handlungspflichten zum Schutz der Grundfreiheiten und darauf aufbauenden Staatshaftungsansprüchen zu einer Verschiebung des Kompetenzgefüges zwischen Legislative und Judikative führen könnte. Zum anderen lässt sich vorbringen, dass die politische Entscheidung darüber, welche Mittel der Mitgliedstaat zur Verwirklichung der Schutzpflicht einsetzt, nicht durch drohende Haftungsansprüche eingeengt oder erschwert werden dürfe[1273].

Diese beiden Bedenken lassen sich zusammenfassen unter der Überschrift „Überverrechtlichung", im Englischen auch als „Judicialization" bezeichnet[1274]. Gemeint ist das generell zu beobachtende Phänomen, dass mehr und mehr Bereiche, die zuvor originäre Domänen freier politischer Gestaltung waren, nunmehr als rechtlich determiniert angesehen werden und als Konsequenz hieraus einer gerichtlichen Kontrolle unterliegen. Die Gründe für diese Entwicklung sind vielfältig, können und brauchen hier aber nicht näher entfaltet werden[1275]. Ihre Gefahr besteht darin, der Judikative zu weitreichende Gestaltungsspielräume zulasten des primär zur Gestaltung der Rechtsordnung be-

---

1271 EuGH 5.3.1996, Brasserie du pêcheur und Factortame, verb. Rs. C-46/93 u. C-48/93, Slg. 1996, I-1029 Rn. 32 (Hervorhebung hinzugefügt); bestätigt in EuGH 30.9.2003, Köbler, Rs. C-224/01, Slg. 2003, I-10239, Rn. 31 m.w.N.

1272 Eingehende Überlegungen zum Nutzen von Staatshaftung im Falle unterlassener Gefahrenabwehr auf der Basis der ökonomischen Analyse des Rechts bei REBHAHN, Staatshaftung, S. 176 ff.

1273 Zu diesem Aspekt bereits oben 1. Teil, B, S. 25.

1274 So etwa KOOPMANS, FS Rodríguez Iglesisas, S. 51. Im deutschen Staatsrecht wird zur Kennzeichnung dieses Phänomens von einer Konstitutionalisierung der Rechtsordnung gesprochen, dazu ALEXY, VVDStRL 61 (2002), 7 (10 ff.).

1275 Dazu eingehend KOOPMANS, FS Rodríguez Iglesisas, S. 51 ff.; kritisch zu entsprechenden Tendenzen im Gemeinschaftsrecht BARAV, FS Schermers Bd. 2, S. 265 (275 ff.). Zum deutschen Recht ALEXY, VVDStRL 61 (2002), 7 (9).

rufenen Gesetzgebers einzuräumen[1276]. Gerade im Zusammenhang mit Staatshaftungsansprüchen hat der Gerichtshof deswegen zu Recht entschieden, „dass die Wahrnehmung gesetzgeberischer Tätigkeit selbst dann, wenn die Rechtmäßigkeit der Rechtsakte gerichtlicher Kontrolle unterliegt, nicht jedes Mal durch die Möglichkeit von Schadensersatzklagen behindert werden darf, wenn das allgemeine Interesse der Gemeinschaft den Erlass normativer Maßnahmen gebietet“[1277].

Überträgt man diesen Gedanken auf die Staatshaftung wegen mangelhafter oder unterlassener Schutzpflichterfüllung, so zeigt sich, dass die genannten Einwände auch für diese durchaus relevant sind: Die Schutzpflicht beeinflusst potentiell sämtliche Rechtsgebiete der Mitgliedstaaten[1278] und die Beantwortung der Frage, ob diese ihren Schutzpflichten nachgekommen sind, obliegt letztverbindlich dem EuGH, der dies mittels einer durchaus eingehenden Abwägung nach modifizierten Verhältnismäßigkeitsmaßstäben nachprüft[1279]. Allerdings muss auch gesehen werden, dass dies keine spezielle Frage von Staatshaftungsansprüchen ist; vielmehr ergeben sich die genannten Konsequenzen bereits aus der unmittelbaren Anwendbarkeit der Schutzpflicht und werden maßgeblich durch deren Struktur vorgezeichnet. Sind die Voraussetzungen der Schutzpflicht als verhaltenslenkende Primärnorm nicht erfüllt, ist die Schutzpflicht also mit anderen Worten nicht verletzt, so kann es auch keine Ansprüche auf Schadensersatz gegen den Staat geben. Diesem ist dann bereits kein Verstoß gegen Gemeinschaftsrecht vorzuwerfen, der konstitutive Voraussetzung des durch den EuGH geschaffenen gemeinschaftsrechtlichen Staatshaftungsanspruchs ist. Insofern fallen gegen die Staatshaftung gerichtete Bedenken der Einengung mitgliedstaatlicher Spielräume auf die Schutzpflicht zurück. Doch wurde solchen Bedenken bereits bei der dogmatischen Ausgestaltung der Schutzpflicht Rechnung getragen, insbesondere bei der Struktur der Verhältnismäßigkeitsprüfung[1280].

Insofern sind Einwände, die eine zu starke Einengung mitgliedstaatlicher Gestaltungsbefugnisse durch Staatshaftungsansprüche im Fall von Schutzpflicht-

---

1276 Dazu auch schon oben 2. Teil, C IV 1 a) cc), S. 152; KADELBACH/PETERSEN, EuGRZ 2002, 213 (219).

1277 EuGH 5.3.1996, Brasserie du pêcheur und Factortame, verb. Rs. C-46/93 u. C-48/93, Slg. 1996, I-1029 Rn. 45, 47.

1278 S. 2. Teil, C VI 3 b) cc), S. 197 ff.; zu konkreten Folgerungen 3. Teil, A II 1, S. 210 ff.; 3. Teil, A III, S. 223 ff.

1279 S. 2. Teil, C IV, S. 149 ff.

1280 S. 2. Teil, B I 3 b) cc), S. 52; 2. Teil, C IV 1 a) cc), S. 152 ff.; 2. Teil, C IV 2 b), S. 160 ff.

verletzungen geltend machen, nicht begründet. Auch der Gerichtshof hat die Haftung der Mitgliedstaaten auf solchen Gebieten, wo ihr Ermessen zur Rechtssetzung gemeinschaftsrechtlich determiniert und eingeschränkt war, nicht für bedenklich gehalten[1281].

II. Etablierung einer Gefährdungshaftung?

Oben wurde herausgearbeitet, dass es sich bei der grundfreiheitlichen Schutzpflicht um eine Erfolgsverpflichtung handelt; dem Mitgliedstaat steht es mithin zwar frei, wie er schützend tätig wird, das Ziel des Schutzes muss aber erreicht werden[1282]. Sieht man hierin eine uneingeschränkte Pflicht, den gemeinschaftsrechtlich gebotenen Erfolg, also die Sicherstellung der Funktion der Grundfreiheiten, zu erreichen, liegen wiederum zweierlei Einwände nahe.

Es lässt sich zunächst geltend machen, eine so weitgehende Einstandspflicht führe zu unübersehbaren Haftungsfolgen und letztlich zu einer Gefährdungshaftung[1283]. Das könnte sich daraus ergeben, dass dem Mitgliedstaat selbst dann Haftungsansprüche drohen, wenn ihm beispielsweise die Erfüllung der Schutzpflicht aus rein logistischen Gründen (etwa wegen objektiv zu wenig verfügbarer Polizeikräfte an einem bestimmten Ort) nicht möglich ist oder Störungsaktionen dergestalt koordiniert sind, dass die Urheber selbst mit polizeilichen Mitteln nur schwer belangt werden können. Ein weiterer Gesichtspunkt bei der Sanktionierung von Schutzpflichtverstößen mittels Staatshaftung betrifft die Perspektive desjenigen Privaten, der für die Beeinträchtigungen der Grundfreiheiten verantwortlich ist. In diesem Zusammenhang soll der Umstand zu berücksichtigen sein, dass die zuständigen Behörden bei Nichteinschreiten gegen „schutzpflichtverdächtige" Beeinträchtigungen sich potentiell stets dem mit einer Haftung verbundenen Vorwurf konfrontiert sähen, dem Gemeinschaftsrecht nicht hinreichend zur Durchsetzung verholfen zu haben. Es erscheine als möglich, dass als Folge hiervon die Eingriffsintensität und -häufigkeit der Sicherheitsbehörden zunehme, um

[1281] EuGH 5.3.1996, Brasserie du pêcheur und Factortame, verb. Rs. C-46/93 u. C-48/93, Slg. 1996, I-1029 Rn. 46.

[1282] S. 2. Teil, B I 3 b) cc), S. 51 ff.; 2. Teil, C IV 1 a) cc), S. 154 (Fn. 782) sowie 2. Teil, C IV 2 b), S. 163.

[1283] Befürchtungen in diese Richtung äußern GA LENZ, Schl.-Antr. v. 9.7.1997, Kommission / Frankreich, Rs. C-265/95, Slg. 1997, I-6959 Tz. 45; ähnlich GA ALBER, Schl.-Antr. v. 31.1.2002, Kommission / Frankreich, Rs. C-60/01, Slg. 2002, I-5679 Tz. 61 u. 79; SCHINDLER, Kollision, S. 52 f.; für bestimmte Fälle eine Gefährdungshaftung befürwortend REBHAHN, Staatshaftung, S. 222, 242; zum Zusammenhang Schutzpflicht / Gefährdungshaftung im deutschen öffentlichen Recht LIN, Institute, S. 88 f.

Vorwürfen zu entgehen, das Nichteinschreiten habe gegen grundfreiheitliche Schutzpflichten verstoßen. Daran sollen - so wird gesagt - auch Regressschranken, die den haftenden Hoheitsträger hindern, den vom Beeinträchtigten geltend gemachten Schaden auf den zuständigen Amtswalter abzuwälzen[1284], nichts ändern[1285].

Hierzu ist zu sagen, dass eine weitreichende gemeinschaftsrechtlich begründete Gefährdungshaftung nur dann zu befürchten wäre, wenn zwei Faktoren zusammen treffen. Zum einen ist dies ein fehlendes Verschuldenserfordernis im Rahmen des Haftungstatbestandes, das charakteristisch für Ansprüche aus Gefährdungshaftung ist[1286]. Zum anderen müsste bereits die Schutzpflicht eine strikte Verpflichtung zur Erreichung des Erfolgs enthalten, die selbst bei objektiver Unmöglichkeit der Erfüllung aufrechterhalten bleibt. Beides ist indes nicht der Fall. Es ist zwar zutreffend, dass der EuGH ein Verschulden im Rahmen des gemeinschaftsrechtlichen Staatshaftungsanspruchs nicht fordert[1287], doch sind Gesichtspunkte, die normalerweise im Rahmen des Verschuldens erörtert werden, nach der Rechtsprechung bei der Frage relevant, ob der Verstoß des Mitgliedstaats hinreichend qualifiziert war[1288]. Insofern kann von einer Gefährdungshaftung keine Rede sein. Auch die durch die Schutzpflicht begründete Erfolgspflicht führt nicht zu einer solchen; ihre Grenze findet sie nach der hier vertretenen Auffassung nämlich dort, wo ihre Erfüllung den staatlichen Stellen absolut unmöglich ist[1289], was einen ausreichenden Schutz vor überzogenen Handlungspflichten gewährleistet. Was die Befürchtung angeht, die Gewährung von Schadensersatzansprüchen gegen den Staat führe zu einer latenten Verschärfung von Eingriffsmaßnahmen zur Erfüllung von wirklichen oder vermeintlichen Schutzpflichten, so mögen solche Erwägungen im Einzelfall einmal zutreffen. Doch ist zu bedenken, dass es sich hierbei um schwerlich verifizierbare und vor allem nicht um quantifizierbare psychologische Umstände handelt. Die Anknüpfung von rechtlichen Folgerungen an solche, sich der Nachprüfung entziehende Gesichtspunkte erscheint nicht als angebracht, so dass auch dieser Einwand zurückzuweisen ist.

[1284] Für Deutschland ist insoweit Art. 34 S. 2 GG zu nennen.

[1285] Vgl. REBHAHN, Staatshaftung, S. 165 ff.

[1286] OSSENBÜHL, StaatshaftungsR, S. 366; vgl. auch LIN, Institute, S. 89.

[1287] Vgl. EuGH 5.3.1996, Brasserie du pêcheur und Factortame, verb. Rs. C-46/93 u. C-48/93, Slg. 1996, I-1029 Rn. 80.

[1288] EuGH 5.3.1996, Brasserie du pêcheur und Factortame, verb. Rs. C-46/93 u. C-48/93, Slg. 1996, I-1029 Rn. 56 f., 78; DETTERBECK, in: ders./Windthorst/Sproll, StaatshaftungsR, § 6 Rn. 36; OSSENBÜHL, StaatshaftungsR, S. 509.

[1289] S. 2. Teil, C IV 2 b), S. 162.

III. Das Eigenverantwortungsprinzip als die Staatshaftung ausschließende Wertung

Überzeugender erscheint dagegen der Hinweis[1290], dass der Grundsatz der Eigenverantwortung der Bürger gegen eine umfassende Gewährung von Haftungsansprüchen bei unterlassenen Schutzmaßnahmen spricht. Würde man durch die Staatshaftung dem beeinträchtigten Bürger stets einen solventen Schuldner bereitstellen, könnte dessen Neigung, Primärrechtsschutz in Anspruch zu nehmen, sinken und könnten der Staatskasse in der Folge erhebliche Einbußen drohen, weil durch eine solche Möglichkeit die Haltung „Dulde (die private Beeinträchtigung) und liquidiere (den Schaden beim Staat)" an Attraktivität gewönne. Dies ist jedenfalls dann problematisch, wenn - wie häufig - anderweitige Schutzinstrumente sowohl gegen den Störer als auch den untätigen Staat zur Verfügung stehen[1291]. Die versäumte Inanspruchnahme primären Rechtsschutzes durch den Beeinträchtigten bedarf deshalb, soll sie sich nicht anspruchsmindernd auswirken, eines besonderen Legitimationsgrundes. Grundsätzlich zu Recht hat der Gerichtshof daher in der Entscheidung „Kommission / Frankreich" festgestellt, die Gewährung von Schadensersatz für betroffene Wirtschaftsteilnehmer sei nicht geeignet, den Vertragsverstoß eines Mitgliedstaats zu rechtfertigen[1292]. Allerdings sollte auch hieraus nicht die Konsequenz gezogen werden, Staatshaftungsansprüche wegen Schutzpflichtverletzung generell zu verneinen; vielmehr sollte der genannte Gesichtspunkt bei der Auslegung des Haftungstatbestandes mit einfließen, um so flexibel verschiedene Fallgestaltungen bewältigen zu können. Diese Deutung findet eine Bestätigung in dem Urteil „Dillenkofer u.a.", wo der EuGH entschied, dass der Grundsatz der Staatshaftung ebenso wie die dort streitgegenständliche Richtlinie zwar nicht dazu diene, eigenen Nachlässigkeiten der Anspruchsteller vorzubeugen. Diese Nachlässigkeiten seien aber nicht geeignet, den Anspruch ganz auszuschließen, sondern vielmehr potentiell anspruchsmindernd im Rahmen des Mitverschuldens zu berücksichtigen[1293].

[1290] Vgl. REBHAHN, Staatshaftung, S. 198, 212 ff.

[1291] Dazu 3. Teil, A, S. 208 ff.

[1292] EuGH 9.12.1997, Kommission / Frankreich, Rs. C-265/95, Slg. 1997, I-6959 Rn. 60.

[1293] EuGH 8.10.1996, Dillenkofer u.a., verb. Rs. C-178/94, C-179/94, C-188/94, C-189/94 u. C-190/94, Slg. 1996, I-4845 Rn. 73 i.V.m. Rn. 71 f.

IV. Zusammenfassung

Unter Berücksichtigung der vorangegangenen Überlegungen ist somit festzuhalten, dass zwar keine prinzipiellen Bedenken gegen die Gewährung von gemeinschaftsrechtlichen Staatshaftungsansprüchen im Falle der Verletzung grundfreiheitlicher Schutzpflichten bestehen. Doch sollte als Auslegungsvorgabe bedacht werden, dass eine zu großzügige Handhabung der Anspruchsvoraussetzungen der effektiven Durchsetzung des Gemeinschaftsrechts jedenfalls dann eher entgegensteht, wenn hierdurch die Inanspruchnahme von Primärrechtsschutz gegen den Staat und die Nutzung bestehender Rechtsdurchsetzungsmechanismen gegen den Störer selbst zurückgedrängt werden.

B. Rechtsprechung des EuGH zu Parallelkonstellationen

Im folgenden Abschnitt soll versucht werden, aus der bisherigen Rechtsprechung des Gerichtshofs und gegebenenfalls des Gerichts erster Instanz erste Hinweise zu gewinnen, die für die Konturierung des Haftungstatbestandes im Falle der Verletzung grundfreiheitlicher Schutzpflichten hilfreich sein können. Die Darstellung wird dabei anders als bei der Auswertung der Schutzpflichtenrechtsprechung weniger einer fallorientierten Methode folgen, sondern vielmehr an den einzelnen Tatbestandsmerkmalen des gemeinschaftsrechtlichen Staatshaftungsanspruchs orientiert sein, um die spätere systematische Einordnung der Aussagen der einzelnen Urteile zu erleichtern. Äußerungen des Schrifttums zu den einzelnen Voraussetzungen des Staatshaftungsanspruchs werden im Rahmen der Anwendung der aus den Urteilen gewonnenen Erkenntnisse auf die Haftung für Schutzpflichtverletzungen berücksichtigt[1294]. Voranzuschicken ist insoweit, dass in der vorliegenden Arbeit aus Gründen der notwendigen Eingrenzung der Fragestellung nicht erneut die Problematik aufgeworfen werden soll, ob der Gerichtshof mit der Schaffung des gemeinschaftsrechtlichen Staatshaftungsanspruchs seine aus Art. 220 EG folgenden Kompetenzen zur Rechtsfortbildung überschritten hat[1295]. Ebenso wenig kann aus Raumgründen die Entwicklung der Rechtsprechung des Gerichtshofs zur Haftung der Mitgliedstaaten wegen Gemeinschaftsrechtsverletzungen umfassend nachgezeichnet werden; auf solche

---

[1294] S. 4. Teil, C, S. 282 ff.

[1295] Dazu etwa CORNILS, Staatshaftungsanspruch, S. 267 ff.; ALBERS, Haftung, S. 130 ff.; WEHLAU, Rechtsprechung, S. 99 ff. m.w.N.; SCHWARZENEGGER, Staatshaftung, S. 209 ff. m.w.N.; SCHOIßWOHL, Staatshaftung, S. 78 ff. m.w.N.; OSSENBÜHL, DVBl. 1992, 995; VON DANWITZ, JZ 1994, 335 (340 f.).

Entwicklungslinien wird daher nur dann Bezug genommen, wenn sie zur Lösung der hier in Rede stehenden Problematik beitragen können.

I. Zur Auswahl des untersuchten Rechtsprechungsmaterials

Bei der nachfolgenden Analyse der Rechtsprechung des EuGH zum gemeinschaftsrechtlichen Staatshaftungsanspruch werden drei Schwerpunkte bei der Auswertung und Auswahl der Judikate gesetzt: Nach einem kurzen Überblick über die einzelnen Haftungsvoraussetzungen, wie sie sich nach dem aktuellen Stand der Rechtsprechung darstellen (II.), werden Urteile untersucht, in welchen die Haftung der Mitgliedstaaten wegen Verletzung des Gemeinschaftsrechts verfahrensgegenständlich war (III.), wobei zwischen verschiedenen Verstoßkonstellationen differenziert wird. Sodann werden Fälle der außervertraglichen Haftung der Gemeinschaft nach Art. 288 Abs. 2 EG analysiert, die Parallelen zu Schutzpflichtkonstellationen aufweisen (IV.). Dabei ist zu bemerken, dass derartige Auswertungen der Rechtsprechung zwar bereits in durchaus reicher Zahl im Schrifttum anzutreffen sind[1296]; doch rechtfertigt sich die nochmalige Vergewisserung über den Stand der Rechtsprechung insofern, als die vorliegende Untersuchung ihren Fokus auf die Besonderheiten der Haftung wegen unterlassenen Tätigwerdens legt, was - soweit ersichtlich - in den bisherigen Untersuchungen zum gemeinschaftsrechtlichen Staatshaftungsanspruch noch nicht geschehen ist[1297].

Die Auswahl insbesondere von Haftungskonstellationen, welche die Nichtumsetzung von Richtlinien durch die Mitgliedstaaten betreffen (dazu III. 1.), ergibt sich dabei vor allem aus der Erwägung heraus, dass bereits bei der Untersuchung der grundfreiheitlichen Schutzpflichten vielfache Parallelen der beiden Fragestellungen festzustellen waren. Zum einen begründen sowohl die grundfreiheitliche Schutzpflicht als auch die mitgliedstaatliche Pflicht zur Richtlinienumsetzung - Letztere zumindest in der Mehrzahl der Fälle[1298] - Er-

---

1296 Vgl. nur die Darstellungen in den Monographien von BELJIN, Staatshaftung, S. 43 ff; CORNILS, Staatshaftungsanspruch, S. 27 ff.; DIEHR, Staatshaftungsanspruch, S. 4 ff.; EILMANSBERGER, Rechtsfolgen, S. 25 ff.; GEIGER, Grundsatz, S. 152 ff.; GRATIAS, Staatshaftung, S. 114 ff.; SCHOIßWOHL, Staatshaftung, S. 8 ff.; SCHWARZENEGGER, Staatshaftung, S. 21 ff.; WEHLAU, Rechtsprechung, S. 71 ff.

1297 Eine Analyse der Rechtsprechung zur Staatshaftung wegen unterlassenen Tätigwerdens in Österreich nach Maßgabe des dortigen Rechts findet sich bei REBHAHN, Staatshaftung, S. 338 ff. und passim.

1298 Vgl. GA ALBER, Schl.-Antr. v. 31.1.2002, Kommission / Frankreich, Rs. C-60/01, Slg. 2002, I-5679 Tz. 72.

folgspflichten[1299]. Zum anderen stimmen wichtige Strukturelemente von Richtlinien mit denjenigen der grundfreiheitlichen Schutzpflichten überein; hier sind insbesondere Fragen des Ermessens[1300], der Zurechnungsproblematik[1301] sowie der Auswirkungen auf das jeweilige nationale Rechtssystem[1302] zu nennen. Schließlich ist darauf hinzuweisen, dass eine Ähnlichkeit auch insoweit besteht, als es bei den Staatshaftungsverfahren, die Richtlinien betrafen, häufig um ein Unterlassen der staatlichen Organe ging, wie dies auch für die Schutzpflicht charakteristisch ist. Die Besonderheiten dieser Handlungsmodalität gegenüber Verstößen gegen Gemeinschaftsrecht durch aktives Tun und ihre haftungsrechtliche Verarbeitung gilt es im Folgenden herauszuarbeiten. Zu berücksichtigen wird hier allerdings sein, dass die Rechtsprechung zur Haftung wegen fehlerhafter Richtlinienumsetzung zu der Frage, inwieweit die verletzte Norm des Gemeinschaftsrechts darauf gerichtet sein muss, dem einzelnen Bürger Rechte zu verleihen, wenig beitragen kann, da es hier oft - aber nicht stets - um Einzelauslegungen von Sekundärrecht geht. Diese sekundärrechtlichen Ausführungen sind für die Untersuchung, ob die grundfreiheitliche Schutzpflicht auf die Verleihung von Rechten gerichtet ist, naturgemäß wenig aussagekräftig, so dass insbesondere in dieser Hinsicht auf weitere Staatshaftungsjudikatur zurückgegriffen wird (III. 2.).

Was die Berücksichtigung von Rechtsprechung zur Haftung der Gemeinschaft nach Art. 288 Abs. 2 EG angeht, so ist die Einbeziehung dieser Judikate durch die Entscheidung des EuGH in der Sache „Brasserie du pêcheur und Factortame“ vorgezeichnet; in diesem Urteil etablierte der Gerichtshof erstmals[1303] Art. 288 Abs. 2 EG als zusätzliches Begründungselement der Haftung der Mitgliedstaaten und führte aus, die Voraussetzungen für das Entstehen eines Haftungsanspruchs gegen die Mitgliedstaaten dürften sich „nicht ohne besonderen Grund von den Voraussetzungen unterscheiden, die für die Haftung der

---

1299 Zu dieser Einordnung der Schutzpflichten aus den Grundfreiheiten s. 2. Teil, C IV 2 b), S. 160 ff.; zur Umsetzung von Richtlinien als Erfolgspflicht EuGH 11.7.2002, Kommission / Spanien, Rs. C-139/00, Slg. 2002, I-6407 Rn. 27; EuGH 18.6.2002, Kommission / Frankreich, Rs. C-60/01, Slg. 2002, I-5679 Rn. 24, 33.

1300 S. 2. Teil, B IV 4 a), S. 65 f.

1301 S. 2. Teil, C V 5, S. 172 ff.

1302 S. 2. Teil, C II 2 b) cc (2), S. 115 zu den Kriterien für die unmittelbare Anwendbarkeit; 2. Teil, C VI 3 b) cc) (3), S. 201 ff. zur Auslegung nationalen Rechts im Lichte der Richtlinie bzw. Schutzpflicht sowie 3. Teil, A III 3, S. 235 f. zu den Grenzen der Auslegung.

1303 Vgl. VON BOGDANDY, in: Grabitz/Hilf, Recht der EU, Art. 288 EGV Rn. 130 (Stand: Jan. 2001); OSSENBÜHL, StaatshaftungsR, S. 498 f.

Gemeinschaft unter vergleichbaren Umständen gelten"[1304]. Hieraus ergibt sich die Notwendigkeit, haftungsrechtliche Konstellationen in die Untersuchung einzubeziehen, in denen der Gemeinschaft der Vorwurf eines Unterlassens gemacht wurde und zu überlegen, inwieweit sich hieraus ergebende Aussagen auf die Staatshaftung wegen Verletzung grundfreiheitlicher Schutzpflichten übertragen lassen bzw. ob ein „besonderer Grund" auszumachen ist, der eine solche Übertragung ausschließt.

II. Allgemeine Struktur des Haftungstatbestandes

Nachdem der Gerichtshof in der Entscheidung „Francovich"[1305] scheinbar noch davon ausgegangen war, dass je nachdem, gegen welche gemeinschaftsrechtliche Norm verstoßen wurde, der Haftungstatbestand unterschiedlich formuliert werden müsse[1306], lässt sich in der folgenden Rechtsprechung, beginnend mit der Entscheidung „Dillenkofer", ein Wandel dahingehend konstatieren, dass der Gerichtshof die Tatbestandsvoraussetzungen vereinheitlicht, diese aber je nach einschlägiger Fallgestaltung differenziert handhabt[1307]. Diese allgemeine Struktur des Haftungstatbestandes gilt es im Folgenden kurz darzustellen, um sie im Rahmen der Rechtsprechungsanalyse zur Systematisierung der Aussagen der Urteile verwenden zu können. Anzumerken ist, dass in der Rechtsprechung des Gerichtshofs stets von drei Voraussetzungen die Rede ist, die zur Auslösung der mitgliedstaatlichen Haftung erfüllt sein müssen[1308]; dabei wird jedoch übersehen, dass diese drei Voraussetzungen tatsäch-

---

[1304] EuGH 5.3.1996, Brasserie du pêcheur und Factortame, verb. Rs. C-46/93 u. C-48/93, Slg. 1996, I-1029 Rn. 28 f., 42.

[1305] EuGH 19.11.1991, Francovich u.a., verb. Rs. C-6/90 u. C-9/90, Slg. 1991, I-5357 Rn. 38 f.

[1306] Aus dem Schrifttum ebenso GEIGER, Grundsatz, S. 90, 152 ff; wohl auch ALBERS, Haftung, S. 131 f., der von der Beschränkung der „Francovich"-Grundsätze auf die konkret entschiedene Fallkonstellation ausgeht.

[1307] Vgl. EuGH 8.10.1996, Dillenkofer u.a., verb. Rs. C-178/94, C-179/94, C-188/94, C-189/94 u. C-190/94, Slg. 1996, I-4845 Rn. 23; EuGH 2.4.1998, Norbrook Laboratories, Rs. C-127/95, Slg. 1998, I-1531 Rn. 107; EuGH 24.9.1998, Brinkmann Tabakfabriken, Rs. C-319/96, Slg. 1998, I-5255 Rn. 25; zuletzt EuGH 4.12.2003, Evans, Rs. C-63/01, Slg. 2003, I-14447 Rn. 83; zur Entwicklung eingehend BELJIN, Staatshaftung, S. 16 ff.

[1308] Vgl. nur EuGH 5.3.1996, Brasserie du pêcheur und Factortame, verb. Rs. C-46/93 u. C-48/93, Slg. 1996, I-1029 Rn. 51 sowie die soeben angeführten Entscheidungen (Fn. 1307); aus der Literatur ebenso etwa GELLERMANN, in: Streinz, EUV / EGV, Art. 288 EGV Rn. 40; OSSENBÜHL, StaatshaftungsR, S. 505; DETTERBECK, in: ders./Windthorst/Sproll, StaatshaftungsR, § 6 Rn. 30; WEHLAU, Rechtsprechung, S. 36, SCHOIßWOHL, Staatshaftung, S. 63.

lich mehrere Tatbestandsmerkmale bündeln und sich bei konsequenter Zählung fünf Haftungsvoraussetzungen ergeben, wie *Beljin*[1309] zutreffend herausgearbeitet hat. Da eine säuberliche Trennung der Haftungsvoraussetzungen die Übersichtlichkeit der Darstellung erhöht und zudem eine zielgenauere Problemabschichtung erlaubt, soll diese Fünfteilung im Folgenden weitgehend zu Grunde gelegt werden, zumal sich sachliche Unterschiede zur herkömmlichen Zählweise dabei nicht ergeben[1310]. Als Rechtsgrundlage für den Staatshaftungsanspruch gegen die Mitgliedstaaten führt der Gerichtshof sowohl allgemein das Wesen der mit dem EG-Vertrag geschaffenen Rechtsordnung[1311] als auch die praktische Wirksamkeit des Gemeinschaftsrechts[1312] an. Normative Anbindungen erfährt dieses Institut durch Hinweise des EuGH auf Art. 10 EG und die Haftung der Gemeinschaft selbst nach Maßgabe des Art. 288 Abs. 2 EG[1313]; auch stellt der Gerichtshof auf die den Mitgliedstaaten gemeinsamen Grundsätze der Haftung für staatliches Fehlverhalten ab[1314].

Erste Voraussetzung des Haftungstatbestandes ist ein Verstoß gegen Gemeinschaftsrecht. Der betreffende Mitgliedstaat muss also eine ihm obliegende gemeinschaftsrechtliche Verpflichtung - gleich ob durch Handeln oder Unterlassen - nicht beachtet haben[1315]. Für die vorliegende Untersuchung bedeutet dies, dass in diesem Prüfungspunkt die oben[1316] herausgearbeitete dogmatische Struktur der grundfreiheitlichen Schutzpflicht zu integrieren und nach

---

1309 Staatshaftung, S. 22 ff.

1310 Vgl. BELJIN, Staatshaftung, S. 24; auf seine weitergehenden Folgerungen, es sei zwischen der verletzten Pflicht der Mitgliedstaaten und der rechtsverleihenden Norm zu trennen (S. 24 f., 93 ff.), muss hier nicht eingegangen werden, weil dies vornehmlich bei Richtlinien Bedeutung erlangt (BELJIN, a.a.O., S. 98 f.).

1311 Ständige Rechtsprechung, vgl. nur EuGH 19.11.1991, Francovich u.a., verb. Rs. C-6/90 u. C-9/90, Slg. 1991, I-5357 Rn. 35; EuGH 23.5.1996, Hedley Lomas, Rs. C-5/94, Slg. 1996, I-2553 Rn. 24 ; EuGH 18.1.2001, Stockholm Lindöpark, Rs. C-150/99, Slg. 2001, I-493 Rn. 36 m.w.N.

1312 EuGH 19.11.1991, Francovich u.a., verb. Rs. C-6/90 u. C-9/90, Slg. 1991, I-5357 Rn. 33; EuGH 5.3.1996, Brasserie du pêcheur und Factortame, verb. Rs. C-46/93 u. C-48/93, Slg. 1996, I-1029 Rn. 39.

1313 EuGH 19.11.1991, Francovich u.a., verb. Rs. C-6/90 u. C-9/90, Slg. 1991, I-5357 Rn. 36 (zu Art. 10 EG); EuGH 5.3.1996, Brasserie du pêcheur und Factortame, verb. Rs. C-46/93 u. C-48/93, Slg. 1996, I-1029 Rn. 39 f. (zu Art. 288 Abs. 2 EG).

1314 EuGH 5.3.1996, Brasserie du pêcheur und Factortame, verb. Rs. C-46/93 u. C-48/93, Slg. 1996, I-1029 Rn. 29.

1315 EuGH 5.3.1996, Brasserie du pêcheur und Factortame, verb. Rs. C-46/93 u. C-48/93, Slg. 1996, I-1029 Rn. 51, 62; EuGH 26.3.1996, British Telecommunications, Rs. C-392/93, Slg. 1996, I-1631 Rn. 39.

1316 S. 2. Teil, B VI, S. 96 ff. sowie 2. Teil, C, S. 99 ff.

deren Maßgabe zu prüfen ist, inwieweit das in Rede stehende staatliche Unterlassen einen Verstoß gegen die Schutzpflicht darstellt. Sodann muss die Norm, gegen die verstoßen worden ist, bezwecken, dem Anspruchsteller Rechte zu verleihen[1317]; im Zusammenhang mit Verstößen gegen Richtlinienbestimmungen prüft der Gerichtshof hier gelegentlich noch trotz der grundsätzlichen Vereinheitlichung des Haftungstatbestandes, ob der Inhalt dieser Rechte auf Basis der Richtlinie bestimmt werden könne[1318]. Die dritte Voraussetzung fordert, dass der von dem jeweiligen Mitgliedstaat begangene Gemeinschaftsrechtsverstoß hinreichend qualifiziert ist. Dies ist allgemein dann anzunehmen, wenn die fehlerhafte oder ganz fehlende Berücksichtigung von Gemeinschaftsrecht unter Berücksichtigung der Grenzen, die dem Ermessen des Mitgliedstaats gesetzt waren, offenkundig und erheblich war[1319]. Für die Entstehung des Anspruchs ist als viertes Tatbestandsmerkmal das Vorliegen eines Schadens notwendig[1320]. Schließlich bedarf es - fünftens - einer unmittelbaren Kausalität zwischen dem staatlichen Verstoß gegen Gemeinschaftsrecht und dem Schaden, der dem Anspruchsteller entstanden ist[1321].

Sind diese Voraussetzungen erfüllt, so ist der Mitgliedstaat zum Ersatz des Schadens gemeinschaftsrechtlich verpflichtet. Der Gerichtshof belässt ihm jedoch im Rahmen des Effektivitäts- sowie des Gleichwertigkeitsgrundsatzes[1322] die Freiheit, die Folgen des Gemeinschaftsrechtsverstoßes im Rahmen seines nationalen Haftungsrechts zu beheben[1323]. Insofern lässt sich mit *Ossenbühl*[1324]

1317 EuGH 5.3.1996, Brasserie du pêcheur und Factortame, verb. Rs. C-46/93 u. C-48/93, Slg. 1996, I-1029 Rn. 51; EuGH 26.3.1996, British Telecommunications, Rs. C-392/93, Slg. 1996, I-1631 Rn. 39.

1318 Etwa in EuGH 8.10.1996, Dillenkofer u.a., verb. Rs. C-178/94, C-179/94, C-188/94, C-189/94 u. C-190/94, Slg. 1996, I-4845 Rn. 43 f.

1319 EuGH 8.10.1996, Dillenkofer u.a., verb. Rs. C-178/94, C-179/94, C-188/94, C-189/94 u. C-190/94, Slg. 1996, I-4845 Rn. 25; EuGH 17.10.1996, Denkavit u.a., verb. Rs. C-283/94, C-291/94 u. C-292/94, Slg. 1996, I-5063 Rn. 50.

1320 EuGH 5.3.1996, Brasserie du pêcheur und Factortame, verb. Rs. C-46/93 u. C-48/93, Slg. 1996, I-1029 Rn. 51.

1321 EuGH 5.3.1996, Brasserie du pêcheur und Factortame, verb. Rs. C-46/93 u. C-48/93, Slg. 1996, I-1029 Rn. 51; EuGH 23.5.1996, Hedley Lomas, Rs. C-5/94, Slg. 1996, I-2553 Rn. 39.

1322 Hierzu bereits 3. Teil, A I, S. 208 ff.

1323 EuGH 19.11.1991, Francovich u.a., verb. Rs. C-6/90 u. C-9/90, Slg. 1991, I-5357 Rn. 42 f.; EuGH 5.3.1996, Brasserie du pêcheur und Factortame, verb. Rs. C-46/93 u. C-48/93, Slg. 1996, I-1029 Rn. 67; EuGH 23.5.1996, Hedley Lomas, Rs. C-5/94, Slg. 1996, I-2553 Rn. 32.

1324 StaatshaftungsR, S. 505.

sagen, dass eine Konkretisierungskompetenz des Gerichtshof lediglich für den eigentlichen Haftungstatbestand besteht, wohingegen er hinsichtlich der Haftungsfolgen lediglich in Anspruch nimmt, eine Richtschnur für die Haftungsverwirklichung im nationalen Recht vorzugeben.

III. Die Judikatur zur Haftung der Mitgliedstaaten

Nachdem somit eine Struktur für die weitere Untersuchung etabliert wurde, kann mit der Analyse und Konturierung der einzelnen Voraussetzungen des gemeinschaftsrechtlichen Staatshaftungsanspruchs auf Basis der bisherigen Judikatur begonnen werden. Insbesondere die Ausformungen, welche die zweite, dritte und fünfte Haftungsvoraussetzung in der Rechtsprechung des Gerichtshofs gefunden haben, sollen hierbei in den Vordergrund gerückt werden. Dies ergibt sich daraus, dass für die Frage der staatlichen Haftung für Schutzpflichtverletzungen zu erwarten ist, dass sich bei diesen Merkmalen aufgrund des Verstoßes gegen eine Handlungspflicht gegenüber den Verstößen gegen gemeinschaftsrechtliche Unterlassungspflichten Besonderheiten ergeben, die Berücksichtigung in der Ausgestaltung des Haftungstatbestandes finden müssen.

1. Insbesondere: Nicht- oder Schlechtumsetzung von Richtlinien

In einem ersten Schritt sind diejenigen Urteile zu untersuchen, in denen die Nicht- oder Schlechtumsetzung von Richtlinien verfahrensgegenständlich war. Die Einbeziehung auch der fehlerhaften Umsetzung folgt daraus, dass der EuGH zumindest in der Entscheidung „Rechberger" einen Fall der fehlerhaften Umsetzung entgegen bisheriger Rechtsprechung weitgehend parallel zur Fallgruppe der gänzlich fehlenden Umsetzung von Richtlinien handhabte. Noch ist unklar, ob dies eine strengere neue Herangehensweise des Gerichtshofs an die Fälle der Falschumsetzung von Richtlinien darstellt[1325], oder ob das Ergebnis des Urteils dem Umstand geschuldet ist, dass der Verstoß in „Rechberger"[1326] - anders als etwa in „British Telecommunications"[1327] - klar zu Tage trat; jedenfalls können Fälle der Schlechtumsetzung auch bei grundfreiheitlichen Schutzpflichten auftreten und sollen daher einbezogen werden. Auf die Konsequenzen einer eventuellen Gleichstellung für die Beurteilung

---

[1325] Dafür VON BOGDANDY, in: Grabitz/Hilf, Recht der EU, Art. 288 EGV Rn. 148 (Stand: Jan. 2001); vorher bereits REICH, EuZW 1996, 709 (714).

[1326] EuGH 15.6.1999, Rechberger u.a., Rs. C-140/97, Slg. 1999, I-3499 Rn. 51.

[1327] EuGH 26.3.1996, British Telecommunications, Rs. C-392/93, Slg. 1996, I-1631 Rn. 43 i.V.m. Rn. 20 ff.

der Haftung wegen Schutzpflichtverletzungen ist noch einzugehen[1328]. Betrachtet man im Übrigen die Haftungskonstellation der nichtumgesetzten Richtlinie, so fällt wiederum die erstaunliche Parallelität zur Schutzpflichtkonstellation auf: In beiden Fällen begehrt der Bürger Ersatz für Schäden, die ihm infolge mangelnder staatlicher Bereitstellung von Schutzinstrumenten oder auch mangelnder Durchsetzung bestehender Schutzinstrumente durch andere Bürger zugefügt worden sind[1329]. Für die Schutzpflicht ist das bereits oben dargelegt worden[1330]; auch im Bereich des Richtlinienrechts, hier vor allem bei Verbraucherschutzrichtlinien, finden sich Beispiele für solche (Dreiecks-)Fallgestaltungen[1331].

a) Gemeinschaftsrechtsverstoß

Obgleich das Vorliegen eines Gemeinschaftsrechtsverstoßes zumeist - sieht man einmal von seiner Feststellung ab - keine besonderen dogmatischen Auslegungsprobleme aufwerfen dürfte, soll doch nicht versäumt werden, eine Besonderheit des gemeinschaftsrechtlichen Staatshaftungsanspruchs hervorzuheben, die besonders augenfällig gegenüber dem deutschen Staatshaftungsrecht wird: Das Unterlassen gesetzgeberischer Maßnahmen zur Verwirklichung des Gemeinschaftsrechts - hier zur Umsetzung von Richtlinien (Art. 249 Abs. 3 EG) - wurde von Anfang an in den Kanon möglicher haftungsrechtlich relevanter Verhaltensweisen einbezogen[1332] und ist nunmehr Bestandteil der allgemeinen Tatbestandsvoraussetzungen, die der Gerichtshof für den gemeinschaftsrechtlichen Staatshaftungsanspruch formuliert hat[1333]. Dagegen werden im Kontext des deutschen Staatshaftungsrechts haftungs-

---

[1328] S. 4. Teil, C III 1 b) bb), S. 310 ff.

[1329] Ähnlich VON BOGDANDY, in: Grabitz/Hilf, Recht der EU, Art. 288 EGV Rn. 152 (Stand: Jan. 2001).

[1330] S. 2. Teil, A I, S. 31 ff.

[1331] S. neben EuGH 15.6.1999, Rechberger u.a., Rs. C-140/97, Slg. 1999, I-3499 sowie EuGH 8.10.1996, Dillenkofer u.a., verb. Rs. C-178/94, C-179/94, C-188/94, C-189/94 u. C-190/94, Slg. 1996, I-4845 auch EuGH 14.7.1994, Faccini Dori, Rs. C-91/92, Slg. 1994, I-3325; EuGH 7.3.1996, El Corte Inglés, Rs. C-192/94, Slg. 1996, I-1281; EuGH 12.10.2004, Paul u.a., Rs. C-222/02, Slg. 2004, I-9425.

[1332] EuGH 19.11.1991, Francovich u.a., verb. Rs. C-6/90 u. C-9/90, Slg. 1991, I-5357 Rn. 34, 39 ; EuGH 8.10.1996, Dillenkofer u.a., verb. Rs. C-178/94, C-179/94, C-188/94, C-189/94 u. C-190/94, Slg. 1996, I-4845 Rn. 22; EuGH 10.7.1997, Bonifaci u.a., verb. Rs. C-94/95 u. C-95/95, Slg. 1997, I-3969 Rn. 50.

[1333] Vgl. nur EuGH 5.3.1996, Brasserie du pêcheur und Factortame, verb. Rs. C-46/93 u. C-48/93, Slg. 1996, I-1029 Rn. 62; EuGH 30.9.2003, Köbler, Rs. C-224/01, Slg. 2003, I-10239 Rn. 31 m.w.N.; zur Struktur des Anspruches soeben 4. Teil, B II, S. 252.

rechtliche Folgen unterlassenen Staatshandelns entweder gänzlich abgelehnt oder äußerst restriktiv gehandhabt[1334]. Auch insofern könnte sich das Gemeinschaftsrecht - zum wiederholten Male[1335] - als Impulsgeber für das nationale Recht erweisen.

b) Rechtsverleihung durch die verletzte Norm

Die Frage, wann eine Norm im Falle nicht oder schlecht umgesetzter Richtlinien ein Recht im Sinne des gemeinschaftsrechtlichen Staatshaftungsanspruches begründet, bedarf zunächst einer Zusammenstellung der bisher hierzu ergangenen Rechtsprechung (aa.), bevor eine systematisierende Zusammenfassung der so gewonnenen Erkenntnisse versucht wird (bb.).

aa) Einzelaussagen der Rechtsprechung

Bereits im „Francovich"-Urteil formulierte der Gerichtshof die Voraussetzung, die nicht umgesetzte Richtlinie müsse „die Verleihung von Rechten an Einzelne beinhalten" und forderte weiter, diese Rechte müssten „auf der Grundlage der Richtlinie bestimmt werden können"; er bejahte beides trotz der Verneinung der unmittelbaren Anwendbarkeit der Vorschrift[1336], weil er bereits vorher den konkreten Inhalt der durch die Richtlinie intendierten Arbeitnehmerrechte herausgearbeitet hatte[1337]. GA *Mischo* hatte in seinen Schlussanträgen zu dieser Rechtssache allgemeiner formuliert, die verletzte Norm müsse dem Schutz der Interessen des Anspruchstellers dienen; eines subjektiven Rechts bedürfe es dagegen nicht[1338]. Ohne nähere Diskussion be-

---

1334 Vgl. BGH 22.12.1953, V ZR 6/51, BGHZ 12, 52 (56) zur Enteignung (Art. 14 Abs. 3 GG); BGH 25.4.1960, III ZR 55/59, BGHZ 32, 208 (211) u. OLG Hamm 30.3.2000, 22 U 184/99, NVwZ 2002, 379 (380 f.) m.w.N. zum enteignungsgleichen Eingriff; eingehend zu diesen und anderen Fällen LÖWER, Staatshaftung, S. 91 ff. Zur Staatshaftung wegen unterlassener (parlamentarischer) Rechtssetzung BGH 10.12.1987, III ZR 120/86, BGHZ 102, 350 (367 f.); BGH 24.10.1996, III ZR 127/91, BGHZ 134, 30 (32, Wiedergabe des Vorlagebeschlusses); dazu HOCHGÜRTEL, Haftung, S. 55 ff.; WINDTHORST, in: Detterbeck/Windthorst/Sproll, StaatshaftungsR, § 9 Rn. 161.

1335 Beispiele für Anstoßwirkungen des Gemeinschaftsrechts für die nationale Rechtsentwicklung etwa bei SCHOCH, VBlBW 2003, 297 m.w.N.

1336 EuGH 19.11.1991, Francovich u.a., verb. Rs. C-6/90 u. C-9/90, Slg. 1991, I-5357 Rn. 40, 44 ; bestätigt in EuGH 10.7.1997, Palmisani, Rs. C-261/95, Slg. 1997, I-4025 Rn. 6.

1337 EuGH 19.11.1991, Francovich u.a., verb. Rs. C-6/90 u. C-9/90, Slg. 1991, I-5357 Rn. 44.

1338 GA MISCHO, Schl.-Antr. v. 28.5.1991, Francovich u.a., verb. Rs. C-6/90 u. C-9/90, Slg. 1991, I-5357 Tz. 77.

jaht wurden beide Voraussetzungen auch in „Faccini Dori“[1339], wobei der Gerichtshof für die Bestimmbarkeit der Rechte wiederum auf eine vorangehende Untersuchung der unmittelbaren Anwendbarkeit der Richtlinie Rückgriff nahm.

Eine erste ausführlichere Auseinandersetzung mit der Frage der Rechtsverleihung findet sich im Urteil „Dillenkofer u.a.“, wo der Gerichtshof aus der Untersuchung des Wortlauts der betroffenen Regelung und ihres Sinns herleitete, dass die Vorschrift der Richtlinie dem betroffenen Bürger ein Recht einräumte[1340]; im Anschluß kehrt - trotz der Harmonisierung der Haftungsvoraussetzungen in derselben Entscheidung[1341] - die Prüfung der Bestimmbarkeit der so verliehenen Rechte allein aufgrund der Richtlinie wieder[1342]. In der späteren Entscheidung „Rechberger u.a.“, die dieselbe Richtlinie betraf, fasste der Gerichtshof zu der Bestimmbarkeit der verliehenen Rechte zusammen, dass sowohl deren Inhaber als auch deren Inhalt hinreichend bestimmt sein müssten[1343]. Die jüngst ergangene Entscheidung in Sachen „Paul u.a.“[1344] betraf die Frage, ob Rechte Einzelner auch aus Aufsichtspflichten staatlicher Organe gegenüber Privaten, in concreto solchen der Bankenaufsicht, hergeleitet werden können und hatte damit eine Fallgestaltung zum Gegenstand, die strukturell als vergleichbar mit der vorliegenden anzusehen ist: In beiden Fällen soll der Staat dafür haftbar gemacht werden, dass er Schäden, die Private durch das Verhalten anderer Privatpersonen erlitten haben, nicht verhindert hat. Deshalb sind - trotz der Ablehnung der Verleihung von Rechten an einzelne Geschädigte durch die eine Aufsichtspflicht begründenden Vorschriften - die vom Gerichtshof angestellten Erwägungen näher zu betrachten. Dabei fällt zunächst auf, dass die den Grundsatz der Staatshaftung betreffenden Ausführungen recht knapp gehalten sind und zur Frage der Rechtsverleihung lediglich auf vorherige Erwägungen verwiesen wird[1345]. Auch diese hatten allerdings mittelbar einen haftungsrechtlichen Hintergrund, da die Vorlagefrage des Bundesgerichtshofs dahin ging, ob das einschlägige Gemeinschaftsrecht

---

1339 EuGH 14.7.1994, Faccini Dori, Rs. C-91/92, Slg. 1994, I-3325 Rn. 28.

1340 EuGH 8.10.1996, Dillenkofer u.a., verb. Rs. C-178/94, C-179/94, C-188/94, C-189/94 u. C-190/94, Slg. 1996, I-4845 Rn. 34, 35; die ergänzende Bezugnahme auf eine Begründungserwägung (Rn. 37) ist vorliegend nicht von Interesse.

1341 S. 4. Teil, B II, S. 252.

1342 EuGH 8.10.1996, Dillenkofer u.a., verb. Rs. C-178/94, C-179/94, C-188/94, C-189/94 u. C-190/94, Slg. 1996, I-4845 Rn. 43.

1343 EuGH 15.6.1999, Rechberger u.a., Rs. C-140/97, Slg. 1999, I-3499 Rn. 22.

1344 EuGH 12.10.2004, Paul u.a., Rs. C-222/02, Slg. 2004, I-9425.

1345 EuGH 12.10.2004, Paul u.a., Rs. C-222/02, Slg. 2004, I-9425 Rn. 49, 50.

einer Vorschrift wie § 4 Abs. 4 FinDAG[1346] entgegenstehe, die auf Art. 34 GG, § 839 BGB gestützte nationale Staatshaftungsansprüche ausschließe. § 4 Abs. 4 FinDAG legt fest, dass das Bundesaufsichtsamt für Finanzdienstleistungen seine Befugnisse lediglich im öffentlichen Interesse wahrnimmt; hierdurch sollte der im Rahmen des Art. 34 GG, § 839 BGB notwendige Drittbezug der Amtspflicht[1347] ausgeschlossen werden[1348]. Der Gerichtshof argumentierte, die durch die Richtlinie 94/19[1349] statuierten Befugnisse der Behörden, gegen Banken aufsichtsrechtlich einzuschreiten, dienten lediglich dem ordnungsgemäßen Funktionieren des Einlagensicherungssystems, vermittelten also keine Ansprüche darauf, dass Aufsichtsmaßnahmen im Interesse von Einlegern getroffen würden[1350]. Sodann verneinte der Gerichtshof die rechtsverleihende Qualität weiterer die Bankaufsicht betreffender Richtlinien[1351]. Hierbei sticht vor allem die Begründung hervor, außer in Deutschland sei im Recht einiger Mitgliedstaaten eine Haftung für fehlerhafte Aufsicht über Kreditinstitute ausgeschlossen, was auf der Komplexität der Bankenaufsicht beruhe; die Behörden seien in diesem Rahmen zum Schutze einer Vielzahl von Interessen verpflichtet, zu denen insbesondere dasjenige an der Stabilität des Finanzsystems gehöre[1352]. Ähnlich hatte die Generalanwältin ausgeführt, die Zuerkennung von Staatshaftungsansprüchen bei unterlassener oder fehlerhafter Aufsicht sei geeignet, die Aufsichtstätigkeit der zuständigen Behörden zu lähmen, wenn diese sich potentiell hohen Schadensersatzansprüchen ausgesetzt sähen[1353].

[1346] Gesetz über die Bundesanstalt für Finanzdienstleistungsaufsicht, i.d.F. der Bekanntmachung v. 22.4.2002 (BGBl. I S. 1310); vormals war dies in § 6 Abs. 4 KWG geregelt.

[1347] Hierzu statt aller OSSENBÜHL, StaatshaftungsR, S. 57 ff.

[1348] Zur Diskussion über die Zulässigkeit dieser Regelung zusammenfassend GRATIAS, Staatshaftung, S. 79 ff. m.w.N.; s. auch CREMER, JuS 2001, 643 (648 f.).

[1349] Richtlinie 94/19/EG des Europäischen Parlaments und des Rates über Einlagensicherungssysteme, ABl. EG L 135 v. 31.05.1994, S. 5.

[1350] EuGH 12.10.2004, Paul u.a., Rs. C-222/02, Slg. 2004, I-9425 Rn. 30; ebenso mit eindeutiger Verortung im Haftungstatbestand GAin STIX-HACKL, Schl.-Antr. v. 25.11.2003, Paul u.a., Rs. C-222/02, Slg. 2004, I-9425 Tz. 95.

[1351] Zu den betroffenen Normenkomplexen, die hier nicht von Relevanz sind, s. die Darstellung von GAin STIX-HACKL, Schl.-Antr. v. 25.11.2003, Paul u.a., Rs. C-222/02, Slg. 2004, I-9425 Tz. 1 ff.

[1352] EuGH 12.10.2004, Paul u.a., Rs. C-222/02, Slg. 2004, I-9425 Rn. 44.

[1353] GAin STIX-HACKL, Schl.-Antr. v. 25.11.2003, Paul u.a., Rs. C-222/02, Slg. 2004, I-9425 Tz. 96.

bb) Zusammenfassung

Die Rechtsprechung betreffend die Rechtsverleihung bei der Haftung wegen nicht oder fehlerhaft umgesetzter Richtlinien lässt also zunächst einen doppelten, scheinbar widersprüchlichen Bezug zur Rechtsfigur der unmittelbaren Anwendbarkeit erkennen: Während in einigen Entscheidungen ein Recht des einzelnen Bürgers im Sinne des gemeinschaftsrechtlichen Staatshaftungsanspruchs anerkannt wird, obwohl die verletzten Normen nicht alle Voraussetzungen der unmittelbaren Anwendbarkeit erfüllten, wird in neuester Rechtsprechung mit der Verneinung der unmittelbaren Anwendbarkeit zugleich begründet, dass die verletzten Normen nicht die Verleihung von Rechten bezweckten. Gegen eine Rechtsverleihung spricht es nach der Rechtsprechung zudem, wenn die Wahrnehmung von Aufsichtsmaßnahmen eine komplexe Abwägung widerstreitender Interessen erfordert. Sonstige verallgemeinerungsfähige Kriterien, wann eine Rechtsverleihung anzunehmen ist, lassen sich dagegen kaum ausmachen; aus der soeben untersuchten Judikatur lassen sich allerdings neben dem Erfordernis der Rechtsverleihung „an sich" noch zwei zusätzliche Anforderungen entnehmen, welche die Bestimmbarkeit von Inhaber und Inhalt des Rechts zum Gegenstand haben. Es wird zu überlegen sein, ob dies eine Besonderheit der Staatshaftung bei fehlerhafter oder fehlender Richtlinienumsetzung darstellt, oder ob hiermit ein allgemeines Kriterium postuliert wird, das bei jeder Verletzung des Gemeinschaftsrechts erfüllt sein muss.

c) Hinreichende Qualifiziertheit des Gemeinschaftsrechtsverstoßes

Das Kriterium der hinreichenden Qualifiziertheit des Gemeinschaftsrechtsverstoßes hatte im Zusammenhang mit den hier untersuchten Fallkonstellationen zunächst keine große Bedeutung erlangt. Spätere Entscheidungen enthalten - nach Erlass des Urteils „Brasserie du pêcheur und Factortame"[1354], das dieses Haftungsmerkmal erstmals aufführte - aber doch einige Hinweise.

aa) Einzelaussagen der Rechtsprechung

In den Urteilen „Francovich"[1355], „Faccini Dori"[1356] und „El Corte Inglés"[1357] tauchen noch keine Erwägungen zur Haftungsvoraussetzung der hinreichen-

---

1354 EuGH 5.3.1996, Brasserie du pêcheur und Factortame, verb. Rs. C-46/93 u. C-48/93, Slg. 1996, I-1029.

1355 EuGH 19.11.1991, Francovich u.a., verb. Rs. C-6/90 u. C-9/90, Slg. 1991, I-5357.

1356 EuGH 14.7.1994, Faccini Dori, Rs. C-91/92, Slg. 1994, I-3325.

1357 EuGH 7.3.1996, El Corte Inglés, Rs. C-192/94, Slg. 1996, I-1281.

den Qualifiziertheit auf, was aber nach späterer erläuternder Rechtsprechung nicht bedeutet, dass diese Voraussetzung bei der fehlerhaften oder fehlenden Richtlinienumsetzung keine Rolle spielt, sondern nur besagt, dass ein hinreichend qualifizierter Verstoß jedenfalls bei völlig fehlender Umsetzung anzunehmen ist[1358]. Die Entscheidungen „British Telecommunications" und „Denkavit u.a." wenden sodann die durch „Brasserie du pêcheur und Factortame" aufgestellten Kriterien[1359] auf die Fallgruppe der Schlechtumsetzung von Richtlinien an und stellen fest, dass die dort zur Bejahung der Qualifiziertheit des Verstoßes als Gesichtspunkt genannte Klarheit und Genauigkeit der Vorschrift dann fehle, wenn die verletzte Vorschrift ungenau und die fehlerhafte Auslegung durch den Mitgliedstaat - auch im Lichte der gleichsinnigen Auslegung durch andere Mitgliedstaaten - vertretbar sei[1360]. Entlastend wirke zudem das Fehlen einschlägiger Rechtsprechung des Gerichtshofs[1361]. Eine ähnliche Beurteilung einer falschen Richtlinienumsetzung nimmt der Gerichtshof in „Brinkmann Tabakfabriken" vor, wo neben einem anderen Mitgliedstaat mit der Kommission auch ein Gemeinschaftsorgan die Auslegung des umsetzenden Mitgliedstaats geteilt hatte[1362]. Für entscheidend hält der EuGH hier, dass die Auslegung nicht offensichtlich in Widerspruch zu Wortlaut und Zielen der Richtlinie stand[1363].

Im Urteil „Rechberger" hatte der Mitgliedstaat ebenso aufgrund einer fehlerhaften Auslegung der Richtlinie das Gemeinschaftsrecht verletzt; der EuGH bejahte hier anders als in den vorangegangenen Urteilen einen hinreichend qualifizierten Verstoß, weil er dem Mitgliedstaat eine „Irrtumsmarge"[1364] bei der Auslegung der umzusetzenden Vorschrift unter Berücksichtigung der offensichtlichen Unvereinbarkeit des nationalen Rechts mit der Vorgabe der

---

1358 So obiter EuGH 5.3.1996, Brasserie du pêcheur und Factortame, verb. Rs. C-46/93 u. C-48/93, Slg. 1996, I-1029 Rn. 46; deutlich dann EuGH 8.10.1996, Dillenkofer u.a., verb. Rs. C-178/94, C-179/94, C-188/94, C-189/94 u. C-190/94, Slg. 1996, I-4845 Rn. 23.

1359 Zu den Einzelaussagen dieser Entscheidung sogleich 4. Teil, B III 2 b) aa), S. 269.

1360 EuGH 26.3.1996, British Telecommunications, Rs. C-392/93, Slg. 1996, I-1631 Rn. 43; EuGH 17.10.1996, Denkavit u.a., verb. Rs. C-283/94, C-291/94 u. C-292/94, Slg. 1996, I-5063 Rn. 51.

1361 EuGH 26.3.1996, British Telecommunications, Rs. C-392/93, Slg. 1996, I-1631 Rn. 44; EuGH 17.10.1996, Denkavit u.a., verb. Rs. C-283/94, C-291/94 u. C-292/94, Slg. 1996, I-5063 Rn. 52.

1362 EuGH 24.9.1998, Brinkmann Tabakfabriken, Rs. C-319/96, Slg. 1998, I-5255 Rn. 31.

1363 EuGH 24.9.1998, Brinkmann Tabakfabriken, Rs. C-319/96, Slg. 1998, I-5255 Rn. 31.

1364 So HERDEGEN/RENSMANN, ZHR 161 (1997), 522 (543).

Richtlinie nicht zuerkannte[1365]. Die Entscheidung „Stockholm Lindöpark“ liegt auf derselben Linie und betont, dass bei der Umsetzung der fraglichen Richtlinie keine oder jedenfalls erheblich reduzierte gesetzgeberische Entscheidungsspielräume bestanden hätten, weswegen ein bloßer Verstoß gegen das Gemeinschaftsrecht zur Bejahung der hinreichenden Qualifiziertheit ausreichend sei[1366]. Als unerheblich wird insoweit fehlende erläuternde Rechtsprechung des Gerichtshofs zu der fraglichen Vorschrift angesehen, da die richtige Auslegung klar auf der Hand gelegen habe[1367].

bb) Zusammenfassung

Die Auswertung ergibt ein nicht eindeutiges Bild der Haftungsvoraussetzung „hinreichend qualifizierter Verstoß“. Während noch sicher ist, dass jedenfalls die völlig fehlende Umsetzung von Richtlinien stets zur Bejahung dieses Merkmals führen wird, bestehen Unklarheiten in dem Falle, dass der Mitgliedstaat zwar umgesetzt hat, diese Umsetzungsmaßnahmen aber fehlerhaft sind. Die Rechtsprechung bis 1999 ist tendenziell großzügiger und sieht eine falsche Auslegung dann nicht als haftungsauslösend an, wenn andere Mitgliedstaaten oder Gemeinschaftsorgane dem gleichen Irrtum erlegen waren oder einschlägige Rechtsprechung fehlte. In späteren Urteilen scheinen allerdings fehlerhafte Umsetzungsmaßnahmen unabhängig von den letztgenannten Umständen bei Eindeutigkeit der „richtigen Auslegung“ im Ergebnis wie die völlig fehlende Umsetzung behandelt zu werden, so dass die Exkulpationsmöglichkeiten des Mitgliedstaats nach diesen neueren Entscheidungen deutlich eingeschränkt erscheinen. Ob diese zumindest im Schrifftum befürwortete Einschätzung[1368] zutreffend ist, bedarf der Klärung.

d) Schaden

Im Bereich des Haftungsmerkmals „Schaden“ ergeben sich Zweifelsfragen vor allem hinsichtlich der Frage des Anspruchsinhalts; hier ist umstritten, ob der gemeinschaftsrechtliche Staatshaftungsanspruch stets auf Geldersatz oder auch auf Naturalrestitution gerichtet sein kann[1369]. Doch handelt es sich dabei um keine schutzpflichtspezifische Fragestellung, weshalb diese Problematik

---

[1365] EuGH 15.6.1999, Rechberger u.a., Rs. C-140/97, Slg. 1999, I-3499 Rn. 51.

[1366] EuGH 18.1.2001, Stockholm Lindöpark, Rs. C-150/99, Slg. 2001, I-493 Rn. 40.

[1367] EuGH 18.1.2001, Stockholm Lindöpark, Rs. C-150/99, Slg. 2001, I-493 Rn. 41.

[1368] Vgl. VON BOGDANDY, in: Grabitz/Hilf, Recht der EU, Art. 288 EGV Rn. 148 (Stand: Jan. 2001).

[1369] Vgl. dazu nur BINIA, Francovich-Urteil, S. 108 f.; DIEHR, Staatshaftungsanspruch, S. 201 f.; BELJIN, Staatshaftung, S. 68 ff. m.w.N.

hier unberücksichtigt bleiben soll. Interessanter ist dagegen die Frage, wie sich nach nationalem Recht bestehende Schadensersatzansprüche des Beeinträchtigten gegen den Störer[1370] auf den gemeinschaftsrechtlichen Staatshaftungsanspruch auswirken können: Entfällt der Schaden im Rahmen des Letzteren bereits dann, wenn ein privatrechtlicher Anspruch gegen den Störer besteht? Kommt es auf die Durchsetzbarkeit dieses Anspruchs an? In der Rechtsprechung finden sich hierzu wenige Anhaltspunkte; allein GA *Tesauro* hatte in seinen Schlussanträgen zur Rechtssache „Dillenkofer u.a." beiläufig - allerdings im Rahmen von Kausalitätserwägungen - ausgeführt, dass selbstverständlich kein gemeinschaftsrechtlicher Staatshaftungsanspruch bestehe, soweit der Geschädigte bereits (inhaltsgleiche) Ansprüche gegen Dritte erfolgreich geltend gemacht habe[1371]. Die Frage ist aus diesem Grunde später zu erörtern[1372].

e) Kausalität

Die Kausalität zwischen Verletzung des Gemeinschaftsrechts und entstandenem Schaden ist im Allgemeinen problematisch, wenn es um ein Unterlassen geht[1373]. Dessen ungeachtet enthalten wenige Entscheidungen des Gerichtshofs zur unterlassenen Richtlinienumsetzung nähere Festlegungen zu diesem Merkmal; teilweise finden sich Vermischungen mit der Frage der Schadensminderungspflicht.

aa) Einzelaussagen der Rechtsprechung

Das Fehlen konkretisierender Aussagen betrifft vor allem die frühen Urteile des Gerichtshofs; weder in „Francovich", noch in „Faccini Dori", „British Telecom" oder „Denkavit" finden sich Hinweise, wann ein Kausalzusammenhang zwischen Gemeinschaftsrechtsverstoß und Unterlassen anzunehmen ist. Das mag zum einen dem Umstand geschuldet sein, dass der Gerichtshof es regelmäßig den sachnäheren nationalen Gerichten überlässt, das Vorliegen eines Kausalzusammenhangs festzustellen[1374] und zum anderen darauf beruhen, dass sich in diesen Fällen ohne weiteres feststellen ließ, dass bei frist- bzw. ordnungsgemäßer Umsetzung der Schaden nicht entstanden wäre.

[1370] Zu diesen s. 3. Teil, A II 1 a), S. 211 ff.

[1371] GA TESAURO, Schl.-Antr. v. 28.11.1995, Dillenkofer u.a., verb. Rs. C-178/94, C-179/94, C-188/94, C-189/94 u. C-190/94, Slg. 1996, I-4845 Tz. 24 (dort Fn. 18).

[1372] S. 4. Teil, C IV 3 b), S. 338 f.; 4. Teil, C IV 3 c) aa), S. 342 f.

[1373] Vgl. REBHAHN, Staatshaftung, S. 550; GÖTZ, DVBl. 1999, 259.

[1374] Vgl. nur EuGH 17.10.1996, Denkavit u.a., verb. Rs. C-283/94, C-291/94 u. C-292/94, Slg. 1996, I-5063 Rn. 49.

Erste Anhaltspunkte gibt der Gerichtshof aber möglicherweise in „Dillenkofer u.a.“: Dort hatte der vorlegende BGH die Frage gestellt, ob die dem Rechtsstreit zugrunde liegende Pauschalreiserichtlinie[1375] die Mitgliedstaaten zum Erlass von Maßnahmen verpflichte, die eigenen Nachlässigkeiten der Pauschalreisenden vorbeugten[1376]. Hierbei handelt es sich vordergründig zwar um eine Frage der korrekten Richtlinienumsetzung; allerdings können solche Fragen für die Kausalität als Voraussetzung des Schadensersatzanspruchs dann Bedeutung erlangen, wenn geklärt werden muss, ob der Schaden auch bei richtiger oder rechtzeitiger Umsetzung entstanden wäre[1377]. Der EuGH verneinte zwar eine Verpflichtung der Mitgliedstaaten zum Erlass spezieller Maßnahmen zum Schutz gegen eigene Nachlässigkeiten der Reisenden[1378]. Unter Zuordnung zur Schadensminderungspflicht[1379] bejahte er aber dennoch die Kausalität mit Rücksicht auf die Schutzziele der Richtlinie[1380].

Deutlicher wird dann in „Rechberger u.a.“ zur Frage der Schadensverursachung infolge Dazwischentretens fahrlässig handelnder Dritter oder außergewöhnlicher und unvorhersehbarer Ereignisse festgestellt, dass der Staatshaftungsanspruch dann nicht an der Kausalität scheitere, wenn die Richtlinie eine Erfolgspflicht der Mitgliedstaaten statuiere, die speziell dazu diene, den Bürger vor den Folgen eines bestimmten Risikos[1381] zu schützen[1382]. In solchen Fällen seien die Ursachen für den Eintritt der Folgen unerheblich und folglich das fahrlässige Handeln Dritter oder außergewöhnliche und unvorhersehbare Ereignisse unbeachtlich[1383].

Von Bedeutung war die Frage der Kausalität auch in der Entscheidung „Brinkmann Tabakfabriken“[1384], die unter anderem das Problem betraf, dass

---

[1375] Richtlinie 90/314/EWG des Rates über Pauschalreisen, ABl. EG L 158 v. 23.6.1990, S. 59.

[1376] EuGH 8.10.1996, Dillenkofer u.a., verb. Rs. C-178/94, C-179/94, C-188/94, C-189/94 u. C-190/94, Slg. 1996, I-4845 Rn. 69.

[1377] Vgl. GA Tesauro, Schl.-Antr. v. 28.11.1995, Dillenkofer u.a., verb. Rs. C-178/94, C-179/94, C-188/94, C-189/94 u. C-190/94, Slg. 1996, I-4845 Tz. 20.

[1378] EuGH 8.10.1996, Dillenkofer u.a., verb. Rs. C-178/94, C-179/94, C-188/94, C-189/94 u. C-190/94, Slg. 1996, I-4845 Rn. 71.

[1379] EuGH 8.10.1996, Dillenkofer u.a., verb. Rs. C-178/94, C-179/94, C-188/94, C-189/94 u. C-190/94, Slg. 1996, I-4845 Rn. 72.

[1380] EuGH 8.10.1996, Dillenkofer u.a., verb. Rs. C-178/94, C-179/94, C-188/94, C-189/94 u. C-190/94, Slg. 1996, I-4845 Rn. 73.

[1381] Im konkreten Fall der Insolvenz des Reiseveranstalters.

[1382] EuGH 15.6.1999, Rechberger u.a., Rs. C-140/97, Slg. 1999, I-3499 Rn. 74.

[1383] EuGH 15.6.1999, Rechberger u.a., Rs. C-140/97, Slg. 1999, I-3499 Rn. 74, 75.

[1384] EuGH 24.9.1998, Brinkmann Tabakfabriken, Rs. C-319/96, Slg. 1998, I-5255.

die betreffende Richtlinie nicht ordnungsgemäß umgesetzt war, die Exekutive aber die Vorschriften der Richtlinie angewandt hatte. Der EuGH entschied, dass angesichts dieser unmittelbaren Anwendung der genauen Vorschriften der Richtlinie durch die Behörden keine Kausalität zwischen legislativer Nichtumsetzung der Richtlinie und entstandenem Schaden bestehe[1385]. Von Bedeutung ist dies zum einen für die Frage, welcher Instanz des Mitgliedstaats der haftungsauslösende Verstoß unterlaufen ist. Insbesondere für den Kausalzusammenhang lässt sich aber aus dieser Urteilspassage auch folgern, dass ein Ersatzanspruch im Falle rechtmäßigen Alternativverhaltens nicht besteht, der Staatshaftungsanspruch also ausscheidet, wenn auch die ordnungsgemäße Umsetzung materiell kein dem Anspruchsteller günstigeres Ergebnis zur Folge gehabt hätte. Dahingehend lässt sich zudem die Entscheidung „Bonifaci u.a." interpretieren, wo der Gerichtshof die rückwirkende Anwendung einer nicht rechtzeitig umgesetzten Richtlinie nur dann als Kompensation des entstandenen Schadens ausreichen ließ, wenn hierdurch den Betroffenen die Rechte garantiert würden, die ihnen bei ordnungsgemäßer Umsetzung der Richtlinie zugestanden hätten[1386]. Aus diesem Umstand folgerte der EuGH außerdem, dass der Mitgliedstaat bei einer rückwirkenden Umsetzung unter gewissen Voraussetzungen auch in der Richtlinie eingeräumte Haftungsbeschränkungen in Anspruch nehmen könne, weshalb der Schadensersatz insofern begrenzt werden könne[1387]. Hieraus ergibt sich wiederum, dass der Geschädigte im Rahmen des gemeinschaftsrechtlichen Staatshaftungsanspruchs diejenigen Einbußen nicht ersetzt verlangen kann, die auch bei einer rechtzeitigen Umsetzung der Richtlinie entstanden wären.

bb) Zusammenfassung

Insgesamt sind damit folgende wesentliche Festlegungen des EuGH zur Kausalität bei unterlassener Richtlinienumsetzung festzuhalten: Das Dazwischentreten Dritter unterbricht unter der Voraussetzung, dass die verletzte Pflicht des Staates gerade Schäden einer bestimmten Art verhindern soll, auch dann nicht die Kausalität zwischen Gemeinschaftsrechtsverstoß und Schaden, wenn diese Dritten fahrlässig gehandelt haben oder der Schaden auf außergewöhnlichen oder unvorhersehbaren Ereignissen beruht; hier wird also der Schutz-

---

[1385] EuGH 24.9.1998, Brinkmann Tabakfabriken, Rs. C-319/96, Slg. 1998, I-5255 Rn. 29.

[1386] EuGH 10.7.1997, Bonifaci u.a., verb. Rs. C-94/95 u. C-95/95, Slg. 1997, I-3969 Rn. 51; bestätigend EuGH 10.7.1997, Palmisani, Rs. C-261/95, Slg. 1997, I-4025 Rn. 35.

[1387] EuGH 10.7.1997, Bonifaci u.a., verb. Rs. C-94/95 u. C-95/95, Slg. 1997, I-3969 Rn. 52.

zweck der verletzten Norm in die Kausalitätsbetrachtung einbezogen. Dagegen scheitert der Staatshaftungsanspruch am Einwand rechtmäßigen Alternativverhaltens, d.h. an der Kausalität fehlt es, wenn derselbe Schaden auch bei Hinzudenken der gebotenen Handlung entstanden wäre. Im Rahmen der Kausalität unterlassener Handlungen stellt sich aber auch stets das Problem, welcher Grad an Wahrscheinlichkeit erforderlich ist. Diese zusätzliche Anforderung ergibt sich daraus, dass es sich bei der Überprüfung von Kausalität in Unterlassensfällen notwendig um eine hypothetisch zu fassende Frage handelt, die etwa dahingehend formuliert werden kann, ob die gebotene Handlung nicht hinzugedacht werden kann, ohne dass der Erfolg entfiele[1388]. Insoweit bedarf es einer gewissen Wertung[1389]. Maßstäbe für die Vornahme dieser Wertung und somit für die Beantwortung der Frage, ob die hinzugedachten Maßnahmen mit hinreichender, überwiegender oder gar an Sicherheit grenzender Wahrscheinlichkeit den Schadenseintritt verhindert hätten, lassen sich der bisher untersuchten Rechtsprechung indes nicht entnehmen. Die Herausarbeitung ansatzweise handhabbarer Kriterien muss daher späteren Überlegungen vorbehalten bleiben[1390].

2. Weitere Haftungskonstellationen

Nun sind weitere Haftungskonstellationen in den Blick zu nehmen, in denen der Gerichtshof Gelegenheit hatte, sich erläuternd zu einzelnen, auch für die vorliegend untersuchte Fallgestaltung relevanten Tatbestandsmerkmalen des gemeinschaftsrechtlichen Staatshaftungsanspruchs zu äußern.

a) Rechtsverleihung durch die verletzte Norm

Die Entscheidungen, die sich näher mit der Frage eines durch die verletzte Norm verliehenen Rechts befassen, betreffen ausschließlich Grundfreiheiten als verletzte Normen und können insofern wichtige Anhaltspunkte für die Frage der Rechtsverleihung durch grundfreiheitliche Schutzpflichten liefern.

aa) Einzelaussagen der Rechtsprechung

In der insoweit als grundlegend anzusehenden Entscheidung „Brasserie du pêcheur und Factortame“ war der Gerichtshof erstmals mit der Frage befasst, ob auch die Grundfreiheiten des Gemeinschaftsrechts - in concreto Art. 28 EG

[1388] Vgl. nur VON BAR, Gemeineuropäisches Deliktsrecht Bd. 2, Rn. 413; WURMNEST, Haftungsrecht, S. 159, 177 m.w.N.

[1389] WURMNEST, Haftungsrecht, S. 159.

[1390] S. 4. Teil, C IV 2, S. 324 ff.

und Art. 43 EG - geeignet sind, den einzelnen Wirtschaftsteilnehmern Rechte zu verleihen, deren Verletzung einen Haftungsanspruch auslöst. Der EuGH meinte, beide Normen erfüllten diese Voraussetzung offensichtlich, denn sie erlegten zwar den Mitgliedstaaten ein Verbot auf, begründeten aber auch für den Einzelnen Rechte[1391]. Interessant ist, dass die Bejahung einer Rechtsverleihung unter Verweis auf Urteile geschieht, die (lediglich) die unmittelbare Anwendbarkeit von Art. 28 EG und Art. 43 EG zum Gegenstand hatten[1392]. In gleicher Weise wird in „Hedley Lomas" befürwortet, dass das Verbot mengenmäßiger Ausfuhrbeschränkungen (Art. 29 EG) ein Recht im Sinne der zweiten Haftungsvoraussetzung[1393] verleihe[1394]. Immerhin implizit wird auch in den Entscheidungen „Konle" und „Haim" davon ausgegangen, dass die Niederlassungsfreiheit (Art. 43 EG) Rechte der einzelnen Marktbürger im Sinne des Staatshaftungsanspruchs verleihe[1395].

In der jüngeren Entscheidung „Köbler", die einen Gemeinschaftsrechtsverstoß durch ein nationales Gericht zum Gegenstand hatte, lehnte es der Gerichtshof zunächst ab, auf Art. 234 EG als verletzte Norm abzustellen[1396]. Weil das nationale Gericht eine Vorlage an den EuGH trotz deren Gebotenheit unterlassen hatte, hatte die beklagte Republik Österreich geltend gemacht, der Gemeinschaftsrechtsverstoß liege in der Nichtbeachtung des Art. 234 EG durch das nationale Gericht, diese Vertragsbestimmung sei aber nicht auf die Verleihung von Rechten an Einzelne gerichtet[1397]. Der EuGH sah dagegen im Verstoß gegen Art. 39 EG die maßgebliche Gemeinschaftsrechtsverletzung und führte aus, diese Norm ziehe die Folgerung aus dem „elementaren Grundsatz der Freizügigkeit der Arbeitnehmer" und verbiete „jede auf der Staatsan-

---

1391 EuGH 5.3.1996, Brasserie du pêcheur und Factortame, verb. Rs. C-46/93 u. C-48/93, Slg. 1996, I-1029 Rn. 54.

1392 Der Gerichtshof nimmt Bezug auf EuGH 22.3.1977, Iannelli und Volpi, Rs. 74/76, Slg. 1977, 557 Rn. 13 und EuGH 21.6.1974, Reyners, Rs. 2/74, Slg. 1974, 631 Rn. 25.

1393 Zur hier vorgenommenen Einteilung der Haftungsvoraussetzungen s. 4. Teil, B II, S. 252.

1394 EuGH 23.5.1996, Hedley Lomas, Rs. C-5/94, Slg. 1996, I-2553 Rn. 27 unter Verweis auf EuGH 29.11.1978, Pigs Marketing Board, Rs. 83/78, Slg. 1978, 2347 Rn. 66 f.

1395 Vgl. EuGH 1.6.1999, Konle, Rs. C-302/97, Slg. 1999, I-3099 Rn. 56 f.; EuGH 4.7.2000, Haim, Rs. C-424/97, Slg. 2000, I-5123 Rn. 45; letztere Entscheidung bezieht sich wiederum auf die unmittelbare Anwendbarkeit von Art. 43 EG, wobei dies jedoch nach dem Zusammenhang der Ausführungen eher die hinreichende Qualifiziertheit des Verstoßes betrifft.

1396 EuGH 30.9.2003, Köbler, Rs. C-224/01, Slg. 2003, I- 10239 Rn. 102.

1397 Wiedergabe des Vorbringens Österreichs in EuGH 30.9.2003, Köbler, Rs. C-224/01, Slg. 2003, I- 10239 Rn. 21, 94.

gehörigkeit beruhende unterschiedliche Behandlung der Arbeitnehmer"[1398]. Unmittelbar im Anschluß stellte er fest, dass u.a. Art. 39 EG „unbestreitbar [bezwecke], dem Einzelnen Rechte zu verleihen"[1399]. Es ist unklar, ob die dieser Erkenntnis vorausgehenden Äußerungen als Begründung für die Folgerung der Rechtsverleihung dienen; der Sache nach ließe sich dann eine allgemeine Voraussetzung der Verleihung von Rechten dahingehend formulieren, die Norm müsse elementare Grundsätze des EG-Vertrages verwirklichen oder Ausprägung solcher Gewährleistungen sein. Doch dürfte dies eine Überinterpretation der genannten Urteilspassagen darstellen, zumal bislang keine Urteile bekannt sind, die sich in ähnlicher Weise äußern und zu erwarten wäre, dass eine Abweichung von der bisherigen Rechtsprechung deutlicher kenntlich gemacht würde.

bb) Zusammenfassung

Für den Bereich der Staatshaftung wegen Verletzung der Grundfreiheiten des Gemeinschaftsrechts stellt der Gerichtshof somit geringere Anforderungen an die Verleihung von Rechten Einzelner als bei fehlerhafter oder Nichtumsetzung von Richtlinien. Er lässt es genügen, wenn die Grundfreiheiten die Voraussetzungen der unmittelbaren Anwendbarkeit erfüllen. Es wird zum einen zu überlegen sein, ob dies auch für die grundfreiheitliche Schutzpflicht als ausreichend anzusehen ist, oder ob aufgrund deren struktureller Verwandtschaft zur Konstellation der Richtlinienumsetzung[1400] die insoweit zusätzlichen bzw. andersartigen Kriterien der Rechtsverleihung[1401] Anwendung finden müssen. Zum anderen ist die Frage aufzuwerfen, inwieweit die Kriterien der unmittelbaren Anwendbarkeit für sich genommen geeignet sind, den Gehalt von Rechten Einzelner im Sinne des gemeinschaftsrechtlichen Staatshaftungsanspruchs zu konturieren.

b) Hinreichende Qualifiziertheit des Verstoßes

Die hinreichende Qualifiziertheit des Gemeinschaftsrechtverstoßes wurde - wie erwähnt - erstmals im Jahre 1996 durch die Entscheidung „Brasserie du pêcheur und Factortame"[1402] in den Haftungstatbestand integriert; die Aussagen dieses Urteils sowie spätere Präzisierungen sind im Folgenden herauszu-

---

1398 EuGH 30.9.2003, Köbler, Rs. C-224/01, Slg. 2003, I- 10239 Rn. 102.
1399 EuGH 30.9.2003, Köbler, Rs. C-224/01, Slg. 2003, I- 10239 Rn. 103.
1400 S. 4. Teil, B I, S. 250.
1401 S. 4. Teil, B III 1 b) aa), S. 257 f.
1402 EuGH 5.3.1996, Brasserie du pêcheur und Factortame, verb. Rs. C-46/93 u. C-48/93, Slg. 1996, I-1029.

arbeiten. Dabei soll ein Schwerpunkt insbesondere auf der Frage liegen, wann unterlassenes Tätigwerden einen hinreichend qualifizierten Verstoß gegen Gemeinschaftsrecht darstellen kann.

aa) Einzelaussagen der Rechtsprechung

Im Urteil „Brasserie du pêcheur und Factortame" führte der Gerichtshof aus, das entscheidende Kriterium dafür, ob ein hinreichend qualifizierter Verstoß gegen Gemeinschaftsrecht zu bejahen sei, bestehe sowohl bei Art. 288 Abs. 2 EG als auch im Rahmen der Haftung der Mitgliedstaaten darin, ob der betreffende Mitgliedstaat die Grenzen, die seinem Ermessen gesetzt waren, offenkundig und erheblich überschritten habe[1403]. Bei der Beurteilung dieser Frage sei vor allem relevant, welches Maß an Klarheit und Genauigkeit die verletzte Vorschrift aufweise, welchen Umfang der durch die Vorschrift eingeräumte Ermessensspielraum habe und ob der Verstoß vorsätzlich begangen wurde. Zudem komme es darauf an, ob ein etwaiger Rechtsirrtum entschuldbar gewesen sei oder nicht und ob Maßnahmen eines Gemeinschaftsorgans zur Schaffung oder Aufrechterhaltung des dem Gemeinschaftsrecht zuwiderlaufenden Zustands beigetragen hätten[1404]. Sei der Verstoß gegen Gemeinschaftsrecht bereits vorher in einem Urteil des Gerichtshofs festgestellt worden oder ergebe er sich aus einer gefestigten Rechtsprechung, so sei die hinreichende Qualifiziertheit stets zu bejahen[1405]. Die Aufrechterhaltung des Verbots der Einfuhr von Bieren mit Zusatzstoffen in einem der Ausgangsverfahren wurde insoweit deswegen nicht als hinreichend qualifizierter Verstoß angesehen, weil Fragen der Rechtfertigung eines solchen Verbots noch nicht hinreichend durch den EuGH geklärt waren[1406].

Im Urteil „Hedley Lomas" hatte es eine Behörde des Vereinigten Königreichs entgegen Art. 29 EG unterlassen, eine Ausfuhrgenehmigung für bestimmte Waren zu erteilen. Der Gerichtshof stellte fest, dass die bloße Verletzung des Gemeinschaftsrechts ausreichend zur Bejahung der hinreichenden Qualifiziertheit sein könne, wenn der Mitgliedstaat zum Zeitpunkt der Rechtsverletzung weder über einen erheblich verringerten oder auf Null reduzierten Er-

---

[1403] EuGH 5.3.1996, Brasserie du pêcheur und Factortame, verb. Rs. C-46/93 u. C-48/93, Slg. 1996, I-1029 Rn. 55.

[1404] EuGH 5.3.1996, Brasserie du pêcheur und Factortame, verb. Rs. C-46/93 u. C-48/93, Slg. 1996, I-1029 Rn. 56.

[1405] EuGH 5.3.1996, Brasserie du pêcheur und Factortame, verb. Rs. C-46/93 u. C-48/93, Slg. 1996, I-1029 Rn. 57.

[1406] EuGH 5.3.1996, Brasserie du pêcheur und Factortame, verb. Rs. C-46/93 u. C-48/93, Slg. 1996, I-1029 Rn. 59.

messensspielraum verfügte, noch gesetzgeberische Maßnahmen zu treffen hatte[1407]. Im zu entscheidenden Fall ging es vornehmlich um das Entschließungsermessen des Mitgliedstaats, da lediglich die Erteilung oder Nichterteilung einer Genehmigung im Streit stand; unklar ist, ob der EuGH auch die Reduzierung des Auswahlermessens (hinsichtlich des „Wie" der zu ergreifenden Maßnahmen) als Voraussetzung für die Bejahung eines hinreichend qualifzierten Verstoßes fordert. Die Entscheidung „Larsy" scheint in diese Richtung zu deuten; hier zitierte der EuGH u.a. die soeben dargestellten Grundsätze des Urteils „Hedley Lomas" und prüfte dann, ob „der zuständige nationale Träger [...] zwischen verschiedenen Gestaltungsmöglichkeiten zu wählen" hatte[1408]. In der Entscheidung „Haim" wurde klargestellt, dass der Umfang des relevanten Gestaltungsspielraums und damit des Ermessens der Mitgliedstaaten sich nach Gemeinschafts- und nicht nach nationalem Recht bestimme[1409]. Auf den Umstand, dass den zuständigen Behörden nach nationalem Recht ein Ermessen zustand, komme es nicht an, da gemeinschaftsrechtlich allein das Ermessen des Mitgliedstaats selbst relevant sei[1410]. Das Urteil „Schmidberger" enthält, wie oben dargestellt, keinerlei Aussagen zu den Voraussetzungen der Staatshaftung bei Schutzpflichtverletzungen; doch wurde bereits herausgearbeitet, dass das Kriterium der Verhältnismäßigkeit bei der Prüfung der Schutzpflichtverletzung Rückwirkungen auf die Frage hat, wie groß der Ermessensspielraum des Mitgliedstaates war[1411].

bb) Zusammenfassung

Bei der Beurteilung der hinreichenden Qualifiziertheit des Verstoßes gegen Gemeinschaftsrecht handelt es sich stets um eine Abwägung und Wertung verschiedener, nicht unter einen einheitlichen Oberbegriff zu fassenden Gesichtspunkte; die untersuchten Judikate zeigen aber, dass der Gemeinschaftsrechtsverstoß dann selten hinreichend qualifiziert sein dürfte, wenn er schwierige, durch die Rechtsprechung noch nicht geklärte Rechtsfragen aufwirft. Dies steht in tendenziellem Gegensatz zu den in jüngerer Zeit strengeren Maßgaben im Bereich der Haftung wegen fehlerhafter Richtlinienumsetzung. Es besteht ein Zusammenhang mit der verletzten Pflicht und dem Ermessen, das diese einräumt. Maßstab für die Ermessensbeurteilung ist allein das Ge-

---

1407 EuGH 23.5.1996, Hedley Lomas, Rs. C-5/94, Slg. 1996, I-2553 Rn. 28; ebenso EuGH 2.4.1998, Norbrook Laboratories, Rs. C-127/95, Slg. 1998, I-1531 Rn. 109.

1408 EuGH 28.6.2001, Larsy, Rs. C-118/00, Slg. 2001, I-5063 Rn. 41.

1409 EuGH 4.7.2000, Haim, Rs. C-424/97, Slg. 2000, I-5123 Rn. 40, 49.

1410 EuGH 4.7.2000, Haim, Rs. C-424/97, Slg. 2000, I-5123 Rn. 40.

1411 S. 2. Teil, B V 4 e), S. 93 sowie 2. Teil, B V 4 f) bb), S. 94.

meinschaftsrecht. Unklar bleibt, ob das Ermessen des Mitgliedstaats sowohl hinsichtlich des „Ob“ als auch des „Wie“ des Tätigwerdens eingeschränkt oder gänzlich reduziert sein muss, um einen bloßen Gemeinschaftsrechtsverstoß als hinreichend qualifiziert anzusehen, oder ob es ausreicht, wenn ihm (lediglich) ein Entschließungsermessen nicht mehr zusteht. Der Relevanz einer solchen möglichen Trennung ist noch nachzugehen.

c) Schaden

Hinsichtlich der Voraussetzung, dass ein ersatzfähiger Schaden durch den Gemeinschaftsrechtsverstoß entstanden sein muss, fehlen hier ebenso wie in der Judikatur zur fehlerhaften oder fehlenden Richtlinienumsetzung weitgehend Urteile des Gerichtshofs, die schutzpflicht- oder unterlassensspezifische Fragen des ersatzfähigen Schadens behandeln. Auch in der Entscheidung „Schmidberger“ beschränkte sich GA *Jacobs* wie oben gesehen[1412] darauf, die Aussage in „Brasserie du pêcheur und Factortame“ heranzuziehen, dass der Schadensersatz jedenfalls entgangenen Gewinn umfassen müsse; nicht möglich sei es, ausschließlich für Schäden an bestimmten individuellen Rechtsgütern Ersatz zu leisten[1413]. Es gelten sonach vornehmlich die allgemeinen Vorgaben: Hiernach dürfen nationale Regelungen zur Schadensbemessung weder ungünstiger sein als rein nationale Ansprüche betreffende Normen noch dürfen diese Regelungen die Erlangung von Schadensersatz praktisch unmöglich machen[1414]. In Schutzpflichtfällen wird sich für den Kläger hierbei häufig das Problem stellen, nachweisen zu müssen, welche Gewinne er bei Hinzudenken des gebotenen Einschreitens gemacht hätte.

d) Kausalität

Mit letzterer Aussage ist wiederum das Problem der Kausalität in Unterlassensfällen angesprochen.

aa) Einzelaussagen der Rechtsprechung

Allgemein wird durch das Urteil „Brasserie du pêcheur und Factortame“ das Erfordernis eines Kausalzusammenhangs erstmals dahingehend formuliert, dass ein unmittelbarer Kausalzusammenhang zwischen Gemeinschaftsrechts-

---

[1412] S. 2. Teil, B V 4 f) aa), S. 94.

[1413] EuGH 5.3.1996, Brasserie du pêcheur und Factortame, verb. Rs. C-46/93 u. C-48/93, Slg. 1996, I-1029 Rn. 87, 90.

[1414] EuGH 5.3.1996, Brasserie du pêcheur und Factortame, verb. Rs. C-46/93 u. C-48/93, Slg. 1996, I-1029 Rn. 67; EuGH 23.5.1996, Hedley Lomas, Rs. C-5/94, Slg. 1996, I-2553 Rn. 31.

verstoß und Schaden vorliegen müsse[1415]; in vorherigen Entscheidungen war das Erfordernis der Unmittelbarkeit noch nicht enthalten[1416]. In seinen Schlussanträgen hatte GA *Tesauro* insbesondere das Problem der Unterbrechung des Kausalverlaufs durch mitwirkendes Verschulden des Geschädigten aufgeworfen und damit Fragen des Mitverschuldens in die Kausalitätsprüfung integriert[1417]. Der Gerichtshof hatte dies - möglicherweise auch aufgrund der Formulierung der Vorlagefragen - unter der Frage des Umfangs der Entschädigung erörtert und war zu dem Ergebnis gelangt, dass insbesondere das Versäumen der Inanspruchnahme von Rechtsmitteln durch den Geschädigten anspruchsmindernd zu berücksichtigen sei; generell müsse sich der Geschädigte in angemessener Form um die Begrenzung des Schadensumfangs bemüht haben[1418]. Hieraus kann man folgern, dass die Nichtinanspruchnahme primären Rechtsschutzes zwar nicht die Kausalkette unterbricht, weil ansonsten der Anspruch zur Gänze scheitern müsste, aber - sofern solcher Rechtsschutz zur Verfügung steht - eine teilweise Kürzung des Schadensersatzanspruches zur Folge haben kann. Weitere spezifisch für unterlassenes Staatshandeln geltende Kausalitätserwägungen lassen sich der Rechtsprechung nicht entnehmen, was darauf zurückzuführen ist, dass anders als in den Konstellationen der Nicht- oder Falschumsetzung von Richtlinien zumeist Verstöße durch aktives Tun im Raum standen.

bb) Zusammenfassung

Damit lässt sich die untersuchte Rechtsprechung dahingehend zusammenfassen, dass ein den Schaden mitverursachendes oder verstärkendes Verhalten des Geschädigten, das insbesondere im Unterlassen von Rechtsbehelfen gegen die beanstandete staatliche Maßnahme liegen kann, nicht geeignet ist, den Kausalzusammenhang zu unterbrechen, sich aber anspruchsmindernd auswirken kann. Das Merkmal der „Unmittelbarkeit" der Kausalität erfährt dabei keine weitergehenden Konturierungen als diejenigen, die bereits im Rahmen

---

1415 EuGH 5.3.1996, Brasserie du pêcheur und Factortame, verb. Rs. C-46/93 u. C-48/93, Slg. 1996, I-1029 Rn. 51, 65.

1416 S. 4. Teil, B III 1 e) aa), S. 263.

1417 GA TESAURO, Schl.-Antr. v. 28.11.1995, Brasserie du pêcheur und Factortame, verb. Rs. C-46/93 u. C-48/93, Slg. 1996, I-1029 Tz. 97; zu dieser Verortung in der bisherigen Rechtsprechung s. bereits 4. Teil, B III 1 e) aa), S. 263 f.

1418 EuGH 5.3.1996, Brasserie du pêcheur und Factortame, verb. Rs. C-46/93 u. C-48/93, Slg. 1996, I-1029 Rn. 84 f.

der Auswertung der Judikatur zur Richtlinienumsetzung[1419] herausgearbeitet wurden.

3. Zwischenergebnis zur Auswertung der Staatshaftungsjudikatur

Somit hat die Auswertung folgende Konkretisierungen des Gerichtshofs zu den Voraussetzungen des gemeinschaftsrechtlichen Staatshaftungsanspruchs insbesondere in Fällen der Haftung für unterlassenes Tätigwerden ergeben:

Ein Gemeinschaftsrechtsverstoß kann sowohl in einem positiven Tun als auch in einem Unterlassen liegen[1420]. Die Voraussetzungen, unter denen eine Verleihung von Rechten durch die verletzte Norm des Gemeinschaftsrechts anzunehmen ist, unterscheiden sich anscheinend je nachdem, ob Vorschriften einer Richtlinie oder Normen des Primärrechts, insbesondere Grundfreiheiten, betroffen sind[1421]. Bei der Beurteilung des hinreichend qualifizierten Verstoßes gegen Gemeinschaftsrecht verbleiben Unsicherheiten. Diese gehen zum einen dahin, ob eine Differenzierung zwischen gänzlicher Untätigkeit des Mitgliedstaats einerseits und unzureichenden, aber vorhandenen Umsetzungsmaßnahmen andererseits dahingehend vorzunehmen ist, dass in letzterer Fallgruppe Rechtsirrtümer des Staates eher entlastend wirken können[1422]. Obgleich festzustellen ist, dass das durch die eine Handlungspflicht begründende Norm eingeräumte, allein gemeinschaftsrechtlich gewährte Ermessen eine entscheidende Rolle für die hinreichende Qualifiziertheit spielt, bleibt zum anderen unklar, inwieweit das Entschließungsermessen des Mitgliedstaats erheblich oder zur Gänze reduziert sein muss oder zusätzlich eine Reduktion des Auswahlermessens vorliegen muss, um eine bloße Verletzung des Gemeinschaftsrechts als haftungsauslösend einordnen zu können[1423].

IV. Die Judikatur zu Art. 288 Abs. 2 EG

Die Relevanz der Rechtsprechung von EuG und EuGH zur außervertraglichen Haftung der Gemeinschaft gemäß Art. 288 Abs. 2 EG für die Haftung der Mitgliedstaaten wegen Verletzung von Gemeinschaftsrecht wurde bereits dargelegt[1424]. Die folgende Urteilsauswertung (II.) beschränkt sich, wie schon diejenige zur Haftung der Mitgliedstaaten, weitgehend auf solche Aspekte,

---

[1419] S. 4. Teil, B III 1 e) aa), S. 263.

[1420] S. 4. Teil, B III 1 a), S. 256.

[1421] S. zu Richtlinien 4. Teil, B III 1 b) aa), S. 257; zu Grundfreiheiten 4. Teil, B III 2 a) aa), S. 266.

[1422] S. 4. Teil, B III 1 c) aa), S. 260 ff.

[1423] S. 4. Teil, B III 2 b) aa), S. 269 ff.

[1424] S. 4. Teil, B I, S. 251.

die spezifisch für die Unterlassenshaftung von Bedeutung sind; zuvor ist jedoch die generelle Übertragbarkeit der Rechtsprechung zu Art. 288 Abs. 2 EG auf den gemeinschaftsrechtlichen Staatshaftungsanspruch zu erörtern (I.).

1. Problem der Übertragbarkeit

Die Problematik bei der Übernahme von Erkenntnissen aus Urteilen zur außervertraglichen Haftung der Gemeinschaft beruht vor allem darauf, dass der Gerichtshof im Urteil „Brasserie du pêcheur und Factortame" keine allgemeine Verweisung auf die zu Art. 288 Abs. 2 EG entwickelten Grundsätze vorgenommen hat, sondern differenziert geurteilt hat, die Haftungsvoraussetzungen für Gemeinschaftshandeln einer- und mitgliedstaatliches Handeln andererseits dürften sich nicht ohne „besonderen Grund" voneinander unterscheiden[1425]. Solche „besonderen Gründe" gilt es im Folgenden daraufhin zu untersuchen, ob sie es ausschließen, insbesondere die Judikatur des EuGH zur unterlassenen Aufsicht durch Gemeinschaftsorgane strukturell auch für die Haftung der Mitgliedstaaten fruchtbar zu machen.

Zunächst ist dazu zu bemerken, dass es trotz der vom EuGH postulierten Konvergenz der Haftungsvoraussetzungen immer noch neuralgische Punkte gibt, an denen sich die Rechtsprechungslinien zu den beiden Haftungsinstituten beträchtlich unterscheiden[1426]. Dies ist rechtspolitisch sicher zu bedauern, soll aber für die vorliegende Untersuchung schon aus Gründen der thematischen Eingrenzung nicht näher verfolgt werden. Deshalb bleibt im Folgenden vor allem die Frage des hinreichend qualifizierten Verstoßes außer Betracht; speziell im Rahmen dieser Voraussetzung herrscht noch Unklarheit, inwieweit sie bei der Haftung nach Art. 288 Abs. 2 EG überhaupt bei exekutiven Verstößen gegen Gemeinschaftsrecht anzuwenden ist[1427].

In struktureller Hinsicht könnten sich Bedenken gegen eine Übertragung weiter dahingehend ergeben, dass bei der Haftung der Gemeinschaftsorgane oftmals leitender Auslegungsgesichtspunkt die teilweise defizitäre Möglichkeit primären Rechtsschutzes gegen Maßnahmen der EG durch den einzelnen

---

[1425] EuGH 5.3.1996, Brasserie du pêcheur und Factortame, verb. Rs. C-46/93 u. C-48/93, Slg. 1996, I-1029 Rn. 28 f., 42.

[1426] Dazu von Danwitz, DVBl. 1997, 1 (9); zu Vereinheitlichungstendenzen in der neueren Rechtsprechung Tridimas, 38 CMLRev. (2001), 301 (321 ff.).

[1427] Zur noch nicht abgeschlossenen Rechtsprechungsentwicklung Lageard, in: Lenz/Borchardt, EUV / EGV, Art. 288 EGV Rn. 25 ff.; von Bogdandy, in: Grabitz/Hilf, Recht der EU, Art. 288 EGV Rn. 84 (Stand: Jan. 2001); Beljin, Staatshaftung, S. 58 f.; kritisch bereits Caranta, 32 CMLRev. (1995), 703 (724).

Marktbürger war[1428]; insoweit ist es jedenfalls problematisch, solche Aussagen des EuGH heranzuziehen, die das Verhältnis des primären zum sekundären Rechtsschutz betreffen, da sie oft auf dem Gedanken der Kompensation der Defizite auf Primärebene durch Zuerkennung von Schadensersatz beruhen dürften[1429]. Wie soeben herausgearbeitet wurde[1430], ist der Rechtsschutz speziell im Falle mitgliedstaatlicher Verstöße gegen Schutzpflichten aus den Grundfreiheiten durchaus nicht defizitär, sondern in vielen Fällen adäquat erreichbar, so dass insoweit festzustellen ist, dass ein vergleichbares Kompensationsbedürfnis wie im Bereich der Haftung der Gemeinschaft gemäß Art. 288 Abs. 2 EG nicht besteht.

Allerdings sind auch die Parallelen zwischen beiden Haftungsinstituten in den Blick zu nehmen: Sowohl Art. 288 Abs. 2 EG als auch der vom EuGH geschaffene Staatshaftungsanspruch gegen die Mitgliedstaaten sind Mittel des Individualrechtsschutzes und der Wahrung des Gemeinschaftsrechts[1431]. Vom Blickwinkel der durch die Haftungsinstitute Verpflichteten aus gesehen ist beiden gemein, dass der EuGH in ihrer Auslegung von dem Bemühen geleitet ist, die Funktionstüchtigkeit der Gemeinschaftsorgane respektive der Mitgliedstaaten nicht durch die Möglichkeit der Schadensersatzhaftung zu lähmen[1432]. Insofern sind die übergreifenden Zwecke, an denen die Auslegung sowohl von Art. 288 Abs. 2 EG als auch der Haftung der Mitgliedstaaten auszurichten ist, weitgehend identisch, was es als gerechtfertigt erscheinen lässt, die Judikate zu Art. 288 Abs. 2 EG - mit Ausnahme der Voraussetzung des hinreichend qualifizierten Verstoßes - auch für die Haftung der Mitgliedstaaten zu verwerten.

2. Aussagen zu Einzelaspekten der Haftungsvoraussetzungen

Die folgende Auswertung der Rechtsprechung zu Art. 288 Abs. 2 EG kann sich insbesondere einer Fallgruppe der Gemeinschaftshaftung widmen, die der Problematik der Haftung der Mitgliedstaaten für Schutzpflichtverletzungen ähnelt. Dabei handelt es sich vor allem um die Haftung der Kommission

---

[1428] Vgl. nur STREINZ, VVDStRL 61 (2002), 300 (332) m.w.N.; OSSENBÜHL, StaatshaftungsR, S. 566 f.

[1429] Ebenso ZENNER, Haftung, S. 169 ff.; ohne solche Bedenken ANAGNOSTARAS, 21 YEL (2002), 355 (372).

[1430] S. im Einzelnen 3. Teil, A II und III, S. 210 ff.

[1431] HIX, in: Moreira de Sousa/Heusel (Hrsg.), Durchsetzung, S. 199 (201); VON BOGDANDY, in: Grabitz/Hilf, Recht der EU, Art. 288 EGV Rn. 13 (Stand: Jan. 2001).

[1432] HIX, in: Moreira de Sousa/Heusel (Hrsg.), Durchsetzung, S. 199 (200 f.); VON BOGDANDY, in: Grabitz/Hilf, Recht der EU, Art. 288 EGV Rn. 17 (Stand: Jan. 2001).

für die Nichteinleitung bestimmter Maßnahmen gegen das Gemeinschaftsrecht (angeblich) verletzende Mitgliedstaaten. Die Fälle in diesem Bereich betreffen aber nicht nur die Frage, inwieweit die Kommission für die Nichteinleitung eines Vertragsverletzungsverfahrens nach Art. 226 EG haftungsrechtlich verantwortlich ist[1433], sondern auch ihre Haftung für die unterlassene Mitteilung einer Beihilfenentscheidung an einen Konkurrenten[1434], für das Unterlassen diplomatischen Schutzes[1435] sowie das unterlassene Vorschlagen eines Rechtsaktes zur wirtschaftlichen Bewältigung der aus einem Kernkraftunfall resultierenden Folgen[1436]. Weitere Entscheidungen behandeln unter anderem die fehlsame Aufsicht der Kommission über die Einhaltung der weinrechtlichen Vorschriften der EG in den Mitgliedstaaten[1437] und die Nichteinleitung eines Beihilfeverfahrens durch die Kommission[1438]. Die Vielzahl und Verschiedenheit der angesprochenen Sachverhaltskonstellationen bringt es mit sich, dass die Verallgemeinerungsfähigkeit der getroffenen Aussagen jeweils kritisch hinterfragt werden muss; dies umso mehr, als einige der angesprochenen Entscheidungen Rechtsgebiete betreffen, die durch ein spezielles und dichtes gemeinschaftsrechtliches Regelwerk gekennzeichnet sind[1439].

a) Gemeinschaftsrechtsverstoß

Zur Frage der Art des Verstoßes gegen Gemeinschaftsrecht ist bei Art. 288 Abs. 2 EG festzustellen, dass sowohl Gerichtshof als auch Gericht erster Instanz unterlassenes Tätigwerden der Gemeinschaftsorgane als potentiell haftungsrelevant ansehen; diese Handlungsmodalität soll nicht per se aus dem Kreis der Verstöße gegen Gemeinschaftsrecht herausfallen, aber nur dann eine Haftung auslösen können, wenn eine Rechtspflicht zum Handeln besteht und diese Pflicht sich aus einer Norm des Gemeinschaftsrechts herleiten lässt[1440]. Damit trifft sie sich mit den oben herausgearbeiteten entsprechenden

---

1433 S. zur Frage des Primärrechtsschutzes in diesem Fall oben 3. Teil, B II 1, S. 238.

1434 EuG 28.1.1999, BAI / Kommission, Rs. T-230/95, Slg. 1999, II-123.

1435 EuG 6.7.1995, Odigitria / Rat und Kommission, Rs. T-572/93, Slg. 1995, II-2025.

1436 EuGH 15.9.1994, KYDEP / Rat und Kommission, Rs. C-146/91, Slg. 1994, I-4199.

1437 EuGH 4.7.1989, Francesconi u.a. / Kommission, verb. Rs. C-326/86 u. 66/88, Slg. 1989, 2087.

1438 EuGH 21.1.1976, Société des produits Bertrand / Kommission, Rs. 40/75, Slg. 1976, 1.

1439 Im gleichen Sinne vorsichtig zur Verallgemeinerung von Urteilsaussagen innerhalb von Art. 288 Abs. 2 EG selbst VON BOGDANDY, in: Grabitz/Hilf, Recht der EU, Art. 288 EGV Rn. 30 (Stand: Jan. 2001).

1440 EuGH 15.9.1994, KYDEP / Rat und Kommission, Rs. C-146/91, Slg. 1994, I-4199 Rn. 58; EuG 6.7.1995, Odigitria / Rat und Kommission, Rs. T-572/93, Slg. 1995, II-

Aussagen der Rechtsprechung zum gemeinschaftsrechtlichen Staatshaftungsanspruch[1441]; diese werden dahingehend präzisiert, dass die Haftung von der Verletzung einer Handlungspflicht der betreffenden Organe abhängig gemacht wird. In der Entscheidung „Francesconi u.a." wird betont, dass der Kommission im fraglichen Fall, in dem ihr ein unterlassenes Einschreiten gegen Verstöße gegen das Weinrecht der Gemeinschaft vorgeworfen wurde, keine Befugnisse zum Handeln (in concreto zur Entfernung diethylenglykolhaltigen Weines vom Markt) zugestanden hätten[1442]. Dies verdeutlicht nicht nur erneut die Notwendigkeit einer Handlungspflicht zur Begründung einer Haftung, sondern zugleich die Abhängigkeit der Haftungsansprüche von der Kompetenzordnung; Letztere darf nicht durch Erstere ausgehebelt werden.

b) Rechtsverleihung durch die verletzte Norm

Auch in der Rechtsprechung zu Art. 288 Abs. 2 EG findet sich das Erfordernis, es müsse eine Norm verletzt worden sein, die den Einzelnen schützen solle.

aa) Einzelaussagen der Rechtsprechung

In der Entscheidung „Kampffmeyer u.a." wird diese Anspruchsvoraussetzung erstmals formuliert. Danach ist es erforderlich, dass die Norm nicht nur Interessen der Allgemeinheit, sondern auch dem Schutz der individuellen Interessen der Geschädigten zu dienen bestimmt sein kann[1443]. Insoweit könne das Interesse der Wirtschaftsteilnehmer an der Entwicklung des freien Handels ausreichend sein, wenn sie an diesem Handel beteiligt seien; einer unmittelbaren und individuellen Betroffenheit bedürfe es hingegen nicht[1444]. In späteren Entscheidungen wird klargestellt, dass diese Kriterien auch im Falle von Unterlassungen gelten[1445].

2025 Rn. 35; EuG 11.7.1997, Oleifici Italiani / Kommission, Rs. T-267/94, Slg. 1997, II-1239 Rn. 21.

1441 S. 4. Teil, B III 1 a), S. 256.

1442 EuGH 4.7.1989, Francesconi u.a. / Kommission, verb. Rs. 326/86 u. 66/88, Slg. 1989, 2087 Rn. 21.

1443 EuGH 14.7.1967, Kampffmeyer u.a. / Kommission, verb. Rs. 5/66, 7/66 u. 13-24/66, Slg. 1967, 332 (355).

1444 EuGH 14.7.1967, Kampffmeyer u.a. / Kommission, verb. Rs. 5/66, 7/66 u. 13-24/66, Slg. 1967, 332 (355).

1445 EuGH 8.12.1987, Grands Moulins de Paris / Rat und Kommission, Rs. 50/86, Slg. 1987, 4833 Rn. 9; EuG 29.1.1998, Dubois et Fils / Rat und Kommission, Rs. T-113/96, Slg. 1998, II-125 Rn. 60.

Ohne dass eine ausdrückliche Zuordnung zur Frage der Rechtsverleihung vorgenommen wird, enthält das Urteil „Lütticke“ dann einen ersten Anwendungsfall, in dem der Kommission vorgeworfen wurde, eine Aufsichtspflicht über die Steuergesetzgebung der Mitgliedstaaten verletzt zu haben. Der Sache nach betreffen die dortigen Ausführungen aber durchaus diese Wertungsstufe. Der Gerichtshof führte gegen eine Haftung an, die Kommission verfüge in diesem Bereich über einen Beurteilungsspielraum; zudem bringe die wahrzunehmende Aufsicht wegen ihrer Komplexität die Notwendigkeit von Schätzungen mit sich[1446]. Ähnlich entschied der EuGH bei der Frage der Haftung wegen Nichteinleitung eines Vertragsverletzungsverfahrens (Art. 226 EG) durch die Kommission in „Asia Motor France u.a.“. In diesem Verfahren hatten die Kläger der Kommission vorgeworfen, nicht gegen Verstöße Frankreichs gegen Art. 28 EG eingeschritten zu sein. Eine Haftung nach Art. 288 Abs. 2 EG könne dies nicht begründen, weil - so der EuGH - die Kommission nicht zur Einleitung des Vertragsverletzungsverfahrens verpflichtet sei[1447]. Relevanz erlangt diese Aussage für die Frage der Rechtsverleihung durch Aufsichtspflichten, wenn man die Entscheidung im Zusammenhang der einschlägigen Rechtsprechung zum Primärrechtsschutz sieht. In der Entscheidung „Star Fruit“ wies der EuGH nämlich eine Untätigkeitsklage auf Einleitung des Vertragsverletzungsverfahrens mit der Begründung ab, Art. 226 EG gewähre der Kommission insoweit ein Ermessen, das ein Recht Einzelner auf Tätigwerden in einem bestimmten Sinne ausschließe[1448]. In der Entscheidung „Produits Bertrand / Kommission“ betreffend die Nichteinleitung eines Beihilfeverfahrens nach Art. 88 Abs. 2 EG wurde im Gegensatz zur soeben referierten Rechtsprechung, obwohl auch ein Verstoß gegen Art. 226 EG gerügt wurde, die Voraussetzung der Rechtsverleihung nicht geprüft, sondern der Anspruch aus Kausalitätsgründen verneint[1449]. Allerdings kann dies auch aus prozessökonomischen Gründen geschehen sein, so dass hieraus keine weitreichenden Schlussfolgerungen gezogen werden können. Für die Bejahung der Rechtsverleihung durch Normen, die der Kommission eine Schutzpflicht gegenüber einzelnen Bürgern auferlegen, scheint das Urteil „Odigitria“ zu sprechen, in dem unter anderem die Pflicht der Kommission, Kapitäne von Schiffen aus der Gemeinschaft vor Grenzstreitigkeiten in den befischten Gewässern zu

---

1446 EuGH 28.4.1971, Lütticke / Kommission, Rs. 4/69, Slg. 1971, 325 Rn. 16.

1447 EuGH 23.5.1990, Asia Motor France u.a. / Kommission, Rs. C-72/90, Slg. 1990, I-2181 Rn. 13; bestätigt u.a. in EuG 3.7.1997, Smanor / Kommission, Rs. T-201/96, Slg. 1997, II-1081 Rn. 30.

1448 EuGH 14.2.1989, Star Fruit / Kommission, Rs. 247/87, Slg. 1989, 291 Rn. 11.

1449 EuGH 21.1.1976, Produits Bertrand / Kommission, Rs. 40/75, Slg. 1976, 1 Rn. 9/13.

warnen, streitgegenständlich war. Zwar wird dieser Unterrichtungs- oder Warnpflicht nicht ausdrücklich rechtsverleihende Wirkung für Einzelne zuerkannt, doch wendet das EuG sich, nachdem es eine Verletzung dieser Pflicht festgestellt hat, den weiteren Haftungsvoraussetzungen zu, woraus zu schließen ist, dass es diese Voraussetzung für gegeben erachtet[1450].

bb) Zusammenfassung

Im Allgemeinen werden damit die Voraussetzungen für eine Rechtsverleihung im Rahmen des Art. 288 Abs. 2 EG eher großzügig gehandhabt; ausreichend ist bereits der Schutz individueller Interessen durch die verletzte Norm. Für das Gebiet des unterlassenen Tätigwerdens wird aber dennoch unter dem Aspekt, dass die Norm der verpflichteten Stelle einen Beurteilungs- oder Ermessensspielraum einräume und das Tätigwerden von komplexen Erwägungen abhängig sei, eine Rechtsverleihung an Einzelne häufig verneint. Soweit Handlungspflichten als haftungsbegründend angesehen werden, handelt es sich in der Regel um bereits konkretisierte Handlungspflichten, nämlich Warn- und Unterrichtungspflichten in Bezug auf eine bestimmte Gefahrenquelle sowie solche im Bereich der Beihilfenaufsicht.

c) Schaden und Kausalität

Im Zusammenhang mit dem Schadensbegriff bei Art. 288 Abs. 2 EG finden sich insbesondere bei der Schadenszurechnung in der Rechtsprechung des Gerichtshofs häufig Verbindungen mit der Kausalität, weshalb diese beiden Punkte für die nachfolgende Auswertung zusammengezogen werden. Selbst wenn man davon ausgeht, dass zumindest der Schadensbegriff nach nationalem Recht zu bestimmen ist[1451], kann es doch nützlich sein, die Erkenntnisse des EuGH zu Art. 288 Abs. 2 EG heranzuziehen. Finden bei der Haftung der Gemeinschaft selbst nämlich ähnliche Kriterien wie im nationalen Recht Anwendung, kann keine Rede davon sein, dass hierdurch die Durchsetzung des Gemeinschaftsrechts verhindert oder praktisch unmöglich gemacht wird.

aa) Einzelaussagen der Rechtsprechung

Als Schaden wird im Bereich des Art. 288 Abs. 2 EG jeder Nachteil begriffen, den der Anspruchsteller an seinem Vermögen oder seinen sonstigen rechtlich geschützten Gütern erlitten hat; er ist zu ermitteln durch einen Ver-

---

[1450] EuG 6.7.1995, Odigitria / Rat und Kommission, Rs. T-572/93, Slg. 1995, II-2025 Rn. 65.

[1451] Genauer zu dieser Frage 4. Teil, C IV 1, S. 320 ff.

gleich der tatsächlichen Lage mit derjenigen, die ohne das schädigende Ereignis vorläge[1452]. Die Kausalität zwischen diesem Schaden und dem Gemeinschaftsrechtsverstoß liegt nach der Rechtsprechung nur im Falle eines unmittelbaren ursächlichen Zusammenhangs vor; die Beweislast hierfür trägt der Kläger[1453]. In einem Fall unterlassenen Tätigwerdens hat das Gericht erster Instanz es allerdings ausreichen lassen, wenn der Kläger Indizien für das Vorliegen eines Kausalzusammenhangs vortrage und hinreichend plausibel mache, dass das Einschreiten der Organe der Gemeinschaft den entstandenen Schaden verhindert hätte[1454]. Dies dürfte insbesondere den Erkenntnis- und Prognoseschwierigkeiten im zu entscheidenden Fall Rechnung getragen haben, in dem es um die Ergreifung von Maßnahmen gegen die Ausbreitung der bovinen spongiformen Enzephalopathie (BSE) und die Frage ging, inwieweit die Verhängung eines Totalembargos für Fleisch aus Großbritannien den Rückgang des Absatzes aufgrund von Ängsten der Verbraucher verhindert hätte. Doch sind ähnliche Prognoseschwierigkeiten auch in anderen Fällen denkbar, so dass Beweiserleichterungen in vergleichbaren Fällen in Betracht zu ziehen sind. Eine Ursächlichkeit entfällt, wenn derselbe Schaden auch bei Hinzudenken der gebotenen Handlung entstanden wäre[1455].

Die Frage der Ursächlichkeit unterlassenen Einschreitens im Falle des Dazwischentretens Dritter wird unter dem Begriff der Unmittelbarkeit erörtert; an Letzterer fehlt es nach der Rechtsprechung, wenn der Schaden hauptsächlich auf das Verhalten von Vertragspartnern des Klägers zurückzuführen ist und der Einfluß der durch die Gemeinschaftsorgane begangenen Pflichtverletzung mittelbar und unbestimmt ist[1456]. Letztere Begriffe lassen einen gewissen Spielraum für Wertungserwägungen, etwa hinsichtlich der Gewichtigkeit der Gemeinschaftsrechtsverstöße.

Weiterhin wird das Vorliegen eines Schadens verneint, wenn der Gemeinschaftsrechtsverstoß dem Kläger nicht nur Nachteile, sondern auch Vorteile

---

[1452] EuGH 27.1.2000, Mulder u.a. / Rat und Kommission, verb. Rs. C-104/89 u. C-37/90, Slg. 2000, I-203 Rn. 63; EuGH 3.2.1994, Grifoni / EAG, Rs. C-308/87, Slg. 1994, I-341 Rn. 37, 40.

[1453] EuG 30.9.1998, Coldiretti u.a. / Rat und Kommission, Rs. T-149/96, Slg. 1998, II-3841 Rn. 101 m.w.N.; EuG 10.4.2003, Travelex Global, Rs. T-195/00, Slg. 2003, II-1677 Rn. 163.

[1454] EuG 30.9.1998, Coldiretti u.a. / Rat und Kommission, Rs. T-149/96, Slg. 1998, II-3841 Rn. 115 f.

[1455] EuG 6.7.1995, Odigitria / Rat und Kommission, Rs. T-572/93, Slg. 1995, II-2025 Rn. 65.

[1456] EuG 25.6.1997, Perillo / Kommission, Rs. T-7/96, Slg. 1997, II-1061 Rn. 41 f.

gebracht hat. So lag der Fall in der Entscheidung „Oleifici Italiani", wo aufgrund einer unberechtigten Festhaltung von Waren (in concreto Olivenöl) in einem Zolllager deren Verkauf für gewisse Zeit nicht möglich war; nach Freigabe waren aber die Preise für diese Waren gestiegen, so dass die Klägerin diese zu einem höheren Preis als vorher verkaufen konnte. Das EuG verneinte insoweit das Vorliegen eines Schadens und schnitt der Klägerin auch den Einwand ab, bei früherer Veräußerung sei ein noch höherer Gewinn zu erzielen gewesen, weil es sich dabei um unbestimmte und hypothetische Erlöse handele[1457]. Ähnliche Fragen können auch bei der Haftung der Mitgliedstaaten für Schutzpflichtverletzungen auftreten, wenn Güter aufgrund von Blockaden von Lagerhallen durch Demonstranten nicht ausgeliefert werden können und zwischenzeitlich etwa die Weltmarktpreise für die betreffenden Güter so gestiegen sind, dass die verspätete Auslieferung höhere Gewinne mit sich bringt.

bb) Zusammenfassung

Die Kausalität bei unterlassenem Einschreiten wird bei der außervertraglichen Haftung der Gemeinschaft außer durch die Frage, ob das Handeln der Gemeinschaftsorgane nicht hinzugedacht werden kann, ohne dass der Schaden entfällt, auch durch das Kriterium der Unmittelbarkeit gekennzeichnet. An Letzterem kann es bei einem Dazwischentreten Dritter fehlen, wofür eine wertende Betrachtung vonnöten ist. Rechtmäßiges Alternativverhalten schließt eine Haftung nach Art. 288 Abs. 2 EG aus; stellen sich schwierige Prognosefragen hinsichtlich der Frage, ob der Schaden durch ein Eingreifen verhindert worden wäre, kann es hinsichtlich der Beweislast ausreichen, wenn der Kläger einen solchen Zusammenhang plausibel macht, indem er auf entsprechende Indizien verweist. Beim Schadensbegriff findet eine Vorteilsausgleichung statt, d.h. bringt die Unterlassung der Gemeinschaftsorgane neben Schäden für den Kläger auch Vorteile mit sich, sind diese mit dem entstandenen Schaden zu verrechnen.

3. Zwischenergebnis zur Auswertung der Rechtsprechung zu Art. 288 Abs. 2 EG

Die Auswertung der Rechtsprechung zu Art. 288 Abs. 2 EG hat damit für einige Bereiche der Unterlassenshaftung Präzisierungen mit sich gebracht, in anderen Bereichen aber Unklarheiten geschaffen. Bestätigt wurde die prinzipielle Geeignetheit von Unterlassen als haftungsauslösender Verhaltensmoda-

---

[1457] EuG 11.7.1997, Oleifici Italiani / Kommission, Rs. T-267/94, Slg. 1997, II-1239 Rn. 73.

lität[1458]. Präzisiert wurden auch die Voraussetzungen, die zur Bejahung einer Rechtsverleihung an Einzelne durch die verletzte Norm führen[1459]; unklar ist aber die Behandlung von Fällen, in denen die Kommission eine Aufsichts- oder Warnpflicht verletzt hat. Hier scheinen einige Entscheidungen unter Hinweis auf bestehende Ermessensspielräume eher eine restriktive, die Haftung verneinende Linie zu verfolgen, während andere Entscheidungen insoweit großzügigere Maßstäbe anlegen[1460]. Die dogmatische Einordnung und Begründung hierfür bleibt im Dunkeln. Dagegen lassen sich den untersuchten Entscheidungen wichtige Maßstäbe für die Kausalitätsprüfung in Unterlassensfällen und zu diesbezüglichen Beweislastfragen entnehmen[1461]; auch weitere Festlegungen in diesem Bereich sind für die Staatshaftung wegen Schutzpflichtverletzung potentiell relevant.

C. Die Tatbestandsmerkmale und Rechtsfolgen des Staatshaftungsanspruchs bei Verletzung grundfreiheitlicher Schutzpflichten

Die soeben angestellten Voruntersuchungen haben den Blick bereits auf einige Problemschwerpunkte gelenkt, die sich bei der Haftung wegen unterlassenen Tätigwerdens oder Einschreitens unabhängig vom betroffenen Sachbereich stets stellen. Im Folgenden geht es - nachdem prinzipielle Einwände gegen eine Haftung in Fällen der Schutzpflichtverletzung nicht durchgreifen[1462] - nun darum, diese anhand der bisherigen Rechtsprechung des Gerichtshofs und des Gerichts erster Instanz herausgearbeiteten Rechtsfragen unter Einbeziehung einschlägiger Literatur auf die spezielle Frage zuzuspitzen, unter welchen Voraussetzungen sich ein Mitgliedstaat bei Verletzung grundfreiheitlicher Schutzpflichten einem gemeinschaftsrechtlichen Staatshaftungsanspruch ausgesetzt sieht.

I. Gemeinschaftsrechtsverstoß

Besondere haftungsrechtliche Probleme hinsichtlich der Frage, ob ein Gemeinschaftsrechtsverstoß an sich vorliegt, stellen sich im Rahmen der Staatshaftung wegen Schutzpflichtverletzung nicht; wie erwähnt, kommt es in diesem Zusammenhang darauf an, ob eine Prüfung des staatlichen Unterlassens anhand der oben entwickelten dogmatischen Struktur der Schutzpflicht ergibt,

---

[1458] S. 4. Teil, B IV 2 a), S. 276.
[1459] S. 4. Teil, B IV 2 b) aa), S. 277.
[1460] S. 4. Teil, B IV 2 b) aa), S. 278.
[1461] S. 4. Teil, B IV 2 c) aa), S. 279 ff.
[1462] S. 4. Teil, A, S. 243 ff.

dass die Untätigkeit des Mitgliedstaates einer modifizierten Verhältnismäßigkeitsprüfung nicht standhält und somit eine Verletzung der Schutzpflicht vorliegt. Die Haftungsrelevanz auch unterlassenen Tätigwerdens wird durch die insoweit konsistente Rechtsprechung des EuGH sowie des EuG zu Art. 288 Abs. 2 EG sowie zu anderen Konstellationen des gemeinschaftsrechtlichen Staatshaftungsanspruchs bestätigt[1463]. Es ist noch darauf hinzuweisen, dass ein mitgliedstaatlicher Verstoß gegen die Schutzpflicht nicht notwendig bedeutet, dass ein Anspruch des Einzelnen auf ein bestimmtes Tätigwerden besteht; häufiger wird lediglich eine Reduzierung des Ermessens des Mitgliedstaats dahingehend anzunehmen sein, dass zwar eingeschritten werden muss, die Ausgestaltung dieses Einschreitens aber weiterhin im Ermessen des Mitgliedstaats liegt.

1. Typologie der Schutzpflichtverletzungen

In der gebotenen Kürze soll noch versucht werden, eine Typologie der möglichen Verstöße gegen gemeinschaftsrechtliche Schutzpflichten zu entwickeln; die Notwendigkeit hierfür ergibt sich daraus, dass die Entscheidungen „Kommission / Frankreich“[1464] und „Schmidberger“[1465] lediglich den Fall betrafen, dass der Exekutive ein Nichteinschreiten gegen private Beeinträchtigungen der Grundfreiheiten vorgeworfen wurde. Aufgrund der umfassenden Verbindlichkeit der Schutzpflicht für jegliche Form staatlicher Gewalt[1466] sind jedoch auch die Nichtgewährung von Schutz durch Legislative und Judikative denkbar.

Es können im Rahmen dieser Arbeit selbstverständlich nicht alle denkbaren Konstellationen und Fallgestaltungen durchgespielt werden, was auch wenig Erkenntnisgewinn verspricht. Indes kann sich auch in Schutzpflichtfällen häufiger die Frage stellen, ob die Versagung von Schutz einen Verstoß der Legislative durch Nichtanpassung der entsprechenden Normen begründet oder ob insoweit exekutives Unrecht anzunehmen ist, weil die nationale Behörde die ihr obliegende Pflicht zur gemeinschaftsrechtskonformen Anwendung missachtet hat[1467]. Dass in diesem Bereich Unsicherheiten bestehen, belegen die

---

[1463] S. 4. Teil, B III 1 a), S. 256; 4. Teil, B IV 2 a), S. 276.

[1464] EuGH 9.12.1997, Kommission / Frankreich, Rs. C-265/95, Slg. 1997, I-6959.

[1465] EuGH 12.6.2003, Schmidberger, Rs. C-112/00, Slg. 2003, I-5659.

[1466] S. 2. Teil, C I 2 d), S. 105.

[1467] Zur Bedeutung dieser Frage für den Sekundärrechtsschutz bereits oben 2. Teil, B V 4 a), S. 79 ff. Sie ist klar zu trennen von dem Problemkreis, welche Körperschaft ANSPRUCHSGEGNER des gemeinschaftsrechtlichen Staatshaftungsanspruches ist, hierzu

Vorlagefragen des OLG Innsbruck in der Entscheidung „Schmidberger“: Es hatte sowohl die Frage vorgelegt, ob der Gemeinschaftsrechtsverstoß im unterlassenen Hinweis des österreichischen Gesetzgebers auf die Pflicht zur Berücksichtigung gemeinschaftsrechtlicher Vorgaben im Versammlungsrecht zu erblicken sei als auch eine Antwort dahingehend ersucht, ob die Entscheidung der Versammlungsbehörde als haftungsauslösend anzusehen sei[1468].

2. Kriterien für die Herausbildung einer Typologie

Zutreffender Ansatzpunkt für die Lösung dieses Problems ist die unmittelbare Anwendbarkeit von gemeinschaftsrechtlichen Normen und der damit verbundene Anwendungsvorrang des Gemeinschaftsrechts, der jede nationale Stelle zur Beachtung des Gemeinschaftsrechts verpflichtet[1469]. Hieraus folgt, dass in Fällen wie „Schmidberger“ (nur) dann ein legislativer Verstoß gegen die Schutzpflicht anzunehmen ist, wenn das entsprechende nationale Recht nicht durch den Rechtsanwender gemeinschaftsrechtskonform ausgelegt werden kann[1470]; sowohl im Falle der gerichtlichen als auch der exekutiven Normauslegung kann dies beispielsweise an der fehlenden Auslegungsfähigkeit der entsprechenden Normen scheitern[1471]. Allerdings ist das im Hinblick auf typische Schutzpflichtkonstellationen zumindest im deutschen Recht ein höchst seltener Fall, da sowohl das öffentlich-rechtliche als auch das zivilrechtliche Instrumentarium hinreichende Möglichkeiten zur Schutzgewährung bieten[1472]. Soweit im Schrifttum geltend gemacht wird, die Verwaltung sei nicht zur Auslegung und Anwendung, mithin Beachtung des Gemeinschaftsrechts ver-

---

nur GUNDEL, DVBl. 2001, 95; BELJIN, Staatshaftung, S. 80 ff.; DIEHR, Staatshaftungsanspruch, S. 144 ff.

[1468] Vorlagefragen 2 und 3, wiedergegeben in EuGH 12.6.2003, Schmidberger, Rs. C-112/00, Slg. 2003, I-5659 Rn. 25.

[1469] S. 2. Teil, B V 4 a) bb), S. 80; näher ZENNER, Haftung, S. 91 ff.; vgl. auch STREINZ, EuZW 1993, 599 (602). Zur Bindung auch der Exekutive an das Gemeinschaftsrecht s. statt aller KAHL, in: Calliess/Ruffert, EUV / EGV, Art. 10 EGV Rn. 43; LENZ, in: ders./Borchardt, EUV / EGV, Art. 10 EGV Rn. 5.

[1470] Vgl. eingehend ZENNER, Haftung, S. 91 ff.; GEIGER, Grundsatz, S. 154 ff.; WOLLGAST, Subjekt, S. 115 ff., insbes. S. 121 f.; STREINZ, EuZW 1993, 599 (602); zustimmend HINTERSTEININGER, Binnenmarkt, S. 246 (dort Fn. 751).

[1471] Vgl. zu den Grenzen der gemeinschaftsrechtskonformen Auslegung allgemein die Nachweise 3. Teil, A III 2b), S. 229 (Fn. 1193); anders insoweit ZENNER, Haftung, S. 98 ff., der die Behörden als nicht an nationale Auslegungsgrenzen gebunden ansieht; zu Grenzen der Auslegung beispielsweise im strafrechtlichen Bereich oben 3. Teil, A III 3, S. 235.

[1472] S. 3. Teil, A II, S. 210 ff.; 3. Teil, A III, S. 223 ff.

pflichtet[1473], so wird hierbei die Rechtsprechung des EuGH verkannt, nach welcher der Anwendungsvorrang des Gemeinschaftsrechts alle staatlichen Stellen erfasst[1474]. Für eine Ausnahme sind insoweit keine Anhaltspunkte ersichtlich.

Gemengelagen sind denkbar, wenn es sowohl der nationale Normgeber versäumt, das mitgliedstaatliche Recht schutzpflichtkonform auszugestalten, indem etwa polizeirechtliche Bestimmungen einen Anspruch auf Einschreiten ausdrücklich ausschließen[1475] und auch die rechtsanwendende Behörde ihrer Pflicht zur gemeinschaftsrechtskonformen Auslegung - in diesem Fall: Außerachtlassung der (unterstellt) schutzpflichtwidrigen Norm - nicht nachkommt. In solchen Fällen ist von einem eigenständigen Verstoß sowohl der Legislative als auch der Exekutive auszugehen[1476]; bei der Beurteilung der hiernach begründeten Ansprüche bedarf es aber dann jeweils der differenzierten Betrachtung der Haftungsmaßstäbe, die sich für Gesetzgeber und Exekutive nicht unerheblich unterscheiden[1477]. Auch die Kausalität des jeweiligen Verstoßes für den entstandenen Schaden muss hier berücksichtigt werden. Sie könnte dazu führen, dass im Ergebnis nur ein Verstoß eines Staatsorgans tatsächlich als haftungsauslösend anzusehen ist[1478].

1473 So BÖHM, JZ 1997, 53 (56); FOLZ, Liber Amicorum Seidl-Hohenveldern, S. 175 (185).

1474 S. neben den in Fn. 1469 zitierten Autoren nur EuGH 10.4.1984, von Colson und Kamann, Rs. C-14/83, Slg. 1984, 1891 Rn. 26; EuGH 14.7.1994, Faccini Dori, Rs. C-91/92, Slg. 1994, I-3325 Rn. 26.

1475 Angesichts des oben konstatierten ausreichenden Normbestandes zur Schutzpflichtverwirklichung ist ein Schutzpflichtverstoß durch den Gesetzgeber in der Regel nur durch solche ausdrücklich die Schutzgewährung ausschließenden Regelungen denkbar.

1476 Vgl. GUNDEL, DVBl. 2001, 95 (99 f.); VON BOGDANDY, in: Grabitz/Hilf, Recht der EU, Art. 288 EGV Rn. 156 (Stand: Jan. 2001); KADELBACH, Verwaltungsrecht, S. 179; BROCKE, Europäisierung, S. 144, 160; im Grundsatz ebenso WOLLGAST, Subjekt, S. 152 ff.; wohl auch GA LÉGER, Schl.-Antr. v. 20.6.1995, Hedley Lomas, Rs. C-5/94, Slg. 1996, I-2553 Tz. 117 ff.; Anwendungsfall: LG Aachen 2.7.1997, 4 O 322/96, NVwZ 1998, 547.

1477 Zur näheren Konturierung insbesondere der Voraussetzung des hinreichend qualifizierten Verstoßes in Fällen von Schutzpflichtverletzungen sogleich 4. Teil, C III, S. 306 ff.

1478 Das wird bei der Diskussion dieser Frage nicht immer hinreichend berücksichtigt, s. dazu 4. Teil, C IV 2 b) cc), S. 332.

Schließlich sind auch Verstöße gegen die Schutzpflicht durch nationale Gerichte nicht auszuschließen[1479]. Denkbar ist beispielsweise, dass ein Zivilgericht die Einschlägigkeit von Gemeinschaftsrecht überhaupt verkennt und dadurch der Schutzpflicht nicht zur Durchsetzung in einem Privatrechtsstreit verhilft oder dass es zu einer gemeinschaftsrechtlich unzutreffenden Gewichtung der widerstreitenden Interessen gelangt, ohne zuvor dem Gerichtshof die Frage vorgelegt zu haben[1480]. Zur Abgrenzung judikativer Verstöße gegen die Schutzpflicht von legislativem Unterlassen von Schutzmaßnahmen kann auf die soeben dargestellten Kriterien zur Unterscheidung von legislativen und exekutiven Schutzpflichtverstößen zurückgegriffen werden; hiernach liegt ein originär legislativer Verstoß nur dort vor, wo das Gericht zur Schutzverwirklichung die Grenze zulässiger Rechtsfortbildung überschreiten müsste, also keine gemeinschaftsrechtskonforme Auslegung mehr möglich ist. Im Bereich der Verwaltungsgerichtsbarkeit stellt sich das Problem des Verhältnisses von exekutivem und judikativem Fehlverhalten. Auch hier liegt es - vorbehaltlich von Kausalitätserwägungen[1481] - in der Konsequenz der soeben dargestellten kumulativen Verantwortung von Gesetzgeber und Verwaltung, einen Verstoß sowohl der entscheidenden Behörde, die keinen Schutz gewährt hat, als auch des mit der Sache befassten Gerichts anzunehmen, das diesen behördlichen Schutzpflichtverstoß nicht beseitigt hat.

II. Rechtsverleihung durch die verletzte Norm

Führt man sich die Ergebnisse der Rechtsprechungsanalyse zum Problemkreis der Rechtsverleihung nochmals vor Augen, so könnte man - aufgrund der schon oben bejahten unmittelbaren Anwendbarkeit der grundfreiheitlichen Schutzpflicht[1482] - geneigt sein, ohne weiteres Aufhebens zu bejahen, dass die Schutzpflicht aus den Grundfreiheiten darauf gerichtet ist, dem einzelnen Bürger Rechte im Sinne des gemeinschaftsrechtlichen Staatshaftungsanspruches zu verleihen. Denn im Bereich der Grundfreiheiten entspricht es der

---

[1479] Hier soll nicht die Diskussion um die prinzipielle Möglichkeit einer Staatshaftung für Judikativakte erneut aufgeworfen werden, sondern im Anschluß an EuGH 30.9.2003, Köbler, Rs. C-224/01, Slg. 2003, I-10239 Rn. 36 von der grundsätzlichen Anwendbarkeit des Staatshaftungsanspruchs in solchen Fällen ausgegangen werden.

[1480] Zu den insoweit bestehenden Pflichten s. 3. Teil, A II 1, S. 210 ff. Hiervon zu unterscheiden ist die Frage, ob solche Verstöße auch stets eine Haftung begründen, was wegen einschränkender Voraussetzungen für die Staatshaftung der Judikative oft zu verneinen sein wird; hierzu 4. Teil, C III 2 a) cc), S. 315.

[1481] S. sogleich 4. Teil, C IV 2 c) bb), S. 332.

[1482] S. 2 Teil, C II 2, S. 110 ff.

Rechtsprechung des Gerichtshofs, die Rechtsverleihung schon dann als gegeben anzusehen, wenn die Norm die Voraussetzungen für die unmittelbare Anwendbarkeit erfüllt[1483]. Dem stehen indes mehrere Bedenken entgegen: In Entscheidungen zur fehlerhaften Richtlinienumsetzung werden zum einen für die Annahme einer Rechtsverleihung zusätzliche Anforderungen an die Bestimmtheit des berechtigten Personenkreises und des aus der Norm folgenden Anspruchsinhalts gestellt, was die Frage der Anwendbarkeit dieser Kriterien, wenn nicht auf die Grundfreiheiten insgesamt, so doch auf deren Schutzpflichtdimension aufwirft (dazu 1.). Zum anderen bieten Entscheidungen sowohl zum gemeinschaftsrechtlichen Staatshaftungsanspruch als auch zur Haftung der Gemeinschaft selbst (Art. 288 Abs. 2 EG) Anhaltspunkte dafür, dass in Fällen der Missachtung von Aufsichtspflichten eine Verleihung von Rechten an Einzelne regelmäßig auszuscheiden hat (dazu 2.). Schließlich wurde oben festgestellt, dass es zur Bejahung der unmittelbaren Anwendbarkeit gerade keiner subjektiv-rechtlichen Zielsetzung der entsprechenden Normen bedarf[1484], was die Notwendigkeit verdeutlicht, im Rahmen des Staatshaftungstatbestandes auf ein Kriterium zurückzugreifen, dass über die inhaltliche Unbedingtheit und hinreichende Bestimmtheit der Norm hinausgeht (dazu 3.).

1. Die strukturelle Verwandtschaft von grundfreiheitlichen Schutzpflichten und Richtlinien - Folgerungen für die Rechtsverleihung

Geht es um die Staatshaftung wegen Falsch- oder Nichtumsetzung einer Richtlinie, so verlangt die Rechtsprechung des EuGH, dass der Richtlinie sowohl Inhaber als auch Inhalt der durch sie verliehenen Rechte mit hinreichender Bestimmtheit entnommen werden können[1485]. Dagegen wird bei den Grundfreiheiten allgemein nur auf die Kriterien der unmittelbaren Anwendbarkeit zurückgegriffen[1486], die insoweit weniger einengende Voraussetzungen aufstellen, als dass es für ihre Bejahung nach der Rechtsprechung nicht darauf ankommt, ob sich ihnen der Inhalt der durch die Norm verliehenen Rechte entnehmen lässt[1487]. Verlangte man, dass auch den Grundfreiheiten - zumindest in ihrer Schutzpflichtfunktion - der Inhalt der Rechte der durch private Maßnahmen Beeinträchtigten zu entnehmen sein müsse, so wären Staatshaftungsansprüche bei Verletzung der Schutzpflicht nahezu immer ausgeschlossen. Wie bereits näher dargelegt wurde, besteht nämlich in aller Regel kein

---

1483 S. 4. Teil, B III 2 a) aa), S. 266 ff.
1484 S. 2. Teil, C II 1, S. 109.
1485 S. 4. Teil, B III 1 b) bb), S. 260.
1486 S. 4. Teil, B III 2 a) bb), S. 268.
1487 S. 2. Teil, C II 2 b) cc) (2), S. 115.

Anspruch des einzelnen Bürgers darauf, dass staatliche Stellen auf bestimmte Weise gegen private Beeinträchtigungen der Grundfreiheiten vorgehen; vielmehr wird ihnen durch die Schutzpflicht im Falle ihrer Verletzung nur vorgeschrieben, überhaupt einzuschreiten[1488]. Die konkrete Vorgehensweise ist ihnen aber überlassen und muss dies - unter anderem aus kompetenziellen Gründen - auch sein[1489].

a) Konvergente Anforderungen an die unmittelbare Anwendbarkeit

Sind oben also mehrfach strukturelle Gemeinsamkeiten zwischen Richtlinienumsetzung und Verwirklichung der grundfreiheitlichen Schutzpflicht im innerstaatlichen Rechtsraum konstatiert worden[1490], so ist nunmehr zu fragen, ob diese Ähnlichkeiten auch dazu führen, dass die für die Fallgruppe der Richtlinienumsetzung entwickelten strengeren Kriterien für die Herleitung von Rechten Einzelner im Sinne des Staatshaftungstatbestandes auch auf die Schutzpflichtfunktion der Grundfreiheiten Anwendung finden müssen. Dazu bedarf es einer Betrachtung derjenigen Bereiche, in denen eine solche Parallelität festgestellt wurde. So richten sich zunächst die Voraussetzungen für die unmittelbare Anwendbarkeit von Grundfreiheiten und nicht umgesetzten Richtlinien nach gleichen Maßstäben[1491]. Hält man sich vor Augen, dass die Rechtsfigur der unmittelbaren Anwendbarkeit die Durchsetzung des Gemeinschaftsrechts im Wege des Primärrechtsschutzes verwirklicht bzw. ermöglicht, so könnte es als nahe liegend erscheinen, auch die Voraussetzungen des Sekundärrechtsschutzes aneinander anzunähern. Doch ist mit dieser Erkenntnis noch nicht die Entscheidung für eines der beiden Kriterienpaare gefallen; sie kann lediglich eine einheitliche Auslegung für beide Haftungskonstellationen rechtfertigen, wobei nach wie vor ungeklärt wäre, an welchem der beiden zur Verfügung stehenden Modelle man sich zu orientieren hätte.

b) Ersatzfunktion der Bestimmtheitsanforderung bei Staatshaftung wegen fehlerhafter Richtlinienumsetzung

Daher ist weiter zu fragen, welchen Hintergrund die strengere Anforderung im Bereich der Staatshaftung wegen fehlerhafter Richtlinienumsetzung hat. Dabei fällt auf, dass es in den einschlägigen Fällen stets um die Frage ging,

---

[1488] S. 2. Teil, C IV 1 a) cc), S. 152 ff.

[1489] S. nochmals 2. Teil, C IV 1 a) cc), S. 152 ff.

[1490] S. 4. Teil, B I, S. 250.

[1491] S. 2. Teil, C II 2 b) cc (2), S. 115.

welcher (Mindest-)Inhalt der Richtlinie entnommen werden konnte[1492]. Die Notwendigkeit einer solchen Fragestellung ergab sich in den genannten Fällen daraus, dass der einschlägigen Richtlinienbestimmung die unmittelbare Wirkung fehlte. Im Urteil „Francovich u.a.“ beruhte dies unter anderem auf fehlender Bestimmtheit des Schuldners[1493], in den Fällen „Dillenkofer u.a.“[1494] sowie „Rechberger u.a.“[1495] musste eine unmittelbare Wirkung der Richtlinie ausscheiden, da dies auf eine unzulässige horizontale Direktwirkung der Richtlinie hinausgelaufen wäre; die streitgegenständliche Vorschrift beinhaltete nämlich eine Pflicht Privater[1496]. Insoweit war im Rahmen des Staatshaftungsanspruches die Heranziehung der zusätzlichen Voraussetzung der inhaltlichen Bestimmbarkeit der Rechte aus der Richtlinie nur deswegen nötig, weil noch geklärt werden musste, welche Reichweite der dem Kläger jeweils vorenthaltene Primäranspruch hatte. Diese Unklarheit folgte im Falle „Francovich“ strukturell aus der Formulierung der Richtlinie, wogegen in den Entscheidungen „Dillenkofer u.a.“ und „Rechberger u.a.“ ein durch die Richtlinie zu begründender privatrechtlicher Anspruch in Rede stand. Bei Letzterem stellte sich die Problematik der Reichweite des Anspruches in ähnlicher Weise, da hier fraglich war, welche Rechte des Verbrauchers eine ordnungsgemäße Umsetzung dieser privatrechtlichen Pflichten zur Folge gehabt hätte und wie die Nichtverleihung dieser Rechte staatshaftungsrechtlich kompensiert werden könnte[1497]. In dieser Funktion findet die zusätzliche Voraussetzung der Bestimmbarkeit der zu verleihenden Rechte auf Grundlage der Richtlinie ihre Rechtfertigung somit in der spezifisch Richtlinien eigenen Umsetzungsverpflichtung; sie stellt sicher, dass das verliehene Recht wenn schon nicht im

---

1492 Vgl. VON BOGDANDY, in: Grabitz/Hilf, Recht der EU, Art. 288 EGV Rn. 137 (Stand: Jan. 2001).

1493 EuGH 19.11.1991, Francovich u.a., verb. Rs. C-6/90 u. C-9/90, Slg. 1991, I-5357 Rn. 26; WOLF, Staatshaftung, S. 123 hält dagegen auch hier die Wirkung des Anspruchs gegen Private für den Ausschluß der unmittelbaren Wirkung für entscheidend; doch dürfte das unrichtig sein, weil es ja gerade unklar war, gegen wen sich der Anspruch richten sollte.

1494 EuGH 8.10.1996, Dillenkofer u.a., verb. Rs. C-178/94, C-179/94, C-188/94, C-189/94 u. C-190/94, Slg. 1996, I-4845.

1495 EuGH 15.6.1999, Rechberger u.a., Rs. C-140/97, Slg. 1999, I-3499.

1496 Art. 7 der „Pauschalreise-Richtlinie“ (Richtlinie 90/314 EWG, ABl. EG L 158 v. 23.6.1990, S. 59) begründet eine Pflicht des Reiseveranstalter, im Falle seiner Zahlungsunfähigkeit die Rückreise des Kunden sowie die Erstattung geleisteter Beträge sicherzustellen.

1497 Ausführliche Diskussion dieser Frage anhand der Pauschalreise-Fälle bei GEIGER, Grundsatz, S. 119 ff.

Wege des Primärrechtsschutzes, so doch mit seinem Mindestgarantiegehalt im Rahmen des Staatshaftungsanspruchs operabel gemacht wird[1498]. Mit anderen Worten wird auf diese Weise die bestehende Korrelation zwischen Primäranspruch (aus der Richtlinie) und Sekundäranspruch in Form des Haftungsanspruchs gewahrt[1499]; da der Primäranspruch nicht durch die Anwendung der Kriterien der unmittelbaren Anwendbarkeit gewährt werden kann, muss sein Mindestgehalt beim Staatshaftungsanspruch nochmals gesondert präzisiert werden[1500]. Dem Kriterium der Bestimmbarkeit von Anspruchsinhalt und -berechtigtem erwächst so im Bereich der fehlerhaften oder fehlenden Richtlinienumsetzung eine Ersatzfunktion dafür, dass eine Prüfung der unmittelbaren Anwendbarkeit entweder nicht in Betracht kam oder kein hinreichend bestimmtes Resultat zu Tage bringen konnte.

Mit dieser Erkenntnis ist zugleich der insoweit bestehende fundamentale Unterschied zwischen Richtlinien und grundfreiheitlichen Schutzpflichten herausgearbeitet. Bei Letzteren besteht zum einen bei ihrer Durchsetzung vermittels des Staatshaftungsanspruches nicht das Erfordernis, ein Ersatzkriterium für die unmittelbare Anwendbarkeit heranzuziehen, da ihnen unmittelbare Anwendbarkeit bereits zukommt[1501]. Zum anderen aber ist die Herausarbeitung eines Mindestgehalts der durch die Schutzpflicht verliehenen Rechte strukturell deshalb unnötig, weil sich in diesem Zusammenhang weder ein Maximal- noch ein Minimalstandard feststellen lassen werden. Während die Richtlinientexte hinreichende Anhaltspunkte für derartige Auslegungen bieten, indem sie den Mitgliedstaaten bestimmte Optionen etwa zur Haftungsbeschränkung eröffnen, kann dem Normtext der Grundfreiheiten weder in ihrer abwehrrechtlichen noch in ihrer Schutzpflichtdimension solch ein Mindestgehalt entnommen werden. Dies spricht dagegen, auch auf die Schutzpflichten das Kriterium der Bestimmbarkeit der durch sie verliehenen Rechte anzuwenden. Damit kann festgestellt werden, dass die Anforderungen, die der EuGH an Richtlinien stellt, um diesen Rechte Einzelner im Sinne des Staatshaftungstatbestandes zu entnehmen, nicht auf die grundfreiheitlichen Schutzpflichten übertragbar sind. Jedoch ist hiermit noch keine Vorentscheidung über die Frage getroffen, ob es bei der vom EuGH postulierten Position verbleiben sollte, dass die Bejahung der unmittelbaren Anwendbarkeit ausreicht, um

---

[1498] VAN GERVEN, in: ders./Zuleeg (Hrsg.), Sanktionen, S. 29 (41); SELTENREICH, Francovich-Rechtsprechung, S. 97 f.; ähnlich ALBERS, Haftung, S. 144.

[1499] CORNILS, Staatshaftungsanspruch, S. 232 (aber ablehnend für privatrechtsgestaltende Richtlinien, S. 235).

[1500] BINIA, Francovich-Urteil, S. 61; DIEHR, Staatshaftungsanspruch, S. 98.

[1501] S. 2. Teil, C II 2, S. 110 ff.

auch staatshaftungsrechtliche Folgen bei Verletzung der Grundfreiheiten nach sich zu ziehen. Dieser Problematik ist noch nachzugehen (dazu 3.).

2. Keine Berechtigung Einzelner durch die Verletzung von Aufsichtsmaßnahmen?

Zuvor bedarf es allerdings einer Auseinandersetzung mit dem Argument, dass Rechte Einzelner sich regelmäßig nicht aus einer Verletzung von Aufsichtspflichten herleiten ließen. Derartige Aussagen finden sich nicht nur teilweise in den einschlägigen Urteilen des EuGH[1502], in denen es um Aufsichtspflichten ging; auch in der Literatur wurde diese Frage vor allem im Hinblick auf die Staatshaftung wegen fehlerhafter oder unterlassener staatlicher Bankenaufsicht diskutiert. Soweit es sich hier um spezifische Argumente aus dem in der Regel dichten Normenkomplex des jeweiligen Aufsichtsrechts handelt, können diese - mangels Vergleichbarkeit - als für die vorliegende Konstellation wenig relevant außer Acht gelassen werden. Doch werden generelle Bedenken hinsichtlich der Herleitung subjektiver Rechte aus Handlungs-, insbesondere Aufsichtspflichten vorgebracht, die durchaus auch für die Gewährung von subjektiven Rechten durch die grundfreiheitlichen Schutzpflichten im Sinne des Staatshaftungstatbestandes von Bedeutung sein können. Teilweise haben solche Bedenken schon Berücksichtigung gefunden; so wurde bereits herausgearbeitet, dass weder die Befürchtung einer Kompetenzverschiebung noch die einer umfassenden Gefährdungshaftung staatshaftungsrechtlichen Ansprüchen wegen Verletzung der grundfreiheitlichen Schutzpflichten prinzipiell im Wege stehen[1503].

a) Rechtspolitische Gesichtspunkte

Überwiegend wird die ablehnende Haltung gegenüber subjektiven Berechtigungen aus Aufsichtspflichten mit Gesichtspunkten begründet, die insbesondere die Folgen der Zuerkennung von Schadensersatzansprüchen wegen unterlassenen Einschreitens betreffen und damit weniger rechtliche als vielmehr rechtspolitische Erwägungen für diese Frage fruchtbar machen[1504]. Es wird insoweit vorgebracht, die Anerkennung von Rechten Einzelner auf Wahrnehmung von Aufsichtspflichten des Staates gegenüber dritten Wirtschaftsteil-

---

[1502] S. 4. Teil, B III 1 b) bb), S. 260 sowie 4. Teil, B IV 2 b) bb), S. 279.

[1503] S. 4. Teil, A I - III, S. 244 ff.

[1504] Vgl. etwa PAPIER, JuS 1980, 265 (269); PÜTTNER, JZ 1982, 47 (49 f.); STARKE, WM 1979, 1402 (1421); ausführlich mit Blick auf die Bankenaufsicht GRATIAS, Staatshaftung, S. 155 ff.

nehmern habe eine zu weitgehende Belastung der Staatsfinanzen zur Folge[1505] und führe potentiell zu einer Stellung des Staates als „Ausfallbürge" für Verluste Privater, die diese aufgrund des Verhaltens anderer Privater erlitten hätten[1506]. Mit Blick auf das Eigenverantwortungsprinzip ist insbesondere der letzte Einwand schon oben als prinzipiell berechtigt anerkannt worden[1507], denn es darf nicht mittels des Staatshaftungsrechts eine umfassende Versicherung der Bürger gegen alle Schäden, die ihnen durch andere Private zugefügt werden, eingeführt werden; das wäre in der Tat rechtspolitisch nicht wünschenswert und mit der Zielsetzung auch des gemeinschaftsrechtlichen Staatshaftungsanspruches kaum vereinbar[1508]. Allerdings erscheint es als zweifelhaft, ob dieses durchaus wünschenswerte Ziel allein unter Hinweis auf rechtspolitische Erwägungen erreicht werden kann. Überzeugender und dogmatisch stringenter erscheint es, den Versuch zu unternehmen, bei der konkreten Ausgestaltung und Auslegung der Haftungsvoraussetzungen rechtliche Anhaltspunkte für die Berechtigung solcher Bedenken herauszuarbeiten und die genannten Argumente dort systemkonform - soweit möglich - einfließen zu lassen[1509].

b) Komplexität von Aufsichtsmaßnahmen

Ein weiterer Einwand gegen die Berechtigung Einzelner aus Handlungspflichten taucht sowohl in der Rechtsprechung des EuGH zum gemeinschaftsrechtlichen Staatshaftungsanspruch als auch in der Judikatur zu Art. 288 Abs. 2 EG auf: Dabei handelt es sich um die Erwägung, dass Rechte Einzelner insbesondere dort nicht in Betracht kämen, wo es um eine komplexe Bewertung verschiedener Interessen gehe; Ansprüche Einzelner könne es ferner dort nicht geben, wo dem betreffenden Haftungsgegner ein weiter Ermessensspielraum eingeräumt sei[1510]. Diesen ablehnenden Stellungnahmen lassen sich zwei Argumente entnehmen. Das erste lässt sich dahingehend formulieren, dass eine von Einzelnen initiierte gerichtliche Kontrolle nicht zur Negierung von Beur-

---

1505 So im gemeinschaftsrechtlichen Kontext vor allem GAin STIX-HACKL, Schl.-Antr. v. 25.11.2003, Paul u.a., Rs. C-222/02, Slg. 2004, I-9425 Tz. 96; ähnlich KADELBACH/PETERSEN, EuGRZ 2002, 213 (219) unter Berufung auf die Haushaltsprärogative des Parlaments.

1506 So STARKE, WM 1979, 1402 (1420 ff.); PÜTTNER, JZ 1982, 47 (49); PAPIER, JuS 1980, 265 (269); OLG Köln 19.9.1977, 7 U 167/76, NJW 1977, 2213.

1507 S. 4. Teil, A III, S. 248.

1508 GRATIAS, Staatshaftung, S. 158.

1509 S. bereits 4. Teil, A III, S. 248; so auch GRATIAS, Staatshaftung, S. 158 f.

1510 S. 4. Teil, B III 1 b) aa), S. 258; 4. Teil, B IV 2 b) aa), S. 277.

teilungsspielräumen anderer staatlicher oder gemeinschaftlicher Organe führen soll; es betrifft den zuletzt genannten Aspekt des durch die betreffende Norm eingeräumten Ermessensspielraums. Das zweite Argument zielt auf die Grenzen der gerichtlichen Nachvollziehung von Administrativ- oder Legislativentscheidungen und betrifft folglich die Frage nach der Justitiabilität eines durch Handlungs-, insbesondere Schutzpflichten verliehenen Rechts.

aa) Zu kompetenziellen Bedenken

Hierbei ist zum einen daran zu erinnern, dass die Frage, ob durch die Zuerkennung von Staatshaftungsansprüchen wegen unterlassenen Einschreitens unzulässige Übergriffe der über solche Ansprüche entscheidenden Judikative in die anderen Staatsorganen vorbehaltenen Kompetenzen und Zuständigkeiten zu befürchten sind, vor allem die konkrete Ausgestaltung der verletzten Primärnorm betrifft. Nur wenn bereits diese Primärnorm, deren Verletzung haftungsrechtlich sanktioniert werden soll, es dem Richter ermöglicht, anstatt der hierzu berufenen Organe eigene Wertungen vorzunehmen und so deren Handlungsspielräume illusorisch zu machen, entsteht die entsprechende Problematik auch im Rahmen eines Staatshaftungsanspruchs[1511]. Es ist allerdings in dieser Arbeit wiederholt betont worden und entspricht auch der vom EuGH unter anderem in der Entscheidung „Kommission / Frankreich" gemachten Vorgabe[1512], dass die gerichtliche Kontrolle der Schutzpflicht nicht die Begründung neuer Kompetenzen mit sich bringt, sondern vielmehr die Erfüllung der Schutzpflicht nur im Rahmen bestehender Kompetenzen zu erfolgen hat und dies auch für die Überprüfung gilt, ob ein Mitgliedstaat den ihm obliegenden Schutzpflichten nachgekommen ist[1513]. Da dieser Erkenntnis auch bereits bei der Erarbeitung einer dogmatischen Struktur der grundfreiheitlichen Schutzpflichten Rechnung getragen wurde[1514], erscheint der Topos des weiten Ermessensspielraums der zum Schutz verpflichteten Organe als nicht geeignet, gegen die Herleitung von Rechten Einzelner aus Handlungspflichten der Mitgliedstaaten ins Feld geführt zu werden.

Weiterhin erscheint es auch inkonsequent, wenn in der Rechtsprechung zwar einerseits die Haftung der Kommission wegen unterlassenen Einschreitens ausgeschlossen wird, weil Einzelne aufgrund des weiten Ermessens der

---

[1511] Dieser Zusammenhang klingt an bei LADEUR, DÖV 1994, 665 (674).
[1512] EuGH 9.12.1997, Kommission / Frankreich, Rs. C-265/95, Slg. 1997, I-6959 Rn. 34 f.; s.a. EuGH 12.6.2003, Schmidberger, Rs. C-112/00, Slg. 2003, I-5659 Rn. 82.
[1513] S. 1. Teil, B, S. 25 m.w.N.; 2. Teil, C III 2, S. 134.
[1514] Zu Einzelheiten sogleich.

Kommission kein Tätigwerden verlangen könnten, andererseits aber die Haftung für normatives Unrecht sowohl bei Art. 288 Abs. 2 EG als auch beim gemeinschaftsrechtlichen Staatshaftungsanspruch bejaht wird[1515]. Bedenkt man, dass im legislativen Bereich oftmals noch deutlich komplexere Überlegungen und Interessenabwägungen angestellt werden müssen, als dies bei Exekutiventscheidungen der Fall ist, so müsste auch in ersterem Bereich die Verleihung von Rechten an Einzelne stets verneint werden[1516].

bb) Zum Aspekt der fehlenden Justitiabilität

Dies leitet über zur Frage, inwieweit die komplexen Interessenabwägungen bei der Wahrnehmung der Schutzpflicht eine Justitiabilität derselben und folglich eine Rechtsverleihung an Einzelne im Sinne des Staatshaftungsanspruchs ausschließen. Der soeben angesprochene Gesichtspunkt legt es zumindest bereits nahe, dass es keine generelle Position des Gerichtshofs ist, eine Rechtsverleihung bei Normen abzulehnen, die eine komplexe Abwägung erfordern. Untermauern lässt sich diese Annahme dadurch, dass in der Rechtsprechung zu Art. 288 Abs. 2 EG das EuG unlängst einer Pflicht der Kommission zur umfassenden Würdigung und Bewertung von Tatsachen rechtsverleihende Funktion zuerkannt hat[1517]; dies geschah im Bereich der Durchführung des PHARE-Programms, in dem der Kommission eine Aufsichtsfunktion hinsichtlich der Durchführung bestimmter Projekte in den mittel- und osteuropäischen Staaten zukommt[1518], mithin einem Bereich, der vielfältige Abwägungen und Ermessensentscheidungen notwendig machte.

Betrachtet man die Frage der Justitiabilität von Abwägungsentscheidungen von einer funktionell-rechtlichen Warte aus, so bestätigt das diesen Befund: Denn gerichtlicher Nachvollzug und die Kontrolle auch komplexer Abwägungsentscheidungen, die entweder die Harmonisierung mehrerer divergierender Interessen erforderlich machen oder Rechte Dritter berühren können, übersteigen keineswegs ausnahmslos die Funktionsgrenzen der Rechtspre-

---

1515 Vgl. nur LAGEARD, in: Lenz/Borchardt, EUV / EGV, Art. 288 EGV Rn. 25 u. 46; VON BOGDANDY, in: Grabitz/Hilf, Recht der EU, Art. 288 EGV Rn. 80 u. 145 (Stand: Jan. 2001).

1516 Vgl. CZAJA, Haftung, S. 104.

1517 EuG 9.7.1999, New Europe Consulting / Kommission, Rs. T-231/97, Slg. 1999, II-2403 Rn. 41 f.

1518 Näher zur Ausgestaltung dieses Programms NEHL/WURMNEST, EuR 2001, 101 f.

chung, wie eindrucksvoll bereits das nationale Recht belegt[1519]. Soweit Grenzen einer gerichtlichen Kontrolle gezogen werden[1520], dient dies der Wahrung eines eigenständigen Handlungsspielraums des jeweiligen Staatsorgans, berührt aber nicht die grundsätzliche gerichtliche Überprüfbarkeit von dessen Handlungen oder Unterlassungen und folglich auch nicht eine mögliche Rechtsverleihung an Einzelne durch die entsprechende Norm. Sonstige Bedenken hinsichtlich der Bestimmtheit der grundfreiheitlichen Schutzpflichten und damit ihrer Justitiabilität bestehen nicht[1521].

Schließlich ist ein Aspekt zu beachten, der bereits bei der Analyse von Haftungskonstellationen im Rahmen des Art. 288 Abs. 2 EG zu Tage getreten ist. In der Rechtsprechung des Gerichtshofs zur außervertraglichen Haftung der Gemeinschaft ist die Tendenz zu erkennen, zumindest solche Aufsichtspflichten als rechtsverleihend anzusehen, die eine hinreichende Konkretisierung aufweisen[1522]. Dies ist insofern begrüßenswert, als damit eine Abkehr von der pauschalen Erwägung verbunden sein kann, dass die Notwendigkeit von vielschichtigen Abwägungsprozessen per se die Verleihung von Rechten ausschließe. Es öffnet zugleich den Blick für die Begründung, die für die Ablehnung von Rechten Einzelner im Bereich der Wahrnehmung von Aufsichtsmaßnahmen maßgeblich sein kann: Ein Haftungsanspruch soll nicht aus solchen Pflichten hergeleitet werden, denen nur durch eine umfassende und lückenlose Überwachungsverwaltung nachzukommen wäre[1523]. Legt man dies zugrunde, so wird deutlich, warum der Gerichtshof Art. 226 EG zu Recht keine die Gemeinschaftshaftung auslösenden Rechte Einzelner entnommen hat. Diese Vorschrift ermächtigt die Kommission zum Einschreiten bei jeder Verletzung des Gemeinschaftsrechts, sei es Primär- oder Sekundärrecht[1524];

[1519] Insoweit ist exemplarisch die Klage auf polizeiliches Einschreiten zu nennen, vgl. hierzu eingehend WAECHTER, VerwArch 88 (1997), 298 (301); allgemein zur gerichtlichen Kontrolle von Prognosespielräumen OSSENBÜHL, FS Menger, S. 731 ff.

[1520] Etwa § 114 VwGO oder die Anerkennung eines Beurteilungsspielraumes; zu Ersterem KOPP/SCHENKE, VwGO, § 114 Rn. 5 ff.; zu Letzterem MAURER, Allg. VerwR, § 7 Rn. 26 ff.; zusammenfassend unter dem Prognoseaspekt OSSENBÜHL, FS Menger, S. 731 (742 ff.).

[1521] S. 2. Teil, C II 2 b), S. 112 ff.

[1522] S. 4. Teil, B IV 2 b) bb), S. 279; ebenso VON BOGDANDY, in: Grabitz/Hilf, Recht der EU, Art. 288 EGV Rn. 133 (Stand: Jan. 2001); GILSDORF/NIEJAHR, in: von der Groeben/Schwarze, EUV / EGV, Art. 288 EG Rn. 46.

[1523] Vgl. VON BOGDANDY, in: Grabitz/Hilf, Recht der EU, Art. 288 EGV Rn. 152 (Stand: Jan. 2001).

[1524] Statt aller BORCHARDT, in: Lenz/Borchardt, EUV / EGV, Art. 226 EGV Rn. 5; CREMER, in: Calliess/Ruffert, EUV / EGV, Art. 226 EGV Rn. 33.

entnähme man ihr ein Recht des Einzelnen, bei jeglichem unterlassenen Einschreiten der Kommission gegen Vertragsverletzungen der Mitgliedstaaten von der Gemeinschaft Schadensersatz zu verlangen, würde die Haftung in der Tat uferlos. Nimmt man dagegen die grundfreiheitlichen Schutzpflichten der Mitgliedstaaten in Augenschein, so wird deutlich, dass diese im Gegensatz hierzu eine deutlich konkretere und bestimmte Struktur aufweisen. So sind sie zum einen durch das den Grundfreiheiten allgemein immanente Erfordernis eines grenzüberschreitenden Sachverhalts in ihrem Anwendungsbereich beschränkt[1525]. Zum anderen werden durch die Schutzpflicht aus den Grundfreiheiten jeweils einzelne Bereiche vor Übergriffen Privater geschützt, nämlich die jeweiligen Schutzgüter von Art. 28 EG, Art. 39 EG, Art. 43 EG sowie Art. 49 EG und Art. 56 EG[1526]. Schließlich ist darauf hinzuweisen, dass aufgrund der durch die Verhältnismäßigkeitsprüfung gemachten Vorgaben eine Kontrolle privaten Verhaltens und eine Pflicht zum Einschreiten den Mitgliedstaaten nur unter einschränkenden Voraussetzungen obliegt[1527]; dies gilt insbesondere für die Fallgruppe der Beeinträchtigung der Grundfreiheiten durch Rechtsgeschäfte zwischen Privaten[1528].

cc) Zwischenergebnis

Insgesamt betrachtet erscheinen die grundfreiheitlichen Schutzpflichten damit zum einen als einer gerichtlichen Kontrolle durchaus fähig; dies wurde bereits bei den Überlegungen zur unmittelbaren Anwendbarkeit deutlich[1529]. Zum anderen spricht der Umstand, dass sie aufgrund der ihnen zugrunde liegenden Dreieckskonstellation die Notwendigkeit aufwerfen, mehrere widerstreitende Interessen in Einklang zu bringen, nicht entscheidend dagegen, aus ihnen Rechte Einzelner im Sinne des gemeinschaftsrechtlichen Staatshaftungsanspruchs herzuleiten. Die Rechtsprechung der Gemeinschaftsgerichte, die eine Rechtsverleihung bereits dann ausschließt, wenn komplexe Abwägungsentscheidungen zu treffen sind, kann auf die grundfreiheitlichen Schutzpflichten somit zum einen keine Anwendung finden und erscheint in dieser Pauschalität, wie dargelegt, ohnehin zweifelhaft.

1525 Vgl. allgemein RANDELZHOFER/FORSTHOFF, in: Grabitz/Hilf, Recht der EU, vor Art. 39 - 55 EGV Rn. 43 (Stand: Mai 2001); KINGREEN, Struktur, S. 84, 118 ff.

1526 Zur Anwendung der Schutzpflichtkonstruktion auf alle Grundfreiheiten s. 2. Teil, C VI 2, S. 186 ff.

1527 S. 2. Teil, C IV 1, S.150 ff.

1528 S. 2. Teil, C IV 3, S. 164 f. und zur Begründung 2. Teil, C III 2, S. 134 ff.

1529 S. 2. Teil, C II 2 b) cc), S. 114 ff.

3. Rückgriff auf Schutzzweckerwägungen

Schließlich ist als offene Frage aber noch zu vermerken, ob es für die Bejahung einer Rechtsverleihung an Einzelne durch die grundfreiheitliche Schutzpflicht spezifisch im Kontext des Staatshaftungsrechts als ausreichend angesehen werden kann, dass diese die Voraussetzungen der unmittelbaren Anwendbarkeit von Gemeinschaftsrecht erfüllt, so dass einzelne Bürger die Einhaltung der Schutzpflicht gerichtlich im Wege des Primärrechtsschutzes erzwingen können. Wie oben herausgearbeitet, scheint der Gerichtshof diese Frage zu bejahen, indem er zur Begründung der Rechtsverleihung im Falle der Staatshaftung wegen Verletzung der Grundfreiheiten allgemein auf die Voraussetzungen der unmittelbaren Anwendbarkeit verweist[1530]. Jedoch lässt bereits ein jüngeres Urteil des EuGH zu Art. 288 Abs. 2 EG Zweifel am Fortbestand dieser Auffassung aufkommen. In der Entscheidung „Bergaderm" harmonisierte der Gerichtshof erstmals die Voraussetzungen der Gemeinschaftshaftung nach Art. 288 Abs. 2 EG mit denen des gemeinschaftsrechtlichen Staatshaftungsanspruches, indem er die fünf Haftungsvoraussetzungen[1531] des Letzteren nunmehr auch wortgleich auf die Erstere anwandte[1532]. Insbesondere wurde die bisher geforderte Voraussetzung, es müsse eine höherrangige, den Einzelnen schützende Rechtsnorm verletzt worden sein[1533] bzw. die verletzte Norm müsse dem Schutz der Interessen Einzelner dienen[1534], nunmehr dahingehend formuliert, dass die Rechtsnorm die Verleihung von Rechte an Einzelne bezwecken müsse[1535]. Es erscheint durchaus zweifelhaft, ob damit das Erfordernis einer Schutznormverletzung, wie man verkürzend sagen kann[1536], nun nicht mehr notwendiger Bestandteil der Gemeinschaftshaftung nach Art. 288 Abs. 2 EG ist; jedenfalls wäre eine Klarstellung hinsichtlich einer solchen Erleichterung der Haftungsvoraussetzungen durch den Gerichtshof zu erwarten gewesen. Eher plausibel wäre es daher, dass in die Voraussetzung der Verleihung von Rechten an Einzelne die Anforderungen der bisherigen Rechtsprechung „hineinzulesen" sind. Dies könnte für die Haftung der Mitgliedstaaten Konsequenzen haben, indem auch dort nun in-

---

[1530] S. 4. Teil, B III 2 a) aa), S. 266.

[1531] Zur hier vorgenommenen Einteilung s. 4. Teil, B II, S. 252.

[1532] EuGH 4.7.2000, Bergaderm, Rs. C-352/98 P, Slg. 2000, I-5291 Rn. 41 f.

[1533] Grundlegend EuGH 2.12.1971, Schöppenstedt, Rs. 5/71, Slg. 1971, 975 Rn. 11.

[1534] Dazu oben 4. Teil, B IV 2 b) aa), S. 277.

[1535] EuGH 4.7.2000, Bergaderm, Rs. C-352/98 P, Slg. 2000, I-5291 Rn. 62.

[1536] Vgl. etwa RUFFERT, in: Calliess/Ruffert, EUV / EGV, Art. 288 EGV Rn. 13; OSSENBÜHL, StaatshaftungsR, S. 591; GELLERMANN, in: Streinz, EUV / EGV, Art. 288 EGV Rn. 20.

haltliche Unbedingtheit und hinreichende Bestimmtheit als nicht mehr ausreichend für die Rechtsverleihung angesehen werden könnten. Im Folgenden ist zunächst zu begründen, warum es auch für die Haftung der Mitgliedstaaten der Heranziehung des Schutzzweckgedankens bedarf (dazu a.), bevor untersucht wird, ob den grundfreiheitlichen Schutzpflichten ein entsprechender Schutzzweck innewohnt (dazu b.).

a) Zur Berechtigung eines Schutzzweckkriteriums

aa) Problemstellung

Die Berechtigung der Heranziehung von Schutzzweckerwägungen im Rahmen des Merkmals der Rechtsverleihung wird bereits deutlich, wenn man den dem Urteil „Schmidberger"[1537] zugrunde liegenden Sachverhalt geringfügig dahingehend abwandelt, dass nicht der Spediteur selbst als unmittelbar durch die Demonstration Betroffener, sondern einer seiner italienischen Abnehmer Schadensersatz von der Republik Österreich mit der Begründung beansprucht, das unterlassene Einschreiten gegen die Blockade habe die rechtzeitige Lieferung bestimmter Werkstoffe verhindert; ihm sei dadurch ein Betriebsausfallschaden in bestimmter Höhe entstanden. Man mag in diesem Fall intuitiv geneigt sein, einen Staatshaftungsanspruch des Abnehmers - auch unter Berücksichtigung zunehmender „just in time"-Fertigungsprozesse - zu bejahen. Doch soll dies beispielsweise auch für Zwischenverkäufer gelten, an die der durch die verspätete Lieferung geschädigte Abnehmer nunmehr seine Waren zur Eindämmung seines Verlusts nur noch zu höheren Preisen verkauft? Die Kette der potentiell Ersatzberechtigten ließe sich nahezu beliebig weiterknüpfen; das Rechtsgefühl sträubt sich gegen die Bejahung von Schadensersatzansprüchen gegen den untätig gebliebenen Staat um so mehr, als die Entfernung des Anspruchstellers vom schadenstiftenden Unterlassen wächst. Und doch wäre der Kreis der Schadensersatzberechtigten und der ersatzfähigen Schäden unter Zugrundelegung der Kriterien der unmittelbaren Anwendbarkeit nicht ohne weiteres nur auf Herrn Schmidberger und seinen Erstabnehmer zu begrenzen. Dies folgt daraus, dass das Gemeinschaftsrecht zwar keine Popularklage fordert[1538], sondern nur demjenigen erlaubt, sich auf eine hinreichend genaue und inhaltlich unbedingte gemeinschaftsrechtliche Norm zu be-

---

[1537] EuGH 12.6.2003, Schmidberger, Rs. C-112/00, Slg. 2003, I-5659.

[1538] Vgl. RUFFERT, Rechte, S. 157; EILMANSBERGER, Rechtsfolgen, S. 102; KADELBACH, Verwaltungsrecht, S. 79; EPINEY, VVDStRL 61 (2002), 362 (405).

rufen, der durch sie betroffen ist[1539]. Hieraus ergibt sich aber keine hinreichende Selektion des Kreises der Berechtigten, da das Kriterium der Betroffenheit in der Rechtsprechung des Gerichtshofs noch keine nähere Eingrenzung erfahren hat[1540]. Insofern ist im Grunde die Feststellung berechtigt, das Gemeinschaftsrecht gewähre dem Einzelnen einen Normenvollziehungsanspruch[1541]; allerdings ist dieser insofern nicht allgemein, als dass zumindest das Merkmal der faktischen Betroffenheit vorliegen muss. Bei der unmittelbaren Anwendbarkeit, die letztlich auch faktisch Betroffenen das Recht verleiht, die Einhaltung solcher Vorgaben zu verlangen, ist diese weite Fassung der durch die Norm Berechtigten in der Regel aber auch unschädlich: Zur Anstrengung eines Prozesses wird sich zum einen nur derjenige bereit finden, der zumindest entfernte Interessen an der Einhaltung der entsprechenden Vorschriften hat; zum anderen wird - und dies ist entscheidend - dadurch das Ziel der unmittelbaren Anwendbarkeit voll verwirklicht, indem die Wachsamkeit der einzelnen Bürger für die effektive Durchsetzung des Gemeinschaftsrecht in Dienst gestellt wird[1542].

Anders muss die Einschätzung allerdings ausfallen, wenn nicht mehr (lediglich) ein Recht auf Beachtung des Gemeinschaftsrechts im Rahmen eines nationalen Gerichtsverfahrens geltend gemacht werden soll, sondern weitergehende Ansprüche - wie vorliegend etwa auf Schadensersatz - aus der verletzten Gemeinschaftsrechtsnorm hergeleitet werden sollen[1543]. Dies ergibt sich daraus, dass eine über die gewissermaßen defensive Berufung auf Gemeinschaftsrecht vor nationalen Gerichten, die darauf abzielt, den Vorrang des Gemeinschaftsrechts gegenüber diesem widersprechenden nationalen Normen in Stellung zu bringen, hinausgehende allzu großzügige Zuerkennung insbesondere von Leistungsansprüchen letztlich dazu führt, dass die so gewährten Rechte der Legitimationskraft entbehren[1544]. Auch können sich ohne

---

[1539] Beispiele bilden etwa die Entscheidungen EuGH 19.12.1968, Salgoil, Rs. 13/68, Slg. 1968, 679 (693); EuGH 30.5.1991, Kommission / Deutschland, Rs. C-361/88, Slg. 1991, I-2567 Rn. 16; im Einzelnen EPINEY, VVDStRL 61 (2002), 362 (405 f.).

[1540] EPINEY, VVDStRL 61 (2002), 362 (405).

[1541] So VON DANWITZ, DÖV 1996, 481 (483).

[1542] Grundlegend EuGH 5.2.1963, Van Gend & Loos, Rs. 26/62, Slg. 1963, 1 (26); gleiche Einschätzung bei EILMANSBERGER, Rechtsfolgen, S. 103, 197; KADELBACH, Verwaltungsrecht, S. 79.

[1543] Zum Folgenden eingehend EILMANSBERGER, Rechtsfolgen, S. 197 ff.; GRZESZICK, Rechte, S. 160 ff. (zur Herleitung von Haftungsansprüchen aus den Grundrechten des GG), S. 515 ff. (zum Gemeinschaftsrecht).

[1544] EILMANSBERGER, Rechtsfolgen, S. 199; VON BOGDANDY, EuR 1997, 321 (332).

Heranziehung zusätzlicher Kriterien Schwierigkeiten bei der Bestimmung des materiellen Gehalts solcher Leistungsrechte ergeben[1545]; dies betrifft etwa die durch die oben gebildeten Beispiele aufgeworfene Frage, welche Schäden in einem bestimmten Fall ersatzfähig sind[1546]. In diesem Zusammenhang wird es deshalb nötig, ein leitendes Kriterium aufzustellen, das diesen Schwierigkeiten Rechnung tragen kann[1547]. Ihm muss jedenfalls die Aufgabe zukommen, solche Schadensersatzbegehren auszuschließen, die allein auf die Verletzung des Gemeinschaftsrechts gestützt sind, ohne dass sich der entsprechenden Norm ein spezifischer Bezug zur Situation des Anspruchstellers entnehmen ließe.

bb) Kriterien für die Herausarbeitung des Schutzzwecks

Hierbei sind zwei auseinander zu haltende Problemkreise einer Lösung zuzuführen. Beantwortet werden muss zunächst die Frage, wann ein Rechtssatz des Gemeinschaftsrechts im Sinne des Staatshaftungsrechts Rechte an Einzelne verleiht (inhaltliche Komponente) und sodann festgelegt werden, wer sich auf diese Rechte berufen kann (personale Komponente)[1548]. Wie im Rahmen der Rechtsprechungsanalyse zu Art. 288 Abs. 2 EG herausgearbeitet, existiert in diesem Bereich ein stärker an normativen Gesichtspunkten orientiertes Kriterium, wenn gefragt wird, ob der Schutz individueller Interessen durch die verletzte Norm bezweckt sei[1549]. Dies ermöglicht es bereits, den soeben ange-

---

1545 DECKERT, EuR 1997, 203 (218 f.); REBHAHN, Staatshaftung, S. 282; GRZESZICK, Rechte, S. 161 f., 516 f.; EILMANSBERGER, Rechtsfolgen, S. 198 f.

1546 VON BOGDANDY, EuR 1997, 321 (334); ähnlich GA JACOBS, Schl.-Antr. v. 26.9.2000, Stockholm Lindöpark, Rs. C-150/99, Slg. 2000, I-493 Tz. 56 der fordert, die verletzte Rechtsnorm müsse „die Verleihung des spezifischen Rechts, auf das sich die Entschädigungsforderung bezieht“ bezwecken.

1547 Ebenso das ganz überwiegende Schrifftum, vgl. etwa DECKERT, EuR 1997, 203 (218); EIDENMÜLLER, JZ 1997, 201 (203, allerdings mit dogmatischer Einordnung bei der Kausalität); GRZESZICK, EuR 1998, 417 (428); HERDEGEN/RENSMANN, ZHR 161 (1997), 522 (539); PRIEß, NVwZ 1993, 118 (122); EILMANSBERGER, Rechtsfolgen, S. 200 f.; DIEHR, Staatshaftungsanspruch, S. 94 f.; PFAB, Staatshaftung, S. 144; SCHOIßWOHL, Staatshaftung, S. 248; SCHWARZENEGGER, Staatshaftung, S. 94; REBHAHN, Staatshaftung, S. 282 f.; KADELBACH, Verwaltungsrecht, S. 168; BELJIN, Staatshaftung, S. 143; ZENNER, Haftung, S. 31 f.; RUFFERT, in: Calliess/Ruffert, EUV / EGV, Art. 288 EGV Rn. 36; zwar kritisch, die sachliche Notwendigkeit des Schutzzweckkriteriums aber anerkennend VON BOGDANDY, EuR 1997, 321 (334).

1548 Ähnliche Einteilungen bei GRATIAS, Staatshaftung, S. 103; vgl. auch KADELBACH, Verwaltungsrecht, S. 80 f.; EPINEY, VVDStRL 61 (2002), 362 (399 f.), allerdings im Zusammenhang mit der unmittelbaren Anwendbarkeit.

1549 S. 4. Teil, B IV 2 b) aa), S. 277.

sprochenen Bezug zur Situation einzelner Wirtschaftsteilnehmer herzustellen. Dieser Ansatz lässt sich auch beim gemeinschaftsrechtlichen Staatshaftungsanspruch fruchtbar machen; dass bei diesem Haftungsinstitut ebenso Schutzzweckerwägungen nicht außer Acht bleiben, belegt das Urteil „Dillenkofer", in dem der Gerichtshof auf Sinn und Zweck der verletzten Norm rekurrierte[1550]. Doch lässt sich bislang eine stringente Linie im Rahmen des Anspruchs gegen die Mitgliedstaaten nicht feststellen, da der EuGH in anderem Zusammenhang - wie gesehen - lediglich die inhaltliche Unbedingtheit und hinreichende Genauigkeit als Maßstab herangezogen hat. Da Letzteres, wie oben erläutert[1551], jedoch im Rahmen des gemeinschaftsrechtlichen Staatshaftungsanspruchs nicht als hinreichend angesehen werden kann, sollte insoweit eine Orientierung an der zu Art. 288 Abs. 2 EG entwickelten Formel stattfinden, wonach es zur Haftungsbegründung der Verletzung einer Norm bedarf, die den Schutz individueller Interessen bezweckt.

(1) Inhaltliche Komponente

Zur Feststellung, ob eine Norm dem Schutz des Einzelnen dient, ist somit eine Auslegung der jeweiligen Norm nötig[1552], für die sich allgemeine Kriterien dem Gemeinschaftsrecht noch nicht mit hinreichender Sicherheit entnehmen lassen[1553]. Doch bietet sich neben der Heranziehung des im Urteil „Dillenkofer" genannten Zwecks der Norm anhand der Auslegung ihres Wortlauts[1554] als weiterer Anhaltspunkt die Bildung von Gegensatzpaaren an: Anknüpfend an den Schutz individueller Rechte lassen sich zunächst solche Normen ausscheiden, die allein die Interessen der Allgemeinheit berühren[1555]. Betrachtet man den Begriff des (rechtlich geschützten) Interesses, so lässt er sich mit demjenigen einer bloß faktischen Betroffenheit kontrastieren oder sich ihm eine bloß reflexive Begünstigung gegenüberstellen[1556]; die letzteren beiden Gesichtspunkte mögen dann zwar eine Berufung auf das Gemeinschaftsrecht vor nationalen Gerichten im Sinne der unmittelbaren Anwendbarkeit ermögli-

---

1550 S. 4. Teil, B III 1 b) aa), S. 258; ebenso die Einschätzung von EILMANSBERGER, Rechtsfolgen, S. 210.

1551 S. soeben 4. Teil, C II 3 a) aa), S. 298.

1552 Vgl. SCHWARZENEGGER, Staatshaftung, S. 94; EILMANSBERGER, Rechtsfolgen, S. 201.

1553 WURMNEST, Grundzüge, S. 131.

1554 S. 4. Teil, B III 1 b) aa), S. 258.

1555 Näher und mit Beispielen KADELBACH, Verwaltungsrecht, S. 168 f.

1556 REBHAHN, Staatshaftung, S. 74; ebenso SELTENREICH, Francovich-Rechtsprechung, S. 94 m.w.N.

chen, sind aber nicht geeignet, Staatshaftungsansprüche auszulösen[1557]. Hierüber hinauszugehen, wie es im Schrifttum vorgeschlagen wird[1558], dürfte der Aufgabe der Selektion, die das Schutzzweckkriterium hier erfüllen soll, nicht gerecht werden. Hierbei ist allerdings zu beachten, dass eine ähnlich strenge Handhabung dieser Gegensatzpaare wie etwa im deutschen Recht nicht angebracht ist. Im Gemeinschaftsrecht kann durchaus auch eine vordergründig die Allgemeinheit betreffende Norm den Schutz individueller Interessen bezwecken[1559], worauf GA *Mischo* bereits in seinen Schlussanträgen im Urteil „Francovich" zutreffend hingewiesen hat[1560].

(2) Personale Komponente

Sodann bedarf es nach der Feststellung, ob die Norm allgemein dem Schutz des Einzelnen zu dienen bestimmt ist, der Prüfung, ob der konkrete Anspruchsteller dem Personenkreis zugehörig ist, dem dieser Schutz zugute kommen soll. Allgemeine Maßstäbe hierfür lassen sich der Rechtsprechung wiederum nicht entnehmen. Die Heranziehung der im Rahmen von Art. 288 Abs. 2 EG von der Rechtsprechung entwickelten Kriterien, der Schaden müsse zum einen bei einem abgrenzbaren Kreis von Wirtschaftsteilnehmern eingetreten sein und müsse zum zweiten über normale wirtschaftliche Risiken hinausgehen[1561], verbietet sich im Zusammenhang des gemeinschaftsrechtlichen Staatshaftungsanspruchs, da sie eine zu weitgehende Restriktion der Haftungsvoraussetzungen zur Folge hätte[1562]. Diese Kriterien beruhen außer-

---

1557 Vgl. ZENNER, Haftung, S. 31 f.; WEHLAU, Rechtsprechung, S. 48; SCHWARZENEGGER, Staatshaftung, S. 95; REBHAHN, Staatshaftung, S. 71 f.; mit anderer Verortung auch GEIGER, DVBl. 1993, 465 (470).

1558 So BELJIN, Staatshaftung, S. 144 ; vgl. auch das zum deutschen Recht von LADEUR, DÖV 1994, 665 (673 f.) vorgeschlagene Kriterium der Risikobeherrschungsmöglichkeit.

1559 Vgl. neben der Entscheidung EuGH 14.7.1967, Kampffmeyer u.a. / Kommission, verb. Rs. 5/66, 7/66 u. 13-24/66, Slg. 1967, 332 (355) zusammenfassend zu Art. 288 Abs. 2 EG nur GILSDORF/NIEJAHR, in: von der Groeben/Schwarze, EUV / EGV, Art. 288 EG Rn. 42; VON BOGDANDY, in: Grabitz/Hilf, Recht der EU, Art. 288 EGV Rn. 69 ff. (Stand: Jan. 2001); ablehnend zur Heranziehung dieser Grundsätze aber ZENNER, Haftung, S. 28.

1560 GA MISCHO, Schl.-Antr. v. 28.5.1991, Francovich u.a., verb. Rs. C-6/90 u. C-9/90, Slg. 1991, I-5357 Tz. 77.

1561 EuGH 19.5.1992, Mulder u.a. / Rat und Kommission, verb. Rs. C-104/89 u. C-37/90, Slg. 1992, I-3061 Rn. 13, 16; EuGH 26.6.1990, Sofrimport / Kommission, Rs. C-152/88, Slg. 1990, I-2477 Rn. 26, 28, jeweils m.w.N.

1562 Vgl. WURMNEST, Grundzüge, S. 136; im Ergebnis auch DIEHR, Staatshaftungsanspruch, S. 115 f.

dem auf der Grundkonzeption, dass die Haftung der Gemeinschaft die Ausnahme bleiben soll[1563]; dieses Konzept liegt aber dem gemeinschaftsrechtlichen Staatshaftungsanspruch, der als zusätzliches Sanktionsintrument auch der effektiven Durchsetzung des Gemeinschaftsrechts dient[1564], gerade nicht zugrunde[1565].

Letzterer Aspekt spricht vielmehr dafür, den Kreis der anspruchsberechtigten Personen eher weit auszulegen, um die mit dem Problem insbesondere „entfernter“ Schäden verbundenen Fragen auf einer anderen Ebene des Anspruchs zu berücksichtigen. Führt man sich nämlich vor Augen, dass die mit der Prüfung, ob gerade der Anspruchsteller zum Kreise der Geschädigten gehört, verbundenen Fragen häufig solche sind, die die Zurechnung des Schadens und damit Aspekte sowohl der Kausalität als auch des Schadensbegriffs betreffen, erscheint es sachangemessener, diese Erwägungen auch im Rahmen dieser Prüfungspunkte zu verorten[1566]. Zwar führt dies dazu, dass beim Merkmal „Rechtsverleihung durch die verletzte Norm“ lediglich die generelle Schutzrichtung der Norm und eine weit verstandene Betroffenheit zu prüfen sind; die Einschränkungen in personaler Hinsicht würden hierdurch weitgehend auf eine andere Ebene „verschoben“. Doch ist das aus praktischer Sicht unschädlich, weil die Voraussetzungen des Staatshaftungsanspruchs nicht in einer bestimmten Reihenfolge abgearbeitet werden müssen[1567]; mit anderen Worten kann die Klage also ohne Mehraufwand beispielsweise schon mit der Begründung abgewiesen werden, jedenfalls falle der Kläger nicht unter den geschützten Personenkreis bzw. sei der geltend gemachte Schaden nicht mehr vom Schutzzweck erfasst. Ein weiteres Argument für die hier favorisierte Ansiedlung der Frage nach dem Schutzzweck beim Schadens- bzw. Kausalitätsmerkmal ist der Umstand, dass der Gerichtshof die Bestimmung der Haftungsfolgen ausdrücklich den nationalen Gerichten zugewiesen hat[1568], so dass Fragen der Schadenszurechnung sich in den Grenzen des Gleichwertigkeits-

---

1563 Vgl. GA TESAURO, Schl.-Antr. v. 28.11.1995, Brasserie du pêcheur und Factortame, verb. Rs. C-46/93 u. C-48/93, Slg. 1996, I-1029 Tz. 64.

1564 EuGH 19.11.1991, Francovich u.a., verb. Rs. C-6/90 u. C-9/90, Slg. 1991, I-5357 Rn. 33; GEIGER, Grundsatz, S. 59 ff.; RUFFERT, in: Calliess/Ruffert, EUV / EGV, Art. 288 EGV Rn. 47.

1565 WURMNEST, Grundzüge, S. 87.

1566 Sogleich 4. Teil, C IV, S. 320 ff.; ebenso VON BOGDANDY, EuR 1997, 321 (334).

1567 S. 2. Teil, B V 4 f) cc), S. 95.

1568 S. nur EuGH 19.11.1991, Francovich u.a., verb. Rs. C-6/90 u. C-9/90, Slg. 1991, I-5357 Rn. 42; EuGH 5.3.1996, Brasserie du pêcheur und Factortame, verb. Rs. C-46/93 u. C-48/93, Slg. 1996, I-1029 Rn. 83.

und des Effizienzgebotes weitgehend nach der jeweiligen nationalen Rechtsordnung bestimmen[1569]. Auch scheint eine weite Fassung der personalen Betroffenheit sich mit der in der Rechtsprechung des Gerichtshofs erkennbaren großzügigen Rechtsverleihungspraxis[1570] noch am ehesten vereinbaren zu lassen; sachlich erscheint sie insofern unbedenklich, als der Grundsatz des effektiven Rechtsschutzes eine tendenziell weite Auslegung dieses Teilmerkmals zumindest nahe legt. Den oben begründeten Forderungen nach einer inhaltlichen Aufwertung subjektiver Rechte wird somit auf verschiedenen Ebenen Rechnung getragen: Das Merkmal der Rechtsverleihung etabliert die generelle Prüfung, ob die Norm dem Schutz von Individualinteressen dient, bevor auf der Prüfungsebene des Schadens und der Kausalität die inhaltliche Komponente dieser Individualinteressen näher herausgearbeitet wird, um zu überprüfen, ob die vom Anspruchsteller im konkreten Fall geltend gemachten Schäden vom Schutzzweck sowohl in personaler als auch in sachlicher Hinsicht erfasst sind.

cc) Zwischenergebnis

Somit sollte - entgegen der bisherigen Praxis des EuGH - bei der Prüfung der Rechtsverleihung durch die verletzte Norm nicht die Figur der unmittelbaren Anwendbarkeit, sondern die Frage nach dem Schutzzweck der Norm im Vordergrund stehen. In einem ersten Schritt ist zu prüfen, ob die Norm auch dem Schutz individueller Interessen zu dienen bestimmt ist, wobei bei der praktischen Rechtsanwendung zur Konkretisierung auf die Bildung von Gegensatzpaaren zurückgegriffen werden kann. In einem zweiten Schritt muss dann festgestellt werden, ob die Verletzung der Norm den Anspruchsteller zumindest faktisch betrifft[1571]; die normative Frage, ob bestimmte Schäden gerade für diesen Anspruchsteller auch ersatzfähig sind, sollte dann dem Tatbestandsmerkmal Schaden bzw. Kausalität überantwortet werden.

b) Anwendung dieser Maßstäbe auf die grundfreiheitliche Schutzpflicht als haftungsauslösenden Gemeinschaftsrechtsverstoß

Zu fragen ist somit noch, ob die grundfreiheitlichen Schutzpflichten nach den dargestellten Maßstäben dem Schutz individueller Interessen zu dienen bestimmt sind. Dem Begriff „Schutzpflicht" selbst lassen sich hierfür (selbstverständlich) noch keine Argumente für die Bejahung dieser Frage entnehmen.

[1569] Zur genaueren Einordnung der jeweiligen Problemkreise 4. Teil, C IV 1, S. 320 ff.

[1570] S. 4. Teil, B III 2 a) bb), S. 268.

[1571] Im Ergebnis ebenso GELLERMANN, in: Streinz, EUV / EGV, Art. 288 EGV Rn. 44.

Auch ist der Wortlaut der zugrunde liegenden Normen insoweit wenig ergiebig. Gegen den Schutz von Individualinteressen könnte aber die Erwägung sprechen, dass die grundfreiheitlichen Schutzpflichten als bloße Handlungsdirektiven für die Mitgliedstaaten primär der umfassenden Sicherung der für den Binnenmarkt konstituierenden Grundfreiheiten auch gegen private Beeinträchtigungen dienen. Es ließe sich argumentieren, die Aufrechterhaltung und Sicherung des freien Waren-, Personen-, Dienstleistungs- und Kapitalverkehrs bestehe im Interesse der Allgemeinheit und Einzelne würden hierdurch lediglich reflexiv begünstigt[1572]. Doch vermag eine solche Argumentation nicht zu überzeugen. Das ergibt sich zum einen aus der Überlegung, dass beim heutigen Stand des Gemeinschaftsrechts nicht davon ausgegangen werden kann, dass die Ziele der Gemeinschaft, zu denen insbesondere auch der Binnenmarkt gehört (Art. 3 Abs. 1 lit. c), 14 Abs. 2 EG), um ihrer selbst willen bestehen. Vielmehr dienen sie zumindest auch dem Interesse der einzelnen Wirtschaftsteilnehmer an einem ungehinderten Handel in eben diesem Binnenmarkt, wie sich auch aus der Entwicklung der Gemeinschaft von einer reinen Wirtschaftsgemeinschaft hin zu einer den Bürger in den Vordergrund rückenden Wertegemeinschaft[1573] ergibt. Außerdem ist zu berücksichtigen, dass die grundfreiheitlichen Schutzpflichten in mancherlei Hinsicht strukturell als identisch zu den aus den Grundfreiheiten primär folgenden Abwehrrechten gegen den Staat anzusehen sind[1574], was es nahe legt, jenen ebenso wie diesen die Fähigkeit zur Verleihung von Rechten gerade an Einzelne zuzuerkennen. Ergänzend ist darauf hinzuweisen, dass im Bereich der EMRK ebenso anerkannt ist, dass Schutzpflichten den Schutz auch individueller Interessen bezwecken[1575].

c) Zwischenergebnis

Insgesamt sollte daher davon ausgegangen werden, dass die aus den Grundfreiheiten folgenden Schutzpflichten auch dem Schutz der Interessen Einzelner dienen und insofern dem im Rahmen des Prüfungspunktes „Rechtsverleihung“ anzusiedelnden Schutzzweckerfordernis genügen.

[1572] Es ist hier nochmals darauf hinzuweisen, dass Letzteres zwar ausreichend wäre, um die Berufung auf die Schutzpflicht im Wege der unmittelbaren Anwendbarkeit zu bejahen, dies aber beim Staatshaftungsanspruch gerade nicht hinreichend ist.

[1573] S. 2. Teil, C II 2 c) aa), S. 116 ff.; vgl. nunmehr Abs. 1 und 2 der Präambel zum VV.

[1574] S. 2. Teil, C II 2 c) bb), S. 120.

[1575] S. 2. Teil, C II 2 c) bb), S. 119.

III. Hinreichende Qualifiziertheit des Verstoßes

Die Frage nach der hinreichenden Qualifiziertheit des Verstoßes gegen die grundfreiheitliche Schutzpflicht dürfte häufig die über Erfolg oder Misserfolg der Haftungsklage entscheidende Frage sein, wenn man von dem noch zu erörternden Problem der Festlegung des Kreises der Ersatzberechtigten sowie der ersatzfähigen Schäden[1576] einmal absieht. Die vom Gerichtshof entwickelten Kriterien müssen dabei nicht kumulativ gegeben sein, sondern es kann je nach Fallgestaltung das Vorliegen nur eines dieser Merkmale ausreichend sein, um die hinreichende Qualifiziertheit des Verstoßes zu begründen[1577]. Im Folgenden sollen daher besonders solche Kriterien, die für die Haftung wegen Schutzpflichtverletzung Bedeutung erlangen können, im Hinblick auf die aus ihnen folgenden Vorgaben für den Staatshaftungsanspruch untersucht werden.

1. Weite des Ermessens

In den Blick zu nehmen ist hier zunächst die Frage des durch die Schutzpflicht eingeräumten Ermessensspielraums[1578] und seine dogmatische Verarbeitung im Rahmen des Staatshaftungsanspruches. Wie die Rechtsprechungsanalyse ergeben hat, spielt der Gesichtspunkt des (gemeinschaftsrechtlich zu beurteilenden) Ermessens des jeweiligen Mitgliedstaats eine wichtige Rolle bei der Festlegung der hinreichenden Qualifziertheit, da es zum einen der Feststellung bedarf, welchen Umfang das Ermessen in der jeweiligen Situation hat und zum anderen zu prüfen ist, ob der Mitgliedstaat die Grenzen, die dem so festgelegten Ermessen gesetzt waren, offenkundig und erheblich überschritten hat[1579]. Fehlt es an einem Gestaltungsspielraum der Mitgliedstaaten, so kann ein bloßer Verstoß gegen das Gemeinschaftsrecht als hinreichend qualifiziert anzusehen sein[1580]. Doch bedeutet dies nicht, dass die hinreichende Qualifiziertheit nur bei Vorliegen eines Gestaltungsspielraumes Anspruchsvoraussetzung ist; vielmehr besteht ein abgestuftes Verhältnis zwischen den beiden Begriffen. Je kleiner der Ermessensspielraum des Mitgliedstaates bei

---

1576 Dazu sogleich 4. Teil, C IV, S. 320 ff.

1577 GELLERMANN, in: Streinz, EUV / EGV, Art. 288 EGV Rn. 46; GA JACOBS, Schl.-Antr. v. 26.9.2000, Stockholm Lindöpark, Rs. C-150/99, Slg. 2001, I-493 Tz. 58.

1578 Im Folgenden wird nicht zwischen den deutschen Kategorien Ermessen und Beurteilungs- bzw. Gestaltungsspielraum unterschieden, da eine solche Differenzierung im Gemeinschaftsrecht nicht vorgenommen wird, s. 2. Teil, B IV 4 b), S. 68 (Fn. 269); dazu spezifisch im staatshaftungsrechtlichen Kontext VON BOGDANDY, in: Grabitz/Hilf, Recht der EU, Art. 288 EGV Rn. 140 (Stand: Jan. 2001).

1579 S. 4. Teil, B III 2 b) aa), S. 269.

1580 S. 4. Teil, B III 1 c) aa), S. 262.

der Durchführung der jeweiligen Gemeinschaftsrechtsnorm ist, desto eher wird ein hinreichend qualifizierter Verstoß anzunehmen sein[1581].

a) Trennung zwischen Auswahl- und Entschließungsermessen?

Fraglich ist in diesem Zusammenhang zunächst, ob eine erhebliche Reduzierung des Ermessensspielraums der Mitgliedstaaten schon dann angenommen werden kann, wenn nur ihr Entschließungsermessen reduziert ist, aber bei der Auswahl der Mittel noch ein Gestaltungsspielraum verbleibt, oder ob auch hinsichtlich der Wahl der Mittel eine Reduzierung eingetreten sein muss. Nimmt man Letzteres an, würde dies die Möglichkeiten der Staatshaftung bei Verletzung grundfreiheitlicher Schutzpflichten eher einschränken, da in den seltensten Fällen der Gestaltungsspielraum der Mitgliedstaaten zur Erfüllung der Schutzpflicht auf Null reduziert ist[1582]. Die zuerst genannte Lösung dagegen würde eine weitaus großzügigere Zuerkennung von Haftungsansprüchen zur Folge haben. Die Rechtsprechung hierzu ist unklar[1583]; dezidierte Äußerungen in der Literatur fehlen[1584]. Für eine Beschränkung auf die Reduzierung des Entschließungsermessens spricht der Charakter der Schutzpflicht als Erfolgspflicht, der es nahe legt, auch einen Haftungsanspruch bereits bei Nichteintritt des Erfolges zu gewähren, ohne dass es auf die Art der getroffenen Maßnahmen ankäme. Doch bestehen hiergegen Bedenken insoweit, als auf diese Weise jegliche Verletzung der Schutzpflicht ohne weitere Voraussetzungen und ohne Differenzierung zur Bejahung eines Staatshaftungsanspruchs führen müsste. Bedenkt man, dass eine solch strikte Haftung auch bei den ebenfalls als Erfolgspflichten zu qualifizierenden Richtlinien nur für bestimmte Fälle anerkannt wird[1585], erscheint die schematische Bejahung der hinreichenden Qualifiziertheit des Verstoßes bei Reduktion nur des Entschließungsermessens als zu weitgehend. Auch lässt die Staatshaftungsrechtsprechung des EuGH erkennen, dass der Umfang des Gestaltungsspielraums zwar

---

[1581] Vgl. REBHAHN, Staatshaftung, S. 78; BELJIN, Staatshaftung, S. 48 f.; SCHWARZENEGGER, Staatshaftung, S. 107; HERDEGEN/RENSMANN, ZHR 161 (1997), 522 (537); ähnlich der Ansatz von GA JACOBS, Schl.-Antr. v. 11.7.2002, Schmidberger, Rs. C-112/00, Slg. 2003, I-5659 Tz. 117.

[1582] S. 2. Teil, C IV 1 a) cc), S. 153 ff.

[1583] S. 4. Teil, B III 2 b) aa), S. 270.

[1584] GILSDORF/NIEJAHR, in: von der Groeben/Schwarze, EUV / EGV, Art. 288 EG Rn. 60 konstatieren immerhin Klärungsbedarf hinsichtlich des Ermessensbegriffs.

[1585] Sogleich 4. Teil, C III 1 b), S. 308 f.

von Bedeutung für die hinreichende Qualifiziertheit ist, es jedoch letztlich auf eine Gesamtbetrachtung der verschiedenen Kriterien ankommt[1586].

Dies legt es nahe, beim Merkmal der hinreichenden Qualifiziertheit keine trennscharfe Abgrenzung zwischen Entschließungs- und Auswahlermessen vorzunehmen, sondern vielmehr auf eine Gesamtschau der für einen Gestaltungsspielraum relevanten Gesichtspunkte abzustellen; eine „Alles oder nichts"-Vorgehensweise wäre bei einem Tatbestandsmerkmal, das in so starkem Maße von Wertung und Gewichtung im Einzelfall abhängt wie das vorliegende, auch nicht sachangemessen. Eine solche Gesamtschau erscheint aber nur dann als erfolgversprechend, wenn die Einzelkriterien für die Beurteilung der hinreichenden Qualifiziertheit näher konturiert sind, was im Folgenden unternommen werden soll.

b) Einordnung des durch die Schutzpflicht gewährten Ermessens

Bei der Einordnung des durch die Schutzpflicht gewährten Ermessens- oder Gestaltungsspielraums[1587] gilt es festzuhalten, dass nicht allein das Vorliegen eines Ermessensspielraums an sich zu Folgen für die Beurteilung der hinreichenden Qualifiziertheit des Gemeinschaftsrechtsverstoßes führen kann, sondern vielmehr die Einzelausprägungen dieses Ermessens Berücksichtigung finden müssen[1588]. Hieraus folgt, dass der den Mitgliedstaaten zugestandene Gestaltungsspielraum nicht abstrakt betrachtet werden darf, sondern im Einzelfall untersucht werden muss, welche Freiräume dem Mitgliedstaat bei der Schutzpflichterfüllung offenstanden. Allerdings kann im Rahmen dieser Untersuchung eine solche Einzelfallanalyse naturgemäß nicht vorgenommen werden, so dass sich die folgenden Überlegungen auf den Versuch beschränken, Leitlinien herauszuarbeiten, die bei der Behandlung von Einzelfällen Hilfestellung bieten können.

In diesem Zusammenhang ist daher zunächst der oben herausgearbeitete Ermessensspielraum der Mitgliedstaaten bei Erfüllung der grundfreiheitlichen Schutzpflichten in Erinnerung zu rufen. Dabei konnte festgestellt werden,

---

[1586] Vgl. VON BOGDANDY, in: Grabitz/Hilf, Recht der EU, Art. 288 EGV Rn. 141 (Stand: Jan. 2001); GELLERMANN, in: Streinz, EUV / EGV, Art. 288 EGV Rn. 46; LAGEARD, in: Lenz/Borchardt, EUV / EGV, Art. 288 EGV Rn. 50; DETTERBECK, in: ders./Windthorst/Sproll, StaatshaftungsR, § 6 Rn. 42; SCHWARZENEGGER, Staatshaftung, S. 107 (insbesondere Fn. 435); HATJE, EuR 1997, 297 (306).

[1587] Zur uneinheitlichen Terminologie s. 2. Teil, B IV 4 b), S. 66 (Fn. 269).

[1588] VON BOGDANDY, in: Grabitz/Hilf, Recht der EU, Art. 288 EGV Rn. 140 (Stand: Jan. 2001).

dass das Ermessen der Mitgliedstaaten bei der Erfüllung der Schutzpflicht durch eine Verhältnismäßigkeitsprüfung konturiert wird, die eine umfassende Abwägung der gegenläufigen Interessen von Störer und Geschädigtem mit sich bringt[1589]. Dies spricht für die tendenzielle Annahme eines weiten Gestaltungsspielraums. Ein Ermessen der Mitgliedstaaten besteht bei einer Verletzung der Schutzpflicht aber nur hinsichtlich der Frage, welche Maßnahmen sie zur Erfüllung der Schutzpflicht ergreifen wollen, nicht aber in Bezug auf das „Ob“ des Einschreitens[1590]. Damit korrespondiert eine Einordnung der Schutzpflicht als Erfolgspflicht, einer Eigenschaft, die auch Richtlinien zukommen kann[1591]; dies scheint eine engere Gestaltung des Ermessensspielraums nahezulegen.

aa) Völlige Untätigkeit staatlicher Stellen

Unter Berücksichtigung dieser Erkenntnis liegt eine erste Schlussfolgerung nahe: Soweit Maßnahmen zur Umsetzung der Schutzpflicht gänzlich fehlen und auf diese Weise gegen die Erfolgspflicht verstoßen wird, ist stets ein hinreichend qualifizierter Verstoß gegeben. Dies ist eine Konsequenz aus der Rechtsprechung des Gerichtshofs, die eben dies bei einem Verstoß gegen die Pflicht zur Umsetzung einer Richtlinie innerhalb der Umsetzungsfrist annimmt[1592]. Zumindest soweit es um legislative Verstöße gegen die grundfreiheitlichen Schutzpflichten geht, wird eine solche in der Tat strenge Haftung aber den Ausnahmefall bilden. Dies erklärt sich daraus, dass das bestehende Instrumentarium des nationalen Rechts zumindest in Deutschland hinreichende Möglichkeiten zur Erfüllung der grundfreiheitlichen Schutzpflichten bereitstellt[1593], so dass die gesetzgeberische Schutzpflichterfüllung so gut wie nie als unzureichend oder völlig fehlend angesehen werden kann. Anders stellt sich die Lage dagegen dar, wenn wie im Fall „Schmidberger“ die nationale Behörde die Anwendbarkeit der Schutzpflicht verkennt[1594] und trotz eigentlich vorhandener Schutzinstrumente in Form von Eingriffsermächtigungen etc. untätig bleibt. Ist ihre völlige Untätigkeit nach dem modifizierten Verhältnismäßigkeitsmaßstab nicht zu rechtfertigen und damit die Schutzpflicht verletzt, greift somit die Haftung ein, ohne dass es auf zusätzliche Kriterien ankäme.

1589 S. 2. Teil, C IV 1 d), S. 156 ff.

1590 S. 2. Teil, B I 3 b) cc), S. 51; 2. Teil, C IV 1 a) cc), S. 154 (Fn. 782) sowie 2. Teil, C IV 2 b), S. 163.

1591 S. 2. Teil, C IV 2, S. 159 ff.

1592 S. 4. Teil, B III 1 c) aa), S. 260.

1593 S. 3. Teil, A II 3, S. 223; 3. Teil, A III 4, S. 236.

1594 Vgl. EuGH 12.6.2003, Schmidberger, Rs. C-112/00, Slg. 2003, I-5659 Rn. 13.

Man mag hiergegen zwar einwenden, dies überspanne angesichts der zunehmenden Komplexität des Gemeinschaftsrechts die Anforderungen an die Behörden der Mitgliedstaaten, doch sollte nicht übersehen werden, dass die Haftung davon abhängig ist, dass zuvor eine Verletzung der Schutzpflicht vorliegen muss. In deren Rahmen aber bestehen bereits Beurteilungsspielräume der Behörden, die dogmatisch ihre Berücksichtigung in der Verhältnismäßigkeitsprüfung finden[1595]. Insoweit besteht keine Erfolgs- oder Garantiehaftung dahingehend, dass ganz kurzzeitige oder geringfügige Störungen der Grundfreiheiten durch Private ohne weiteres Haftungsansprüche nach sich zögen, da es in diesen Fällen bereits an der Verletzung des Gemeinschaftsrechts fehlt.

bb) Behandlung unzureichender Schutzpflichterfüllung

Fraglich ist allerdings, ob die Anlegung der geschilderten strikten Maßstäbe auch dann gerechtfertigt ist, wenn Schutzmaßnahmen zwar ergriffen worden sind, diese aber als unzureichend anzusehen sind, weil sie etwa keine völlige Beseitigung der privaten Grundfreiheitsbeeinträchtigungen erreichen. Diese Problematik ähnelt der soeben erörterten Fragestellung, ob eine Reduzierung des Gestaltungsspielraums im Hinblick auf das „Ob" des Einschreitens ausreicht[1596]; sie unterscheidet sich aber insofern von dieser, als die Untersuchung nunmehr das bisherige Verhalten der staatlichen Organe mit in die Betrachtung einbezieht. Bei der Betrachtung der Differenzierung zwischen Auswahl- und Entschließungsermessen konnte dies noch außen vor gelassen werden. Neuere Entscheidungen des EuGH zur Fallgruppe der fehlerhaften Richtlinienumsetzung scheinen die Tendenz einer Gleichbehandlung von unzureichender Umsetzung einerseits und völlig fehlender Umsetzung andererseits zu befürworten[1597]. Damit wäre auch in den Fällen einer Schlechterfüllung der Schutzpflicht keine differenzierende Betrachtung anhand etwa der Vertretbarkeit einer Fehleinschätzung durch die nationalen Stellen mehr eröffnet; vielmehr würden in gleicher Weise die soeben skizzierten strengen Haftungsmaßstäbe für gänzlich fehlende Schutzmaßnahmen gelten[1598]. Hierfür könnte sprechen, dass das Ergebnis beider Fälle, also sowohl der fehlenden als auch

---

[1595] S. 2. Teil, B I 3 b) cc), S. 52; 2. Teil, C IV 1 a) cc), S. 153.

[1596] S. 4. Teil, C III 1 a), S. 307.

[1597] S. 4. Teil, B III 1 c) aa), S. 261.

[1598] Generell befürwortend VON BOGDANDY, in: Grabitz/Hilf, Recht der EU, Art. 288 EGV Rn. 148 (Stand: Jan. 2001); HILSON, 46 ICLQ (1997), 941 (947); wohl auch TONNER, EuZW 1999, 473 (474).

der fehlerhaften Erfüllung der Schutzpflicht, dasselbe ist[1599]: Der Bürger wird um den Schutz gebracht, auf den er Anspruch hat. Da somit der Erfolg in beiden Fällen nicht eingetreten ist, ließe sich argumentieren[1600], dass aufgrund des Charakters der Schutzpflicht als Erfolgspflicht eine Gleichbehandlung durchaus gerechtfertigt sei.

Doch erscheint ein solcher Ansatz problematisch. Zum einen lässt sich eine völlige Gleichsetzung beider Fallgruppen bei näherer Betrachtung zumindest dem Urteil „Rechberger" nicht entnehmen. Zwar führte der EuGH aus, Österreich habe die Richtlinie nicht ordnungsgemäß umgesetzt[1601], doch fehlte es in Bezug auf die streitgegenständliche Norm insofern völlig an Umsetzungsmaßnahmen, als der österreichische Gesetzgeber die diesbezügliche Umsetzungsvorschrift mit der Klausel versah, dass die Norm erst vier Monate nach Ablauf der Umsetzungsfrist in Kraft treten sollte. Hierfür fehlte aber in der Richtlinie jeglicher Anhaltspunkt[1602]. Dies belegt, dass der Gerichtshof keine vollständige Nivellierung der Fälle von gänzlich fehlender und fehlerhafter Richtlinienumsetzung vornehmen wollte, sondern er vielmehr eine normbezogene Betrachtung durchführt, in der jeder Regelungskomplex der Richtlinie gesondert gewürdigt wird[1603]. In Bezug auf diese konkrete Norm aber ähnelte die Situation mehr der Nichtumsetzung als einer fehlerhaften Umsetzung. Ein solches Konzept lässt sich allerdings schwerlich auf grundfreiheitliche Schutzpflichten übertragen, da es diesen bereits an mehreren ihnen innewohnenden Regelungskomplexen fehlt, die einer gesonderten Betrachtung zugänglich wären. Insofern kann offen bleiben, ob die Gleichsetzung der beiden Fallgruppen für den Bereich der Richtlinienumsetzung überzeugen kann[1604], da es jedenfalls in diesem Bereich an der strukturellen Vergleichbarkeit zwischen Haftung für fehlerhafte Richtlinienumsetzung und fehlerhafte Schutzpflichterfüllung fehlt. In der Entscheidung „Stockholm Lindöpark" war zwar

---

1599 Vgl. ZENNER, Haftung, S. 280.

1600 Zu diesem Argument im Kontext der Differenzierung zwischen Auswahl- und Entschließungsermessen soeben 4. Teil, C III 1 a), S. 307.

1601 EuGH 15.6.1999, Rechberger u.a., Rs. C-140/97, Slg. 1999, I-3499 Rn. 48.

1602 EuGH 15.6.1999, Rechberger u.a., Rs. C-140/97, Slg. 1999, I-3499 Rn. 51.

1603 Dies hatte bereits GA TESAURO, Schl.-Antr. v. 28.11.1995, Brasserie du pêcheur und Factortame, verb. Rs. C-46/93 u. C-48/93, Slg. 1996, I-1029 Tz. 79 aE vorgeschlagen; dem zustimmend BELJIN, Staatshaftung, S. 49. Ähnlicher Ansatz bei SCHOIßWOHL, Staatshaftung, S. 301 f., 311, die eine Haftung bei bloßem Gemeinschaftsrechtsverstoß dann annehmen möchte, wenn „zentrale Zielsetzungen" der Richtlinie nicht oder fehlerhaft umgesetzt wurden.

1604 Dazu ablehnend ZENNER, Haftung, S. 280 ff.; in bestimmten Fällen befürwortend SCHOIßWOHL, Staatshaftung, S. 300 ff.

eine Umsetzungsmaßnahme vorhanden; der Gerichtshof konnte aber mit Blick auf eine spezifische Vorschrift der Richtlinie feststellen, dass diese trotz eindeutiger Formulierung fehlerhaft umgesetzt war. Zudem existierten Belege dafür, dass Schweden sich der Unzulänglichkeit der Umsetzung bewusst war[1605]. Insofern lässt sich auch diese Entscheidung eher als Beleg für eine normbezogene Betrachtung des Ermessensspielraums in Anspruch nehmen denn als Beginn einer strengeren Rechtsprechungslinie deuten.

Jedenfalls im Bereich der grundfreiheitlichen Schutzpflicht sollte daher an der Trennung zwischen gänzlich unterlassenem Schutz und vorhandenen, aber unzureichenden Schutzmaßnahmen festgehalten werden. Demnach ist bei zwar vorhandenen, aber unzureichenden Schutzmaßnahmen nicht automatisch ein hinreichend qualifizierter Verstoß anzunehmen; vielmehr bedarf es der Überprüfung anhand der weiteren vom Gerichtshof aufgestellten Kriterien. Hierdurch entsteht kein Widerspruch zur Einordnung der Schutzpflicht als Erfolgspflicht, denn eine Erfolgspflicht besteht auch bei Richtlinien nur insoweit, als die Pflicht zur rechtzeitigen Umsetzung in Rede steht[1606]. Ist aber zumindest teilweise umgesetzt, ist es weder bei Richtlinien noch bei grundfreiheitlichen Schutzpflichten gerechtfertigt, den strengen Haftungsmaßstab anzulegen[1607]. Dies gilt auch dann, wenn ein Verstoß der Exekutive gegen die Schutzpflicht in Rede steht[1608], denn angesichts der in diesem Zusammenhang nötigen komplexen Abwägung können bei funktioneller Betrachtung die Gestaltungsspielräume der Verwaltung durchaus denjenigen des Gesetzgebers ähneln[1609]. Allerdings tritt die Konfliktsituation in diesen Einzelfällen deutlicher zu Tage, so dass hierdurch eine Haftung nicht von vornherein ausgeschlossen werden kann[1610].

1605 EuGH 18.1.2001, Stockholm Lindöpark, Rs. C-150/99, Slg. 2001, I-493 Rn. 40.

1606 BELJIN, Staatshaftung, S. 51; s. auch 2. Teil, C IV 2 b), S. 162; ebenso GA TESAURO, Schl.-Antr. v. 28.11.1995, Brasserie du pêcheur und Factortame, verb. Rs. C-46/93 u. C-48/93, Slg. 1996, I-1029 Tz. 80 mit Tz. 83. Dies übersieht HILSON, 46 ICLQ (1997), 941 (945).

1607 Näher zu Richtlinien ZENNER, Haftung, S. 283 f.; zu Art. 28 EG allgemein GA TESAURO, Schl.-Antr. v. 28.11.1995, British Telecommunications, Rs. C-392/93, Slg. 1996, I-1631 Tz. 34.

1608 REBHAHN, Staatshaftung, S. 78.

1609 Zu dieser Möglichkeit VON BOGDANDY, in: Grabitz/Hilf, Recht der EU, Art. 288 EGV Rn. 150 (Stand: Jan. 2001).

1610 VON BOGDANDY, in: Grabitz/Hilf, Recht der EU, Art. 288 EGV Rn. 150 (Stand: Jan. 2001); BELJIN, Staatshaftung, S. 62; KADELBACH/PETERSEN, EuGRZ 2002, 213 (219).

c) Zwischenergebnis

Damit kann zum einen festgestellt werden, dass es nicht gerechtfertigt ist, eine Reduzierung des Ermessensspielraums im Sinne der „Brasserie du pêcheur und Factortame“-Kriterien schon dann zu bejahen, wenn das jeweilige mitgliedstaatliche Organ nicht mehr über das „Ob“ seines Einschreitens entscheiden kann; vielmehr ist eine Gesamtschau der verbliebenen Gestaltungsspielräume auch mit Blick auf das „Wie“ der Schutzpflichterfüllung vorzunehmen[1611]. Zum anderen ist die Bejahung der hinreichenden Qualifiziertheit des Gemeinschaftsrechtsverstoßes ohne Heranziehung weiterer Kriterien nur dann zulässig, wenn der Mitgliedstaat trotz Notwendigkeit keinerlei Maßnahmen zur Schutzpflichterfüllung getroffen hat[1612]. Sind dagegen solche Maßnahmen getroffen worden, die sich aber als unzulänglich erwiesen haben, muss die hinreichende Qualifiziertheit näher begründet werden[1613].

2. Einzelfragen

Die vorstehenden Überlegungen haben gezeigt, dass es in Fällen der fehlerhaften Schutzpflichterfüllung darauf ankommt, inwieweit die weiteren Kriterien, die der Gerichtshof für die Beurteilung des hinreichend qualifizierten Verstoßes entwickelt hat, erfüllt sind. Daher soll nun versucht werden, speziell mit Blick auf die Struktur der grundfreiheitlichen Schutzpflichten einige dieser Merkmale zu konkretisieren[1614]. Letztere dienen strukturell der Beantwortung der Frage, ob der Mitgliedstaat „offenkundig und erheblich“ die Grenzen seines Ermessens überschritten hat[1615].

a) Differenzierung je nach untätigem Staatsorgan

Es wurde bereits angedeutet[1616], dass die Handhabung der Einzelkriterien zur Feststellung eines offenkundigen und erheblichen Verstoßes gegen das den Mitgliedstaaten eingeräumte Ermessen einer differenzierten Handhabung bedarf, um der Funktion des jeweiligen nationalen Entscheidungsträgers gerecht

---

[1611] S. 4. Teil, C III 1 a), S. 307.

[1612] S. 4. Teil, C III 1 b) aa), S. 309.

[1613] S. 4. Teil, C III 1 b) bb), S. 310.

[1614] Ein Systematisierungsansatz findet sich auch bei VAN GERVEN, 45 ICLQ (1996), 507 (521).

[1615] Vgl. EuGH 5.3.1996, Brasserie du pêcheur und Factortame, verb. Rs. C-46/93 u. C-48/93, Slg. 1996, I-1029 Rn. 55 f.

[1616] S. 4. Teil, C III 1 b) bb), S. 312.

zu werden[1617]. Wiederum kann hier nur die grobe Richtung der entsprechenden Ausgestaltung angegeben werden, da es sich bei der Feststellung der hinreichenden Qualifiziertheit - wie gesehen - um eine wertende Einzelfallbetrachtung handelt und auch handeln muss.

aa) Legislative

Im Bereich der Schutzpflichterfüllung durch die Legislative ist insoweit eine zurückhaltende Handhabung der Haftungskriterien geboten; in diesem Zusammenhang kommt das vom EuGH ins Feld geführte Argument, dass die im Allgemeininteresse liegende gesetzgeberische Gestaltung nicht durch drohende Schadensersatzklagen gelähmt werden dürfe[1618], voll zum Tragen. In praktischer Hinsicht besteht im Hinblick auf die Schutzpflichterfüllung allerdings ohnehin kein großer Bedarf für gesetzgeberische Aktivitäten, da die deutsche Rechtsordnung hinreichende Instrumente für die Erfüllung von Schutzpflichten bereithält[1619].

bb) Exekutive

Damit verlagert sich das Haftungsrisiko vornehmlich auf Exekutive und Judikative, die dazu berufen sind, im Einzelfall das nationale Recht unter Berücksichtigung der grundfreiheitlichen Schutzpflichten zur Anwendung zu bringen. Hinsichtlich der Exekutive wurde bereits darauf hingewiesen, dass die regelmäßig überschaubaren Sachverhalte bei der Entscheidung über Einzelakte eine strengere Handhabung des Haftungsmaßstabs rechtfertigen[1620]. Eine Verschärfung dieses Maßstabs kann prinzipiell auch dann Platz greifen, wenn nationales Recht weniger strengere Anforderungen an die Zuerkennung eines Haftungsanspruchs stellt[1621]; denn dann greift der Grundsatz der Äquivalenz ein[1622]. Speziell im Bereich der Haftung der Exekutive wegen Schutzpflichtverletzung und damit wegen unterlassenen Tätigwerdens ist die Haftung im

---

1617 Vgl. VON BOGDANDY, in: Grabitz/Hilf, Recht der EU, Art. 288 EGV Rn. 140 (Stand: Jan. 2001); OSSENBÜHL, StaatshaftungsR, S. 511; zustimmend BELJIN, Staatshaftung, S. 61 f.; Ansätze hierzu bereits bei EuGH 30.1.1992, Finsider u.a., verb. Rs. C-363/88 u. C-364/88, Slg. 1992, I-359 Rn. 24 (zur Haftung nach dem EGKS).

1618 EuGH 5.3.1996, Brasserie du pêcheur und Factortame, verb. Rs. C-46/93 u. C-48/93, Slg. 1996, I-1029 Rn. 45.

1619 S. 3. Teil, A II 3, S. 223; 3. Teil, A III 4, S. 236.

1620 S. 4. Teil, C III 1 b) bb), S. 312.

1621 BELJIN, Staatshaftung, S. 62; VON BOGDANDY, in: Grabitz/Hilf, Recht der EU, Art. 288 EGV Rn. 150 (Stand: Jan. 2001).

1622 S. dazu 3. Teil, A I 2, S. 210.

deutschen Recht jedoch teilweise ausgeschlossen; als Beispiel hierfür mag etwa § 39 Abs. 1 OBG NRW dienen, bei dem der Begriff „Maßnahme" dahingehend ausgelegt wird, dass von ihm Unterlassen nicht erfasst wird[1623]. Amtshaftungsansprüche nach Art. 34 GG, § 839 BGB wegen unterlassener Schutzpflichterfüllung durch die Exekutive sind dagegen prinzipiell denkbar; wenn sich das hierfür erforderliche Verschulden als weniger streng als die Voraussetzungen der hinreichenden Qualifiziertheit erweisen sollte, wäre demnach Ersteres als hinreichend zur Haftungsbegründung im Rahmen des gemeinschaftsrechtlichen Staatshaftungsanspruchs anzusehen[1624].

cc) Judikative

Geht es um die Staatshaftung wegen Verstößen der Judikative gegen die Schutzpflicht, so hat der EuGH in der Entscheidung „Köbler" anerkannt, dass bei Verstößen von mitgliedstaatlichen Gerichten gegen das Gemeinschaftsrecht den Besonderheiten der richterlichen Funktion Rechnung getragen werden muss[1625]. Hieraus zog er die Schlussfolgerung, dass eine Haftung nur in dem Ausnahmefall gelten könne, dass das Gericht offenkundig gegen das geltende Recht verstoßen habe[1626]. Im Gegensatz zur Staatshaftung wegen legislativen oder administrativen Unrechts wird insofern ein für den Mitgliedstaat milderer Haftungsmaßstab angelegt[1627]. Mithin ist bei der Haftung für Judikativakte zwar auch auf die erörterten Kriterien zurückzugreifen[1628], jedoch bedarf es einer einengenden Auslegung derselben. Die Konstellation eines solchen Verstoßes wird im Privatrecht vor allem vorkommen, wenn das über einen Zivilrechtsstreit entscheidende Gericht die Wirkung der grundfreiheitlichen Schutzpflichten im Privatrecht verkennt[1629]; ähnlich kann im Verwaltungsprozess das Gericht die ermessensreduzierende Funktion der Schutzpflicht im Kontext des Anspruchs auf behördliches Einschreiten übersehen. Eher theoretisch denkbar sind zumindest im deutschen Rechtssystem Fälle, in denen das Gericht es unterlässt, im Zivilprozess gegen diskriminierende Äußerungen einer Prozesspartei zulasten der anderen Partei einzuschreiten, wie es in Ländern, in denen auch in der Zivilgerichtsbarkeit Geschworene einge-

---

1623 Vgl. OSSENBÜHL, StaatshaftungsR, S. 409; WURM, in: Staudinger, BGB, § 839 Rn. 621.
1624 BELJIN, Staatshaftung, S. 62.
1625 EuGH 30.9.2003, Köbler, Rs. C-224/01, Slg. 2003, I-10239 Rn. 53.
1626 EuGH 30.9.2003, Köbler, Rs. C-224/01, Slg. 2003, I-10239 Rn. 53.
1627 Vgl. OBWEXER, EuZW 2003, 726 (727); SCHWARZENEGGER, ZfRV 2003, 236 (237).
1628 Vgl. EuGH 30.9.2003, Köbler, Rs. C-224/01, Slg. 2003, I-10239 Rn. 55.
1629 S. 2. Teil, C VI 3 b) cc) (1), S. 198 f.

setzt werden, möglich ist, wenn die Diskriminierungen dazu dienen sollen, die Geschworenen zugunsten der „einheimischen“ Partei zu beeinflussen[1630].

b) Klarheit und Genauigkeit der verletzten Vorschrift

Nach der Rechtsprechung des EuGH spielt das Maß an Klarheit und Genauigkeit der verletzten Vorschrift eine Rolle bei der Beurteilung der hinreichenden Qualifiziertheit[1631]. Hier kommt es darauf an, ob das gebotene Handeln klar vorgezeichnet war[1632]; es ist nicht mit den anders gelagerten Fragen zu verwechseln, ob die Vorschrift „hinreichend genau“ im Sinne der unmittelbaren Anwendbarkeit ist oder ob sie der Begründung subjektiver Rechte fähig ist[1633]. Denn im vorliegenden Zusammenhang kommt es gerade nicht darauf an, ob die Vorschrift einer nachvollziehenden gerichtlichen Kontrolle zugänglich ist[1634], sondern inwieweit sie aus der Perspektive des normunterworfenen Staates Direktiven vorgibt, denen sich Handlungsmaßstäbe deutlich entnehmen lassen. Hieran fehlt es, wenn die entsprechende Vorschrift mehrere vertretbare Auslegungsergebnisse zulässt[1635]. Betrachtet man allein den Text der Grundfreiheiten und damit ihre abwehrrechtliche Dimension, scheint die Voraussetzung der Vorgabe klarer Handlungsdirektiven selten gegeben zu sein: Beispielsweise verbietet Art. 28 EG unter anderem „Maßnahmen gleicher Wirkung“; Art. 39 Abs. 1 EG garantiert die „Freizügigkeit der Arbeitnehmer“; diese Schutzbereiche gelten auch für die grundfreiheitlichen Schutzpflichten[1636]. Durch die Schutzpflichtdimension der Grundfreiheiten ergibt sich zudem noch die Notwendigkeit der Abwägung zwischen widerstreiten-

---

1630 Als Beispiel aus dem außereuropäischen Rechtsraum dafür, dass solche Fälle vorkommen, mag die im Rahmen der NAFTA-Schiedsgerichtsbarkeit ergangene Entscheidung des NAFTA Chapter 11 Arbitral Tribunal v. 26.6.2003, ARB(AF)/98/3, Loewen / United States of America, 42 ILM (2003), 811 dienen; auch abrufbar unter HTTP://WWW.STATE.GOV/DOCUMENTS/ORGANIZATION/22094.PDF; dazu die Anmerkungen von RUBINS, 21 Arbitration International (2005), 1 m.w.N.; DODGE, 98 AJIL (2004), 155.

1631 S. zusammenfassend 4. Teil, B III 2 b) aa), S. 269.

1632 VON BOGDANDY, in: Grabitz/Hilf, Recht der EU, Art. 288 EGV Rn. 142 (Stand: Jan. 2001).

1633 Dazu 2. Teil, C II 1, S. 107 ff. sowie 4. Teil, C II 2 b) bb), S. 294 ff.

1634 Wenn sie diese Eigenschaft nicht aufweist, kann es (in allerdings praktisch wohl sehr seltenen Fällen) schon an der Verleihung von Rechten an Einzelne fehlen, s. 4. Teil, C II 2 b) bb), S. 294.

1635 S. 4. Teil, B III 1 c) aa), S. 260.

1636 S. 2. Teil, C III 3, S. 144; 2. Teil, C VI 2, S. 186.

den Interessen Privater[1637]. Insofern wäre bei einer abstrakten Betrachtung die Klarheit und Genauigkeit der aus der Schutzpflicht folgenden Vorgaben zu verneinen, denn bei dieser Abwägung sind unterschiedliche Ergebnisse - wie bei jeder Abwägung - durchaus denkbar[1638].

c) Feststehende Leitlinien des Gerichtshofes

Indes kann bei einer solchen Betrachtung nicht stehen geblieben werden. Denn dies ließe die Rechtsprechung des Gerichtshofs außer Betracht, die maßgeblichen Anteil an der Konkretisierung des Primärrechts, hier der Schutzpflicht, hat. Die Missachtung eindeutiger Vorgaben des EuGH kann ebenso die hinreichende Qualifiziertheit des Verstoßes begründen[1639]. So lässt sich der Entscheidung „Kommission / Frankreich"[1640] zumindest die Vorgabe entnehmen, dass bei Gewalttaten Privater, die sich zudem diskriminierend gegen Importe aus anderen Mitgliedstaaten richten, eine Pflicht zum Einschreiten besteht; die Notwendigkeit einer Abwägung der Interessen von Störer und Beeinträchtigten ist in diesem Fall deutlich zugunsten Letzterer vorgezeichnet. Auch ansonsten gilt, dass eindeutig diskriminierende Handlungen oder Unterlassungen des Staates schneller zu einer Haftung führen können als Maßnahmen, die sich unterschiedslos auswirken[1641]. Aus diesem Grund wird man die nach hier vertretener Auffassung durchaus bestehende Pflicht, gegen Demonstrationen wie im Fall „Schmidberger" einzuschreiten[1642], nicht als derart klare Handlungsvorgabe ansehen können, denn dabei handelte es sich um einen Fall, in dem das Unterlassen der zuständigen Stellen sich nicht diskriminierend auswirkte und nicht auf den ersten Blick ein Übergewicht der einen oder der anderen Rechtsposition festzustellen war. Auch lässt sich den genannten Urteilen möglicherweise die durchaus billigenswerte Wertung entnehmen, dass das unterlassene Einschreiten gegen die Zufügung körperlicher

---

1637 Dazu eingehend 2. Teil, C IV, S. 149 ff.

1638 Am Beispiel der Abwägung im Fall „Schmidberger" etwa 2. Teil, B V 4 d) cc), S. 91; die Schwierigkeit, allein den Grundfreiheiten Maßstäbe für die korrekte Entscheidung eines konkreten Rechtsstreits zu entnehmen, erkennt auch EuGH 30.9.2003, Köbler, Rs. C-224/01, Slg. 2003, I-10239 Rn. 121 f. an.

1639 EuGH 5.3.1996, Brasserie du pêcheur und Factortame, verb. Rs. C-46/93 u. C-48/93, Slg. 1996, I-1029 Rn. 57.

1640 EuGH 9.12.1997, Kommission / Frankreich, Rs. C-265/95, Slg. 1997, I-6959.

1641 EuGH 5.3.1996, Brasserie du pêcheur und Factortame, verb. Rs. C-46/93 u. C-48/93, Slg. 1996, I-1029 Rn. 61; GA LÉGER, Schl.-Antr. v. 20.6.1995, Hedley Lomas, Rs. C-5/94, Slg. 1996, I-2553 Tz. 165.

1642 S. 2. Teil, B V 4 d) cc), S. 91.

Schäden durch Private eher zu eindeutigen Handlungsvorgaben führt als das Nichtvorgehen gegen Gefährdungen von Vermögenswerten[1643].

Vorgaben des Gerichtshofs existieren mangels einschlägigen Fallmaterials allerdings nicht, soweit es um rechtsgeschäftliche Beeinträchtigungen der Grundfreiheiten durch Private geht[1644]. Insoweit wäre das unterlassene Einschreiten staatlicher Stellen gegen diskriminierende bzw. die Ausübung der Grundfreiheiten weniger attraktiv machende Einstellungspraktiken von Privaten oder ähnlich wirkenden Konditionen für bestimmte Dienstleistungen in der Regel nicht als hinreichend offenkundiger Verstoß gegen die Schutzpflicht aus den Grundfreiheiten anzusehen. Diese Problematik wird allerdings aus zwei Gründen ohnehin selten auftreten. Zum einen werden in vielen der geschilderten Fälle die auf der Antidiskriminierungsrichtlinie 2000/43/EG[1645] beruhenden Umsetzungsmaßnahmen des nationalen Rechts Schutz vor rechtsgeschäftlichen Diskriminierungen gewähren, indem sie Schadensersatzansprüche gegen die privaten Störer begründen[1646]. Zum anderen ist die Einschreitschwelle im Falle von rechtsgeschäftlichen Beeinträchtigungen der Grundfreiheiten hoch anzusetzen, so dass schon ein Primäranspruch auf Einschreiten staatlicher Stellen selten bestehen wird[1647]. In diesem und dem vorherigen Kriterium geht im Wesentlichen auch dasjenige der Entschuldbarkeit oder Unentschuldbarkeit eines etwaigen Rechtsirrtums auf; denn ein solcher Irrtum ist umso eher denk- und damit entschuldbar, als klare Leitlinien des Gerichtshofs fehlen.

d) Vorsätzliche Begehung des Verstoßes oder Zufügung des Schadens

Ist der Verstoß gegen das Gemeinschaftsrecht vorsätzlich begangen worden oder der Schaden vorsätzlich zugefügt worden, kann hierdurch ebenso die Offenkundigkeit und Erheblichkeit der Überschreitung der Ermessensgrenzen des Mitgliedstaats begründet werden[1648]. Vorstellbar ist dies im Anwendungsbereich der Schutzpflicht dann, wenn etwa aus rein politischen Gründen ge-

---

1643 REBHAHN, Staatshaftung, S. 215, 218 f. befürwortet in ersteren Fällen sogar eine verschuldensunabhängige Haftung.

1644 Zu denkbaren Fällen s. 2. Teil, A I, S. 34.

1645 Fundstelle oben Fn. 1130, S. 218.

1646 Zu Ansprüchen nach Ablauf der Umsetzungsfrist trotz fehlender Umsetzung s. THÜSING, NJW 2003, 3441 (3444); HOPPE/WEGE, LAGE § 626 BGB 2002 Nr. 2 a, S. 5 (20 f.).

1647 S. 2. Teil, C III 2 b), S. 137 ff. (insbes. 140); 2. Teil, C IV 3, S. 165.

1648 EuGH 5.3.1996, Brasserie du pêcheur und Factortame, verb. Rs. C-46/93 u. C-48/93, Slg. 1996, I-1029 Rn. 56.

gen eine Blockade wichtiger Verkehrswege nicht eingeschritten wird, obwohl die Verletzung der Schutzpflicht und die Konsequenzen hieraus den zuständigen nationalen Behörden bewusst sind. Auch ist vorstellbar, dass die Kommission den Mitgliedstaat über diskriminierende Preisgestaltungen unter Privaten bereits informiert hat, wie dies unlängst im Falle je nach Wohnort des Kunden unterschiedlicher Flugticketpreise der Fall war[1649] und hiergegen bewusst keine Maßnahmen ergriffen werden. Dagegen wird man es als nicht ausreichend für die Bejahung einer vorsätzlichen Schadenszufügung ansehen können, wenn die jeweils zuständige Stelle sich mit den widerstreitenden Interessen zwar auseinandergesetzt hat, hierbei aber den Interessen des Geschädigten zu Unrecht nicht den Vorrang eingeräumt hat, weil sie dessen Einbußen zwar erkannt, aber als zu geringfügig erachtet hat. Denn hierdurch würde jede falsche Beurteilung einer Situation, die mit Nachteilen für den Beeinträchtigten verbunden ist, zu einem Fall der vorsätzlichen Schadenszufügung, was angesichts des hiermit auch verbundenen Vorwurfs und der drohenden Sanktion in Gestalt des Staatshaftungsanspruches als zu weitgehend angesehen werden muss.

e) Verhalten eines Gemeinschaftsorgans

Schließlich ist noch als für den Staat entlastendes Merkmal in Betracht zu ziehen, ob das Verhalten eines Gemeinschaftsorgans zur Aufrechterhaltung oder Einführung gemeinschaftsrechtswidriger staatlicher Maßnahmen beigetragen hat. Aus Sicht des geschädigten Bürgers ist dies eine überaus zweifelhafte Haftungsbeschränkung, da bei Nichthaftung des Mitgliedstaats ein Anspruch aus Art. 288 Abs. 2 EG etwa gegen die Kommission selten besteht[1650]. Für die Schutzpflichtkonstellationen ist im Bereich des Art. 28 EG der Fall vorstellbar, dass ein Mitgliedstaat aufgrund seiner Verpflichtungen nach Art. 3 Abs. 1 lit. a) VO 2679/98[1651] der Kommission bevorstehende durch Private verursachte Hindernisse für den freien Warenverkehr mitteilt, diese aber zu Unrecht zu verstehen gibt, es bestehe kein Anlass zum Einschreiten.

3. Zusammenfassung

Insgesamt ist festzustellen, dass das Merkmal der hinreichenden Qualifiziertheit sich einer stringenten Systematisierung aufgrund einer Vielzahl heteroge-

---

[1649] Dazu Pressemitteilung der Kommission v. 19.12.2003, IP/03/1786 sowie v. 7.6.2004, IP/04/720.

[1650] BELJIN, Staatshaftung, S. 56; REBHAHN, Staatshaftung, S. 69.

[1651] Fundstelle oben Fn. 23, S. 25.

ner Kriterien[1652] weitgehend entzieht; einige Leitlinien, die insbesondere für die Auslegung des Haftungstatbestands im Falle der Verletzung grundfreiheitlicher Schutzpflichten relevant sind, lassen sich aber dennoch herausarbeiten. So bedarf es einer engen Auslegung der hinreichenden Qualifiziertheit, soweit die Schutzpflichtverletzung durch Judikative und Legislative im Raum steht; exekutive Schutzpflichtverstöße können dagegen unter weniger einengenden Voraussetzungen zur Haftung führen[1653]. Anhand des Normtexts betrachtet enthalten die grundfreiheitlichen Schutzpflichten keine konkreten Handlungsdirektiven für die mitgliedstaatlichen Organe[1654], doch sind der Rechtsprechung des Gerichtshofs zu den Schutzpflichten in einzelnen Fallkonstellationen solche konkreten Vorgaben zu entnehmen[1655]. Der Begriff der vorsätzlichen Schadenszufügung ist in den Fällen einzuschränken, in denen das nationale Organ lediglich eine falsche Gewichtung der widerstreitenden Rechte vorgenommen hat[1656].

IV. Schaden und Kausalität

Oben wurde bereits ausgeführt, dass Schutzzweckerwägungen ebenso im Rahmen der Schadens- bzw. Kausalitätsbestimmung eine Rolle spielen können[1657]. Doch dürfte es problematisch sein, hier für jede denkbare Fallgestaltung gültige Merkmale zu entwickeln[1658]; schon aus Raumgründen soll diese Prüfung hier deshalb lediglich anhand der konkret in Rede stehenden Norm, nämlich der grundfreiheitlichen Schutzpflicht, vorgenommen werden. Auch ist zu bedenken, dass es zumeist um eine wertende Schadenszurechnung geht[1659], die sich einer dogmatisch sicheren Einordnung oftmals entzieht.

1. Vorfrage: Nationale Maßstäbe oder gemeinschaftsrechtliche Vorgaben?

Dennoch bedarf es der Klärung, ob und inwieweit es sich bei den Voraussetzungen der Kausalität und des Schadens um genuin gemeinschaftsrechtliche Begriffe handelt, die demnach ohne Rückgriff auf das nationale Recht auszulegen wären oder ob sich hierbei um die Behebung der Folgen des entstandenen Schadens handelt; für den letzteren Fall hat der Gerichtshof auf die An-

---

1652 Vgl. OSSENBÜHL, StaatshaftungsR, S. 507; BELJIN, Staatshaftung, S. 54.
1653 S. 4. Teil, C III 2 a), S. 313 f.
1654 S. 4. Teil, C III 2 b), S. 316.
1655 S. 4. Teil, C III 2 c), S. 317.
1656 S. 4. Teil, C III 2 d), S. 318.
1657 S. 4. Teil, C II 3 a) bb), S. 303.
1658 Vgl. etwa die bei EILMANSBERGER, Rechtsfolgen, S. 212 f. gebildeten Problemfälle.
1659 WURMNEST, Grundzüge, S. 174.

wendung des jeweiligen nationalen Haftungsrechts verwiesen[1660]. Erschwert wird die Frage dadurch, dass der EuGH die einzelnen Haftungsvoraussetzungen nicht immer klar voneinander trennt[1661].

a) Kausalität

Der Bundesgerichtshof scheint in seinem Folgeurteil zur Rechtssache „Brasserie du pêcheur und Factortame“ davon auszugehen, dass das Tatbestandsmerkmal der Kausalität durch das nationale Recht umzusetzen sei[1662] und dementsprechend nur die Grundsätze der Effektivität und der Gleichwertigkeit bei der Anwendung nationalen Rechts auf gemeinschaftsrechtlich determinierte Sachverhalte anzuwenden seien[1663]. Auch im Schrifftum wird teilweise angenommen, dass der Kausalitätsbegriff allein auf der Grundlage nationalen Rechts zu beurteilen sei[1664]. Nach anderer Auffassung soll es sich dagegen um einen gemeinschaftsrechtlichen Begriff handeln[1665].

Die zuletzt genannte Auffassung erscheint mit einem sogleich noch zu erörternden Vorbehalt als vorzugswürdig. Für die Einschlägigkeit des nationalen Rechts zur Bestimmung der Kausalität wird zum einen vorgebracht, es handele es sich zwar um einen gemeinschaftsrechtlichen Begriff, doch seien nach Verständnis des deutschen Schadensrechts mit dem Kausalzusammenhang zwischen Pflichtverletzung und Schaden Fragen der haftungsausfüllenden Kausalität angesprochen. Diese aber beträfen Folgen des entstandenen Scha-

---

[1660] Vgl. nur EuGH 19.11.1991, Francovich u.a., verb. Rs. C-6/90 u. C-9/90, Slg. 1991, I-5357 Rn. 42; EuGH 5.3.1996, Brasserie du pêcheur und Factortame, verb. Rs. C-46/93 u. C-48/93, Slg. 1996, I-1029 Rn. 74.

[1661] S. 4. Teil, B III 1 e), S. 263; 4. Teil, B III 2 d) aa), S. 271; 4. Teil, B IV 2 c), S. 279.

[1662] BGH 24.10.1996, III ZR 127/91, BGHZ 134, 30 (39 f.).

[1663] Das dürfte zumindest gemeint sein, wenn der BGH von der „Wahrung der vollen Wirksamkeit des Gemeinschaftsrechts“ spricht, s. BGH 24.10.1996, III ZR 127/91, BGHZ 134, 30 (39 f.).

[1664] AALTO, in: Moreira de Sousa/Heusel (Hrsg.), Durchsetzung, S. 59 (72); ANAGNOSTARAS, 27 ELRev. (2002), 663 (664); KREMER, 22 YEL (2003), 203 (218); SCHOIßWOHL, Staatshaftung, S. 455; unklar SMITH/WOODS, 45 ICLQ (1997), 925 (931 einerseits, 936 f. andererseits); nicht eindeutig auch WOLF, Staatshaftung, S. 143, der sowohl die zu Art. 288 EG entwickelten Grundsätze als auch das Recht der Mitgliedstaaten anwenden will.

[1665] Vgl. HATJE, EuR 1997, 297 (307); TRIDIMAS, 38 CMLRev. (2001), 301 (310); WURMNEST, Grundzüge, S. 53; WOLLGAST, Subjekt, S. 33; HIDIEN, Staatshaftung, S. 55; DETTERBECK, in: ders./Windthorst/Sproll, StaatshaftungsR, § 6 Rn. 45; BERG, in: Schwarze, EU-Komm., Art. 288 EGV Rn. 88; implizit auch BELJIN, Staatshaftung, S. 31 f.; BROCKE, Europäisierung, S. 125 f.

dens und seien daher nach der Rechtsprechung des EuGH dem nationalen Recht überlassen[1666]. Diese Argumentation krankt jedoch an einer unzulässigen petitio principii: Denn sie setzt voraus, dass die Kategorien des nationalen Rechts darüber zu entscheiden vermögen, ob ein Tatbestandsmerkmal dem Bereich der Haftungsbegründung oder dem der Haftungsfolgen zuzurechnen ist. Gerade dies ist jedoch die hier zu beantwortende Frage. Zudem übersieht sie, dass der Gerichtshof ausdrücklich davon spricht, dass die „Folgen des *verursachten* Schadens im Rahmen des nationalen Haftungsrechts zu beheben“[1667] seien; die Feststellung der Verursachung gehört mithin nicht zu den Folgen, sondern den Voraussetzungen des Haftungstatbestandes, die aber ihre Wurzeln im Gemeinschaftsrecht haben[1668]. Weiter wird argumentiert, der Gerichtshof habe in der Entscheidung „Brasserie du pêcheur und Factortame“ ausdrücklich festgelegt, dass die Voraussetzung der Kausalität vom nationalen Richter und damit nach nationalem Recht zu beurteilen sei[1669]. Auch diesem Ansatz kann nicht gefolgt werden, denn der Hinweis auf das Urteil des Gerichtshofs geht fehl. Zwar ist es zutreffend, dass der Gerichtshof die Beurteilung, ob die Kausalität vorliegt, häufig dem nationalen Gericht überlässt[1670]. Dies ist allerdings nicht dem Umstand geschuldet, dass sich die Beurteilung der Kausalität nach nationalem Recht richtet, sondern beruht vielmehr darauf, dass der nationale Richter mit dem zugrunde liegenden Sachverhalt in der Regel besser vertraut ist. Insoweit hat der Gerichtshof lediglich die Würdigung der Fakten, die zur Bejahung oder Verneinung der Kausalität führen, den nationalen Gerichten überantwortet[1671]. Belegt wird dies auch dadurch, dass der Gerichtshof mitunter - sofern er über alle notwendigen Angaben verfügt - selbst über das Vorliegen der Kausalität entscheidet[1672], wie er es im Übrigen auch beim Merkmal der hinreichenden Qualifiziertheit gelegentlich

---

[1666] So DECKERT, EuR 1997, 203 (227).

[1667] EuGH 5.3.1996, Brasserie du pêcheur und Factortame, verb. Rs. C-46/93 u. C-48/93, Slg. 1996, I-1029 Rn. 67 (Hervorhebung hinzugefügt).

[1668] SCHWARZENEGGER, Staatshaftung, S. 116 (dort Fn. 488).

[1669] AALTO, in: Moreira de Sousa/Heusel (Hrsg.), Durchsetzung, S. 59 (72); ANAGNOSTARAS, 27 ELRev. (2002), 663 (664), beide unter Hinweis auf EuGH 5.3.1996, Brasserie du pêcheur und Factortame, verb. Rs. C-46/93 u. C-48/93, Slg. 1996, I-1029 Rn. 65.

[1670] S. 4. Teil, B III 1 e) aa), S. 263.

[1671] Vgl. TRIDIMAS, 38 CMLRev. (2001), 301 (310); WURMNEST, Grundzüge, S. 53.

[1672] Etwa EuGH 24.9.1998, Brinkmann Tabakfabriken, Rs. C-319/96, Slg. 1998, I-5255 Rn. 29; EuGH 15.6.1999, Rechberger u.a., Rs. C-140/97, Slg. 1999, I-3499 Rn. 76.

praktiziert[1673]. Hinsichtlich des Letzteren aber ist soweit ersichtlich noch nicht in Zweifel gezogen worden, dass es sich hierbei um einen gemeinschaftsrechtlichen Begriff handelt.

Somit ist davon auszugehen, dass der Kausalitätsbegriff als Anspruchsvoraussetzung des gemeinschaftsrechtlichen Staatshaftungsanspruchs grundsätzlich allein nach gemeinschaftsrechtlichen Maßstäben zu beurteilen ist.

b) Schaden

Hinsichtlich des Schadensbegriffs stellt sich die soeben erörterte Problematik nicht in derselben Weise dar, da nach der Rechtsprechung des Gerichtshofs die Beurteilung der Folgen des entstandenen Schadens eindeutig dem nationalen Recht überlassen wird. Zwar ist die Entstehung eines Schadens auch Haftungsvoraussetzung und damit ebenso wie die Kausalität grundsätzlich nationalen Modifikationen entzogen; da es im Bereich dieses Tatbestandsmerkmals aber vornehmlich darum geht, Haftungsbeschränkungen und Fragen der Schadensberechnung zu verarbeiten, kommt insoweit die mitgliedstaatliche Ergänzungskompetenz[1674] für die Haftungsfolgen zum Tragen[1675]. Dies ist unabhängig von der nationalen Begrifflichkeit, nach der Haftungsbeschränkungen noch zum Haftungstatbestand gerechnet werden[1676]. Zu beachten sind also bei der Ausgestaltung durch nationales Recht vor allem das Effektivitäts- sowie das Äquivalenzgebot[1677].

c) Zusammenfassung

Zusammenfassend ist somit festzustellen, dass der Begriff der Kausalität allein nach gemeinschaftsrechtlichen Maßstäben auszulegen ist; hinsichtlich des Schadensbegriffs besteht - abgesehen von dem Umstand, dass das Vorliegen eines solchen Anspruchsvoraussetzung ist - mitgliedstaatlicher Gestaltungsspielraum.

1673 EuGH 26.3.1996, British Telecommunications, Rs. C-392/93, Slg. 1996, I-1631 Rn. 41; EuGH 24.9.1998, Brinkmann Tabakfabriken, Rs. C-319/96, Slg. 1998, I-5255 Rn. 30 f.

1674 So die Bezeichnung von OSSENBÜHL, StaatshaftungsR, S. 515.

1675 SCHOIßWOHL, Staatshaftung, S. 457; WOLF, Staatshaftung, S. 145 f.; WURMNEST, Grundzüge, S. 55; OSSENBÜHL, StaatshaftungsR, S. 521; EHLERS, JZ 1996, 776 (779); GA JACOBS, Schl.-Antr. v. 11.7.2002, Schmidberger, Rs. C-112/00, Slg. 2003, I-5659 Tz. 33; insoweit zutreffend auch HERDEGEN/RENSMANN, ZHR 161 (1997), 522 (546); DECKERT, EuR 1997, 203 (229).

1676 OSSENBÜHL, StaatshaftungsR, S. 515; CREMER, JuS 2001, 643 (645).

1677 Zu deren Inhalt 3. Teil, A I, S. 208 f.

2. Kausalität

Die Rechtsprechungsauswertung hat bereits ergeben, dass im Gemeinschaftsrecht kein stringentes Kausalitätskonzept verfolgt wird[1678]; ein solches zu entwickeln, muss anderen Arbeiten vorbehalten bleiben[1679]. Die nachfolgende Untersuchung beschränkt sich darauf, die für die Staatshaftung wegen Schutzpflichtverletzungen wichtigen Punkte der Unmittelbarkeit der Kausalität (dazu a.), des erforderlichen Maßes an Wahrscheinlichkeit (dazu b.) sowie der Unterbrechung des Kausalverlaufs durch Handlungen des Geschädigten oder Dritter (dazu c.) einer näheren Betrachtung zu unterziehen.

a) Unmittelbare Kausalität

Der Begriff der Unmittelbarkeit der Kausalität, in den Staatshaftungstatbestand seit der Entscheidung „Brasserie du pêcheur und Factortame" integriert[1680], dient nach allgemeiner Auffassung einer wertenden Begrenzung der allgemeinen Kausalitätsformel[1681], wonach ursächlich für einen Gemeinschaftsrechtsverstoß jedes Verhalten ist, das nicht hinweggedacht werden kann, ohne dass der Erfolg entfiele (conditio sine qua non). Geht es um Unterlassen wie im Falle der Schutzpflichtverletzung, so bedarf letztere Formel allerdings der Modifikation dahingehend, dass ursächlich jedes Verhalten ist, dass nicht hinzugedacht werden kann, ohne dass der Erfolg entfällt[1682]. Wie das Merkmal der Unmittelbarkeit und der damit einhergehende Ausschluß nur mittelbar verursachter Schäden allerdings näher definiert werden kann, ist nicht hinreichend gesichert[1683]. In Anlehnung an die Rechtsprechung zu Art. 288 Abs. 2 EG beruhen jedenfalls solche Schäden nicht unmittelbar kausal auf dem Gemeinschaftsrechtsverstoß, die nur einen entfernten und unbestimmten Zusammenhang mit dem gemeinschaftsrechtswidrigen Verhalten

---

1678 Ebenso WURMNEST, Grundzüge, S. 176.

1679 Einen umfassenden rechtsvergleichenden Ansatz bieten WURMNEST, Grundzüge, S. 159 ff. und VON BAR, Gemeineuropäisches Deliktsrecht Bd. 2, Rn. 411 ff.; eine gründliche Aufarbeitung allgemeiner Kausalitätsfragen findet sich auch bei REBHAHN, Staatshaftung, S. 543 ff.

1680 S. 4. Teil B III 2 d) aa), S. 271.

1681 Vgl. OSSENBÜHL, StaatshaftungsR, S. 508; SCHWARZENEGGER, Staatshaftung, S. 117; WOLLGAST, Subjekt, S. 33.

1682 S. 4. Teil, B IV 2 c) aa), S. 279; auf diese Formel stellt der EuGH implizit auch im Bereich der unterlassenen Richtlinienumsetzung ab, s. 4. Teil, B III 1 e) aa), S. 265.

1683 Vgl. SCHWARZENEGGER, Staatshaftung, S. 116; WOLLGAST, Subjekt, S. 32; HIDIEN, Staatshaftung, S. 54 f.

des Mitgliedstaats aufweisen[1684]. Im Schrifttum wird dies einhellig als Adäquanzmaßstab qualifiziert und die objektive Vorhersehbarkeit des Schadenseintritts für einen verständigen Beobachter als die Kausalitätsprüfung einschränkendes Merkmal hervorgehoben[1685]. Ergänzend kann hier außerdem der Schutzzweck der verletzten Norm fruchtbar gemacht werden[1686].

Unter Zugrundelegung dieser beiden Kriterien lassen sich bereits einige der oben angesprochenen Fälle lösen, in denen der Kreis der Berechtigten zu ausufernd erscheint[1687]: So kann ein verständiger Beobachter noch voraussehen, dass durch unterlassenes Einschreiten gegen die Blockade wichtiger Transportwege nicht nur der Spediteur, sondern auch der Empfänger der Lieferung Nachteile erleiden wird. Von vornherein ausgeschlossen erscheint es auch nicht, dass Letzterer die erlittenen Nachteile zu kompensieren versucht, indem er sie im Wege höherer Preise soweit möglich an seine Abnehmer „weiterreicht". Hilfe verspricht im letzteren Fall aber zum einen das Schutzzweckkriterium; hier kann man darauf abstellen, dass die Schutzpflicht aus den Grundfreiheiten primär Vorgänge des grenzüberschreitenden Handels zwischen den Marktbürgern schützt und so die Verwirklichung des Binnenmarktes zum Ziel hat[1688]. Hiermit lassen sich diejenigen Schäden als nicht vom Schutzzweck erfasst ausschließen, die nicht mehr spezifisch auf der Beeinträchtigung des grenzüberschreitenden Handels beruhen, sondern sich bei Wirtschaftsteilnehmern auswirken, die nicht selbst grenzüberschreitend tätig werden, sondern nur mittelbar hiervon begünstigt werden. Insoweit ist die Kausalkette zwischen Verstoß und Schaden unterbrochen, wenn der Anspruchsteller von diesem Schutzzweck der Schutzpflicht nicht mehr erfasst wird. Zuzugeben ist zwar, dass dies eine restriktive Handhabung des Staatshaftungsanspruches zur Folge haben wird und Abnehmer, die im Beispiel weiter hinten in der Lieferkette stehen, hierdurch weitgehend von einem Schadensersatzanspruch ausge-

---

[1684] S. 4. Teil, B IV 2 c aa), S. 280.

[1685] Vgl. OSSENBÜHL, StaatshaftungsR, S. 508, 604; GRATIAS, Staatshaftung, S. 137; HIDIEN, Staatshaftung, S. 54; SCHOIßWOHL, Staatshaftung, S. 454 f.; SCHWARZENEGGER, Staatshaftung, S. 116; SELTENREICH, Francovich-Rechtsprechung, S. 100 f.; WOLLGAST, Subjekt, S. 33 f.; WOLF, Staatshaftung, S. 143 f.; ZENNER, Haftung, S. 34; BROCKE, Europäisierung, S. 125 f.; BERG, in: Schwarze, EU-Komm., Art. 288 EGV Rn. 88; HARATSCH/KOENIG/PECHSTEIN, EuropaR, Rn. 560; FOLZ, Liber Amicorum Seidl-Hohenveldern, S. 175 (193); MAURER, FS Boujong, S. 591 (605); JARASS, NJW 1994, 881 (883); PRIEß, NVwZ 1993, 118 (123); im Ergebnis wohl auch WURMNEST, Grundzüge, S. 179 f., der allerdings den Begriff der Adäquanz vermeidet.

[1686] VON BOGDANDY, EuR 1997, 321 (334).

[1687] S. 4. Teil, C II 3 a) aa), S. 298.

[1688] S. 4. Teil, C II 3 b), S. 304.

schlossen sind. Jedoch ist ein solches Ergebnis durchaus billigenswert, denn wie oben bereits ausgeführt wurde, darf der gemeinschaftsrechtliche Staatshaftungsanspruch in Kombination mit der grundfreiheitlichen Schutzpflicht nicht zu einer Art Versicherung gegen jegliche wirtschaftlichen Risiken, seien sie auch noch so entfernt, mutieren[1689]. Zu bemerken ist in diesem Zusammenhang noch, dass die hier angestellten Erwägungen in ähnlicher Weise auch auf die Bestimmung der ersatzfähigen Schäden angewandt werden können; eine exakte Zuordnung des Schutzzweckkriteriums zu dem einen oder anderen Merkmal kann beim gegenwärtigen Stand der Dogmatik des gemeinschaftsrechtlichen Staatshaftungsanspruchs noch nicht als gesichert angesehen werden[1690]. Auch kann der Topos der Entferntheit der erlittenen Schäden nutzbar gemacht werden und argumentiert werden, in diesem Fall sei der Verursachungsbeitrag des Mitgliedstaats zu unbestimmt und zu mittelbar, um den Staat auch gegenüber den an dritter oder vierter Stelle in der Abnehmerkette stehenden Geschädigten haften zu lassen. Eine exakte Definition dieses Merkmals ist naturgemäß kaum möglich; eine wertende Betrachtung, welche die erforderliche Nähebeziehung zwischen Verstoß und Schaden festlegt, ist auch hier unverzichtbar[1691]. Im Zusammenhang hiermit steht der Problemkreis des Dazwischentretens Dritter, der noch zu erörtern ist[1692].

Zu bedenken ist in diesem Zusammenhang außerdem, dass bereits die Etablierung der Kausalität im Sinne eines Hinzudenkens der gebotenen pflichtgemäßen Handlung dem Kläger Schwierigkeiten bereiten kann. Die gebotene Handlung muss der verletzten Pflicht zum Handeln, vorliegend also der grundfreiheitlichen Schutzpflicht, entnommen werden[1693]. Problematisch hierbei ist, dass sich in dem Regelfall, dass die Schutzpflicht nur das „Ob" des gebotenen Tätigwerdens, nicht aber das „Wie" determiniert[1694], eine Vielzahl von Handlungen finden lässt, die aus der Perspektive der Handlungsnorm pflichtgemäße Formen der Schutzgewährung sind[1695]. Hieraus ergibt sich, dass

---

1689 S. 4. Teil, A III, S. 248; vgl. auch VON BOGDANDY, in: Grabitz/Hilf, Recht der EU, Art. 288 EGV Rn. 157 (Stand: Jan. 2001).

1690 Vgl. zu solchen Überschneidungen VON BOGDANDY, in: Grabitz/Hilf, Recht der EU, Art. 288 EGV Rn. 106 (Stand: Jan. 2001).

1691 Vgl. WURMNEST, Grundzüge, S. 180.

1692 Sogleich 4. Teil, C IV 2 c) cc), S. 334.

1693 Vgl. REBHAHN, Staatshaftung, S. 648.

1694 S. 4. Teil, C I, S. 283.

1695 Die oben angemeldeten Bedenken gegen eine Heranziehung aller potentiellen Schutzmaßnahmen im Rahmen der Verhältnismäßigkeitsprüfung greifen im vorliegenden Zusammenhang nicht, da die Kausalitätsprüfung dem Richter keine der Verbei Einbeziehung aller dieser Handlungsoptionen in die Kausalitätsprüfung eine Entlastung des jeweiligen Mitgliedstaats erleichert wird, wenn zumindest eine der vielen denkbaren Handlungsalternativen den Schaden in gleicher Weise herbeigeführt hätte[1696]. Denkbar ist eine solche Situation etwa, wenn ein schutzpflichtwidrig unterlassenes polizeiliches Auflösen einer Blockade von Verkehrswegen einen Schaden verursacht, der bei Auflösung der Blockade zwar nicht entstanden wäre, aber bei einer ebenso der Schutzpflicht genügenden Einrichtung einer Umleitung für die Verkehrsteilnehmer in gleicher Weise Schäden durch verzögerte Lieferungen zur Folge gehabt hätte. Aufgrund der Anerkennung rechtmäßigen Alternativverhaltens in der Rechtsprechung des EuGH entfällt in solchen Konstellationen regelmäßig die Kausalität zwischen Gemeinschaftsrechtsverstoß und Schaden[1697]; die Rechtslage ist im Ergebnis insoweit vergleichbar mit derjenigen, die im deutschen Staatshaftungsrecht unter dem Stichwort „Kausalität bei behördlichen Ermessensentscheidungen" diskutiert wird[1698]. Einfacher wird die Kausalitätsfeststellung naturgemäß dann, wenn sowohl Auswahl- als auch Entschließungsermessen des Mitgliedstaats erheblich oder gar auf Null reduziert sind.

b) Maß der Wahrscheinlichkeit

Die gleichen Schwierigkeiten des Kausalitätsnachweises stellen sich mit anderen Vorzeichen, wenn der durch die Schutzpflichtverletzung Geschädigte nachweisen muss, dass ein schutzpflichtgemäßes Handeln des Mitgliedstaats den Erfolg verhindert hätte, denn die Beweislast für die Kausalität liegt nach der auf die vorliegende Konstellation zu übertragenden Rechtsprechung zu Art. 288 Abs. 2 EG beim Anspruchsteller[1699].

Fraglich ist in diesem Zusammenhang insbesondere, mit welchem Maß an Wahrscheinlichkeit die hinzugedachte pflichtgemäße Handlung zur Verhinderung des Schadens hätte führen müssen; denkbar sind verschiedene Abstufungen, die von hinreichender über die überwiegende bis zur an Sicherheit grenzenden Wahrscheinlichkeit reichen[1700]. Je geringer die Anforderungen an die Wahrscheinlichkeit sind, desto einfacher wird dem Geschädigten der Nach-

---

hältnismäßigkeitskontrolle vergleichbare Gestaltungsmacht verleiht, s. dazu 2. Teil, C IV 1 a) cc), S. 152 ff.

1696 Vgl. REBHAHN, Staatshaftung, S. 647 f.

1697 S. 4. Teil, B III 1 e) aa), S. 265; 4. Teil, B IV 2 c) aa), S. 280.

1698 Dazu nur WURM, in: Staudinger, BGB, § 839 Rn. 234 ff.; PAPIER, in: Rengeling (Hrsg.), EUDUR Bd. 1, § 43 Rn. 34.

1699 S. 4. Teil, B IV 2 c) aa), S. 279.

1700 S. bereits 4. Teil, B III 1 e) bb), S. 266.

weis gelingen, dass ein hinzugedachtes staatliches Handeln den erlittenen Schaden verhindert hätte. Diese Problematik war im Zusammenhang mit einem Gemeinschaftsrechtsverstoß durch aktives Tun bereits in der Entscheidung „Brasserie du pêcheur und Factortame“[1701] einschlägig, in der unter anderem fraglich war, ob das Verbot, solche Erzeugnisse als „Bier“ zu verkaufen, die nicht nach dem deutschen Reinheitsgebot gebraut waren, kausal für die Absatzverluste der klagenden Brauerei war. In der Literatur wurde teilweise die Kausalität mit dem Argument in Zweifel gezogen, dass auch ohne die genannte Bezeichnungsregelung nur geringe Absatzchancen für nicht nach dem Reinheitsgebot gebrautes Bier bestanden hätten, so dass der Schaden auch in diesem Fall eingetreten wäre[1702]. Dagegen wurde vorgebracht, eine solche Annahme sei rein spekulativ[1703]. In der Sache ging es letztlich darum, mit welcher Wahrscheinlichkeit eine andere Ursache den Schaden in gleicher Weise herbeigeführt hätte; hier stehen einerseits statistische Zusammenhänge in Frage, andererseits sind hiermit Beweisfragen in Bezug auf die Überzeugungsbildung des erkennenden Gerichts angesprochen[1704]. Soweit solche statistischen Erfahrungswerte zur Verfügung stehen, muss auf diese zurückgegriffen werden, was hier naturgemäß nicht weiter vertieft werden kann.

Ein Beispiel unter Zugrundelegung des Sachverhalts des Urteils „Kommission / Frankreich“[1705] mag aber das Problem des notwendigen Überzeugungsgrades anhand unterlassenen Tätigwerdens illustrieren: Wenn einer der durch die Angriffe der Bauern geschädigten Spediteure nunmehr den französischen Staat auf Ersatz hierfür in Anspruch nähme und vortrüge, polizeiliches Einschreiten hätte die Angriffe verhindert, so könnte der beklagte Mitgliedstaat einwenden, es fehle an der Kausalität, weil nicht mit Sicherheit festgestellt werden könne, dass ein Eingreifen alle Schäden verhindert hätte; mit anderen Worten werden bei Forderung eines hohen Wahrscheinlichkeitsgrades dem Mitgliedstaat mehr Entlastungsmöglichkeiten zugestanden. Die bisherige Rechtsprechung hat zu dieser Frage bislang wie gesehen keine eindeutigen

---

[1701] EuGH 5.3.1996, Brasserie du pêcheur und Factortame, verb. Rs. C-46/93 u. C-48/93, Slg. 1996, I-1029; die Frage wurde vom EuGH allerdings nicht erörtert, weil er die Feststellung der Kausalität den nationalen Gerichten zuwies, a.a.O. Rn. 65.

[1702] BÖHM, JZ 1996, 53 (59) unter Berufung auf STREINZ, EuZW 1996, 201 (204).

[1703] HATJE, EuR 1997, 297 (308).

[1704] VON BAR, Gemeineuropäisches Deliktsrecht Bd. 2, Rn. 449; vgl. zu Letzterem auch REBHAHN, Staatshaftung, S. 570.

[1705] Dazu oben 2. Teil, B I 1, S. 40 f.

Aussagen getroffen[1706]. Allein in der Entscheidung „Coldiretti“ findet sich bei der Ablehnung der Kausalität zwischen unterlassenen Maßnahmen der Gemeinschaftsorganen und Schaden die Bemerkung, es sei „wenig wahrscheinlich“, dass der Erlass entsprechender Maßnahmen den Schaden verhindert hätte[1707]. Später stellt das EuG dann fest, es sei „nicht erwiesen“, dass der Schaden „durch schuldhafte ... Unterlassungen der Beklagten verursacht worden wäre“[1708]. Hieraus lässt sich mit aller Vorsicht folgern, dass im Haftungsrecht der Gemeinschaft tendenziell ein hoher Überzeugungsgrad hinsichtlich der Wahrscheinlichkeit vorliegen muss. Dieser ließe sich dahingehend formulieren, dass die hinzugedachte Handlung des Mitgliedstaats den Erfolg mit an Sicherheit grenzender Wahrscheinlichkeit hätte verhindern können[1709]. Zwar hatte es das Gericht in der genannten Entscheidung auch ausreichen lassen, dass der Kläger nur die Plausibilität seiner Auffassung darlegte und ihm insoweit eine Beweiserleichterung zugute kommen lassen[1710]. Es ist allerdings fraglich, ob eine solche für alle Unterlassungskonstellationen zu befürworten ist. Nicht zu verkennen ist, dass die Kausalität unterlassenen Tätigwerdens im Allgemeinen schwieriger zu bestimmen ist als bei aktivem Tun. Bei Ersterem muss zusätzlich zu dem Umstand, dass das Unterlassen des Mitgliedstaats ursächlich für den Eintritt des Schadens war, auch nachgewiesen werden, dass der Schaden bei Hinzudenken des gebotenen Verhaltens ausgeblieben wäre; gerade die zweite Voraussetzung erfordert einen hypothetischen Vergleich, der beim positiven Tun keine Entsprechung hat und für den der Beweis schwierig zu führen ist[1711]. Dies könnte dafür sprechen, auch bei Staatshaftung wegen Verletzung grundfreiheitlicher Schutzpflichten eine solche Beweiserleichterung zu befürworten. Allerdings besteht die Gefahr, dass durch eine

---

1706 S. 4. Teil, B III 1 e) bb), S. 266.

1707 EuG 30.9.1998, Coldiretti u.a. / Rat und Kommission, Rs. T-149/96, Slg. 1998, II-3841 Rn. 118.

1708 EuG 30.9.1998, Coldiretti u.a. / Rat und Kommission, Rs. T-149/96, Slg. 1998, II-3841 Rn. 122.

1709 So im Ergebnis auch CZAJA, Haftung, S. 112; vorsichtiger wohl GRATIAS, Staatshaftung, S. 144, der ein gewisses Maß an Wahrscheinlichkeit fordert, aber auch verlangt, dass die Umstände, die zum Schaden geführt haben, „hinreichend deutlich zutage treten“.

1710 S. 4. Teil, B IV 1 c) aa), S. 280.

1711 Vgl. allgemein HANAU, Kausalität, S. 35 f.; ähnlich REBHAHN, Staatshaftung, S. 657; SMITH/WOODS, 46 ICLQ (1997), 925 (933). Hierbei handelt es sich um keine unzulässige Übertragung von Erkenntnissen des nationalen Rechts auf das Gemeinschaftsrecht (dazu soeben 4. Teil, C IV 1 a), S. 321 ff.), sondern um allgemeine rechtslogische Überlegungen, die auch im Gemeinschaftsrecht Geltung beanspruchen.

solche Absenkung des erforderlichen Wahrscheinlichkeitsmaßstabes eine Haftung der Mitgliedstaaten für (nur) mögliche Kausalzusammenhänge etabliert wird und der gemeinschaftsrechtliche Staatshaftungsanspruch damit in die Nähe einer Garantiehaftung rückt[1712]. Daher kann es vor dem Hintergrund, dass insbesondere im Kontext der Staatshaftung wegen Schutzpflichtverletzungen das leitende Prinzip der Eigenverantwortung der Marktbürger zu beachten ist[1713], nicht überzeugen, eine solche generelle Absenkung des erforderlichen Wahrscheinlichkeitsmaßstabes vorzunehmen. Hierdurch ist es nicht ausgeschlossen, in einem Einzelfall, in dem sich der geschädigte Bürger in einer ähnlich komplexen Situation wie im Fall „Coldiretti" befindet, Beweiserleichterungen anzuerkennen, doch dürften solche Fälle angesichts der besonderen tatsächlichen Umstände in der genanten Entscheidung äußerst selten sein.

Damit ist auch im Bereich der mitgliedstaatlichen Haftung wegen Verletzung grundfreiheitlicher Schutzpflichten davon auszugehen, dass der Kläger darlegen und beweisen muss, dass der Schaden mit an Sicherheit grenzender Wahrscheinlichkeit bei pflichtgemäßem Einschreiten des Mitgliedstaats nicht entstanden wäre; in extremen Ausnahmefällen, in denen vom Kläger nicht zu verantwortende äußerst komplexe Prognoseschwierigkeiten den Beweis der Kausalität unmöglich machen, kann über eine Absenkung dieses grundsätzlich erforderlichen Wahrscheinlichkeitsmaßstabes nachgedacht werden.

c) Unterbrechung des Kausalzusammenhangs

Schließlich stellt sich im Zusammenhang mit der Kausalität zwischen Gemeinschaftsrechtsverstoß durch Unterlassen und Schaden noch die Frage, unter welchen Voraussetzungen dieser Kausalverlauf unterbrochen werden kann. Hierzu existieren einige Anhaltspunkte in der Rechtsprechung des Gerichtshofs[1714]. Es lassen sich drei Fälle unterscheiden; so ist zunächst zu untersuchen, ob und inwieweit die Kausalität durch eigene Handlungen des Geschädigten (dazu aa.) oder durch die Handlungen eines anderen mitgliedstaatlichen Organs (dazu bb.) unterbrochen werden kann. Schließlich kann sie auch an Handlungen privater Dritter scheitern (dazu cc.).

[1712] Vgl. REBHAHN, Staatshaftung, S. 659.

[1713] S. 4. Teil, A III, S. 248.

[1714] S. 4. Teil, B III 1 e) aa), S. 264; 4. Teil, B III 2 d) aa), S. 271; 4. Teil, B IV 2 c) aa), S. 280.

aa) Handlungen des Geschädigten

Im Anwendungsbereich der Schutzpflicht sind Handlungen des Geschädigten, die zur Entstehung des Schadens beitragen oder diesen vertiefen, ohne weiteres vorstellbar; bei faktischen Beeinträchtigungen der Grundfreiheiten durch Private ist dies etwa der Fall, wenn der Beeinträchtigte trotz Kenntnis von Demonstrationen auf einem Hauptverkehrsweg diesen Bereich nicht meidet und durch die resultierende Verzögerung Schäden hinnehmen muss. Den Schaden hervorrufendes oder verstärkendes Handeln des später Geschädigten ist bei Nichteinschreiten des Mitgliedstaats gegen rechtsgeschäftliche Beeinträchtigungen der Grundfreiheiten dann denkbar, wenn ein aufgrund diskriminierender Einstellungspraktiken eines Arbeitgebers abgelehnter Bewerber keine anderen potentiellen Arbeitgeber mehr aufsucht.

Der Gerichtshof hat diese auf den ersten Blick der Frage nach dem Kausalzusammenhang zugehörigen Konstellationen bislang - in Abweichung von den Vorschlägen des Generalanwalts - ohne nähere Begründung als Problem des Anspruchsumfangs begriffen[1715]. Mag diese Zuordnung in der Entscheidung „Dillenkofer“ auf dem speziellen Zweck der Richtlinie beruht haben[1716] und im Urteil „Brasserie du pêcheur und Factortame“ der Formulierung der Vorlagefragen geschuldet gewesen sein[1717], so sprechen doch gute Gründe dafür, allgemein das Handeln des Geschädigten nicht als Unterbrechung des Kausalzusammenhangs anzusehen, sondern es der Prüfungsstufe des Mitverschuldens zuzuordnen. Hierfür lässt sich zunächst anführen, dass letztere Einordnung eine flexiblere Handhabung und Gewichtung der jeweiligen Verursachungsbeiträge erlaubt. Kausalitätsfragen sind nur einer positiven oder negativen Feststellung zugänglich; sieht man das Mitwirken des Geschädigten an der Schadensentstehung als auch nur leicht übergewichtig gegenüber dem staatlichen Unterlassen als Verursachungsbeitrag an, so müsste in der Konsequenz der Kausalzusammenhang zur Gänze verneint werden und der Anspruch scheitern. Dagegen eröffnet die Verortung beim Mitverschulden eine differenzierte Betrachtung, indem der Anspruch je nach Verursachungsbeitrag nur zum Teil gekürzt werden kann[1718]. Hinzu kommt ein weniger sys-

---

[1715] S. insbesondere 4. Teil, B III 2 d) aa), S. 271 f.

[1716] EuGH 8.10.1996, Dillenkofer u.a., verb. Rs. C-178/94, C-179/94, C-188/94, C-189/94 u. C-190/94, Slg. 1996, I-4845 Rn. 73.

[1717] EuGH 5.3.1996, Brasserie du pêcheur und Factortame, verb. Rs. C-46/93 u. C-48/93, Slg. 1996, I-1029 Rn. 84 f.

[1718] Im Ergebnis ebenso HATJE, EuR 1997, 297 (305); DECKERT, EuR 1997, 203 (232); WURMNEST, Grundzüge, S. 181.

tematisches, sondern vielmehr teleologisches Argument: Bereits das Tatbestandsmerkmal des „hinreichend qualifizierten Verstoßes gegen Gemeinschaftsrecht“ lässt im Ergebnis nur schwerwiegende Verletzungen des Gemeinschaftsrechts als haftungsauslösend ausreichen; eine zusätzliche starre Handhabung des Kausalitätserfordernisses im Zusammenhang mit Handlungen des Geschädigten würde den (sekundären) Rechtsschutz, den der gemeinschaftsrechtliche Staatshaftungsanspruch dem Einzelnen bietet, zu stark einengen[1719]. Daher ist davon auszugehen, dass Handlungen des Geschädigten keine Unterbrechung des Kausalverlaufs zwischen dem unterlassenen Tätigwerden des Staates und dem entschadenen Schaden bewirken, sondern vielmehr anspruchsmindernd als Mitverschulden zu berücksichtigen sind.

bb) Handlungen anderer Staatsorgane

Die Entscheidung „Brinkmann Tabakfabriken“ hat die Möglichkeit aufgezeigt, dass auch ein Handeln anderer Staatsorgane die Kausalität zwischen Gemeinschaftsrechtsverstoß und Schaden unterbrechen kann[1720]. Ratio dieser Rechtsprechung scheint es zu sein, bei Untätigkeit vor allem des Gesetzgebers die anderen staatlichen Organe dazu zu ermuntern, dem Gemeinschaftsrecht zur Durchsetzung zu verhelfen[1721]; erreicht wird dies, indem die Umsetzungsbemühungen der Behörden[1722] tendenziell wohlwollender in Bezug auf Fehler bei der Auslegung des Gemeinschaftsrechts behandelt werden[1723].

In Schutzpflichtkonstellationen kann es hierzu kommen, wenn gesetzliche Vorschriften den Anforderungen der grundfreiheitlichen Schutzpflicht nicht entsprechen, weil sie ein zu niedriges Schutzniveau bieten[1724] und Behörden oder Gerichte versuchen, diese Normen schutzpflichtkonform auszulegen, ihnen hierbei aber wiederum Fehler unterlaufen. Dagegen fehlt es in Fällen, in denen Gericht oder Behörde (nur) das nationale Recht der Schutzpflicht zuwider auslegen, obwohl es grundsätzlich hierfür genügend Möglichkeiten böte, bereits an einem Gemeinschaftsrechtsverstoß der Legislative. Durch die geschilderte Handhabung des Merkmals der Unmittelbarkeit der Kausalität durch den EuGH erfährt der Grundsatz, dass mehrere staatliche Organe ku-

---

1719 SMITH/WOODS, 46 ICLQ (1997), 925 (939).

1720 S. 4. Teil, B III 1 e) aa), S. 264.

1721 Vgl. TRIDIMAS, 38 CMLRev. 38 (2001), 301 (306); KREMER, 22 YEL (2003), 203 (218).

1722 Entsprechendes dürfte für mitgliedstaatliche Gerichte gelten.

1723 Vgl. EuGH 24.9.1998, Brinkmann Tabakfabriken, Rs. C-319/96, Slg. 1998, I-5255 Rn. 28 einerseits, Rn. 31 andererseits.

1724 S. zu einem Beispiel 4. Teil, C I 2, S. 285.

mulativ für einen Gemeinschaftsrechtsverstoß verantwortlich sein können[1725], eine starke Einschränkung. Dies könnte zwar mit Blick auf die erwähnte Anreizwirkung für die Durchsetzung des Gemeinschaftsrechts hinzunehmen sein, weil sich hieraus insbesondere im Fall der Schutzpflicht vordergründig auch Vorteile für den durch private Beeinträchtigungen der Grundfreiheiten Geschädigten ergeben. Zu bedenken ist indes, dass eine eklatante Verschlechterung der Position des Geschädigten eintreten kann, wenn man von jeweils eigenständigen Gemeinschaftsrechtsverstößen der Legislative und Exekutive oder Judikative nur denjenigen als unmittelbar kausal ansieht, der schließlich durch eine der Letzteren begangen wird. Insbesondere für die Judikative gelten nämlich im Rahmen der hinreichenden Qualifiziertheit stark einengende Haftungsvoraussetzungen, die im Einzelfall sogar deutlich enger als die entsprechenden Anforderungen bei legislativen Gemeinschaftsrechtsverstößen sind[1726]. Daher dürfte es über das Ziel der effektiven Durchsetzung des Gemeinschaftsrechts hinausschießen, in den geschilderten Fällen stets von einer Unterbrechung des Kausalverlaufs durch das Dazwischentreten anderer Staatsorgane auszugehen[1727]. Allerdings sind der praktischen Relevanz dieser Frage durch die Struktur der Schutzpflicht Grenzen gesetzt. In den üblichen Schutzpflichtkonstellationen ersucht ein Privater Schutz gegenüber einem anderem Privaten und will erreichen, dass mit staatlichen Mitteln gegen den Letzteren eingeschritten wird. Da sich dieses Einschreiten aus der Perspektive des Störers als staatlicher Eingriff darstellt, bedarf es hierfür bereits nach nationalem Recht aufgrund des Vorbehalts des Gesetzes einer Ermächtigungsgrundlage. Das Fehlen einer solchen Schutzermächtigung darf aber nicht durch die Anwendung der Schutzpflicht als Eingriffstitel überspielt werden[1728]. Insofern dürfte es von vornherein nur in wenigen Anwendungsfällen der Schutzpflicht zu Konstellationen wie derjenigen in „Brinkmann Tabakfabriken" kommen.

[1725] S. 4. Teil, C I 2, S. 284 ff.

[1726] S. 4. Teil, C III 2 a) cc), S. 315.

[1727] Daher zu Recht kritisch TRIDIMAS, 38 CMLRev. (2001), 301 (306 f.); BROCKE, Europäisierung, S. 143 f.; im Ergebnis auch wie hier, allerdings ohne nähere Auseinandersetzung mit der Entscheidung „Brinkmann Tabakfabriken" (EuGH 24.9.1998, Brinkmann Tabakfabriken, Rs. C-319/96, Slg. 1998, I-5255) VON BOGDANDY, in: Grabitz/Hilf, Recht der EU, Art. 288 EGV Rn. 156 (Stand: Jan. 2001).

[1728] Vgl. JAECKEL, Schutzpflichten, S. 267; ähnlich BURGI, EWS 1999, 327 (330); s. auch 2. Teil, B I 3 a) aa), S. 47.

cc) Handlungen Dritter

Schließlich ist noch die Fallgruppe der Unterbrechung des Kausalverlaufs durch das Dazwischentreten dritter Personen zu erörtern. Die Rechtsprechung zur außervertraglichen Haftung der Gemeinschaft nimmt eine Unterbrechung der Kausalkette dann an, wenn der Einfluß der durch die Gemeinschaftsorgane begangenen Pflichtverletzung mittelbar und unbestimmt ist und sich bei einer wertenden Betrachtung als zweitrangig erweist[1729]. Wendet man dies auch in Bezug auf die Staatshaftung wegen Verletzung grundfreiheitlicher Schutzpflichten an, so erschiene es nahe liegend, mit Verweis auf das im Vordergrund stehende Handeln der privaten Störer eine unmittelbare Kausalität zwischen staatlichem Unterlassen und entstandenem Schaden abzulehnen. Allerdings wurde bereits auf die Notwendigkeit hingewiesen, Schutzzweckerwägungen in die Auslegung des gemeinschaftsrechtlichen Staatshaftungsanspruchs einzubeziehen[1730]. Anhaltspunkte für deren Berücksichtigung lassen sich auch den Entscheidungen „Rechberger" und „Dillenkofer" entnehmen[1731]. Sinn der Schutzpflicht ist es gerade, den Geschädigten vor den Übergriffen Dritter, seien sie faktischer oder rechtsgeschäftlicher Natur[1732], zu schützen; der Staat wird durch sie primärrechtlich verpflichtet, gegen Schädigungen aus der privaten Sphäre einzuschreiten. Mit diesem Schutzzweck wäre es nicht vereinbar, den Staat aus seiner Haftung für die Verletzung der Schutzpflicht mit dem Argument zu entlassen, primär verantwortlich für den Schaden sei allein der private Störer geworden und insoweit die Kausalkette unterbrochen. Insofern ist davon auszugehen, dass das Handeln Dritter im Bereich der Schutzpflicht nicht geeignet ist, den Kausalzusammenhang zwischen Gemeinschaftsrechtsverstoß und Schaden zu unterbrechen, wenn diese Dritten identisch mit den Urhebern der privaten Beeinträchtigung der Grundfreiheiten sind.

dd) Zusammenfassung

Damit lassen sich in den Fällen der Staatshaftung wegen Verletzung grundfreiheitlicher Schutzpflichten folgende Leitsätze zur Unterbrechung des Kausalzusammenhangs aufstellen: Die Mitwirkung des Geschädigten selbst bei Schadensentstehung oder -vertiefung sollte nicht als Fallgruppe der Unterbre-

---

[1729] S. 4. Teil, B IV 2 c) aa), S. 280.

[1730] S. 4. Teil, C II 3 a) aa), S. 298 ff.; insbesondere für die Berücksichtigung bei der Kausalität EIDENMÜLLER, JZ 1997, 201 (203); VON BOGDANDY, EuR 1997, 321 (334).

[1731] S. 4. Teil, B III 1 e) aa), S. 264 f.

[1732] Zu dieser Unterscheidung 2. Teil, C III 2, S. 135 ff.

chung der Kausalität, sondern als Anwendungsfall des Mitverschuldens eingeordnet werden[1733]. Das Handeln anderer Staatsorgane sollte generell nicht als die Kausalkette unterbrechender Faktor anerkannt werden[1734]; hinsichtlich des Handelns Dritter gilt dies aufgrund des Schutzzwecks der Schutzpflicht lediglich insoweit, als die intervenierenden Dritten personenidentisch mit den privaten Störern sind, gegen die der Staat einzuschreiten verpflichtet ist[1735].

3. Schaden

Die Berechnung des Schadens sowie Art und Umfang der Gewährung des Schadensersatzes sind dem nationalen Recht in den durch das Äquivalenz- und Effektivitätsgebot gesteckten Grenzen überlassen[1736]. In diesem Zusammenhang ist speziell mit Blick auf die Haftung wegen Schutzpflichtverletzung zu klären, welche Schäden ersatzfähig sind und inwieweit hierbei Schutzzweckerwägungen zu berücksichtigen sind (dazu a.); auch ist zu überlegen, ob der Geschädigte vor Inanspruchnahme des Staates gegen die privaten Störer vorgehen muss (dazu b.). Abschließend ist noch auf Fragen des Mitverschuldens einzugehen (dazu c.).

a) Ersatzfähige Schäden und Schutzzweck

Das Gemeinschaftsrecht bietet keine umfassenden Vorgaben dafür, welche Schäden ersatzfähig sind; der Entscheidung „Brasserie du pêcheur und Factortame" lässt sich allerdings entnehmen, dass es dem Effektivitätsgebot zuwiderläuft, wenn entgangener Gewinn durch nationales Recht völlig ausgeschlossen wird, indem der Ersatz auf Schäden beschränkt werden kann, die an bestimmten Rechtsgütern eingetreten sind[1737]. Ansonsten findet sich lediglich die Vorgabe, der Schadensersatz müsse angemessen sein und den effektiven Schutz der Rechte Einzelner gewährleisten[1738]. Es bedarf daher der näheren Konturierung der ersatzfähigen Schäden; ein taugliches Kriterium hierfür kann wie schon im Rahmen der Kausalität der Schutzzweck der Norm bie-

[1733] S. 4. Teil, C IV 2 c) aa), S. 331.
[1734] S. 4. Teil, C IV 2 c) bb), S. 332.
[1735] S. 4. Teil, C IV 2 c) cc), S. 334.
[1736] S. 4. Teil, C IV 1 b), S. 323.
[1737] EuGH 5.3.1996, Brasserie du pêcheur und Factortame, verb. Rs. C-46/93 u. C-48/93, Slg. 1996, I-1029 Rn. 87; s. auch 4. Teil, B III 2 c), S. 271.
[1738] EuGH 5.3.1996, Brasserie du pêcheur und Factortame, verb. Rs. C-46/93 u. C-48/93, Slg. 1996, I-1029 Rn. 82.

ten[1739]. Dessen Berücksichtigung ist auch bei der Anwendung der §§ 249 ff. BGB, die aufgrund der Einschlägigkeit nationalen Rechts maßgebliche Normen sind[1740], anerkannt[1741]. Hiernach sind Schäden nur insoweit ersatzfähig, als die verletzte Norm nach ihrem Sinn und Zweck gerade vor dem Eintritt solcher Schäden schützen sollte[1742]. Es bedarf also eines inneren Zusammenhangs der durch den Schädiger geschaffenen Gefahrenlage mit dem entstandenen Nachteil[1743].

Hiermit ist zunächst die Frage aufgeworfen, ob die grundfreiheitliche Schutzpflicht nur den Ersatz von Körper- oder auch den von Sachschäden bezweckt. Diese Frage nach dem gegenständlichen Schutzzweck[1744] ist aus dem Inhalt der Grundfreiheiten selbst zu beantworten. Betrachtet man den Zweck von Art. 28 EG, Art. 49 EG sowie Art. 56 EG, die den grenzüberschreitenden Verkehr von Waren, Dienstleistungen und Kapital ermöglichen sollen, liegt es zunächst nahe, jedenfalls Sachschäden, die an den genannten Gütern entstehen und finanzielle Einbußen wie entgangenen Gewinn zu ersetzen. Doch zeigt bereits der stärkere Personenbezug von Arbeitnehmerfreizügigkeit (Art. 39 EG) und Niederlassungsfreiheit (Art. 43 EG), dass auch Körperschäden nicht aus dem Kreis der ersatzfähigen Schäden ausgeschlossen werden können. Belegt wird diese auch auf Beeinträchtigungen der körperlichen Unversehrtheit gerichtete Schutzrichtung der Grundfreiheiten durch die Entscheidung „Cowan / Trésor Public"[1745], in der Herr Cowan, ein britischer Tourist, Opfer eines Überfalls in Paris geworden war. Da der Täter nicht identifiziert werden konnte, beantragte Cowan eine Entschädigung aus dem französischen Fonds zur Entschädigung von Opfern von Straftaten. Diese wurde mit der Begründung abgelehnt, nach den einschlägigen Vorschriften der französischen Strafprozessordnung sei Ausländern u.a. nur dann eine Entschädigung zu gewähren, wenn Frankreich mit dem Herkunftsland ein Gegen-

---

1739 Vgl. 4. Teil, C II 3 a) bb) (2), S. 304; EILMANSBERGER, Rechtsfolgen, S. 202; BELJIN, Staatshaftung, S. 65; VON BOGDANDY, in: Grabitz/Hilf, Recht der EU, Art. 288 EGV Rn. 154 (Stand: Jan. 2001); DERS., EuR 1997, 321 (334); DECKERT, EuR 1997, 203 (230).

1740 Vgl. DECKERT, EuR 1997, 203 (229).

1741 Vgl. nur HEINRICHS, in: Palandt, BGB, Vorbem. vor § 249 Rn. 62; LANGE/SCHIEMANN, Schadensersatz, S. 103 f.; WURMNEST, Grundzüge, S. 161, je m.w.N.

1742 WURMNEST, Grundzüge, S. 161 m.w.N.

1743 HEINRICHS, in: Palandt, BGB, Vorbem. vor § 249 Rn. 62 m.w.N.

1744 Vgl. REBHAHN, Staatshaftung, S. 245.

1745 EuGH 2.2.1989, Cowan / Trésor Public, Rs. 186/87, Slg. 1989, 195.

seitigkeitsabkommen abgeschlossen habe. Obwohl der Fall materiell der (passiven) Dienstleistungsfreiheit zuzuordnen war[1746], prüfte der EuGH diese nur inzident im Rahmen des Diskriminierungsverbots des Art. 12 EG. In diesem Zusammenhang führte er aus, es sei die „zwingende Folge dieser Freizügigkeit, dass Leib und Leben dieser Person in dem betreffenden Mitgliedstaat in gleicher Weise geschützt sind, wie dies bei den eigenen Staatsangehörigen und den in diesem Staat wohnhaften Personen der Fall ist“[1747]. Mithin ist davon auszugehen, dass auch der Ersatz von Körperschäden, wie sie etwa die Opfer der Übergriffe im Urteil „Kommission / Frankreich“ erlitten hatten, durch den Schutzzweck der Grundfreiheiten abgedeckt ist. Diese Auffassung findet eine Bestätigung darin, dass die Grundfreiheiten Ausschnitte grundrechtlicher Verbürgungen schützen, womit nicht nur das Eigentumsgrundrecht und die Berufsfreiheit, sondern auch die Grundrechte auf Leben und körperliche Unversehrtheit angesprochen sind[1748]. Auch wird der Ersatz immaterieller, d.h. nicht an bestimmten Rechtsgütern entstandenen Schäden wie etwa durch Rufschädigungen aufgrund privater Boykottaktionen nicht generell ausgeschlossen werden können[1749]. Im Bereich der Haftung der Gemeinschaft sind solche Schadensposten jedenfalls anerkannt[1750]. Als nicht ersatzfähig sind hingegen immaterielle Schäden anzusehen, soweit sie auf die Existenz einer „Atmosphäre der Unsicherheit“ gestützt werden, weil dieser Argumentationstopos im Anwendungsbereich der Schutzpflicht aufgegeben werden sollte[1751].

Auf die persönliche Reichweite des Schutzzwecks der grundfreiheitlichen Schutzpflichten und hieraus folgende Einschränkungen des Ersatzes entfernter Schäden wurde bereits im Rahmen der Erörterungen zur Kausalität eingegangen; auf die dortigen Ausführungen ist insofern zu verweisen[1752]. Hiernach

---

[1746] Zur Erstreckung von Art. 49 EG auf solche Sachverhalte EuGH 31.1.1984, Luisi und Carbone, verb. Rs. 286/82 u. 26/83, Slg. 1984, 377 Rn. 10 f.; dazu nur MÜLLER-GRAFF, in: Streinz, EUV / EGV, Art. 49 EGV Rn. 53; FRENZ, HdBEuR Bd. 1, Rn. 2594 f.

[1747] EuGH 2.2.1989, Cowan / Trésor Public, Rs. 186/87, Slg. 1989, 195 Rn. 17.

[1748] Vgl. FRENZ, EuR 2002, 603 (606 f.); DERS., HdBEuR Bd. 1, Rn. 67 f.; GEBAUER, Grundfreiheiten, S. 313.

[1749] Skeptisch aber hinsichtlich der praktischen Relevanz GA JACOBS, Schl.-Antr. v. 11.7.2002, Schmidberger, Rs. C-112/00, Slg. 2003, I-5659 Tz. 34 (dort Fn. 16); wie hier PFAB, Staatshaftung, S. 146; DIEHR, Staatshaftungsanspruch, S. 199 f.

[1750] Vgl. EuGH 14.6.1979, Frau V. / Kommission, Rs. 18/78, Slg. 1979, 2093 Rn. 19; EuG 9.7.1999, New Europe Consulting / Kommission, Rs. T-231/97, Slg. 1999, II-2403 Rn. 53 f.; Fallgruppenbildung bei WURMNEST, Grundzüge, S. 291 ff.

[1751] S. 2. Teil, C III 3 a), S. 145 ff.

[1752] S. 4. Teil, C IV 2 a), S. 325 ff.

dürfte etwa dem aufgrund Diskriminierung nichteingestellten Arbeiter kein Anspruch dahingehend zuzubilligen sein, dass der Staat ihm nunmehr bis zur Pensionierung ein Gehalt zu zahlen habe. Der Ersatz könnte vielmehr auf die ihm zustehenden Gehälter bis zu dem Zeitpunkt, an dem ein Arbeitgeber rechtmäßig das Arbeitsverhältnis hätte auflösen können, beschränkt werden. Verallgemeinerungsfähige Festlegungen sind ohnehin bereits nach nationalem Recht problematisch[1753]; es ist daher zu erwarten, dass sich auch im Rahmen des gemeinschaftsrechtlichen Staatshaftungsanspruchs eine entsprechende Kasuistik herausbilden wird. Deren Vorwegnahme kann von dieser Arbeit nicht geleistet werden.

Schließlich ist noch festzustellen, dass ein Schaden nach deutschem Haftungsrecht grundsätzlich dann ausscheidet, wenn das schädigende Ereignis dem Geschädigten neben Nachteilen zugleich auch Vorteile gebracht hat[1754]. Dies gilt allerdings nicht stets, sondern nur unter einschränkenden Voraussetzungen. Dieser Problemkreis kann - wie bereits dargelegt[1755] - auch im Fall der Staatshaftung wegen Schutzpflichtverletzung eine Rolle spielen; angesichts des Umstandes, dass eine Berücksichtigung zugeflossener Vorteile auch bei der Haftung der Gemeinschaft nach Art. 288 Abs. 2 EG stattfindet[1756], liegt insofern kein Verstoß gegen das gemeinschaftsrechtliche Effektivitätsgebot vor.

b) Vorrangige Inanspruchnahme der privaten Störer?

Die der Schutzpflicht eigentümliche Dreieckstruktur gibt Anlass zu der Frage, inwieweit die eigentlichen Auslöser der Beeinträchtigung der Grundfreiheiten, also die privaten Störer in Anspruch genommen werden können und müssen, bevor auf die Haftung des Staates wegen unterlassenen Einschreitens gegen diese Störer zurückgegriffen werden kann. Nimmt man in den häufigen Blockadefällen beispielsweise an, dass die Demonstranten gegen § 240 StGB verstoßen, könnten den hierdurch Beeinträchtigten Schadensersatzansprüche

---

1753 Vgl. nur die Zusammenstellung von Einzelfällen bei LANGE/SCHIEMANN, Schadensersatz, S. 104 ff.; HEINRICHS, in: Palandt, BGB, Vorbem. v. § 249 Rn. 63; rechtsvergleichend VON BAR, Gemeineuropäisches Deliktsrecht Bd. 2, Rn. 475 ff. Zur Schutzrichtung von Amtspflichten im Sinne des § 839 BGB etwa OSSENBÜHL, StaatshaftungsR, S. 58 f. („Systematisierung .... unmöglich").

1754 HEINRICHS, in: Palandt, BGB, Vorbem. vor § 249 Rn. 119 ff.

1755 S. 4. Teil, B IV 2 c) aa), S. 281.

1756 S. 4. Teil, B IV 2 c) aa), S. 281.

nach § 823 Abs. 2 BGB gegen diese zustehen[1757]. Wie verhält sich die Staatshaftung nun zu diesen Parallelansprüchen? Im deutschen Staatshaftungsrecht enthält für eine ähnliche Konstellation § 839 Abs. 1 S. 2 BGB eine Lösung. Hiernach ist bei nur fahrlässigem Handeln des Beamten ein Anspruch ausgeschlossen, wenn der Verletzte auf andere Weise Ersatz zu erlangen vermag. Fraglich ist allerdings, ob diese Subsidiaritätsklausel[1758] auch auf den gemeinschaftsrechtlichen Staatshaftungsanspruch Anwendung findet.

aa) Natur des gemeinschaftsrechtlichen Staatshaftungsanspruchs als Voraussetzung für den Rückgriff auf § 839 Abs. 1 S. 2 BGB?

Vorbehaltlich der Vereinbarkeit dieser Regelung mit dem Effektivitätsgebot könnte dies von der (umstrittenen) Vorfrage abhängen, ob der gemeinschaftsrechtliche Staatshaftungsanspruch ein eigenständiges Haftungsinstitut ist oder ob der Anspruch in die Vorschriften über die Amtshaftung (§ 839 BGB, Art. 34 GG) zu integrieren ist; dieser Zusammenhang wird im Schrifttum vertreten[1759]. Allerdings besteht eine solche Abhängigkeit tatsächlich nicht. Selbstverständlich stellt sich die Frage der Anwendung des § 839 Abs. 1 S. 2 BGB dann, wenn eine Integration des gemeinschaftsrechtlichen Anspruchs in die Vorschriften über die Amtshaftung vorgenommen wird[1760]. Aber auch wenn man mit einigen Autoren und dem Bundesgerichtshof[1761] den Staatshaftungsanspruch als eigenständig ansieht[1762], muss die Anwendbarkeit des § 839 Abs. 1 S. 2 BGB deswegen geprüft werden, weil das Gemeinschaftsrecht die Rechtsfolgen des Staatshaftungsanspruchs dem nationalen Recht zuweist[1763]. Somit sind auch Haftungseinschränkungen wegen gebotener vorheriger Inanspruchnahme anderweitigen Ersatzes nach den Vorgaben der innerstaatlichen

---

[1757] Zum Schutzgesetzcharakter des § 240 StGB s. nur SPINDLER, in: Bamberger/Roth, BGB, § 823 Rn. 175; SPRAU, in: Palandt, BGB, § 823 Rn. 69.

[1758] Zu dieser Bezeichnung WURM, in: Staudinger, BGB, § 839 Rn. 266.

[1759] So OSSENBÜHL, StaatshaftungsR, S. 517.

[1760] Hierfür DECKERT, EuR 1997, 203 (213); EHLERS, JZ 1996, 776 (777); HERDEGEN/RENSMANN, ZHR 161 (1997), 522 (550 f.); MARTIN-EHLERS, EuR 1996, 377 (396 f.); GUNDEL, DVBl. 2001, 95 (101); SCHOCH, Jura 2002, 837 (839); STREINZ, Jura 1995, 6 (10); WEBER, NVwZ 2001, 287 (289); ALBERS, Haftung, S. 128.

[1761] BGH 24.10.1996, III ZR 127/91, BGHZ 134, 30 (32 f.); BGH 14.12.2000, III ZR 151/99, BGHZ 146, 153 (158, 163); BGH 9.10.2003, III ZR 342/02, BGHZ 156, 294 (302).

[1762] Vgl. etwa OSSENBÜHL, StaatshaftungsR, S. 525 ff.; DETTERBECK, in: ders./Windthorst/Sproll, StaatshaftungsR, § 6 Rn. 17; CORNILS, Staatshaftungsanspruch, S. 122; GEIGER, Staatshaftung, S. 85 f.; HATJE, EuR 1997, 297 (303 f.).

[1763] S. 4. Teil, B II, S. 254.

Rechtsordnung zu lösen. Dann aber liegt es nahe, hinsichtlich solcher Ergänzungen des gemeinschaftsrechtlichen Anspruchs auf die sachnächste Norm zurückzugreifen und zu überprüfen, inwieweit diese dem Gebot der Gleichwertigkeit und dem der Effektivität gerecht wird. Für die hier in Rede stehende Frage der Folge von anderweitigen Rechtsbehelfen gegenüber Dritten enthält § 839 Abs. 1 S. 2 BGB eine eindeutige Regelung für die Spezialmaterie des Staatshaftungsrechts, so dass es auch bei Unabhängigkeit des gemeinschaftsrechtlichen Staatshaftungsanspruchs von der Existenz nationaler Anspruchsgrundlagen als methodisch geboten erscheint, zunächst diese Norm in Augenschein zu nehmen[1764]. Einer Entscheidung, welcher der Auffassungen zur Realisierung des gemeinschaftsrechtlichen Haftungsanspruchs im innerstaatlichen Bereich zu folgen ist, bedarf es hierfür jedenfalls nicht.

bb) Sachgerechtigkeit der Heranziehung von § 839 Abs. 1 S. 2 BGB

Damit bleibt jedoch zu prüfen, ob die Anwendung des § 839 Abs. 1 S. 2 BGB im Rahmen der Staatshaftung für Verletzung grundfreiheitlicher Schutzpflichten gegen das Effektivitätsgebot verstößt oder sich aus anderen Gründen nicht empfiehlt; ein Verstoß gegen das Äquivalenzgebot liegt schon deshalb nicht vor, weil die Vorschrift unterschiedslos auch auf nationale Ansprüche angewandt wird[1765]. Problematisch erscheint die Vorschrift vor allem insofern, als sie den Grad des Verschuldens als Tatbestandsmerkmal beinhaltet. Im Rahmen des gemeinschaftsrechtlichen Staatshaftungsanspruchs darf aber ein über die Voraussetzung des hinreichend qualifizierten Verstoßes hinausgehendes Verschulden nicht gefordert werden[1766]. Aus diesem Grund wird im Schrifttum die Anwendung der Subsidiaritätsklausel auf den gemeinschaftsrechtlichen Staatshaftungsanspruch überwiegend abgelehnt[1767]. Zudem ist die Haf-

---

1764 So im Ergebnis auch die Rechtsprechung des BGH, die trotz ihres Verständnisses des Haftungsanspruchs als eigenständiger Anspruchsgrundlage u.a. die haftungseinschränkende Vorschrift des § 839 Abs. 3 BGB zur Anwendung bringt, vgl. BGH 9.10.2003, III ZR 342/02, BGHZ 156, 294 (297 f.); ähnlich DETTERBECK, in: ders./Windthorst/Sproll, StaatshaftungsR, § 6 Rn. 57.

1765 Hieran ändert der Umstand nichts, dass im Schrifftum gefordert wird, die Vorschrift auch im deutschen Recht nicht auf die Staatshaftung anzuwenden; so etwa PAPIER, in: Rengeling (Hrsg.), EUDUR Bd. 1, § 43 Rn. 41; DERS., in: MünchKomm, BGB, § 839 Rn. 303.

1766 EuGH 5.3.1996, Brasserie du pêcheur und Factortame, verb. Rs. C-46/93 u. C-48/93, Slg. 1996, I-1029 Rn. 79.

1767 ZENNER, Haftung, S. 81; SELTENREICH, Francovich-Rechtsprechung, S. 193 f.; WINDTHORST, in: Detterbeck/Windthorst/Sproll, StaatshaftungsR, § 10 Rn. 12; STREINZ, Jura 1995, 6 (13); DERS./LEIBLE, ZIP 1996, 1931 (1936); LEIBLE/SOSNITZA,

tung der Mitgliedstaaten nach Gemeinschaftsrecht gerade keine übergeleitete Haftung wie bei § 839 BGB, sondern ein unmittelbarer Anspruch gegen den Mitgliedstaat[1768]. Dies spricht gegen einen Rückgriff auf § 839 Abs. 1 S. 2 BGB. Hiervon abweichenden Ansichten[1769] ist zwar zuzugeben, dass ein Verweis der Geschädigten auf andere Ersatzmöglichkeiten nicht stets dem Effektivitätsgebot zuwiderlaufen muss. Doch erscheint die Struktur der in § 839 Abs. 1 S. 2 BGB vorgesehenen Haftungsbeschränkung mit ihrem Verweis auf Verschuldenselemente und der Konzeption einer übergeleiteten Staatshaftung als mit dem Charakter des gemeinschaftsrechtlichen Staatshaftungsanspruch schwerlich vereinbar. Sinnvoller erscheint es daher, das Problem der vorrangigen Inanspruchnahme der privaten Störer auf der Ebene des Mitverschuldens dogmatisch zu verarbeiten.

cc) Zwischenergebnis

Obwohl die Anwendbarkeit des § 839 Abs. 1 S. 2 BGB damit unabhängig von der dogmatischen Einordnung des Staatshaftungsanspruchs ist, sollte dennoch von seiner Anwendung im Rahmen des gemeinschaftsrechtlichen Staatshaftungsanspruchs abgesehen werden, da die tatbestandlichen Voraussetzungen des § 839 Abs. 1 S. 2 BGB sich nicht mit der gemeinschaftsrechtlichen Konzeption der Haftung vereinbaren lassen. Hiermit ist allerdings noch keine Entscheidung über die Sachfrage eventuell vorrangiger Ansprüche gegen private Störer getroffen; diese bedarf vielmehr weiterhin einer Lösung, die möglicherweise mit Hilfe des Mitverschuldenskriteriums gefunden werden kann.

c) Mitverschulden

Das Mitverschulden des Geschädigten ist als haftungsbegrenzende Kategorie durch den EuGH in der Entscheidung „Brasserie du pêcheur und Factortame" anerkannt worden[1770]; wie herausgearbeitet wurde, handelt es sich dabei um

---

MDR 1993, 1159 (1162); C. Dörr, DVBl. 2006, 598 (603); Führich, EuZW 1993, 725 (727); Thalmair, DStR 1996, 1975 (1978); Binia, Francovich-Urteil, S. 99; kritisch auch Schimke, EuZW 1993, 698 (701); Gellermann, EuR 1994, 342 (357).

1768 Detterbeck, in: ders./Windthorst/Sproll, StaatshaftungsR, § 6 Rn. 65; Windthorst, in: Detterbeck/Windthorst/Sproll, StaatshaftungsR, § 10 Rn. 12; Hidien, Staatshaftung, S. 65.

1769 So Diehr, Staatshaftungsanspruch, S. 205 f.; Pfab, Staatshaftung, S. 148; Wehlau, Rechtsprechung, S. 82 f.; Maurer, FS Boujong, S. 590 (605 f.); Herdegen/Rensmann, ZHR 161 (1997), 522 (553); Wittkowski, NVwZ 1994, 326 (332); Kemper, NJW 1993, 3293 (3296 f.).

1770 S. 4. Teil, B III 2 d) aa), S. 272.

ein Problem des Anspruchsumfangs, nicht des Kausalzusammenhangs[1771]. Gemeinschaftsrechtlich ist insoweit vorgegeben, dass nationales Recht vom Geschädigten fordern darf, dass dieser sich angemessen um die Begrenzung des Schadens bemühen muss. Nationale Bestimmungen, die dieses Gebot konkretisierende Anforderungen beinhalten, verstoßen mithin nicht als solche gegen den Effektivitätsgrundsatz[1772]. Für das deutsche Recht stellt sich die Frage, ob und inwieweit auf § 839 Abs. 3 BGB bzw. § 254 BGB zurückgegriffen werden kann. Erstere Regelung ist durch das Fehlen einer Abwägung des Grades von Verschulden und Verursachung tendenziell strenger als die allgemeine Norm des § 254 BGB[1773]. Dabei besteht in der hier interessierenden Fallkonstellation der Schutzpflichtverletzung die Besonderheit, dass in aller Regel sowohl Rechtsbehelfe gegen das staatliche Unterlassen als auch zivilrechtliche Ansprüche gegen die privaten Störer zur Verfügung stehen. Da § 839 Abs. 3 BGB nur auf die Ersteren zugeschnitten ist[1774], bietet sich eine Berücksichtigung bestehender zivilrechtlicher Ansprüche im Rahmen des § 254 BGB an. Es ist demnach zunächst zu überlegen, inwieweit es vor dem Hintergrund des Effektivitätsgrundsatzes zulässig ist, die Nichtinanspruchnahme zivilrechtlicher Ansprüche als Mitverschulden im Sinne des § 254 BGB zu bewerten (dazu aa.), bevor erörtert wird, wann der gemeinschaftsrechtliche Staatshaftungsanspruch wegen des schuldhaft unterlassenen Rechtsmittelgebrauchs nach § 839 Abs. 3 BGB ausgeschlossen ist (dazu bb.). Allgemeine Fragen des Mitverschuldens bleiben hierbei weitgehend ausgeklammert.

aa) Durch Nichtinanspruchnahme der privaten Störer

Die Ablehnung des in § 839 Abs. 1 S. 2 BGB enthaltenen Haftungsausschlusses im Falle anderweitiger Ersatzmöglichkeiten beruhte vor allem auf der Ü-

---

1771 S. 4. Teil, C IV 2 c) aa), S. 331; so auch SMITH/WOODS, 46 ICLQ (1997), 925 (939); anders aber ANAGNOSTARAS, 27 ELRev. (2002), 663 (671).

1772 Das entspricht auch der ganz herrschenden Ansicht in der deutschen Rechtsprechung und Lehre, vgl. nur BGH 9.10.2003, III ZR 342/02, BGHZ 156, 294 (298 m.w.N.); LG Bonn 16.4.1999, 1 O 186/98, NJW 2000, 815 (818); OSSENBÜHL, StaatshaftungsR, S. 516; STREINZ, VVDStRL 61 (2002), 300 (332); DECKERT, EuR 1997, 203 (232); EHLERS, JZ 1996, 776 (779); HERDEGEN/RENSMANN, ZHR 161 (1997), 522 (554).

1773 Vgl. OSSENBÜHL, StaatshaftungsR, S. 93; WINDTHORST, in: Detterbeck/Windthorst/Sproll, StaatshaftungsR, § 10 Rn. 55; WURM, in: Staudinger, BGB, § 839 Rn. 345.

1774 Vgl. nur WURM, in: Staudinger, BGB, § 839 Rn. 347; WINDTHORST, in: Detterbeck/Windthorst/Sproll, StaatshaftungsR, § 10 Rn. 52; OSSENBÜHL, StaatshaftungsR, S. 94.

berlegung, dass sich die Regelung von ihren Voraussetzungen her nicht in den gemeinschaftsrechtlichen Staatshaftungsanspruch einpassen lässt[1775]. Dieses strukturelle Problem wirft die allgemeine Regelung des Mitverschuldens in § 254 BGB nicht auf; die Nichtinanspruchnahme entsprechender zivilrechtlicher Rechtsbehelfe könnte daher rechtstechnisch durchaus als Mitverschulden im Sinne des § 254 BGB anzusehen sein[1776]. Im Kontext dieser Norm steht folglich die Frage im Vordergrund, ob dem gemeinschaftsrechtlichen Effektivitätsgrundsatz genüge getan wird, wenn die Staatshaftung nur subsidiär zu zivilrechtlichen Ansprüchen eingreift.

(1) Argumente für den Vorrang zivilrechtlicher Ansprüche

Für eine Subsidiarität der Staatshaftung gegenüber parallelen zivilrechtlichen Ansprüchen spricht, dass der Grundsatz der Eigenverantwortung[1777] es verlangen könnte, zunächst auch die Rechtsschutzmöglichkeiten gegen Private auszuschöpfen, weil ansonsten eine Art von staatlicher Ausfallhaftung für originär von Privaten zu verantwortende Störungen begründet würde[1778] und der Geschädigte sich aufgrund der jedenfalls feststehenden Liquidität des Staates bevorzugt an diesen halten würde[1779]. Im Schrifttum zu Art. 288 Abs. 2 EG wird ebenfalls geltend gemacht, es sei sachgerecht, dass für die entstandenen Schäden in erster Linie der unmittelbare Schadensverursacher, vorliegend also die privaten Dritten, selbst haften solle[1780]. Hierfür kann auch angebracht werden, dass ein solcher Vorrang einer klaren Abgrenzung von Verantwortungs- und Risikosphären zuträglich ist[1781].

(2) Argumente gegen den Vorrang zivilrechtlicher Ansprüche

Allerdings spricht für einen Verstoß der vorstehend dargestellten Lösung gegen den Effektivitätsgrundsatz, dass ein völliger Ausschluß des gemein-

---

[1775] S. 4. Teil, C IV 3 b) bb), S. 340.

[1776] Nicht bedacht von SELTENREICH, Francovich-Rechtsprechung, S. 194.

[1777] Dazu 4. Teil, A III, S. 248 f.

[1778] Vgl. REBHAHN, Staatshaftung, S. 295.

[1779] REBHAHN, Staatshaftung, S. 295; diese Gefahr erkennt auch ROSS, 56 MLRev. (1993), 54 (64) an: „Financial considerations would dictate a fairly obvious outcome!".

[1780] So KARPENSTEIN, DVBl. 1977, 61 (70); zustimmend CZAJA, Haftung, S. 124, 128 zur Haftung der Gemeinschaft wegen unterlassener Aufsicht gegenüber einem gegen Gemeinschaftsrecht verstoßenden Mitgliedstaat.

[1781] Zur Notwendigkeit der Herausarbeitung solcher Sphären VON BOGDANDY, in: Grabitz/Hilf, Recht der EU, Art. 288 EGV Rn. 12 (Stand: Jan. 2001); HIDIEN, Staatshaftung, S. 54 f.; vgl. auch REBHAHN, Staatshaftung, S. 295. Zum deutschen Amtshaftungsrecht LADEUR, DÖV 1994, 665 (672 ff.); BRÜGGEMEIER, Staatshaftung, S. 44 f.

schaftsrechtlichen Staatshaftungsanspruchs im Falle des Bestehens zivilrechtlicher Ansprüche gegen private Dritte die Durchsetzung des Gemeinschaftsrechts zu stark beeinträchtigt; der Staat wäre trotz eines feststehenden Verstoßes gegen eine Vorschrift des Gemeinschaftsrechts nicht haftbar zu machen. Im Schrifttum wird gesagt, dies widerspreche der Sanktionsfunktion des Staatshaftungsanspruchs[1782]. Deswegen dürfe der Mitgliedstaat sich nicht hinter zwar möglichen, aber höchst umstrittenen Ansprüchen gegen Dritte „verschanzen“[1783]. Ein solcher alternativer Weg könne nicht einen dem EG-Vertrag innewohnenden Anspruch beseitigen[1784]. Gegen den Ausschluß der Staatshaftung im Falle anderweitiger Ansprüche gegen Dritter kann weiterhin angeführt werden, dass in der Entscheidung „Rechberger u.a.“ ein Mitverschulden ausgeschlossen wurde, wenn die durch den Mitgliedstaat verletzte Pflicht gerade vor dem schadensbegründenden oder -vertiefenden Fehlverhalten des Geschädigten schützen wollte[1785]. Dieser Grundsatz ist auch im deutschen Recht anerkannt[1786]. Übertragen auf die vorliegende Konstellation ließe sich argumentieren, die Schutzpflicht habe gerade den Zweck, private Beeinträchtigungen der den Binnenmarkt konstituierenden Grundfreiheiten zu verhindern[1787], so dass es dem Geschädigten nicht zum Nachteil gereichen könne, die privaten Störer nicht in Anspruch genommen zu haben.

(3) Stellungnahme

Eine Bewertung der dargestellten Argumente hat zunächst den Effektivitätsgrundsatz zu berücksichtigen. Die teilweise geäußerte Befürchtung, die effektive Durchsetzung des Gemeinschaftsrechts werde gefährdet, wenn man den Geschädigten auf möglicherweise ungewisse Ansprüche gegen Dritte verweise, lässt sich noch dadurch ausräumen, dass ein Mitverschulden durch Nichtdurchsetzung solcher Ansprüche nur dann angenommen wird, wenn die ent-

---

1782 So BINIA, Francovich-Urteil, S. 99; OSSENBÜHL, StaatshaftungsR, S. 518; VON DANWITZ, in: von Mangoldt/Klein/Starck, GG, Art. 34 Rn. 145; C. DÖRR, DVBl. 2006, 598 (603); ANAGNOSTARAS, 27 ELRev. (2002), 663 (670); zustimmend BROCKE, Europäisierung, S. 163; bei Verstößen gegen Art. 81 EG ebenso ZENNER, Haftung, S. 261.

1783 Mit dieser Einschränkung auf Ansprüche gegen Dritte mit ungewissem Ausgang FÜHRICH, EuZW 1993, 725 (727); SCHIMKE, EuZW 1993, 698 (701).

1784 So, allerdings beschränkt auf die Nichtumsetzung von Richtlinien, ROSS, 56 MLRev. (1993), 54 (59).

1785 S. 4. Teil, B III 1 e) aa), S. 264 f.; so auch LG Bonn 16.4.1999, 1 O 186/98, NJW 2000, 815 (818 f.).

1786 Vgl. SCHIEMANN, in: Staudinger, BGB, § 254 Rn. 59.

1787 S. 4. Teil, C II 3 b), S. 304.

sprechenden Ansprüche rechtlich und tatsächlich eindeutig durchsetzbar sind[1788]. Der Bürger könnte - wie dies im Übrigen auch beim hier nicht anwendbaren § 839 Abs. 1 S. 2 BGB anerkannt ist[1789] - nur auf ihm zumutbare anderweitige Ersatzmöglichkeiten verwiesen werden. Hiernach hätte ein Mitverschulden insbesondere in Fällen auszuscheiden, die dem im Urteil „Kommission / Frankreich"[1790] entschiedenen gleichen, da dem Geschädigten hierbei die Identität der Störer regelmäßig verborgen bleibt[1791]. Auch eine unklare Sach- und Rechtslage spräche gegen die Zumutbarkeit der Verfolgung privatrechtlicher Ansprüche[1792]. Unter dieser Vorbedingung erscheinen daher gemeinschaftsrechtliche Bedenken gegen eine solche Auslegung des Mitverschuldens nach § 254 BGB als nicht durchgreifend. Doch ist es nahe liegend, dass auch unter den skizzierten Prämissen der Effektivitätsgrundsatz der Subsidiarität des Staatshaftungsanspruchs im Verhältnis zu zivilrechtlichen Ansprüchen gegen die Störer deshalb entgegenstehen dürfte, weil die Funktion des Staatshaftungsanspruches, einen Gemeinschaftsrechtsverstoß des Mitgliedstaats zu kompensieren und zu sanktionieren, letztlich durch den Verweis auf zivilrechtliche Ansprüche leer laufen würde[1793]. Hinzu kommt, wie schon angedeutet, dass der Schutzzweck der Schutzpflicht einer solchen Ausgestaltung des Mitverschuldens zuwiderläuft, so dass jedenfalls für Staatshaftungsansprüche wegen Schutzpflichtverletzung eine Subsidiarität vor dem Effektivitätsgrundsatz im Ergebnis keinen Bestand hätte.

Weiterhin ist zu berücksichtigen, dass das Äquivalenzgebot verlangt, gemeinschaftsrechtliche Sachverhalte nicht ungünstiger zu behandeln als solche, die allein nach nationalem Recht zu beurteilen sind[1794]. Nach § 254 BGB wird der Geschädigte dann nicht auf vorrangige Ansprüche gegen Dritte verwiesen,

---

[1788] Vgl. WITTKOWSKI, NVwZ 1994, 326 (332); FOLZ, Liber Amicorum Seidl-Hohenveldern, S. 175 (194); HERDEGEN/RENSMANN, ZHR 161 (1997), 522 (553); DIEHR, Staatshaftungsanspruch, S. 205; WEHLAU, Rechtsprechung, S. 82, die allerdings alle von der hier abgelehnten Geltung des § 839 Abs. 1 S. 2 BGB ausgehen; ähnlich FÜHRICH, EuZW 1993, 725 (727); SCHIMKE, EuZW 1993, 698 (701); wohl auch TAUPITZ, BB 1993, 2169 (2171); vgl. auch REBHAHN, Staatshaftung, S. 297.

[1789] Vgl. OSSENBÜHL, StaatshaftungsR, S. 85 f.; WINDTHORST, in: Detterbeck/Windthorst/Sproll, StaatshaftungsR, § 10 Rn. 52.

[1790] EuGH 9.12.1997, Kommission / Frankreich, Rs. C-265/95, Slg. 1997, I-6959; zum Sachverhalt 2. Teil, B I 1, S. 40.

[1791] Zu Möglichkeiten, dies durch polizeiliche Maßnahmen der Identitätsfeststellung auszugleichen s. 3. Teil, A III 2 c), S. 232 f.

[1792] OSSENBÜHL, StaatshaftungsR, S. 86 m.w.N.

[1793] So auch ANAGNOSTARAS, 21 YEL (2002), 355 (371).

[1794] S. 3. Teil, A I 2, S. 210.

wenn diese zusammen mit dem anderen Haftenden gesamtschuldnerisch verantwortlich sind[1795]; denn hierdurch würde das Wahlrecht, das § 421 BGB dem Geschädigten insoweit einräumt, umgangen. Für unerlaubte Handlungen ordnet § 840 BGB eine solche gesamtschuldnerische Haftung an. Auch der gemeinschaftsrechtliche Staatshaftungsanspruch ist deliktischer Natur, wie sich aus seiner Parallele zu Art. 288 Abs. 2 EG ergibt. Aus diesem Grunde wird er im Schrifttum zutreffend als dem Recht der unerlaubten Handlungen zugehörig angesehen[1796]. Dies legt es nahe, § 840 BGB ebenso auf das Verhältnis zwischen der Haftung des Mitgliedstaats und der zivilrechtlichen Haftung des privaten Störers der Grundfreiheiten anzuwenden und insoweit nach nationalem Recht eine gesamtschuldnerische Haftung anzunehmen. Ist dies aber der Fall, stellt es eine den Geschädigten gegenüber rein nationalen Sachverhalten schlechterstellende Regelung dar, wenn er nur im gemeinschaftsrechtlichen Kontext über § 254 BGB dazu verpflichtet würde, vorrangig Ansprüche gegen einen der Gesamtschuldner zu verfolgen[1797]. Insoweit liegt ein Verstoß gegen den Grundsatz der Äquivalenz vor. Für die Fallgruppe rechtsgeschäftlicher Beeinträchtigungen der Grundfreiheiten durch Private ergibt sich die gleiche Beurteilung, weil sich in diesen Fällen die Gesamtschuldbegründung zwar nach der allgemeinen Vorschrift des § 421 BGB richtet, aber anerkannt ist, dass bei Schadensersatzforderungen gegen mehrere Verantwortliche, sei es aufgrund Vertrag oder Delikt, eine Gesamtschuld zwischen diesen entsteht[1798]. Auch hierbei wäre also nach nationalem Recht ein Mitverschulden (§ 254 BGB) durch Nichtinanspruchnahme der privaten Störer ausgeschlossen; ohne Verstoß gegen den Äquivalenzgrundsatz lässt sich eine derartige Regelung also auch für den gemeinschaftsrechtlichen Staatshaftungsanspruch nicht etablieren.

1795 HEINRICHS, in: Palandt, BGB, § 254 Rn. 47.

1796 WURMNEST, Grundzüge, S. 10, 43; VAN GERVEN, 45 ICLQ (1996), 507 (532); DERS., in: ders./Zuleeg (Hrsg.), Sanktionen, S. 29 (54).

1797 § 839 Abs. 1 S. 2 BGB, der eben dies für das deutsche Amtshaftungsrecht vorsieht, kann vorliegend nicht für die Zulässigkeit einer solchen Auslegung herangezogen werden, da diese Vorschrift aufgrund ihrer Anknüpfung an das Verschulden des Amtswalters auf den gemeinschaftsrechtlichen Staatshaftungsanspruch keine Anwendung finden kann, s. 4. Teil, C IV 3 b) cc), S. 341. Aus diesem Grund ist es auch unschädlich, dass im Falle des § 839 Abs. 1 S. 2 BGB nach herrschender Auffassung keine Gesamtschuld zwischen Mitschädiger und Staat entsteht, vgl. dazu OSSENBÜHL, StaatshaftungsR, S. 78; WINDTHORST, in: Detterbeck/Windthorst/Sproll, StaatshaftungsR, § 10 Rn. 35, je m.w.N.

1798 HEINRICHS, in: Palandt, BGB, § 421 Rn. 10 m.w.N.

(4) Ergebnis

Somit gilt es festzuhalten, dass es nicht als Mitverschulden des Geschädigten angesehen werden kann, wenn dieser zivilrechtliche Ansprüche gegen private Störer der Grundfreiheiten nicht durchsetzt. Die Etablierung eines solchen Kriteriums verstieße sowohl gegen das gemeinschaftsrechtliche Effektivitätsgebot als auch gegen das Äquivalenzgebot. Zudem stehen einer vorrangigen Verantwortlichkeit der privaten Störer schutzpflichtspezifische Schutzzweckerwägungen entgegen, was es insgesamt rechtfertigt, den Grundsatz der Eigenverantwortung[1799] insoweit nicht als entscheidend anzusehen; seine Nichtberücksichtigung ist durch hinreichende Gegengründe legitimiert.

bb) Durch Versäumen von Rechtsmitteln gegen staatliche Untätigkeit

Abschließend ist in den Blick zu nehmen, inwieweit das Versäumen von Rechtsmitteln gegen die hoheitliche Untätigkeit als Mitverschulden angesehen werden kann. Angesichts der im Urteil „Brasserie du pêcheur und Factortame" grundsätzlich zugelassenen Berücksichtigung von Mitverschulden des Geschädigten entspricht es der einhelligen Auffassung, dass der Geschädigte gehalten ist, zunächst gegen die rechtswidrige Handlung[1800] des mitgliedstaatlichen Organs gerichtlich vorzugehen, um den Gemeinschaftsrechtsverstoß zu beseitigen[1801]. Die Regelung des § 839 Abs. 3 BGB kann insoweit unbedenklich auf den gemeinschaftsrechtlichen Staatshaftungsanspruch angewendet werden. Maßgebliches Argument hierfür ist, dass der praktischen Wirksamkeit des Gemeinschaftsrechts am besten gedient ist, wenn der Verstoß besei-

---

[1799] Dazu 4. Teil, A III, S. 248.

[1800] In der hier relevanten Konstellation: das Unterlassen.

[1801] Vgl. GRATIAS, Staatshaftung, S. 138; HIDIEN, Staatshaftung, S. 59 f.; SELTENREICH, Francovich-Rechtsprechung, S. 198 f.; ZENNER, Haftung, S. 182; MÜLLER-GRAFF, in: Moreira de Sousa/Heusel (Hrsg.), Durchsetzung, S. 153 (162); OSSENBÜHL, StaatshaftungsR, S. 516; DETTERBECK, in: ders./Windthorst/Sproll, StaatshaftungsR, § 6 Rn. 69; WINDTHORST, in: Detterbeck/Windthorst/Sproll, StaatshaftungsR, § 10 Rn. 54; VON DANWITZ, in: von Mangoldt/Klein/Starck, GG, Art. 34 Rn. 144; FOLZ, Liber Amicorum Seidl-Hohenveldern, S. 175 (194); MAURER, FS Boujong, S. 591 (606); PAPIER, in: Rengeling (Hrsg.), EUDUR Bd. 1, § 43 Rn. 44; ANAGNOSTARAS, 21 YEL (2002), 355 (369); DECKERT, EuR 1997, 203 (231); EHLERS, JZ 1996, 776 (779); GRZESZICK, EuR 1998, 417 (431); HATJE, EuR 1997, 297 (305); HERDEGEN/RENSMANN, ZHR 161 (1997), 522 (554); JARASS, NJW 1994, 881 (886); GEIGER, DVBl. 1993, 465 (473); KREMER, 22 YEL (2003), 203 (240); MARTIN-EHLERS, EuR 1996, 376 (384); PRIEß, NVwZ 1993, 118 (124); REICH, EuZW 1996, 709 (715); STREINZ, EuZW 1993, 599 (603); DERS., Jura 1995, 6 (12); THALMAIR, DStR 1996, 1975 (1978).

tigt und nicht lediglich finanziell kompensiert wird[1802]. Allerdings hat der EuGH in der Entscheidung „Metallgesellschaft“[1803] eine wichtige Einschränkung dahingehend vorgenommen, dass Primärrechtsschutz dann nicht in Anspruch genommen werden muss, wenn das nationale Recht die begehrte Rechtsfolge eindeutig ausschließt. Der Bürger müsse in solchen Fällen nicht unter Berufung auf den Vorrang des Gemeinschaftsrechts und die unmittelbare Anwendbarkeit gegen die Behörden gerichtlich vorgehen[1804]. Unklar bleibt hierbei allerdings die Reichweite dieser Aussage, die sich einerseits als generelle deutliche Zurücknahme der „Brasserie du pêcheur und Factortame“-Grundsätze deuten lässt[1805] oder andererseits als auf den Besonderheiten des konkreten Falles beruhend angesehen werden kann[1806]. Für die vorliegende Fragestellung kann dies jedoch weitgehend außer Betracht bleiben, denn ausdrücklich der Schutzpflichterfüllung entgegenstehende Normen dürften angesichts der weitgehenden Schutzpflichtkonformität des deutschen Rechts eine seltene Ausnahme sein[1807]. Immerhin zeigt das Urteil auf, dass der zu ergreifende Rechtsschutz zumutbar sein muss[1808]; Stimmen im deutschen Schrifttum, die hier allzu strenge Maßstäbe anlegen möchten[1809], dürfte mit diesem Urteil die Grundlage entzogen sein.

1802 STREINZ, VVDStRL 61 (2002), 300 (352); DERS., Jura 1995, 6 (12); ANAGNOSTARAS, 21 YEL (2002), 355 (369); JARASS, NJW 1994, 881 (886).

1803 EuGH 8.3.2001, Metallgesellschaft u.a., verb. Rs. C-397/98 u. C-410/98, Slg. 2001, I-1727 Rn. 107.

1804 EuGH 8.3.2001, Metallgesellschaft u.a., verb. Rs. C-397/98 u. C-410/98, Slg. 2001, I-1727 Rn. 106.

1805 So wohl LAGEARD, in: Lenz/Borchardt, EUV / EGV, Art. 288 EGV Rn. 58; EICKER/MÜLLER, RIW 2001, 438 (442).

1806 So sah das britische Recht, wie der EuGH ausdrücklich bemerkt, keine entsprechenden Regelungen über den Vorrang des Primärrechtsschutzes vor; zudem hätten entsprechende Rechtsbehelfe nach den Feststellungen des Vorlagebeschlusses den Schaden auch nicht verhindern können, vgl. EuGH 8.3.2001, Metallgesellschaft u.a., verb. Rs. C-397/98 u. C-410/98, Slg. 2001, I-1727 Rn. 100 f., 104. Insoweit liegt es zumindest näher, dass der Gerichtshof nur klarstellen wollte, dass die Inanspruchnahme von Primärrechtsschutz zwar gefordert werden kann, aber nicht, wie Großbritannien anscheinend vorgebracht hatte (Rn. 101), gemeinschaftsrechtlich zwingend vorgeschrieben ist (zu dieser Kontroverse im Schrifttum HIDIEN, Staatshaftung, S. 59 m.w.N.; wie hier ANAGNOSTARAS, 21 YEL [2002], 355 [367]; DERS., 27 ELRev. [2002], 663 [672]).

1807 S. 3. Teil, A II 3, S. 223; 3. Teil, A III 4, S. 236.

1808 ANAGNOSTARAS, 21 YEL (2002), 355 (366).

1809 So EHLERS, JZ 1996, 776 (779); zustimmend THALMAIR, DStR 1996, 1975 (1978).

Bei der Beurteilung, ob ein Rechtsmittel schuldhaft versäumt worden ist, ist zu differenzieren zwischen den jeweiligen Verstoßkonstellationen, wie sie bereits aufgezeigt wurden[1810]; denn je nachdem, ob der Schutzpflichtverstoß durch Exekutive, Legislative oder Judikative begangen wurde, bestehen unterschiedliche Rechtsschutzmöglichkeiten des Einzelnen[1811].

Was zunächst Schutzpflichtverstöße durch die Exekutive anbelangt, so konnte festgestellt werden, dass in diesem Zusammenhang umfassende Möglichkeiten bestehen, sowohl einstweiligen Rechtsschutz zu erlangen[1812] als auch im regulären Verfahren ein Tätigwerden insbesondere der Polizei- und Ordnungsbehörden zu erreichen. Ebenso kann der Bürger den Erlaß untergesetzlicher Schutznormen, soweit der Anspruch materiell-rechtlich durch die grundfreiheitlichen Schutzpflichten gefordert wird, einklagen[1813]. Insofern ist der Bürger gehalten, von diesen Rechtsschutzmöglichkeiten Gebrauch zu machen, will er nicht nach § 839 Abs. 3 BGB einen Anspruchsverlust hinnehmen.

Anders stellt sich die Lage bei der Legislative dar. Verstößt diese gegen eine aus den Grundfreiheiten hergeleitete Schutzpflicht, indem trotz Notwendigkeit ein den gebotenen Schutz realisierendes förmliches Gesetz nicht erlassen wird, steht dem Einzelnen hiergegen kein Rechtsbehelf zu Gebote; insbesondere eine Verfassungsbeschwerde wäre nach dem hier zugrunde gelegten Verständnis unzulässig[1814]. Hiervon abgesehen wird die Einlegung einer Verfassungsbeschwerde aufgrund ihres Charakters als außerordentlicher Rechtsbehelf auch nach nationalem Recht nicht als schuldhafte Rechtsmittelversäumnis angesehen[1815].

Schließlich ist die Fallgruppe der Schutzpflichtverletzung durch die Judikative zu betrachten. Vor allem im Bereich der rechtsgeschäftlichen Beeinträchtigung der Grundfreiheiten sind dahingehende Schutzpflichtverstöße möglich, wenn das Zivilgericht den Einfluss der grundfreiheitlichen Schutzpflichten

---

1810 S. 4. Teil, C I 2, S. 284 ff.

1811 S. 3. Teil, A III 2, S. 227 ff.

1812 S. 3. Teil, A III 2 a), S. 228.

1813 S. 3. Teil, A III 2 b), S. 229.

1814 S. 3. Teil, A III 2 b), S. 230 ff.

1815 BGH 23.3.1959, III ZR 207/57, BGHZ 30, 19 (28); OSSENBÜHL, StaatshaftungsR, S. 94; WOLFF/BACHOF/STOBER, VerwR Bd. 2, § 67 Rn. 111; WINDTHORST, in: Detterbeck/Windthorst/Sproll, StaatshaftungsR, § 10 Rn. 61; HIDIEN, Staatshaftung, S. 60; BROCKE, Europäisierung, S. 161; a.A. für legislatives Unrecht aber EHLERS, JZ 1996, 776 (779).

auf das nationale Zivilrecht verkennt oder eine entscheidungserhebliche Frage nicht dem EuGH vorlegt. Eine Versäumung von Rechtsmitteln könnte darin liegen, dass der Geschädigte gegen ein hierdurch fehlerbehaftetes Urteil keine Berufung oder Revision einlegt. Im nationalen Staatshaftungsrecht wird dies aber nicht verlangt; der Geschädigte soll sich auf die Richtigkeit eines erstinstanzlichen Urteils verlassen können[1816]. Zwar mag man hiergegen einwenden, im Anwendungsbereich des Gemeinschaftsrechts sei dessen Durchsetzung besser gedient, wenn der gesamte Instanzenzug ausgeschöpft würde, damit es in dessen Verlauf zu einer Vorlage an den EuGH kommen könne[1817]. Indes liegt hierin eine Überspannung der Anforderungen an den Geschädigten, die allein unter Hinweis auf den „effet utile“ nicht zu rechtfertigen ist[1818]. Insofern kann von einer schuldhaften Rechtsmittelversäumnis durch Nichteinlegung von Berufung oder Revision nicht gesprochen werden.

V. Zusammenfassung

Für die in der vorliegenden Arbeit betrachtete Konstellation der Staatshaftung wegen Verletzung grundfreiheitlicher Schutzpflichten sind damit folgende Ergebnisse in Bezug auf die Voraussetzungen des gemeinschaftsrechtlichen Staatshaftungsanspruchs festzuhalten:

1. Gemeinschaftsrechtsverstoß

Ein potentiell haftungsauslösender Verstoß gegen die grundfreiheitliche Schutzpflicht durch Unterlassen gebotener Schutzmaßnahmen kann durch alle drei Staatsgewalten (Legislative, Exekutive, Judikative) begangen werden[1819]; ein alleiniger Verstoß der Legislative gegen die Schutzpflicht liegt dabei nur dann vor, wenn die der Schutzpflichterfüllung entgegenstehende Norm nicht von Behörden oder Gerichten gemeinschaftsrechtskonform ausgelegt werden kann[1820]. Haben zwei Staatsorgane gegen die Schutzpflicht verstoßen, ist grundsätzlich von einer kumulativen Verantwortlichkeit auszugehen[1821]; eine Unterbrechung der Kausalkette durch das rechtswidrige Handeln des jeweils anderen Staatsorgans ist in diesem Zusammenhang nicht anzuerkennen[1822].

[1816] BGH 6.12.1984, III ZR 141/83, VersR 1985, 358 (359 m.w.N.); RÜFNER, in: Erichsen/Ehlers (Hrsg.), Allg. VerwR, § 47 Rn. 33.

[1817] So ZENNER, Haftung, S. 184.

[1818] So aber ZENNER, Haftung, S. 184.

[1819] S. 4. Teil, C I 1, S. 283 f.

[1820] S. 4. Teil, C I 2, S. 284 ff.

[1821] S. 4. Teil, C I 2, S. 285.

[1822] S. 4. Teil, C IV 2 b) cc), S. 332.

2. Rechtsverleihung durch die verletzte Norm

Im Rahmen des Tatbestandsmerkmals „Rechtsverleihung durch die verletzte Norm“ kommt es bei den grundfreiheitlichen Schutzpflichten - anders als bei der Staatshaftung wegen fehlerhafter Richtlinienumsetzung - nicht darauf an, ob sich der Inhalt der zu verleihenden Rechte aus der Norm selbst entnehmen lässt[1823]. Der Rechtsverleihung durch Normen, die Aufsichtspflichten des Staates über Private beinhalten, stehen rechtspolitische Einwände ebenso wenig prinzipiell im Wege[1824] wie der Umstand, dass solche Aufsichtsmaßnahmen eine komplexe Bewertung mehrerer widerstreitender Interessen erfordern[1825]. Entgegen der Rechtsprechung des EuGH ist es für die rechtsverleihende Zielsetzung einer Norm im Kontext des gemeinschaftsrechtlichen Staatshaftungsanspruchs nicht als ausreichend anzusehen, wenn die betreffende Norm lediglich die Voraussetzungen der unmittelbaren Anwendbarkeit des Gemeinschaftsrechts erfüllt; vielmehr bedarf es des Rückgriffs auf Schutzzweckerwägungen, die auf verschiedenen Wertungsstufen des Haftungsanspruchs Wirkung entfalten können[1826]. Zu fordern ist, dass die verletzte Norm den Interessen Einzelner zu dienen bestimmt ist[1827]; diese Voraussetzung erfüllt die Schutzpflicht aus den Grundfreiheiten[1828].

3. Hinreichende Qualifiziertheit des Verstoßes

Im Hinblick auf die hinreichende Qualifiziertheit des Verstoßes lassen sich aufgrund der wertenden Natur dieses Tatbestandsmerkmals lediglich einige Leitlinien für dessen Handhabung im Falle der Verletzung grundfreiheitlicher Schutzpflichten aufstellen[1829]. Eine abstrakte Festlegung dahingehend, dass bereits die Reduzierung des Entschließungsermessens der Mitgliedstaaten die hinreichende Qualifiziertheit des Gemeinschaftsrechtsverstoßes begründet, empfiehlt sich nicht[1830]; typisierend lässt sich aber sagen, dass in Anlehnung an die Rechtsprechung zur fehlerhaften oder fehlenden Richtlinienumsetzung die Grenzen des mitgliedstaatlichen Ermessens jedenfalls dann offenkundig und erheblich überschritten sind, wenn der Mitgliedstaat überhaupt keine Maßnahmen zur Wahrnehmung der ihm obliegenden Schutzpflicht ergriffen

---

[1823] S. 4. Teil, C II 1, S. 287 ff.
[1824] S. 4. Teil, C II 2 a), S. 291.
[1825] S. 4. Teil, C II 2 b), S. 292 ff.
[1826] S. 4. Teil, C II 3, S. 297 ff.
[1827] S. 4. Teil, C II 3 a) bb), S. 300 ff.
[1828] S. 4. Teil, C II 3 b), S. 304 f.
[1829] S. 4. Teil, C III 1 b), S. 308 f.
[1830] S. 4. Teil, C III 1 a), S. 307.

hat[1831]. Sind dagegen Schutzmaßnahmen vorhanden, aber unzureichend, ist die Anlegung eines vergleichbar strengen Haftungsmaßstabes nicht gerechtfertigt[1832]. Weiterhin ist hinsichtlich der Weite des Ermessens zu differenzieren zwischen Schutzpflichtverstößen durch Exekutive, Judikative und Legislative. Während es für Letztere gerechtfertigt ist, die Haftungsvoraussetzungen eng auszulegen[1833] und ähnliches auch für die Judikative anzunehmen ist[1834], gilt dies für die Exekutive aufgrund der in diesem Bereich regelmäßig überschaubareren Sachverhalte nicht; deren Ermessen ist daher als stärker eingeschränkt einzusehen, so dass eine Haftung unter weniger einschränkenden Voraussetzungen Platz greifen kann[1835]. Klarheit und Genauigkeit der Schutzpflicht als weiteres Haftungskriterium sind bei alleiniger Betrachtung der Normstruktur eher zu verneinen[1836], jedoch ergeben sich im Zusammenhang mit der bisherigen Rechtsprechung des EuGH zu den Schutzpflichten gewisse Leitlinien, die es für bestimmte Fallgruppen rechtfertigen, einen hinreichend qualifizierten Verstoß anzunehmen[1837]. Ein vorsätzlicher Verstoß des Mitgliedstaats gegen die Schutzpflicht und die damit einhergehende Zufügung eines Schadens ist denkbar, sollte aber nicht schon dann angenommen werden, wenn das zuständige Organ zwar die Einbußen der betroffenen Wirtschaftsteilnehmer erkannt hat, aber aufgrund einer vertretbaren Abwägung fehlerhaft zu dem Ergebnis gekommen ist, nicht einschreiten zu müssen[1838]. Entlastend kann es für den Mitgliedstaat wirken, wenn das Verhalten eines Gemeinschaftsorgans zur Nichterfüllung der Schutzpflicht beigetragen hat[1839].

4. Schaden und Mitverschulden

Die Berechnung des Schadens ist dem Recht der Mitgliedstaaten überantwortet, die dabei das Äquivalenz- und Effektivitätsgebot beachten müssen[1840]. Bei der Festlegung der ersatzfähigen Schäden kann das Schutzzweckkriterium herangezogen werden[1841]. Seine Anwendung auf die Haftung wegen Verletzung

---

1831 S. 4. Teil, C III 1 b) aa), S. 309.
1832 S. 4. Teil, C III 1 b) bb), S. 310 ff.
1833 S. 4. Teil, C III 2 a) aa), S. 314.
1834 S. 4. Teil, C III 2 a) cc), S. 315.
1835 S. 4. Teil, C III 2 a) bb), S. 314.
1836 S. 4. Teil, C III 3 b), S. 316.
1837 S. 4. Teil, C III 3 c), S. 317.
1838 S. 4. Teil, C III 3 d), S. 318.
1839 S. 4. Teil, C III 3 e), S. 319.
1840 S. 4. Teil, C IV 1 b), S. 323.
1841 S. 4. Teil, C IV 3 a), S. 335 f.

von Schutzpflichten ergibt, dass in gegenständlicher Hinsicht sowohl Personen- als auch Sachschäden sowie entgangener Gewinn ersatzfähig sind[1842]; in persönlicher Hinsicht sind solche Anspruchsteller nicht erfasst, die lediglich mittelbar von den grundfreiheitlichen Schutzpflichten begünstigt werden[1843]. Hinsichtlich weiterer dahingehender Festlegungen muss die Entwicklung der Rechtsprechung abgewartet werden[1844]. Anzuerkennen ist die schadensmindernde Anrechnung von durch die Verletzung der Schutzpflichten zugleich entstandenen Vorteilen für den Geschädigten[1845]. Einer Anwendung des § 839 Abs. 1 S. 2 BGB auf den gemeinschaftsrechtlichen Staatshaftungsanspruch stehen bereits systematische Gründe entgegen[1846]; aber auch bei Verortung einer ähnlichen Regelung im Rahmen des Mitverschuldens des Geschädigten (§ 254 BGB) ist eine Nachrangigkeit der Staatshaftung der Mitgliedstaaten gegenüber Ansprüchen gegen die privaten Störer abzulehnen[1847]. Allerdings muss der durch die Verletzung der Schutzpflicht Geschädigte - soweit möglich und zumutbar - versuchen, gegen das staatliche Unterlassen Primärrechtsschutz zu erlangen; andernfalls entfällt nach § 839 Abs. 3 BGB sein Staatshaftungsanspruch[1848].

5. Kausalität

Im Gegensatz zur Bestimmung des ersatzfähigen Schadens handelt es sich bei der Kausalität zwischen Gemeinschaftsrechtsverstoß und Schaden um einen allein nach Gemeinschaftsrecht zu beurteilenden Begriff[1849]. Bei Verletzung einer Handlungspflicht, wie sie die grundfreiheitlichen Schutzpflichten begründen, liegt Kausalität dann vor, wenn das gebotene Verhalten nicht hinzugedacht werden kann, ohne dass der Erfolg entfällt[1850]. Die Einschränkung des Gerichtshofs, dass es sich um einen unmittelbaren Kausalzusammenhang handeln müsse, ist als Verweis auf den Adäquanzgedanken zu deuten; auch können Schutzzweckerwägungen Berücksichtigung finden[1851]. Insbesondere Letztere können zu einer sinnvollen Eingrenzung des Kreises der Ersatzbe-

---

[1842] S. 4. Teil, C IV 3 a), S. 336.
[1843] S. 4. Teil, C IV 3 a), S. 337; 4. Teil, C IV 2 a), S. 325 ff.
[1844] S. 4. Teil, C IV 3 a), S. 337.
[1845] S. 4. Teil, C IV 3 a), S. 338.
[1846] S. 4. Teil, C IV 3 b) bb), S. 340.
[1847] S. 4. Teil, C IV 3 c) aa), S. 342 ff.
[1848] S. 4. Teil, C IV 3 c) bb), S. 347 ff.
[1849] S. 4. Teil, C IV 1 a), S. 321.
[1850] S. 4. Teil, C IV 2 a), S. 324.
[1851] S. 4. Teil, C IV 2 a), S. 325.

rechtigten herangezogen werden[1852]. An der unmittelbaren Kausalität fehlt es, wenn der Schaden auch bei pflichtgemäßem Verhalten des Mitgliedstaats eingetreten wäre[1853]. Der Geschädigte trägt hierbei die Beweislast dafür, dass das hinzuzudenkende pflichtgemäße Verhalten des Mitgliedstaats den Schaden mit an Sicherheit grenzender Wahrscheinlichkeit verhindert hätte[1854]. Eine generelle Absenkung dieses Maßstabs ist nicht zu befürworten. Beweiserleichterungen kommen allenfalls in seltenen Ausnahmekonstellationen in Betracht[1855]. Eine Unterbrechung des Kausalzusammenhangs durch eigene Handlungen des Geschädigten findet nicht statt, weil hiermit verbundene Fragen sachgerechter mit der Kategorie des Mitverschuldens zu lösen sind[1856]. Das Handeln anderer Staatsorgane sollte - entgegen der Rechtsprechung des Gerichtshofs - nicht als die Kausalkette unterbrechender Faktor anerkannt werden[1857]. Das Dazwischentreten privater Dritter kann dagegen den Kausalzusammenhang zwischen staatlichem Unterlassen und entstandenem Schaden unterbrechen; doch gilt dies aufgrund des Schutzzwecks der grundfreiheitlichen Schutzpflicht nur, soweit die intervenierenden Dritten nicht identisch mit den Störern der Grundfreiheiten sind, gegen die der Staat vorzugehen verpflichtet ist[1858].

[1852] S. 4. Teil, C IV 2 a), S. 325 f.
[1853] S. 4. Teil, C IV 2 a), S. 327.
[1854] S. 4. Teil, C IV 2 b), S. 327 ff.
[1855] S. 4. Teil, C IV 2 b), S. 330.
[1856] S. 4. Teil, C IV 2 c) aa), S. 331 f.
[1857] S. 4. Teil, C IV 2 c) bb), S. 332.
[1858] S. 4. Teil, C IV 2 c) cc), S. 334.

5. Teil: Schlussbetrachtung

Zu guter Letzt seien die wesentlichen Ergebnisse der Untersuchung und sich hieraus ergebende Folgerungen in gedrängter Form noch einmal zusammengestellt. Wegen der Einzelheiten und aller Thesen kann auf die jeweiligen Zusammenfassungen am Ende der Abschnitte verwiesen werden[1859].

A. Schutzpflichten und Rechtsschutz

Im Hinblick auf die Rechtsfigur der grundfreiheitlichen Schutzpflichten hat die Untersuchung ergeben, dass einige dogmatische Aspekte der Schutzpflicht noch der Klärung bedurften - es ist zu hoffen, dass die hier vorgeschlagenen Lösungsmöglichkeiten und Erklärungsmuster einen hilfreichen Beitrag zur weiteren wissenschaftlichen Durchdringung des Faszinosums Schutzpflicht leisten können.

Insbesondere konnten die Wirkungen der Schutzpflicht aus den Grundfreiheiten auf nationales Recht als Folge ihrer unmittelbaren Anwendbarkeit herausgearbeitet und verdeutlicht werden; dabei zeigte sich, dass notwendige Korrekturen des innerstaatlichen Rechts durchweg keine Systembrüche verursachen müssen. Im Vergleich zum Konzept einer unmittelbaren Drittwirkung der Grundfreiheiten erwies sich die Schutzpflicht als überlegenes Erklärungsmodell für die Verwirklichung der Grundfreiheiten in privaten Rechtsverhältnissen. Die Heranziehung von Erkenntnissen aus dem Gebiet des Richtlinienrechts hat sich in dieser Hinsicht als nützlich herausgestellt, doch ist eine allzu enthusiastische Übertragung nicht geboten, sondern vielmehr Bedacht auch auf die jeweiligen Strukturunterschiede zu nehmen. Insgesamt konnte nicht festgestellt werden, dass durch die Schutzpflicht eine zu große Einschränkung der Mitgliedstaaten in Kernbereichen ihrer Kompetenzen etabliert wird; gleichwohl bedeutet die Anerkennung grundfreiheitlicher Schutzpflichten, dass der Schutz der Bürgers vor Beeinträchtigungen durch Private nunmehr auch eine gemeinschaftsrechtliche Fundierung aufweist. Dies gilt es, bei der Auslegung „schutzpflichtrelevanter" nationaler Normen zusätzlich zu entsprechenden grundgesetzlichen Vorgaben zu berücksichtigen. Für Beeinträchtigungen faktischer Art kann hierfür auf relativ gesicherte Vorgaben zurückgegriffen werden, zu deren Konkretisierung die vorliegende

[1859] Zu Schutzpflichten: 2. Teil, C III 4, S. 147 ff.; 2. Teil, C IV 4, S. 165 ff.; 2. Teil, C VII, S. 203 ff. Zu Rechtsschutzfragen: 3. Teil, A II 3, S. 223; 3. Teil, A III 4, S. 236; 3. Teil, B III, S. 241. Zum Staatshaftungsanspruch: 4. Teil, A IV, S. 249; 4. Teil, C V, S. 350 ff.

Arbeit ihren Teil beizutragen unternimmt. Noch im Entwicklungsstadium ist dagegen die Handhabung der Schutzpflicht bei rechtsgeschäftlichen Beeinträchtigungen. Es bleibt abzuwarten, ob sich eine differenzierte Behandlung, wie sie unter anderem in dieser Arbeit befürwortet wird, durchsetzen kann. Der Handhabung des Verhältnismäßigkeitsgrundsatzes wird nicht nur für diesen Aspekt wesentliche Bedeutung zukommen; vielmehr steht und fällt mit dessen Ausgestaltung die Akzeptanz des Schutzpflichtkonzepts insgesamt, weil auf dieser dogmatischen Stufe nach der hier vertretenen Konzeption die wesentlichen Weichenstellungen im Hinblick auf die Tragweite der grundfreiheitlichen Schutzpflichten getroffen werden. Insgesamt wird durch die Schutzpflichtkonstruktion mit ihren Auswirkungen auch auf nationale Rechtsschutzmöglichkeiten dem Instrumentarium des Bürgers gegen staatliche Beeinträchtigungen - hier in Form der Untätigkeit - ein weiteres, durchaus schlagkräftiges Rechtsinstitut hinzugefügt.

B. Staatshaftung

Die Analyse der staatshaftungsrechtlichen Fragestellung hat das enorme Kontrollpotential, welches dem gemeinschaftsrechtlichen Staatshaftungsanspruch in Verbindung mit den Schutzpflichten innewohnt, illustriert. Seine Anwendbarkeit auch auf die Untätigkeit der Mitgliedstaaten gegenüber privaten Beeinträchtigungen der Grundfreiheiten fügt der rechtlichen Einhegung der Ermessens- und Gestaltungsspielräume der Mitgliedstaaten qua Gemeinschaftsrecht eine weitere (haftungsbewehrte) Facette hinzu. Unzumutbare Haftungsrisiken für den betroffenen Mitgliedstaat ergeben sich aus der Anerkennung einer Haftung für unterlassenes Einschreiten jedoch nicht. Dies folgt wesentlich daraus, dass bereits die Ausgestaltung der grundfreiheitlichen Schutzpflicht als primär zu befolgender Pflicht unerfüllbaren Ansprüchen - etwa auf eine umfassende Rechtsangleichung - entgegensteht. Auch die Einzelausprägungen des Haftungstatbestandes sind nicht angetan, einer Gefährdungshaftung Vorschub zu leisten. Insoweit hat sich gezeigt, dass Bedenken rechtspolitischer Natur gegen eine Haftung für Nichteinschreiten gegen private Binnenmarktstörungen durchaus systemkonform über eine entsprechende Ausgestaltung der Haftungsvoraussetzungen Rechnung getragen werden kann. Die Herausarbeitung der leitenden Zwecke des Staatshaftungsanspruchs hat sich insbesondere in diesem Kontext als sinnvolle Herangehensweise herausgestellt. Die fehlende Pflicht des Bürgers, zunächst die privaten Störer in Anspruch zu nehmen, mag rechtspolitisch zu bedauern sein - indes ist diese Konsequenz letztlich Ausfluss des Sanktionscharakters des Staatshaftungsanspruchs für die Mitgliedstaaten und von daher durch ausreichende Gegengründe legitimiert. Nicht nur auf dieser Ebene des Tatbestands des gemeinschaftsrechtlichen Staatshaftungsanspruchs, sondern auch bei der Schadensbemessung sowie bei der Kausalität konnte festgestellt werden, dass die Heranziehung des Schutzzweckkriteriums dogmatisch stimmig und sachlich geboten ist. Insofern ließ sich anhand der speziellen Fallkonstellation der Haftung der Mitgliedstaaten wegen Schutzpflichtverletzungen die weiter bestehende Notwendigkeit einer dogmatischen Durchdringung des gemeinschaftsrechtlichen Staatshaftungsanspruches illustrieren. Diese kann - wie es hier für einen Bereich unternommen worden ist - zu einer besseren und vor allem vorausschaubareren Handhabbarkeit des Haftungsinstituts beitragen und Letzterem auf diese Weise schärfere Konturen verleihen. Wertungen und Abwägungen sind aber - wie die Untersuchung belegt hat - nie völlig auszuschließen und sollten dies im Interesse der Gewährleistung von Einzelfallgerechtigkeit auch nicht sein.

Literaturverzeichnis

Aalto, Pekka — Twelve Years of Francovich in the European Court of Justice: A Survey of the Case-law on the Interpretation of the Three Conditions of Liability, in: Moreira de Sousa/Heusel (Hrsg.), Durchsetzung, S. 59 (zit.: AALTO, in: Moreira de Sousa/Heusel (Hrsg.), Durchsetzung, S. 59)

Albers, Carsten — Die Haftung der Bundesrepublik Deutschland für die Nichtumsetzung von EG-Richtlinien, Diss. Freiburg (Breisgau), 1994, Baden-Baden 1995 (zit.: ALBERS, Haftung)

Alexy, Robert — Verfassungsrecht und einfaches Recht - Verfassungsgerichtsbarkeit und Fachgerichtsbarkeit (1. Bericht zum ersten Beratungsgegenstand auf der Staatsrechtslehrertagung 2001), in: VVDStRL 61 (2002), 7 (zit.: ALEXY, VVDStRL 61 (2002), 7)

Alexy, Robert — Theorie der Grundrechte, Habil. Göttingen, 1984, Baden-Baden 1985 (zit.: ALEXY, Theorie)

Anagnostaras, Georgios — Not as unproblematic as you might think: the establishment of causation in governmental liability actions, in: 27 ELRev. (2002), 663 (zit.: ANAGNOSTARAS, 27 ELRev. (2002), 663)

Anagnostaras, Georgios — State Liability and Alternative Courses of Action: How Independent Can an Autonomous Remedy Be?, in: 21 YEL (2002), 355 (zit.: ANAGNOSTARAS, 21 YEL (2002), 355)

Arndt, Hans-Wolfgang — Europarecht, 8. Auflage, Heidelberg 2003 (zit.: ARNDT, EuropaR)

Axer, Peter — Primär- und Sekundärrechtsschutz im öffentlichen Recht, in: DVBl. 2001, 1322 (zit.: AXER, DVBl. 2001, 1322)

Bader, Johann / Funke-Kaiser, Michael / Kuntze, Stefan / von Albedyll, Jörg	Verwaltungsgerichtsordnung - Kommentar anhand der höchstrichterlichen Rechtsprechung, 3., neu bearbeitete Auflage, Heidelberg 2005 (zit.: BEARBEITER, in: Bader, VwGO)
Badura, Peter	Das öffentliche Unternehmen im europäischen Binnenmarkt, in: ZGR 1997, 291 (zit.: BADURA, ZGR 1997, 291)
Badura, Peter / Scholz, Rupert (Hrsg.)	Wege und Verfahren des Verfassungslebens- Festschrift für Peter Lerche zum 65. Geburtstag, München 1993 (zit.: AUTOR, FS Lerche)
Bamberger, Heinz Georg / Roth, Herbert (Hrsg.)	Kommentar zum Bürgerlichen Gesetzbuch, Band 2: §§ 611 - 1296, ErbbauVO, WEG, München 2003 (zit.: BEARBEITER, in: Bamberger/Roth, BGB)
Barav, Ami	Omnipotent Courts, in: Curtin/Heukels (Hrsg.), FS Schermers Bd. 2, S. 265 (zit.: BARAV, FS Schermers Bd. 2, S. 265)
Baur, Fritz / Esser, Josef / Kübler, Friedrich / Steindorff, Ernst (Hrsg.)	Funktionswandel der Privatrechtsinstitutionen - Festschrift für Ludwig Raiser zum 70. Geburtstag, Tübingen 1974 (zit.: AUTOR, in: FS L. Raiser)
Becker, Ulrich	Von „Dassonville“ über „Cassis“ zu „Keck“ - Der Begriff der Maßnahmen gleicher Wirkung in Art. 30 EGV, in: EuR 1994, 162 (zit.: BECKER, EuR 1994, 162)
Beckmann, Klaus / Dieringer, Jürgen / Hufeld, Ulrich (Hrsg.)	Eine Verfassung für Europa, 2., aktualisierte und erweiterte Auflage, Tübingen 2005 (zit.: AUTOR, in: Beckmann/Dieringer/Hufeld (Hrsg.), Verfassung)
Behrens, Peter	Die Konvergenz der wirtschaftlichen Freiheiten im europäischen Gemeinschaftsrecht, in: EuR 1992, 145 (zit.: BEHRENS, EuR 1992, 145)

Beljin, Saša	Staatshaftung im Europarecht - Konturen des Haftungsinstituts, Mitgliedstaatliche Pflichten und subjektive Gemeinschaftsrechte, Innerstaatliche Durchführung, Diss. Münster, 2000, Köln u.a. 2000 (zit.: BELJIN, Staatshaftung)
Berka, Walter	Lehrbuch Grundrechte - Ein Arbeitsbuch für das juristische Studium mit Hinweisen zur grundrechtlichen Fallbearbeitung, Wien 2000 (zit.: BERKA, Lehrbuch)
Bezzenberger, Tilman	Ethnische Diskriminierung, Gleichheit und Sittenordnung im bürgerlichen Recht, in: AcP 196 (1996), 395 (zit.: BEZZENBERGER, AcP 196 (1996), 395)
Bieber, Roland / Bleckmann, Albert / Capotorti, Francesco u.a. (Hrsg.)	Das Europa der zweiten Generation - Gedächtnisschrift für Christoph Sasse, Band 2, Kehl am Rhein, Straßburg 1981 (zit.: AUTOR, GS Sasse Bd. 2)
Binia, Cornelia M.	Das Francovich-Urteil des Europäischen Gerichtshofes im Kontext des deutschen Staatshaftungsrechts, Diss. Mainz, 1996, Frankfurt a.M. u.a. 1998 (zit.: BINIA, Francovich-Urteil)
Birk, Rolf	Arbeitskampf und Europarecht, in: Oetker/Preis/Rieble (Hrsg.), FS BAG, S. 1165 (zit.: BIRK, FS BAG, S. 1165)
Bleckmann, Albert	Art. 5 EWG-Vertrag und die Gemeinschaftstreue, in: DVBl. 1976, 483 (zit.: BLECKMANN, DVBl. 1976, 483)
Bleckmann, Albert	Die Freiheiten des Gemeinsamen Marktes als Grundrechte , in: Bieber/Bleckmann/Capotorti u.a. (Hrsg.), GS Sasse, S. 665 (zit.: BLECKMANN, GS Sasse Bd. 2, S. 675)
Bleckmann, Albert	Die Rechtsquellen des Europäischen Gemeinschaftsrechts, in: NVwZ 1993, 824 (zit.: BLECKMANN, NVwZ 1993, 824)

Bleckmann, Albert — Europarecht - Das Recht der Europäischen Union und der Europäischen Gemeinschaften, 6., neubearbeitete und erweiterte Auflage, Köln u.a. 1997 (zit.: BEARBEITER, in: Bleckmann, EuropaR)

Bleckmann, Albert — Staatsrecht II - Die Grundrechte, 4., neubearbeitete Auflage, Köln u.a. 1997 (zit.: BLECKMANN, StaatsR II)

Böckenförde, Ernst-Wolfgang — Grundrechte als Grundsatznormen – Zur gegenwärtigen Lage der Grundrechtsdogmatik, in: Der Staat 29 (1990), 1 (zit.: BÖCKENFÖRDE, Der Staat 29 (1990), 1)

Borowski, Martin — Grundrechte als Prinzipien - Die Unterscheidung von prima facie-Position und definitiver Position als fundamentaler Konstruktionsgrundsatz der Grundrechte , Diss. Kiel, 1997, Baden-Baden 1998 (zit.: BOROWSKI, Grundrechte)

Böse, Martin — Strafen und Sanktionen im europäischen Gemeinschaftsrecht, Diss. Göttingen, 1996, Köln u.a. 1996 (zit.: BÖSE, Strafen)

Brigola, Alexander — Das System der EG-Grundfreiheiten: Vom Diskriminierungsverbot zum spezifischen Beschränkungsverbot, Diss. Erlangen-Nürnberg, 2003, München 2004 (zit.: BRIGOLA, System)

Brocke, Holger — Die Europäisierung des Staatshaftungsrechts - eine vergleichende Betrachtung der Einwirkungen auf das englische und deutsche Rechtssystem, Diss. Münster, 2002, Berlin 2002 (zit.: BROCKE, Europäisierung)

Brown, Christopher — Case note, Case C-112/00, Eugen Schmidberger, Internationale Transporte und Planzüge v. Austria, Judgment of 12 June 2003, Full Court, in: 40 CMLRev. (2003), 1499 (zit.: BROWN, 40 CMLRev. (2003), 1499)

Brüggemeier, Gert	Staatshaftung für HIV-kontaminierte Blutprodukte - Eine Fallstudie, Baden-Baden 1994 (zit.: BRÜGGEMEIER, Staatshaftung)
Brüning, Christoph	Voraussetzungen und Inhalt eines grundrechtlichen Schutzanspruchs - BVerwG, NVwZ 1999, 1234, in: JuS 2000, 955 (zit.: BRÜNING, JuS 2000, 955)
Buck, Waltraud	Die Europäisierung des verwaltungsgerichtlichen vorläufigen Rechtsschutzes, Diss. Freiburg, 1999, Baden-Baden 2000 (zit.: BUCK, Europäisierung)
Bullinger, Martin	Fragen der Auslegung einer Verfassung, in: JZ 2004, 209 (zit.: BULLINGER, JZ 2004, 209)
Burgi, Martin	Mitgliedstaatliche Garantenpflicht statt unmittelbare Drittwirkung der Grundfreiheiten, in: EWS 1999, 327 (zit.: BURGI, EWS 1999, 327)
Burmeister, Joachim (Hrsg.)	Verfassungsstaatlichkeit - Festschrift für Klaus Stern zum 65. Geburtstag, München 1997 (zit.: AUTOR, FS Stern)
Calliess, Christian	Die grundrechtliche Schutzpflicht im mehrpoligen Verfassungsrechtsverhältnis, in: JZ 2006, 321 (zit.: C. CALLIESS, JZ 2006, 321)
Calliess, Christian	Rechtsstaat und Umweltstaat - Zugleich ein Beitrag zur Grundrechtsdogmatik im Rahmen mehrpoliger Verfassungsrechtsverhältnisse, Habil. Saarbrücken, 2000, Tübingen 2001 (zit.: C. CALLIESS, Rechtsstaat)
Calliess, Christian	Zur unmittelbaren Wirkung der EG-Richtlinie über die Umweltverträglichkeitsprüfung und ihrer Umsetzung im deutschen Immissionsschutzrecht, in: NVwZ 1996, 339 (zit.: C. CALLIESS, NVwZ 1996, 339)
Calliess, Christian / Kallmayer, Axel	Der praktische Fall - Öffentliches Recht: Abwehrrechte und Schutzpflichten aus Grundrechten, in: JuS 1999, 785 (zit.: CALLIESS/KALLMAYER, JuS 1999, 785)

Calliess, Christian / Ruffert, Matthias (Hrsg.) — Kommentar zu EU-Vertrag und EG-Vertrag, 2. Auflage, Neuwied u.a. 2002 (zit.: BEARBEITER, in: Calliess/Ruffert, EUV/EGV)

Canaris, Claus-Wilhelm — Grundrechte und Privatrecht, in: AcP 184 (1984), 201 (zit.: CANARIS, AcP 184 (1984), 201)

Canaris, Claus-Wilhelm — Grundrechte und Privatrecht - eine Zwischenbilanz - Stark erweiterte Fassung des Vortrags gehalten vor der Juristischen Gesellschaft zu Berlin am 10. Juni 1998, Berlin u.a. 1999 (zit.: CANARIS, Grundrechte)

Canaris, Claus-Wilhelm — Verfassungs- und europarechtliche Aspekte der Vertragsfreiheit in der Privatrechtsgesellschaft, in: Badura/Scholz (Hrsg.), FS Lerche, S. 873 (zit.: CANARIS, FS Lerche, S. 873)

Caranta, Roberto — Judicial Protection Against Member States: A New Jus Commune Takes Shape, in: 32 CMLRev. (1995), 703 (zit.: CARANTA, 32 CMLRev. (1995), 703)

Cirkel, Johannes — Die Bindungen der Mitgliedstaaten an die Gemeinschaftsgrundrechte, Diss. Frankfurt (Oder), 1998, Baden-Baden 2000 (zit.: CIRKEL, Bindungen)

Classen, Claus Dieter — Auf dem Weg zu einer einheitlichen Dogmatik der EG-Grundfreiheiten? Absolute und relative Gehalte der Grundfreiheiten, in: EWS 1995, 97 (zit.: CLASSEN, EWS 1995, 97)

Classen, Claus Dieter — Der einzelne als Instrument zur Durchsetzung des Gemeinschaftsrechts? Zum Problem der subjektiv-öffentlichen Rechte kraft Gemeinschaftsrechts, in: VerwArch 88 (1997), 645 (zit.: CLASSEN, VerwArch 88 (1997), 645)

Classen, Claus Dieter — Die Europäisierung der Verwaltungsgerichtsbarkeit - Eine vergleichende Untersuchung zum deutschen, französischen und europäischen Verwaltungsprozessrecht, Tübingen 1996 (zit.: CLASSEN, Europäisierung)

Classen, Claus Dieter — Rezension von: Thomas von Danwitz, Verwaltungsrechtliches System und europäische Integration und Stefan Kadelbach, Allgemeines Verwaltungsrecht unter europäischem Einfluß, in: AöR 125 (2000), 162 (zit.: CLASSEN, AöR 125 (2000), 162)

Coester-Waltjen, Dagmar — Die Inhaltskontrolle von Verträgen außerhalb des AGBG, in: AcP 190 (1990), 1 (zit.: COESTER-WALTJEN, AcP 190 (1990), 1)

Colneric, Ninon / Edward, David / Puissochet, Jean-Pierre / Colomer, Dámaso Ruiz-Jarabo (Hrsg.) — Une communauté de droit - Festschrift für Gil Carlos Rodríguez Iglesis, Berlin 2003 (zit.: AUTOR, FS Rodríguez Iglesias)

Cornils, Matthias — Der gemeinschaftsrechtliche Staatshaftungsanspruch - Rechtsnatur und Legitimität eines richterrechtlichen Haftungsinstituts, Diss. Bonn, 1995, Baden-Baden 1995 (zit.: CORNILS, Staatshaftungsanspruch)

Crass, Normen — Der öffentliche Auftraggeber - Eine Untersuchung am Beispiel der öffentlich-rechtlichen Kreditinstitute und Energieversorgungsunternehmen, Diss. Gießen, 2003, München 2004 (zit.: CRASS, Auftraggeber)

Cremer, Hans-Joachim — Staatshaftung für den Verlust von Bankeinlagen - LG Bonn, NJW 2000, 815, in: JuS 2001, 643 (zit.: CREMER, JuS 2001, 643)

Cremer, Hans-Joachim / Giegerich, Thomas / Richter, Dagmar / Zimmermann, Andreas (Hrsg.) — Tradition und Weltoffenheit des Rechts - Festschrift für Helmut Steinberger, Berlin u.a. 2002 (zit.: AUTOR, FS Steinberger)

Curtin, Deirdre / Heukels, Ton (Hrsg.) — Institutional Dynamics of European Integration - Essays in Honour of Henry G. Schermers, Band 2, Dordrecht u.a. 1994 (zit.: AUTOR, FS Schermers Bd. 2)

Czaja, Astrid	Die außervertragliche Haftung der EG für ihre Organe, Diss. München, 1995, Baden-Baden 1996 (zit.: CZAJA, Haftung)
Dahm, Georg / Delbrück, Jost / Wolfrum, Rüdiger	Völkerrecht, Band I/3: Die Formen des völkerrechtlichen Handelns; Die inhaltliche Ordnung der internationalen Gemeinschaft, 2., völlig neu bearbeitete Auflage, Berlin 2002 (zit.: DAHM/DELBRÜCK/WOLFRUM, Völkerrecht Bd. I/3)
Daillier, Patrick / Pellet, Alain	Droit international public, 7e édition , Paris 2002 (zit.: DAILLIER/PELLET, Droit international public)
Dänzer-Vanotti, Wolfgang	Unzulässige Rechtsfortbildung des Europäischen Gerichtshofs, in: RIW 1992, 733 (zit.: DÄNZER-VANOTTI, RIW 1992, 733)
Dauses, Manfred	Das Vorabentscheidungsverfahren nach Artikel 177 EG-Vertrag, 2. Auflage, München 1995 (zit.: DAUSES, Vorabentscheidungsverfahren)
Deckert, Martina R.	Zur Haftung des Mitgliedstaates bei Verstößen seiner Organe gegen europäisches Gemeinschaftsrecht, in: EuR 1997, 203 (zit.: DECKERT, EuR 1997, 203)
Degenhart, Christoph	Öffentlichrechtliche Fragen der Hausbesetzung, in: JuS 1982, 330 (zit.: DEGENHART, JuS 1982, 330)
Detterbeck, Steffen / Windthorst, Kay / Sproll, Hans-Dieter	Staatshaftungsrecht, München 2000 (zit.: BEARBEITER, in: Detterbeck/Windthorst/Sproll, StaatshaftungsR)
Diehr, Uwe	Der Staatshaftungsanspruch des Bürgers wegen Verletzung des Gemeinschaftsrechts durch die deutsche öffentliche Gewalt, Diss. Jena, 1997, Frankfurt a.M. 1997 (zit.: DIEHR, Staatshaftungsanspruch)
Dietlein, Johannes	Die Lehre von den grundrechtlichen Schutzpflichten, Diss. Münster, 1991, Berlin 1992 (zit.: DIETLEIN, Lehre)

Dodge, William S. — Anmerkung zu ICSID Cases No. ARB(AF)/98/3 (Loewen Group, Inc. v. United States) u. No. ARB(AF)/99/2 (Mondev International Ltd. v. United States), in: 98 AJIL (2004), 155 (zit.: DODGE, 98 AJIL (2004), 155)

Dolderer, Michael — Objektive Grundrechtsgehalte, Habil. Konstanz, 1998, Berlin 2000 (zit.: DOLDERER, Grundrechtsgehalte)

Donner, Richard — Articles 30-36 EEC in general - Dutch national report FIDE Congress Dublin 1982, in: SEW 1982, 362 (zit.: DONNER, SEW 1982, 362)

Dorf, Yvonne — Zur Interpretation der Grundrechtecharta, in: JZ 2005, 126 (zit.: DORF, JZ 2005, 126)

Dörr, Claus — Der gemeinschaftsrechtliche Staatshaftungsanspruch in der Rechtsprechung des Bundesgerichtshofs, in: DVBl. 2006, 598 (zit.: C. DÖRR, DVBl. 2006, 598)

Dörr, Oliver — Der europäisierte Rechtsschutzauftrag deutscher Gerichte - Art. 19 Abs. 4 GG unter dem Einfluß des europäischen Unionsrechts, Habil. Berlin, 2002, Tübingen 2003 (zit.: DÖRR, Rechtsschutzauftrag)

Dreier, Horst — Subjektiv-rechtliche und objektiv-rechtliche Grundrechtsgehalte, in: Jura 1994, 505 (zit.: DREIER, Jura 1994, 505)

Dreier, Horst (Hrsg.) — Grundgesetz- Kommentar, Band II: Art. 20 - 82, Tübingen 1998 (zit.: BEARBEITER, in: Dreier, GG)

Dröge, Cordula — Positive Verpflichtungen der Staaten in der Europäischen Menschenrechtskonvention - Positive Obligations of States under the European Convention on Human Rights, Diss. Heidelberg, 2001, Berlin u.a. 2003 (zit.: DRÖGE, Verpflichtungen)

Due, Ole / Lutter, Marcus / Schwarze, Jürgen (Hrsg.) — Festschrift für Ulrich Everling, Bd. 1 und 2, Baden-Baden 1995 (zit.: AUTOR, FS Everling Bd. 1 / 2)

Dupuy, Pierre-Marie	Reviewing the Difficulties of Codification: On Ago's Classification of Obligations of Means and Obligations of Result in Relation to State Responsibility, in: EJIL 1999, 371 (zit.: DUPUY, EJIL 1999, 371)
Ebenroth, Carsten Thomas / Hesselberger, Dieter / Rinne, Manfred Eberhard (Hrsg.)	Verantwortung und Gestaltung - Festschrift für Karlheinz Boujong zum 65. Geburtstag, München 1996 (zit.: AUTOR, FS Boujong)
Eberhartinger, Michael	Konvergenz und Neustrukturierung der Grundfreiheiten, in: EWS 1997, 43 (zit.: EBERHARTINGER, EWS 1997, 43)
Ehlers, Dirk	Der Schutz wirtschaftlicher Unternehmen vor terroristischen Anschlägen, Spionage und Sabotage, in: Leßmann/Großfeld/Vollmer (Hrsg.), FS Lukes, S. 337 (zit.: EHLERS, FS Lukes, S. 337)
Ehlers, Dirk	Die Europäisierung des Verwaltungsprozessrechts, in: DVBl. 2004, 1441 (zit.: EHLERS, DVBl. 2004, 1441)
Ehlers, Dirk	Die Weiterentwicklung des Staatshaftungsrechts durch das europäische Gemeinschaftsrecht - Das Brasserie du pêcheur-Urteil des EuGH und seine Folgen, in: JZ 1996, 776 (zit.: EHLERS, JZ 1996, 776)
Ehlers, Dirk (Hrsg.)	Europäische Grundrechte und Grundfreiheiten, 2., vollständig überarbeitete Auflage, Berlin 2005 (zit.: BEARBEITER, in: Ehlers (Hrsg.), EuGR)
Eicker, Klaus / Müller, Stefan	Entscheidung des EuGH in Sachen Hoechst/Metallgesellschaft: Erwartungen nicht erfüllt, in: RIW 2001, 438 (zit.: EICKER/MÜLLER, RIW 2001, 438)
Eidenmüller, Horst	Anmerkung zu EuGH 8.10.1996, Dillenkofer u.a., verb. Rs. C-178/94, C-179/94, C-188/94, C-189/94 u. C-190/94, in: JZ 1997, 201 (zit.: EIDENMÜLLER, JZ 1997, 201)

Eilmansberger, Thomas — Rechtsfolgen und subjektives Recht im Gemeinschaftsrecht - Zugleich ein Beitrag zur Dogmatik der Staatshaftungsdoktrin des EuGH, Habil. Salzburg, 1996, Baden-Baden 1997 (zit.: EILMANSBERGER, Rechtsfolgen)

Emmerich-Fritsche, Angelika — Der Grundsatz der Verhältnismäßigkeit als Direktive und Schranke der EG-Rechtssetzung - Mit Beiträgen zu einer gemeineuropäischen Grundrechtslehre sowie zum Lebensmittelrecht, Diss. Bayreuth, 1998, Berlin 2000 (zit.: EMMERICH-FRITSCHE, Grundsatz)

Epiney, Astrid — Gemeinschaftsrecht und Föderalismus: „Landes-Blindheit" und Pflicht zur Berücksichtigung innerstaatlicher Verfassungsstrukturen, in: EuR 1994, 301 (zit.: EPINEY, EuR 1994, 301)

Epiney, Astrid — Primär- und Sekundärrechtsschutz im Öffentlichen Recht (4. Bericht zum zweiten Beratungsgegenstand auf der Staatsrechtslehrertagung 2001), in: VVDStRL 61 (2002), 362 (zit.: EPINEY, VVDStRL 61 (2002), 362)

Epping, Volker — Die Verfassung Europas?, in: JZ 2003, 821 (zit.: EPPING, JZ 2003, 821)

Erbguth, Wilfried — Primär- und Sekundärrechtsschutz im Öffentlichen Recht (1. Bericht zum zweiten Beratungsgegenstand auf der Staatsrechtslehrertagung 2001), in: VVDStRL 61 (2002), 221 (zit.: ERBGUTH, VVDStRL 61 (2002), 221)

Erichsen, Hans Uwe / Ehlers, Dirk (Hrsg.) — Allgemeines Verwaltungsrecht, 12., neubearbeitete Auflage, Berlin 2002 (zit.: BEARBEITER, in: Erichsen/Ehlers (Hrsg.), Allg. VerwR)

Erichsen, Hans-Uwe — Grundrechtliche Schutzpflichten in der Rechtsprechung des Bundesverfassungsgerichts, in: Jura 1997, 85 (zit.: ERICHSEN, Jura 1997, 85)

Erichsen, Hans-Uwe / Hoppe, Werner / von Mutius, Albert (Hrsg.)	System des verwaltungsgerichtlichen Rechtsschutzes - Festschrift für Christian-Friedrich Menger zum 70. Geburtstag, Köln u.a. 1985 (zit.: AUTOR, FS Menger)
Ermacora, Felix	Österreichische Verfassungslehre (bearbeitet von Gerhard Baumgartner und Gerhard Strejcek), Wien 1998 (zit.: ERMACORA, Verfassungslehre)
Fabis, Henrich	Die Auswirkungen der Freizügigkeit gemäß Art. 48 EG-Vertrag auf Beschäftigungsverhältnisse im nationalen Recht, Diss. Kiel, 1994, Frankfurt a.M. u.a. 1995 (zit.: FABIS, Auswirkungen)
Feiden, Sonja	Die Bedeutung der „Keck"-Rechtsprechung im System der Grundfreiheiten - Ein Beitrag zur Konvergenz der Freiheiten, Diss. Bonn, 2001, Berlin 2003 (zit.: FEIDEN, Bedeutung)
Folz, Hans-Ernst	Die Staatshaftung bei deutschen Verstößen gegen das europäische Gemeinschaftsrecht, in: Hafner u.a. (Hrsg.), Liber Amicorum Seidl-Hohenveldern, S. 175 (zit.: FOLZ, Liber Amicorum Seidl-Hohenveldern, S. 175)
Forsthoff, Ulrich	Drittwirkung der Grundfreiheiten: Das EuGH-Urteil Angonese, in: EWS 2000, 389 (zit.: FORSTHOFF, EWS 2000, 389)
Franzen, Martin	Privatrechtsangleichung durch die Europäische Gemeinschaft, Habil. Berlin, 1998 / 1999, Berlin 1999 (zit.: FRANZEN, Privatrechtsangleichung)
Frenz, Walter	Grundfreiheiten und Grundrechte, in: EuR 2002, 603 (zit.: FRENZ, EuR 2002, 603)
Frenz, Walter	Handbuch Europarecht , Band 1: Europäische Grundfreiheiten, Berlin u.a. 2004 (zit.: FRENZ, HdBEuR Bd. 1)
Frenz, Walter	Subjektiv-öffentliche Rechte aus Gemeinschaftsrecht vor deutschen Verwaltungsgerichten, in: DVBl. 1995, 408 (zit.: FRENZ, DVBl. 1995, 408)

Frenz, Walter — Die Verfassungsbeschwerde als Verfahren zur Durchsetzung gemeinschaftsrechtlich verliehener Rechte, in: DÖV 1995, 414 (zit.: FRENZ, DÖV 1995, 414)

Frowein, Jochen Abr. / Peukert, Wolfgang — Europäische Menschenrechtskonvention - EMRK-Kommentar, 2., vollständig neu bearbeitete Auflage unter Berücksichtigung des 11. ZP zur Gründung eines ständigen Gerichtshofs, Kehl, Strassburg, Arlington 1996 (zit.: FROWEIN/PEUKERT, EMRK)

Führich, Ernst R. — Gemeinschaftsrechtliche Staatshaftung wegen verspäteter Umsetzung der EG-Pauschalreise-Richtlinie, in: EuZW 1993, 725 (zit.: FÜHRICH, EuZW 1993, 725)

Füller, Jens Thomas — Grundlagen und inhaltliche Reichweite der Warenverkehrsfreiheiten nach dem EG-Vertrag, Diss. Berlin, 1998, Baden-Baden 2000 (zit.: FÜLLER, Grundlagen)

Ganten, Ted Oliver — Die Drittwirkung der Grundfreiheiten, Diss. Augsburg, 1999, Berlin 2000 (zit.: GANTEN, Drittwirkung)

Gebauer, Jochen — Die Grundfreiheiten des EG-Vertrags als Gemeinschaftsgrundrechte, Diss. Bielefeld, 2003, Berlin 2004 (zit.: GEBAUER, Grundfreiheiten)

Geiger, Jutta — Der gemeinschaftsrechtliche Grundsatz der Staatshaftung, Diss. Frankfurt a.M., 1996, Baden-Baden 1997 (zit.: GEIGER, Grundsatz)

Geiger, Jutta — Die Entwicklung eines europäischen Staatshaftungsrechts - Das Francovich-Urteil des EuGH und seine Folgen, in: DVBl. 1993, 465 (zit.: GEIGER, DVBl. 1993, 465)

Gellermann, Martin — Staatshaftung und Gemeinschaftsrecht - Nochmals zum Francovich-Urteil des EuGH, in: EuR 1994, 342 (zit.: GELLERMANN, EuR 1994, 342)

Gonzales, Géraldine — EC Fundamental Freedoms v. Human Rights in the Case C-112/00 Eugen Schmidberger v. Austria [2003] ECR I-5659, in: 31 LIEI (2004), 219 (zit.: GONZALES, 31 LIEI (2004), 219)

Görres-Gesellschaft (Hrsg.) — Staatslexikon - Recht, Wirtschaft, Gesellschaft - In 7 Bänden, 7., völlig neubearbeitete Auflage, Freiburg i. Br. 1995 (zit.: BEARBEITER, in: Görres-Gesellschaft (Hrsg.), Staatslexikon)

Götz, Volkmar — Europarechtliche Vorgaben für das Verwaltungsprozessrecht, in: DVBl. 2002, 1 (zit.: GÖTZ, DVBl. 2002, 1)

Götz, Volkmar — Rezension von: Robert Rebhahn, Staatshaftung wegen mangelnder Gefahrenabwehr - Eine Studie insbesondere zur österreichischen Amtshaftung mit einem Beitrag zum Kausalzusammenhang im Schadenersatzrecht, in: DVBl. 1999, 259 (zit.: GÖTZ, DVBl. 1999, 259)

Götz, Volkmar — Die Entwicklung des allgemeinen Polizei- und Ordnungsrechts (1981 - 1983), in: NVwZ 1984, 211 (zit.: GÖTZ, NVwZ 1984, 211)

Grabenwarter, Christoph — Auf dem Weg in die Grundrechtsgemeinschaft?, in: EuGRZ 2004, 563 (zit.: GRABENWARTER, EuGRZ 2004, 563)

Grabitz, Eberhard / Hilf, Meinhard (Hrsg.) — Das Recht der Europäischen Union , München 2004, (Loseblatt; der Stand der einzelnen Kommentierungen ist beim jeweiligen Zitat angegeben.) (zit.: BEARBEITER, in: Grabitz/Hilf, Recht der EU)

Gramlich, Ludwig — Grundfreiheiten contra Grundrechte im Gemeinschaftsrecht? Überlegungen aus Anlass der EuGH-Entscheidung „Bosman“, in: DÖV 1996, 801 (zit.: GRAMLICH, DÖV 1996, 801)

Gratias, Matthias — Staatshaftung für fehlerhafte Banken- und Versicherungsaufsicht im Europäischen Binnenmarkt, Diss. Bonn, 1999, Baden-Baden 1999 (zit.: GRATIAS, Staatshaftung)

Grzeszick, Bernd — Rechte und Ansprüche - Eine Rekonstruktion des Staatshaftungsrechts aus den subjektiven öffentlichen Rechten, Habil. Köln, 2001, Tübingen 2002 (zit.: GRZESZICK, Rechte)

Grzeszick, Bernd — Subjektive Gemeinschaftsrechte als Grundlage des europäischen Staatshaftungsrechts, in: EuR 1998, 417 (zit.: GRZESZICK, EuR 1998, 417)

Gundel, Jörg — Die Bestimmung des richtigen Anspruchsgegners der Staatshaftung für Verstöße gegen Gemeinschaftsrecht - zugleich zum Verhältnis zwischen gemeinschaftsrechtlichen Haftungsanforderungen und nationalem Staatshaftungsrecht, in: DVBl. 2001, 95 (zit.: GUNDEL, DVBl. 2001, 95)

Gurlit, Elke — Umsetzungsverpflichtung der Mitgliedstaaten und subjektive Rechte der Gemeinschaftsbürger - subjektives Recht auf Umsetzung?, in: Krämer/Micklitz/Tonner (Hrsg.), FS Reich, S. 55 (zit.: GURLIT, FS Reich, S. 55)

Hafner, Gerhard / Loibl, Gerhard / Rest, Alfred / Sucharipa-Behrmann, Lilly / Zemanek, Karl (Hrsg.) — Liber Amicorum Professor Ignaz Seidl-Hohenveldern in honour of his 80th birthday, Den Haag u.a. 1998 (zit.: AUTOR, Liber Amicorum Seidl-Hohenveldern)

Hailbronner, Kay — Öffentliche Unternehmen im Binnenmarkt - Dienstleistungsmonopole und Gemeinschaftsrecht, in: NJW 1991, 593 (zit.: HAILBRONNER, NJW 1991, 593)

Hain, Karl- Eberhard / Schlette, Volker / Schmitz, Thomas — Ermessen und Ermessensreduktion - ein Problem im Schnittpunkt von Verfassungs- und Verwaltungsrecht, in: AöR 122 (1997), 32 (zit.: HAIN/SCHLETTE/SCHMITZ, AöR 122 (1997), 32)

Hanau, Peter — Die Kausalität der Pflichtwidrigkeit - Eine Studie zum Problem des pflichtmäßigen Alternativverhaltens im bürgerlichen Recht, Habil. Göttingen, 1968, Göttingen 1971 (zit.: HANAU, Kausalität)

Haneklaus, Winfried — Direktwirkung von EG-Richtlinien zu Lasten einzelner?, in: DVBl. 1993, 129 (zit.: HANEKLAUS, DVBl. 1993, 129)

Haratsch, Andreas / Koenig, Christian / Pechstein, Matthias — Europarecht, 5. Auflage, Tübingen 2006 (zit.: HARATSCH/KOENIG/PECHSTEIN, EuropaR)

Hatje, Armin — Die Haftung der Mitgliedstaaten bei Verstößen des Gesetzgebers gegen europäisches Gemeinschaftsrecht - Zum Urteil des Bundesgerichtshofs vom 24.10.1996 (Brasserie du pêcheur), in: EuR 1997, 297 (zit.: HATJE, EuR 1997, 297)

Hauschild, Malte — Das neue „Frühwarnsystem" für den freien Warenverkehr in der EG, in: EuZW 1999, 236 (zit.: HAUSCHILD, EuZW 1999, 236)

Hauschka, Christoph — Zur privatrechtlichen Wirkung des Verbots nichttarifärer Handelshemmnisse in der EG, in: DB 1990, 873 (zit.: HAUSCHKA, DB 1990, 873)

Heinrich, Christian — Formale Freiheit und materiale Gerechtigkeit - Die Grundlagen der Vertragsfreiheit und Vertragskontrolle am Beispiel ausgewählter Probleme des Arbeitsrechts, Habil. Passau, 1999, Tübingen 2000 (zit.: HEINRICH, Freiheit)

Heise, Friedrich Nicolaus — Europäisches Gemeinschaftsrecht und nationales Strafrecht - Die Auswirkungen des Vorrangs des Gemeinschaftsrechts und der gemeinschaftsrechtskonformen Rechtsanwendung auf das deutsche materielle Strafrecht, Diss. Köln, 1997, Bielefeld 1998 (zit.: HEISE, Gemeinschaftsrecht)

Herdegen, Matthias / Rensmann, Thilo — Die neuen Konturen der gemeinschaftsrechtlichen Staatshaftung, in: ZHR 161 (1997), 522 (zit.: HERDEGEN/RENSMANN, ZHR 161 (1997), 522)

Hermes, Georg — Das Grundrecht auf Schutz von Leben und Gesundheit - Schutzpflicht und Schutzanspruch aus Art. 2 Abs. 2 Satz 1 GG, Diss. Freiburg, 1985, Heidelberg 1987 (zit.: HERMES, Grundrecht)

Herrmann, Christoph	Richtlinienumsetzung durch die Rechtsprechung, Diss. Bayreuth, 2002, Berlin 2003 (zit.: HERRMANN, Richtlinienumsetzung)
Hilf, Meinhard / Staebe, Erik	The Duty to Protect and to Ensure Human Rights According to the Law of the European Community / European Union, in: E. Klein (Hrsg.), The Duty to Protect and to Ensure Human Rights - Colloquium Potsdam, 1-3 July 1999, S. 211, Berlin 2000 (zit.: HILF/STAEBE, in: E. Klein (Hrsg.), Duty, S. 211)
Hillgruber, Christian	Grundrechtsschutz im Vertragsrecht - zugleich: Anmerkung zu BVerfG NJW 1990, 1469, in: AcP 191 (1991), 69 (zit.: HILLGRUBER, AcP 191 (1991), 69)
Hilson, Chris	Liability of Member States in Damages: The Place of Discretion, in: 46 ICLQ (1997), 941 (zit.: HILSON, 46 ICLQ (1997), 941)
Hintersteininger, Margit	Binnenmarkt und Diskriminierungsverbot - Unter besonderer Berücksichtigung der Situation nichtstaatlicher Handlungseinheiten, Diss. Linz, 1998, Berlin 1999 (zit.: HINTERSTEININGER, Binnenmarkt)
Hix, Jan Peter	Zur außervertraglichen Haftung der Gemeinschaft, in: Moreira de Sousa/Heusel (Hrsg.), Durchsetzung, S. 199 (zit.: HIX, in: Moreira de Sousa/Heusel (Hrsg.), Durchsetzung, S. 199)
Hochgürtel, Johannes	Die staatliche Haftung für rechtswidrig getätigte und unterlassene Normsetzung - Eine Untersuchung zur Erforderlichkeit und den Möglichkeiten der Erfassung legislativen Unrechts in einem neuen Staatshaftungsgesetz, Diss. Köln, 2000, Selbstverlag (zit.: HOCHGÜRTEL, Haftung)

Hödl, Sascha Oliver — Die Beurteilung von verkaufsbehindernden Maßnahmen im Europäischen Binnenmarkt - Neue Interpretationsansätze zu Art. 30 EGV auf der Grundlage der Keck-Entscheidung, Diss. Graz, 1996, Baden-Baden 1997 (zit.: HÖDL, Beurteilung)

Hoffmann, Michael — Die Grundfreiheiten des EG-Vertrags als koordinationsrechtliche und gleichheitsrechtliche Abwehrrechte, Diss. Trier, 1999, Baden-Baden 2000 (zit.: HOFFMANN, Grundfreiheiten)

Hoppe, Christian / Wege, Donat — Diskriminierung türkischer Stellenbewerber nach deutschem und nach EG-Recht - zugleich Anmerkung zu ArbG Wuppertal vom 10.12.2003, 3 Ca 4927/03, in: LAGE § 626 BGB 2002, Nr. 2 a, S. 5 (zit.: HOPPE/WEGE, LAGE § 626 BGB 2002, Nr. 2 a, S. 5)

Huber, Peter M. — Recht der Europäischen Integration, 2. Auflage, München 2002 (zit.: HUBER, Recht der Europäischen Integration)

Hübner, Ulrich / Ebke, Werner F. (Hrsg.) — Festschrift für Bernhard Großfeld zum 65. Geburtstag, Heidelberg 1999 (zit.: AUTOR, FS Großfeld)

Hufen, Friedhelm — Verwaltungsprozessrecht, 6., neu bearbeitete Auflage, München 2005 (zit.: HUFEN, VerwaltungsprozessR)

Immenga, Ulrich / Möschel, Wernhard / Reuter, Dieter (Hrsg.) — Festschrift für Ernst-Joachim Mestmäcker zum siebzigsten Geburtstag, Baden-Baden 1996 (zit.: AUTOR, FS Mestmäcker)

Ipsen, Hans Peter — Europäisches Gemeinschaftsrecht, Tübingen 1972 (zit.: IPSEN, Gemeinschaftsrecht)

Ipsen, Hans Peter — Als Bundesstaat in der Gemeinschaft, in: von Caemmerer/Schlochauer/Steindorff (Hrsg.), FS Hallstein, S. 248 (zit.: IPSEN, FS Hallstein, S. 248)

Isensee, Josef — Das Grundrecht auf Sicherheit - Zu den Schutzpflichten des freiheitlichen Verfassungsstaates, Vortrag gehalten vor der Berliner Juristischen Gesellschaft am 24. November 1982 - Erweiterte Fassung - , Berlin, New York 1983 (zit.: ISENSEE, Grundrecht)

Isensee, Josef — Vertragsfreiheit im Griff der Grundrechte - Inhaltskontrolle von Verträgen am Maßstab der Verfassung, in: Hübner/Ebke (Hrsg.), FS Großfeld, S. 485 (zit.: ISENSEE, FS Großfeld, S. 485)

Isensee, Josef / Kirchhof, Paul (Hrsg.) — Handbuch des Staatsrechts der Bundesrepublik Deutschland, Band III - Das Handeln des Staates, 2., durchgesehene Auflage, Heidelberg 1996, Band V - Allgemeine Grundrechtslehren, Heidelberg 1992 (zit.: BEARBEITER, in: Isensee/Kirchhof (Hrsg)., HdBStR Bd. III / V)

Jaeckel, Liv — Schutzpflichten im deutschen und europäischen Recht - Eine Untersuchung der deutschen Grundrechte, der Menschenrechte und Grundfreiheiten der EMRK sowie der Grundrechte und Grundfreiheiten der Europäischen Gemeinschaft, Diss. Leipzig, 2000, Baden-Baden 2001 (zit.: JAECKEL, Schutzpflichten)

Jaeckel, Liv — The duty to protect fundamental rights in the European Community, in: 28 ELRev. (2003), 508 (zit.: JAECKEL, 28 ELRev. (2003), 508)

Jaeger, Thomas — Grenzen der staatlichen Zurechenbarkeit parafiskalischer Abgabenerhebung durch öffentliche Einrichtungen - Zugleich Anmerkung zum EuGH-Urteil Pearle, in: EuZW 2004, 558 (zit.: JAEGER, EuZW 2004, 558)

Jaensch, Michael — Die unmittelbare Drittwirkung der Grundfreiheiten - Untersuchung der Verpflichtung von Privatpersonen durch Art. 30, 48, 52, 59, 73b EGV, Diss. Bonn, 1996, Baden-Baden 1997 (zit.: JAENSCH, Drittwirkung)

Jarass, Hans D. — Bausteine einer umfassenden Grundrechtsdogmatik, in: AöR 120 (1995), 345 (zit.: JARASS, AöR 120 (1995), 345)

Jarass, Hans D.	Die Grundfreiheiten als Grundgleichheiten, in: Due/Lutter/Schwarze (Hrsg.), FS Everling Bd. 1, S. 593 (zit.: JARASS, FS Everling Bd. 1, S. 593)
Jarass, Hans D.	Elemente einer Dogmatik der Grundfreiheiten, in: EuR 1995, 202 (zit.: JARASS, EuR 1995, 202)
Jarass, Hans D.	Elemente einer Dogmatik der Grundfreiheiten II, in: EuR 2000, 705 (zit.: JARASS, EuR 2000, 705)
Jarass, Hans D.	Grundfragen der innerstaatlichen Bedeutung des EG-Rechts - Die Vorgaben des Rechts der Europäischen Gemeinschaft für die nationale Rechtsanwendung und die nationale Rechtsetzung nach Maastricht, Köln u.a. 1994 (zit.: JARASS, Grundfragen)
Jarass, Hans D.	Grundrechte als Wertentscheidungen bzw. objektivrechtliche Prinzipien in der Rechtsprechung des Bundesverfassungsgerichts, in: AöR 110 (1985), 363 (zit.: JARASS, AöR 110 (1985), 363)
Jarass, Hans D.	Haftung für die Verletzung von EU-Recht durch nationale Organe, in: NJW 1994, 881 (zit.: JARASS, NJW 1994, 881)
Jarass, Hans D.	Voraussetzungen der innerstaatlichen Wirkung des EG-Rechts, in: NJW 1990, 2420 (zit.: JARASS, NJW 1990, 2420)
Jarass, Hans D. / Beljin, Saša	Unmittelbare Anwendung des EG-Rechts und EG-rechtskonforme Auslegung, in: JZ 2003, 768 (zit.: JARASS/BELJIN, JZ 2003, 768)
Jarvis, Malcolm	Case note EuGH 9.12.1997, Commission / France, Case C-265/95, in: 35 CMLRev. (1998), 1371 (zit.: JARVIS, 35 CMLRev. (1998), 1371)
Jauernig, Othmar (Hrsg.)	Bürgerliches Gesetzbuch - Kommentar, 11., neubearbeitete Auflage, München 2004 (zit.: BEARBEITER, in: Jauernig, BGB)
Jestaedt, Thomas / Kemper, Klaus / Marx,	Das Recht der Auftragsvergabe - Auftraggeber, ausschreibungspflichtige Aufträge, Vergabeverfah-

Fridhelm / Prieß, Hans-Joachim | ren, Sektoren, Rechtsschutz, Neuwied u.a. 1999 (zit.: BEARBEITER, in: Jestaedt/Kemper/Marx/Prieß)

Jürgensen, Thomas / Schlünder, Irene | EG-Grundrechtsschutz gegenüber Maßnahmen der Mitgliedstaaten, in: AöR 121 (1996), 200 (zit.: JÜRGENSEN/SCHLÜNDER, AöR 121 (1996), 200)

Kadelbach, Stefan | Allgemeines Verwaltungsrecht unter europäischem Einfluß, Habil. Frankfurt a.M., 1996, Tübingen 1999 (zit.: KADELBACH, Verwaltungsrecht)

Kadelbach, Stefan / Petersen, Niels | Die gemeinschaftsrechtliche Haftung für Verletzungen von Grundfreiheiten aus Anlass privaten Handelns, in: EuGRZ 2002, 213 (zit.: KADELBACH/PETERSEN, EuGRZ 2002, 213)

Kadelbach, Stefan / Petersen, Niels | Europäische Grundrechte als Schranken der Grundfreiheiten - Anmerkung zum EuGH-Urteil in der Rs. C-112/00, Schmidberger/Republik Österreich (Brennerblockade), EuGRZ 2003, 492, in: EuGRZ 2003, 693 (zit.: KADELBACH/PETERSEN, EuGRZ 2003, 693)

Kainer, Friedemann | Grundfreiheiten und staatliche Schutzpflichten - EuGH NJW 1998, 1931, in: JuS 2000, 431 (zit.: KAINER, JuS 2000, 431)

Kainer, Friedemann | Unternehmensübernahmen im Binnenmarktrecht - Zugleich ein Beitrag zur Privatrechtswirkung der Grundfreiheiten, Diss. Heidelberg, 2001, Baden-Baden 2004 (zit.: KAINER, Unternehmensübernahmen)

Karenfort, Jörg / Schneider, Hartmut | Das Dosenpfand - Verstoß gegen die Warenverkehrsfreiheit durch Unterlassen?, in: EuZW 2003, 587 (zit.: KARENFORT/SCHNEIDER, EuZW 2003, 587)

Karpenstein, Peter | Zur Wiedergutmachung von Vertragsverstößen der Mitgliedstaaten gegen das Gemeinschaftsrecht, in: DVBl. 1977, 61 (zit.: KARPENSTEIN, DVBl. 1977, 61)

Kempen, Bernhard — Grundrechtsabwägung im Privatrecht? Zugleich eine Anmerkung zu den „Parabolantennen"-Beschlüssen des Bundesverfassungsgerichts, in: DZWiR 1994, 499 (zit.: KEMPEN, DZWiR 1994, 499)

Kemper, Rainer — Ersatzfähigkeit von Ausfallschäden in der Insolvenz des Reiseveranstalters, in: NJW 1993, 3293 (zit.: KEMPER, NJW 1993, 3293)

Kerwer, Christof — Das europäische Gemeinschaftsrecht und die Rechtsprechung der deutschen Arbeitsgerichte, Habil. Saarbrücken, 2003, Köln 2003 (zit.: KERWER, Gemeinschaftsrecht)

Kingreen, Thorsten — Die Struktur der Grundfreiheiten des Europäischen Gemeinschaftsrechts, Berlin 1999 (zit.: KINGREEN, Struktur)

Kingreen, Thorsten — Rezension von: Peter Szczekalla, Die sogenannten grundrechtlichen Schutzpflichten im deutschen und europäischen Recht - Inhalt und Reichweite einer „gemeineuropäischen Grundrechtsfunktion", in: EuR 2003, 960 (zit.: KINGREEN, EuR 2003, 960)

Kingreen, Thorsten / Störmer, Rainer — Die subjektiv-öffentlichen Rechte des primären Gemeinschaftsrechts, in: EuR 1998, 263 (zit.: KINGREEN/STÖRMER, EuR 1998, 263)

Kischel, Uwe — Die Kontrolle der Verhältnismäßigkeit durch den Europäischen Gerichtshof, in: EuR 2000, 380 (zit.: KISCHEL, EuR 2000, 380)

Klein, Eckart — Gedanken zur Europäisierung des deutschen Verfassungsrechts, in: Burmeister (Hrsg.), FS Stern, S. 1301 (zit.: E. KLEIN, FS Stern, S. 1301)

Klein, Eckart — Grundrechtliche Schutzpflicht des Staates, in: NJW 1989, 1633 (zit.: E. KLEIN, NJW 1989, 1633)

Klein, Eckart (Hrsg.) — The Duty to Protect and to Ensure Human Rights - Colloquium Potsdam, 1-3 July 1999, Berlin 2000 (zit.: AUTOR, in: E. Klein (Hrsg.), Duty)

Klein, Hans H. Die grundrechtliche Schutzpflicht, in: DVBl. 1994, 489 (zit.: H.H. KLEIN, DVBl. 1994, 489)

Kloepfer, Michael Der Vorbehalt des Gesetzes im Wandel, in: JZ 1984, 685 (zit.: KLOEPFER, JZ 1984, 685)

Kluth, Winfried Die Bindung privater Wirtschaftsteilnehmer an die Grundfreiheiten des EG-Vertrages - Eine Analyse am Beispiel des Bosman-Urteils des EuGH -, in: AöR 122 (1997), 557 (zit.: KLUTH, AöR 122 (1997), 557)

Koch, Benjamin Anmerkung zu EuGH 12.6.2003, Schmidberger, Rs. C-112/00, EuZW 2003, 592, in: EuZW 2003, 598 (zit.: B. KOCH, EuZW 2003, 598)

Koch, Benjamin Die Gewährleistungspflicht der Mitgliedstaaten zur Aufrechterhaltung des Binnenmarktes - Unter besonderer Berücksichtigung der Handelshemmnisse durch Private, Diss. Trier, 2002, Baden-Baden 2003 (zit.: B. KOCH, Gewährleistungspflicht)

Koch, Oliver Der Grundsatz der Verhältnismäßigkeit in der Rechtsprechung des Gerichtshofs der Europäischen Gemeinschaften, Diss. Göttingen, 2002, Berlin 2003 (zit.: O. KOCH, Grundsatz)

Koch, Thorsten Der Grundrechtsschutz des Drittbetroffenen - Zur Rekonstruktion der Grundrechte als Abwehrrechte, Habil. Osnabrück, 1999, Tübingen 2000 (zit.: TH. KOCH, Grundrechtsschutz)

Komninos, Assimakis New prospects for private enforcement of EC competition law: Courage vs. Crehan and the community right to damages, in: 39 CMLRev. (2002), 447 (zit.: KOMNINOS, 39 CMLRev. (2002), 447)

Koopmans, Tim Judicialization, in: Colneric/Edward/Puissochet/Colomer (Hrsg.), FS Rodríguez Iglesias, S. 51 (zit.: KOOPMANS, FS Rodríguez Iglesias)

Kopp, Ferdinand / Schenke, Wolf-Rüdiger — Verwaltungsgerichtsordnung - Kommentar, 14., neu bearbeitete Auflage, München 2003 (zit.: KOPP/SCHENKE, VwGO)

Körber, Torsten — Grundfreiheiten und Privatrecht, Habil. Göttingen, 2003, Tübingen 2004 (zit.: KÖRBER, Grundfreiheiten)

Körber, Torsten — Innerstaatliche Anwendung und Drittwirkung der Grundfreiheiten? - Anmerkung zum Urteil des EuGH vom 6.6.2000, Roman Angonese/Cassa di Risparmio di Bolzano SpA, Rs. C-281/98, in: EuR 2000, 932 (zit.: KÖRBER, EuR 2000, 932)

Kötz, Hein — Freiheit und Zwang im Vertragsrecht, in: Immenga/Möschel/Reuter (Hrsg.), FS Mestmäcker, S. 1037 (zit.: KÖTZ, FS Mestmäcker, S. 1037)

Krämer, Ludwig / Micklitz, Hans-W. / Tonner, Klaus (Hrsg.) — Law and diffuse interests in the European Legal Order - Recht und diffuse Interessen in der Europäischen Rechtsordnung - Liber amicorum Norbert Reich, Baden-Baden 1997 (zit.: AUTOR, FS Reich)

Kremer, Carsten — Die Haftung Privater für Verstöße gegen Gemeinschaftsrecht, in: EuR 2003, 696 (zit.: KREMER, EuR 2003, 696)

Kremer, Carsten — Liability for Breach of European Community Law: An Analysis of the New Remedy in the Light of English and German Law, in: 22 YEL (2003), 203 (zit.: KREMER, 22 YEL (2003), 203)

Kriele, Martin — Anmerkung zu BVerfG v. 25.2.1975, 1 BvF 1-6/74 = JZ 1975, 205 = BVerfGE 39, 1, in: JZ 1975, 222 (zit.: KRIELE, JZ 1975, 222)

Krings, Günter — Grund und Grenzen grundrechtlicher Schutzansprüche - Die subjektiv-rechtliche Rekonstruktion der grundrechtlichen Schutzpflichten und ihre Auswirkung auf die verfassungsrechtliche Fundierung des Verbrauchervertragsrechts, Diss. Köln, 2002, Berlin 2003 (zit.: KRINGS, Grund)

Krist, Richard — Rechtliche Aspekte der Brennerblockade - Versammlungsfreiheit contra Freiheit des Warenverkehrs, in: ÖJZ 1999, 241 (zit.: KRIST, ÖJZ 1999, 241)

Krüger, Ralf — Privatrechtsschutz als Polizeiaufgabe, Stuttgart 1976 (zit.: KRÜGER, Privatrechtsschutz)

Kube, Hanno — Einzelfragen zur Rechtmäßigkeitsprüfung von Grundrechtsschranken, in: JuS 2003, 461 (zit.: KUBE, JuS 2003, 461)

Kühling, Jürgen — Staatliche Handlungspflichten zur Sicherung der Grundfreiheiten, in: NJW 1999, 403 (zit.: KÜHLING, NJW 1999, 403)

Kühling, Jürgen / Lieth, Oliver — Dogmatik und Pragmatik als leitende Parameter der Rechtsgewinnung im Gemeinschaftsrecht, in: EuR 2003, 371 (zit.: KÜHLING/LIETH, EuR 2003, 371)

Ladeur, Karl-Heinz — Zur Bestimmung des drittschützenden Charakters von Amtspflichten im Sinne von § 839 BGB und Art. 34 GG - insbesondere bei Aufsichtspflichten, in: DÖV 1994, 665 (zit.: LADEUR, DÖV 1994, 665)

Lange, Hermann / Schiemann, Gottfried — Schadensersatz - Handbuch des Schuldrechts Bd. 1, Tübingen 2003 (zit.: LANGE/SCHIEMANN, Schadensersatz)

Larenz, Karl / Canaris, Claus-Wilhelm — Lehrbuch des Schuldrechts, Zweiter Band: Besonderer Teil, 2. Halbband, 13., völlig neuverfasste Auflage, München 1994 (zit.: LARENZ/CANARIS, SchuldR II/2)

Lechner, Hans / Zuck, Rüdiger — Bundesverfassungsgerichtsgesetz - Kommentar, 5. Auflage, München 2006 (zit.: LECHNER/ZUCK, BVerfGG)

Leible, Stefan / Sosnitza, Olaf — „MP Travel Line“, EG-Recht und Staatshaftung, in: MDR 1993, 1159 (zit.: LEIBLE/SOSNITZA, MDR 1993, 1159)

Leidenmühler, Franz	Zur Haftung der Mitgliedstaaten für durch Unterlassung begangene Verstöße gegen die Grundfreiheiten des EG-Vertrags - Eine Anmerkung zum Urteil des EuGH vom 12.6.2003, Eugen Schmidberger ./. Republik Österreich, in: ELF 2003, 185 (zit.: LEIDENMÜHLER, ELF 2003, 185)
Lenz, Carl Otto / Borchardt, Klaus-Dieter (Hrsg.)	EU- und EG-Vertrag - Kommentar zu dem Vertrag über die Europäische Union und zu dem Vertrag zur Gründung der Europäischen Gemeinschaft, jeweils in der durch den Vertrag von Nizza geänderten Fassung, 3. Auflage 2003, Köln u.a. 2003 (zit.: BEARBEITER, in: Lenz/Borchardt, EUV / EGV)
Leßmann, Herbert / Großfeld, Bernhard / Vollmer, Lothar	Festschrift für Rudolf Lukes zum 65. Geburtstag, Köln u.a. 1989 (zit.: AUTOR, FS Lukes)
Lieb, Manfred	Arbeitsrecht, 8., neu bearbeitete Auflage, Heidelberg 2003 (zit.: LIEB, ArbeitsR)
Lin, San Chin	Die Institute zur Begründung einer Gefährdungshaftung im Öffentlichen Recht, Diss. Göttingen, 1996, Baden-Baden 1996 (zit.: LIN, Institute)
Lindner, Josef Franz	Anmerkung zu EuGH 12.6.2003, Schmidberger, Rs. C-112/00, Slg. 2003, I-5659, in: BayVBl. 2003, 623 (zit.: LINDNER, BayVBl. 2003, 623)
Lindner, Josef Franz	Anmerkung zu EuGH 9.12.1997, Kommission / Frankreich, Rs. C-265/95, Slg. 1997, I-6959, in: BayVBl. 1999, 337 (zit.: LINDNER, BayVBl. 1999, 337)
Lindner, Josef Franz	Die gemeinschaftsrechtliche Dimension des Polizeirechts - Eine dogmatische Analyse, in: JuS 2005, 302 (zit.: LINDNER, JuS 2005, 302)
Lipke, Gert Albert (Hrsg.)	LAGE - Entscheidungen der Landesarbeitsgerichte mit Erläuterungen, Loseblatt, München 1986 ff. (zit.: AUTOR, LAGE)
Lisken, Hans	Räumungstitel gegen „Unbekannt“?, in: NJW 1982, 1136 (zit.: LISKEN, NJW 1982, 1136)

Löwer, Wolfgang — Staatshaftung für unterlassenes Verwaltungshandeln, Diss. Bonn, 1978, Hamburg 1978 (zit.: LÖWER, Staatshaftung)

Mann, Thomas / Ripke, Stefan — Überlegungen zur Existenz und Reichweite eines Gemeinschaftsgrundrechts der Versammlungsfreiheit, in: EuGRZ 2004, 125 (zit.: MANN/RIPKE, EuGRZ 2004, 125)

Martin-Ehlers, Andrés — Grundlagen einer gemeinschaftsrechtlich entwickelten Staatshaftung, in: EuR 1996, 376 (zit.: MARTIN-EHLERS, EuR 1996, 376)

Masing, Johannes — Die Mobilisierung des Bürgers für die Durchsetzung des Rechts - Europäische Impulse für eine Revision der Lehre vom subjektiv-öffentlichen Recht, Diss. Freiburg (Breisgau), 1996, Berlin 1997 (zit.: MASING, Mobilisierung)

Maunz, Theodor / Dürig, Günter (Begründer) — Grundgesetz-Kommentar, München, (Loseblatt; der Stand der einzelnen Kommentierungen ist beim jeweiligen Zitat angegeben.) (zit.: BEARBEITER, in: Maunz/Dürig, GG)

Maurer, Hartmut — Allgemeines Verwaltungsrecht, 15., überarbeitete und ergänzte Auflage, München 2004 (zit.: MAURER, Allg. VerwR)

Maurer, Hartmut — Staatshaftung im europäischen Kontext - Zur Umsetzung der Francovich-Rechtsprechung des Europäischen Gerichtshofs im deutschen Recht, in: Ebenroth/Hesselberger/Rinne (Hrsg.), FS Boujong, S. 591 (zit.: MAURER, FS Boujong, S. 591)

Meier, Gert — Anmerkung zu EuGH 9.12.1997, Kommission / Frankreich, Rs. C-265/95, Slg. 1997, I-6959, in: EuZW 1998, 87 (zit.: MEIER, EuZW 1998, 87)

Mestmäcker, Ernst-Joachim / Schweitzer, Heike — Europäisches Wettbewerbsrecht, 2., völlig erneuerte Auflage, München 2004 (zit.: MESTMÄCKER/SCHWEITZER, Europ. WettbewerbsR)

Meurer, Thomas	Verpflichtung der Mitgliedstaaten zum Schutz des freien Warenverkehrs - Zur Entwicklung grundfreiheitlich gebotener Schutzpflichten - das Urteil des EuGH vom 9.12.1997 - Rs. C-265/95, Kommission/Frankreich, EWS 1998, 212, in: EWS 1998, 196 (zit.: MEURER, EWS 1998, 196)
Meyer, Andreas	Europäischer Binnenmarkt und produktspezifisches Werberecht, in: GRUR Int. 1996, 697 (zit.: A. MEYER, GRUR Int. 1996, 697)
Meyer, Jürgen (Hrsg.)	Kommentar zur Charta der Grundrechte der Europäischen Union, Baden-Baden 2003 (zit.: BEARBEITER, in: Meyer, GRCh)
Meyer, Jürgen / Hölscheidt, Sven	Die Europäische Verfassung des Europäischen Konvents, in: EuZW 2003, 613 (zit.: MEYER/HÖLSCHEIDT, EuZW 2003, 613)
Meyer-Ladewig, Jens	Konvention zum Schutz der Menschenrechte und Grundfreiheiten - Handkommentar, Baden-Baden 2003 (zit.: MEYER-LADEWIG, Hk-EMRK)
Michael, Lothar	Die drei Argumentationsstrukturen des Grundsatzes der Verhältnismäßigkeit - Zur Dogmatik des Über- und Untermaßverbotes und der Gleichheitssätze, in: JuS 2001, 148 (zit.: MICHAEL, JuS 2001, 148)
Mojzesowicz, Karolina	Möglichkeiten und Grenzen einer einheitlichen Dogmatik der Grundfreiheiten, Diss. Europa-Universität Viadrina, Frankfurt/Oder, 2000, Baden-Baden 2001 (zit.: MOJZESOWICZ, Möglichkeiten)
Moreira de Sousa, Sofia / Heusel, Wolfgang (Hrsg.)	Durchsetzung des Gemeinschaftsrechts von Francovich zu Köbler: Zwölf Jahre gemeinschaftsrechtliche Staatshaftung, Köln 2004 (zit.: AUTOR, in: Moreira de Sousa/Heusel (Hrsg.), Durchsetzung)

Möstl, Markus — Die staatliche Garantie für die öffentliche Sicherheit und Ordnung - Sicherheitsgewährleistung im Verfassungsstaat, im Bundesstaat und in der Europäischen Union, Habil. München, 2001, Tübingen 2002 (zit.: MÖSTL, Garantie)

Möstl, Markus — Probleme der verfassungsprozessualen Geltendmachung gesetzgeberischer Schutzpflichten - Die Verfassungsbeschwerde gegen gesetzgeberisches Unterlassen, in: DÖV 1998, 1029 (zit.: MÖSTL, DÖV 1998, 1029)

Mühl, Axel — Diskriminierung und Beschränkung - Grundansätze einer einheitlichen Dogmatik der wirtschaftlichen Grundfreiheiten des EG-Vertrages, Diss. Bayreuth, 2003, Berlin 2004 (zit.: MÜHL, Diskriminierung)

Müller, Friedrich / Christensen, Ralph — Juristische Methodik, Band I: Grundlagen Öffentliches Recht, 9., neu bearbeitete und stark erweiterte Auflage, Berlin 2004 (zit.: F. MÜLLER/CHRISTENSEN, Methodik Bd. 1)

Müller-Graff, Peter-Christian — Die Auswirkungen der Francovich-Doktrin auf das deutsche Deliktsrecht, in: Moreira de Sousa/Heusel (Hrsg.), Durchsetzung, S. 153 (zit.: MÜLLER-GRAFF, in: Moreira de Sousa/Heusel (Hrsg.), S. 153)

Müller-Graff, Peter-Christian — Grundfreiheiten und Gemeinschaftsgrundrechte, in: Cremer/Giegerich/Richter/Zimmermann (Hrsg.), FS Steinberger, S. 1281 (zit.: MÜLLER-GRAFF, FS Steinberger, S. 1281)

Murswiek, Dietrich — Die staatliche Verantwortung für die Risiken der Technik, Habil. Saarbrücken, 1983, Berlin 1985 (zit.: MURSWIEK, Verantwortung)

Musil, Andreas — Richtlinienumsetzung und Normerlassanspruch - Folgerungen aus der Francovich-Rechtsprechung des Europäischen Gerichtshofs, in: EuR 1998, 705 (zit.: MUSIL, EuR 1998, 705)

Muylle, Koen — Angry Farmers and Passive Policemen: Private Conduct and the Free Movement of Goods, in: ELRev. 1998, 467 (zit.: MUYLLE, ELRev. 1998, 467)

Nehl, Hanns-Peter / Wurmnest, Wolfgang — Die verfahrens- und haftungsrechtliche Bedeutung der Sorgfaltspflicht der Verwaltung - Anmerkung zum Urteil des EuG vom 9.7.1999, New Europe Consulting Ltd/Kommission, Rs. T-231/97, in: EuR 2001, 101 (zit.: NEHL/WURMNEST, EuR 2001, 101)

Nettesheim, Martin — Grundrechtliche Prüfdichte durch den EuGH, in: EuZW 1995, 106 (zit.: NETTESHEIM, EuZW 1995, 106)

Novak, Meinhard — Blockade von Warenimporten durch Private, in: ELR 1998, 7 (zit.: NOVAK, ELR 1998, 7)

Nowak, Carsten — Anmerkung zu EuGH 20.9.2001, Courage / Crehan, Rs. C-453/99, Slg. 2001, 6297 = EuZW 2001, 715, in: EuZW 2001, 717 (zit.: NOWAK, EuZW 2001, 717)

Obwexer, Walter — Anmerkung zu EuGH 30.9.2003, Köbler, Rs. C-224/01, Slg. 2003, I-10239 = EuZW 2003, 718, in: EuZW 2003, 726 (zit.: OBWEXER, EuZW 2003, 726)

Oetker, Hartmut / Preis, Ulrich / Rieble, Volker (Hrsg.) — Festschrift 50 Jahre Bundesarbeitsgericht, München 2004 (zit.: AUTOR, FS BAG)

Oliver, Peter — Free Movement of Goods in the European Community - under Articles 30 - 36 of the Rome Treaty, 3rd edition , London 1996 (zit.: OLIVER, Movement)

Oliver, Peter — Some further reflections on the scope of Articles 28-30 (ex 30-36) EC, in: 36 CMLRev. (1999), 783 (zit.: OLIVER, 36 CMLRev. (1999), 783)

Oppermann, Thomas — Europarecht - ein Studienbuch, 3., vollständig neu bearbeitete Auflage 2005, München 1999 (zit.: OPPERMANN, EuropaR)

Oppermann, Thomas — Vom Nizza-Vertrag 2001 zum Europäischen Verfassungskonvent 2002/2003, in: DVBl. 2003, 1 (zit.: OPPERMANN, DVBl. 2003, 1)

Ossenbühl, Fritz — Staatshaftungsrecht, 5., neu bearbeitete und erweiterte Auflage, München 1998 (zit.: OSSENBÜHL, StaatshaftungsR)

Ossenbühl, Fritz — Die richterliche Kontrolle von Prognoseentscheidungen der Verwaltung, in: Erichsen/Hoppe/von Mutius (Hrsg.), FS Menger, S. 731 (zit.: OSSENBÜHL, FS Menger, S. 731)

Pache, Eckhard — Die Europäische Grundrechtscharta - ein Rückschritt für den Grundrechtsschutz in Europa?, in: EuR 2001, 475 (zit.: PACHE, EuR 2001, 475)

Palandt, Otto (Begründer) — Bürgerliches Gesetzbuch - Kommentar, 65., neu bearbeitete Auflage, München 2006 (zit.: BEARBEITER, in: Palandt, BGB)

Papier, Hans-Jürgen — Direkte Wirkung von Richtlinien der EG im Umwelt- und Technikrecht - Verwaltungsverfahrensrechtliche Probleme des nationalen Vollzuges, in: DVBl. 1993, 809 (zit.: PAPIER, DVBl. 1993, 809)

Papier, Hans-Jürgen — Wirtschaftsaufsicht und Staatshaftung - BGHZ 74, 144 und BGH, NJW 1979, 1879, in: JuS 1980, 265 (zit.: PAPIER, JuS 1980, 265)

Parpart, Heike — Die unmittelbare Bindung Privater an die Personenverkehrsfreiheiten im europäischen Gemeinschaftsrecht - Eine Darstellung der Arbeitnehmerfreizügigkeit, Niederlassungs- und Dienstleistungsfreiheit, Diss. Köln, 2002, München 2003 (zit.: PARPART, Bindung)

Pfab, Susanne — Staatshaftung in Deutschland - Die Reformaufgabe und ihre Vorgaben in der rechtsstaatlichen Garantie des Art. 34 Grundgesetz und durch die Erfordernisse des Gemeinschaftsrechts, Diss. München, 1996, München 1997 (zit.: PFAB, Staatshaftung)

Pieroth, Bodo / Schlink, Bernhard — Grundrechte - Staatsrecht II, 21., neu bearbeitete Auflage, Heidelberg 2005 (zit.: PIEROTH/SCHLINK, Grundrechte)

Pietrzak, Alexandra — Die Schutzpflicht im verfassungsrechtlichen Kontext - Überblick und neue Aspekte, in: JuS 1994, 748 (zit.: PIETRZAK, JuS 1994, 748)

Prechal, Sacha — Directives in European Community Law - A Study of Directives and Their Enforcement in National Courts, Oxford 1995 (zit.: PRECHAL, Directives)

Preedy, Kara — Die Bindung Privater an die europäischen Grundfreiheiten - zur sogenannten Drittwirkung im Europarecht, Diss. Gießen, 2003, Berlin 2005 (zit.: PREEDY, Bindung)

Prieß, Hans-Joachim — Die Haftung der EG-Mitgliedstaaten bei Verstößen gegen das Gemeinschaftsrecht, in: NVwZ 1993, 118 (zit.: PRIEß, NVwZ 1993, 118)

Püttner, Günter — Von der Bankenaufsicht zur Staatsgarantie für Bankeinlagen?, in: JZ 1982, 47 (zit.: PÜTTNER, JZ 1982, 47)

Raeschke-Kessler, Hilmar — Einstweilige Verfügung gegen Unbekannt - ein Mittel gegen Hausbesetzer?, in: NJW 1981, 663 (zit.: RAESCHKE-KESSLER, NJW 1981, 663)

Rauschning, Dietrich — Anmerkung zu BVerfG 20.12.1979, 1 BvR 385/77, BVerfGE 53, 30 = DVBl. 1980, 356, in: DVBl. 1980, 831 (zit.: RAUSCHNING, DVBl. 1980, 831)

Rebhahn, Robert — Staatshaftung wegen mangelnder Gefahrenabwehr - Eine Studie insbesondere zur österreichischen Amtshaftung mit einem Beitrag zum Kausalzusammenhang im Schadenersatzrecht, Wien 1997 (zit.: REBHAHN, Staatshaftung)

Rebmann, Kurt / Säcker, Franz Jürgen / Rixecker, — Münchener Kommentar zum Bürgerlichen Gesetzbuch, Band 1: Allgemeiner Teil, §§ 1 - 240, AGB-

Roland (Hrsg.) Gesetz, 4. Auflage 2001, Band 5: Schuldrecht Besonderer Teil III, §§ 705 - 853, PartGG, ProdHaftG, 4. Auflage 2004, Band 6: Sachenrecht, §§ 854 - 1296, WEG, ErbbauVO, SachenRBerG, SchuldRÄndG, 4. Auflage 2004, München (zit.: BEARBEITER, in: MünchKomm, BGB)

Reich, Norbert Bürgerrechte in der Europäischen Union - Subjektive Rechte von Unionsbürgern und Drittstaatsangehörigen unter besonderer Berücksichtigung der Rechtslage nach der Rechtsprechung des EuGH und dem Vertrag von Amsterdam, Baden-Baden 1999 (zit.: REICH, Bürgerrechte)

Reich, Norbert Der Schutz subjektiver Gemeinschaftsrechte durch Staatshaftung - Anmerkungen zu den Urteilen EuGH, EuZW 1996, 654 - Dillenkofer u.a. und EuGH, EuZW 1996, 695 - Denkavit u.a., in: EuZW 1996, 709 (zit.: REICH, EuZW 1996, 709)

Reichold, Hermann Sozialgerechtigkeit versus Vertragsgerechtigkeit - arbeitsrechtliche Erfahrungen mit Diskriminierungsregeln, in: JZ 2004, 384 (zit.: REICHOLD, JZ 2004, 384)

Remien, Oliver Grenzen der gerichtlichen Privatrechtsangleichung mittels der Grundfreiheiten des EG-Vertrages - Bemerkungen zu den Urteilen des EuGH vom 24.11.1993 (Keck und Mithouard) und 15.12.1993 (Hünermund u.a.), in: JZ 1994, 349 (zit.: REMIEN, JZ 1994, 349)

Remmert, Barbara Grundfreiheiten und Privatrechtsordnung, in: Jura 2003, 13 (zit.: REMMERT, Jura 2003, 13)

Rengeling, Hans-Werner Grundrechtsschutz in der Europäischen Gemeinschaft, München 1993 (zit.: RENGELING, Grundrechtsschutz)

Rengeling, Hans-Werner (Hrsg.) Handbuch zum europäischen und deutschen Umweltrecht - Eine systematische Darstellung des europäischen Umweltrechts mit seinen Auswirkungen auf das deutsche Recht und mit rechtspolitischen Perspektiven, Band I: Allgemeines Umweltrecht, 2. Auflage, Köln u.a. 2003 (zit.: BEARBEITER, in: Rengeling (Hrsg.), EUDUR Bd. 1)

Rengeling, Hans-Werner / Middeke, Andreas / Gellermann, Martin (Hrsg.) — Handbuch des Rechtsschutzes in der Europäischen Union, 2., völlig neu bearbeitete Auflage, München 2003 (zit.: BEARBEITER, in: Rengeling/Middeke/Gellermann, Handbuch des Rechtsschutzes)

Robbers, Gerhard — Sicherheit als Menschenrecht - Aspekte der Geschichte, Begründung und Wirkung einer Grundrechtsfunktion, Habil. Freiburg, 1986, Baden-Baden 1987 (zit.: ROBBERS, Sicherheit)

Roellecke, Gerd — Die Verwaltungsgerichtsbarkeit im Grenzbereich zur Gesetzgebung, in: NJW 1978, 1776 (zit.: ROELLECKE, NJW 1978, 1776)

Roloff, Sebastian — Das Beschränkungsverbot des Art. 39 EG (Freizügigkeit) und seine Auswirkungen auf das nationale Arbeitsrecht, Diss. Köln, 2001, Berlin 2003 (zit.: ROLOFF, Beschränkungsverbot)

Ross, Malcolm — Beyond Francovich, in: 56 MLRev. (1993), 54 (zit.: ROSS, 56 MLRev. (1993), 54)

Röthel, Anne — Anmerkung zu EuGH 13.4.2000, Lehtonen, Rs. C-176/96, EuZW 2000, 373 , in: EuZW 2000, 379 (zit.: RÖTHEL, EuZW 2000, 379)

Röthel, Anne — Grundfreiheiten und private Normgebung - Zur unmittelbaren Drittwirkung der Grundfreiheiten auf Verbandsnormen, in: EuR 2001, 908 (zit.: RÖTHEL, EuR 2001, 908)

Rubins, Noah — Loewen v. United States: The Burial of an Investor-State Arbitration Claim, in: 21 Arbitration International (2005), 1 (zit.: RUBINS, 21 Arbitration International (2005), 1)

Ruffert, Matthias — Die Mitgliedstaaten der Europäischen Gemeinschaft als Verpflichtete der Gemeinschaftsgrund-

	rechte, in: EuGRZ 1995, 518 (zit.: RUFFERT, EuGRZ 1995, 518)
Ruffert, Matthias	Dogmatik und Praxis des subjektiv-öffentlichen Rechts unter dem Einfluß des Gemeinschaftsrechts, in: DVBl. 1998, 69 (zit.: RUFFERT, DVBl. 1998, 69)
Ruffert, Matthias	Subjektive Rechte im Umweltrecht der Europäischen Gemeinschaft, Diss. Trier, 1994/95, Heidelberg 1996 (zit.: RUFFERT, Rechte)
Satzger, Helmut	Internationales und Europäisches Strafrecht, Baden-Baden 2005 (zit.: SATZGER, Internationales und Europäisches Strafrecht)
Schaller, Werner	Die EU-Mitgliedstaaten als Verpflichtungsadressaten der Gemeinschaftsgrundrechte, Diss. Würzburg, 2002, Baden-Baden 2003 (zit.: SCHALLER, EU-Mitgliedstaaten)
Schärf, Wolf-Georg	Vertragsverletzung wegen Nichteinschreitens von Behörden - Eine Replik auf Meier, EuZW 1998, 87, in: EuZW 1998, 617 (zit.: SCHÄRF, EuZW 1998, 617)
Schenke, Wolf-Rüdiger	Verwaltungsprozessrecht, 10., neu bearbeitete Auflage, Heidelberg 2005 (zit.: SCHENKE, VerwaltungsprozessR)
Schermers, Henry G. / Waelbroeck, Denis	Judicial Protection in the European Union, 6th edition, Den Haag u.a. 2001 (zit.: SCHERMERS/WAELBROECK, Judicial Protection)
Scherzberg, Arno / Mayer, Matthias	Die Prüfung staatlicher Schutzpflichten in der Verfassungsbeschwerde, in: JA 2004, 51 (zit.: SCHERZBERG/MAYER, JA 2004, 51)
Schilling, Theodor	Bestand und allgemeine Lehren der bürgerschützenden allgemeinen Rechtsgrundsätze des Gemeinschaftsrechts, in: EuGRZ 2000, 3 (zit.: SCHILLING, EuGRZ 2000, 3)

Schimke, Martin — Zur Haftung der Bundesrepublik Deutschland gegenüber Bürgern wegen Nichtumsetzung der EG-Richtlinie über Pauschalreisen, in: EuZW 1993, 698 (zit.: SCHIMKE, EuZW 1993, 698)

Schindler, Dierk — Die Kollision von Grundfreiheiten und Gemeinschaftsgrundrechten - Entwurf eines Kollisionsmodells unter Zusammenführung der Schutzpflichten- und der Drittwirkungslehre, Diss. Augsburg, 2000, Berlin 2001 (zit.: SCHINDLER, Kollision)

Schlaich, Klaus / Korioth, Stefan — Das Bundesverfassungsgericht - Stellung, Verfahren, Entscheidungen - ein Studienbuch, 6., neubearbeitete Auflage, München 2004 (zit.: SCHLAICH/KORIOTH, Bundesverfassungsgericht)

Schmidt-Aßmann, Eberhard (Hrsg.) — Besonderes Verwaltungsrecht, 13., neu bearbeitete Auflage, Berlin 2005 (zit.: BEARBEITER, in: Schmidt-Aßmann (Hrsg.), Bes. VerwR)

Schmidt-Rimpler, Walter — Grundfragen einer Erneuerung des Vertragsrechts, in: AcP 147 (1941), 130 (zit.: SCHMIDT-RIMPLER, AcP 147 (1941), 130)

Schmidt-Rimpler, Walter — Zum Vertragsproblem, in: Baur/Esser/Kübler/Steindorff (Hrsg.), FS L. Raiser, S. 3 (zit.: SCHMIDT-RIMPLER, FS L. Raiser, S. 3)

Schneider, Hartmut — Die öffentliche Ordnung als Schranke der Grundfreiheiten im EG-Vertrag, Diss. Freiburg (Breisgau), 1997, Baden-Baden 1998 (zit.: H. SCHNEIDER, Ordnung)

Schoch, Friedrich — Grundfälle zum Polizei- und Ordnungsrecht, in: JuS 1994, 570 (zit.: SCHOCH, JuS 1994, 570)

Schoch, Friedrich — Impulse des Europäischen Gemeinschaftsrechts für die Fortentwicklung der innerstaatlichen Rechtsordnung, in: VBlBW 2003, 297 (zit.: SCHOCH, VBlBW 2003, 297)

Schoch, Friedrich — Individualrechtsschutz im deutschen Umweltrecht unter dem Einfluss des Gemeinschaftsrechts, in: NVwZ 1999, 457 (zit.: SCHOCH, NVwZ 1999, 457)

Schoch, Friedrich	Staatshaftung wegen Verstoßes gegen Europäisches Gemeinschaftsrecht, in: Jura 2002, 837 (zit.: SCHOCH, Jura 2002, 837)
Schockweiler, Fernand	Die richterliche Kontrollfunktion: Umfang und Grenzen in Bezug auf den Europäischen Gerichtshof, in: EuR 1995, 191 (zit.: SCHOCKWEILER, EuR 1995, 191)
Schoißwohl, Birgit	Staatshaftung wegen Gemeinschaftsrechtsverletzung: Anspruchsgrundlage und materielle Voraussetzungen - Zugleich ein Beitrag zur Gemeinschaftshaftung, Diss. Wien, 2000, Wien 2002 (zit.: SCHOIßWOHL, Staatshaftung)
Scholz, Rupert / Langer, Stefan	Europäischer Binnenmarkt und Energiepolitik, Berlin 1992 (zit.: SCHOLZ/LANGER, Binnenmarkt)
Schönke, Adolf / Schröder, Horst (Begründer)	Strafgesetzbuch - Kommentar, 27., neu bearbeitete Auflage, München 2006 (zit.: BEARBEITER, in: Schönke/Schröder, StGB)
Schorkopf, Frank	Der neue Mechanismus zur Gewährleistung des freien Warenverkehrs, in: EWS 2000, 156 (zit.: SCHORKOPF, EWS 2000, 156)
Schorkopf, Frank	Nationale Grundrechte in der Dogmatik der Grundfreiheiten - Präzisierungen des unionsverfassungsrechtlichen Verhältnisses von Europäischer Union und Mitgliedstaaten durch den EuGH?, in: ZaöRV 64 (2004), 124 (zit.: SCHORKOPF, ZaöRV 64 (2004), 124)
Schorkopf, Frank	Neuer Interventionsmechanismus der Kommission zur Gewährleistung der Warenverkehrsfreiheit, in: EuZW 1998, 237 (zit.: SCHORKOPF, EuZW 1998, 237)

Schroeder, Werner — Das Gemeinschaftsrechtssystem - Eine Untersuchung zu den rechtsdogmatischen, rechtstheoretischen und verfassungsrechtlichen Grundlagen des Systemdenkens im Europäischen Gemeinschaftsrecht, Habil. Passau, 1999, Tübingen 2002 (zit.: SCHROEDER, Gemeinschaftsrechtssystem)

Schubert, Thure — Der Gemeinsame Markt als Rechtsbegriff - Die allgemeine Wirtschaftsfreiheit des EG-Vertrages, Diss. München, 1997, München 1999 (zit.: SCHUBERT, Markt)

Schwabe, Jürgen — Probleme der Grundrechtsdogmatik, Darmstadt 1977 (zit.: SCHWABE, Probleme)

Schwarze, Jürgen — Ein pragmatischer Verfassungsentwurf - Analyse und Bewertung des Entwurfs eines Vertrags über eine Verfassung für Europa, in: EuR 2003, 535 (zit.: SCHWARZE, EuR 2003, 535)

Schwarze, Jürgen — Europäisches Verwaltungsrecht - Entstehung und Entwicklung im Rahmen der Europäischen Gemeinschaft, 2. erweiterte Auflage, Baden-Baden 2005 (zit.: SCHWARZE, Europ. VerwR)

Schwarze, Jürgen — Zum Anspruch der Gemeinschaft auf polizeiliches Einschreiten der Mitgliedstaaten bei Störungen des grenzüberschreitenden Warenverkehrs durch Private, in: EuR 1998, 53 (zit.: SCHWARZE, EuR 1998, 53)

Schwarze, Jürgen (Hrsg.) — Der Verfassungsentwurf des Europäischen Konvents - Verfassungsrechtliche Grundstrukturen und wirtschaftsverfassungsrechtliches Konzept, Baden-Baden 2004 (zit.: AUTOR, in: Schwarze (Hrsg.), Verfassungsentwurf)

Schwarze, Jürgen (Hrsg.) — EU-Kommentar, Baden-Baden 2000 (zit.: BEARBEITER, in: Schwarze, EU-Komm.)

Schwarzenegger, Peter — Staatshaftung - Gemeinschaftsrechtliche Vorgaben und ihre Auswirkungen auf nationales Recht, Diss. Graz, 2000, Baden-Baden 2001 (zit.: SCHWARZENEGGER, Staatshaftung)

Schwarzenegger, Peter — Anmerkung zu EuGH 30.9.2003, Köbler, Rs. C-224/01, Slg. 2003, I-10239 = ZfRV 2003, 228, in: ZfRV 2003, 236 (zit.: SCHWARZENEGGER, ZfRV 2003, 236)

Seltenreich, Stephan — Die Francovich-Rechtsprechung des EuGH und ihre Auswirkungen auf das deutsche Staatshaftungsrecht - Ein Rückblick fünf Jahre nach dem Ergehen des Francovich-Urteils, Diss. Konstanz, 1996, Konstanz 1997 (zit.: SELTENREICH, Francovich-Rechtsprechung)

Siemen, Birte — Referendarexamensklausur - Öffentliches Recht: Blockade eines Schlachthofs, in: JuS 2005, 251 (zit.: SIEMEN, JuS 2005, 251)

Smith, Fiona / Woods, Lorna — Causation in Francovich: The Neglected Problem, in: 46 ICLQ (1997), 925 (zit.: SMITH/WOODS, 46 ICLQ (1997), 925)

Starke, O.-Ernst — Drittschutzwirkung der Bankenaufsicht und ihre Konsequenzen - Eine Stellungnahme zu dem „Wetterstein"-Urteil des Bundesgerichtshofs, in: WM 1979, 1402 (zit.: STARKE, WM 1979, 1402)

Steindorff, Ernst — Drittwirkung der Grundfreiheiten im europäischen Gemeinschaftsrecht, in: Badura/Scholz (Hrsg.), FS Lerche, S. 575 (zit.: STEINDORFF, FS Lerche, S. 575)

Steindorff, Ernst — EG-Vertrag und Privatrecht, Baden-Baden 1996 (zit.: STEINDORFF, EG-Vertrag)

Stern, Klaus — Das Staatsrecht der Bundesrepublik Deutschland, Band III: Allgemeine Lehren der Grundrechte, 1. Halbband, München 1988 (zit.: STERN, StaatsR Bd. III/1)

Stoppel, Dirk André — Grundfreiheitliche Schutzpflichten der Mitgliedstaaten im Europäischen Gemeinschaftsrecht, Diss. Düsseldorf, 2002, nur online verfügbar unter http://diss.ub.uni-duesseldorf.de/ebib/diss/file?dis-sid=520 und http://deposit.ddb.de/cgi-bin/dok-serv?idn=966045645 (zit.: STOPPEL, Schutzpflichten)

Streinz, Rudolf — Anmerkungen zu dem EuGH-Urteil in der Rechtssache Brasserie du Pêcheur und Factortame, in: EuZW 1996, 201 (zit.: STREINZ, EuZW 1996, 201)

Streinz, Rudolf — Auswirkungen des vom EuGH „ausgelegten" Gemeinschaftsrechts auf das deutsche Recht - Aufgezeigt an den Folgen des Francovich-Urteils für das deutsche Staatshaftungsrecht, in: Jura 1995, 6 (zit.: STREINZ, Jura 1995, 6)

Streinz, Rudolf — Der „effet utile" in der Rechtsprechung des Gerichtshofs der Europäischen Gemeinschaften, in: Due/Lutter/Schwarze (Hrsg.), FS Everling Bd. 2, S. 1491, Baden-Baden 1995 (zit.: STREINZ, FS Everling Bd. 2, S. 1491)

Streinz, Rudolf — Europarecht, 6., völlig neu bearbeitete Auflage, Heidelberg 2003 (zit.: STREINZ, EuropaR)

Streinz, Rudolf — Primär- und Sekundärrechtsschutz im Öffentlichen Recht (3. Bericht zum zweiten Beratungsgegenstand auf der Staatsrechtslehrertagung 2001), in: VVDStRL 61 (2002), 300 (zit.: STREINZ, VVDStRL 61 (2002), 300)

Streinz, Rudolf — Staatshaftung für Verletzungen primären Gemeinschaftsrechts durch die Bundesrepublik Deutschland - zum Vorlagebeschluss des BGH, EuZW 1993, 226, in: EuZW 1993, 599 (zit.: STREINZ, EuZW 1993, 599)

Streinz, Rudolf (Hrsg.) — EUV / EGV - Vertrag über die Europäische Union und Vertrag zur Gründung der Europäischen Gemeinschaften, München 2003 (zit.: BEARBEITER, in: Streinz, EUV/EGV)

Streinz, Rudolf / Leible, Stefan — Die unmittelbare Drittwirkung der Grundfreiheiten - Überlegungen aus Anlass von EuGH, EuZW 2000, 468, in: EuZW 2000, 459 (zit.: STREINZ/LEIBLE, EuZW 2000, 459)

Streinz, Rudolf / Leible, Stefan — Staatshaftung wegen verspäteter Umsetzung der EG-Pauschalreise-Richtlinie - Eine Besprechung des Urteils des EuGH vom 8. Oktober 1996, ZIP 1996, 1832, in: ZIP 1996, 1931 (zit.: STREINZ/LEIBLE, ZIP 1996, 1931)

Stüber, Stephan — Subjektive Rechte aus Gemeinschaftsrecht, in: Jura 2001, 798 (zit.: STÜBER, Jura 2001, 798)

Suerbaum, Joachim — Die Schutzpflichtdimension der Gemeinschaftsgrundrechte, in: EuR 2003, 390 (zit.: SUERBAUM, EuR 2003, 390)

Szczekalla, Peter — Die sogenannten grundrechtlichen Schutzpflichten im deutschen und europäischen Recht - Inhalt und Reichweite einer „gemeineuropäischen Grundrechtsfunktion", Diss. Osnabrück, 2000, Berlin 2002 (zit.: SZCZEKALLA, Schutzpflichten)

Szczekalla, Peter — Freiheit im Europäischen Verfassungsverbund - Allgemeine Rechtsgrundsätze zwischen Instrumentalisierung und Auflösung?, in: DVBl. 2005, 286 (zit.: SZCZEKALLA, DVBl. 2005, 286)

Szczekalla, Peter — Grundfreiheitliche Schutzpflichten - eine „neue" Funktion der Grundfreiheiten des Gemeinschaftsrechts - Zugleich Besprechung von EuGH, Urteil vom 9. Dezember 1997 - Rs. C-265/95 (Kommission/Frankreich), in: DVBl. 1998, 219 (zit.: SZCZEKALLA, DVBl. 1998, 219)

Taupitz, Jochen — Staatshaftung gegenüber leichtfertigen Urlaubern im Konkurs des Reiseveranstalters?, in: BB 1993, 2169 (zit.: TAUPITZ, BB 1993, 2169)

Tettinger, Peter J. — Verfassungsrecht und Wirtschaftsordnung - Gedanken zur Freiheitsentfaltung am Wirtschaftsstandort Deutschland, in: DVBl. 1999, 679 (zit.: TETTINGER, DVBl. 1999, 679)

Thalmair, Roland — Staatshaftung aufgrund nicht oder fehlerhaft umgesetzten bzw. angewandten EG-Rechts, in: DStR 1996, 1975 (zit.: THALMAIR, DStR 1996, 1975)

Thomas, Sven — Die Anwendung europäischen materiellen Rechts im Strafverfahren, in: NJW 1991, 2233 (zit.: THOMAS, NJW 1991, 2233)

Thüsing, Gregor — Richtlinienkonforme Auslegung und unmittelbare Geltung von EG-Richtlinien im Anti-Diskriminierungsrecht, in: NJW 2003, 3441 (zit.: THÜSING, NJW 2003, 3441)

Tonne, Michael — Effektiver Rechtsschutz durch staatliche Gerichte als Forderung des europäischen Gemeinschaftsrechts, Diss. Göttingen, 1996 / 1997, Köln u.a. 1997 (zit.: TONNE, Rechtsschutz)

Tonner, Klaus — Anmerkung zu EuGH 15.6.1999, Rechberger u.a., Rs. C-140/97, Slg. 1999, I-3499 = EuZW 1999,468, in: EuZW 1999, 473 (zit.: TONNER, EuZW 1999, 473)

Triantafyllou, Dimitris — Zur Europäisierung des subjektiven öffentlichen Rechts, in: DÖV 1997, 192 (zit.: TRIANTAFYLLOU, DÖV 1997, 192)

Tridimas, Takis — Liability for breach of community law: growing up and mellowing down?, in: 38 CMLRev. (2001), 301 (zit.: TRIDIMAS, 38 CMLRev. (2001), 301)

van Gerven, Walter — Bridging the Unbridgeable: Community and National Tort Laws after Francovich and Brasserie, in: 45 ICLQ (1996), 507 (zit.: VAN GERVEN, 45 ICLQ (1997), 507)

van Gerven, Walter — Non-contractual Liability of Member States, Community Institutions and Individuals for Breaches of Community Law with a View to a

	Common Law for Europe, in: ders./Zuleeg (Hrsg.), Sanktionen, S. 29 (zit.: VAN GERVEN, in: ders./Zuleeg, Sanktionen, S. 29)
van Gerven, Walter	Remedies for Infringements of Fundamental Rights, in: 10 EPL (2004), 261 (zit.: VAN GERVEN, 10 EPL (2004), 261)
van Gerven, Walter / Zuleeg, Manfred (Hrsg.)	Sanktionen als Mittel zur Durchsetzung des Gemeinschaftsrechts, Köln 1996 (zit.: AUTOR, in: van Gerven/Zuleeg (Hrsg.), Sanktionen)
Vieweg, Klaus / Röthel, Anne	Verbandsautonomie und Grundfreiheiten, in: ZHR 166 (2002), 6 (zit.: VIEWEG/RÖTHEL, ZHR 166 (2002), 6)
von Bar, Christian	Gemeineuropäisches Deliktsrecht, Erster Band - Die Kernbereiche des Deliktsrechts, seine Angleichung in Europa und seine Einbettung in die Gesamtrechtsordnungen, München 1996, Zweiter Band - Schaden und Schadenersatz, Haftung für und ohne eigenes Fehlverhalten, Kausalität und Verteidigungsgründe, München 1999 (zit.: VON BAR, Gemeineuropäisches Deliktsrecht Bd. 1 / 2)
von Bogdandy, Armin	Europäisches Recht der Ersatzleistungen: eine Diskussion kritischer Punkte anhand jüngster Publikationen, in: EuR 1997, 321 (zit.: VON BOGDANDY, EuR 1997, 321)
von Bogdandy, Armin (Hrsg.)	Europäisches Verfassungsrecht - Theoretische und dogmatische Grundzüge, Berlin u.a. 2003 (zit.: BEARBEITER, in: von Bogdandy (Hrsg.), Europ. VerfR)
von Caemmerer, Ernst / Schlochauer, Hans-Jürgen / Steindorff, Ernst (Hrsg.)	Probleme des europäischen Rechts - Festschrift für Walter Hallstein zu seinem 65. Geburtstag, Frankfurt a.M. 1966 (zit.: AUTOR, FS Hallstein)

von Danwitz, Thomas — Die gemeinschaftsrechtliche Staatshaftung der Mitgliedstaaten - Entwicklung, Stand und Perspektiven der Europäischen Haftung aus Richterhand, in: DVBl. 1997, 1 (zit.: VON DANWITZ, DVBl. 1997, 1)

von Danwitz, Thomas — Verwaltungsrechtliches System und Europäische Integration, Habil. Bonn, 1996, Tübingen 1996 (zit.: VON DANWITZ, System)

von Danwitz, Thomas — Zur Entwicklung der gemeinschaftsrechtlichen Staatshaftung, in: JZ 1994, 335 (zit.: VON DANWITZ, JZ 1994, 335)

von Danwitz, Thomas — Zur Grundlegung einer Theorie der subjektiv-öffentlichen Gemeinschaftsrechte, in: DÖV 1996, 481 (zit.: VON DANWITZ, DÖV 1996, 481)

von der Groeben, Hans / Schwarze, Jürgen (Hrsg.) — Kommentar zum Vertrag über die Europäische Union und zur Gründung der Europäischen Gemeinschaft, 6. Aufl. 2003, Baden-Baden 2003 (zit.: BEARBEITER, in: von der Groeben/Schwarze, EUV / EGV)

von Fragstein, Udo — Die Einwirkungen des EG-Rechts auf den vorläufigen Rechtsschutz nach deutschem Verwaltungsrecht, Diss. Münster, 1996, Baden-Baden 1997 (zit.: VON FRAGSTEIN, Einwirkungen)

von Mangoldt, Hermann / Klein, Friedrich / Starck, Christian (Hrsg.) — Das Bonner Grundgesetz - Kommentar, Band 2: Art. 20 bis 78, 5., vollständig neu bearbeitete Auflage, München 2005 (zit.: BEARBEITER, in: von Mangoldt/Klein/Starck, GG)

von Staudinger, Julius (Begründer) — Kommentar zum Bürgerlichen Gesetzbuch mit Einführungsgesetz und Nebengesetzen, Buch 1: Allgemeiner Teil, §§ 134 - 163 (Allgemeiner Teil 4), Neubearbeitung 2003, Buch 2: Recht der Schuldverhältnisse, §§ 249 - 254, 13. Bearbeitung 1998, Buch 2: Recht der Schuldverhältnisse, §§ 839, 839a, 13. Bearbeitung 2002, Berlin (zit.: BEARBEITER, in: Staudinger, BGB)

Waechter, Kay | Polizeiliches Ermessen zwischen Planungsermessen und Auswahlermessen, in: VerwArch 88 (1997), 298 (zit.: WAECHTER, VerwArch 88 (1997), 298)

Wahl, Rainer / Masing, Johannes | Schutz durch Eingriff, in: JZ 1990, 553 (zit.: WAHL/MASING, JZ 1990, 553)

Weber, Claus | Neue Konturen des gemeinschaftsrechtlichen Staatshaftungsanspruchs nach der Entscheidung des EuGH in der Rechtssache Konle, in: NVwZ 2001, 287 (zit.: WEBER, NVwZ 2001, 287)

Wehlau, Andreas | Die Rechtsprechung des Gerichtshofes der Europäischen Gemeinschaft zur Staatshaftung der Mitgliedstaaten nach Gemeinschaftsrecht - Ein Beitrag zur Funktion des Gerichtshofes im Rechtssystem der Gemeinschaft, Diss. Bremen, 1996, Hamburg 1996 (zit.: WEHLAU, Rechtsprechung)

Weiß, Wolfgang | Die Personenverkehrsfreiheiten von Staatsangehörigen assoziierter Staaten in der EU - Eine vergleichende Analyse der Assoziationsabkommen, Frankfurt a.M. u.a. 1998 (zit.: WEIß, Personenverkehrsfreiheiten)

Wernicke, Stephan | Die Privatwirkung im Europäischen Gemeinschaftsrecht - Strukturen und Kategorien der Pflichtenstellung Privater aus dem primären Gemeinschaftsrecht unter besonderer Berücksichtigung der Privatisierungsfolgen, Diss. Berlin, 2000, Baden-Baden 2002 (zit.: WERNICKE, Privatwirkung)

Weyer, Hartmut | Gemeinschaftsrechtliche Überprüfbarkeit mitgliedstaatlicher Regelungen der Verkaufsmodalitäten, in: EuZW 2004, 455 (zit.: WEYER, EuZW 2004, 455)

Weyer, Hartmut | Gemeinschaftsrechtliche Vorgaben für das nationale Zivilverfahren - Verpflichtung der nationalen Zivilgerichte zur Anwendung der Art. 81, 82 EGV, in: EuR 2000, 145 (zit.: WEYER, EuR 2000, 145)

Weyer, Hartmut	Schadensersatzansprüche gegen Private kraft Gemeinschaftsrecht, in: ZEuP 2003, 318 (zit.: WEYER, ZEuP 2003, 318)
Wiesbrock, Katja	Internationaler Schutz der Menschenrechte vor Verletzungen durch Private, Diss. Göttingen, 1998, Berlin 1999 (zit.: WIESBROCK, Schutz)
Winter, Gerd	Individualrechtsschutz im deutschen Umweltrecht unter dem Einfluss des Gemeinschaftsrechts, in: NVwZ 1999, 467 (zit.: WINTER, NVwZ 1999, 467)
Wittkowski, Ralf	Der MP Travel Line-Konkurs im Lichte der „Francovich-Rechtsprechung" des EuGH - Zur Frage staatlicher Haftung wegen Nichtumsetzung der EG-Pauschalreise-Richtlinie durch die Bundesrepublik Deutschland, in: NVwZ 1994, 326 (zit.: WITTKOWSKI, NVwZ 1994, 326)
Wolf, Christoph	Die Staatshaftung der Bundesrepublik Deutschland und der Französischen Republik für Verstöße gegen das Europäische Gemeinschaftsrecht (EGV), Diss. Berlin, 1997, Berlin 1999 (zit.: WOLF, Staatshaftung)
Wolff, Hans J. / Bachof, Otto / Stober, Rolf	Verwaltungsrecht - Ein Studienbuch, Band 1 , 11., neubearbeitete Auflage 1999, Band 2, 6., neubearbeitete Auflage 2000, München (zit.: WOLFF/BACHOF/STOBER, VerwR Bd. 1/2)
Wollgast, Heike	Das haftende Subjekt der gemeinschaftsrechtlich gebotenen Staatshaftung in der Bundesrepublik Deutschland, Diss. Köln, 1998, Selbstverlag (zit.: WOLLGAST, Subjekt)
Wurmnest, Wolfgang	Grundzüge eines europäischen Haftungsrechts - Eine rechtsvergleichende Untersuchung des Gemeinschaftsrechts, Diss. Hamburg, 2002, Tübingen 2003 (zit.: WURMNEST, Grundzüge)

Wurmnest, Wolfgang — Zivilrechtliche Ausgleichsansprüche von Kartellbeteiligten bei Verstößen gegen das EG-Kartellverbot, in: RIW 2003, 896 (zit.: WURMNEST, RIW 2003, 896)

Zippelius, Reinhold — Allgemeine Staatslehre - Politikwissenschaft, 14., neubearbeitete Auflage, München 2003 (zit.: ZIPPELIUS, Allg. Staatslehre)

Zöller, Richard (Begründer) — Zivilprozessordnung mit Gerichtsverfassungsgesetz und den Einführungsgesetzen, mit Internationalem Zivilprozessrecht, EG-Verordnungen, Kostenanmerkungen - Kommentar, 25., neu bearbeitete Auflage, Köln 2005 (zit.: BEARBEITER, in: Zöller, ZPO)

Kölner Schriften zu Recht und Staat

Herausgegeben von
Hartmut Schiedermair und Bernhard Kempen

Band 1 Bernhard Kempen: Die deutsch-polnische Grenze nach der Friedensregelung des Zwei-plus-Vier-Vertrages. 1997.

Band 2 Hans-Georg Maaßen: Die Rechtsstellung des Asylbewerbers im Völkerrecht. Überlegungen zu den völkerrechtlichen Rahmenbedingungen einer europäischen Asylrechtsharmonisierung. 1997.

Band 3 Udo Fink: Kollektive Friedenssicherung. Kapitel VII UN-Charta in der Praxis des Sicherheitsrats der Vereinten Nationen. 1999.

Band 4 Stephan Grigolli: Sprachliche Minderheiten in Italien, insbesondere Südtirol, und in Europa. Der Gebrauch der Sprache vor Behörden und Gerichten und die Vergabe öffentlicher Stellen. 1997.

Band 5 Uta Stoy-Schnell: Das Bundesverfassungsgericht und die Corte costituzionale. Ein Vergleich der Verfassungsgerichtsbarkeiten in Deutschland und Italien. 1998.

Band 6 Christian Hillgruber: Die Aufnahme neuer Staaten in die Völkerrechtsgemeinschaft. Das völkerrechtliche Institut der Anerkennung von Neustaaten in der Praxis des 19. und 20. Jahrhunderts. 1998.

Band 7 Jochen Seitz: Planungshoheit und Grundeigentum. Die verfassungsrechtlichen Schranken der städtebaulichen Entwicklungsmaßnahmen. 1999.

Band 8 Jochen Herbst: Rechtskontrolle des UN-Sicherheitsrates. 1999.

Band 9 Kristin Möller: Die Beschaffung naturschutzrechtlicher Ausgleichsflächen im Baurecht. 1999.

Band 10 Klaus Löffelbein: Genehmigungsfreies Bauen und Nachbarrechtsschutz. Die baurechtlichen Anzeige- und Freistellungsverfahren der Länder aus nachbarlicher Sicht. 2000.

Band 11 Patrick Mittmann: Die Rechtsfortbildung durch den Gerichtshof der Europäischen Gemeinschaften und die Rechtsstellung der Mitgliedstaaten der Europäischen Union. 2000.

Band 12 Martin R. Albus: Zur Notwendigkeit eines Internationalen Umweltgerichtshofs. Zugleich eine Analyse der Staatenpraxis zum Internationalen Umwelthaftungsrecht und der Rechtsschutzmöglichkeiten bei grenzüberschreitenden Umweltbeeinträchtigungen. 2000.

Band 13 Irene Baur: Die Haftung der Europäischen Zentralbank. 2001.

Band 14 Tobias R. Ehlen: Zentralisierungsmöglichkeiten der deutschen Börsenaufsicht. 2003.

Band 15 Ulrich Steiner: Wertsicherungsklauseln. Zur Europarechtskonformität des neuen § 2 PaPkG. 2003.

Band 16 Stephanie Vogel: Der Prüfungsumfang des Bundesverfassungsgerichts bei Verfassungsbeschwerden am Beispiel der Kunstfreiheitsrechtsprechung. 2004.

Band 17 Thomas Schmidt: Deutsche Hochschulräte. Begriff, Darstellung und rechtliche Analyse. 2004.

Band 18 Kirsten Schmalenbach: Die Haftung Internationaler Organisationen im Rahmen von Militäreinsätzen und Territorialverwaltungen. 2004.

Band 19 Gunter Warg: Von Verteidigung zu kollektiver Sicherheit. Der Nato-Vertrag *auf Rädern*. 2004.

Band 20 Bernhard Kempen / Yvonne Dorf: Bodenreform 1945–1949. Eine verfassungsrechtliche Neubewertung. 2004.

Band 21 Jeanette Nolte: Die völkerrechtliche Vertragspraxis der EG und die Haftung der Mitgliedstaaten am Beispiel der Fischereipolitik. 2004.

Band 22 Rüdiger Schmid-Kühnhöfer: Die Staatlichkeit von Beihilfen. Mittel- und Transferzurechnung nach Art. 87 Abs. 1 EG-Vertrag. 2004.

Band 23 Florian Schöler: Die Reform des Europäischen Kartellverfahrensrechts durch die Verordnung (EG) Nr. 1/2003. 2004.

Band 24 Christina Maria Pelzer: Die Kompetenzen der EG im Bereich Forschung. Eine Analyse ihrer Reichweite und Grenzen vor dem Hintergrund des Art. 5 Abs. 3 GG. Dargestellt am Beispiel der Gentechnologie. 2004.

Band 25 Nikolaus Vieten: Die verfassungsrechtliche Zulässigkeit der Wiedereinführung einer Vermögensteuer. Zugleich eine Untersuchung des Halbteilungsbeschlusses des Bundesverfassungsgerichts. 2005.

Band 26 Bernhard Kempen (Hrsg.): Die rechtsstaatliche Bewältigung der demokratischen Bodenreform. 2005.

Band 27 Erik Hansalek: Die parlamentarische Kontrolle der Bundesregierung im Bereich der Nachrichtendienste. 2006.

Band 28 Thomas Günther: Zur Zulässigkeit der Errichtung privater Volksschulen als Bekenntnisschulen religiös-ethnischer Minderheiten nach Art. 7 Abs. 5 GG. Am Beispiel einer islamischen Grundschule. 2006.

Band 29 Christian Hoppe: Staatshaftung und Rechtsschutz bei Verletzung grundfreiheitlicher Schutzpflichten. 2006.

www.peterlang.de

Peter Lang · Europäischer Verlag der Wissenschaften

Heiko Bertelmann

Die Europäisierung des Staatshaftungsrechts

Eine Untersuchung zum Einfluss des Europäischen Gemeinschaftsrechts auf das deutsche Staatshaftungsrecht unter besonderer Berücksichtigung der Haftung für judikatives Unrecht

Frankfurt am Main, Berlin, Bern, Bruxelles, New York, Oxford, Wien, 2005.
XV, 264 S.
Schriften zum internationalen und zum öffentlichen Recht.
Herausgegeben von Gilbert Gornig. Bd. 62
ISBN 3-631-54144-9 · br. € 51.50*

Die Arbeit behandelt die Europäisierung des Staatshaftungsrechts. Selbstverständlich kann im Rahmen dieser Arbeit nicht der Versuch unternommen werden, diesen komplexen Prozess vollständig und abschließend darzustellen. Vielmehr werden in dem systematischen Dreiklang deutsches Staatshaftungsrecht – europäisches Staatshaftungsrecht – europäisiertes, deutsches Staatshaftungsrecht die wesentlichen Grundzüge und Auswirkungen des Zusammenspiels der Rechtsordnungen aufgezeigt. Der inhaltliche Schwerpunkt der Arbeit liegt auf der Besprechung der EuGH-Entscheidung in der Rechtssache Köbler vom 30. September 2003. Hiermit soll ein Beitrag zur Beantwortung der mit diesem Grundsatzurteil ins Zentrum der europäischen rechtswissenschaftlichen Diskussion gerückten Frage nach der Existenz und dem Umfang einer Haftung der Mitgliedstaaten für judikatives Unrecht geleistet werden.

Aus dem Inhalt: Europarecht · Staatshaftungsrecht · Europäisierung des Staatshaftungsrechts · Gemeinschaftsrechtlicher Staatshaftungsanspruch · EuGH-Urteil in der Rechtssache Köbler · Staatshaftung für judikatives Unrecht · Haftung der Mitgliedstaaten für fehlerhafte Gerichtsentscheidungen

Frankfurt am Main · Berlin · Bern · Bruxelles · New York · Oxford · Wien
Auslieferung: Verlag Peter Lang AG
Moosstr. 1, CH-2542 Pieterlen
Telefax 00 41 (0) 32 / 376 17 27

*inklusive der in Deutschland gültigen Mehrwertsteuer
Preisänderungen vorbehalten

Homepage http://www.peterlang.de

FSC
www.fsc.org
MIX
Papier | Fördert
gute Waldnutzung
FSC® C083411

Kolibri 360 GmbH
Ferdinand-Jühlke-Straße 7
99095 Erfurt, Deutschland
produktsicherheit@kolibri360.de

Druck:
CPI Druckdienstleistungen GmbH
im Auftrag der
Kolibri 360 GmbH
Ferdinand-Jühlke-Str. 7
99095 Erfurt